中央司法警官学院特色专业系列教材

中央司法警官学院社区矫正研究中心组织编写

社区矫正概论

Introduction to Community Corrections

张凯　姜祖桢　主编

法律出版社
LAW PRESS·CHINA
北京

图书在版编目(CIP)数据

社区矫正概论 / 张凯, 姜祖桢主编. -- 北京 : 法律出版社, 2022(2024.2 重印)

ISBN 978-7-5197-6553-8

Ⅰ. ①社… Ⅱ. ①张… ②姜… Ⅲ. ①社区-监督改造-研究-中国 Ⅳ. ①D926.74

中国版本图书馆 CIP 数据核字(2022)第 049040 号

社区矫正概论
SHEQU JIAOZHENG GAILUN

张 凯 姜祖桢 主编

责任编辑 慕雪丹
装帧设计 汪奇峰

出版发行 法律出版社
编辑统筹 法商出版分社
责任校对 赵明霞
责任印制 胡晓雅
经　　销 新华书店

开本 710 毫米×1000 毫米 1/16
印张 32.25 **字数** 595 千
版本 2022 年 5 月第 1 版
印次 2024 年 2 月第 3 次印刷
印刷 唐山玺诚印务有限公司

地址:北京市丰台区莲花池西里 7 号(100073)
网址:www.lawpress.com.cn
投稿邮箱:info@lawpress.com.cn
举报盗版邮箱:jbwq@lawpress.com.cn

销售电话:010-83938349
客服电话:010-83938350
咨询电话:010-63939796

书号:ISBN 978-7-5197-6553-8
定价:69.00 元

凡购买本社图书,如有印装错误,我社负责退换。电话:010-83938349

前　言

社区矫正是我国刑罚执行制度改革的重要举措，是国家治理特殊社会群体的重要创新，是在党中央和国务院正确领导下，立足我国基本国情发展起来的具有中国特色的非监禁刑事执行制度。我国社区矫正工作从2003年开始试点，2005年扩大试点，2009年在全国试行，2014年在全国全面推进。经过多年的探索实践，社区矫正工作规模逐步扩大，工作机制与规章制度日渐完善，方法手段与理论研究不断创新，社区矫正对象再犯罪率始终保持较低水平，取得了良好的法律效果与社会效果。党中央高度重视社区矫正工作，党的十八届三中全会、四中全会提出"健全社区矫正制度"，"制定社区矫正法"。2019年12月28日，第十三届全国人民代表大会常务委员会第十五次会议通过了《社区矫正法》，为明确社区矫正的性质与宗旨，健全社区矫正领导体制与工作机制，加强社区矫正工作队伍建设，规范社区矫正工作程序与措施，完善中国特色社区矫正制度提供了法治保障。《社区矫正法》的颁布实施，对于健全我国刑事执行制度、推动国家治理体系和治理能力现代化具有重要意义；对于深入贯彻落实全面依法治国基本方略、保障公正司法具有重要意义。

为适应社区矫正工作的发展，中央司法警官学院积极推进社区矫正专业建设，承载为司法行政事业培养法治人才的时代使命。中央司法警官学院于2006年开设的社会学专业（社会工作与社区矫正方向）是国内首个本科层次社区矫正专业方向；中央司法警官学院又于2018年申报增设社区矫正专业，2019年获得教育部批准建设，设立了国内首个社区矫正本科专业。为加快社区矫正专业建设，学校批准成立社区矫正研究中心并组建教学团队，还与北京市朝阳区司法局、天津市社区矫正中心、辽宁省北郊监狱等实务部门建立教学科研实习基地。

教材是教学内容和教学方法的知识载体。教材编写是专业建设的基础工作，也是提高教学质量的基本措施。《社区矫正概论》既是社区矫正专业的必修课程，也是监狱学专业需要掌握的必要知识。本教材坚持习近平法治思想为指导，以培养应用型法治人才为目标，坚持理论联系实际，在充分吸纳教学科研成果和矫正实践经验的基础上编写而成。在教材内容上，以社区矫正法律法规为依据，以社区矫正实践为基础，系统地介绍了社区矫正的基础理论、基本知识、方法与技术，突出社区矫正理论的基础性与矫正工作的实践性，兼顾学科专业的系统性，强调矫正实践的特殊性。社区矫正工作任重而道远，希望本教材既能够满足专业教学需要，实现培养应用型法治人才的教育目标；又能够为社区矫正工作者提供理论的支持与实践的指导，推进我国社区矫正事业健康发展。

《社区矫正概论》是中央司法警官学院社区矫正研究中心的集体研究成果，由张凯、姜祖桢担任主编。主编提出编写提纲后，经集体讨论修订完善，最后由主编统稿、定稿，撰稿人及分工如下（以撰写章节先后为序）：

姜祖桢（中央司法警官学院矫正教育系主任　教授）：第一章（合写）；

曹兴华（北京中医药大学人文学院讲师　中央司法警官学院社区矫正研究中心兼职研究员　法学博士）：第二章、第十五章；

玄计华（中央司法警官学院讲师　哲学博士）：第三章；

赵亮（中央司法警官学院法学院副院长　副教授　法学博士）：第四章；

曹海青（中央司法警官学院法学院　副教授　法学博士）：第五章；

李亚西（中央司法警官学院马列（基础）教研部　副教授、双硕士）：第六章；

吴艳华（河北司法警官职业学院刑事执行系副主任　中央司法警官学院社区矫正研究中心兼职研究员　教授）：第七章、第十四章（合写）；

赵宇（北京师范大学刑事司法学院博士研究生　中央司法警官学院社区矫正研究中心兼职研究员）：第八章（合写）；

张延琦（华北电力大学政法学院硕士研究生）：第八章（合写）；

张凯（中央司法警官学院矫正教育系副主任　社区矫正研究中心主任　副教授　法学博士）：第一章（合写）、第九章、第十章、第十一章（合写）、第十四章（合写）；

杨涵（中央司法警官学院监狱学学院　讲师）：第十一章（合写）；

王萌（中央司法警官学院矫正教育系　讲师）：第十二章（合写）；

牛竞凡（中央司法警官学院矫正教育系　讲师）：第十二章（合写）；

李晓娥（中央司法警官学院矫正教育系　副教授）：第十三章。

在撰写过程中，编者参阅、借鉴、引用了大量国内专家、学者以及实务工作者的学术成果，在此对他们表示真诚的感谢！他们是我国社区矫正工作的见证者、亲历者、探索者和实践者，其成果为社区矫正健康发展提供了智力支持和理论动力。限于编写成员水平与时间，尽管做了很多修补、纠错及矫偏的努力，错漏之处仍在所难免，诚恳期待广大读者批评指正，提出宝贵意见和建议，请发送邮件（电子邮件地址：shequjiaozheng2003@163.com），将来修订时得以采摭群言。

《社区矫正概论》编写组
2021 年 12 月 28 日

目录
Contents

第一章 导 论

本章摘要

社区矫正是一个外来术语。在我国,社区矫正制度试点于2003年施行,经过扩大试点、全面试行、全面推进、专门立法的阶段性发展,现已进入法治化的发展轨道。关于社区矫正的性质,《社区矫正法》颁布前,官方将其界定为非监禁刑罚执行活动,而《社区矫正法》则将其确定为刑事执行活动。理论界对社区矫正的概念与性质可谓众说纷纭,莫衷一是,讨论的焦点集中在社区矫正的性质定位上。与监狱刑相比,社区矫正具有非监禁性、社会参与性等显著特征。社区矫正工作需要坚持监督管理与教育帮扶相结合,专门机关与社会力量相结合,分类管理与个别化矫正相结合的工作原则,承担监督管理与教育帮扶社区矫正对象的任务。社区矫正是我国刑罚执行体系的重要组成,需要在刑事一体化、刑罚人道化、行刑社会化理念的指导下逐步推进,同时,最大限度地发挥社区矫正的优势,限制其不足是社区矫正工作者需要关注的重要问题。

重点问题

1. 社区矫正的概念与特点。
2. 社区矫正的原则与任务。
3. 社区矫正的理念与价值。

第一节 社区矫正概述

在中国,社区矫正是宽严相济刑事政策的重要体现,是行刑社会化发展的重要方式,是推进国家治理体系和治理体系现代化的重要制度,是在立足国情和长期刑事司法实践经验的基础上，借鉴吸收其他国家的有益做法，逐步发展起来的具有中国特色的非监禁刑事执行制度。

一、什么是社区矫正

(一)社区矫正的概念

概念是反映客观事物本质属性的思维形式，是理论研究的前提。社区矫正的概念是社区矫正制度研究的逻辑起点。在中国，社区矫正是一个外来术语，主要是基于对“community corrections”或者“community – based corrections”的翻译。据“中国知网”数据库检索，1987 年 8 月，美国学者 D. 斯坦利 · 艾兹恩、杜格 · A. 蒂默的论著，邬明安编译的《美国的监禁与非监禁化危机》①是第一篇与社区矫正相关的论文；晓雳编译的《美国社区矫正制度》(载《犯罪与改造研究》1990 年第 6 期)是第一篇公开发表的标题中有“社区矫正”概念的期刊文章；刘建撰写的《上海将全面推行社区矫治工作》(载《法制日报》2002 年 11 月 28 日)是第一篇以社区矫正制度为主题的报纸报道。②

自 2003 年社区矫正试点工作开始，理论界与实务部门对社区矫正概念的界定与讨论从未停止。2003 年 7 月 10 日，最高人民法院、最高人民检察院、公安部、司法部联合发布《关于开展社区矫正试点工作的通知》(以下简称两院两部《通知》)，确定北京、上海、天津、山东、浙江、江苏六个省市为社区矫正制度首批试点地区，标志着我国社区矫正制度正式启动。两院两部《通知》是我国官方发布的首个权威性的社区矫正规范性文件，也首次提及社区矫正的概念。随后，最高人民法院、最高人民检察院、公安部、司法部联合发布的规范性文件及相关部门规章都对社区矫正进行界定和阐释，如表 1 – 1 所示。

---

① 参见[美]D. 斯坦利 · 艾兹恩、杜格 · A. 蒂默：《美国的监禁与非监禁化危机》，邬明安编译，载《环球法律评论》1987 年第 4 期。

② 需要提醒的是，一些相关刊物并未被中国知网的数据库收录，例如，中央司法警官学院主办的《中国监狱学刊》《社区矫正论丛》等。

表1-1　规范性文件及部门规章中关于"社区矫正"的概念

社区矫正的概念	出处	比较
社区矫正是与监禁矫正相对的行刑方式,是指将符合社区矫正条件的罪犯置于社区内,由专门的国家机关在相关社会团体和民间组织以及社会志愿者的协助下,在判决、裁定或决定确定的期限内,矫正其犯罪心理和行为恶习,并促进其顺利回归社会的非监禁刑罚执行活动	2003年7月10日发布的两院两部《通知》	官方首次提及
社区矫正是指将符合社区矫正条件的罪犯置于社区内,由专门的国家机关在相关社会团体和民间组织以及社会志愿者的协助下,矫正其犯罪心理和行为恶习,促进其顺利回归社会的非监禁刑罚执行活动	2004年5月9日,司法部印发《司法行政机关社区矫正工作暂行办法》(以下简称《暂行办法》)	比照两院两部《通知》,对社区矫正的概念略有简化
社区矫正工作是将罪犯放在社区内,遵循社会管理规律,运用社会工作方法,整合社会资源和力量,对罪犯进行教育改造,使其尽快融入社会,从而降低重新犯罪率,促进社会长期稳定与和谐发展的一种非监禁刑罚执行活动	2005年1月20日,最高人民法院、最高人民检察院、公安部、司法部联合发布《关于扩大社区矫正试点范围的通知》(以下简称《扩大试点通知》)	该定义从社会管理角度界定社区矫正,强调社会工作方法与社会资源的作用
社区矫正是非监禁刑罚执行方式,是指将符合法定条件的罪犯置于社区内,由专门国家机关在相关社会团体、民间组织和社会志愿者的协助下,在判决、裁定或决定确定的期限内,矫正其犯罪心理和行为恶习,促进其顺利回归社会的非监禁刑罚执行活动	2009年9月2日,最高人民法院、最高人民检察院、公安部、司法部发布《关于在全国试行社区矫正工作的意见》	该定义表述模糊,社区矫正是非监禁刑罚执行方式还是非监禁刑罚执活动并不明确
社区矫正是将符合法定条件的罪犯置于社区内,由社区矫正机构在有关部门、社会组织和志愿者的协助下,在判决、裁定或决定确定的期限内,矫正其犯罪心理和行为恶习的非监禁刑罚执行活动	2019年9月30日,司法部发布《中华人民共和国司法行政行业标准·社区矫正术语》	该定义明确了社区矫正工作的执行主体,即社区矫正机构

综上,官方发布的规范性文件、部门规章、行业标准等都将社区矫正界定为非监禁刑罚执行活动。

随着社区矫正工作的逐步推进，其已成为法学、社会学等专业研究的新增热点。关于社区矫正的概念，理论界的观点也尚未统一，具有代表性的观点如表1－2所示。

表1－2 部分学者界定的"社区矫正"概念

社区矫正的概念	出处	理解
社区矫正是依法在社区中监管、改造和帮扶罪犯的非监禁刑执行制度	吴宗宪主编:《社区矫正导论》(第2版)，中国人民大学出版社2020年版，第5页	将社区矫正界定为非监禁刑执行制度
社区矫正就是对在社区执行刑罚的罪犯进行惩罚与矫正的活动，是对被判监禁刑的罪犯在监狱惩罚与改造并列的刑罚执行活动	翟中东:《我国社区矫正立法中需要解决的四个问题》，载《上海政法学院学报(法治论丛)》2017年第2期	将社区矫正界定为刑罚执行活动
社区矫正是对社区服刑人员(受刑人)依法实施惩罚、提供矫正与服务项目，以促进其顺利回归社会的刑罚执行或刑事执行活动	刘强主编:《社区矫正制度研究》，法律出版社2007年版，第7页	将社区矫正界定为刑罚执行或刑事执行活动
社区矫正是社区矫正机关依法对社区服刑人员实施的矫正和提供的社会服务的总称	王平主编:《社区矫正制度研究》，中国政法大学出版社2014年版，第9页	将社区矫正理解为矫正和社会服务的总称
社区矫正，是指通过适用各种非监禁性刑罚或刑罚替代制度，使罪犯得以留在社区中接受教育改造，以避免监禁刑可能带来的负作用，并充分利用社区资源参与罪犯矫正事业的一种罪犯处遇制度	冯卫国:《行刑社会化论纲》，北京大学2002年博士学位论文，第97页	将社区矫正确定为罪犯处遇制度
社区矫正是指法定执行机关及其工作人员在社区并依托社区资源和力量，对被判处管制刑、宣告缓刑、裁定假释、决定或批准暂予监外执行的罪犯，予以监督管理和教育帮扶，旨在有针对性地消除可能重新犯罪的因素，帮助其成为守法公民的一项非监禁刑事执行制度	王顺安:《论中国特色的社区矫正概念与性质》，载《宜宾学院学报》2021年第1期	将社区矫正界定为非监禁刑事执行制度

准确、科学的定义是我们开展社区矫正工作的前提条件。定义是以简短的形式揭示概念本质属性的逻辑方法，在定义过程中要严格遵循其逻辑准则。在综合

官方发布的规范性文件与理论界部分学者的代表性观点，结合《社区矫正法》的相关规定，反思社区矫正实践工作的基础上，本书认为，社区矫正是社区矫正机构或其委托机构依法在社区中监督管理、教育帮扶社区矫正对象的非监禁刑事执行制度。

（二）社区矫正与监狱矫正的比较

监狱矫正与社区矫正是我国刑罚执行体系的主要构成部分。监狱矫正强调通过隔离关押消除服刑人员的危险性，而社区矫正注重社会力量的利用，帮助矫正对象融入社会。根据国家统计局网站数据，2003～2012年我国在押服刑人员每年略有波动，但总体呈增长趋势，如表1－3所示。

表1－3 2003～2012年我国在押服刑人员数量

年份	2003年年末	2004年年末	2005年年末	2006年年末	2007年年末	2008年年末	2009年年末	2010年年末	2011年年末	2012年年末
人数	1,562,742	1,558,511	1,565,711	1,566,839	1,589,222	1,623,394	1,646,593	1,656,773	1,641,931	1,657,963

随着社区矫正试点、扩大试点、全面试行、法律确认与全面推进，我国社区矫正对象的数量呈明显增长趋势，累计接收和解除的社区矫正对象持续增多。社区矫正在我国刑罚执行体系中的作用及地位日益重要。据笔者对《人民日报》《法制日报》相关报道以及司法部社区矫正管理局的统计整理，全国社区矫正适用规模如表1－4所示。

表1－4 2003～2019年全国社区矫正适用规模不完全统计

截止时间	累计接收社区矫正对象人数（万）	累计解除社区矫正对象人数（万）	现有社区矫正对象人数（万）
2003年12月①	约0.3	&	&
2004年9月②	约0.49	&	&
2005年4月③	约1.0	&	&
2006年年底④	约8.9	约3.3	约5.5

① 参见李郁：《社区矫正 司法改革的亮点》，载《法制日报》2003年12月31日。

② 参见刘国航：《社区矫正工作的良好开端——六省市社区矫正试点工作回眸》，载《法制日报》2004年9月27日。

③ 参见顾瑞珍：《做好新形势下社区矫正工作》，载《人民日报》2005年4月14日。

④ 参见张亦嵘、袁定波：《社区矫正工作机制基本形成》，载《法制日报》2007年3月26日，第2版。

续表

截止时间	累计接收社区矫正对象人数(万)	累计解除社区矫正对象人数(万)	现有社区矫正对象人数(万)
2007年9月底①	14.1	5.4	8.7
2009年4月底②	31.7	15	&
2009年10月③	35.8	17.1	18.7
2010年12月底④	59.8	27.8	&
2011年3月⑤	59.9	32.1	27.8
2011年7月底⑥	72.3	33.0	39.3
2012年11月底⑦	124	69.9	54.4
2013年7月⑧	151	89	62
2013年10月底⑨	166.5	100.7	65.8
2014年6月⑩	199.4	127.2	72.2

① 参见于呐洋:《25个省份开展社区矫正试点工作　社区服刑人员重新犯罪率不足1%》,载《法制日报》2007年12月17日,第1版。

② 参见王比学:《社区矫正:在探索中前行》,载《人民日报》2009年7月29日,第19版。

③ 《司法行政机关认真履行职责　全面试行社区矫正取得新进展》,载《法制日报》2010年7月22日,第8版。

④ 参见郝赤勇:《认真学习贯彻〈刑法修正案(八)〉　进一步加强社区矫正工作》,载《法制日报》2011年3月16日,第9版。

⑤ 参见司矫轩:《齐心协力实现"社区矫正"新跨越　"十一五"期间全国社区矫正工作回眸》,载《法制日报》2011年3月8日,第8版。

⑥ 参见赵阳:《我国初步建立社区矫正工作体系累计接收72.3万社区服刑人员　社区矫正执行主体有待刑诉法进一步明确》,载《法制日报》2011年9月9日,第5版。

⑦ 参见司法部社区矫正管理局:《落实宽严相济刑事政策　维护和谐稳定社会环境　全国社区矫正工作五年发展综述》,载《法制日报》2013年1月9日,第12版。

⑧ 参见周斌:《郝赤勇在北京市社区矫正工作十周年总结大会上强调　坚持依法严格规范管理　维护社区矫正的严肃性权威性》,载《法制日报》2013年7月22日,第2版。

⑨ 参见周斌:《贯彻党的十八届三中全会精神　推动中国特色社区矫正工作新发展》,载《法制日报》2013年12月9日,第3版。

⑩ 参见周斌:《社区矫正工作呈现全面推进发展态势　全国累计接收社区服刑人员近200万》,载《法制日报》2014年8月13日,第1版。

续表

截止时间	累计接收社区矫正对象人数(万)	累计解除社区矫正对象人数(万)	现有社区矫正对象人数(万)
2014 年 10 月①	207.3	134.4	72.9
2014 年 12 月底②	223.7	150.5	73.2
2015 年 2 月底③	232.2	158.2	74
2017 年年底④	370.3	301.5	69.3
2019 年 12 月底⑤	478	411	126 (注:126 万为 2019 年正在列管社区矫正对象人数,与其他年份统计不同)

由表 1－4 可知,自社区矫正制度试点以来,我国累计接收的社区矫正对象数量稳步上升。特别是《刑法修正案(八)》明确社区矫正制度后,每个月以 8000 人至 1 万人的速度增长,并将在相当长一段时间内持续。⑥ 据 2014 年 1 月 6 日《人民日报》报道,河南社区矫正人数占在押罪犯总数的近 1/2,数量居全国前列。⑦ 可见,在某些地区社区矫正与监狱矫正呈现平分秋色的局势。据《中国法治建设年度报告(2020)》显示,截至 2020 年,全国新收社区矫正对象 53 万人,办理解除社区矫正对象 55.8 万人,现有社区矫正对象 64.5 万人。

由表 1－3、表 1－4 可知,我国监狱服刑人员与社区矫正对象数量呈同步增长

① 参见王斌:《郝赤勇在北京市社区矫正工作会议上强调 全面推进社区矫正工作 健全中国特色社区矫正制度》,载《法制日报》2014 年 10 月 15 日,第 2 版。

② 参见周斌:《我国全面推进社区矫正工作 累计接收社区服刑人员 223.7 万人》,载《法制日报》2015 年 1 月 17 日,第 1 版。

③ 参见周斌:《各地认真贯彻落实全国社区矫正工作会议部署 全面推进社区矫正工作进展顺利》,载《法制日报》2015 年 4 月 22 日,第 1 版。

④ 参见司法部社区矫正管理局编:《2012 ~ 2017 年全国社区矫正工作统计分析报告》,法律出版社 2018 年版,第 2 页。

⑤ 参见《司法部:累计解除社区矫正对象 411 万,再犯罪率 0.2%》,载澎湃新闻网 2021 年 8 月 27 日,https://baijiahao.baidu.com/s?id=1654137298311792222&wfr=spider&for=pc。

⑥ 参见赵阳、余东明:《社区矫正压力有超越监狱服刑人员之势》,载《法制日报》2011 年 9 月 23 日,第 5 版。

⑦ 参见王汉超:《河南社区矫正人数占在押罪犯总数近半 善待身边的服刑者》,载《人民日报》2014 年 1 月 6 日,第 2 版。

的状态。从两者比例上不难发现,监禁刑在我国仍占据主导地位。我国刑罚执行正处于从监禁为主向非监禁为主过渡的关键时期。

社区矫正与监狱矫正都是国家刑事制裁手段,具有强制性,且以罪犯再社会化为目标,但它们差异又十分显著,如表1-5所示。

表1-5 监狱矫正与社区矫正的差异性

差异性	监狱矫正	社区矫正
矫正环境	封闭性监所	开放性社区
矫正主体	监狱人民警察	社区矫正机构工作人员、社会工作者、志愿者
矫正对象	被判处有期徒刑、无期徒刑、死刑缓期执行的服刑人员	管制犯、缓刑犯、假释犯、暂予监外执行犯
矫正手段	监管改造、教育改造、劳动改造	监督管理、教育帮扶

二、社区矫正的特征

(一)刑事制裁性

刑事制裁性是社区矫正的根本属性。从本质上讲,其与监狱矫正一致,社区矫正也是国家制裁犯罪人的一种手段,是个人实施犯罪行为的一种法律后果。与以封闭、隔离为特点的监狱矫正相比,社区矫正是以不剥夺人身自由为前提的处罚措施,其惩罚力度具有缓和性,对社区矫正对象的惩罚及他们因此而体验的痛苦都相对较轻。但是,这并不能否定、抹杀社区矫正的刑事制裁性。

社区矫正的刑事制裁性,即惩罚性主要体现在以下几个方面。其一,社区矫正对象要遵守特定义务。《社区矫正法》第4条第1款规定:“社区矫正对象应当依法接受社区矫正,服从监督管理。”第23条规定:“社区矫正对象在社区矫正期间应当遵守法律、行政法规,履行判决、裁定、暂予监外执行决定等法律文书确定的义务,遵守国务院司法行政部门关于报告、会客、外出、迁居、保外就医等监督管理规定,服从社区矫正机构的管理。”据此,社区矫正要服从监督管理,要履行报告等法律义务,其人身自由和行动受到一定限制。其二,社区矫正对象不能行使一些权利。根据《刑法》第39条的规定,被判处管制的社区矫正对象,在执行期间未经执行机关批准,不得行使言论、出版、集会、结社、游行、示威自由的权利。《刑法》第54条规定:“剥夺政治权利是指剥夺下列权利:(一)选举权和被选举权;(二)言论、出版、集会、结社、游行、示威自由的权利;(三)担任国家机关职务的权利;(四)担任国有公司、企业、事业单位和人民团体领导职责的权利。”据此，被剥夺政治权利的社区矫正对象不能行使《刑法》第 54 条规定的权利。其三，社区矫正对象可能被使用电子定位装置。《社区矫正法》第 29 条规定：“社区矫正对象有下列情形之一的，经县级司法行政部门负责人批准，可以使用电子定位装置，加强监督管理：(一)违反人民法院禁止令的；(二)无正当理由，未经批准离开所居住的市、县的；(三)拒不按照规定报告自己的活动情况，被给予警告的；(四)违反监督管理规定，被给予治安管理处罚的；(五)拟提请撤销缓刑、假释或者暂予监外执行收监执行的。”据此，为加强监督，掌握活动轨迹，当出现上述五种情形时，社区矫正对象被使用电子定位装置。

(二)非监禁性

非监禁性是社区矫正与监狱矫正的主要区别。非监禁性是指不将社区矫正对象置于封闭的监管场所中进行改造的特点。非监禁性意味着社区矫正对象可以不脱离家庭环境，不断裂社会关系，不影响正常工作和生活的条件下，接受惩罚与改造。《社区矫正法》第 34 条规定：“社区矫正的措施和方法应当避免对社区矫正对象的正常工作和生活造成不必要的影响；非依法律规定，不得限制或者变相限制社区矫正对象的人身自由。”进言之，虽然社区矫正对象的人身自由受到一定限制，但是，其仍保留较大的活动空间与行动自由，他们的正常工作和生活也受到法律保护。可以说，非监禁性是社区矫正重要特征之一，也是其与监狱矫正的主要区别之一。

(三)社会参与性

社会参与性是社区矫正与监禁矫正的实质差异。与监狱矫正相比，利用社会资源与力量是社区矫正的最大特点和明显优势。社区矫正是一项系统性、专业化的执法活动，牵涉法院、检察院、公安机关、监狱等司法机关以及民政、教育、医疗等职能部门，面对数量多、类型杂、风险不稳定的社区矫正对象，仅靠社区矫正机构难以独立完成。因此，社区矫正工作可以借鉴“枫桥经验”，吸引好、利用好、发挥好社会力量的积极作用。组织社会力量参与社区矫正工作，不仅可以减轻国家司法机关的压力，也能够推动共建共治共享社会治理格局的建设。

《社区矫正法》为社会力量参与社区矫正提供了法律保障，具体表现在以下几个方面：其一，明确规定社会参与的原则。《社区矫正法》第 3 条明确规定：“社区矫正工作坚持……专门机关与社会力量相结合。”第 13 条规定：“国家鼓励、支持企业事业单位、社会组织、志愿者等社会力量依法参与社区矫正工作。”其二，明确规定社会组织、志愿者、企业事业单位等社会力量参与社区矫正工作。《社区矫正法》第 18 条规定，社会组织可以参与社会调查评估；第 25 条规定，社区矫正对象的监护人、家庭成员,所在单位或者就读学校的人员以及社会工作者、志愿者等社会力量可以参与矫正小组;第35条规定,有关人民团体应当依法协助社区矫正机构做好教育帮扶工作;第42条规定,国家鼓励企业事业单位、社会组织为社区矫正对象提供就业岗位和职业技能培训;招用符合条件的社区矫正对象的企业,按照规定享受国家优惠政策;第56条规定,共产主义青年团、妇女联合会、未成年人保护组织应当依法协助社区矫正机构做好未成年人社区矫正工作。其三,明确规定社会组织参与社区矫正的财政保障。《社区矫正法》第6条规定,社会组织依法协助社区矫正机构开展工作所需的经费应当按照规定列入社区矫正机构本级政府预算。

三、社区矫正的原则

社区矫正的原则是指导社区矫正工作的基本准则,贯穿社区矫正工作的全过程。

(一)《关于在全国试行社区矫正工作的意见》中的基本原则

2009年9月2日,最高人民法院、最高人民检察院、公安部、司法部联合下发的《关于在全国试行社区矫正工作的意见》提出,"全面试行社区矫正工作的基本原则是:坚持党对社区矫正工作的领导,认真贯彻中央关于司法体制和工作机制改革的决策部署,确保社区矫正工作的正确方向;坚持从我国国情出发,坚持社区矫正工作的非监禁刑罚执行性质,不断完善中国特色刑罚执行制度;坚持各有关部门分工负责、相互支持、协调配合,确保社区矫正工作有序开展,坚持专群结合,充分调动社会资源和有关方面的积极性,不断增强社区矫正工作的社会效果;坚持从实际出发,分类指导,确保社区矫正工作各项措施符合实际、取得实效;坚持与时俱进、改革创新,努力探索社区矫正工作方法,不断提高社区矫正工作水平"。全面试行阶段明确的基本原则仍具有一定启发。

1. 坚持党的领导

坚持党的领导是我国宪法确定的一项基本原则。中国共产党是中国特色社会主义事业的坚强领导信心,是最高政治领导力量,各个领域、各个方面都必须坚定自觉坚持党的领导。① 社区矫正是一个系统、复杂工程,需要在各级党委政府的统一领导下开展工作,需要人民法院、人民检察院、公安机关和司法行政机关通力合作,需要财政、教育、医疗、民政、卫生、人力资源与社会保障、共产主义青年团、妇女

---

① 参见中共中央宣传部:《习近平新时代中国特色社会主义思想三十讲》,学习出版社、人民出版社2018年版,第74页。

联合会等相关部门大力支持,需要社会组织、社会工作者、志愿者以及社区群众的广泛参与。只有坚持党的领导,才能将上述各方面力量统一起来,为实现社区矫正的工作目标提供组织保障。

2. 坚持从实际出发

坚持从实际出发,要求立足中国国情和法治实践。社区矫正是国际社会行刑的潮流与趋势。但由于历史发展、社会进步、法治观念和文化背景等方面的差异,我国推行社区矫正制度必须从实际出发,立足国情,不能简单地移植、照搬。例如,在社区矫正试点试行过程中,司法所吸收社区矫正对象的亲属、基层组织、所在单位或学校等有关单位的人员参加,组建矫正小组,取得了良好的效果。《社区矫正法》进一步明确了矫正小组的组成及任务,从法律层面确立了这一具有中国特色的社区矫正管理教育模式。坚持从实际出发,还要求客观面对所处的社区环境。从目前社区矫正工作发展的状况来看,已经呈现城市与农村,经济发达地区与欠发达地区的不平衡。社区矫正工作者应当结合本地区实际,探索、践行符合罪犯矫正规律的矫正制度,为完善中国特色的社区矫正制度提供经验。

3. 坚持专群结合

社区矫正是一项专业化的刑事执行工作,需要各有关部门相互支持、协调配合。司法行政机关切实做好主管工作,认真履行指导管理社区矫正工作的职责;社区矫正机构要做好执行工作,司法所要做好接受委托工作;人民法院要依法充分适用非监禁刑罚和非监禁刑罚执行措施;人民检察院要加强对社区矫正各执法环节的法律监督;公安机关要加强对社区矫正对象的监督,对脱管、漏管等违反社区矫正管理规定的社区矫正对象依法采取惩戒措施,对重新违法犯罪的社区矫正对象及时依法处理。同时,社会参与性是社区矫正的优势和价值体现。因此,社区矫正的健康发展关键靠群众。我们要继承和发扬"枫桥经验",紧紧依靠基层组织的感召力、影响力,发挥好城乡社区、村(居)委会的作用和人民团体、群众组织、社会组织的优势,广泛发动人民群众积极参与社区矫正工作,发展壮大社会工作者、志愿者队伍,吸收更多更优秀的专业人才投身到社区矫正工作中来,提高社区矫正工作社会化水平。

4. 坚持改革创新

创新是发展的不竭动力和源泉。社区矫正是我国刑罚执行体系不断丰富和完善的体现,它不是简单的矫正场所的转移和工作主体的变化,而是矫正理念的更新。因此,我们必须坚持解放思想、实事求是的精神,借鉴国外社区矫正工作的有益经验,深入贯彻习近平新时代中国特色社会主义思想、习近平法治思想,牢固树立社会主义法治理念,按照依法治国和国家治理体系现代化的要求,根据中央关于司法体制和工作机制改革的部署,积极探索,大胆创新社区矫正新制度、新模式、新方法,不断提高社区矫正工作水平。

5. 坚持依法规范

社区矫正作为我国刑罚执行制度改革的有益探索和尝试,是一项严肃的执法活动。因此,社区矫正必须严格按照《刑法》《刑事诉讼法》《社区矫正法》《社区矫正法实施办法》等法律规章的规定,依法规范运行,以维护刑罚执行的统一性和公正性。所谓依法规范主要指社区矫正的适用范围、适用程序、具体措施、职责分工以及部门衔接等方面必须严格按照法律的要求进行,以确保社区矫正工作顺利、健康、有序地开展。强调坚持依法规范的原则,就是要求在现行法律框架内开展工作,不能超越或违背现行法律,这是社区矫正工作的前提。

(二)《社区矫正法》中的工作原则

《社区矫正法》第3条规定,社区矫正的工作原则包括监督管理与教育帮扶相结合的原则,专门机关与社会力量相结合的原则,分类管理以及个别化矫正的原则。

1. 监督管理与教育帮扶相结合

监督管理,是指社区矫正机构监督社区矫正对象遵守法律、行政法规,履行判决、裁定、暂予监外执行决定等法律文书确定的义务,遵守司法行政部门关于报告、会客、外出、迁居、保外就医等规定,了解掌握社区矫正对象的活动情况和行为表现等。

教育帮扶,是指社区矫正机构,教育、人力资源和社会保障等部门,有关人民团体,居民委员会、村民居委会,以及企业事业单位、社会组织、志愿者等社会力量对社区矫正对象开展的教育、心理辅导、职业技术培训、就业指导,社会关系改善等方面的帮教活动。

正确认识并处理监督管理与教育帮扶两者之间的关系,有利于提高社区矫正工作质量。有效的监督管理是开展社区矫正工作的基础和前提。预防社区矫正对象重新犯罪、维系社区安全是社区矫正机构的首要职责。但是,或是基于预防重新犯罪,或是秉持重刑观念,将社区矫正对象视为“斗争”对象;而过度强调监督管理是不可取的,容易侵犯社区矫正对象的合法权益,干预社区对象的正常生活,进而有在社会上“办监狱”之嫌疑,也与社区矫正制度设置的初衷相背离。高效的教育帮扶是开展社区矫正工作的关键和核心。将社区矫正对象转化为守法公民,促进其再社会化是社区矫正机构的工作目标。但是,或是基于预防重新犯罪,或是坚持人道观念，将社区矫正对象视为“服务”对象；而过度强调教育帮扶也是不可取的，这样容易引起社会公众，特别是弱势群体的不满情绪，也可能诱发社区矫正对象的“依赖”心理，甚至过度帮扶的请求。监督管理与教育帮扶是一个不可分割的整体，它们之间是相互联系、相互促进的，监督管理是顺利开展教育帮扶的条件，而教育帮扶能够更好地维护监督管理秩序。综上，社区矫正机构工作人员需要平衡监督管理与教育帮扶之间的关系，以发挥其整体效果，切记不能割裂，不能偏废。

2. 专门机关与社会力量相结合

专门机关与社会力量相结合体现了社区矫正工作的专业性与社会性的特点。社区矫正工作是一项系统工程，牵涉司法行政部门、人民法院、人民检察院、公安机关、监狱、社区矫正委员会、社区矫正机构、司法所、民政、医疗、教育等机关或部门。社区矫正工作的高效运行需要上述机关或部门各司其职，各负其责。同时，社区矫正工作的衔接复杂、任务繁重、内容专业，需要由专门机关具体实施。根据《刑事诉讼法》第 258 条、《社区矫正法》第 9 条的规定，专门机关是指县级以上地方人民政府根据需要设置的社区矫正机构。专门机关的设置体现了社区矫正工作的重要性与专业性，保障了社区矫正工作的规范、高效开展。

非监禁性是社区矫正区别于监狱矫正的鲜明特征，是社会力量广泛介入的前提。社会力量参与既是社区矫正的显著优势，也是社区矫正推进的内在要求。社会力量主要包括：企业事业单位、社会组织、志愿者、社会工作者、监护人、村民委员会、居民委员会、共产主义青年团、妇女联合会、未成年人保护组织等。社区矫正工作的顺利开展需要坚持专门机关与社会力量相结合的原则，如果过度依靠专门机关，就会背离社区矫正社会化的本意，也会加重专门机关的压力和社会治理的成本；过度依靠社会力量，则易淡化社区矫正惩罚性的底色，甚至出现偏离刑事执行方向的危险。因此，专门机关与社会力量之间也需要保持平衡。

3. 分类管理

采取分类管理是社区矫正工作科学化的必然要求。《社区矫正法实施办法》第 21 条规定：“社区矫正机构应当根据社区矫正对象被判处管制、宣告缓刑、假释和暂予监外执行的不同裁判内容和犯罪类型、矫正阶段、再犯罪风险等情况，进行综合评估，划分不同类别，实施分类管理。社区矫正机构应当把社区矫正对象的考核结果和奖惩情况作为分类管理的依据。社区矫正机构对不同类别的社区矫正对象，在矫正措施和方法上应当有所区别，有针对性地开展监督管理和教育扶工作。”此条款是分类管理原则的直接体现与具体落实。采取分类管理原则的根据有以下几点：其一，虽然社区矫正对象具有人身危险性较低的共同特点，但是他们之间的差异也十分明显。管制类、缓刑类社区矫正对象犯罪情节较轻,社会危害性较小;假释类社区矫正对象通常实施过严重的犯罪行为,且有过监狱矫正经历,存在一定程度的社会脱节;暂予监外执行类社区矫正对象是由于具有疾病、生育等特定法律事实,基于人道主义而变更矫正场所;可见,社区矫正对象各具特点。其二,《刑法》《刑事诉讼法》等法律对不同类型的社区矫正对象分别规定了不同的法定义务,因此,社区矫正对象应当遵守的法定义务及违反规定的法律后果是有差异的。相应地,在社区矫正工作中,社区矫正机构应当区别对待不同类型的社区矫正对象。其三,在社区矫正过程中,社区矫正对象的表现也各不相同,有些社区矫正对象遵纪守法,服从监督管理,积极参加学习、公益活动;而有些社区矫正对象抵制矫正工作,不服从监督管理,甚至有违规违法行为,重新犯罪倾向高。社区矫正机构需要根据社区矫正对象的现实表现,实施不同的处遇措施。综合上述社区矫正对象的类型、现实表现的差异,社区矫正机构需要坚持分类管理原则。另外,分类管理能够将有限的司法资源合理地分配到重点对象、危险对象的矫正工作之中,最大限度地预防重新犯罪,节约刑事司法成本。

4. 个别化矫正

个别化矫正是社区矫正工作专业化的必然要求,是刑罚个别化原则的贯彻落实。社区矫正对象既具有群体性特征,又具备个性化特点。每位社区矫正对象的性别、年龄、文化程度、家庭环境、婚姻关系、成长经历、心理健康状态、技能水平、犯罪性质、犯罪类型、犯罪原因、服刑经历、危险程度、主观态度、客观需求等方面各不相同。根据马克思主义哲学中矛盾特殊性的原理,我们需要坚持具体问题具体分析的方法论,不能采取"一刀切"式的方法解决问题。据此,社区矫正机构工作人员应当结合社区矫正对象特殊性的问题,制订有针对性的矫正方案,设置相应的管理等级及措施,组织适当的教育内容,采取恰当的教育方法,开展切实的社会适应性帮助,才能提高社区矫正工作的质量。《社区矫正法》第 24 条、第 36 条第 2 款、第 52 条第 1 款等条款体现了分类管理、个别化矫正的原则。《社区矫正法》第 24 条规定:"社区矫正机构应当根据裁判内容和社区矫正对象的性别、年龄、心理特点、健康状况、犯罪原因、犯罪类型、犯罪情节、悔罪表现等情况,制定有针对性的矫正方案,实现分类管理、个别化矫正。矫正方案应当根据社区矫正对象的表现等情况相应调整。"第 36 条第 2 款规定:"对社区矫正对象的教育应当根据其个体特征、日常表现等实际情况,充分考虑其工作和生活情况,因人施教。"这些规定都是个别化矫正的具体要求。

总之,社区矫正工作不能搞统一化、公式化的监督管理和教育帮扶,否则势必抹杀社区矫正对象的群体特征及个性特点，影响社区矫正工作效果。科学化、专业化的社区矫正工作需要坚持分类管理、个别化矫正的原则。

第二节 社区矫正的性质与任务

一、社区矫正的性质

性质是事物本身所具有的与其他事物相区分的根本属性，性质定位准确与否直接关系到其制度与活动的设置和落实效果。社区矫正的性质，即社区矫正的本质属性。

（一）国外社区矫正的性质

1. 英美法系国家社区矫正的性质

（1）英国社区矫正的性质。在英国，社区矫正是一种的刑罚方法和措施，是独立于缓刑、假释等传统监禁替代刑的一个刑种。但是，它并不是单一型的刑种，而是具有丰富形式的、多元化的刑种，是多个社区矫正令的集合，主要包括社区惩罚令、宵禁令、监督令等。英国社区矫正在性质上是介于监禁刑和缓刑之间的一种刑罚，轻于监禁刑但比纯粹的缓刑重。社区刑属于一种中等惩罚性的制裁手段。① 从目标看，英国的社区矫正主要是强调惩罚犯罪人和预防累犯，并不重视罪犯回归社会。

（2）美国社区矫正的性质。在美国，各州立法不同，其社区矫正的定义和性质也有差异，在理论上也存在诸多争议。1996 年美国矫正协会社区矫正委员会认为，社区矫正的目的是为保护公共安全而对犯罪和被告进行惩罚和服务，并使他们在社区继续生活的一种刑事司法制度，主要通过选择合适的参与者，相信罪犯是可以信任的，修复犯罪给受害者和社区带来的损害，通过监督和治疗罪犯等措施的实现来使罪犯和社区之间保持一种积极的联系。② 美国《国家咨询委员会刑事司法准则与目标》将社区矫正定义为社区中的所有犯罪矫正措施。③ 从上述内容来看，美国的社区矫正属于一种刑罚，在实践中却体现为一种非监禁刑执行方式。④ 从目前美国的社区矫正形式来看，其内容涵盖了刑事诉讼的全过程，包括审前、审中和审后

---

① 参见吴宗宪等：《非监禁刑研究》，中国人民公安大学出版社 2003 年版，第 312 页。

② See Evans. Donald G, *Defining community correction*, Correction Today. 1996, 58(6), p. 124 – 125.

③ See Sanhu, S. (1981), *Community Correction*: *New Horizons*, NY: Charles C. Thomas.

④ 参见陈俊生、郭华主编：《国(境)外社区矫正立法》，法律出版社 2013 年版，第 15 页。

的各环节,其性质不仅是非监禁刑的刑罚执行,也包括各种非监禁措施的落实及矫正项目的实施。

(3)加拿大社区矫正的性质。在加拿大,社区矫正是以社区为基础,协助监督执行法院判处的刑罚的矫正项目。“在加拿大,大多数联邦犯人在监狱中的服刑时间只是其整个刑期的一部分,刑期的其他部分则在社区度过,但犯人必须遵守某些条件,并接受加拿大矫正局的工作人员的监督,调整在监狱外的生活。”①据此,加拿大社区矫正的性质不是独立的刑罚种类,而是非监禁措施——缓刑和监禁刑的监外执行部分的执行方式,也是与监狱矫正方案相配合的一种矫正方式与制度。

2. 大陆法系国家社区矫正的性质

(1)德国社区矫正的性质。德国的社区矫正是指将法院宣告缓刑、裁定假释以及由监狱等部门确定监外执行的罪犯放在社区,在机关团体、民间组织和社会志愿者的协助下,由专门的国家机构矫正其犯罪意识和恶习的刑罚执行活动。② 据此,德国的社区矫正是一种非监禁刑的刑罚执行方式。

(2)法国社区矫正的性质。在法国,社区矫正的形式主要表现为缓刑、假释和司法监督,特别是附考验的缓刑和附完成公共利益劳动义务的缓刑,具有鲜明的社区矫正特色。法国基于社会再适应是惩罚轻罪之刑罚的主要目的,其在理论上将轻罪刑罚称为矫正刑。③ 据此,法国的社区矫正具有明显的社会防卫性质。

(3)日本社区矫正的性质。在日本,社区矫正又称为社会处遇,被表述为更生制度。更生,是指改恶从善,重新做人。日本《更生保护法》第1条规定:“更生保护是指在社会内对犯罪人和问题少年实施适当的处遇,防止其重新犯罪或者消除其不良行为,帮助其成为善良的社会成员、自力更生,同时谋求恩赦的恰当运用,促进犯罪预防活动,保护社会,增进个人及公共福利为目的。”据此,日本的社区矫正具有保安处分的色彩。

(二)我国社区矫正的性质

1. 规范性文件中明确的社区矫正性质

自2003年7月社区矫正试点以来,为了规范和促进社区矫正工作发展,最高人民法院、最高人民检察院、公安部、司法部联合发布多个规范性文件,对社区矫正的

---

① 参见王增铎等主编:《中加矫正制度比较研究》,法律出版社2001年版,第163页。

② 参见陈俊生、郭华主编:《国(境)外社区矫正立法》,法律出版社2013年版,第16页。

③ 参见[法]卡斯东·斯特法尼等:《法国刑法总论精义》,罗结珍译,中国政法大学出版社1998年版,第422页。

性质进行了界定。在官方发布的规范性文件中,社区矫正的性质被界定为非监禁的刑罚执行方式(活动),见表1-1。

2. 理论界探讨争议的社区矫正性质

理论界对于社区矫正的性质是见仁见智,大体可分为两类。

(1)单一性说。此种观点强调社区矫正只有一种性质,但在具体性质的认定上却观点各异。如社区矫正是刑罚执行活动①,是非监禁刑执行制度,②是非监禁刑事执行制度,③是处遇措施④,是新兴的服刑人员处遇制度⑤,是管理教育服刑人员方式⑥,具有限制人身自由的保安处分的性质⑦,等等。

(2)复合说。此种观点认为社区矫正的性质是一个具有多层面的复合体。如社区矫正是一种非监禁式的行刑方式和处遇措施⑧,是集刑罚执行活动与社会工作的复合型制度⑨,是刑罚执行与社会福利的复合型制度⑩,是刑种、量刑和行刑制度的结合⑪,是刑罚执行与司法行政双重属性⑫,等等。

从上述介绍来看,社区矫正的性质仍是一个有待深入探讨的理论课题。这不

---

① “社区矫正就是对在社区执行刑罚的罪犯进行惩罚与矫正的活动,是对被判监禁刑的罪犯在监狱惩罚与改造并列的刑罚执行活动。”参见翟中东:《我国社区矫正立法中需要解决的四个问题》,载《上海政法学院学报(法治论丛)》2017年第2期;“社区矫正的性质应当被理解为刑罚执行”,参见刘强:《论社区矫正的社区刑罚执行性质》,载《社会科学战线》2015年第8期。

② “社区矫正是依法在社区中监管、改造和帮扶罪犯的非监禁刑罚执行制度”,参见吴宗宪主编:《社区矫正导论》(第2版),中国人民大学出版社2020年版,第5页。

③ “社区矫正是指法定执行机关及其工作人员在社区并依托社区资源和力量,对被判处管制刑、宣告缓刑、裁定假释、决定或批准暂予监外执行的罪犯,予以监督管理和教育帮扶,旨在有针对性地消除可能重新犯罪的因素,帮助其成为守法公民的一项非监禁刑事执行制度。”参见王顺安:《论中国特色的社区矫正概念与性质》,载《宜宾学院学报》2021年第1期。

④ 参见陈兴良:《社区矫正的理念与法律渊源》,载《东方法学》2006年第2期。

⑤ 参见冯卫国:《行刑社会化研究——开放社会中的刑罚趋向》,北京大学出版社2003年版,第181页。

⑥ 参见康树华:《社区矫正的历史、现状与重大理论价值》,载《法学杂志》2003年第5期。

⑦ 参见程应需:《社区矫正的概念及其性质新论》,载《郑州大学学报(哲学社会科学版)》2006年第4期。

⑧ 参见陈兴良:《社区矫正的理念与法律渊源》,载《东方法学》2006年第2期。

⑨ 参见张昱:《论复合型社区矫正制度》,载《学习与探索》2005年第5期。

⑩ 参见史柏年:《刑罚执行与社会福利:社区矫正性质定位思辨》,载《华东理工大学学报(社会科学版)》2009年第1期。

⑪ 参见郭建安、郑霞泽主编:《社区矫正通论》,法律出版社2004年版,第68~69页。

⑫ “社区矫正兼具司法执行与司法行政双重属性,刑罚执行是其首要性质,同时具有司法行政活动的性质。”参见2017年司法部社区矫正管理局组织的《社区矫正立法研讨会观点综述》,转引自高贞主编:《中国特色社区矫正制度研究》,法律出版社2018年版,第6页。

仅反映了对社区矫正制度的认识不同,亦在一定程度上反映了我国社区矫正实践工作的不成熟性。尽管世界各国对社区矫正的定性和具体做法有所差别,但仍然具有诸多的共性。一是充分利用和组织社会资源与力量;二是为了克服监禁机构的弊病,减轻刑罚成本与提高矫正效益,注重社会公共安全与保障服刑人员权利;三是社区矫正项目的核心仍然是缓刑和假释这两项传统项目;四是较普遍采用的是监狱行刑过程中的累进式开放性处遇措施;五是社区劳役或社区服务较广泛地为各国社区矫正的法律所肯定,成为社区矫正的非监禁刑罚方法。

性质是一个事物的本质属性,是事物本身区别于其他事物所特有的属性。任何一个事物都具有多种属性,其中只有一个本质属性,其余的都是非本质属性,本质属性是排他的。社区矫正也是如此,它的性质只有一个。有学者认同社区矫正的刑事执行性质,其观点是:"刑罚执行说导致'一刀切'的矫正理念,忽视了报应用作为刑罚内核的意义,没有区分四种矫正对象的不同法律属性;刑事执行说主张区分式的矫正理念,区分式矫正理念能够对四种矫正对象的分类,对矫正资源的优化配置",并指出"刑事执行说能够完整涵盖四种对象的执行属性,能够体现社区矫正与监狱改造不同的理念,能够理性回应社区矫正执法工作者警察化的诉求"。① 也有学者认同社区矫正的刑罚执行性质,其观点是,"我国社区矫正的对象是受刑罚处罚的罪犯,社区矫正属于刑事司法程序中的执行环节,社区矫正手段多样化是实现行刑目的需要,社会力量参与社区矫正是行刑社会化的需要"。② 但是,根据现行《社区矫正法》《社区矫正法实施办法》的相关规定,社区矫正的性质是非监禁刑事执行制度。其他的一些属性,诸如行刑方式、刑事政策、处遇措施、社会工作、社会福利等是社区矫正的非本质属性。

二、社区矫正的任务

社区矫正的任务是指社区矫正机构及相关部门依法承担的职责。社区矫正是判决后阶段非拘禁措施的典型。1990 年 12 月 24 日,联合国大会第 45/110 号决议通过的《联合国非拘禁措施最低限度标准规则》(东京规则)第五部分"非拘禁措施的执行"中第 10 项"监督"规定:(1)监督的目的是减少再犯罪和协助罪犯重返社会,尽量使其不重新犯罪。(2)如必须对非拘禁措施加以监督,则应由主管当局根据法律规定的具体条件予以执行。(3)在一定的非拘禁措施范围内,应针对每个案件确定旨在帮助罪犯悔改前非的最适当监督和处理方式。必要时应定期审查和调

---

① 张新民、刘远主编:《中国社区矫正制度与立法研究》,世界知识出版社 2019 年版,第 8 ~ 22 页。

② 高贞主编:《中国特色社区矫正制度研究》,法律出版社 2018 年版,第 9 ~ 14 页。

整监督和处理措施。(4)必要时应向罪犯提供心理、社会和物质方面的援助,并使他们有机会与社区加强联系,从而促进他们重返社会。[1] 据此,非拘禁措施执行的主要任务是根据法律进行监督,其目的是减少再犯,维护社会安全;同时,为促进重返社会,向罪犯提供援助。

（一）针对社区矫正对象的工作任务

自试点以来,明确具体任务是社区矫正工作的重要内容之一。两院两部《通知》中提出:“社区矫正的任务包括:1. 按照我国刑法、刑事诉讼法等有关法律、法规和规章的规定,加强对社区服刑人员的管理和监督,确保刑罚的顺利实施。2. 通过多种形式,加强对社区服刑人员的思想教育、法制教育、社会公德教育,矫正其不良心理和行为,使他们悔过自新,弃恶从善,成为守法公民。3. 帮助社区服刑人员解决在就业、生活、法律、心理等方面遇到的困难和问题,以利于他们顺利适应社会生活。”

《暂行办法》第4条规定:“社区矫正的任务是:(一)依照有关法律、法规和规章的有关规定,加强对社区服刑人员的管理和监督,确保刑罚的顺利实施;(二)采取多种形式,对社区服刑人员进行思想教育、法制教育和道德教育,矫正其不良心理和行为,促使其成为守法公民;(三)帮助社区服刑人员解决在就业、生活和心理等方面遇到的困难和问题,以利于其顺利适应社会生活。”此部门规章规定的工作任务与两院两部《通知》中提出的工作任务大体相同,具体包括监督管理、教育矫正和帮困扶助三个方面。

《社区矫正法》第2条第2款指出,“对社区矫正对象的监督管理、教育帮扶等活动,适用本法”。据此,社区矫正的工作任务确定为监督管理和教育帮扶两个方面。比照之前的相关规定,专门立法将教育矫正与帮困扶助合并为教育帮扶,以往提及的“三项任务”也随之转变为“两项任务”。监督管理是社区矫正刑事制裁性的直接体现,是刑事判决、刑事裁定和暂予监外执行决定正确执行的有效保障。教育帮扶是促进社区矫正对象融入社会,预防和减少犯罪的有效手段。监督管理与教育帮扶的内容及与两者关系前面已经介绍,在此不再赘述。

（二）社区矫正相关工作机构的工作任务

为确保上述针对社区矫正对象工作任务的顺利完成,组织、参与、实施社区矫正的工作机构和人员需承担以下任务。

1. 加强工作机制建设

健全的工作机制是社区矫正工作顺利开展的重要基础。社区矫正的工作机

---

[1] 赵秉志主编:《社区矫正法(专家建议稿)》,中国法制出版社2013年版,第247~248页。

制，即社区矫正的工作机构、相关机构以及它们在社区矫正工作中的职责权限。根据《社区矫正法》第8条、第9条的规定，司法行政机关、社区矫正委员会、社区矫正机构、司法所、人民法院、人民检察院、公安机关和其他有关部门组成社区矫正工作机制，如表1－6所示。社区矫正工作机制构成的广泛性，究其原因有二：其一，社区矫正是一种社会化的矫正方式，是在开放性社区中开展具体的矫正工作，通过社会化的力量落实相应的矫正任务，需要借助各部门及组织的力量和资源，共同发挥作用，这也是社区矫正工作的优势及特色；其二，社区矫正是一项复杂化的系统工作，涉及社区矫正对象在不同机构之间流转，牵涉司法行政机关、社区矫正机构、人民法院、人民检察院、公安机关以及其他有关部门，需要形成工作合力，避免衔接不通畅，或产生“真空地带”。《社区矫正法实施办法》第2条规定：“社区矫正工作坚持党的绝对领导，实行党委政府统一领导、司法行政机关组织实施、相关部门密切配合、社会力量广泛参与、检察机关法律监督的领导体制和工作机制。”据此，各相关部门要明确各自职责，加强协作，建立社区矫正工作衔接配合的长效、高效工作机制。

表1－6　社区矫正工作机制示意表

决定机关	人民法院、监狱管理机关、公安机关
法律监督机关	人民检察院
统筹协调、指导机构	社区矫正委员会
管理机关	司法行政机关
工作机构	社区矫正机构
委托机构	司法所
协助机构	公安机关、民政、教育、医疗、财政等部门

社区矫正机构是社区矫正的工作机构，具有独立的执法资格，在工作机制中发挥中枢性作用，其运行直接影响社区矫正工作的质量与效率。从内部职能上讲，社区矫正机构负责社区矫正对象的监督管理和教育帮扶，承担社区矫正机构工作人员的管理、监督、培训和职业保障等任务；从外部运行上讲，社区矫正机构需要与人民法院、人民检察院、公安机关、监狱、司法行政机关等相关部门协作，以提高工作效率，并根据需要，积极组织社会力量参与社区矫正工作，以提高工作的专业化、社会化水平。

2. 加强工作制度建设

完善的工作制度是社区矫正工作顺利开展的重要依据。根据《社区矫正法》

《社区矫正法实施办法》以及各地区制定的实施细则，结合工作实际，社区矫正机构需要建立社区矫正对象接收、管理、教育、解除等各个环节的工作制度。例如，工作例会制度、情况通报制度、监督制度、请示报告制度、统计分析制度、责任追究制度、突发事件处置制度、学习培训制度、矫正个案制度、信息报送宣传制度、档案管理制度、定期走访制度。①

同时，社区矫正机构需要统一社区矫正工作的文书格式，加强社区矫正对象档案管理，避免地区间差异性及不兼容性，以确保国家刑事执行活动依法规范开展。《社区矫正法实施办法》第 18 条规定："执行地县级社区矫正机构接收社区矫正对象后，应当建立社区矫正档案，包括以下内容：（一）适用社区矫正的法律文书；（二）接收、监管审批、奖惩、收监执行、解除矫正、终止矫正等有关社区矫正执行活动的法律文书；（三）进行社区矫正的工作记录；（四）社区矫正对象接受社区矫正的其他相关材料。接受委托对社区矫正对象进行日常管理的司法所应当建立工作档案。"该条明确了社区矫正档案的具体内容。此外，为保证法律正确实施，规范执法文书格式，在充分吸收地方意见的基础上，修订了原有执法文书的格式，2021 年 6 月 28 日，司法部社区矫正管理局下发了《关于印发和使用〈社区矫正执法文书格式（试行）〉的通知》，进一步规范了执法文书的内容、格式与使用要求。

3. 提高工作队伍素质

专业化的工作队伍是社区矫正工作顺利开展的重要条件。《社区矫正法》第 16 条规定："国家推进高素质的社区矫正工作队伍建设。社区矫正机构应当加强对社区矫正工作人员的管理、监督、培训和职业保障，不断提高社区矫正工作的规范化、专业化水平。"推进高素质的社区矫正工作队伍建设是全面推进依法治国的要求，是提高教育矫正质量，促进社区矫正对象顺利融入社会，预防和减少犯罪的要求。党的十八届四中全会决定提出，全面推进依法治国，必须大力提高法治工作队伍思想政治素质、业务工作能力、职业道德水准，着力建设一支忠于党、忠于国家、忠于人民、忠于法律的社会主义法治工作队伍，为加快建设社会主义法治国家提供强有力的组织和人才保障。② 据此，社区矫正工作队伍的高素质包括思想政治素质、业务工作能力和职业道德水准。同时，在社区矫正试点、试行及推进过程中，社区矫正工作队伍的数量不足、能力不强、待遇不高、定位不准等问题，严重制约了社区矫正工作法治化、科学化发展，急需加以完善。

---

① 参见张建明主编：《社区矫正实务》（第 3 版），中国政法大学出版社 2019 年版，第 63～68 页。

② 参见王爱立、姜爱东主编：《〈中华人民共和国社区矫正法〉释义》，中国民主法制出版社 2020 年版，第 95 页。

建设高素质的社区矫正工作队伍，需要从以下两个方面着手：一方面，社区矫正机构需要加强工作队伍的管理和监督，以保证正确的工作方向，防止因金钱、关系等因素而产生的违纪违法行为，进而影响社区矫正工作的公平性与权威性。《社区矫正法》第61条、第62条分别规定了社区矫正工作人员违纪违法行为的法律责任和人民检察院对社区矫正工作的监督。这些为社区矫正工作队伍的管理和监督提供了法律依据。另一方面，社区矫正机构需要加强工作队伍的培训和职业保障，以供给持续的工作动力。社区矫正工作涉及对社区矫正对象的执法管理、教育帮扶以及与公安机关等刑事司法机关的衔接配合，是一项复杂的专业性工作。社区矫正机构要做好岗前培训和在职培训，及时更新工作人员的理念、知识结构及实践能力，不断提高工作人员的业务工作能力。社区矫正机构还要加强编制、报酬、福利待遇、办公条件等方面的职业保障，确保专人从事社区矫正工作，减少工作人员的流失，保持工作队伍的稳定。

此外，社区矫正机构需要广泛动员社会力量参与社区矫正工作，建立健全社会工作者、志愿者的招聘、考核、激励、管理、培训等方面的制度与机制，切实提高各层次工作人员的业务能力和综合素质。

4. 加强工作经费保障

充足的经费是社区矫正工作顺利开展的重要保障。根据《社区矫正法》第6条第1款的规定，各级人民政府应当将社区矫正经费列入本级政府预算，为社区矫正工作提供必要的经费保障。与监狱矫正相比，社区矫正能够节约行刑成本。据统计，社区矫正的人均执行成本只有监狱的1/10。① 虽然社区矫正强调社会力量的参与，但也需要相应的经费支持，特别是社区矫正工作处于发展建设阶段，社区矫正对象数量不断增长的趋势下，经费保障尤为重要。如果得不到经费保障，社区矫正工作便难以开展，专业化也难以实现。2012年，财政部、司法部联合下发《关于进一步加强社区矫正经费保障工作的意见》（财行〔2012〕402号），该意见明确指出，各地应将社区矫正经费列入同级财政预算予以保障，各地应统筹社区矫正和司法行政其他基层业务经费保障，通过进一步加大对司法业务经费的投入，提高社区矫正经费保障水平。同时，该意见还明确规定了社区矫正经费的开支范围，包括司法行政机关社区矫正工作指导管理费，社区矫正工作经费，社区矫正设备费。其中，司法行政机关社区矫正工作指导管理费，包括社区矫正工作宣传经费、培训经费、表彰奖励费等；社区矫正工作经费包括适用调查评估费，社区矫正执行变更案件办理

① 参见王爱立、姜爱东主编：《〈中华人民共和国社区矫正法〉释义》，中国民主法制出版社2020年版，第49页。

费,档案文书费,对社区矫正人员的监督管理、风险评估、突发事件处置费,组织集中教育、心理矫正、社区服务等活动所发生的资料费、场地费等;社区矫正设备费包括社区矫正人员定位管理设备购置费,社区矫正信息管理系统购置费,音像设备、通信网络设备购置费用,档案管理设备费,其他业务装备购置费用。另外,该意见还强调,各地应积极完善社区矫正经费保障制度,有条件的地区,可探索建立按照社区矫正对象数量核定社区矫正经费的制度。总之,该意见的出台为解决社区矫正工作费的问题,提供了政策保障。

《社区矫正法》进一步明确了社会力量参与社区矫正的经费保障问题。根据《社区矫正法》第 6 条第 2 款的规定,居民委员会、村民委员会和其他社会组织依法协助社区矫正机构开展工作所需的经费应当按照规定列入社区矫正机构本级政府预算。根据《城市居民委员会组织法》第 17 条、《村民委员会组织法》第 37 条的规定,居民委员会、村民委员会协助社区矫正机构开展工作所需要经费,列入政府预算。同时,为充分发挥社会组织的作用,《社区矫正法》明确规定,社会组织依法协助社区矫正机构开展工作所需的经费应当按照规定列入社区矫正机构本级政府预算。例如,《社区矫正法》第 18 条、第 40 条、第 41 条等规定了社会组织协助社区矫正机构开展相应的工作,这些工作产生的费用支出应当列入政府预算,由政府保障。

需要强调的是,社区矫正经费预算及保障应当以社区矫正工作实际需求为根据,坚持节约、节俭原则,严格按照预算支出,坚持杜绝铺张浪费,坚持反对截留、挪用。

第三节 社区矫正的理念与价值

一、社区矫正的理念

(一)刑事一体化理念

1. 刑事一体化内涵解读

1989 年,著名刑法学家储槐植教授首次提出刑事一体化的概念并揭示内涵,随后又提出了刑事一体化的研究思路与意思构造,至今将其界定为“刑事三化”①之

① 刑事三化,即刑事一体化、刑法现代化和刑法去重刑化。参见储槐植:《刑事“三化”述要》,载《中国检察官》2018 年第 1 期。

一。储槐植教授多次提倡刑事一体化,如表1－7所示。

表1－7　刑事一体化的阐释

观点	出处
刑事一体化的内涵是刑法和刑法运行内外协调,即刑法内部结构合理(横向协调)与刑法运行前后制约(纵向协调)	《“建立刑事一体化思想”》,载《中外法学》1989年第1期
从刑法之外、刑法之上与刑法之中研究刑法。即刑法不会自我推动向前迈进,它总是受犯罪态势和行刑效果两头的制约和影响,即刑法之外事物推动着刑法的发展,这是刑法的发展规律	《刑法研究的思路》,载《中外法学》1991年第1期
刑事一体化思想有两层意思,作为观念的刑事一体化和作为方法的刑事一体化。刑事一体化作为观念,旨在论述建造一种结构合理和机制顺畅(即刑法和刑法运作内外协调)的实践刑法形态。刑事一体化作为刑法学研究方法,重在“化”字,即深度融合	《再说刑事一体化》,载《法学》2004年第3期
刑事一体化是20世纪80年代我国解决刑法危机的产物,是刑法和刑法运行内外协调,即刑法内部结构合理(横向协调)与刑法运行前后制约(纵向协调)	《刑事“三化”述要》,载《中国检察官》2018年第1期

综上所述,刑事一体化是一个开放性的概念,也是一种方法论,指引我们应当坚持系统、整体、发展的观点分析法律制度。从哲学层面上讲,刑事一体化是辩证唯物主义的联系观、发展观在刑事法研究领域的丰硕果实,孕育着系统论的思想。正如有学者所言,“刑事一体化思想,按照笔者的理解,其哲学实质为辩证法,即以普遍联系和动态发展的基本观念来研究刑法学以及其他惩治犯罪的学科,从而科学、全面、合理地把握刑法学以及其他惩治犯罪学科发展的内在规律”。①

刑事一体化思想对我国刑事法领域产生了深刻影响。刑事一体化作为导向性理念提出后倍受关注,后逐渐被学界认同,其生命力也日渐强大。有学者将刑事一体化影响力增强的过程概括为独奏阶段、和弦阶段、共鸣与交响阶段。② 关于刑事一体化的研究可谓“百花齐放”,学者们将其贯彻到学科结构、学科关系、刑法学、刑事政策、刑事立法、刑事诉讼、犯罪学、犯罪心理学、刑罚改革、社区矫正等诸多领域,其多元化应用也体现其理论优势所在。行刑一体化是刑事一体化思想在行刑领域的体现与延伸。社区矫正是开放性的行刑方式,应当在一体化理念的指导下,追求

① 高维俭:《刑事学科系统论》,载《法学研究》2006年第1期。

② 参见贾凌:《刑事一体化问题研究述评》,载《刑法论丛》2009年第4卷。

效果最大化,其实施效果无疑是刑法调整的根据。有学者对刑事一体化的发展作出了理性评价,认为这还只是刑事一体化研究发展的初级阶段。① 其首倡者储槐植教授也认为,刑事一体化思想仅是粗浅的开头,并没有进一步深化与发展。总之,刑事一体化思想为刑事法学发展提供了新思维、新路径,未来广泛之应用必将使其枝繁叶茂,硕果累累。

2. 刑事一体化对社区矫正的指导

刑事一体化思想中蕴含着系统论的内涵。刑罚执行体系是一个系统,监狱矫正与社区矫正是其主要构成要素。刑事一体化强调建立合理的结构与顺畅的机制。刑罚执行系统的内部协调是监狱矫正与社区矫正的有效互动。监狱矫正与社区矫正的科学配置、合理建构、互动协作,有助于刑罚执行系统功能的发挥及目标的实现。监狱矫正侧重惩罚,报复情感绥靖、保安及一般预防功能突出,而社区矫正强调重返社会,特殊预防色彩浓厚。隔离关押,将罪犯放置于正常社会之外是监狱矫正的基本属性,而促进罪犯复归社会,实现再社会化是监狱矫正的价值目标,这就使监狱行刑的目标与手段,过程与效果之间产生了深刻的矛盾。社区矫正强调减少罪犯与正常社会之疏离,积极缔造罪犯与正常社会之联系,具有克服监狱行刑局限与悖论的天然优势。社区矫正的适用无疑会激发监狱服刑人员,特别是无期徒刑以及监禁期较长的服刑人员改恶从善的信心和动力,对他们产生强大的吸引力。然而,社区矫正并非完善无缺,其警戒、威慑功能较弱。虽然监狱矫正缺陷明显,但其对社区矫正又保持着“压力刑”的作用,发挥着“后盾性”的威慑。换言之,收监执行有助于震慑缓刑犯、假释犯遵规守纪,保持良善行为。因此,在非监禁刑不断扩张,甚至超越监禁刑的现代刑罚变革趋势下,监狱矫正仍然不可替代,仍是刑罚执行系统的重要构成要素。从进步视角分析,监狱矫正与社区矫正将平分秋色,共同勾勒刑罚执行的图景。监狱矫正是社区矫正的前期铺垫,同时,还积极参与社区矫正工作,为其规范化发展提供参照与借鉴;社区矫正是监狱矫正的后期延续,其具体措施应当以监狱行刑的成效为基础,并推动监狱矫正加快社会化变革。概言之,监狱矫正与社区矫正应当前后呼应,顺畅衔接,互动协作,在一体化进程中最大化地发挥刑罚执行的效益。

刑事一体化还强调建构顺畅的机制,实现协调运行,追求最佳效果。据此,内外协调状态应是刑罚执行高效运行的题中之义。刑罚执行系统的内部协调主要指监狱矫正与社区矫正的互动协作。同时,在刑罚执行过程中,监狱、社区矫正机构还要

---

① 参见高维俭:《刑事一体化思想若干问题研究》,载《当代法学》2006 年第 2 期。

与人民法院、人民检察院、公安机关以及教育、民政、社会保障等部门之间加强外部协调。唯有内外协调,才能保障刑罚执行系统顺畅运作,实现刑罚最佳效益。

(二)刑罚人道化

1.刑罚人道化内涵解读

刑罚人道是刑法人道原则的重要环节。在人道主义思潮的推动下,刑罚从严厉走向轻缓,从野蛮走向文明,从封闭走向开放。换言之,刑罚发展的历史也就是不断人道化的轨迹。关于刑罚人道主义的理解也是众说纷纭,有学者认为,刑罚人道主义包括以下三重含义:第一,尊重和保护犯罪人的人格;第二,禁止把人当作实现刑罚目的的工具;第三,禁止使用残酷而不人道及蔑视人权的刑罚手段。① 有学者将刑罚人道化归纳为三个方面:一是惩罚目的(刑罚目的)的人道化,不是为了惩罚而惩罚;二是惩罚种类(刑罚种类)的人道化,即刑罚制度的基本内容同人性相符合;三是惩罚过程(行刑过程)的人道化,如符合联合国《囚犯处遇最低限度标准准则》之基本要求。② 还有学者将行刑人道主义区分为三个层次:第一,关心和改善罪犯的物质生活,包括衣、食、住、医疗、卫生、体育等,这是行刑人道主义的最基本的层次;第二,尊重罪犯的人格,维护罪犯的人权等,这是行刑人道主义的较高层次;第三,使罪犯的人格得到改造并健康发展,实现其作为人的价值,这是行刑人道主义的最高层次。③ 我们应将刑罚人道化理解为刑罚目的、种类及过程的人道化,而不将其局限于行刑过程之中,强调罪犯处遇的人道化。同时,脱离刑罚目的的指导,行刑过程的人道化便会偏离轨道;缺乏刑罚种类的支撑,刑罚人道主义便成无源之水。申言之,对刑罚功能的理性认识,是刑罚人道主义的思想前提;对刑罚结构的合理设置,是刑罚人道主义的重要条件;对服刑人员的理性善待,是刑罚人道主义的直接体现。

行刑人道化并不等同于刑罚人道化。从范畴上讲,刑罚人道化宽泛于行刑人道化,后者是前者的重要环节与突出表现。行刑人道化具体包括如下基本思想:行刑人道要求将罪犯作为人来对待;行刑人道意味着要尊重罪犯的人格尊严;行刑人道意味着应该采用合理的、文明的、科学的方法行刑,而不采用野蛮、残酷的、不适当的手段执行刑罚;行刑人道要求应该采用积极、有效的手段和方法进行行刑,在执行刑罚的过程中应该使罪犯的各个方面都有所改善。④ 行刑人道化的实现,需要执

---

① 参见贾宇:《社区矫正导论》,知识产权出版社2010年版,第76页。

② 参见袁登明:《行刑社会化研究》,中国人民公安大学出版社2005年版,第90页。

③ 参见陈士涵:《人格改造论》(下卷),学林出版社2001年版,第677页。

④ 参见陈志海:《行刑理论的多维探究》,北京大学出版社2008年版,第77~78页。

法者坚持人道主义的刑罚观，摒弃重刑主义的刑罚观；需要社会公众保持宽容心态，放弃报复心理以及由此产生的仇恨态度。否则，行刑人道主义没有存在的空间与推进的环境。

2. 刑罚人道化对社区矫正的推动

作为监禁刑的替代措施，社区矫正能够克服监狱矫正的弊害，体现对人性的关爱。封闭的监狱与开放的社会，监狱化与再社会化之间不可调和的矛盾，压抑罪犯的人性，阻碍罪犯的人格发展以及复归社会。监狱矫正内容及其执行方式不符合人道精神，背离人性的表现集中于监狱化。监狱化概念由美国学者克莱默在监狱从事服刑人员亚文化、团体结构的研究后首倡。通常来说，监狱化的表现有：行为上过于依赖、被动；思想陷入停滞；人际关系缺乏信任感；对监狱内各项事务不关心；较高之受暗示性；势利取向；不信任管教人员之主张。① 监狱化过程是缓慢、渐进的过程。监狱化使罪犯逐渐适应监狱生活，疏离社会关系，其时间越长，抗拒心理越重，社会融合越难。在监狱化的过程中，罪犯承受着监禁的痛苦，主要有以下五个方面：第一，自由的剥夺，这是监禁刑最主要的特征；第二，异性关系的剥夺；第三，人的自主性的剥夺；第四，物质和接受服务的剥夺；第五，罪犯安全感觉的丧失。② 监狱化以及伴随的监禁痛苦都是与刑罚人道主义背道而驰。

社区矫正以人格矫正为前提，以促进罪犯再社会化目标，集中体现了刑罚人道主义的价值。剥夺自由是监狱矫正的显著特征。就监狱服刑人员而言，"获得自由是一种梦想，囚犯总是为此而思虑。如果他们看到有一条比逃跑更保险和更可及的阳光大道，他们会立即奔向那里"。③ 然而，社区矫正将矫正对象置于开放性社会中执行刑罚，不破坏其家庭，不断裂其关系，不影响其生活，其人性化程度接近极致。美国学者 Regoli 与 Hewitt 曾提出五点社区处遇之优点：与监狱相比，社区处遇能够提供更多的个别化处遇的机会；为犯罪人提供更多解决社会问题的机会；避免犯罪人受监狱负面效果之影响，如受刑人之被害、感染更严重之犯罪、丧失自尊、无法照顾家庭等；未比监禁处遇产生更多之再犯效果；费用还较监禁经济。④ 简言之，社区矫正可以减少监狱矫正造成的监狱化及其监狱人格，免除监禁对犯罪人及其家庭的破坏，满足犯罪人自由的需要，获得更多自新的机会，充满了对人性的关怀。

---

① 参见杨士隆、林健阳：《犯罪矫治：问题与对策》，台北，五南图书出版股份有限公司 1994 年版，第 31 页。

② 参见吴宗宪：《西方犯罪学史》，警官教育出版社 1997 年版，第 90～95 页。

③ ［意］切萨雷·龙勃罗梭：《犯罪人论》，黄风译，中国法制出版社 2000 年版，第 352 页。

④ 参见陈逸飞编著：《刑事政策重点整理》，高点文化事业有限公司 2015 年版，第 6～12 页。

（三）行刑社会化

1. 行刑社会化理念解读

行刑社会化是人类刑罚文明发展的产物，是人类社会理性认识与对待犯罪的结论，集中体现了刑法人道主义与刑罚经济原则。回顾刑罚发展史，行刑社会化是解决监狱刑自身矛盾的对策及运行困境的出路。

（1）行刑社会化的理念源流。行刑社会化思想发端于刑事实证学派，龙勃罗梭、菲利、李斯特等刑法学家都对行刑问题产生浓厚兴趣，发表独立见解，为行刑社会化思想的形成奠定了基础。刑事实证学派催化了行刑社会化的萌芽，其重要贡献表现为将刑法关注的中心从抽象的行为转向具体的行为人，这无疑为矫正理论与实践提供了“土壤”，而矫正与行刑社会化休戚相关。同时，刑事实证学派尖锐地批评了刑罚功能“夸大化”，特别是监狱的弊端，为缓刑、假释等非监禁刑罚执行制度的适用提供了可能，而这些正是行刑社会化的实践方式。但是，刑事实证学派局限在于过度强调社会防卫，重视社会利益，教育矫正弱势于剥夺再犯罪的能力，罪犯的再社会化依附于社会防卫的旗帜。第二次世界大战后，随着社会防卫学派的兴起，行刑社会化思想得到了确立与发扬。社会防卫学派强调保护社会与保障权利，重视人道原则与人类价值，反对传统的报复性惩罚制度，主张罪犯再社会化。新社会防卫论的代表安塞尔提出了以非犯罪化、非刑罚化、受害人化与社会化为核心的“非刑事化”思想，其目标在于减少监禁，摆脱监狱。社会防卫运动对各国的刑事政策、刑事立法与司法产生了广泛影响，其倡导的“非刑事化”以及推演出的行刑社会化思想，已成为国际刑罚发展的趋势与潮流，得到国际刑事司法准则的确认。尽管从20世纪70年代中期开始，强调刑罚惩罚与威慑效应的新古典主义占据美国刑事决策与实践的主导地位，其对犯罪问题施以强硬态度，进而冲击了行刑社会化的理念与实践，但是，妄断行刑社会化走向衰落并不充分。因为，从世界行刑的趋势来看，刑罚轻缓化是趋势，非犯罪化、非刑罚化、非监禁化是主流。不言而喻，在如此背景下，行刑社会化不仅不会走向“没落”，反而会日益“强大”。

（2）行刑社会化的内涵述评。何谓行刑社会化，学术界观点不尽一致，笔者将具有代表性的观点概括为以下学说，如表1-8所示。

表1-8　行刑社会化观点的阐释与分析

观点	缺陷
出狱人保护说①	未揭示行刑社会化的本质内容。出狱人保护是刑罚执行后的延续,与行刑社会化强调借助社会力量相契合,但两者不可同日而语
社会力量利用说②	仅强调社会因素介入监狱罪犯改造,忽视行刑机构自身的主导力量,有片面之嫌
出狱人保护与社会力量利用综合说③	出狱人保护说与社会力量利用说的综合,但仍不全面
监狱改革说④	仅强调监狱自身改革,创造与自由社会趋近的生活条件,仍具有片面性
监禁弊端克服说⑤	拓宽了对行刑社会化的理解,将刑罚适用也纳入其中,但对监狱行刑社会化的理解过于片面,仅局限于罪犯接触社会以及社会参与矫正事业,没有涉及监狱内社会化的内容
自由刑改革说⑥	仅从自由刑角度理解行刑社会化,缺少对社区行刑过程中社会化的阐述,同样具有片面性

---

① “行刑社会化专指社会团体替监狱分担受刑人释放出狱后的保护事务而言。”参见林纪东:《刑事政策学》,台北,正中书局1969年版,第199页。

② “刑罚执行的社会化原则,是指在刑罚执行的过程中,要调动监狱外的一切社会因素,合理救助改造犯罪分子并保证和巩固刑罚执行的效果,确保行刑目的的实现。”参见马克昌主编:《刑罚通论》,武汉大学出版社1999年版,第514页。“行刑中的社会化原则,就是利用社会力量来教育改造罪犯”。参见金鉴主编:《监狱学总论》,法律出版社1997年版,第478页。

③ “行刑社会化体现为两个方面:社会力量介入监狱对罪犯的改造和出狱人员复归社会后,得到社会的收容、保护、救助和就业安置。”参见陈士涵:《人格改造论》(上卷),学林出版社2001年版,第15~16页。

④ “行刑社会化是指在自由刑的执行过程中,放宽行刑机构的社会隔离和严格的纪律,使机构内的生活条件与自由社会相接近,避免受刑人因长期与社会隔离而监狱化,使其改过迁善,顺利复归社会。”参见陈兴良主编:《刑种通论》,人民法院出版社1993年版,第514页。

⑤ “行刑社会化是指为了避免和克服监禁刑存在的某些弊端,使刑事执行服务于罪犯的再社会化的目标,而应慎用监禁刑,尽可能对犯罪人适用非监禁刑,使其在社会上得到教育改造;同时,对于罪行比较严重有必要监禁的罪犯,应使其尽可能多地接触社会,并使社会最大限度地参与罪犯的矫正事业,从而使刑事执行与社会发展保持同步,为罪犯顺利回归社会创造有利条件。”参见冯卫国:《行刑社会化研究——开放社会中的刑罚趋向》,北京大学出版社2003年版,第42页。

⑥ “行刑社会化是指现代自由刑以促进罪犯重返社会为目的而开放监禁刑,重视限制自由刑的自由刑发展趋势。”参见翟中东主编:《自由刑变革:行刑社会化框架下的思考》,群众出版社2005年版,第196页。

续表

观点	缺陷
社会紧密联系说①	仅强调刑罚执行过程的开放性，重视刑罚执行机构与社会的紧密联系，忽视了刑罚执行机构自身的社会化，同样具有片面性
社会力量利用与监狱改革综合说②	强调社会力量参与以及监狱行刑模式的改革具有合理性，但是，并未涉及社区行刑社会化的内容

此外，有学者还专门对监狱行刑社会化进行了界定。"监狱行刑社会化，就是为了克服监狱的封闭性与社会开放性的矛盾，为了避免罪犯监狱化人格的形成，为了充分利用全社会的力量来教育改造罪犯，保障罪犯再社会化目标的实现，而从监狱、监狱与社会之间、社会三个环节着手，通过建立一系列的社会化的制度与措施，来达到将罪犯改造成为守法公民，不致再重新违法犯罪的目标。"③笔者认同上述对监狱行刑社会化的理解，从监狱、监狱与社会之间、社会三个环节推进行刑社会化，比较全面，相对完善。

综上，关于行刑社会化的界定都有其合理性，但也有其局限性。学者们更多地以监狱行刑为基点思考行刑社会化，强调社会参与及监狱改革，将行刑社会化置于行刑过程中去考量，无疑束缚其研究视野，导致其界定狭隘。时至今日，行刑社会化思想不仅影响刑罚执行的改革，已经渗透至刑事司法，乃至刑事立法，具有刑事政策的色彩。上述概念界定客观地反映了学者们对行刑社会化认识的日益深化，也从另一侧面体现了行刑社会化是一个历史范畴，其内涵随着刑事政策与刑法理念的变迁而不断扩张。

2. 行刑社会化对社区矫正的启示

行刑社会化是一个开放性、发展性的学术概念。从不同层面理解，行刑社会化有不同的意义与范畴。

第一，行刑社会化是一种理念，以复归自由社会为目标。复归自由社会，实现再

---

① "行刑社会化是指在刑罚执行过程中，通过放宽罪犯自由、拓宽罪犯的社会联系、促进罪犯掌握生活技能与相关社会知识、塑造罪犯符合社会正常生活的信念和人格，最终促使罪犯回归社会。行刑社会化强调刑罚执行与社会紧密联系，与传统的在全封闭监狱中执行刑罚大异其趣。"参见谢望原、翟中东：《对我国行刑社会化的思考》，载《法学评论》2000 年第 1 期。

② "行刑社会化是指监狱对罪犯的行刑不仅要鼓励一切社会积极力量的参与，而且要努力放宽自身与社会隔离的界限，使执行机构内在的环境与自由社会相接近，以避免受刑人监狱化而难以复归自由社会。"参见张苏军主编：《中国监狱发展战略研究》，法律出版社 2000 年版，第 94 页。

③ 陈志海：《行刑理论的多维探究》，北京大学出版社 2008 年版，第 228 页。

社会化是行刑社会化的逻辑起点。从社会学角度来讲,犯罪是社会化失败的极端表现,是犯罪人背离主流社会文化的体现。概言之,社会化是社会成员学习社会文化,从自然人发展为社会人的过程。我国著名犯罪学家严景耀先生曾言,"监狱教育的问题,差不多是一个'社会化的问题'。这就是一方面去改变囚犯通常所有的态度,代替以前恶化的态度。换一句话说,就是要将反社会的态度变为社会化的态度。变更态度的方法,厥惟使犯人多有接触,如读书写字就是接触之一。但是专靠读书习字的教育是不够的,必要有娱乐、演讲、讨论、讲道等,以多其接触。故社会化的程序,是用课室、职业、训练、娱乐、宗教、图书、聚会、自治及作业……"①申言之,提高罪犯社会适用能力,推进罪犯社会化进程是矫正罪犯的目标所在。然而,封闭与隔离的监禁环境难以实现罪犯再社会化目标,行刑社会化自然应运而生。从刑事一体化角度来讲,以罪犯再社会化为目标的行刑社会化不仅强调刑罚执行过程的社会化,即社会参与、监狱开放、加强罪犯与社会融合等,其还应延展到刑事立法与刑事司法阶段。例如,在刑事立法方面,刑罚转向轻刑化,慎用监禁刑,限制自由特别是短期自由是迫不得已的手段,完善形式多样、内容丰富的刑罚方法体系,建立刑罚易科制度,等等。在刑事司法方面,贯彻宽严相济的刑事政策,扩大缓刑、假释等非监禁刑执行措施。行刑社会化作为一种理念,能够引领刑事立法与刑事司法的改革;相反,刑事立法的"严厉程度"与刑事裁量的"严格尺度"也会制约行刑社会化的适用与运行。总之,作为以再社会化为基点与目标的一种理念,行刑社会化具有刑事政策的色调,直接影响刑事立法、司法与执法的变革。

第二,行刑社会化是一类制度,以加强社会融合为路径。没有制度支撑的理念便是空想。行刑社会化理念的推广,催化了监狱制度的革新。为实现罪犯再社会化目标,行刑社会化强调通过各种制度路径加强犯罪人与社会融合,减少与社会疏离。行刑社会化源于监狱行刑目的与手段的冲突,迫于监狱拥挤与监禁成本的压力。据此,监狱推行社会化是行刑社会化的重点。在西方,监狱推行行刑社会化的主要措施有:其一,设置开放监狱,采纳设置开放级处遇意见,使罪犯靠近社会服刑,或是在社会中服刑;其二,广泛采用累进处遇制,使罪犯逐步接近社会,直至假释;其三,推行请假离监制度,对符合条件罪犯允许离监;其四,对罪犯进行社会教育;其五,组织罪犯参加监外劳动。② 例如,在英国,将"促进罪犯回归社会"纳入监狱行刑的目标体系,设置开放性监狱,规定暂予释放制度,会见与通信,社会参与罪犯矫治,开展释前与释后的帮助,重视回归社会需要的教育,推行刑期管理制度与家庭监视

① 张东平:《近代中国监狱的感化教育研究》,华东政法大学2010年博士学位论文。

② 参见夏宗素主编:《狱政法律问题研究》,法律出版社1997年版,第91~92页。

制度,等等。这些监狱改革制度将行刑社会化思想落到实处。

不言而喻,社区矫正制度是行刑社会化的最直接体现。与监狱矫正相比,社区矫正在弱化监禁,减少社会隔离,增加社会联结,利用社会资源,动员社会力量等方面具有优势。缓刑、假释是社区矫正制度的主要形式。此外,社区服务、电子监控、家庭监禁、罚金刑等也是社区矫正制度的实践形态。总之,随着行刑社会化理念的深化,社区矫正制度的范畴更宽广,形式更多样,内容更丰富。

第三,行刑社会化是一个过程,以增强协作互动为保障。抽象的理念与静态的制度必须依赖动态的实践,行刑社会化的价值才能体现,目标方能实现。从运行层面讲,行刑社会化是执行机构、服刑人员与社会力量三者之间的协作互动。在行刑过程中,执行机构应当加强同社会的联系,最大限度地争取社会的支持,实现惩罚犯罪、矫正罪犯以及保护社会的目标;服刑人员根据行刑的环境、状况以及社会态度,适时调整行为与心态,加快社会融合;社会力量积极参与行刑工作,接纳并帮助服刑人员重返社会。如果执行机构故步自封,社会力量冷漠排斥,服刑人员再社会化进程必然缓慢,行刑社会化的效率也会下降。因此,执行机构、服刑人员与社会力量三者互动协作,行刑社会化的过程才能顺畅,效能才能提高,目标才能实现。

二、社区矫正的价值

与监狱矫正相比,社区矫正的价值主要体现在以下几个方面:

(一)有利于保障罪犯权利

保障罪犯权利是我国《宪法》"尊重和保障人权"的题中之义。我国《宪法》第33条明确规定,"国家尊重和保障人权。任何公民享有宪法和法律规定的权利,同时必须履行宪法和法律规定的义务"。据此,罪犯的人权也需要保障。非监禁性是监狱矫正与社区矫正的区别之一,其为保障社区矫正对象权利提供了空间与条件。剥夺自由是监狱矫正的显著特征。在封闭的条件下,因自由受限,监狱服刑人员的生育权、通信权等诸多权利难以实现。剥夺自由无疑会导致权利受损。社区矫正对象在不脱离家庭环境、不断裂社会关系、不影响正常工作生活的情况下接受矫正,除被剥夺或限制的权利外,其他权利均有条件实现,与守法公民差异不大。在社区矫正过程中,除享有生命健康权、隐私权、受教育权、获得物质帮助权等一般权利外,社区矫正对象还享有知情权、减刑权、按期解除矫正权等特殊权利。总之,在开放性的社会环境中接受矫正,有利于保障社区矫正对象的合法权利。

同时,《社区矫正法》为社区矫正对象权利保障提供了根据。例如,《社区矫正法》第4条第2款规定,"社区矫正工作应当依法进行,尊重和保障人权。社区矫正对象依法享有的人身权利、财产权利和其他权利不受侵犯，在就业、就学和享受社会保障等方面不受歧视”。第26条第2款规定，“社区矫正机构开展实地查访等工作时，应当保护社区矫正对象的身份信息和个人隐私”。第34条第1款规定，“开展社区矫正工作，应当保障社区矫正对象的合法权益。社区矫正的措施和方法应当避免对社区矫正对象的正常工作和生活造成不必要的影响；非依法律规定，不得限制或者变相限制社区矫正对象的人身自由”。这些规定都是社区矫正对象权利保障的具体体现。

（二）有利于避免监狱弊害

监狱对服刑人员产生的负面影响不言而喻、不可避免。监狱是国家刑罚执行机关，虽然其在维护社会安全，惩治刑事犯罪、改造服刑人员等方面发挥着积极作用。但是，监狱对服刑人员产生的不良影响难以克服，监禁刑的弊端早已暴露。以附条件执行监禁的缓刑、缩短监禁期的假释为代表的社区矫正是避免监禁弊害的有效方法。

监狱对服刑人员产生的弊害主要体现在以下几个方面：（1）交叉传染。在监狱中，虽然监狱人民警察限制服刑人员之间交流犯罪情况，但是他们日常生活、学习、劳动都在一起，难免传习犯罪伎俩，感染犯罪恶习。正如著名犯罪学家龙勃罗梭指出的：“监狱是犯罪的学校，特别是结伙犯罪的学校，而这类犯罪是所有犯罪中最危险的犯罪。”①（2）标签效应。刑满释放后，“罪犯”的烙印会深深地刻印在服刑人员身上，并掩盖其入狱前的社会角色，难以“撕毁”，并且占据主要社会角色。大部分社会公众，特别是持重刑主义观念的公众，仍会将已经释放的服刑人员视为罪犯，戴“有色眼镜”追溯他们的既往经历，持“罪犯标签”预测他们的未来。在罪犯标签的持续影响下，监狱服刑人员会形成自我认同，将自己看成一名罪犯，无论其是否出狱。可见，罪犯标签对服刑人员回归社会会产生极大的消极影响。同时，监狱矫正的经历及罪犯的身份标签会损害服刑人员的名誉，阻碍其再社会化进程。（3）损害身心。长期封闭式的监禁及其负向的监狱亚文化浸染，会损害服刑人员身体及心理，特别是未成年人，严重影响他们回归社会后的正常生活、学习及工作。

在实施社区矫正的情况下，社区矫正对象不需要进入监狱或继续接受监禁，自然可以避免上述监狱矫正附随的各种弊端。

（三）有利于降低行刑成本

降低行刑成本，契合刑罚经济性要求是社区矫正兴起与发展的重要动力之一。

---

① ［意］切萨雷·龙勃罗梭：《犯罪及其原因和矫治》，吴宗宪等译，中国人民公安大学出版社2009年版，第342页。

刑罚是社会控制的重要手段，在维护社会安全、制裁刑事犯罪方面发挥着不可替代的作用。刑罚的执行不仅要考虑其目的是否实现，还要考量其经济效益。国家的刑罚资源有限，监狱刑是一种投入很大的刑罚执行方式，如果监狱刑消耗过多，无疑会增加国家投入。社区矫正可以减少建设监管设施、治疗服刑人员疾病、供给服刑人员生活等费用，在降低行刑成本方面具有优势。

监狱矫正是一种成本高昂的行刑方式。国家既要建设监狱及配套设施，又要配备一定数量的警察及警戒人员，还要支付工作人员工资以及服刑人员生活、医疗等方面的费用。在英国，2000～2001年，关押一名服刑人员费用情况是：在青少年监狱（关押15～17岁）是47,500英镑；高度警备监狱是41,500英镑；女性地方监狱是30,700英镑；男性地方监狱是23,700英镑；男性关押C类服刑人员（危险程度较低的服刑人员）训练监狱是18,200英镑；男性开放监狱是17,500英镑；安全训练中心（关押15～17岁的男性）是130,000英镑。① 在西方发达国家，监狱的费用都要由公民的税收来支付，监狱每年的经费支出都要告知公民，因此，公民强烈地反对过量扩建监狱，支持社区矫正项目的发展。② 所以，借助社区资源、节约行刑成本的社区矫正制度得到普遍认可，并得以推广。

在我国，监狱刑的成本也是高昂的。国家对监狱系统的财政拨款虽然逐年增加，由1992年的14亿元人民币增加到2001年的108亿元人民币，9年增长了7.7倍，但仍不能满足实际需要。③ 根据2002年12月3日建设部、国家计委批准发布的《监狱建设标准》的投资估算，北方地区每多关押一名服刑人员国家需要增加54,620元的建设投资，如果加上服刑人员每年的生活费用，包括食物、服装、医疗费，干警每年的工资支出、服装费用、办公费用、装备费用，国家每年至少还需要支出3179元。④ 有学者粗略估计，目前我国每监禁一名罪犯的年度平均费用（监狱经费总额除以监狱罪犯总数后的金额）为人民币4万元左右。⑤ 据司法部统计，社区矫正的人均执行成本只有监狱的1/10。⑥ 可见，社区矫正制度的适用可以节约大量的

---

① The Social Exclusion Unit, *Reducing Re－offending by Ex－prison: Report by the Social Exclusion Unit*, London: the Social Exclusion Unit, p. 31. 转引自翟中东：《社区性刑罚的崛起与社区矫正的新模式——国际的视角》，中国政法大学出版社2013年版，第6～7页。

② 参见刘强主编：《社区矫正制度研究》，法律出版社2007年版，第52页。

③ 参见张学超主编：《社区矫正实务教程》，中国人民公安大学出版社2013年版，第28页。

④ 参见翟中东：《社区性刑罚的崛起与社区矫正的新模式——国际的视角》，中国政法大学出版社2013年版，第8页。

⑤ 参见吴宗宪主编：《社区矫正导论》（第2版），中国人民大学出版社2020年版，第13页。

⑥ 参见王爱立、姜爱东主编：《〈中华人民共和国社区矫正法〉释义》，中国民主法制出版社2020年版，第49页。

行刑成本。

(四)有利于增进社会和谐

社区矫正是创新治理特殊社会群体的重要手段,也是缓解社会关系,促进稳定的重要方式。其具体表现如下:

一方面,社区矫正可以缓解犯罪人及其家庭与社会、政府的对立。惩治刑事犯罪、化解社会矛盾、维护社会稳定是刑事司法工作的根本目的,也是刑事司法机关的职能。惩治轻微的刑事犯罪,对犯罪人适用社区矫正,可以避免短期自由刑造成的标签效应和监狱化现象。"打击""镇压"等惩治手段,只能在短时间内维护社会秩序,保持社会稳定,但不能从根本上消除犯罪人对被害人以及社会的怨恨,甚至可能加剧犯罪人的仇恨情绪,也可能引发社会公众对犯罪人的怜悯情绪,进而失去社会公众的支持。与监狱矫正不同,社区矫正强调恢复和回归,弱化惩罚和隔离,并重视解决社区矫正对象的问题和困难,能够缓解犯罪人及其家庭成员的报复心理和仇恨情绪,真正帮助他们恢复心灵的宁静和情绪的平和,消除人们之间的矛盾与对抗,减少社会冲突与对立。

另一方面,社区矫正可以维系社区矫正对象的家庭和谐。大部分社区矫正对象是家庭的重要劳动力和经济收入的主要创造者,一旦他们被判处监狱刑,势必影响其家庭收入,可能导致家庭贫困、离婚、子女越轨、无力赡养老人等系列性问题,需要社会及时跟进、救助,这无疑消耗社会资源及资金,增加社会负担。在实施社区矫正的情况下,矫正对象可以继续正常工作、学习和生活,继续承担家庭经济、教育及养育等责任,维护和谐夫妻关系,避免出现家庭经济恶化及未成年子女的行为偏差、越轨甚至走上犯罪道路的现象。

三、社区矫正的不足

社区矫正具有避免监狱矫正弊害优势的同时,仍存在一些不足与问题,主要体现如下:

(一)影响社区安全

预防社区矫正对象违法犯罪,维护社区安全稳定是社区矫正工作的首要职责。在实施社区矫正的情况下,社区矫正对象的违法犯罪行为无疑影响社区安全。一方面,与守法公民相比,实施过犯罪行为的社区矫正对象人身危险性高,其行动及其范围虽受到一定约束,但仍具备实施危害社会行为的条件与空间;另一方面,大量社区矫正对象在一个社区空间接受矫正,在直观和直觉上都会增加社会公众的不安全感。若得不到有效管控,一些法律意识淡薄、犯罪恶习较深的社区矫正对象可能利用相对宽松的社区环境实施违法犯罪,增加社区风险。总之,与严密监视、层层布防的监狱矫正相比,社区矫正更需要关注社区矫正对象的风险变化及突发事件。

(二)削弱惩罚力度

惩罚性、威慑性是刑罚的重要特征,也是实现一般预防和特殊预防的重要手段。在社区矫正过程中,虽然社区矫正对象的权利及活动空间受到一定限制,须遵守报到、会客、请销假等管理制度及禁止令等,但与剥夺自由为主题的监狱刑相比,其惩罚性明显降低,特别是《社区矫正法》取消了以往规定的"八小时"学习教育及公益劳动,并进一步明确了矫正工作不得过度干预社区矫正对象的正常工作、生活。与监狱矫正相比,社区矫正的惩罚力度淡化,影响悔罪,在一定程度上约束刑罚特殊预防的功能。

开放性的社区矫正与封闭性的监狱矫正形成鲜明对比。传统观念认为,罪犯应当在监狱服刑,接受惩罚与矫正。强制性、隔离性的监狱刑对社会公众会产生强烈的威慑性,以此实现刑罚一般预防的功能。罪犯在社区中服刑,公众可能产生他们并未犯罪的错误认识,部分服刑意识淡薄的矫正对象也可能产生自己并未犯罪的错误认识。将罪犯置于社区中改造,也易形成"缓刑是一缓了之""假释是真释"的错误认知,自然降低了刑罚的警示、威慑作用,在一定程度上削弱了刑罚一般预防的功能。另外,社区矫正机构帮助社区矫正对象解决生活、就业等方面的问题,可能引起社会公众的不满,甚至产生国家放纵犯罪、罪犯的错误想法。这在一定程上加剧弱化了社区矫正的惩罚性及威慑性。

(三)扩张社会控制

社区矫正的适用与推进导致社会控制的扩张。监狱矫正将服刑人员封闭在特定的空间中,进行集中监管、教育,社会控制范围有限。而社区矫正则将矫正对象置于开放的社区环境,他们不均衡地分散在社区之中,无疑扩大了社会控制网络。在社会控制网络扩张的同时,社会控制力度也有所增强,特别是禁止令以及手机定位、电子监控等特殊性监管手段的应用。实际上,社区矫正是监禁刑和罚金等非监禁刑罚措施的补充。国家正是借助这种补充性措施增加对犯罪人的控制。可以说,社区矫正并非降低对犯罪人员的控制,仅是转化控制主体,变换控制方式而已。国外的一些研究者认为,社区矫正措施的大量适用增强了国家对犯罪人的干预能力和控制力。[①] 总之,将大量社区矫正对象置于开放性的社区之中自然会扩张社会控制的范围与力度,对特殊社会群体治理科学化、高效化提出了更高要求。

① 参见吴宗宪主编:《社区矫正导论》(第2版),中国人民大学出版社2020年版,第17页。

（四）增加司法腐败

“有权力就有腐败。”社区矫正的适用与执行环节都可能为司法腐败提供机会。在社区矫正适用环节，司法机关在是否宣告缓刑、裁定假释方面具有较大的自由裁量权。封闭的监狱刑与开放的社区刑之间存在天壤之别。对于某些可判处监狱刑也可宣告缓刑而处于“边缘地带”的犯罪人来讲，适用何种刑事制裁方式取决于法官的自由裁量，这便为司法腐败提供了空间。加之，缓刑、假释的部分条件较为模糊，例如，宣告缓刑“对所居住社区没有重大不良影响”，裁定假释“没有再犯罪的危险”的规定难以把握，其中掺杂主观因素，也给司法腐败提供了机会。当前，违规减刑、假释、暂予监外执行被列为顽瘴痼疾之一，也成为政法工作队伍教育整顿查纠的重点之一。因此，刑事司法机关工作人员在贯彻宽严相济刑事政策的前提下，更须坚守罪刑法定、罪责刑相适应等原则，防止司法不公。

在社区矫正执行环节，社区矫正机构及司法所工作人员可能构成现滥用职权、玩忽职守、徇私枉法等职务犯罪而受到法律制裁。社区矫正工作应当依法进行，社区矫正机构及司法所工作人员应当依法行使监督管理和教育帮扶职权。但是，在实际工作中，个别工作人员收受社区矫正对象及家属财物或宴请，对社区矫正对象放任不管理，甚至造成违法犯罪的严重后果，触犯受贿罪、玩忽职守等职务犯罪；个别工作人员滥用职权，收取调查评估费、手机定位费等，触犯贪污罪；个别工作人员徇“同学”“同事”“同乡”等私情，不严格依法履职，造成社区矫正对象脱管、重新犯罪，触犯徇私枉法罪；个别工作人员无视法律法规，严重不负责任，甚至帮助社区矫正对象逃避检查，帮助社区矫正对象造假档案及报告材料等。除上述职务犯罪外，社区矫正工作人员体罚、虐待社区矫正对象，或者违反法律规定限制或者变相限制社区矫正对象的人身自由的；泄露社区矫正工作秘密或者其他依法应当保密的信息的；对依法申诉、控告或者检举的社区矫正对象进行打击报复的，也分别构成不同类型的犯罪。因此，社区矫正工作人员自身需要切实增强执法意识、风险意识、廉政意识，防止司法腐败的发生。

加强法律监督是预防司法腐败的重要手段。检察机关依法对社区矫正执行与适用的全过程进行监督，最大限度地预防腐败现象，具体监督内容有：对社区矫正机构或者有关社会组织的调查评估活动实行法律监督；对社区矫正决定机关判处管制、宣告缓刑、裁定假释、决定或者批准暂予监外执行活动实行法律监督；对社区矫正法律文书及社区矫正对象交付执行活动实行法律监督；对监督管理、教育帮扶社区矫正对象的活动实行法律监督；对变更刑事执行、解除矫正和终止矫正的活动实行法律监督等。

复习思考题

1. 理解我国社区矫正的概念。
2. 与监禁矫正相比,社区矫正具有哪些特征?
3. 分析我国社区矫正性质的争议。
4. 简述我国社区矫正的工作原则及具体任务。
5. 在社区矫正工作中,如何贯彻刑事一体化、刑罚人道化、行刑社会化理念?
6. 分析社区矫正的优势与不足。

第二章　社区矫正的历史发展

本章摘要

基于法律制度体系和历史背景等方面的原因，外国社区矫正的具体形式和我国社区矫正的具体形式有所差异，但是，缓刑、假释等主要社区矫正形式具有国际相通性，在国外也有着相当长一段时间的发展变迁。在我国，社区矫正的很多思想和制度在古代和近代法制史上已有断断续续的发展，但只有在近几十年来社区矫正制度才真正构建和完善起来。总体来看，社区矫正制度目前在处在一个螺旋上升的发展期，其未来发展趋势具有多面向的综合特征。

重点问题

1. 国外缓刑和假释的历史与现状。
2. 新中国社区矫正制度的发展与推进。
3. 社区矫正制度的未来发展趋势。

第一节　国外社区矫正制度的变迁

一、缓刑的历史与现状

(一)缓刑的历史

“缓刑”是一个多义词。在刑法学中，“缓刑”包括暂缓宣告刑罚、暂缓执行刑罚以及暂缓起诉三种。[①] 当前，我国《刑法》中规定的缓刑以及《社区矫正法》中所规定的缓刑，都是指暂缓执行刑罚。

---

① 参见赵秉志主编:《当代刑法学》，中国政法大学出版社 2009 年版，第 384 页。

英文中的“缓刑”(probation)一词,源自拉丁文语根“probatio”,其义为“to prove,to test”,本义是指“一段的试验或证明期间”,既有缓刑之意,更有观察考验之意。暂缓执行刑罚意义上的缓刑(probation),是指在一定时间内附条件地不对犯罪人执行判决并予以监督的刑罚措施。① 被宣告或者判处缓刑的犯罪人一般被称为“缓刑犯”(probationer),但是在很多英语文献中则使用“当事人”(client)、“参加者”(participant)之类的名词来称呼这类犯罪人。负责执行缓刑和监督缓刑犯的人员被称为“缓刑官”(probation officer)。②

一些文献把缓刑的产生和最初实践归功于美国人约翰·奥古斯特。例如,有人认为约翰·奥古斯特是第一个用“缓刑”一词并将缓刑付诸实践的人,有人认为约翰·奥古斯特是“缓刑创始人”,有人甚至把约翰·奥古斯塔斯称为“缓刑之父”。③ 不过,这可能是不准确的。实际上,缓刑制度更可能起源于英国,在美国得以发展,并逐步发展到世界各地的。根据学者的研究总结,现代缓刑制度之历史嬗变大致可以划分为在英国的起源阶段、在美国的发展阶段和在其他国家的展开三个阶段。④

缓刑制度的产生,最初是由英国普通法的实践发展而密切相关的。有学者认为,最早的缓刑可能是为了解决当时的刑罚过于严苛的现象而产生的。早期的英国刑法中充满了报应的色彩和严厉的刑罚,法官也往往对犯罪人判处十分严厉的刑罚。那时刑罚相当残酷,通常判处的刑罚就是肉刑,甚至常见死刑的裁判,对于许多并不严重的犯罪,也要处以烙印、鞭笞、断肢甚至死刑。例如,在亨利三世时代有两百多种犯罪可以受到死刑的处罚,其中的许多犯罪是比较轻微的财产犯罪。因此,暂缓执行死刑的设计,将可能挽救许多人的生命。⑤ 早期的缓刑首先是对在宗教和政治方面被判刑的人们适用,也就是对宗教异端人士和政治异议人士采取缓刑措施,以便使他们的观念与官方教会或政策相一致。缓刑制度的早期萌芽主要包括12世纪末时产生的教会人员特权制度、早期英国的判决暂缓行和具结释

① 参见吴宗宪:《社区矫正比较研究》(上),中国人民大学出版社2011年版,第135页。

② 参见吴宗宪主编:《社区矫正导论》(第2版),中国人民大学出版社2020年版,第18页。

③ 参见吴宗宪主编:《社区矫正导论》(第2版),中国人民大学出版社2020年版,第18页。

④ 参见王雪梅:《少年观护制度及其适用》,载http://www.iolaw.org.cn/showArticle.aspx?id=2783。

⑤ 同时,英国社会也开始寻求使刑罚逐渐轻缓的可能。被告可能申请皇家特赦,比较积极的法官通常会选择适用较为宽松的刑事成文法或先例。法庭在估价被盗财物的价值时,有时会刻意估低,以免被告受到过重之刑。参见林海:《老鞋匠的善念》,载《法律与生活》2012年第21期。

放等。①

15 世纪末叶英国衡平法院一些富有弹性的程序的适用，被视为现代“缓刑制度”的先声。当时对于刑罚的宽宥，基本分为三类：宗教人士庇护、司法宽免和宣誓不再犯恶性。法庭还采取一种措施，由某个机构或者某位绅士作出担保，暂时免予宣判或给予减刑。1879 年《略式裁判法案》正式规定，对于轻罪犯给予缓刑，由简易法庭和治安法庭法官批准，由“志愿担保人”予以监督。②

同时，一些重要的人物也对早期缓刑制度的产生发挥了重要作用。从 19 世纪初叶开始，英国的一些法官，如爱德华·考克斯、马修·希尔，采取誓约制度与监督措施相结合，或直接采用对少年犯的犹豫执行，并予指导、监督和不定期调查，这些措施与誓约制度相融合，已经具有近代缓刑处遇的雏形。据说当年马修·希尔还是一名实习律师时，曾见过许多犯有轻罪的年轻人，如果能够在其父母或监护人的严加看管之下进行观察考验，到最后往往都会恢复为品德良好的青年；而如果以轻罪入狱，往往在出狱时就已成为恶习满身之徒。他后来成为伯明翰法院的法官时，对那些还有希望挽救的青年采取了相似的缓刑处置：如果这些年轻人有希望重归社会，而且有人愿意为他们担保，并对他们进行观察考验，那就允许暂不对他们实行收监。为了检查这些担保人是否尽心尽力对暂缓收监的青年们进行了观察、考验和矫正工作，希尔法官安排警官们对他们进行定期访问，并向法庭提交报告。③希尔后来还采取了与美国的奥古斯特相类似的做法，如挑选案件、暂缓执行刑罚，如果发现犯罪人再次惹麻烦，就给予制裁。学者认为希尔的这些做法就是“具结保证”实践的很好例子，而且也在西方产生了很大影响。④

较为正式的英国缓刑是从 1876 年英国禁酒协会法庭活动扩大到警察法庭向酗酒犯罪人提供帮助开始的。1876 年 8 月 1 日，南瓦克警察法庭任命了第一位牧师尼尔森，到 1880 年伦敦警察法庭已经有了 4 名牧师。⑤ 1907 年英国制定《犯罪者缓刑法案》（*Probation of Offenders Act*）正式确认缓刑制度。此时，警察法庭中已经有

---

① 参见吴宗宪：《社区矫正比较研究》（上），中国人民大学出版社 2011 年版，第 144 页。

② 参见林海：《老鞋匠的善念》，载《法律与生活》2012 年第 21 期。

③ 值得一提的是，另一种暂缓处刑的措施：将囚犯安置于海外殖民地，观其“劳动改造”的效果，再宣布赦免或给予轻刑。据考，“五月花号”上至新大陆的那批美国先驱们，有不少都是被暂缓处置的刑事囚犯。这或许也是为何现代意义上的缓刑观护制度诞生于波士顿的原因。参见林海：《老鞋匠的善念》，载《法律与生活》2012 年第 21 期。

④ 参见吴宗宪主编：《社区矫正导论》（第 2 版），中国人民大学出版社 2020 年版，第 19 页。

⑤ 参见吴宗宪主编：《社区矫正比较研究》（上），中国人民大学出版社 2011 年版，第 146 页。

143 名牧师在工作,其中包括 19 名女性。[1] 不过,直到《1948 年英国刑事司法法案》(*the Criminal Justice Act*)颁行,前一法案才予废止。[2]

缓刑虽起源于英国,但其迅速地成长发育却是在美国。来自美国波士顿的法官彼得·撒切尔非常支持英国法官希尔的做法,在他和其他众多支持者的努力推动下,马萨诸塞州 1836 年通过立法鼓励在诉讼的任何阶段都可以在担保人具结的情况下将轻微犯罪人释放。

1841 年开始,有美国缓刑制度之父之称的约翰·奥古斯特不断地推动拯救人犯的工作,并视其工作为"处遇""治疗",对美国缓刑制度的最终建立起到了非常重要的推动作用。奥古斯特是一名鞋匠。他于 1784 年生于马萨诸塞州,1827 年迁至波士顿,在波士顿法院门外的大街上维续补鞋的行当,为过往行人修补皮鞋、缝线、钉掌。据说,奥古斯特经常去法院听审。1841 年 8 月的一个清晨,一个衣衫褴褛、蓬头垢面的年轻人被带进了法庭。这又是一个在公共场所酗酒闹事者。根据马萨诸塞州的法律,"公共场所酗酒闹事者"只是一种轻罪。被告人只需交付一笔保释金,便可获刑"监外守纪"1 年的轻罚;否则,被告将在那种小偷扒手、抢劫犯、强奸犯、诈骗犯云集的"监狱大学"里关 1 年,变成了一个对社会充满怨愤、对法律充满敌意的职业罪犯。这一天受审的年轻人本是一个机器维修工人,有一个刚刚怀孕的女朋友。他懊悔地对法官保证,如果能不入狱,他将保证一生戒酒,好好工作,重新做人。但是,他没有钱交保释金。旁听席上奥古斯特对这个年轻人充满了同情,并相信自己的直觉——这个年轻人还有希望。于是,奥古斯都向法官表示,他愿作保证人,对这个年轻人进行教育。法官也正在发愁,在那个年代的波士顿,犯这类轻罪的犯人很多,监狱人满为患。法官灵机一动,宣判:延期 3 周宣判,3 周后再回到法庭上来,法官到时将视具体情况作出最后判决。3 周内,由奥古斯特负责观察和考验被告人的表现。3 周后,奥古斯特陪着被告人返回法庭,那个蓬头垢面的醉鬼已经变成了一个容光焕发的年轻人。只读过两年书的奥古斯特,写了一页纸的书面报告呈交给法官,上面写着:他——约翰·奥古斯特,以上帝的名义发誓作证,证明这个年轻人 3 周以来滴酒未沾,一直勤奋工作。出庭作证的还有这个青年所属街区的警察和教堂的牧师,他们的证词与奥古斯特所说的基本一样。法官当场宣布,释放被告人,象征性地对被告人罚 10 美分。从此以后,这个年轻人终生不再饮酒,

---

① 参见吴宗宪主编:《社区矫正导论》(第 2 版),中国人民大学出版社 2020 年版,第 19 页。

② 参见王雪梅:《少年观护制度及其适用》,载 http://www.iolaw.org.cn/showArticle.aspx? id = 2783。

变成了一个守法勤劳的好公民。[①] 奥古斯特的工作获得了波士顿许多慈善家和教育机构的肯定和捐款支持。波士顿法庭更是给奥古斯特颁布了全美第一张缓刑观护官的聘书。此后的18年间,奥古斯都共为1956名被告人担任过志愿者观护人,[②]其中只有一人违反了缓刑监督规则。尽管当时奥古斯特的做法受到了许多人的质疑,甚至有些人认为这种做法对犯罪人过于宽容,但正是由于奥古斯特的长期努力,缓刑自此在美国逐渐流行起来。[③]

继波士顿之后,芝加哥与纽约先后建立起缓刑观护制度。1869年,马萨诸塞州制定法律,规定由州政府设救济委员会,正式任命专人负责调查法院内少年事件。担任调查的人员须出席法庭及在法庭的指示下对少年给予照顾。此时,对刑罚的犹豫与指导监督已渐行融合,显示出近代缓刑制度的特色,从而开辟了缓刑成为一项独立制度的发展方向。

由于推行缓刑的成效辉煌,产生了制定缓刑法案的动力。1878年美国马萨诸塞州首次制定了"缓刑法案",任命正式公职缓刑人。1897年,美国密苏里州制定缓刑法案,并明确规定"暂停刑之执行处分",首次规定法院接受缓刑处分者应依年龄、罪名为基础加以选择。1899年伊利诺伊州和明尼苏达州出台了专门针对少年犯的缓刑观护制度。到1925年美国联邦缓刑法出台时,美国大多数州已经颁布了缓刑法,而与之相配套的量刑建议、量刑调查、社区矫正等制度,也已经形成了完整的制度体系。[④] 此外,到1945年,美国各州均已建立少年缓刑制度。由于少年缓刑制度在少年保护处分中具有重要地位,因此,美国缓刑制度的发展与少年法院运动具有密切的关系。少年法院的设置,加速了缓刑制度的推广,大多数州都首先将缓刑制度运用于少年刑事司法中。[⑤]

在英国和美国的影响下,其他国家也陆续建立了缓刑制度。澳大利亚的南澳州于1887年制定了第一部《犯罪人缓刑法》,1913年又根据英国1907年《犯罪人缓刑法》的内容进行了修订,大量吸收了之前的规定。匈牙利于1908年在《刑法典》

---

① 参见林海:《老鞋匠的善念》,载《法律与生活》2012年第21期。

② 对于这近2000名被告人,奥古斯特并非不加选择,而是事先详细地调查他们的年龄、性格、出身、生活环境和身边可能造成影响的人与事。他所选择的往往是贫穷无助、偶犯过失的人。奥古斯特和被告人们交朋友,帮助他们找工作,鼓励他们改过自新。缓刑期满后,他总是陪同被告人出庭,亲笔向法官提交一份报告,描述被告人在缓刑期间的表现。法官依据他的报告,对表现良好的被告人,往往是不再处刑,象征性地罚款便予以释放。参见林海:《老鞋匠的善念》,载《法律与生活》2012年第21期。

③ 参见吴宗宪主编:《社区矫正导论》(第2版),中国人民大学出版社2020年版,第19页。

④ 参见林海:《老鞋匠的善念》,载《法律与生活》2012年第21期。

⑤ 参见王雪梅:《少年观护制度及其适用》,载 http://www.iolaw.org.cn/showArticle.aspx?id=2783。

中规定对少年犯可以适用缓刑，并在 1975 年将缓刑适用拓展到成人犯。瑞典于 1906 年通过立法规定了与缓刑类似的附条件刑罚，1922 年建立了全国监狱与缓刑管理局负责全国的监狱与缓刑工作，1942 年将缓刑工作分出建立专门的缓刑服务局。第二次世界大战后，英国帮助来自法国、意大利、西班牙、希腊、黎巴嫩、乌拉圭、新加坡等国家进行法庭制度等方面的培训，进一步推动了缓刑制度在世界各国的推广和发展。①

（二）缓刑的现状

缓刑是目前适用范围最为广泛的一种刑罚执行方式。从世界范围来看，20 世纪 60 年代以来，缓刑已经成为多数国家刑事司法制度不可或缺的组成部分。不过，现代缓刑制度已随各国实际需要发展成不同类型，对缓刑制度的内涵、功能及特质的理解也有不同的认识和主张，在司法实践中也有不同的做法，欧洲一些国家，比如斯堪的纳维亚半岛的诸国及比利时、法国等，由检察官宣付缓刑处遇的暂缓起诉制度就颇有成效。

在欧洲国家，缓刑获得了很大的发展，成为欧洲国家刑事司法制度的重要组成部分，英国、德国、法国等国家都建立了缓刑制度。根据欧洲委员会 2019 年关于欧洲缓刑与监禁的最新调查报告显示，截至 2018 年 1 月的统计数据，欧洲大多数国家和地区都适用缓刑，目前都存在一定数量的缓刑犯，其中法国、土耳其、英国、俄罗斯的缓刑犯数量均超过 10 万人（见表 2－1）。除了可以从缓刑犯人数统计上观察到欧洲各国缓刑的适用的情况，还可以通过缓刑犯与在押犯之间的对比关系来更为直观看欧洲地区某一个国家到底是监禁刑适用得多还是缓刑适用得多，上述欧洲委员会的报告中也对此进行了统计，该报告统计中采用的是每 100 位在押犯所对应的缓刑犯数量（见表 2－2）。从统计中可以看出，欧洲国家中的荷兰、罗马尼亚、丹麦、法国、英国等国家均超过 200 人，属于缓刑适用率较高的国家。

表 2－1　部分欧洲国家和地区缓刑犯的数量统计（2018 年 1 月 31 日）②

单位：人

国家（地区）③	缓刑犯数量	国家（地区）	缓刑犯数量
阿尔巴尼亚	/	安道尔	/

① 参见吴宗宪主编：《社区矫正导论》（第 2 版），中国人民大学出版社 2020 年版，第 19 页。

② See Aebi, M. F. & Tiago, M. M. (2018), SPACE I－2018－Council of Europe Annual Penal Statistics: Prison Populations, Strasbourg: Council of Europe, pp. 12－13.

③ 由于英国等一些国家存在不同的司法区，欧洲委员会相关统计报告中均将其作为不同的司法区单独进行统计，本书中采取相同方法。下同。

续表

国家(地区)	缓刑犯数量	国家(地区)	缓刑犯数量
奥地利	14,896	亚美尼亚	5234
阿塞拜疆	10,620	比利时	48,610
波黑(联邦)	/	波黑(塞族共和国)	/
保加利亚	5774	克罗地亚	3937
塞浦路斯	913	捷克	26,261
丹麦	8470	爱沙尼亚	4360
芬兰	2885	法国	175,936
格鲁吉亚	/	德国	/
希腊	19,927	匈牙利	/
冰岛	273	爱尔兰	6274
意大利	69,289	拉脱维亚	6449
列支敦士登	/	立陶宛	11,017
卢森堡	914	马耳他	1031
摩尔多瓦	11,369	摩纳哥	32
黑山	/	荷兰	42,980
北马其顿	/	挪威	2207
波兰	/	葡萄牙	30,837
罗马尼亚	66,897	俄罗斯联邦	504,248
圣马力诺	/	赛尔维亚	1707
斯洛伐克共和国	12,149	斯洛文尼亚	/
西班牙(总计)	46,314	西班牙(各州)	35,319
西班牙(加泰罗尼亚)	10,995	瑞典	10,001
瑞士	4280	土耳其	380,375
乌克兰	63,936	英国(英格兰与威尔士)	187,546
英国(北爱尔兰)	/	英国(苏格兰)	22,400

注:在欧洲委员会的统计中,阿尔巴尼亚等少数国家存在缓刑制度,但是并无上报数据,因此表格中数据为空。

表 2－2 部分欧洲国家和地区缓刑犯和在押犯的比例(2018 年 1 月 31 日)①

单位:人

国家(地区)②	每 100 名在押犯对应缓刑犯数量	国家(地区)	每 100 名在押犯对应缓刑犯数量
阿尔巴尼亚	/	安道尔	/
奥地利	166	亚美尼亚	148
阿塞拜疆	46	比利时	/
波黑(联邦)	/	波黑(塞族共和国)	/
保加利亚	83	克罗地亚	123
塞浦路斯	142	捷克	119
丹麦	232	爱沙尼亚	173
芬兰	102	法国	253
格鲁吉亚	/	德国	/
希腊	199	匈牙利	/
冰岛	167	爱尔兰	163
意大利	119	拉脱维亚	171
列支敦士登	/	立陶宛	167
卢森堡	134	马耳他	/
摩尔多瓦	149	摩纳哥	100
黑山	/	荷兰	461
北马其顿	/	挪威	64
波兰	/	葡萄牙	229
罗马尼亚	290	俄罗斯联邦	84
圣马力诺	/	赛尔维亚	16
斯洛伐克共和国	121	斯洛文尼亚	/
西班牙(总计)	78	西班牙(各州)	70

① See Aebi, M. F. & Tiago, M. M. (2018), SPACE I－2018－Council of Europe Annual Penal Statistics: Prison Populations, Strasbourg: Council of Europe, p. 12－13.

② 由于英国等一些国家存在不同的司法区,欧洲委员会相关统计报告中均将其作为不同的司法区单独进行统计,本书中采取相同方法。下同。

续表

国家(地区)	每100名在押犯对应缓刑犯数量	国家(地区)	每100名在押犯对应缓刑犯数量
西班牙(加泰罗尼亚)	131	瑞典	175
瑞士	62	土耳其	/
乌克兰	/	英国(英格兰与威尔士)	222
英国(北爱尔兰)	/	英国(苏格兰)	301

在加拿大,缓刑是最经常适用的刑罚执行方法。根据学者统计,大约有45%被判刑的刑事案件被适用缓刑,而且缓刑的适用率比较稳定。加拿大之所以大量适用缓刑,是因为法官可以根据每个犯罪人的不同情况多样化地适用。加拿大的缓刑期限平均为15个月,最长可以达到3年,对于成年犯罪人,可以通过五种方式适用缓刑:一是作为附条件释放的组成部分;二是作为缓判刑罚的一种条件;三是作为中间刑罚的一部分;四是本身就是一种刑罚;五是在2年或者更短时间的监禁刑适用之后适用。[①] 根据加拿大司法部对矫正机构中成人统计数据的报告,2017~2018年度加拿大各省或地区的社区监管中缓刑是最常适用的刑罚执行方法,占全部社区监管人数的92%,占全部成人矫正机构人数的74%。[②] 加拿大各省或地区具体缓刑人数或比例的情况,见表2-3。

表2-3　加拿大各省或地区缓刑适用统计(2017~2018年)

省或地区	缓刑人数(人)	每10万人的缓刑比例(人)	与2016~2017年度相比的变化率(%)
New Foundland and Labrador	1452	331	0
Prince Edward Island	705	574	-6
Nova Scotia	/	/	/
New Brunswick	/	/	/
Quebec	12,041	176	6
Ontario	40,675	354	-2

① 参见吴宗宪主编:《社区矫正导论》(第2版),中国人民大学出版社2020年版,第21页。

② See Jamil Malakieh, *Adult and youth correctional statistics in Canada* 2017/2018, https://www150.statcan.gc.ca/n1/pub/85-002-x/2019001/article/00010-eng.htm.

续表

省或地区	缓刑人数(人)	每 10 万人的缓刑比例(人)	与 2016 ~ 2017 年度相比的变化率(%)
Manitoba	6693	645	-2
Saskatchewan	5011	558	17
Alberta	7932	237	13
British Columbia	11,826	298	1
Yukon	/	/	/
Northwest Territories	334	998	-7
Nunavut	673	2756	-4
总计	87,342	310	2

数据来源:笔者对加拿大各省或地区司法部门统计的整理。

作为现代缓刑制度发达的美国,缓刑已经成为美国刑事司法制度的重要组成部分,在刑事司法中的适用率比较高,从人数上看缓刑犯占有很大比例,一半以上的矫正人口处在缓刑监管之中。根据美国各司法区司法部门的统计,截至 2018 年,美国各州大约有共有 360 万人处于缓刑监管之中(见表 2-4),远远高于 230 万人在押犯的人数,超过 50% 的矫正人口处于缓刑监管之中,缓刑问题也日益引起美国的关注。与此同时,可以适用缓刑的罪名范围宽泛,包括性暴力、家庭暴力等很多重罪在内的犯罪都可以适用时间不等的缓刑(见表 2-5)。

表 2-4 美国缓刑适用统计(2018 年)

单位:人

美国司法区	成年缓刑犯数量	成年矫正人口总数
Alabama	51,346	105,132
Alaska	6516	13,390
Arizona	76,141	145,470
Arkansas	30,389	79,625
California	235,918	566,082
Colorado	79,455	124,355
Connecticut	40,653	59,538
Delaware	15,150	22,548

续表

美国司法区	成年缓刑犯数量	成年矫正人口总数
District of Columbia	5745	17,894
Florida	210,658	390,696
Georgia	404,421	527,911
Hawaii	20,189	28,376
Idaho	31,893	49,398
Illinois	112,174	216,066
Indiana	106,578	161,628
Iowa	28,788	52,434
Kansas	16,389	41,556
Kentucky	47,686	103,365
Louisiana	39,534	118,670
Maine	6708	11,697
Maryland	71,374	117,494
Massachusetts	60,805	84,577
Michigan	172,400	253,585
Minnesota	95,310	122,658
Mississippi	28,604	66,182
Missouri	43,102	112,038
Montana	8987	17,442
Nebraska	13,274	25,022
Nevada	13,505	41,518
New Hampshire	3876	11,527
New Jersey	138,351	191,853
New Mexico	12,512	33,162
New York	96,369	230,567
North Carolina	81,153	160,651
North Dakota	6240	11,577

续表

美国司法区	成年缓刑犯数量	成年矫正人口总数
Ohio	232,985	330,530
Oklahoma	33,028	77,805
Oregon	36,074	83,759
Pennsylvania	177,618	379,843
Rhode Island	22,418	26,461
South Carolina	32,114	73,910
South Dakota	6505	16,343
Tennessee	61,612	131,313
Texas	368,326	725,160
Utah	12,034	29,581
Vermont	4826	7836
Virginia	59,853	130,429
Washington	87,895	135,503
West Virginia	6419	22,706
Wisconsin	43,781	104,011
Wyoming	4592	10,806
总计	3,602,274	6,601,903

数据来源:笔者对美国各司法区司法部门2019年统计数据的整理。

表2-5 美国法院判处重罪缓刑的比例(2012年)

犯罪类型	判处缓刑比例(%)
性犯罪	3
家庭暴力	4
其他暴力犯罪	12
财产犯罪	28
毒品犯罪	25
酒后驾驶	15
其他交通犯罪	2
其他犯罪	11

数据来源:吴宗宪主编:《社区矫正导论》(第2版),中国人民大学出版社2020年版,第22页。

亚洲地区的日本、菲律宾、新加坡、泰国、印度尼西亚、韩国等国家也都建立了缓刑制度。其中,具有代表性的国家是日本,在日本法中,缓刑制度被称为“保护观察”。日本于1922年公布少年法时,即有将犯罪少年交付保护观察的规定。战后犯罪者预防更生法颁布,才确立了现代意义上的缓刑制度,缓刑制度成为今日刑事诉讼程序中不可或缺的重要环节。①

二、假释的历史与现状

(一)假释的历史

假释(parole),亦称“附条件释放”,是指矫正机构的犯罪人在收容期间届满前于符合一定的条件下获得释放,其人如果于残余刑期间保持无其他不良情事发生,则免除执行残刑的一种犯罪者处遇政策。② 其宗旨乃在希望犯罪者改过从善,重新复归社会正常生活。简言之,假释,是指将执行了一定刑期的犯罪人附条件从矫正机构提前释放到社区中,使其在监督之下执行完剩余的刑期。被假释的犯罪人称为假释犯,执行假释的人称为假释官。许多国家的矫正机构中设立有专门的假释委员会来执行假释制度。

16世纪末期,在重商主义的思想下产生“自由刑执行机构”,借由收容犯人及游民,强制从事经济性工作,达到解决社会治安问题及提高国家生产力的双重目的。但在社会经济持续动荡的情形下,稳定的强制工作场所日益紧张,“自由刑执行机构”作为强制工作场所的功能渐显脆弱,刚好英国此时凭其海外强权取得了大量殖民地,遂用殖民地解决这一自由刑执行困境,流放政策于焉展开,进而衍生近代假释制度的创发。公元1597年,英国公布《英国人犯放逐法》(The English Transportation Law),将其国内犯人放逐于国外并以美洲大陆为主要区域,1660年以后渐渐形成常态,至1776年美国独立后,美洲不再成为其流放处所。适巧库克船长于1774年发现澳洲大陆,英国政府遂转向放逐犯人于澳洲。

1788年,英国皇家海军上尉Arthur Phillips率领水手及首批犯人(包括552名男犯、190名女犯)前往澳洲。1791年,澳洲新南威尔士州州长菲利普以“附条件之恩赦”创设“假释票”(ticket of leave),对有悔悟实据的受刑人缩短部分刑期,鼓励向善而获准释放之受刑人,甚至可以获赠土地进行开垦。1832年,澳洲创设累进制度,并将释放条件纳入制度之中,当时累进处遇制度分为4期,最后1期为假释期,

① 参见王雪梅:《少年观护制度及其适用》,载中国法学网,http://www.iolaw.org.cn/showArticle.aspx? id=2783。

② 参见柳忠卫:《假释本质研究——兼论假释权的性质及归属》,载《中国法学》2004年第5期。

即在第3期能保持优良者，给予假释许可书，要求限制住居、定时向监狱报告生活状况，免除残余刑期。1842年，累进制度再次被改良，维持4期，但将第3期作为出狱许可级，对于此期受刑人给与假释许可证，并予以释放，第4期为附条件特赦，对于平安度过第3期者，在残余期间以不回英国为条件予以特赦。[①] 随着“假释票”的实施，英国政府复于1829年及1833年正式以法律明文承认该项制度创新。

1842年，海军上校麦克诺奇任职于诺福克岛（Norfolk Island）监狱，因对刑罚改革的热忱及兴趣，加上目睹刑罚高压严苛风气，认为刑罚应以改善为前提，主张受刑人在监狱期间如能努力向善，应可提早释放，并创立服刑期间表现优良“计分制”（Mark System），将累进制纳入自由刑，使假释制度与累进处遇制度相结合。计分制度由严而宽共分为五个阶段。第一阶段：严格监禁；第二阶段：集体从事公共劳役；第三阶段：在一定范围内施予受刑人部分自由；第四阶段：发给假释票；第五阶段：完全恢复自由。麦克诺奇在诺福克岛监狱实施人道处遇相当成功，仅以驻警160人管理数名人犯，且其任职的四年内（1840～1844年）从无暴动。经过麦克诺奇的努力改革，位于孤立澳洲外海的诺福克岛，原以监禁高度危险，并以酷吏严刑而令人闻风丧胆，4年之内，囚情大为改观，那些凶神恶煞出狱时，竟被称为“麦克诺奇绅士”。虽然他因保守势力反对而黯然下台，但是由于其毕生不断地改革，甚至散尽家财以宣传人道理念，终于激起英国本土在1853年通过《狱政改良法案》（the English Penal Servitude Act），建立类似假释票之假释制度，并在1857年正式废止流放人犯至海外的政策。麦克诺奇于1860年贫疾而终时，被尊称为“假释之父”。[②]

当时的英国另有所谓“爱尔兰制”，系为1854年爱尔兰监狱局长克罗普顿于爱尔兰监狱中实施独居监禁、杂居监禁、假释放三阶段的累进处遇制，以配合假释制度的实施。克罗普顿的此种制度又称“爱尔兰制”的假释。克罗普顿继续推行麦克诺奇“计分制度”，并加入中间型监狱、假释监督及更生保护制度，其中计分制度阶段如下：第一阶段：受刑人须经9个月独居监禁，前3个月获得食物较少，且不能参与工作；第二阶段：受刑人转至工场与其他受刑人一起工作，并可获取点数；第三阶段：受刑人转至开放性机构（中间监狱），如表现良好，可获得假释票；第四阶段：获得假释票之受刑人将附条件释放，居住于乡间的假释人将受到警察监督，居住于大城市的假释人则受到私人企业主的监督。麦克诺奇及克罗普顿的努力为假释制度奠定了良好基础，显见激励及教化受刑人是有成效的，并能改变一个人的价值观，

---

① 参见张甘妹：《刑事政策》，台北，三民书局1979年版，第179页。

② See Abradinsky Howard, *Probation And Parole: Theory and Practice*, 10th ed., Pearson Prentice Hall, 2009, p. 168.

达致监狱教化目的。

后来，英国通过颁布《惩役法》将累进处遇制纳入自由刑中，配套施行假释制度之后更强化行刑效果。英国于 1853 年废除流刑时，另外制定新法并将类似假释之内容规定于法律中，并于 1856 年在英国本土实施顺序上依序为独居拘禁→杂居拘禁→中间监狱→假释之"爱尔兰制"的处遇方式，结合 Maconochie 的计分制，为受假释之受刑人设置中间监狱，累进处遇最上级者不直接释放，而在未受拘禁状态下劳动，该制度渐渐施行于英国全土。①

"爱尔兰制"的假释实行成功使美国受到鼓舞。1817 年，美国纽约州制定《善时法》（Good - Time Law），是为美国假释制度的先驱，后来又仿效英国，规定受刑人刑期在 5 年以上并超过 3/4，遵守规则，经典狱长证明，其作业所得存款在美金 15 元以上者，监狱视察员得予开释之。1836 年，田纳西州规定受刑人 1 个月内未犯监规者，得减刑 2 ~ 3 日。

1870 年，美国国家狱政协会首次召开辛辛那提会议，24 个州的 130 位代表共同签署了《原则宣言》，称"监禁的最高目的是对犯人进行改造，而非恶意折磨"。麦基冈州著名的刑罚学家泽布伦 · 布兰克韦在向大会提交的论文中，论述了"爱尔兰制"、不定期刑思想和假释制度的可能性。当时与会的改革者们一致敦促纽约的爱米利亚感化院采用布兰克韦的建议。1876 年爱米利亚感化院正式成立后，布兰克韦被任命为感化院院长。在布兰克韦的倡导和主持下，纽约州议会于 1876 年制定了《爱米利亚感化院法令》，这既是第一个不定期刑的立法，也是第一个假释制度的立法。《爱米利亚感化院法令》所实施之"不定期刑"与"假释监督"，针对少年之收容人，收容期限只有上限，而没有下限，并由感化院组成委员会，评估收容人是否有危险，决定出院时间。爱米利亚感化院所实施之处遇方式为：受刑人新收后先安排在第 2 级，如连续 6 个月均能保持善行，将升至第 1 级，如表现不佳则降至第 3 级；在第 1 级中仍能持续保持善行者，将予释放，但须继续接受司法当局 6 个月监督，假释期间每月第 1 天须向指定之志愿监督人报到，并报告其生活状况及行为等。② 该处遇方式于 1877 年首先在马萨诸塞州感化院实施；1884 年正式于俄亥俄州监狱实行，并逐渐推行于各州。1922 年已有 44 个州有假释制度，到了 1930 年全美各州均设有假释委员会，1944 年密西西比州通过假释法案后，假释制度完全推行于美国，1975 年假释与不定期结合并用在各州都存在。在此种结合下，联邦和州法官的判

---

① 参见［日］菊田幸一：《假釋放》，收錄於《刑事政策講座第二卷》，成文堂 1972 年版，第 228 页。

② See Abradinsky Howard, *Probation And Parole: Theory and Practice*, 10th ed., Pearson Prentice Hall, 2009, p. 169 – 171.

刑有很大的选择余地，犯罪人员在被判"不固定刑期"时，如某罪犯被判5～15年"不固定刑期"，如果表现好，5年就可以获释，如果表现不好，就有可能要服满15年的刑期才能出狱。罪犯什么时候获释由假释委员酌情决定。假释委员根据犯罪人员的犯罪历史、狱中表现以及对社会可能构成的危险等因素，逐案进行审议。这个制度得到监狱官员的支持，因为它有助于减轻监狱人满为患的压力。进入20世纪，由于犯罪实证学派兴起，美国将犯罪人视为病人般矫治，并以社会复归为目标，不定刑期观念获得支持，受刑人如果确实获得改善，可以提出假释出狱。因此，假释演绎过程所强调的重点在于鼓励受刑人，并依教化情形评估是否合于假释，以利于监狱管理，应属于良善制度。

由于假释制度在刑事政策上的重要性，世界各国竞相仿效。法国于1850年跟进。1862年德国黑森州最早立法，1870年之后各州陆续跟进。1871年，瑞士也在刑法规定假释制度。日本则在1872年首见假释规则，至1880年于旧刑法第53条以下规定假释条件，试行之后，又在第二次世界大战后配套制定《犯罪者预防更生法》以交付保护观察与之呼应。意大利于1890年陆续施行。1958年，加拿大建立了全国假释委员会，负责全国的假释事务，1974年又建立了五个联邦假释区。

不过，20世纪70年代中期以来，由于刑事司法体系之前所倡导的矫治理念缺乏可观测的效果而逐渐不被人们信服，一些司法区开始废除假释政策。1975年，缅因州率先废除了假释制度，此后有14个州予以效法。1984年，美国国会通过"全面控制犯罪法"，在联邦一级废除了假释制度。根据这项法律，在1987年11月1日之前有过犯罪活动的联邦监狱犯人在服满1/3刑期后，仍然有资格得到假释，但是，在这之后有犯罪行为的联邦监狱犯人不享受这种待遇。如果他们在狱中表现好，每年最多可以减刑54天，释放后一段期间内仍要继续接受监视。①

（二）假释的现状

尽管假释制度在美国的发展并非一帆风顺，但是假释制度目前已经通行于全世界，成为基本的刑罚执行制度之一。目前，欧洲很多国家都有假释制度，并且相关统计数据也显示很多国家假释的适用数量在不断增加。② 但是，最新的统计数据显示，欧洲的假释适用率实际上并没有那么高，相关研究报告对比了美国各州和欧洲

① 吴宗宪教授认为美国联邦层面的假释制度在2002年已停止适用。参见吴宗宪主编：《社区矫正导论》（第2版），中国人民大学出版社2020年版，第24页。

② 吴宗宪教授通过比较1990年和1994年不同国家假释的数据对假释适用增长的观点进行了论证。具体参见吴宗宪主编：《社区矫正导论》（第2版），中国人民大学出版社2020年版，第24～25页。

国家之间的假释适用率，发现宾夕法尼亚等很多州的假释适用率远高于欧洲国家的假释适用率，意大利、挪威、保加利亚、法国等国家假释的适用率只有 5 ‱左右，甚至塞浦路斯的假释适用率只有 0.5 ‱（见表 2－6）。

表 2－6　部分欧洲国家假释适用率统计（2013 年）①

单位：‱

国家	假释适用率	国家	假释适用率
土耳其	192.6	摩尔多瓦	142.9
荷兰	123.9	波兰	97.6
爱沙尼亚	74.6	英国	68.3
格鲁吉亚	67.4	卢森堡	67.2
奥地利	58.5	爱尔兰	54.3
瑞士	19.9	芬兰	19.1
克罗地亚	15	阿尔巴尼亚	13.6
法国	9.8	亚美尼亚	5.9
挪威	5.6	保加利亚	5
意大利	4.4	塞浦路斯	0.5

注：表 2－6 中假释率是指每 100,000 人中假释的人数。

虽然假释在美国的发展并不顺利，但是目前美国许多州仍然有关于假释的规定，其中 14 个州设立了假释委员会。在俄亥俄州等设立假释委员会的州，假释委员会由州长任命的数名成员组成，任期有年限。当一名罪犯具备申请假释资格的时候，会整理出一套材料，表示对罪行的悔恨，保证永不重犯，列举在服刑期间做过些什么、参加过哪些矫正计划等，并附上计划负责人员、监狱官员的推荐信，呈交给假释委员会。假释委员会详细审议罪犯的档案，分别与罪犯本人及犯罪受害人（或受害人家属）谈话，根据罪行的严重程度以及重犯的概率进行分析，然后提出一个危险程度评估。如果假释委员会认为此人的危险程度尚可接受，则要求罪犯自己提出重返社区的计划，或是指定某社会机构帮助罪犯制订计划。假释委员会还会派

① See Alessandro Corda, Mariel Alper and Kevin R. Reitz, *American Exceptionalism in Parole Supervision*, https://robinainstitute.umn.edu/sites/robinainstitute.umn.edu/files/american_exceptionalism_in_parole.pdf.

假释官到社区,对罪犯将来的就业和住处等情况进行调查,确定一切都符合要求之后再将其释放。① 虽然没有缓刑犯数量多,但是除了缅因州等少数州外,其他美国各州矫正系统也仍然存在大量的假释犯,甚至堪萨斯州、路易斯安那州等假释犯的数量占所有成年矫正人口总数1/4还多(见表2-7)。

表2-7 美国假释适用统计(2018年)

单位:人

美国司法区	成年假释犯数量	成年矫正人口总数
Alabama	8195	105,132
Alaska	1734	13,390
Arizona	7178	145,470
Arkansas	22,772	79,625
California	89,586	566,082
Colorado	9749	124,355
Connecticut	3234	59,538
Delaware	370	22,548
District of Columbia	3852	17,894
Florida	4370	390,696
Georgia	21,426	527,911
Hawaii	1308	28,376
Idaho	4837	49,398
Illinois	28,167	216,066
Indiana	8026	161,628
Iowa	5792	52,434
Kansas	4623	41,556
Kentucky	14,724	103,365

① 各州假释委员会的权力并不相同。在某些州,法律对假释委员会的决定权实施某些限制,例如规定,罪犯必须在服满一定刑期之后才能被考虑是否给予假释,以及某些犯罪不能得到假释等;而在另外一些州,假释委员会在是否释放罪犯的问题上没有任何决定权,它只能设定假释条件,如果罪犯在假释期间违反了假释规定,假释委员会有权撤销他的假释资格。参见周浩:《美国的假释制度》,载《人民法院报》2008年11月13日。

续表

美国司法区	成年假释犯数量	成年矫正人口总数
Louisiana	29,582	118,670
Maine	20	11,697
Maryland	9863	117,494
Massachusetts	1772	84,577
Michigan	17,141	253,585
Minnesota	6772	122,658
Mississippi	8274	66,182
Missouri	17,029	112,038
Montana	1028	17,442
Nebraska	1041	25,022
Nevada	5035	41,518
New Hampshire	2332	11,527
New Jersey	14,480	191,853
New Mexico	2661	33,162
New York	42,522	230,567
North Carolina	12,180	160,651
North Dakota	770	11,577
Ohio	18,792	330,530
Oklahoma	1814	77,805
Oregon	23,652	83,759
Pennsylvania	106,325	379,843
Rhode Island	440	26,461
South Carolina	4161	73,910
South Dakota	2572	16,343
Tennessee	11,574	131,313
Texas	106,516	725,160
Utah	3548	29,581

续表

美国司法区	成年假释犯数量	成年矫正人口总数
Vermont	895	7836
Virginia	1579	130,429
Washington	10,837	135,503
West Virginia	3398	22,706
Wisconsin	19,526	104,011
Wyoming	806	10,806
总计	728,882	6,601,903

数据来源：笔者对美国各司法区司法部门 2019 年统计数据的整理。

加拿大专门建立全国假释委员会（The Parole Board of Canada,PBC）来管理假释事务。加拿大假释委员会是基于《矫正与附条件释放法》（*Corrections and Conditional Release Act*）的授权而建立的，独立运作，通过公共服务部直接向议会报告工作。加拿大的假释分为日间假释和全时假释两类。日间假释允许假释犯参加社区活动，为全时假释或法定释放做准备。除非加拿大假释委员会另有授权，否则日间假释的罪犯必须每晚返回社区居住设施或临时收容所。在日间假释的标准条件外，假释委员会还可以设定罪犯在释放期间必须遵守的特殊条件。日间假释主要适用于符合全时假释资格前 6 个月或者服刑 6 个月以上的罪犯，但是无期徒刑的罪犯可以在符合全时假释资格前 3 年采取日间假释。全时假释允许罪犯在特定条件下在社区监督下服刑。全时假释通常在日间假释成功后进行，全时假释犯通常住在私人住宅里。对于刑期确定的罪犯，全时假释是为他们在刑满释放到社区提前做好准备。全时假释的条件为服满刑期 1/3 或 7 年，以较短者为准。对于判处无期徒刑的罪犯，全时假释条件由法院在判决时确定。对于一级谋杀，全时假释资格自动设定为服刑满 25 年；对于二级谋杀，全时假释资格可以设定为服刑满 10～25 年之间。在联邦层面，日间假释的批准率在 79%，全时假释的批准率在 40%。加拿大的假释效果总体非常好，根据加拿大假释委员会的统计，93% 的假释犯在日间或全时假释期间没有再实施犯罪，99% 的假释犯在日间或全时假释期间没有再实施暴力犯罪。①

① 资料来源：加拿大政府的国家假释委员会官方网站（https://www.canada.ca）。

第二节　我国社区矫正制度的演进

关于中国社区矫正制度的历史演进，很多学者认为社区矫正只是晚近以来的事情。[①] 实际上，社区矫正的很多思想和制度在中国古代和近代法制史上已有断断续续的发展，只是在近几十年来社区矫正制度才真正构建和完善起来。因此，笔者将我国古代至今的社区矫正制度历史演进一并梳理与简要介绍。

一、中国古代社区矫正思想的萌芽

虽然中国古代没有产生现代意义上的社区矫正制度，但已有社区矫正相关制度的思想萌芽。例如，有学者就认为我国周朝时期就已经有了假释制度的萌芽。周礼秋官大司寇云："以圜土聚教罢民，凡害人者，置之圜土而施职事焉，以明刑耻之，其能改者，反于中国，不齿三年，其不能改而出圜土者，杀"；[②]秋官司圜者亦云："能改者上罪三年而舍，中罪二年而舍，下罪一年而舍。"[③]从上述内容来看，周朝对于犯罪者如能改过向善，即使其释放返家，并加以监督，若释放后仍不知悔改者处死，[④]其中就含有假释的意义。

学者吴钩等人认为，我国宋代已经有了实质意义上的缓刑制度，如宋朝的"寄杖"和"封案"制度就是实质意义上的缓刑制度。所谓"寄杖"，便是将杖刑"寄存"起来，暂不执行；所谓"封案"，便是将判决书"封存入匣"，暂不执行，跟现代的"缓刑"差异不大。从《名公书判清明集》记载的几个案例来看，适用"寄杖""封案"的案子，都是杖刑以下的轻微犯罪；犯人往往还是需要特别对待的老人、妇女。有时候，"寄杖""封案"的判决书还会强调："如能悔过，却与免决""再犯，拆断"。"拆断"的意思，是指拆开封存的判决书，执行判决。[⑤]

二、清末修律时期社区矫正相关制度的概念化

一般认为，现代意义上的缓刑、假释等社区矫正制度是在20世纪初通过清末修

① 参见吴宗宪主编：《社区矫正导论》(第2版)，中国人民大学出版社2020年版，第25～29页。
② 《周礼·大司寇》。
③ 《周礼·秋官·司圜》。
④ 参见方文宗：《刑法假释规范之研究》，台湾中正大学2012年博士学位论文，第9页。
⑤ 参见吴钩：《被人遗忘的宋朝缓刑制度》，载《南方周末》2017年7月20日，第12版。

律时来到中国的。最初规定现代缓刑的是1901年《大清新刑律》，尽管未采用“缓刑”一词，而是直译自《日本刑法》，采用了“犹豫行刑”的措施。主导立法的修律大臣沈家本认为，“夫刑罚为最后之制裁……如因犯罪而拘置于监狱，熏染囚人恶习，将来矫正匪易”。因而，比较好的办法是模仿英国式的矫正式教育方式，“一名强迫教育，各国仿之，而英尤励行不怠，颇著成绩。兹拟采用其法……视情节之重视，定年跟之长短，以冀渐收感化之效，明刑弼教，盖不外是矣”。此外，《大清新刑律》仿效日本刑法，用专章规定对因未满14岁而不罚者、因未满18岁而减刑者、因精神病而不罚或减刑者、吸毒者、因酗酒犯罪者、犯罪及缓刑假释者，分别入感化院、精神病院、戒毒所或有关场所进行管束，以防再犯者，同时还对保安处分的宣告、执行、免除、延长及执行时效等事项作出具体规定。1911年《钦定大清刑律》第63条则正式采取“缓刑”的表述方式，规定“具有下列条件，而受四等以下有期徒刑或拘役之宣告者，自审判确定之日起，得宣告缓刑五年以下，三年以上”，并规定由“亲属或故旧”来监督缓刑内之品行的现代观护制度。① 虽然1911年《钦定大清刑律》首次在形式上正式引入现代缓刑、假释制度，但是随着清王朝的覆灭，该法并未能真正实施，从而丧失了适用缓刑、假释制度的机会。

三、民国时期社区矫正相关制度的形式化

清朝政府被推翻后，南京国民政府仿效日本建立模范监狱，进行监狱改良，实行缓刑、假释、监外执行等制度。1912年《暂行新刑律》明确规定了假释制度，其第66条规定：“受徒刑之执行而有悛悔实据者，无期徒刑逾十年，有期徒刑逾二分之一后，由监督官申达司法部，得许假释出狱。但有期徒刑未满三年者，不在此限。”1913年，北洋政府以《大清监狱律草案》为基础，制定并颁布了《中华民国监狱规则》。随后，1928年，南京国民政府在此基础上又重新修订改为《中华民国监狱规则》，规定了暂予监外执行制度。该规则第18条规定，被送入监人如果有心神丧失者、正在患病，若收监有可能发生生命危险者、怀孕已达7个月的孕妇、分娩未满1个月的产妇、正患有急性传染病者，监狱可以拒收。但是第19条规定“即若认为必要时，有上述情形的仍得暂行收监”。1935年民国政府修改刑法关于假释的规定，其第77条规定：“受徒刑之执行，而有悛悔实据者，无期徒刑逾十年后，有期徒刑逾二分之一后，由监狱长官呈司法行政最高官署，得许假释出狱。但有期徒刑之执行未满1年者，不在此限。前项执行期间遇有第四十六条情形者，以所余之刑期计

---

① 参见林海：《老鞋匠的善念》，载《法律与生活》2012年第21期。

算。”1946年《监狱行刑法》第12条将这条修改为：“前项被拒绝收监的，应由法院斟酌情形，送交医院或交监护人或交适当处所。”此外，在刑法之外，民国政府还相继颁布《假释管理规则》(1913年)、《出狱人保护事业奖励规则》(1913年)、《重病犯保外就医治疗办法》(1914年)等法律法规。尽管国民党当局在形式上大量借鉴和移植日本的刑罚制度，改良监狱，改善给养、卫生、教育和劳作条件等，但没有在实质上借鉴西方国家刑罚制度中矫正的理念，社区矫正的现代行刑理念并未因此形成。

四、根据地时期社区矫正制度的探索

早在1931年苏区时期，《赣北特区苏维埃暂行刑律》中就出现假释制度，其第12章就规定了假释的条件和程序要求。

发端于中国共产党领导下的抗日根据地和解放区的“回村执行”制度，可以说是“中国社区矫正制度的萌芽”，该项制度在中华人民共和国成立后发展为独具中国特色的管制刑。1943年，陕甘宁边区创造“回村执行”的刑罚执行方法，由群众管制和教育改造犯罪分子，又称回村服役、交村执行，是抗日战争时期，抗日根据地普遍实行的一种徒刑执行制度。目的是减少监所在押犯，节省囚粮和政府经费开支，借助社会群众力量监督改造犯人。晋察冀边区规定，判处5年以下徒刑，改悔有据，群众不反对者，可以取保回村执行。对于汉奸、盗匪、累犯以及在监内表现不好，回村后有可能逃跑、重新犯罪或会引起群众不满者，不准回村执行。回村执行的犯人，每月服劳役不超过10日，主要从事公共建筑或为抗日家属及贫苦而又缺乏劳力者代耕。其服劳役与不服劳役日期均以1日折抵刑期1日。其原属监所定期派员对他们进行考察了解，并定期召开集训教育。对表现好者，可给予减刑、假释、提前开释；对表现坏者，要批评、惩罚、撤销回村执行，以致加刑。《陕甘宁边区高等法院关于监狱人犯保外服役暂行办法》规定，判处2年以下有期徒刑或劳役执行刑期在1/5以上，判处2年以上5年以下徒刑执行刑期在2/5以上，判处5年以上徒刑执行刑期在3/5以上的，改悔有据，群众不反对者，可以采取回村执行的办法。回村执行的犯人，必须是在群众已经发动，村政权已经改造的地区。①

1948年11月15日《中共中央关于军事管制问题的指示》中规定，管制是指“解散国民党、三青团、民社党、青年党及南京政府系统下的一切反动党派和团体，并收缴其各种反动证件，登记其各级负责人员，对登记后的少数反动分子实行管制（每

---

① 回村执行是在抗日战争的特殊历史条件下而采取的临时性的徒刑执行办法。抗日战争胜利后，各根据地相继撤销了回村执行的制度。

日或每星期须向指定的机关报告其行动)”。这种管制实际上与管制刑是一致的。①

五、新中国社区矫正制度的发展与推进

中华人民共和国成立后,我国社区矫正制度的发展与推进大致可以划分为七个阶段。

(一)分散存在阶段(1949~2000 年)

分散存在阶段,是指 2000 年之前我国社区矫正制度分散地存在于不同法律中的阶段。在这一历史时期内,中国社区矫正的很多制度在很长一段时期内都是分散存在。中华人民共和国成立后,1952 年《惩治贪污条例》既适用于反革命罪也适用于普通刑事犯罪,除法庭依法判决外,县市以上公安机关可以决定,管制既是刑罚也是行政处分。直到 1956 年颁布的《关于对反革命分子的管制一律由人民法院判决的决定》,管制才成为纯粹的刑罚种类。1979 年《刑法》《刑事诉讼法》首次以刑法典的形式确定了缓刑和假释的范围、对象、考察内容和执行机关,1997 年《刑法》再一次肯定了既具有独创性又有争议性的管制刑。

此外,暂予监外执行制度也是一种较早就开始执行的刑罚执行制度。1951 年,最高人民法院在针对上海市人民法院咨询保外执行应否禁止行使政治权利及关于买卖汉奸财产的效力疑问的解答中就提到了“保外执行”的问题。② 1954 年《劳动改造条例》实施,其中规定了罪犯不宜关押的情形,例如,患有疾病和怀孕的妇女等情形,暂予监外执行制度正式步入正轨。之后,1979 年颁布的《刑事诉讼法》对暂予监外执行作了明确规定,使之走上了法治轨道。1990 年颁布的《罪犯保外就医执行办法》对保外就医的条件、适用对象都作出了具体的规定。1994 年年底,第一部《监狱法》颁布实施,它主要介绍了监狱在何种情况下应当将罪犯收监和服刑方式暂时性的特性,从这两方面具体明确了暂予监外执行制度的程序,确立了暂予监外执行制度的法律地位;1979 年颁布的《刑事诉讼法》中规定了一条,就是它适用的条件和检察机关的监督权;在 1996 年《刑事诉讼法》中,修改的条文达到 3 条之多,涉及适用对象及人民检察院的检察监督,但是在适用对象方面仍有限制。1979 年《刑事诉讼法》将适用对象扩展到被判处无期徒刑、有期徒刑或者拘役的罪犯;在 1996 年《刑事诉讼法》又将对象缩小到只适用于被判处有期徒刑或者拘役的罪犯。③

---

① 参见吴宗宪主编:《社区矫正导论》(第 2 版),中国人民大学出版社 2020 年版,第 26 页。

② 参见《最高人民法院关于保外执行中的徒刑犯应禁止行使政治权利及关于汉奸财产或公产效力问题的解答》。

③ 参见善文秀:《我国暂予监外执行制度的历史沿革》,载《经济与社会发展研究》2013 年第 6 期。

（二）地方探索阶段（2000～2003 年）

地方探索阶段，是指 2000～2003 年地方进行社区矫正方面的探索实践。其中，上海、北京等地的社区矫正实践探索较有成效。2000 年，上海已经正式开始了社区矫正制度的探索。例如，上海市女子监狱 2000 年尝试对在押罪犯试行半监禁处置，对符合条件的罪犯，允许从周一至周五到社区参加劳动，周末回监狱服刑；上海市少年管教所也对关押对象实行了“试工试读”制度，都取得了较为理想的效果，并减少监狱经费开支。上海市于 2002 年 8 月根据司法部的要求，进行更大范围的社区矫正探索工作，上海市政法委出台了《关于开展社区矫治工作试点的意见》，①开始在徐汇区斜土路、普陀区曹杨新村和闸北区宝山路三个街道开展社区矫正的试点，并将其作为构建预防和减少犯罪工作体系的重要组成部分。试点的矫正对象包括管制、缓刑、假释、保外就医和被剥夺政治权利的人员，并逐步向全市推广。此外，上海市政法委还发布了《关于推进本市社区矫正工作的实施意见》《社区矫治工作流程（试行）》，这是国内首次以规范性文件的形式提出社区矫正。

（三）先期试点阶段（2003～2005 年）

先期试点阶段是 2003～2005 年由中央部门主导在全国选定的六个省市开展先行试点的阶段。2003 年 7 月，最高人民法院、最高人民检察院、公安部、司法部联合印发《关于开展社区矫正试点工作的通知》②，确定在北京、上海、天津、江苏、浙江和山东 6 个省市开展社区矫正试点工作，从而启动了中央部门推动的全国性社区矫正改革，拉开了我国社区矫正实践探索的序幕。2003 年，北京、上海、天津、江苏、浙江、山东 6 个省市部分地区启动了社区矫正的第一批试点工作。2003 年 7 月，北京市大石窝镇司法所接收了全国第一例矫正对象。2003 年 9 月 1 日，最高人民法院、最高人民检察院、公安部、司法部在北京召开全国社区矫正工作会议。2004 年 1 月，上海市按照“政府主导推动、社团自主运行、社会多方参与”的思路，注册成立了国内首家非营利专业社区矫正组织——上海市新航社区服务总站，为社区矫正对象和刑释解教人员提供认知指引、行为矫正、心理辅导、就业帮扶、家庭改善等一系列专业帮教服务。2004 年 5 月，在总结试点各地经验的基础上，司法部制定《司法行政机关社区矫正工作暂行办法》，细化了社区矫正制度，详细规定了社区矫正的概念、对象、社区矫正工作的机构、人员及其职责、社区矫正的接收以及措施和终止。

---

①　《关于开展社区矫治工作试点的意见》的发布和推进的改革，也为后来的社区矫正改革提供了重要参考。参见吴宗宪：《我国社区矫正法的历史地位与立法特点》，载《法学研究》2020 年第 4 期。

②　至于《关于开展社区矫正试点工作的通知》产生的具体过程，可以参见吴宗宪主编：《社区矫正导论》（第 2 版），中国人民大学出版社 2020 年版，第 27～28 页。

目前,社区矫正制度的许多具体内容都是在《司法行政机关社区矫正工作暂行办法》中首先规定的。2004年12月,中共中央转发的《中央司法体制改革领导小组关于司法体制和工作机制改革的初步意见》(中发〔2004〕21号)明确提出:"总结社区矫正试点经验,建立和完善社区矫正工作的法律制度。"这是中共中央文件里首次明确提出建立和完善社区矫正工作的法律制度。

(四)扩大试点阶段(2005~2009年)

扩大试点阶段是2005~2009年由中央部门主导将试点省市扩大到十八个省市的阶段。2005年1月31日,最高人民法院、最高人民检察院、公安部、司法部联合下发《关于扩大社区矫正试点范围的通知》,将河北、内蒙古、黑龙江、安徽、湖北、湖南、广东、广西、海南、四川、贵州、重庆12个省(区、市)列为第二批社区矫正试点地区,试点范围扩大到涵盖东、中、西部地区的18个省市。2005年7月,北京市司法局印发《社区矫正工作监狱劳教干警岗位职责(试行)》,第一次以规范性文件的形式明确了抽调参与社区矫正的监狱劳教干警的岗位职责、工作标准等内容。2006年1月,江苏出台江苏省财政厅、司法厅《关于做好社区矫正经费保障工作的通知》,明确规定社区矫正经费包括办公室业务经费、社区矫正对象监管教育费用及社区矫正工作基础装备费用,并且确定了经费"分级管理、分级负担"的原则,在全国最早以文件的形式建立社区矫正经费保障机制。2006年5月,最高人民检察院制定了《关于在社区矫正试点工作中加强法律监督的通知》,要求试点地区检察机关在社区矫正试点工作中认真履行法律监督职责,发现法院、公安、司法行政机关在社区矫正工作中有违法情形的,可以视情况以口头方式、发出检察建议书或纠正违法通知书,督促其及时纠正。2006年10月,党的十六届六中全会作出的《中共中央关于构建社会主义和谐社会若干重大问题的决定》指出:"实施宽严相济的刑事司法政策,改革未成年人司法制度,积极推行社区矫正。"这是在党的全会公报首次提出社区矫正这一概念。2008年7月,北京市朝阳区司法局在借鉴有关国家和地区成功做法的基础上,根据朝阳区社区矫正工作的实际情况,在国内建立了第一个"中途之家",为社区矫正对象提供政策法律学习、就业培训、生活困难帮扶等帮助和服务。2008年12月《中共中央转发〈中央政法委员会关于深化司法体制和工作机制改革若干问题的意见〉的通知》要求推进社区矫正立法工作。2009年1月,杭州市率先在浙江省建立社区矫正驻法院工作室,派驻两名专职人员,负责审判前评估和审判后衔接工作。

(五)全面试行阶段(2009~2011年)

全面试行阶段是2009~2011年由中央部门主导全国范围内全面试行社区矫正

的阶段。2009 年 9 月，最高人民法院、最高人民检察院、公安部、司法部联合下发了《关于在全国试行社区矫正工作的意见》，将社区矫正的内容简明扼要地概括为"监督管理""教育矫正""帮困扶助"，部署全面试行社区矫正工作。2010 年 1 月，杭州市上城区司法局总结五年试点工作经验，起草制定了全国首个社区矫正工作地方标准《社区矫正工作规范》，将社区矫正工作任务、相关部门职责、社区矫正工作者职责、社区矫正工作流程、社区矫正工作考核等内容列入其中。2010 年，《武汉市司法行政系统社区矫正工作人员警衔警务管理规定（试行）》出台，对社区矫正工作人员警衔的首次授予、呈报审批程序、警衔的晋级、警衔的保留、降级、取消、警衔晋级培训、警容风纪、警务管理和警务督察等方面作出了详尽规定，这是我国第一个专门针对社区矫正工作人员警衔警务的规范性文件。2010 年 6 月，长春市人民代表大会常务委员会第二十次会议审议通过了《关于全面试行社区矫正工作的决定》，是我国地方人大通过的第一个具有地方性法规性质的关于社区矫正工作的规范性文件。2010 年 11 月，四川省成都市武侯区社区矫正（治）工作小组印发了该区法院、检察院、公安分局、司法局联合制定的《关于在全区试行社区矫正官制度的意见》，在国内首次以规范性文件的形式确定了社区矫正官制度。2010 年 12 月，司法部社区矫正管理局成立。

（六）法律确认阶段（2011～2019 年）

法律确认阶段，是指从 2011 年开始，国家立法机关在修订法律的过程中不断规定社区矫正内容的阶段。社区矫正在 2011 年、2012 年相继被写入《刑法修正案（八）》和《刑事诉讼法》。2011 年，《刑法修正案（八）》规定，对判处管制的犯罪分子；宣告缓刑的犯罪分子，在缓刑考验期限内；假释的犯罪分子，在假释考验期限内；依法实行社区矫正。这是首次在刑事基本法律中确立社区矫正制度，为社区矫正的实施提供了上位法依据。2012 年 3 月 14 日第十一届全国人民代表大会第五次会议通过全国人民代表大会《关于修改〈中华人民共和国刑事诉讼法〉的决定》，新《刑事诉讼法》规定，对被判处管制、宣告缓刑、假释或者暂予监外执行的罪犯，依法实行社区矫正，由社区矫正机构负责执行。与基本法律中规定的社区矫正内容相配套，司法部等部门也出台了很多配套规定。2012 年，最高人民法院、最高人民检察院、公安部、司法部联合制定出台了《社区矫正实施办法》，明确规定"对判处管制、宣告缓刑、假释或者暂予监外执行的罪犯，依法实行社区矫正，由社区矫正机构负责执行"，以规范性文件的形式将适用社区矫正的操作具体化，明确了社区矫正的主体（司法行政机关）、基本内容和程序要求，进一步推动了社区矫正的制度化、规范化、法治化建设。2012 年 11 月，财政部、司法部出台《关于进一步加强社区矫正经费保障工作的意见》。2013 年 1 月,司法部根据国家有关信息化建设规范和相关行业标准,在深入调研论证和广泛征求意见的基础上,制定了《社区矫正管理信息系统技术规范》和《社区矫正人员定位系统技术规范》。2014 年 9 月,司法部、中央综治办、教育部、民政部、财政部、人力资源社会保障部出台《关于组织社会力量参与社区矫正工作的意见》。

此外,此阶段的社区矫正地方立法也逐步跟进。2012 年 6 月,天津市高级人民法院、市人民检察院、市公安局、市司法局结合工作实际,在深入调研论证和广泛征求意见的基础上,在全国率先联合制定并颁布施行了《天津市社区矫正工作实施细则(试行)》。2014 年 3 月,江苏省出台的全国首部社区矫正地方性法规《江苏省社区矫正工作条例》正式实施,该条例是在党的十八届三中全会提出"健全社区矫正制度"的背景下,我国出台的首部社区矫正地方性法规。2014 年 6 月,江苏省出台《社区矫正工作证件管理办法》,该办法将社区矫正工作证件分为《社区矫正执法证》和《社区矫正工作证》两类。

在法律确认社区矫正内容的同时,社区矫正实践继续向前推进。2012 年 4 月,为进一步推动社区矫正工作的规范运作,江苏省盐城市成立了全国首家社区矫正工作专业委员会,负责指导、管理、监督全市社区矫正工作;并出台了《盐城市社区矫正工作专业委员会规则(试行)》,明确了专业委员会的任务和职责、办事机构、讨论事项的方式、工作纪律、工作程序等。2012 年 8 月上海市浦东新区成立了全国首家司法局社区矫正委员会,该矫正委员会由 9 人组成,以集体讨论的形式审议奖惩、调查评估等刑罚执行环节。2014 年 8 月,安徽开通全国首个社区矫正省级微信公众平台。2015 年 5 月,全国首只服刑、戒毒、社区矫正特殊群体专项帮扶基金"爱心助回头基金"在重庆启动。2015 年 6 月,中国社区矫正信息技术研究院在北京成立,该院是中国行为法学会越轨预防与矫治研究会为实现社区矫正管理模式创新,结合"互联网 +"思维,利用信息化技术建立的一个科研创新平台。2015 年 8 月,全国首家涉台社区矫正中心在福建省厦门市海沧区挂牌成立。

(七)全面立法阶段(2019 年至今)

全面立法阶段,是指自 2019 年开始国家通过社区矫正法及其配套实施办法系统规定社区矫正内容的阶段。2019 年 6 月 25 日,酝酿 7 年之久的《社区矫正法(草案)》首次提请全国人大常委会审议,这标志着社区矫正法草案已正式进入最高立法机关审议阶段。2019 年 6 月 28 日,第十三届全国人大常委会第十一次会议对首次提请审议的社区矫正法草案进行分组审议。2019 年 12 月 28 日,《社区矫正法》经第十三届全国人大常委会第十五次会议表决通过,于 2020 年 7 月 1 日起实施。

该法不仅较好地体现了我国社区矫正的最新发展，也对我国社区矫正制度的发展具有历史性贡献：(1)认真总结了我国社区矫正的成功经验；(2)全面规定了我国社区矫正的基本制度；(3)有力地开启了我国社区矫正工作的崭新阶段；(4)促进了刑事执行法律体系的完善；(5)体现了全面依法治国的重要精神。①

2020年6月18日，司法部会同最高人民法院、最高人民检察院、公安部制定《社区矫正法实施办法》，作为与《社区矫正法》同步配套的规范性文件，对人民法院、人民检察院、公安机关、司法行政机关以及监狱，特别是社区矫正机构在社区矫正工作中的职能作用作出明确规定，对社区矫正各项措施作出明确规定，规范调查评估、接收入矫、监管教育、解除矫正各工作环节，提升社区矫正工作的规范化、法治化。该实施办法有以下三个方面的特点：一是正确处理与上位法的关系，体现《社区矫正法实施办法》与《社区矫正法》紧密衔接的定位和特点，对于《刑法》、《刑事诉讼法》和《社区矫正法》以及相关法律法规已有规定的，《社区矫正法实施办法》尽量避免重复，只进行衔接规定；二是坚持问题导向，对属于最高人民法院、最高人民检察院、公安部和司法部职权范围内、有权决定的内容进行全面修订，尽可能细化，解决执法实践中的问题，以适应社区矫正工作新形势新要求；三是坚持从实际出发，考虑到我国地域辽阔、各地社会经济发展情况不同，有些条款规定注意留有余地，避免绝对化，为各地制定具体规定和细则预留空间。

为了适应《社区矫正法》和《社区矫正法实施办法》，不少地方也加快了社区矫正地方立法的修改和制定工作。例如，2020年8月，上海市高级人民法院、上海市人民检察院、上海市公安局、上海市司法局联合制定《关于贯彻落实〈中华人民共和国社区矫正法实施办法〉的实施细则》，以贯彻落实《社区矫正法实施办法》为主要落脚点，细化相关规定和要求。2020年8月，河南省司法厅联合省高级人民法院、省人民检察院、省公安厅将河南省原有涉及社区矫正的零散分布、互不统属的各类规范性文件组织成完整的规范体系，制定了包括总则、居住地核实与调查评估、交付接收、监督管理、外出审批、附则等10个章节共202条的《河南省社区矫正工作细则》。2020年10月，安徽省高级人民法院、省人民检察院、省公安厅、省司法厅联合制定下发了《安徽省社区矫正工作实施细则》，替代了2013年《安徽省社区矫正实施细则》。

根据司法部2019年年底的统计数据，全国累计接受社区矫正对象达到了478万人，累计解除矫正对象411万人。截至2019年11月底，全国各地已经为在册的

① 参见吴宗宪：《我国社区矫正法的历史地位与立法特点》，载《法学研究》2020年第4期。

社区矫正对象建立了66.2万个矫正小组。[①] 2015年以来，每年新收社区矫正人数和解除社区矫正人数虽然总体上都呈上升趋势，但是都在50万左右，没有特别的变化幅度（见表2-8）。

表2-8　近年来社区矫正对象人数统计

年份	新接收社区矫正对象人数（万）	解除社区矫正对象人数（万）	现存社区矫正对象人数（万）
2015	47	50	/
2016	48.6	49.8	/
2017	52.4	52.1	70
2018	55	55.6	70
2019	58.2	59.6	67.4

资料来源：笔者根据历年《中国法治建设年度报告》的整理。

第三节　社区矫正制度的未来趋势

总体来看，社区矫正制度目前在处在一个螺旋上升的发展期，其未来发展趋势，基于不完全的概括，可以从立法、执行、财政、参与、风险管理等几个面向初步观测。

一、法律政策层面

从法律政策层面上看，社区矫正作为机构内刑罚的替代措施，是未来犯罪矫正的必然趋势。从上文对国内外相关国家或地区社区矫正现状的分析中，我们也可以看到美国、加拿大、英国、日本、欧盟等国家或地区，均广泛运用社区矫正这种方式来替代机构内刑罚执行。美国、加拿大、日本等国家以及我国都制定有关于社区矫正的专门立法。当代社区矫正在刑罚之执行上，日益扮演着重要之角色，近年来，其在欧美诸国处于极为热络的境界，纷纷采行。倡议者指出，社区矫正具有良好的理论基础，对于减少再犯及在满足案主的需求上有卓越的贡献。同时，成本较为低廉，

① 数据引自司法部社区矫正管理局相关负责人2019年12月28日在全国人大常委会新闻发布会上的发言，载腾讯网，https://xw.qq.com/cmsid/20191228A09JS600？f=newdc。

可减少部分机构处遇之负面效果。可资证明的是，美国国家顾问委员会(National Advisory Commission)鉴于传统监禁之处遇方法无法达到减少再犯的效果，乃一再推荐使用社区矫正方式以代替机构内处遇。根据一项针对美国五十州之警察局长、警长、监狱管教人员、检察官、公设辩护人、法官、刑庭工作人员、假释及缓刑观护人等2500名之样本的官方调查统计资料显示，扩大弹性监禁措施，如监外作业、电子监控、日间回报中心等方式均受支持。①

二、执行措施层面

从执行措施层面来看，具有以下几个方面的趋势：

一是社区矫正执行的一体化问题。这种一体化包括两重意义上的一体化。一种是未成年犯与成年犯社区矫正路径差异的一体化问题，美国、加拿大、日本等国家主要采行社区矫正执行一体化，未刻意区分少年犯与成年犯的社区矫正差异性，不过，德国与我国台湾地区则主要是以少年犯与成年犯作为区分社区矫正执行标的。但是，也有越来越多的学者主张社区矫正在成年犯与未成年犯之间的区分，甚至建议在二者之间再区分出一个甫成年人阶段。另一种是指近年来犯罪人管理一贯式服务逐渐兴起，由单一罪犯管理人负责对某一犯罪人进行评估、拟订判决建议、激励犯罪人配合处遇治疗，以及对各公私机构所提供的各种处遇方案(如戒瘾、就业等)进行整体规划与评估运用。

二是社区矫正措施逐渐走向低程度干预且重视个案权利。多数国家认为，对罪犯的干预要逐步走向程度更低的措施，以有利于罪犯从机构内的管理适应逐步复归社会。较为特别的是日本，该国给予执法者较大权限，执行时可随时调整应遵守事项。在个案权利方面，如英格兰及威尔士地区的观护服务开始提供个案调查报告，作为法院判定羁押及社区判决之参考。对于许多非监禁的判决，无论其目的是对犯罪人进行处罚、复归社会、保管或与社会重整等，缓刑服务皆提供监督的协助。

三是发展以实证为基础的风险评估工具。强调以实证为基的社区矫正工作过去数十年来在国外发展方兴未艾，俨然成为热烈讨论的显学。以英国来讲，采取所谓“风险—需求—反应”(Risk - Need - Responsivity，RNR)等矫治三原则进行犯罪人管理，并作为验证模式，已经实施了很多年。此模式采用风险和需求评估，可辨认犯罪人的优、劣势，让司法部门实务工作者能够与犯罪人保持高质量的互动关系，

---

① See Alessandro Corda, Mariel Alper and Kevin R. Reitz, *American Exceptionalism in Parole Supervision*, https://robinainstitute. umn. edu/sites/robinainstitute. umn. edu/files/american_exceptionalism_in parole. pdf.

如今已是世界各国处理犯罪人矫治与复归社会的主流模式。因此，如果能建立实证为基础且符合RNR原则之风险评估机制与工具，必然能强化后续社区处遇方案执行的效果。

四是中间型社区处遇机构的广泛设立。中间型处遇介于监禁和假释两者之间，因其具有阶段性质，可按受处分人之实际情况，施以由高至低不同层次之监督，使原本监禁和假释的距离更加拉近。如果缺少良好的中间型衔接机制，受处分人如果从完全监禁的监狱假释后，立刻面对监狱外社会生活环境，假如无法顺利就业、社会支持系统不稳定，则再犯概率将提高。因此，若能设立良好缓冲性质之中间型社区处遇机构，则可协助受处分人阶段式的调整自我状态，逐步适应社会规范。受处分人需经过评估确定是否可以完全回归社区，若产生违反事宜或不适应情状，则命其返回中间型机构重新再接受调整。另外，在德国则有所谓开放性司法矫正机构，作为监狱与社会之间的缓冲地带，如同中间型社区处遇的方式，除展现惩罚性功能的具体场所，更有利于犯罪人重新复归社会。此外，若能针对不同罪名、个人精神状态等因素排定不同层次的制裁与管理策略，能有效避免处罚失衡或不利于社区复归之情况。

三、财政支撑层面

各国社区矫正制度越来越重视社区矫正的财政支撑问题。虽然以社区资源来辅助矫治工作，矫治工作的开支势必减少。也就是说，轻微犯罪的犯罪者并不需要以隔离、拘禁的方式教化，采取开放式的社区矫正方案，可运用社会资源监督、辅助犯罪者，达到减少再犯、回归社会的矫治目标。站在经济效益的角度，相关监所的矫治经费，将可转而运用在严重的暴力犯，或有需要以隔离方式进行教化的犯罪人。透过监狱与社区两种罪犯矫治模式，经费的运用将更合理，在有限的资源中，发挥出最大的效益。但社区矫正本身也需要财政支持和资源的优化配置。财政经费对于社区矫正的有序开展有极为重要的作用，决定了社区矫正项目能够有效展开，因此，实施社区矫正的国家或地区都非常重视社区矫正的财政支撑问题。美国通过制定专法与设立专门机构解决资金问题，要求各级政府应规划矫正预算，以确保社区矫正的正常运作。近年来，美国不少州又发起了司法再投资运动，倡导通过有效的社区矫正项目替代监禁项目，将由此节约的资金进一步投入犯罪预防和社区矫正中，从而形成节约资金和降低再犯的闭环。[①] 至今，美国已有半数州进行了司法

---

① 司法再投资详细论述参见韦佳：《美国司法再投资改革实践检视》，载《河南师范大学学报（社会科学版）》2020年第1期。

再投资或者类似的立法,并将其影响带到了英国、加拿大、澳大利亚等。我国向来也重视社区矫正的财政问题,司法部和一些地方政府都专门出台过社区矫正财政保障的文件,2019 年《社区矫正法》第 6 条也专门要求各级政府应当将社区矫正经费纳入本级预算。不过,诚如吴宗宪教授所言,《社区矫正法》的这一规定存在内容过于简单、没有规定合理的经费保障机制的问题,实际上难以解决实践中存在的经费问题,需要进一步在经费项目、分担原则、增长机制、开支主体等方面进一步细化。①

四、多元参与层面

从多元参与层面上看,社区矫正需要多元的民间参与,而各国社区矫正主管机关也越来越重视民间的多元参与。例如,英国英格兰和威尔士地区自 2009 年 4 月开始,缓刑服务中增加了一项社区反馈(Community Payback)新工作,缓刑服务广邀社区民众一起参与,举办“与民有约”社区座谈会,聆听社区民众对于犯罪人应如何弥补其行为所造成损害之看法,并借以说明犯罪人社区劳务的工作成果,以及其所带给社区的正面贡献。英国司法部则在网站上征求社区劳务计划,民众可以上网提供自己的创意与意见,而社区劳务的犯罪人在执行工作时须穿着法院所提供之制式背心,借以让社区民众知晓犯罪人正为其错误行为付出代价。我国《社区矫正法》也规定了以社区矫正机构工作人员为主体,以社会工作者和志愿者作为司法所工作人员“左膀右臂”的多元矫正小组参与模式。但有学者认为,我国社区矫正目前的这种矫正小组参与模式存在角色和职责模糊的问题,建议构建基层群众自治性组织参与模式。②

其实,除社区矫正本身外,受刑人复归社会过程中还需要与生活相关的各种服务,这也需要社会资源的多维度参与。例如,根据苏格兰的离开监禁之路模式,盘点社区受刑人所需要的其他资源与服务,包含住屋服务、福利/债务咨询服务、戒瘾医疗服务、妇女救援、法律服务与咨询以及教育服务等,都是要跨部门的资源连接与整合,让参与者提供更有效且全面的服务与资源。因此,针对每位受刑人返回住家附近的社区,进行资源的调查与盘点,建立个案需求数据库,逐一针对需求,予以提供。

五、风险管理层面

从风险管理层面上看,逐步强调对高风险社区矫正对象的风险评估与管理,通

① 参见吴宗宪:《社区矫正立法的奠基之作和拾漏补缺思考》,载《温州大学学报(社会科学版)》2020 年第 4 期。

② 参见田兴洪、蒋晓宇:《〈中华人民共和国社区矫正法〉立法评析及完善对策》,载《温州大学学报(社会科学版)》2020 年第 4 期。

过一定方式重点评估该类对象的再犯风险并降低其再犯风险。例如,为强化对于危险暴力犯及性侵害犯之监控,苏格兰自2006年开始设置地方层级的跨机构治安会议(Multi－Agency Public Protection Arrangement,MAPPA)及高等法院可运用之终身限制命令(Order of Lifelong Restriction,OLR)。英国的跨机构社区治安会议自实施以来,赋予观护单位及警察机关相当大的权责,来对社区中的犯罪人进行风险评估及管理措施。对于某些再犯风险较高或罪行较为严重的个案,社区治安会议可以由增加警力监督、采取特殊措施来保护被害人或是安排高度监控的住居所等方式来对个案进行社区控管。终身限制命令指的是对于高风险的暴力犯罪人或性犯罪人,在其服完法定刑期而出狱后,必须接受终身的社区监管,必要时施以密集监督,以确保其不至于再出现危害社会大众安全之高风险。为了保障人权并避免国家行政机关之干预,终身限制命令仅可由高等法院进行裁定,裁定对象不分年龄,犯罪类型主要为严重暴力或性犯罪,或是其犯行有造成严重暴力、性侵害或危及生命的倾向者。然而,当地方(郡)警长认为某个案在起诉后可能具有接续及持续性危害社会大众安全的风险时,在符合法定的标准下,亦可透过地方(郡)法院向高等法院建议裁定此命令。终身限制命令在判决前需实施风险评估,而执行犯罪人风险评估者必须是政府单位苏格兰风险管理办公室(Risk Management Authority,RMA)①登记有案之合格评估人员,同时接受该机构之定期教育训练。英格兰和威尔士的各缓刑区近年来也均设置"跨机构治安会议",借以确保相关机构间的合作,提供信息交换的平台,并针对个案量身定做处遇策略,以降低其日后再犯的风险。

复习思考题

1. 国外缓刑和假释的发展现状如何?
2. 新中国社区矫正制度的发展与推进有哪些阶段?
3. 社区矫正的未来发展趋势表现在哪些方面?

---

① 苏格兰风险管理办公室成立于2005年,是一个国家级的专家咨询中心,负责犯罪人的风险评估及风险管理。

第三章　社区矫正的理论基础

本章摘要

社区矫正制度的出现不是偶然的，而是随着人类历史的不断发展，由一系列相关理论孕育而生。在社区矫正的发展过程中，各学科思想的发展是其理论基础，主要包括犯罪学、刑罚学和社会学。在本章第一节中，介绍犯罪学相关理论及其与社区矫正之间的关系，重点是差异交往理论、紧张理论和社会控制理论；在第二节中，介绍刑罚学相关理论及其与社区矫正之间的关系，重点是报应刑理论、目的刑理论、社会防卫理论；在第三节中，介绍社会学相关理论及其与社区矫正之间的关系，重点是标签理论、亚文化理论。

重点问题

1. 萨瑟兰差异交往理论的主要观点。
2. 克洛沃德和奥林的少年犯罪不同机会理论的主要观点。
3. 赫希社会控制理论的主要观点。
4. 李斯特解决犯罪的主要对策。
5. 安塞尔新社会防卫理论的主要观点。
6. 亚文化理论的主要贡献。

第一节　犯罪学理论与社区矫正

一、差异交往理论

（一）主要观点

差异交往理论是美国犯罪学中最重要的三种理论之一，其他两种理论分别是紧张理论和社会控制理论。在1939年出版的著作《犯罪学原理》中,美国犯罪学家和社会学家诶德温·萨瑟兰提出了差异交往理论,该理论也称不同交往理论或随意交往理论。差异交往理论认为,人类的犯罪行为不是通过遗传获得,而是与其他社会行为一样,是在学习过程中获得。关键的决定因素在于交往的时间、意义、持续性和频率等,行为者与犯罪行为不断密切接触,同时与对抗犯罪的行为相疏远。

在1947年出版的《犯罪学原理》(第4版)中,萨瑟兰对不同交往理论重新做了表述,认为差异交往理论包括九个重要命题。(1)犯罪行为通过学习而获得。主要针对一些学者认为犯罪可遗传,从而否定了通过遗传而获得的观点。(2)犯罪行为是在与他人的交往中经由学习而获得。这些交往方式既包括言语,也包括行为。(3)犯罪行为的学习过程主要发生在亲密的群体之中。(4)犯罪行为的学习内容包括犯罪态度、犯罪动机、犯罪技能和犯罪合理化等方面。(5)犯罪动机和态度是从他人对法律赞许或不赞许的学习而来的。(6)一个人之所以选择犯罪,是因为他认为犯罪比不犯罪有利。同时他与特定类型的犯罪经常接触,而与对抗该犯罪的行为相疏远。(7)犯罪行为的学习会因为交往频率、持久性、先后次序与强度的不同而有不同效果。(8)犯罪行为的学习不限于模仿过程,还有其他的学习机制。(9)犯罪行为是一般需要与价值的显现,但不能由一般需要与价值来解释,因为非犯罪行为也有同样需要与价值。许多学者用一般的内驱力和价值来解释犯罪行为,如快乐原则和对社会地位的追求等,这已被证明是无效的①。

(二)思想渊源

萨瑟兰对犯罪学的重要贡献主要表现在三个方面:发展了差异交往理论,研究了职业犯罪人,提出并发展了白领犯罪的概念。一般认为,差异交往理论是萨瑟兰在1939年出版的《犯罪学原理》中最先提出的,但有学者认为这一理论的很多观点在1924年出版的《犯罪学》中已经提出。② 可以说,萨瑟兰对差异交往理论系统、完整地表述是在1939年出版的《犯罪学原理》中。在该书的第一章,萨瑟兰将差异交往理论概括为七个命题:(1)导致犯罪行为与合法行为的过程,就其形式而言基本相同。(2)系统的犯罪行为是在那些实施犯罪的人的交往过程中确定,而系统的合法行为是在那些遵守法律的人的交往过程中确定。(3)差异交往是系统的犯罪行为发展的具体原因。(4)一个人参与系统的犯罪行为是由他与犯罪行为模式进行

---

① 参见吴宗宪:《西方犯罪学史》(第2版),中国人民公安大学出版社2010年版,第922~925页。

② 参见吴宗宪:《西方犯罪学史》(第2版),中国人民公安大学出版社2010年版,第921~922页。

接触的频率和一致性决定的。(5)人们之间在个人特征或社会情境方面的个别差异，只有在它们影响不同交往或者犯罪模式进行接触的频率和一致性时，才能引起犯罪。(6)文化冲突是不同交往的根本原因，因而也是犯罪行为的根本原因。(7)社会解组是系统犯罪的基本原因。在该书出版后，受到了一些批评。有学者认为，萨瑟兰的理论是一种封闭的思想体系，没有考虑生物学因素和心理学因素。因此，在1947年出版的《犯罪学原理》中，萨瑟兰对差异交往理论作了重新表述，也就是上文中的具体内容。

对于萨瑟兰的研究，戴维·琼斯评价道："几乎没有人怀疑萨瑟兰是20世纪最受欢迎的犯罪学家，是美国历代最受欢迎的犯罪学家，是犯罪学领域中一位'真正的先驱'。"①对于差异交往理论的价值，有些学者将其总结如下②：

第一，差异交往理论是萨瑟兰发展起来的一种犯罪的一般原因理论。萨瑟兰进行大量实证调查研究，对多种理论学说进行研究和整合，是他关于犯罪原因研究的最高形式。

第二，差异交往理论在很大程度上改变了犯罪学理论的发展方向。在萨瑟兰之前的犯罪研究中，深受精神病学、精神分析学、生物学等学科的影响，似乎忽视了正常人会犯罪的问题。差异交往理论将研究视角转移到为何正常人会犯罪的问题，认为生理和心理上正常的人选择犯罪是受环境影响。

第三，差异交往理论牢固地确立了犯罪行为是习得的观点。虽然该观点在很早就已经提出，但并没有获得社会的普遍认可。经过萨瑟兰的努力，这种观点得到了很多犯罪学家的认可。差异交往理论既否定了犯罪是遗传而来的生物学观点，也否定了犯罪是人性的表现的精神分析学观点。

任何学术理论都不会十全十美，差异交往理论也是如此。差异交往理论受到的批评，主要有以下五个方面③：(1)有些类型的犯罪不能得到解释，如偶然犯罪、情境犯罪、冲动犯罪等。(2)忽视了犯罪行为的一种重要因素，没有适当地考虑"人格特质"或"心理学变量"。(3)强调了传递的社会过程，而忽视了个人的接受过程。没有考虑不同的人的"反应"模式、"接受"模式、"感受"模式。(4)用来解释犯罪行为习得行为模式的比率，在特定情况下不可能精确的确定。(5)将习得犯罪行为的过程过分简单化。

---

① David A. Jones, *History of criminology: A philosophical perspective*, New York: Greenwood Press, 1986, p. 171 – 172.

② 参见吴宗宪：《西方犯罪学史》(第2版)，警官教育出版社1997年版，第579－580页。

③ 参见吴宗宪：《西方犯罪学史》(第2版)，中国人民公安大学出版社2010年版，第942页。

伯吉斯和艾克斯提出了不同交往——强化理论。美国社会学家伯吉斯和艾克斯在1966年发表的论文《犯罪行为的不同交往——强化理论》中,修正了萨瑟兰的差异交往理论,提出了不同交往——强化理论。在伯吉斯和艾克斯看来,萨瑟兰的理论中有三个问题没有得到解决:第一,一个人是怎样进行犯罪学习的;第二,是什么因素维持犯罪行为并使其能够重复发生;第三,什么因素决定犯罪行为的方式、强度和发生频率。为了试图解决上述问题,不同交往——强化理论将萨瑟兰的九个命题归纳为七个命题。(1)犯罪行为是按照操作性条件反射原理习得的。(2)犯罪行为既可以在非社会情境中习得,也可以通过社会互动习得。在这种社会互动中,别人的行为对犯罪行为具有强化作用或辨别作用。(3)犯罪行为的学习主要发生在与强化源群体的交往中。(4)犯罪行为的学习内容包括专门技术、态度和逃避步骤,可以得到强化物的强化。(5)所习得行为的具体种类和发生频率,可以得到强化物的强化。(6)犯罪行为比合法行为在犯罪学习中更可能得到强化。(7)犯罪行为的强度受强化的数量、频率和可能性的影响。①

(三)对社区矫正的影响

1. 对监禁刑的反思

差异交往理论促进人们对监禁刑不断反思,尤其是短期监禁刑,更容易使犯罪人受到不良影响。早在18世纪,意大利犯罪学家龙勃罗梭就提出,“监狱是犯罪的学校,它教人实施最有害的犯罪和团伙犯罪”。② 同时指出,多次监禁和短时间监禁不利于对犯罪人进行帮教,使他们无法进行连续劳动,反而使其在自己的群体中获得更多的声望。在萨瑟兰看来,犯罪是习得的,尤其是与其交往的亲密人群。在监禁场所之中,犯罪人之间的彼此交往,会使犯罪行为得到强化和坚固。犯罪人在群体中被孤立与被欣赏,可能成为其再次实施犯罪行为的动力。佛罗里达大学的阿克尔作出了更深入的探讨,认为在与实施过犯罪行为的人交往时,会感受到一种犯罪情境,使人作出犯罪行为是可接受的判断,甚至作出犯罪行为是合理的判断。与犯罪人接触使实施犯罪的可能性大大增加,而遵守社会规则的可能性则相应降低。③

2. 对社区矫正的推动

根据差异交往理论的观点,在社区中对犯罪人进行矫正,能够有效地避免监禁刑带来的消极影响。按照差异交往理论,犯罪行为是习得的,合法行为也是习得的。

---

① 参见吴宗宪:《西方犯罪学史》(第2版),中国人民公安大学出版社2010年版,第946~947页。

② [意]切萨雷·龙勃罗梭:《犯罪人论》,黄风译,中国法制出版社2000年版,第349页。

③ 参见翟中东:《矫正的变迁》,中国人民公安大学出版社2013年版,第136~137页。

在社区矫正环境之中，矫正对象与遵纪守法的群体交往，能够使其在交往中自觉学习遵纪守法的行为。行为的习得此消彼长，犯罪人更多地学习合法的行为，就会减少犯罪行为的学习，从而有助于犯罪人远离犯罪。

3. 对教育帮扶的激励

差异交往理论认为，行为的学习因交往频率、持久性、先后次序与强度的不同会有不同的效果。教育帮扶会使犯罪人的行为发生改变，且学习效果会与干预强度相关。因此，在社区矫正过程中要更多地鼓励，对于犯罪人进行矫正教育和社会帮扶。尤其是与犯罪人密切交往的群体，对他们实施教育帮扶的效果会更为明显。除此之外，行为的养成不限于刻意地模仿，还在于日常生活中的熏陶，要将教育矫正贯彻到社区矫正对象生活、工作的全过程。

二、紧张理论

（一）主要观点

紧张理论（strain theory）是实用主义犯罪学三大理论之一，以美国犯罪学家默顿的失范理论以及美国的犯罪学家克洛沃德与奥林的不同机会理论为代表。

紧张理论认为，犯罪包括少年犯罪，是人们在不能获得合法地位和经济成功时体验到的挫折和愤怒的产物。大多数人最初都有相似的价值观和目标，但是由于他们在社会经济地位方面不同，使他们在遵从这些价值观和实现这些目标方面产生差别：在中产阶级和上流社会中，由于能够获得很好的教育和职业，很容易实现成功的目标和价值观，因而不存在紧张（挫折感和愤怒）；但是，在下层贫民区中，由于合法成功的道路被堵塞，缺乏获得成功的教育和职业，很容易产生挫折感和愤怒，最终只能通过犯罪行为来实现目标和价值观。①

在紧张理论提出后，也遇到了很多批评：第一，尽管一些人赞同大多数美国人具有中产阶级目标，但是很多研究者并不认同这个基本主张；第二，紧张理论不能解释那些由中产阶级实施的犯罪行为；第三，紧张理论没有成功地解释为什么大多数工人阶级的青少年不进行犯罪，或者为什么许多少年犯罪人在他们步入成年后，放弃了犯罪的生活方式。

（二）思想渊源

默顿提出了失范理论。默顿是美国犯罪学家和社会学家，所提出的失范理论是紧张理论的代表。在1938年发表的论文《社会结构与失范》中，默顿提出了失范

---

① 参见吴宗宪：《西方犯罪学史》（第2版），中国人民公安大学出版社2010年版，第1034页。

理论。该理论认为,社会文化有两个特征:确定目标和规定手段。任何社会的文化都会确立一些它认为值得追求的目标,并鼓励每个社会成员为追求这样的目标而奋斗。不仅如此,任何社会的文化都会以规范、制度等形式规定达到目标的手段。当社会成员接受社会所确立的目标,并能够用制度性手段去达到目标时,就不会产生紧张及越轨行为。但是,当个人无法利用制度性手段达到目标,或者对社会确立的目标不感兴趣,就会产生紧张及越轨行为。个人缓解压力和紧张的适应方式主要有五种:遵从、创新、形式主义、退却主义和造反。默顿将遵从之外的适应方式都视为越轨,但同时指出越轨不意味着一定会引起犯罪。创新本身并不必然会构成犯罪。形式主义的适应方式严格地遵循社会规范,也绝不可能引起犯罪。只有在社会使用反流浪法、反公开酗酒和使用毒品法时,才会将退却和逃避行为规定为犯罪。造反这种适应方式只有在它具有政治内容,诸如暗杀、爆炸、发表犯罪性言论等行为时,才会与犯罪有联系。①

克洛沃德和奥林发展了一种少年犯罪的不同机会理论。克洛沃德是美国社会学家,是默顿的学生。1960 年,克洛沃德和奥林在其合著出版的《少年犯罪与机会:一种少年犯罪帮伙理论》一书中,发展了一种少年犯罪的不同机会理论。其基本观点认为,犯罪是由个人对获得成功的合法机会和非法机会的不同接近程度决定的;当个人谋求成功的合法机会受到阻碍时,就会利用非法机会追求成功,从而导致越轨及犯罪行为的产生。克洛沃德和奥林认为,下层阶级的青少年对成功的价值观点是不同的。一些青少年希望获得中产阶级地位,一些青少年希望获得很多的财富,一些青少年既想要获得中产阶级地位又想改善经济状况,还有一些青少年则没有什么明确的志向。但对下层阶级成员来说,获得成功的困难和障碍是很多的。特别是在教育方面的困难和障碍更大,突出表现为两个方面:一是接受教育的机会少;二是对教育的不恰当态度。由于种种困难和障碍的限制,在他们谋求成功的志向和缺乏合法的机会之间不断产生矛盾,使下层阶级的青少年不断体验到挫折和愤怒,由此不断产生紧张情绪。为了缓解和克服这种紧张情绪,下层阶级会面临两种选择:一是在看不到以合法手段取得成功的现状和前景时,就会寻找用不同机会(甚至非法手段)去实现志向;二是有可能参加犯罪亚文化群,群体心理可以帮助他们消除因从事非法活动而产生的羞耻感、恐惧感和罪恶感。克洛沃德将犯罪亚文化群分为三种类型:犯罪亚文化群,教会他们对犯罪要抱支持的态度和价值观念,

---

① See Robert K. Merton, *Social theory and social structure*: *Toward the codification of theory and research*, glencore IL: free press, 1968, p. 195. 转引自吴宗宪:《西方犯罪学史》(第3卷)(第2版),中国人民公安大学出版社 2010 年版,第 1035 ~ 1040 页。

而且还教给少年犯罪人进行各种犯罪所必需的知识技能;冲突亚文化群,将暴力视为获得地位和成功的手段,鼓励使用暴力,用武器与对立的帮伙进行斗殴,以便赢得尊敬和威信;逃避亚文化群,不能获得所期望的经济改善,其原因或者是缺乏机会,或者是群体内禁止使用非法手段,也不采用冲突和暴力手段,在遭受挫折时,选择逃避现实的态度,沉溺于刺激性的活动之中,经常进行吸毒、酗酒、性放纵、摇滚乐等活动,获得片刻的快乐和满足。①

克洛沃德和奥林的少年犯罪不同机会理论产生了重要的理论影响和巨大实践作用。从理论方面来看,不同机会理论对现实社会中存在的不同帮伙文化做了比较符合实际的描述,避免了一些犯罪学家对少年帮伙进行过分消极的描述的缺点,使不同机会理论更贴近社会现实。从实践来看,对美国社会政策和犯罪预防计划产生了巨大的、直接的影响。同时,该理论遇到一些批评,即对少年犯罪的描述缺乏经验性支持,下层青少年在教育上所受的挫折不一定比中产阶级青少年更大。

(三)对社区矫正的影响

1. 注重目标引导

在紧张理论看来,任何社会文化都会确定价值目标和规定达成方法。可能不存在整个社会一致的价值目标,但每一个社会群体会有其价值目标,每一位社区矫正对象一定也有自己的价值目标。帮助社区矫正对象明确自己的价值目标,帮助他们明确达成目标的手段,能有效帮助他们顺利地融入社会。对于价值目标出现错误的社区矫正对象,需要引导他们的价值目标尽量与主流的价值目标相一致。

2. 注重教育改造

在紧张理论看来,犯罪人实施犯罪行为不是树立了错误的价值目标,而是因为缺乏通过正当途径达成目标的能力。由于不能通过正当途径达成目标,致使在达成目标的过程中产生挫折感和愤怒,最终选择以错误的方式来达成目标。据此,矫正教育工作者需要及时观测社区矫正对象是否产生紧张情绪,在紧张情绪表达出来之前及时预防,在紧张情绪表达出来之后及时干预。借着各种教育改造手段舒缓其紧张情绪,以防止进一步恶化甚至走向犯罪。除此之外,不能达成目标的原因之一是缺乏教育,有必要借助教育来提高社区矫正对象的自身素质和能力。

---

① 参见吴宗宪:《西方犯罪学史》(第4卷)(第2版),中国人民公安大学出版社2010年版,第1046~1051页。

3. 注重社会帮扶

在紧张理论看来，缓解社区矫正对象的紧张情绪只能治标，提高他们的自身素质和能力，帮助他们达成价值目标才是治本。根据紧张理论，低收入阶层更容易借助犯罪手段达成目标。社区矫正可以借助丰富的社会资源，培养社区矫正对象的劳动技能，使其自食其力提高收入水平，帮助他们实现价值目标。其他的社会帮扶手段，在一定程度上也能够解决社区矫正对象实际问题，缓解其紧张情绪，进而帮助他们达成目标。

三、社会控制理论

（一）主要观点

社会控制理论是用社会控制的强弱来解释犯罪行为的一组理论。其又称为社会联系理论或社会键理论，是在20世纪后半期具有重要影响的犯罪学理论之一，主要以雷克利斯的遏制理论和赫希的社会控制理论为代表。

社会控制理论认为，人性本来就是恶的，每个人都有犯罪的自然倾向，都有可能进行犯罪。没有必要研究人为什么会犯罪，而应研究为什么有人不犯罪，这应该是犯罪学研究的关键问题。之所以有人选择不去犯罪，是因为他与社会之间的联系紧密。当个人与社会联系加强，这种联系可以阻止个人进行违反社会准则的越轨行为，甚至犯罪行为；当个人与社会联系薄弱或者破裂时，个人就会毫无约束地实施犯罪行为。因此，犯罪是个人与社会之间的联系薄弱或受到削弱的结果。

（二）思想渊源

托比将"遵从奖赏"概念引入犯罪控罪的机制。1957年，托比发表了论文《社会解组与遵从奖赏：无赖阿飞掠夺行为中的补充因素》，在其中提出了"遵从奖赏"的概念，并把该概念作为控制少年犯罪倾向的基本机制。托比认为：所有青少年都会遇到诱惑，从而做出违反法律的行为。然而，实施违反法律的行为会冒更大的风险。在学校中表现良好的青少年，遵从法律会有很高的奖赏，会比违反法律带来的奖赏要大。他们选择违法是冒着受惩罚的危险，并且可能断送未来的前途。但是，在学校中表现较差的青少年，实施违法行为所遭受的损失就要小得多。他们从违法行为中得到的奖赏，可能要大于遵守法律所得的奖赏。所以，在托比看来，除了刑罚之外，社会没有更有效的措施能控制越轨行为。①

① 参见吴宗宪：《西方犯罪学史》（第4卷）（第2版），中国人民公安大学出版社2010年版，第1145～1147页。

雷克利斯提出了犯罪遏制理论。1961 年,雷克利斯在论文《违法与犯罪的一种新理论》中,对以前的相关概念和因素进行整合,提出了犯罪遏制理论。该理论认为,犯罪是由于个人内在的控制能力和外部社会的控制因素缺乏,对引诱个人进行犯罪的驱力和拉力缺乏遏制的结果。雷克利斯的理论基于以下三个前提:(1)自我是重要的内部遏制因素,包括自我控制和良好的自我概念,而青少年犯罪是差的自我概念的结果;(2)青少年对于自我的积极看法,会有效地抑制进行犯罪的压力和拉力;(3)个人是由驱力、压力、拉力以及绝缘体或者缓冲器构成,所有这些都会对个人的行为产生影响。①

赫希系统论述了社会控制理论。1969 年,赫希在出版的《少年犯罪原因》一书中,系统论述了社会控制理论,又称社会联系理论。该理论认为,任何人都是潜在的犯罪人,个人与社会的联系是其实施越轨与犯罪行为的原因。当个人与社会的联系薄弱时,个人就会无约束地实施犯罪行为。个人与社会的联系由四个方面组成,这四个方面可以解释少年犯罪的原因。(1)依恋。依恋是个人与他人或群体的感情联系。与他人或群体的感情联系越强烈,就越可能考虑犯罪行为对这种联系造成的伤害。依恋分为三类:对父母的依恋;对学校的依恋;对朋友的依恋。(2)奉献。奉献是指个体对传统的生活目标的追求。如果人渴望获得社会承认的、传统的成功,就不可能冒着损害自己前途的危险去违法犯罪。(3)参与。参与是指花费时间和精力参加传统的活动。越是全力以赴地忙于各种传统事务,就会缺少从事越轨活动的时间和精力。传统活动主要有:正当的工作、运动、娱乐、业余爱好以及和学校有关的活动等。(4)信念。信念就是对共同的价值体系和道德观念的赞同、承认和相信。如果个人缺乏对社会或群体中共同的价值体系和道德观念的认同,就有可能实施越轨及犯罪行为。在赫希看来,社会联系的各个方面既相互分离又相互影响,个人在某一方面与社会的联系越密切,在其他方面与社会的联系越密切。②

美国犯罪学家西格尔认为,赫希的社会控制理论最重要的结论有七点:(1)强烈依恋父母的人很少从事犯罪活动;(2)奉献于主流价值观的人会更多从事传统活动;(3)更多地参与传统活动的人较少从事犯罪行为;(4)更多地参与非传统活动的人更有可能进行犯罪;(5)与社会关系薄弱而疏远的人有可能从事犯罪行为;(6)从

① 参见吴宗宪:《西方犯罪学史》(第 4 卷)(第 2 版),中国人民公安大学出版社 2010 年版,第 1152 ~ 1155 页。

② 参见吴宗宪:《西方犯罪学史》(第 4 卷)(第 2 版),中国人民公安大学出版社 2010 年版,第 1160 ~ 1170 页。

事非传统行为的人更依恋他们的同辈和朋友;(7)犯罪人与非犯罪人有着相似社会的信念。

相较于其他的控制理论,赫希的理论具有一些明显的优点:在进行大量实际调查和理论研究后提出来,更具实证性;适用对象更为广泛,更具一般性;使用直接观察和测量的术语,更具可操作性;吸收了以前有关犯罪的多种理论和研究成果,更具综合性。同样,一些学者也指出了该理论所存在的若干缺陷:没有解释社会联系如何形成;社会联系又为什么会被削弱;社会联系的四个方面是否同等重要;社会联系被削弱后是否能恢复等问题①。

(三)对社区矫正的影响

1.加强社区矫正对象与社会的联系

按照社会控制理论,犯罪是个人与社会联系薄弱的结果。当个人与社会的联系削弱,就更可能实施越轨和犯罪行为;当个人与社会的联系增强,就更可能实施合乎主流价值观和道德的行为。赫希更是指出了社会联系的四个方面:依恋、奉献、参与和信念。相对于传统的监禁刑,社区矫正的优势毋庸置疑,能加强社区矫正对象与社会的联系。社区矫正积极吸纳社会力量参与矫正,包括社区矫正对象的家人、亲戚和朋友。在社区矫正中,社区矫正机构组织教育、公益活动,增强社区矫正对象对社会的依恋。社区矫正对象更多地参与社会活动,就会更少地参与越轨行为。在活动过程中,矫正教育工作者通过言传身教,促使社区矫正对象认同主流价值观,投身社会传统活动,在活动之中实现价值,进而减少犯罪行为。

2.增强社区矫正对象的犯罪遏制力

根据社会控制理论,所有人都会面临犯罪的诱惑,为何有人在面对相同处境时,却选择不实施犯罪行为?托比给我们的回答是,遵守法律的奖赏更大,更会放弃犯罪行为;违反法律的奖赏更大,更会实施犯罪行为。在面临犯罪的诱惑之时,行为人会进行权衡,犯罪带来的利益与犯罪付出的代价哪个更大。不同行为人的犯罪成本各不相同,也会据此做出不同的抉择。对于"成功"人士,犯罪成本会更高,犯罪的可能性更小;对于"失败"人士,犯罪带来的利益可能更高,犯罪的可能性更大。社会适应性帮助是社区矫正的重要任务之一,也是刑罚人道化的充分体现。恰当的社会适应性帮助能够帮助社区矫正对象解决生活中的实际困难及问题,能够促进其家庭、工作以及生活趋向稳定、和谐。如此,社区矫正对象再次实施犯罪的成本

① 参见吴宗宪:《西方犯罪学史》(第4卷)(第2版),中国人民公安大学出版社2010年版,第1171~1172页。

会增加,利益则会减少。相反,得不到及时、有效的帮助,社区矫正对象可能再次陷入困境。家庭关系不融洽、没有固定收入来源、生活中充满不幸的社会成员,更容易走向犯罪。

3. 注重控制内在动机与社会环境

根据雷克利斯的遏制理论,犯罪是个人内在控制能力和社会外部控制因素缺乏的结果。既然犯罪是内部原因与外部环境双重作用的结果,要从根本上解决犯罪需要双管齐下,既要增强个人内在抵御诱惑的能力,又要营造适合矫正的外在环境。内部原因与外部环境同样重要。在社区矫正过程中要"双管齐下",才能有效解决社区矫正对象的犯因性问题。一方面,社区矫正机构工作人员要通过心理干预、文化教育等手段,提高社区矫正对象的自身素质,增强其抵制外来诱惑的能力;另一方面,社区矫正机构也要注重改变社区矫正对象生存的外部环境,改善其家庭环境、工作环境、学习环境、社会环境,营造良好的矫正氛围,最大限度地降低犯罪诱因。

第二节 刑罚学理论与社区矫正

一、报应刑理论

(一)主要观点

报应刑理论是运用报应思想来证明刑罚适用正当性的一种理论。该理论为刑事古典学派所系统论述,代表人物主要有贝卡里亚、边沁、费尔巴哈、康德、黑格尔等。该学派提出了刑罚人道、罪刑法定和罪刑均衡三大原则,认为刑罚是对犯罪的报应,是国家对这种危害的反对和否定。①

报应刑理论主张,犯罪人对社会有一种应当偿付之债,而犯罪是对犯罪人处以刑罚的唯一原因。刑罚是犯罪的结果,是以其人之道还治其人之身。刑罚是对犯罪的报应,既是国家行使刑罚权的依据,也是刑罚的目的之所在。② 古典主义学派将刑事责任建立在"自由意志"的基础上,认为正常的社会人都有自由意志,可以自由地实施违背道德、违背法律的行为,也可以自由地实施合乎道德、合乎法律的行为。既然行为人自由地进行了选择,就要对自己的选择负责,承担相应的行为后果。犯

---

① 参见葛炳瑶主编:《社区矫正导论》,浙江大学出版社 2009 年版,第 3 ~4 页。

② 参见魏平雄等主编:《中国预防犯罪通鉴》(上卷),人民法院出版社 1998 年版,第 1179 页。

罪人的内心状况,法律不宜过问,也无法过问。刑事责任的有无和大小,都应当以行为作为基础。于是,古典主义学派强调,刑罚是对已然之罪的报应。

(二)思想渊源

报应思想是人类古老的观念和社会行为准则。在原始社会中,同态复仇思想居于主导地位,主要靠道德、习俗、巫术、禁忌来规范社会生活。部落之前发生纷争,常以"以眼还眼,以牙还牙"的方式解决,这种原始的复仇方式就是同态复仇。在奴隶和封建社会报应、威慑思想居于主导地位。无论是东方国家还是西方国家,在这个时期都是报复威慑主义主导着刑罚观念。在这种刑罚理念之下,死刑和肉刑是刑罚的主要方式。

报应理论在其发展过程中,经历了神意报应、道义报应与法律报应三种形态。神意报应认为,神的旨意就是报应的理由,犯罪是违反神的命令或上天的旨意,国家对犯罪人施以刑罚是秉承神意。道义报应为著名哲学家康德所主张,认为人是受道德法则的支配。犯罪人侵犯了他人的权利,违背了道德法则,因而应当受到惩罚。法律报应为德国哲学家黑格尔所主张,认为犯罪是最严重的不法,是对法的否定,而刑罚则是对这种否定的否定。

贝卡里亚将人道思想引入报应理论。贝卡里亚在1764年出版了《论犯罪与刑罚》一书,在其中列出了一些基本原则作为刑事司法体系的改革的指导思想。(1)社会行为要基于功利主义的原则,来满足社会最大多数人的最大幸福。(2)犯罪是对社会的伤害,故社会的被害程度是测定犯罪大小的唯一标准。(3)预防犯罪比惩罚犯罪更为重要,其重要途径是完善和公开法律,这样,公众才能理解和支持法律的实施。(4)应当废除秘密控告和拷问,而使用人道的迅速的审判来代替;让共犯为控告方提供证据,完全是对不忠行为的公开认可,应当废除。(5)刑罚的目的是通过刑罚的必然性和及时性,而不是通过刑罚的严厉性来实现的。(6)监禁刑应当被广泛地使用,要为罪犯提供较好的生理上的保障,并根据性别、年龄、犯罪程度对罪犯予以分类。①

约翰·霍华德将报应理论应用于监狱改革中。在1777年出版的《英格兰和威尔士监狱状况》一书中,霍华德在对监狱进行调查时,目睹了当时监狱的各种弊端,对监狱改革提出了详细的建议:第一,组织犯人从事有意义的劳动,并支付一定数量的劳动报酬,以满足购物和释放所需;第二,提供有益于健康的食品;第三,创造良好的卫生环境,如多建造一些浴室等;第四,建立刑罚分级执行制度;第五,对犯人实

① 参见张婧:《监狱矫正机能之观察与省思》,中国人民公安大学出版社2010年版,第29~30页。

施昼夜隔离制度。[①] 他的建议对英国以及整个世界刑罚和监狱改革进行,都产生了巨大的影响。

新刑法理论延续了报应的理念。美国学者费莱与西蒙提出新刑罚学理论。新刑罚学理论具有实证基础,其理论基础是“少数人实施多数犯罪”。该理论认为,一个地区在特定的时间内发生的多数犯罪案件是由一小部分犯罪分子实施的。如果能提前识别出危险程度较高的犯罪分子,并对他们及时加以控制,那么社会上的犯罪问题将会得到有效控制。这既能有效降低刑罚成本,也能极大地提高矫正对象的犯罪率。美国犯罪学家沃尔夫冈、费格利奥和赛林在对费城的青少年团伙的研究中,调查了1000名青少年犯罪分子。研究对象的6%,要对刑事案件的52%负责,对暴力犯罪的2/3负责。[②] 新刑法理论强调要控制关键少数,有效的刑罚资源不适宜控制所有犯罪人,控制好关键少数就可以有效降低犯罪率。

(三)对社区矫正的影响

1. 人道主义思想推动刑罚方式的不断变革

随着人类社会文明的发展,传统社会野蛮的刑罚已成为历史,死刑、身体刑逐渐被监禁刑取代。然而,进入20世纪后,监禁刑的弊端也日益明显,主要体现在剥夺人的行动自由、异性关系、人的自主性等,使罪犯安全感丧失,难以拥有基本的物质条件。以社区矫正为代表的非监禁刑,在欧美一些发达国家中已经取代监禁刑,在刑罚执行中居于主导地位。社区矫正的非监禁性、开放社和社会参与性等特点更是充满了人文关怀,极大地保护了犯罪人的人权,体现了刑罚人道精神。一般来说,刑罚人道精神有三种含义:第一,要尊重和保护犯罪人人格;第二,禁止把人当作达成刑罚目的的手段;第三,禁止使用残酷而不人道的刑罚方式。[③]就以上三个方面而言,社区矫正相对于监禁刑,其优势是有目共睹的。故社区矫正制度的产生和发展,顺应了人道主义思想发展的潮流。

2. 为有效地监督管理提供了依据

社区矫正是否意味着没有约束,矫正对象可以放任自由?绝非如此。只有针对触犯刑法的人,才能进行社区矫正,这是社区矫正的界限。社区矫正对象要接受监督管理,监督管理是为了防止其进一步危害社会,也可视为是对已然之罪的“报

---

① 参见张婧:《监狱矫正机能之观察与省思》,中国人民公安大学出版社2010年版,第31页。

② 参见翟中东:《社区性刑罚的崛起与社区矫正的新模式——国际的视角》,中国政法大学出版社2013年版,第171~172页。

③ 参见姚建龙等:《矫正学导论——监狱学的发展与矫正制度的重构》,北京大学出版社2016年版,第261~262页。

应”。为了更有效地进行监督管理,新刑罚理论提出要重点监管关键少数。英国学者法林顿在《人类进化与犯罪生涯》一文中提出三点:(1)违法犯罪生涯越长的人越容易犯罪或者再犯罪。大多数惯犯早在12岁就有了犯罪经历,仅35%的惯犯在15岁以后开始犯罪生涯。(2)违法犯罪具有连续性。对于经常犯罪者,重新犯罪的可能性达到90%,就偶然犯罪者而言,重新犯罪的可能性只有67%。在15岁以前被登记有犯罪经历的人70%在15~17岁之间又被登记犯罪。(3)犯罪得手的犯罪人,再次犯罪的可能性会加大。[①] 由此可见,提前对矫正对象进行评估,有针对性地进行监督管理,有利于降低重新犯罪率。

二、目的刑

(一)主要观点

目的刑理论是意大利犯罪学家龙勃罗梭提出的一种刑罚理论,后由荷兰的哈默尔、比利时的普林斯和德国的李斯特等人加以系统化,并推动该理论的进一步发展。这种刑罚理论否定人的自由意志,认为刑罚不应基于犯罪行为,而是由于行为人的社会危险性,因此也被称为主观主义刑法理论。

该理论认为,犯罪不是对已然之罪的报应,而是对未然之罪的预防。犯罪是行为人反社会性格的表现,而刑罚是为预防具有反社会性格的行为人再次犯罪而采取的法律手段,其目的是保护社会的合法权益免受犯罪侵害。预防犯罪的手段除了刑罚之外,还应辅之以保安处分。因此,目的刑理论反对报应刑论的观点,主张刑罚个别化的原则,强调刑罚应以预防再犯罪和防卫社会为目的。

(二)思想渊源

龙勃罗梭提出了目的刑理论。龙勃罗梭是意大利精神病学家、犯罪学家、实证主义学派的代表人物之一。他提出“天生犯罪人”的理论,认为犯罪人的犯罪性是与生俱来的,由异常的生物特征决定;应当预防犯罪产生,而不是去惩罚犯罪;如果不能预防,就应该进行治疗;如果无法治疗,就应该进行隔离,隔离能比监禁更好地保卫社会。[②] 龙勃罗梭还提出了一系列预防犯罪的措施,如兴办收容、教育贫困儿童的机构,对失业成年人进行救助,为移民和异乡人建立庇护所等,并主张为天生犯罪人、癫痫病人、悖德狂等兴建专门的治疗机构,对犯罪人进行专业的治疗。

---

① 参见翟中东:《社区性刑罚的崛起与社区矫正的新模式——国际的视角》,中国政法大学出版社2013年版,第174~176页。

② 参见吴宗宪:《西方犯罪学史》(第1卷)(第2版),中国人民公安大学出版社2010年版,第388页。

菲利发展了目的刑理论。菲利是意大利著名的社会学家、犯罪学家，实证主义学派的重要人物。在对犯罪原因的分析中，他持有“犯罪原因三元论”的观点，认为犯罪是人类学因素、自然因素和社会因素共同作用的结果。正如他所论及“人之所以成为罪犯，并不是因为他要犯罪，而是由于他处于一定的物质和社会条件之下，罪恶的种子得以在这种条件下发芽、生长。因此，我们知道人类的不幸产生于上述因素的相互作用”。[①] 菲利抛弃自由意志学说和道德责任观点，而代之以社会责任的观点，主张刑罚不应是对犯罪的报应，而是保护社会、保卫国家和法律的需要。在刑罚措施上，他主张使用不定期刑和罚金刑，认为死刑不能解决严重的犯罪。为更积极主动地预防犯罪，菲利还积极寻找刑罚的替代措施，并在经济、政治、科学、司法、教育等领域提出了一系列具体的建议[②]。

李斯特将目的刑理论系统化。李斯特是德国著名刑法学家，被称为“现代刑法学派创始人”。李斯特主张“犯罪原因二元论”的观点，认为犯罪一方面是个人特征的产物，另一方面是社会环境的产物。李斯特反对龙勃罗梭的“天生犯罪人”理论，否认存在天生犯罪人、隔代遗传和人类学的犯罪人；他也不同意菲利的“犯罪原因三元论”，认为菲利所说的自然原因，实际上是社会原因的一种。[③] 李斯特认为，应处罚的不是行为而是行为人，更值得关注的是实施犯罪的人，而不是犯罪行为本身。因此，他改变了对犯罪行为进行分类的做法，而代之以反社会的强弱为标准，对犯罪人进行分类的方法。以便根据犯罪人的反社会性的情况，对其实施个别化的惩罚，从而达到社会防卫的目的。[④]

李斯特的犯罪对策论，主要包括两个方面。第一，刑罚个别化。刑罚是同犯罪作斗争的主要手段，对不同犯罪人可发挥三个作用：威吓、矫治和除害。对于偶然过失犯罪人，刑罚能产生威吓作用，有效防止他们重新犯罪；对改善中的犯罪人，刑罚能产生矫治作用，使之改过自新重新适应社会；对于不可改善的犯罪人，刑罚能使之与社会隔离，不再继续危害社会。第二，目的刑论。刑罚的主要任务不是对已然之罪的报应，而是为预防再次犯罪和保卫社会。刑罚目的是保护社会上多数人的利益，保障社会生活的顺利进行，由此提出“最好的社会政策，也就是最好的

---

① ［意］恩里科·菲利：《实证派犯罪学》，郭建安译，中国政法大学出版社1987年版，第35～36页。

② 参见吴宗宪：《西方犯罪学史》（第1卷）（第2版），中国人民公安大学出版社2010年版，第430～436页。

③ 参见吴宗宪：《西方犯罪学史》（第1卷）（第2版），中国人民公安大学出版社2010年版，第576页。

④ 参见吴宗宪：《西方犯罪学史》（第1卷）（第2版），中国人民公安大学出版社2010年版，第578页。

刑事政策"的观点。为了实现刑罚的这种目的,李斯特指出短期自由刑的弊端,提出赞同采用不定期刑,主张采用缓刑和累进制,提倡适用罚金刑和设立刑务委员会,建议对少年犯、精神病犯罪人采取特别处遇等。在李斯特看来,消除犯罪的个人原因是刑事政策的任务;而消除犯罪的社会原因,则是社会政策的任务。①学者林纪东对李斯特的评价是:"这种注意刑事政策和社会政策的关系,不专用刑罚来防遏犯罪,而改由社会政策方面来预防犯罪的看法,可以说是李斯特的最大贡献。"②

(三)对社区矫正的影响

1.奠定了社区矫正的思想基础

在目的刑理论发展的过程中,龙勃罗梭、菲利、李斯特等学者进行了有益的探索,为如何预防再犯罪提出了有益的建议,也为社区矫正制度奠定了思想基础。学者们发现监禁刑存在弊端,短期监禁刑的弊端尤为明显,并积极地寻找刑罚替代措施,提出了一系列切实可行的建议。社区矫正制度正是顺应了历史发展的潮流,有效避免了短期监禁刑带来的弊端,成为监禁刑的有益补充。

2.确立了保护社会的刑罚目的

在目的刑理论看来,刑罚不是对已然之罪的报应,乃是对未然之罪的预防,其目的是保卫社会多数人的利益。为了实现保卫社会的目的,目的刑主义者进行了一系列尝试,为治理犯罪问题献计献策,也为社区矫正的兴起与发展提供了宝贵经验。相对监禁刑而言,目的刑论者主张缓刑和假释等非监禁措施,其目的是更积极主动地保护社会。社区矫正充分利用社会资源,有效地改造罪犯,降低了再犯率,实现了预防犯罪和保卫社会的目的。除此之外,社区矫正是为了促进犯罪人回归社会,而不是让犯罪人无法融入社会,是积极、主动保卫社会的具体举措。

3.提出了刑罚个别化的矫正原则

目的刑理论认为,刑罚不应关注犯罪行为,而应该关注犯罪人的社会危险性。正是由于犯罪人具有社会危险性,才会损害国家、社会和他人的利益。如果社会危害性不消除,犯罪人还会再次犯罪,破坏社会的合法利益。正像李斯特所言:"矫正可以矫正的罪犯,无法矫正的不使之为害。"犯罪人的危险程度不同,在刑罚过程中应予以区分对待。有些犯罪人应予以警示,有些犯罪人应予以矫正,有些犯罪人应

---

① 参见吴宗宪:《西方犯罪学史》(第1卷)(第2版),中国人民公安大学出版社2010年版,第580~582页。

② 林纪东:《刑事政策学》,台北,编译馆1969年版,第24~25页。

予以隔离。这些研究为社区矫正对象分类矫正、个案矫治提供了宝贵经验。在社区矫正过程中,社区矫正机构工作人员要根据风险评估、犯因评估、需求评估,掌握社区矫正对象的个性化、特殊化之处,进而实施差异化的监督管理、教育矫正与帮困扶助措施,因人制宜地开展矫正工作,以提高矫正工作的质量与效率,实现预防再次犯罪、保卫社会的目标。

三、社会防卫理论

(一)主要观点

社会防卫学派是20世纪40年代在欧洲大陆兴起的理论学派,主要强调保护社会免受犯罪侵害,对犯罪人进行再社会化和实行人道化刑事司法政策。该学派不仅从事理论研究,而且重视刑事立法、刑事司法以及社会环境等方面的改革,被视为继古典主义学派、实证主义学派之后的"第三学派",主要代表人物有意大利学者格拉马蒂卡和法国学者安赛尔。1943年,格拉马蒂卡在意大利威尼斯创建社会防卫研究中心,被视为该学派诞生的标志。该学派主要理论观点如下:第一,刑罚是保卫社会的措施,而非惩罚犯罪人的方法;第二,应根据犯罪人反社会性和危险性的大小,对其使用隔离、教育、矫治和迁移等措施,使其不再次犯罪;第三,科学地研究犯罪人的人格,借帮助他们重新社会化,达到预防犯罪的目的;第四,建议制定人道的新刑法,以恢复犯罪人的自信和责任感;第五,刑事制度采用非刑罚的措施,更好地帮助犯罪人再社会化。

(二)思想渊源

意大利犯罪学家菲利首先使用"社会防卫"这个术语。在《犯罪社会学》一书中,菲利提出要创立一种对犯罪进行社会防卫的科学①。比利时刑法学家普林斯对社会防卫思想的发展起到了重要作用,在1910年出版的《社会防卫论与刑法的发展》中,他对李斯特、哈默尔等学者的社会防卫思想进行系统化,使社会防卫学说初具形态。

格拉马蒂卡提出相对激进的社会防卫学说。他认为,应当废除现有以报应主义为基础的刑罚体系,建立起以犯罪学研究为基础的,能够科学地干预犯罪人的危险性,对犯罪人实现再教育或再社会化,更为合理的社会防卫体系。应将以责任和刑罚为基础的古典主义刑法,改造成为以预防犯罪和将犯罪人再社会化为目标的

---

① 参见吴宗宪:《西方犯罪学史》(第4卷)(第2版),中国人民公安大学出版社2010年版,第1374页。

体系。格拉马蒂卡的具体主张如下:(1)按照罪刑法定原则惩罚犯罪,并没有消除其社会危害,反而增加了危害行为;(2)不能依赖刑罚来保卫社会,而应采用预防性、教育性和感化性的措施,来保护社会不受犯罪侵害;(3)犯罪现象是人格的一种暴露,是反社会性的外在表现,应当用行为的"反社会性"来代替传统的犯罪;(4)只有使犯罪人内心发生变化,使其产生道德责任感,才能消除其反社会性,从而减少甚至消灭犯罪,国家肩负着拯救和改造罪犯,使其重新融入社会的责任;(5)对刑法和刑事司法活动进行改革,用社会防卫方法或措施取代刑罚。不需要对每个犯罪人都判处刑罚,而要对其采取个别化的社会防卫措施。①

安塞尔是新社会防卫论的主要代表人物,提出了比较缓和的社会防卫理论,推动了社会防卫理论的发展。在1954年出版的《新社会防卫论:人道主义的刑事政策运动》一书中,安塞尔详细论述了新社会防卫理论。其主要观点如下:(1)对付犯罪的各种手段,不是旨在惩罚和制裁违反法律规则的行为,而是为了保卫社会免受犯罪侵害。(2)为实现社会防卫这一目的,不限于使用属于刑法本身的传统措施,而要更多地采用排除、隔离、矫治、教育等非传统措施。(3)社会防卫的刑事政策注重个人预防而非一般预防,不是将犯罪人排斥在社会之外,而是通过个别化、适当的矫治措施,将犯罪人重新纳入社会,在社会中成为自由人。(4)新社会防卫论重视犯罪人的责任感,这种责任感是每个人都具有的一种情感,可通过增加新刑法的人道化来实现。在犯罪人的再社会化过程中,必须唤起犯罪人的积极因素,恢复犯罪人的自信和责任感。(5)建立一种用犯罪学来指导立法者、法官和监狱工作人员的现代刑事政策体系,刑事立法和刑事司法人员必须了解心理学和社会学对犯罪问题的研究。总之,安塞尔认为,社会防卫学派的根本目标就是建立起以犯罪学为指导的刑法和刑事司法体系,从而有效地保卫社会免受犯罪的侵害,将犯罪人转变成为守法的公民。②

相对于格拉马蒂卡的社会防卫理论,安塞尔的新社会防卫论更"新",二者的区别主要体现为以下几点:第一,格拉马蒂卡的理论比较激进,主张废除刑法和刑事责任;而安塞尔的理论相对缓和,主张保留刑法制度,但要对其进行改革。第二,格拉马蒂卡主张抛弃基本的刑罚概念,使用人身危险性、反社会性等概念;安塞尔认为科学的刑法制度,在定罪量刑时要考虑犯罪人人格,不能否定刑罚的积极作用。

---

① 参见吴宗宪:《西方犯罪学史》(第4卷)(第2版),中国人民公安大学出版社2010年版,第1382页。

② 参见吴宗宪:《西方犯罪学史》(第4卷)(第2版),中国人民公安大学出版社2010年版,第1387页。

第三，社会防卫理论更富有思辨性和感情色彩，相对缺乏现代科学基础；而新社会防卫理论充分考虑了法学、犯罪学、社会学、心理学、医学等相关学科，科学性更强。

（三）对社区矫正的影响

1. 将教育帮扶等措施视为有效解决犯罪的手段

在社会防卫理论看来，单纯的刑罚不能解决犯罪问题。激进的社会防卫理论主张废除刑法和刑事政策，而温和的社会防卫理论则强调在定罪量刑时要考虑犯罪人人格。要想保卫社会，有效缓解犯罪，不能单靠刑罚手段，需要结合法学、犯罪学、社会学、心理学、医学等相关领域的研究，借助民事性、行政性、社会性，心理性、教育性和帮助性的措施，唤起犯罪人的积极性，恢复犯罪人的责任感，才能有效解决犯罪。在我国2019年年底通过的《社区矫正法》中，专章规定教育帮扶，侧重对社区矫正对象进行矫正干预，从而消除其反社会人格，从根本上预防和解决重新犯罪问题。

2. 将改造罪犯使其重返社会视为国家的责任

格拉马蒂卡明确指出国家肩负拯救和改造犯罪人，并使其重新融入社会的责任。当然，国家有责任对犯罪人进行矫正，并不意味着完全由国家来实施，而绝对不能借助社会力量。恰恰相反，社会防卫理论积极主张要借助社会力量，但又不能否认国家作为矫正工作的主导者地位。虽然格拉马蒂卡否定刑罚在解决犯罪中的作用，甚至提出废除刑法的激进观点，但并没有否定国家在解决犯罪中的作用。安塞尔则更加强调国家在矫正中主导地位，主张刑事立法和司法人员从多学科了解犯罪。如何才能使犯罪人再社会化？格拉马蒂卡主张只有犯罪人内心发生变化，才能消除其反社会性；安塞尔主张通过人道化措施，唤起犯罪人的责任感，才能有效解决犯罪。由此可见，二人都致力于使犯罪人再社会化，消除犯罪人的反社会性人格。虽然社区矫正利用社会资源，但其主导者、组织者仍是政府机构，促进社区矫正对象再社会化是其根本目标。据此，社区矫正契合社会防卫的理念。

3. 将人权和人道主义作为唤起内心改变的手段

如何才能解决危害社会的犯罪问题，社会防卫论的回答是消除犯罪人的反社会性；如何才能消除犯罪人的反社会性，社会防卫论的回答是改变其内心；如何改变犯罪人的内心，重新唤起他们的自信心和责任感，社会防卫论的回答是依靠刑罚行不通，可通过人道化举措来实现。报应性的惩罚不能改变人心，但人性化的举措却可以改变。当然也不能忽视刑罚的积极作用，在安塞尔的理论中强调了刑罚的必要性。为有效地保卫社会免受犯罪的侵害，要建立起以犯罪学为指导的刑事司法体系。社区矫正的非监禁性、社会参与性等特征,使社区矫正对象在不脱离原有生活环境,不断裂过去社会关系的条件下接受矫正。这样,矫正对象的行动自由得到了保障,自然需求和社会需求都得到了满足,能够正常地生活,不会有安全感的丧失,因为充满了人文关怀,极大地保护了犯罪人的人权,贯彻了刑罚人道精神。[①]社区矫正强调尊重和保障社区矫正对象的合法权益,并为其再社会化提供社会适应性帮助,都是为了激发其回归社会的自信心和责任感,实现预防再犯和重新融入社会的目标。

第三节 社会学理论与社区矫正

一、标签理论

(一)主要观点

标签理论是以社会学家莱默特和贝克尔的理论为基础而形成的一种社会学理论。该理论认为,每个人都有"初级越轨",但只有被贴上"标签"的初级越轨者才有可能走上"越轨生涯"。一个人被贴上"标签",是与周围环境中的社会成员对他及其行为的定义过程或标定过程密切相关的。因此,社会的重要任务是通过一种重新定义或标定的过程来使那些原来被认为是有问题的人恢复为"正常人"。

施拉格提出标签理论的基本观点。在1971年出版的《犯罪与司法:美国的风格》一书中,施拉格将标签理论的基本观点归纳为九个基本假设,认为这些假设包含了标签理论的主要内容和见解。(1)任何行为从固有性质来看都不是犯罪,行为的犯罪性质是由法律规定的。(2)犯罪的定义是由有权势的群体为了他们的利益而制定,法庭、警察、矫正机构和其他管理部门是这些群体的代表。(3)一个人不是仅仅由于违反法律而成为犯罪人,而是因为官方当局的反应才成为犯罪人。官方当局赋予他被抛弃的身份,并且剥夺了一部分社会与政治权利。(4)将人分为犯罪人和非犯罪人的做法,与常识和经验性证据相矛盾。(5)犯罪行为本身并不能引起贴标签的过程,只有犯罪人在被刑事司法机关逮捕时,才是贴标签过程的开始。(6)由于法律制裁是针对整个人,而不仅仅是针对犯罪行为,所以,刑罚因犯罪人的不同而有区别。(7)刑事制裁也因犯罪人其他特征的不同而有区别。其中,年龄、所属社会经济阶层和种族,是影响刑事司法判决的主要个人特征。(8)刑事

---

① 参见吴宗宪主编:《社区矫正导论》,中国人民大学出版社2011年版,第44~45页。

司法活动是以一种刻板观念为基础，即犯罪人是一种道德品质恶劣、应受社会谴责的故意作恶者。(9)面对公众谴责和犯罪人的标签，犯罪人很难保持一种积极形象。他们会对公众的谴责和犯罪人的标签产生消极认同，产生更加严重的犯罪行为。①

（二）思想渊源

坦南鲍姆论述了邪恶戏剧理论。坦南鲍姆可能是第一个阐述了标签理论的若干原理的人。② 在1938年出版的《犯罪与社区》一书中，坦南鲍姆论述了邪恶戏剧理论。该理论认为，贫民区中生长的少年儿童的违法行为在开始时，都是轻微的且往往是偶尔进行的。他们把这些行为看成"游戏、冒险、刺激、有趣的事情、调皮捣蛋和嬉戏娱乐"。③ 但是，社区却对这些行为有不同看法，他们将上述行为看成一种讨厌的行为，一种邪恶的活动，是少年犯罪行为。因此，社区往往斥责少年儿童，将他们送上法庭，进行惩罚。而这些少年感到，他们与别的少年儿童不同。"少年犯罪人之所以变坏是因为他被别人看成是坏的，即使他是好的别人也不会相信。"④最初只是有轻微不良行为的少年，由于对社区加给他们的坏名声产生认同而变得越来越坏，产生了与社会成员期望相反的戏剧性结果。坦南鲍姆把这种过程称为"邪恶的戏剧化"。

莱默特区分了初次越轨行为和继发越轨行为。在1951年出版的《社会病理学：对社会病态行为理论的一种系统讨论》一书中，莱默特又给标签理论增加了一些新的概念，区分出初次越轨行为和继发越轨行为，对标签理论的发展做出了重要的贡献。初次越轨行为，就是既没有被权威人士所发觉，也没有受到惩罚的越轨行为。这些越轨行为对少年儿童的影响是很小的，他们不会形成一种越轨认同。继发越轨行为是少年儿童在被人们贴上坏的标签之后，按照其少年犯罪人的身份进行更加严重的越轨行为。由初次越轨行为到继发越轨行为，大致是这样一个流程：初次越轨行为、邪恶的戏剧化、少年犯罪人认同、继发越轨行为。继发越轨行为正是这个

---

① See Clarence Schrag, *Crime and Justice*: *American Style*, rockville, MD: national institute of mental health, 1971, pp. 89－91. 转引自吴宗宪：《西方犯罪学史》（第2版），中国人民公安大学出版社2010年版，第1197页。

② 参见吴宗宪：《西方犯罪学史》（第2版），中国人民公安大学出版社2010年版，第1179页。

③ See Frank Tannenbaum, *Crime and The Community*, New York: Columbia University Press, 1938, p. 17.

④ Frank Tannenbaum, *Crime and The community*, New York: Columbia University Press, 1938, p. 17－18.

标定过程的结果。[①]

埃里克森强调“社会观众”在标签理论中的重要地位。美国犯罪学家埃里克森在1962年发表的《对越轨行为社会学的评论》一文中，提出了这样的观点：就越轨行为的产生而言，最关键的因素是“社会观众”。他指出，越轨并不是某些行为的固有特征，而是这些行为直接或间接地被观众赋予的一种特征。所以，在社会学中，越轨研究的关键因素是社会观众，而不应是行为者个人，因为决定某个行为是否会成为越轨行为的正是他们。[②]

贝克尔强调越轨行为是社会群体标定的行为。在《局外人：对越轨行为社会学的研究》一书中，美国社会学家贝克尔认为，社会群体制定出违背它们就会构成越轨行为的规则，并且将那些规则适用于特定的人，给他们贴上局外人的标签。根据这种观点，越轨行为不是个人行为的特性，而是他人将规则适用于“犯罪人”的结果。越轨行为是社会群体如此标定的行为，而越轨者是被成功贴上了标签的人。[③]贝克尔强调，人们对某种行为的反应比这种行为本身的性质还要重要，甚至在某人没有进行某种行为的情况下，他人的看法也会迫使这个人产生认同，接着产生所标定的那种行为。由此可见，越轨行为并不是由个人行为的性质决定的，而是他人适用一定的规则，并用这种规则进行制裁的结果。贝克尔也指出，这种规则适用并不是完全平等、一致的，而是有选择的。并非违反规则的人都会被贴上越轨者的标签。究竟哪些人被贴上越轨者的标签，取决于与他们的行为无关的许多因素：身份、社会阶级、所属的种族、对司法人员是否尊重、所违反的规则，等等。

（三）对社区矫正的影响

1. 将研究视角从犯罪人转向矫正机构

标签理论将研究重点从犯罪人转向周围的人，这些人对犯罪人及其犯罪行为产生了重要的影响，其中包括教师、警察、邻居、父母、朋友等；也将研究视角转向控制犯罪的机构，探讨控制犯罪的机构在促成犯罪方面的作用。所以，标签理论家在进行理论研究的同时，也提出改革控制犯罪机构的建议。正像埃里克森所言“越轨者与非越轨者之间的重要差别，取决于情境的状况、地点、社会与个人的经历、控制机构的有组织活动”。[④] 由此可见，矫正机构与矫正环境对犯罪人的影响较大，这些

---

① 参见吴宗宪：《西方犯罪学史》（第2版），中国人民公安大学出版社2010年版，第1183～1185页。

② See Kai T. Erikson, *Notes on The Sociology of Deviance*, *Social Problems* 9, Spring 1962, p. 308.

③ See Howard S. Becker, *Oursiders*: *Studies in The Sociology of Deviance*, New York: Fress Press, 1963, p. 9.

④ Kai T. Erikson, *Notes on the Sociology of Deviance*, *Social Problems* 9, Spring 1962, p. 256.

影响甚至比越轨行为本身的作用更大。矫正机构的一些控制活动,可能会产生与期望相反的结果,不仅不能制止越轨行为的发生,反而导致更多、更严重的越轨行为。因此,社区矫正需要实施促进社区矫正对象再社会化的监管、教育及帮扶活动,减少、取消不必要的干预及其他标签化、犯罪化的行为,为社区矫正对象创造良好的矫正环境。

2. 尽量避免为矫正对象贴标签的行为

按照标签理论的观点,犯罪人是邪恶戏剧的后果。矫正过程也是戏剧仪式的一部分,往往会赋予对象犯罪人的身份。如何避免贴标签所带来的消极作用? 这是在改造矫正对象过程中应该做重点考虑的。社区矫正对象触犯了法律,但如果因此就被贴上"犯罪人"的标签,甚至故意加上一些有形标签让人识别,那么只会适得其反,加大矫正难度。在社区矫正过程中,社区矫正机构工作人员应尽量避免给矫正对象贴标签,这些标签不仅不利于其接受教育,而且可能将其推向犯罪的深渊。

3. 在矫正过程中更要注重社会力量

在标签理论看来,越轨行为的关键因素是社会观众,而不是实施越轨行为的个人,社会观众的反应甚至会决定某个行为是否会成为越轨行为。每人都会实施初次越轨行为,正是由于社会的不良反应导致再次越轨。据此,社区矫正工作不仅要教育矫正社区矫正对象,还要引导社会公众,摒弃重刑主义观念,树立人道化、文明化、理性化的刑罚观念,为社区矫正对象营造良好的矫正环境。不仅如此,社区矫正机构还要主动地调动社会公众的力量,发挥社会公众的资源与优势,帮助社区矫正对象重新融入社会。

二、亚文化理论

(一)主要观点

"亚文化"一词通常有两种含义:一是在一个社会的某些群体中存在的不同于主流文化的一套价值观念和行为模式;二是奉行非主流文化的价值观念和行为模式的人组成的社会群体,在这种意义上使用常被翻译为"亚文化群"[①]。

芝加哥学派在托马斯、帕克和伯吉斯等人的领导下,对社会生态学的发展作出了重要贡献,还创立了犯罪社会生态学。他们所在的芝加哥社会学系,被看成犯罪

---

① 吴宗宪:《亚文化理论概述》,载《比较法学研究》1989 年第 Z1 期。

亚文化理论的发源地[1]。在芝加哥学派的研究之后，塞林在1938年出版的《文化冲突与犯罪》一书中，探讨了文化适应与犯罪行为的关系，对犯罪亚文化理论的发展做出了重要贡献。1955年，科恩提出了“亚文化”一词。1958年，哈佛大学人类学家米勒提出了下层阶级中存在独特的亚文化的理论，丰富了犯罪亚文化理论。1960年，克洛沃德和奥林提出了少年犯罪的机会理论，并将亚文化进一步分为犯罪亚文化、冲突亚文化和逃避亚文化三种。

（二）思想渊源

塞林提出了文化冲突理论。在1938年出版的《文化冲突与犯罪》一书中，塞林提出了文化冲突理论。其基本观点认为，刑罚是主流文化行为规范的表现，犯罪则是与主流文化相冲突的下层阶级文化的产物，由于下层阶级文化与主流文化相冲突，遵从下层阶级的文化就必然会产生违反刑法的犯罪行为[2]。在塞林看来，所谓主流文化，实际上就是中产阶级文化。在一个社会中，不单中产阶级有自己的文化，下层阶级也有自己的文化，必然会侵害中产阶级利益，触犯刑法而构成犯罪。同时，现代社会是一个多元的社会，而每个社会群体都有自己的行为规范，因此，规范冲突是现代社会中不可避免的现象。遵行一个群体的规范，势必违反另一个群体的规范。由此可见，犯罪及所有的越轨行为，都是遵守与主流文化不同的文化的产物。

科恩论述帮伙亚文化理论。在1955年出版的《少年犯罪者：帮伙文化》一书中，科恩系统地论述了帮伙亚文化理论。其基本观点是，为克服社会适应困难或地位挫折感，下层阶级的少年形成群体组成帮伙，而帮伙亚文化与中产阶级的主流文化相矛盾，使遵循帮伙文化必然会导致越轨行为或犯罪[3]。在美国文化中，都是以中产阶级的标准为衡量尺度，衡量人们在家庭、学校、社会生活中的各种表现。下层阶级成员想通过努力奋斗跻身于中产阶级行列。但是，由于社会经济地位低下，使他们主要有三种选择：(1)成为街头少年，徘徊于邻里街道，从事赌博、运动和其他群体性活动，以后通过体力劳动踏入社会；(2)成为大学生，通过上大学改变自己的地位；(3)成为犯罪少年，结成嘲讽主流文化的帮伙，从事各种违法犯罪活动，形成不同的价值观，从而形成犯罪亚文化。科恩强调，帮伙犯罪亚文化具有以下特点。(1)非功利性。以实施犯罪活动为目的，从中得到荣誉、勇敢和片刻的满足。(2)恶意性。通过给他人造成痛苦或违反社会规范来获得快乐。(3)否定性。为了否定

---

① 参见吴宗宪：《亚文化理论概述》，载《比较法学研究》1989年第Z1期。

② 参见吴宗宪：《亚文化理论概述》，载《比较法学研究》1989年第Z1期。

③ 参见吴宗宪：《亚文化理论概述》，载《比较法学研究》1989年第Z1期。

主流文化规范而进行犯罪活动。(4)多样性。实施不同种类的犯罪,其犯罪活动不具有专业性。(5)享乐性。为了追求短暂的满足和快乐,不顾及长远利益,很少从事需要技巧、知识和思考的活动。(6)自主性。不能忍受外来的压力和限制,完全按照自己的愿望行动,与帮伙外的成员彼此漠视。

米勒论述了下层阶级文化理论。在1958年发表的《作为帮伙犯罪的一种生长环境的下层阶级文化》一文中,米勒论述了下层阶级文化理论。该理论认为,犯罪是下层文化对环境产生的自然反应。在下层阶级文化中含有犯罪的要素,犯罪行为就是下层阶级文化价值观和态度的具体体现,并且,这种文化价值观可以一代代地传递下去。① 一般来说,贫民生活在社会经济的边缘,无法用正常的手段获得成功,只能在邻里间寻找满足和快乐,于是形成了不同于主流文化的下层阶级文化。下层阶级文化中有许多引人注目的表现。(1)烦恼。主要有打架、喝酒和不正常的行为,经常产生烦恼但又千方百计地去消除。(2)强硬。希望别人赞扬他们身体的强壮和精神上的强硬态度。(3)聪明。喜欢用小聪明战胜对手,并用来维持生活。(4)兴奋。通过赌博、打架、酗酒、纵欲等寻求刺激,其结果又会带来新的烦恼。(5)命运。相信命运,认为自己不能改变命运,离幸运、财富和发财都很远。(6)自主。喜欢自由和自主,无法忍受权威的约束。米勒认为,这些并非对主流文化的反抗,却是适应贫民的文化价值,对这些文化价值所表现的遵从,非常容易导致犯罪行为。

克洛沃德和奥林提出不同机会理论。在1960年出版的《少年犯罪与机会》一书中,克洛沃德和奥林提出了不同机会理论。该理论认为,犯罪是个人对获得成功的合法机会和非法机会的不同接近程度决定的,当个人谋求成功的合法机会受阻时,就会以非法手段追求成功,从而导致违法犯罪行为。② 克洛沃德和奥林认为,主流社会文化所认可的成功,是通过合法的机会获得成功。对于下层阶级来说,他们会遇到文化条件差、经济灾难等困难,难以通过合法机会进行解决,但是,又不甘心所处的地位。在这种情况下,情况相似的人就会聚集起来,逐渐形成犯罪亚文化群,共同谋求成功。亚文化群使他们能够消除羞耻感、恐惧感或罪恶感,并使一些人获得了成功。克洛沃德和奥林区分出三种亚文化:犯罪亚文化,鼓励其成员从事犯罪活动;冲突亚文化,鼓励其他成员从事暴力活动;逃避亚文化,鼓励成员进行酗酒、吸毒、性放纵、摇滚乐等逃避现实的活动。

---

① 参见吴宗宪:《亚文化理论概述》,载《比较法学研究》1989年第Z1期。

② 参见吴宗宪:《亚文化理论概述》,载《比较法学研究》1989年第Z1期。

（三）对社区矫正的影响

1. 避免亚文化对矫正对象的消极影响

犯罪亚文化理论认为，遵从下层阶级和少数群体的文化，必然会产生违反刑法的犯罪行为；同时，现代社会是一个多元的社会，而每个社会群体都有自己的行为规范。因此，规范冲突是现代社会中不可避免的现象。社区矫正能够有效地避免监狱亚文化所带来“监狱化”等负面影响。为了抑制监狱亚文化的消极作用，推动开放式处遇及社区矫正制度成为主要选择之一。但是，在社区矫正过程中，亚文化同样会对社区矫正对象产生影响。如何避免亚文化的消极影响，是社区矫正工作不能忽视的问题之一。社区矫正机构可以通过思想教育、道德教育等教育手段，辅助以恰当的社会适应性帮扶，帮助社区矫正对象认同主流的价值观念、道德标准和行为体系，远离犯罪亚文化的侵袭。

2. 有效隔离犯罪亚文化群体

亚文化群是遵守亚文化规范的群体。亚文化的影响是潜移默化的，而亚文化群的影响是直接深刻的。有效防范犯罪亚文化群的消极影响，有针对性地进行隔离十分必要。犯罪亚文化群体常常以给他人造成痛苦或违反社会规范的方式来获得快感，喜欢追求短暂的满足和幸福，从事不需要技巧、知识和思考的活动，不能忍受外来的压力和限制。在社区矫正过程中，社区矫正机构需要严格执行监督管理制度，阻断社区矫正对象与同案犯等不良群体的交往，特别需要加强对被判处禁止进入特定场所、区域，接触特定人员的管制犯、缓刑犯的监管。同时，社区矫正机构需要严格执行未成年人与成年人分开管理的原则，避免未成年人再次受到犯罪亚文化的侵蚀。

3. 根据亚文化群的类型施教

克洛沃德和奥林将亚文化群区分为三种不同类型，即犯罪亚文化群、冲突亚文化群和逃避亚文化群。不同类型的亚文化群，具有不同特点，在矫正过程中需要区分对待。犯罪亚文化群，因有错误的价值取向，会以犯罪的形式追求暂时的快乐。受犯罪亚文化群影响的矫正对象，需要加强价值观教育、法治教育，引导其认同主流的价值观念。冲突亚文化缺乏解决问题的手段，只能以简单粗暴的方式解决问题。受冲突亚文化影响的矫正对象，需要加强法治教育、道德教育以及情绪控制训练等，引导其树立法治观念，运用法治思维及手段维护合法权益。逃避亚文化群是选择以消极的方式处世生活，不敢面对现实。受逃避亚文化影响的矫正对象，需要加强前途教育、形势政策教育、自信训练等，引导其正确认识矫正对象的身份，鼓励其树立积极向上的生活态度。

复习思考题

1. 分析差异交往理论对社区矫正的影响。
2. 简述默顿失范理论的基本观点及其对社区矫正的启示。
3. 分析赫希社会控制理论的基本观点及其对社区矫正的启示。
4. 分析报应刑、目的刑对社区矫正的影响。
5. 简述社会防卫论对社区矫正的影响。
6. 标签理论对社区矫正的影响。
7. 分析亚文化理论对社区矫正的启示。

第四章　社区矫正法律体系

本章摘要

本章内容主要为社区矫正的法律依据，其中包含刑事实体法与刑事程序法以及相关司法解释，最主要的是《社区矫正法》与《社区矫正法实施办法》。社区矫正法律责任中主要介绍社区矫正对象的法律责任和社区矫正工作人员的法律责任。社区矫正活动需要接受法律监督，监督主体主要是人民检察院，人民检察院对社区矫正的决定、适用、执行进行全面监督。

重点问题

1. 社区矫正法的主要内容。
2. 社区矫正对象的法律责任。
3. 人民检察院对社区矫正执行的法律监督。

第一节　社区矫正法律依据

一、刑事实体法

2011 年通过的《刑法修正案(八)》第一次将“社区矫正”写入刑事实体法，标志着社区矫正工作正式进入法律确认阶段。《刑法修正案(八)》第 38 条、第 76 条、第 85 条分别规定了对管制犯、缓刑犯、假释犯依法实行社区矫正。

(一)对管制犯实行社区矫正

《刑法》第 38 条第 3 款规定，对判处管制的犯罪分子，依法实行社区矫正。修正前的规定为，“被判处管制的犯罪分子，由公安机关执行”。从条文来看，变化在于执行机构更换，虽然未具体明确执行机构，但当时社区矫正工作已经由司法行政机关负责。《刑法》第38～41条分别规定了管制的期限与执行、被管制罪犯的义务与权利、管制的解除、管制刑期的计算。

需要注意的是，对于被判处管制的犯罪分子，在劳动中应当同工同酬。在社区矫正期间，管制犯有参加劳动的权利，此种劳动与监狱中的罪犯劳动不同，不是监禁机构组织的改造手段，而是一种谋生手段。同时，被判处禁止令的管制犯，须遵守禁止令的相关事项。违反禁止令的规定的，公安机关依照《治安管理处罚法》的规定进行处罚。

（二）对缓刑犯实行社区矫正

《刑法》第76条规定，对宣告缓刑的犯罪分子，在缓刑考验期限内，依法实行社区矫正，如果没有《刑法》第77条规定的情形，缓刑考验期满，原判的刑罚就不再执行，并公开予以宣告。修正前的规定为："被宣告缓刑的犯罪分子，在缓刑考验期限内，由公安机关考察，所在单位或者基层组织予以配合，如果没有本法第七十七条规定的情形，缓刑考验期满，原判的刑罚就不再执行，并公开予以宣告。"从条文来看，变化在于执行机构更换，虽然未具体明确执行机构，但当时社区矫正工作已经由司法行政机关负责。《刑法》第72～77条分别规定了缓刑的适用条件、考验期限、不适用缓刑的对象、缓刑犯应遵守的规定、缓刑的考验、缓刑的撤销。与管制犯相同，人民法院可以根据犯罪情况，同时禁止犯罪分子在缓刑考验期间遵守禁止令的相关事项。

需要注意的问题是，被判处缓刑的被告人是犯罪人，需要在判决规定时间内接受考验。缓刑考验期不是刑期，期间应该遵守的规定，是对犯罪人的一种考验，缓刑考验期间不能折抵刑期。《刑法》第77条规定，被宣告缓刑的犯罪分子，在缓刑考验期限内犯新罪或者发现判决宣告以前还有其他罪没有判决的，应当撤销缓刑，对新犯的罪或者新发现的罪作出判决，把前罪和后罪所判处的刑罚，依照刑法数罪并罚中的规定，决定执行的刑罚。被宣告缓刑的犯罪分子，在缓刑考验期限内，违反法律、行政法规或者国务院有关部门关于缓刑的监督管理规定，或者违反人民法院判决中的禁止令，情节严重的，应当撤销缓刑，执行原判刑罚。

（三）对假释犯实行社区矫正

《刑法》第85条规定，对假释的犯罪分子，在假释考验期限内，依法实行社区矫正，如果没有《刑法》第86条规定的情形，假释考验期满，就认为原判刑罚已经执行完毕，并公开予以宣告。修正前的规定为，"被假释的犯罪分子，在假释考验期限内，由公安机关予以监督，如果没有本法第八十六条规定的情形，假释考验期满，就认为原判刑罚已经执行完毕，并公开予以宣告"。从条文来看，变化在于监督机构更换,虽然并未具体明确,但当时社区矫正工作已经由司法行政机关负责。《刑法》第81~86条分别规定假释的适用条件、假释程序、考验期限、假释犯应遵守的规定、假释的考验、假释的撤销。

二、刑事程序法

2012年《刑事诉讼法》修订时第一次将"社区矫正"写入刑事程序法,保障了刑事程序法与刑事实体法的一致性。

现行《刑事诉讼法》中关于社区矫正中的规定体现在第四编"执行"部分的第269条,对被判处管制、宣告缓刑、假释或者暂予监外执行的罪犯,依法实行社区矫正,由社区矫正机构负责执行。修订前的规定为,"对于被判处徒刑缓刑的罪犯,由公安机关交所在基层单位或者基层组织予以考察。对于被假释的罪犯,在假释考验期限内,由公安机关予以监督"。《刑事诉讼法》的修订是对《刑法》修正的回应与补充,明确社区矫正工作的执行机关,保障程序法与实体法的一致性。

《刑事诉讼法》规定了对暂予监外执行犯实行社区矫正。《刑事诉讼法》第269条规定,对被判处管制、宣告缓刑、假释或者暂予监外执行的罪犯,依法实行社区矫正,由社区矫正机构负责执行。《刑事诉讼法》规定了暂予监外执行的条件、特殊情况、认定机构及决定机关。《刑事诉讼法》第265条规定,对被判处有期徒刑或者拘役的罪犯,有下列情形之一的,可以暂予监外执行:(1)有严重疾病需要保外就医的;(2)怀孕或者正在哺乳自己婴儿的妇女;(3)生活不能自理,适用暂予监外执行不致危害社会的。对被判处无期徒刑的罪犯,有前款第2项规定情形的,可以暂予监外执行。对适用保外就医可能有社会危险性的罪犯,或者自伤自残的罪犯,不得保外就医。对罪犯确有严重疾病,必须保外就医的,由省级人民政府指定的医院诊断并开具证明文件。在交付执行前,暂予监外执行由交付执行的人民法院决定;在交付执行后,暂予监外执行由监狱或者看守所提出书面意见,报省级以上监狱管理机关或者设区的市一级以上公安机关批准。《刑事诉讼法》规定了暂予监外执行的罪犯收监执行的条件及刑期计算的问题。

《刑事诉讼法》第268条规定,对暂予监外执行的罪犯,有下列情形之一的,应当及时收监:(1)发现不符合暂予监外执行条件的;(2)严重违反有关暂予监外执行监督管理规定的;(3)暂予监外执行的情形消失后,罪犯刑期未满的……不符合暂予监外执行条件的罪犯通过贿赂等非法手段被暂予监外执行的,在监外执行的期间不计入执行刑期。罪犯在暂予监外执行期间脱逃的,脱逃的期间不计入执行刑期。

三、《社区矫正法》

《社区矫正法》是全面、系统规定社区矫正工作的专门立法，是我国社区矫正工作最重要的法律依据，是我国社区矫正法律体系的核心部分。《社区矫正法》的颁布实施结束了社区矫正工作长期处于政策引导的状态，标志着社区矫正工作走上法治化的轨道。《社区矫正法》具有重大的里程碑意义：这是我国第一部全面规范社区矫正工作的法律，在完善中国特色社会主义刑事执行制度，推进国家治理体系和治理能力现代化水平方面发挥着重要作用；它充分肯定了社区矫正工作开展16年来取得的成绩，总结吸收了16年中社区矫正工作改革、发展、创新所取得的成果和积累的经验，对于推动社区矫正工作的法治化、制度化、规范化具有十分重要的意义。[①]

（一）《社区矫正法》的立法目的

1. 推进和规范社区矫正工作

《社区矫正法》的颁布实施是进一步推进社区矫正工作发展的客观需要。一方面，《社区矫正法》将长期实践中有益经验上升到法律规定，有利于促进社区矫正工作良性发展。例如，党委政府统一领导，司法行政部门组织实施，相关部门协调配合，社会力量广泛参与的领导体制和工作机制；建立矫正小组，落实矫正方案；未成年人与成年社区矫正对象分开管理，等等。另一方面，《社区矫正法》破解了矫正实践难题，有利于匡正社区矫正工作的发展方向。例如，在实践中，社区矫正工作面临性质模糊、价值定位偏差、责任追究简单化、经费保障不到位、工作人员不充足、部门衔接不通畅、权力边界不明确等难题，急需专门立法予以关注、回应。

《社区矫正法》的颁布实施是进一步规范社区矫正工作发展的客观需要。政策引导是我国社区矫正工作阶段性发展的特点之一。《社区矫正法》颁布实施之前，我国社区矫正工作主要依据最高人民法院、最高人民检察院、公安部、司法部联合印发的规范性文件，如两院两部《通知》、《扩大试点通知》、《关于在全国试行社区矫正工作的意见》、《社区矫正实施办法》和《关于进一步加强社区矫正工作衔接配合管理的意见》等。此外，一些地方根据本地区的实际情况，制定了地方性的法规或规章，为当地社区矫正工作提供依据。但是，地区间的规章制度存在差异性，与刑事执行的统一性、公平性相背离，甚至存在违反刑法平等原则之风险。社区矫正是一项刑事执行制度。长期依靠各类规范性文件指导，难以适应快速发展的实际，难免

---

① 参见姜爱东：《〈社区矫正法〉具有里程碑意义》，载《人民调解》2020年第2期。

产生合法性的质疑。《社区矫正法》进一步明确了工作机制、机构设置、工作队伍、经费保障、工作任务、操作程序等内容，有利于规范社区矫正工作依法进行，确保社区矫正工作的严肃性与权威性。

2. 保障刑事判决、刑事裁定和暂予监外执行决定的正确执行

《社区矫正法》的颁布实施能够进一步保障刑事判决、刑事裁定和暂予监外执行决定的正确执行。《刑法》第 39 条、第 75 条、第 84 条分别明确了管制犯的义务和劳动报酬、缓刑犯应遵守的规定、假释犯应遵守的规定。《刑事诉讼法》第 269 条明确了暂予监外执行犯依法实行社区矫正。同时，具体的法律文书对每位社区矫正对象还作出了相应的规定和要求，例如，对管制犯、缓刑犯判处的禁止令。《社区矫正法》的颁布实施，明确了社区矫正工作的具体执行，进一步落实了《刑法》《刑事诉讼法》的相关规定，保证社区矫正对象依法接受矫正。

3. 提高教育矫正质量，促进社区矫正对象顺利融入社会，预防和减少犯罪

促进社区矫正对象顺利融入社会，预防和减少犯罪是社区矫正工作的目的，也是社区矫正法的立法目的。社区矫正是行刑社会化的产物，是克服监狱矫正弊端的实践。与监狱矫正相比，社区矫正能够避免监禁化产生的监狱人格以及标签效应，有利于社区矫正对象再社会化。在社区矫正过程中，针对社区矫正对象的犯因性问题及其需求，社区矫正机构工作人员借助社会力量，通过监督管理、教育帮扶等措施，消除其重新犯罪的风险，进而实现预防和减少重新犯罪的目的。

提高教育矫正质量是实现社区矫正工作目的的重要手段。在社区矫正工作中，监督管理是基础，教育矫正是关键。社区矫正对象能否成为守法公民，能否顺利融入社会是社区矫正工作的目的，也是《社区矫正法》的立法目的。以转化社区矫正对象不良心理和行为恶习为内容的教育矫正是实现上述目的重要手段。除明确了对社区矫正对象的监督管理措施外，《社区矫正法》第五章还专门规定了系列性教育帮扶措施，以促进社区矫正对象顺利回归社会，成为守法公民。

（二）《社区矫正法》的立法根据

《社区矫正法》的立法根据为《宪法》。《宪法》是国家根本大法，是其他一切法律的效力来源，具有最高的法律效力。一切法律、行政法规和地方性法规都必须以宪法为根据，遵守宪法的基本原则，不得与宪法相抵触。《社区矫正法》的制定也要遵循《宪法》的精神、原则及具体条款。

《社区矫正法》体现了《宪法》尊重和保障人权的精神。《宪法》第 33 条规定，国家尊重和保障人权。《宪法》第 37 条规定："中华人民共和国公民的人身自由不受侵犯。任何公民，非经人民检察院批准或者决定或者人民法院决定，并由公安机关

执行，不受逮捕。禁止非法拘禁和以其他方法非法剥夺或者限制公民的人身自由，禁止非法搜查公民的身体。”《社区矫正法》进一步落实了《宪法》的规定。例如，《社区矫正法》第4条规定：“社区矫正对象应当依法接受社区矫正，服从监督管理。社区矫正工作应当依法进行，尊重和保障人权。社区矫正对象依法享有的人身权利、财产权利和其他权利不受侵犯，在就业、就学和享受社会保障等方面不受歧视。”第34条规定：“开展社区矫正工作，应当保障社区矫正对象的合法权益。社区矫正的措施和方法应当避免对社区矫正对象的正常工作和生活造成不必要的影响；非依法律规定，不得限制或者变相限制社区矫正对象的人身自由。社区矫正对象认为其合法权益受到侵害的，有权向人民检察院或者有关机关申诉、控告和检举。受理机关应当及时办理，并将办理结果告知申诉人、控告人和检举人。”

《社区矫正法》落实了《宪法》中“国家要改造犯罪分子”的任务。《宪法》第28条规定，国家维护社会秩序，镇压叛国和其他危害国家安全的犯罪活动，制裁危害社会治安、破坏社会主义经济和其他犯罪的活动，惩办和改造犯罪分子。《社区矫正法》进一步贯彻了《宪法》的规定，例如，《社区矫正法》第23条规定：“社区矫正对象在社区矫正期间应当遵守法律、行政法规，履行判决、裁定、暂予监外执行决定等法律文书确定的义务，遵守国务院司法行政部门关于报告、会客、外出、迁居、保外就医等监督管理规定，服从社区矫正机构的管理。”这是社区矫正对象的义务，也是惩办犯罪分子的体现。《社区矫正法》第36条规定：“社区矫正机构根据需要，对社区矫正对象进行法治、道德等教育，增强其法治观念，提高其道德素质和悔罪意识。”这是对社区矫正对象参加教育矫正的规定，也是改造犯罪分子的体现。

（三）《社区矫正法》的内容

《社区矫正法》共63个条文，分为9章。①

第一章为总则（第1～7条），对立法宗旨，适用范围，原则和目标，依法矫正，尊重和保障人权，矫正工作信息化，经费保障，表彰和奖励等问题作出了规定。

第二章为机构、人员和职责（第8～16条），对社区矫正工作体制和分工，社区矫正机构，社区矫正机构工作人员的职责，社区矫正社会工作者，基层组织、有关单位和个人的协助，社会力量参与社区矫正工作，社区矫正机构工作人员的职业准则，依法履职受法律保护，社区矫正工作队伍建设等问题作出了规定。

第三章为决定和接收（第17～22条），对社区矫正执行地的确定，决定前的调

---

① 对条文内容的概括参见王爱立、姜爱东主编：《〈中华人民共和国社区矫正法〉释义》，中国民主法制出版社2020年版，第57页。

查评估,依法决定社区矫正,通知和文书送达,报到和移送,接收和宣告程序等问题作出了规定。

第四章为监督管理(第23～34条),对于社区矫正对象的义务,矫正方案,矫正小组,掌握社区矫正对象的情况和表现,外出、迁居和变更执行地,考核奖惩,使用电子定位装置,查找失去联系的社区矫正对象,违法行为的制止与处置,其他机关限制人身自由的通知义务,减刑程序,合法权益保障等问题作出了规定。

第五章为教育帮扶(第35～43条),对场所和条件,教育矫正,职业技能培训和就学,特殊困难对象的社区教育帮扶,监护人、家庭成员,单位和学校的义务,社工、专业社会组织的帮扶,社会力量帮助就业,参加公益活动,社会救助、社会保险和法律援助等问题作出了规定。

第六章为解除和终止(第44～51条),对社区矫正的解除,社区矫正的终止,撤销缓刑、假释的管辖和提请,撤销缓刑、假释程序中的逮捕措施,撤销缓刑、假释的裁定和执行,暂予监外执行的社区矫正对象收监执行程序,追捕,社区矫正对象死亡的报告和通知等问题作出了规定。

第七章为未成年人社区矫正特别规定(第52～58条),对未成年人社区矫正的一般要求、监护人责任、未成年社区矫正对象相关信息的保密、就学就业、有关组织的责任、就学就业不受歧视、矫正期间成年的继续适用相关规定等问题作出了规定。

第八章为法律责任(第59～62条),对社区矫正对象违反监管规定的处理,社区矫正对象报复等违法行为的法律责任,相关国家机关工作人员的法律责任,检察机关的监督责任等问题作出了规定。

第九章为附则(第63条),对施行日期作出了规定。

四、《监狱法》

《监狱法》对假释犯、暂予监外执行犯社区矫正作了相关规定。

2012年《监狱法》修订时,规定了对假释犯、暂予监外执行犯实行社区矫正。《监狱法》第27条规定:“对暂予监外执行的罪犯,依法实行社区矫正,由社区矫正机构负责执行。原关押监狱应当及时将罪犯在监内改造情况通报负责执行的社区矫正机构。”第28条规定:“暂予监外执行的罪犯具有刑事诉讼法规定的应当收监的情形的,社区矫正机构应当及时通知监狱收监;刑期届满的,由原关押监狱办理释放手续。罪犯在暂予监外执行期间死亡的,社区矫正机构应当及时通知原关押监狱。”第33条第2款规定:“对被假释的罪犯,依法实行社区矫正,由社区矫正机构负责执行。被假释的罪犯，在假释考验期限内有违反法律、行政法规或者国务院有关部门关于假释的监督管理规定的行为，尚未构成新的犯罪的，社区矫正机构应当向人民法院提出撤销假释的建议，人民法院应当自收到撤销假释建议书之日起一个月内予以审核裁定。人民法院裁定撤销假释的，由公安机关将罪犯送交监狱收监。”

五、相关司法解释

部分司法解释中也对社区矫正作了相关规定，主要有：

（一）《关于对被判处管制、宣告缓刑的犯罪分子适用禁止令有关问题的规定（试行）》

2011 年 4 月 28 日，最高人民法院、最高人民检察院、公安部、司法部联合发布《关于对被判处管制、宣告缓刑的犯罪分子适用禁止令有关问题的规定（试行）》（以下简称《禁止令规定》），细化了社区矫正中禁止令的相关内容。《禁止令规定》明确了禁止令的适用目的、内容、“从事特定活动”的具体规定、“进入特定区域、场所”的具体规定、“接触特定的人”的具体规定、执行机关、期限、禁止令的法律监督以及违反禁止令的处理等相关问题。

（二）《关于适用〈中华人民共和国刑事诉讼法〉的解释》

2012 年 12 月 20 日最高人民法院发布《关于适用〈中华人民共和国刑事诉讼法〉的解释》中对社区矫正作了相关规定。

决定机关进行核实居住地、告知教育、送达文书等工作。2012 年《关于适用〈中华人民共和国刑事诉讼法〉的解释》第 436 条规定：“对被判处管制、宣告缓利的罪犯，人民法院应当核实其居住地。宣判时，应当书面告知罪犯到居住地县级司法行政机关报到的期限和不按期报到的后果，判决、裁定生效后十日内，应当将判决书、裁定书、执行通知书等法律文书送达罪犯居住地的县级司法行政机关。同时抄送罪犯居住地的县级人民检察院。”

决定机关向执行机关送达法律文书及相关材料。2012 年《关于适用〈中华人民共和国刑事诉讼法〉的解释》第 489 条规定：“将未成年罪犯送监执行刑罚或者送交社区矫正时，人民法院应当将有关未成年罪犯的调查报告及其在案件审理中的表现材料，连同有关法律文书，一并送达执行机关。”

决定机关协助社区矫正机构对未成年犯开展帮教措施、走访、安置就学与就业等帮教工作。2012 年《关于适用〈中华人民共和国刑事诉讼法〉的解释》第 493 条规定，对被判处管制、宣告缓刑、裁定假释、决定暂予监外执行的未成年罪犯，人民法院可以协助社区矫正机构制定帮教措施；第494条规定，人民法院可以适时走访被判处管制、宣告缓刑、免除刑事处罚、裁定假释、决定暂予监外执行等的未成年罪犯及其家庭，了解未成年罪犯的管理和教育情况，引导未成年罪犯的家庭承担管教责任，为未成年罪犯改过自新创造良好环境；第495条规定，被判处管制、宣告缓刑、免除刑事处罚、裁定假释、决定暂予监外执行等的未成年罪犯，具备就学、就业条件的，人民法院可以就其安置问题向有关部门提出司法建议，并附送必要的材料。

（三）《人民检察院刑事诉讼规则》

2019年12月30日，最高人民检察院发布的《人民检察院刑事诉讼规则》第十四章刑罚执行和监管执法监督中第四节明确规定了社区矫正监督。

人民检察院依法监督社区矫正对象的交付、接收工作。《人民检察院刑事诉讼规则》第642条规定："人民检察院发现社区矫正决定机关、看守所、监狱、社区矫正机构在交付、接收社区矫正对象活动中违反有关规定的，应当依法提出纠正意见。"

针对社区矫正执法活动，人民检察院依法提出纠正意见的情形。《人民检察院刑事诉讼规则》第643条规定："人民检察院发现社区矫正执法活动具有下列情形之一的，应当依法提出纠正意见：（一）社区矫正对象报到后，社区矫正机构未履行法定告知义务，致使其未按照有关规定接受监督管理的；（二）违反法律规定批准社区矫正对象离开所居住的市、县，或者违反人民法院禁止令的内容批准社区矫正对象进入特定区域或者场所的；（三）没有依法监督管理而导致社区矫正对象脱管的；（四）社区矫正对象违反监督管理规定或者人民法院的禁止令，未依法予以警告、未提请公安机关给予治安管理处罚的；（五）对社区矫正对象有殴打、体罚、虐待、侮辱人格、强迫其参加超时间或者超体力社区服务等侵犯其合法权利行为的；（六）未依法办理解除、终止社区矫正的；（七）其他违法情形。"

针对社区矫正对象的刑罚变更活动，人民检察院依法提出纠正意见的情形。《人民检察院刑事诉讼规则》第644条规定："人民检察院发现对社区矫正对象的刑罚变更执行活动具有下列情形之一的，应当依法提出纠正意见：（一）社区矫正机构未依法向人民法院、公安机关、监狱管理机关提出撤销缓刑、撤销假释建议或者对暂予监外执行的收监执行建议，或者未依法向人民法院提出减刑建议的；（二）人民法院、公安机关、监狱管理机关未依法作出裁定、决定，或者未依法送达的；（三）公安机关未依法将罪犯送交看守所、监狱，或者看守所、监狱未依法收监执行的；（四）公安机关未依法对在逃的罪犯实施追捕的；（五）其他违法情形。"

六、《社区矫正法实施办法》

为了推进和规范社区矫正工作，确保《社区矫正法》正确落实，2020年6月28

日,最高人民法院、最高人民检察院、公安部、司法部联合印发《社区矫正法实施办法》,同时废止2012年出台的《社区矫正实施办法》。与《社区矫正实施办法》相比,《社区矫正法实施办法》仅一字之差,但意义却有所区别。前者是提升社区矫正经验,规范社区矫正工作的产物;后者是相关刑事司法机关为进一步推进和规范社区矫正工作,联合制定的与《社区矫正法》同步实施的配套规范性文件。

《社区矫正法实施办法》共59个条文,主要包括以下内容。

第一,《社区矫正法实施办法》的目的与根据。《社区矫正法实施办法》第1条规定,为了推进和规范社区矫正工作,根据《刑法》《刑事诉讼法》《社区矫正法》等有关法律规定,制定本办法。

第二,社区矫正工作的领导体制、工作机制及各部门职责。《社区矫正法实施办法》第2~11条分别规定社区矫正工作的领导体制和工作机制,社区矫正委员会的设立及职能,司法行政机关的职责,人民法院的职责,人民检察院的职责,公安机关的职责,监狱管理机关及监狱的职责,社区矫正机构及司法所的职责,社区矫正机构的信息化建设及相关部门之间的信息共享。

第三,社区矫正工作的具体执行。《社区矫正法实施办法》第12~50条分别规定社区矫正对象居住地的确定,社区矫正决定前的调查评估,社区矫正对象的报到及交接手续,社区矫正档案的建立,矫正小组的责任和义务,入矫宣告的内容,社区矫正对象的分类管理,矫正方案,社区矫正对象的义务,社区矫正对象外出的审批与管理,变更执行地,考核奖惩制度,表扬,训诫,警告,违反禁止令的处理,电子定位装置,失联社区矫正对象的查找及处置,社区矫正对象的减刑,教育矫正活动,公益活动,对缓刑社区矫正对象的撤销缓刑建议及提请建捕,对假释社区矫正对象的撤销假释建议及提请逮捕,对暂予监外执行社区矫正对象的收监执行建议,在逃社区矫正对象的追逃,突发事件处置机制,解矫手续,解矫宣告,未成年社区矫正对象的矫正措施、社区矫正工作人员的法律保护等。这些具体规定进一步增强了《社区矫正法》的可操作性。

第四,技术规定与生效时间。《社区矫正法实施办法》第58条规定了涉及"本数"的计算规则,第59条规定了《社区矫正法实施办法》的生效时间和《社区矫正实施办法》的废止时间。

七、规范性文件

现行有效的规范性文件也是社区矫正工作的法律依据,主要包括以下内容。①

① 参见吴宗宪主编:《社区矫正导论》(第2版),中国人民大学出版社2020年版,第54页。

(一)《关于组织社会力量参与社区矫正工作的意见》

2014年9月26日,司法部、中央综治办、教育部、民政部、财政部、人力资源社会保障部联合发布了《关于组织社会力量参与社区矫正工作的意见》。对于如何引导社会组织、基层自治组织、企事业单位、社区矫正志愿者等社会力量参与社区矫正,着力解决社区矫正对象就业就学、社会救助、社会保险等问题,作出了详细规定。

(二)《关于进一步加强社区矫正工作衔接配合管理的意见》

2016年8月30日,最高人民法院、最高人民检察院、公安部、司法部联合发布《关于进一步加强社区矫正工作衔接配合管理的意见》,对于加强社区矫正适用前的衔接配合管理、社区矫正对象交付接收的衔接配合管理、社区矫正对象监督管理的衔接配合、社区矫正对象收监执行的衔接配合管理等问题作出了专门规定。

(三)司法部制定的司法行政行业标准

2019年9月30日,司法部发布《社区矫正术语》(SF/T 0055－2019),对于社区矫正领域常用的基础术语、业务术语、统计与评价指标术语、信息化术语、社区矫正相关机构与装备简称作出了规定,适用于社区矫正业务管理与应用以及社区矫正信息化相关系统的规划、设计、建设与运维。

2019年9月30日,司法部发布《社区矫正电子定位腕带技术规范》(SF/T 0056－2019),对于社区矫正电子定位腕带的产品代号编码结构、技术要求、试验方法、检验规则和包装、运输及贮存作出了规定,适用于社区矫正对象佩戴的电子定位腕带的设计、研发、制造和检验。

第二节　社区矫正法律责任

一、社区矫正对象的法律责任

社区矫正对象的法律责任,是指在社区矫正期间,社区矫正对象对其违法犯罪行为所应承担的具有强制性的、法律上的责任。根据刑事判决、刑事裁定和暂予监外执行决定,社区矫正对象应当为其犯罪行为承担相应的法律责任,必须遵守《刑法》《刑事诉讼法》《社区矫正法》《治安管理处罚法》《社区矫正法实施办法》等有关规定。社区矫正对象违反相关规定,则要承担相应的法律责任。《社区矫正法》第59条规定,社区矫正对象在社区矫正期间有违反监督管理规定行为的,由公安机关依照《治安管理处罚法》的规定给予处罚;具有撤销缓刑、假释或者暂予监外执行收监情形的,应当依法作出处理。

（一）社区矫正对象应当遵守的规定

1. 管制犯应当遵守的规定

被判处管制的犯罪分子，在执行期间，应当遵守下列规定：(1)遵守法律、行政法规，服从监督；(2)未经执行机关批准，不得行使言论、出版、集会、结社、游行、示威自由的权利；(3)按照执行机关规定报告自己的活动情况；(4)遵守执行机关关于会客的规定；(5)离开所居住的市、县或者迁居，应当报经执行机关批准；(6)被人民法院判处禁止令的管制犯，根据禁止令的内容，在执行期间禁止从事特定活动，进入特定区域、场所，接触特定的人。

2. 缓刑犯应当遵守的规定

被宣告缓刑的犯罪分子，应当遵守下列规定：(1)遵守法律、行政法规，服从监督；(2)按照考察机关的规定报告自己的活动情况；(3)遵守考察机关关于会客的规定；(4)离开所居住的市、县或者迁居，应当报经考察机关批准；(5)被人民法院判处禁止令的缓刑犯，根据禁止令的内容，在执行期间禁止从事特定活动，进入特定区域、场所，接触特定的人。

3. 假释犯应该遵守的规定

被裁定假释的犯罪分子，应当遵守下列规定：(1)遵守法律、行政法规，服从监督；(2)按照监督机关的规定报告自己的活动情况；(3)遵守监督机关关于会客的规定；(4)离开所居住的市、县或者迁居，应当报经监督机关批准。

4. 暂予监外执行犯应当遵守的规定

被决定暂予监外执行的犯罪分子，应当遵守下列规定：(1)罪犯在暂予监外执行期间应当遵守法律和有关监督管理规定；(2)未经批准，不得擅自离开居住的市、县(旗)，经警告应该立即改正，及时报告行踪，不能脱离监管；(3)因违反监督管理规定受到治安管理处罚，应该改正；(4)受到社区矫正机构两次警告，应该改正；(5)保证人没有丧失保证条件或者因不履行义务被取消保证人资格，在规定期限内提出新的保证人；(6)其他有关法律规定和监督管理要求遵守的规定。

需要说明的是，罪犯保外就医实施暂予监外执行，需要具备保证人。《暂予监外执行规定》第10条规定，罪犯需要保外就医的，应当由罪犯本人或者其亲属、监护人提出保证人，保证人由监狱、看守所审查确定。罪犯没有亲属、监护人的，可以由其居住地的村(居)民委员会、原所在单位或者社区矫正机构推荐保证人。保证人应当向监狱、看守所提交保证书。《暂予监外执行规定》第11条规定了保证人的条件，即保证人应当同时具备下列条件：(1)具有完全民事行为能力，愿意承担保证人义务；(2)人身自由未受到限制；(3)有固定的住处和收入；(4)能够与被保证人共同居住或者居住在同一市、县。

在暂予监外执行期间,不仅罪犯要遵守法律规定,与其关系密切的保证人因其特殊身份,也应当履行一定义务:(1)协助社区矫正机构监督被保证人遵守法律和有关规定;(2)发现被保证人擅自离开居住的市、县或者变更居住地,或者有违法犯罪行为,或者需要保外就医情形消失,或者被保证人死亡的,立即向社区矫正机构报告;(3)为被保证人的治疗、护理、复查以及正常生活提供帮助;(4)督促和协助被保证人按照规定履行定期复查病情和向社区矫正机构报告的义务。

(二)社区矫正对象法律责任的种类

在社区矫正期间,社区矫正对象应该遵守法律法规及各种相关规定,若有违反,则应当承担相应的行政法律责任或者刑事法律责任。

1. 行政法律责任

行政法律责任是行政机关因社区矫正对象的违法行为而给予的相应处罚,不包含日常社区矫正管理中对社区矫正对象的处分。例如,《社区矫正法》第 28 条规定,社区矫正对象违反法律法规或者监督管理规定的,应当视情节依法给予训诫、警告。法律中的训诫与警告,不是行政法律责任,是日常管理中的必要措施。如果社区矫正对象经多次训诫或者警告仍然不吸取教训的,可以上升为行政法律责任或者刑事法律责任。

社区矫正对象的行政法律责任主要分为两种。其一,违反禁止令或监督管理规定的法律责任。被判处禁止令的管制犯、缓刑犯违反禁止令情节轻微,应当受到治安管理处罚。根据《刑法》的规定,有些管制犯和缓刑犯会被人民法院判处禁止令。人民法院宣告禁止令,应当根据犯罪分子的犯罪原因、犯罪性质、犯罪手段、犯罪后的悔罪表现、个人一贯表现等情况,充分考虑与犯罪分子所犯罪行的关联程度,有针对性地决定禁止其在管制执行期间、缓刑考验期限内"从事特定活动,进入特定区域、场所,接触特定的人"的一项或者几项内容。禁止令的规定,与犯罪人实施的犯罪行为有关,能够较为有效地避免犯罪人在管制或者缓刑期间接触到容易诱发犯罪的因素,防止其再次实施犯罪行为。《刑法》第 38 条规定,管制犯违反禁止令规定的,由公安机关依照《治安管理处罚法》的规定处罚。《禁止令规定》第 11 条规定,判处管制的犯罪分子违反禁止令,或者被宣告缓刑的犯罪分子违反禁止令尚不属情节严重的,由负责执行禁止令的社区矫正机构所在地的公安机关依照《治安管理处罚法》第 60 条的规定处罚。另外,社区矫正对象有违反法律、行政法规或者国务院有关部门的监督管理规定的行为,应当受到治安管理处罚。《治安管理处罚法》第 60 条规定,被依法执行管制、剥夺政治权利或者在缓刑、暂予监外执行中的罪犯,有违反法律、行政法规或者国务院有关部门的监督管理规定的行为,处5日以上10日以下拘留,并处200元以上500元以下罚款。

其二,社区矫正对象殴打、威胁、侮辱、骚扰、报复社区矫正机构工作人员和其他依法参与社区矫正工作的人员及其近亲属,尚不构成犯罪的法律责任。《社区矫正法》第60条规定,社区矫正对象殴打、威胁、侮辱、骚扰、报复社区矫正机构工作人员和其他依法参与社区矫正工作的人员及其近亲属,尚不构成犯罪的,由公安机关依法给予治安管理处罚。具体情形有:根据《治安管理处罚法》第23条的规定,扰乱机关、团体、企业、事业单位秩序,致使工作、生产不能正常进行,尚未造成严重损失的,处警告或者200元以下罚款;情节较重的,处5日以上10日以下拘留,可以并处500元以下罚款。聚众实施上述行为的,对首要分子处10日以上15日以下拘留,可以并处1000元以下罚款。根据《治安管理处罚法》第42条的规定,写恐吓信或者以其他方法威胁他人人身安全的;公然侮辱他人或者捏造事实诽谤他人的;或者捏造事实诬告陷害他人,企图使他人受到刑事追究或者受到治安管理处罚的,处5日以下拘留或者500元以下罚款;情节较重的,处5日以上10日以下拘留,可以并处500元以下罚款。根据《治安管理处罚法》第43条的规定,殴打他人的,或者故意伤害他人身体的,处5日以上10日以下拘留,并处200元以上500元以下罚款;情节较轻的,处5日以下拘留或者500元以下罚款。根据《治安管理处罚法》第50条的规定,阻碍国家机关工作人员依法执行职务的,处警告或者200元以下罚款;情节严重的,处5日以上10日以下拘留,可以并处500元以下罚款。①

上述法律责任是专门为社区矫正对象设置的行政法律责任。如果社区矫正对象作为其他法律关系主体,实施了违反法律的行为,应该按照其他行政法律规定进行处罚。例如,社区矫正对象作为一名普通的驾驶员,行车超速,则需要按照《道路交通安全法》进行处罚。

2. 刑事法律责任

刑事法律责任是司法机关因社区矫正对象的违法或犯罪行为而给予的相应处罚。《社区矫正法》中规定了社区矫正对象的刑事法律责任情形。例如,《社区矫正法》第28条规定,社区矫正对象违反法律法规或者监督管理规定的,应当视情节依法提请撤销缓刑、撤销假释、对暂予监外执行的收监执行;第59条规定,社区矫正对象具有撤销缓刑、假释或者暂予监外执行收监情形的,应当依法作出处理;第60条规定,社区矫正对象殴打、威胁、侮辱、骚扰、报复社区矫正机构工作人员和其他依法

① 参见王爱立、姜爱东主编:《〈中华人民共和国社区矫正法〉释义》,中国民主法制出版社2020年版,第290~291页。

参与社区矫正工作的人员及其近亲属，构成犯罪的，依法追究刑事责任。

（1）违反监督管理等相关规定的刑事法律责任

缓刑犯可能承担的刑事责任主要是因违规被撤销缓刑，收监执行。被宣告缓刑的犯罪分子，在缓刑考验期限内，违反法律、行政法规或者国务院有关部门关于缓刑的监督管理规定，或者违反人民法院判决中的禁止令，情节严重的，应当撤销缓刑，执行原判刑罚。《禁止令规定》第12条规定，被宣告缓刑的犯罪分子违反禁止令，情节严重的，应当撤销缓刑，执行原判刑罚。原作出缓刑裁判的人民法院应当自收到当地社区矫正机构提出的撤销缓刑建议书之日起1个月内依法作出裁定。人民法院撤销缓刑的裁定一经作出，立即生效。违反禁止令，具有下列情形之一的，应当认定为“情节严重”：①3次以上违反禁止令的；②因违反禁止令被治安管理处罚后，再次违反禁止令的；③违反禁止令，发生较为严重危害后果的；④其他情节严重的情形。

假释犯可能承担的刑事责任主要是因违规被撤销假释，收监行刑。被假释的犯罪分子，在假释考验期限内，有违反法律、行政法规或者国务院有关部门关于假释的监督管理规定的行为，尚未构成新的犯罪的，应当依照法定程序撤销假释，收监执行未执行完毕的刑罚。

暂予监外执行犯可能承担的刑事责任主要是因违规被撤销暂予监外执行，收监行刑。《社区矫正法实施办法》第49条规定，对暂予监外执行的罪犯，有下列情形之一的，应当及时收监：①不符合暂予监外执行条件的；②未经社区矫正机构批准擅自离开居住的市、县，经警告拒不改正，或者拒不报告行踪，脱离监管的；③因违反监督管理规定受到治安管理处罚，仍不改正的；④受到社区矫正机构两次警告的；⑤保外就医期间不按规定提交病情复查情况，经警告拒不改正的；⑥暂予监外执行的情形消失后，刑期未满的；⑦保证人丧失保证条件或者因不履行义务被取消保证人资格，不能在规定期限内提出新的保证人的；⑧其他违反有关法律、行政法规和监督管理规定，情节严重的情形。

不同主体发现暂予监外执行罪犯依法应予收监执行的程序不同。《暂予监外执行规定》第23条规定：“社区矫正机构发现暂予监外执行罪犯依法应予收监执行的，应当提出收监执行的建议，经县级司法行政机关审核同意后，报决定或者批准机关。决定或者批准机关应当进行审查，作出收监执行决定的，将有关的法律文书送达罪犯居住地县级司法行政机关和原服刑或者接收其档案的监狱、看守所，并抄送同级人民检察院、公安机关和原判人民法院。人民检察院发现暂予监外执行罪犯依法应予收监执行而未收监执行的，由决定或者批准机关同级的人民检察院向决定或者批准机关提出收监执行的检察建议。”

不符合暂予监外执行条件的罪犯通过贿赂等非法手段被暂予监外执行的，在监外执行的期间不计入执行刑期。罪犯在暂予监外执行期间脱逃的，脱逃的期间不计入执行刑期。社区矫正机构应当在收监执行建议书中说明情况，并附有关证明材料。批准机关进行审核后，应当及时通知监狱、看守所向所在地的中级人民法院提出不计入执行刑期的建议书。人民法院应当自收到建议书之日起1个月以内依法对罪犯的刑期重新计算作出裁定。人民法院决定暂予监外执行的，在决定收监执行的同时应当确定不计入刑期的期间。人民法院应当将有关的法律文书送达监狱、看守所，同时抄送同级人民检察院。

（2）犯新罪或发现漏罪的刑事法律责任

管制犯犯新罪或发现漏罪应当承担的刑事法律责任。在社区矫正期间，管制犯犯新罪或者发现判决以前还有其他罪没有判决的，依照《刑法》第69～71条规定进行数罪并罚。漏罪中有罪名判处管制的，对管制按照先并后减原则进行并罚。新罪中有罪名判处管制的，对管制按照先减后并原则进行并罚。如果有期徒刑、拘役和管制并罚，有期徒刑和拘役执行完毕后，管制刑仍须执行，不能被有期徒刑或者拘役吸收。

缓刑犯犯新罪或发现漏罪应当承担的刑事法律责任。被宣告缓刑的犯罪分子，在缓刑考验期限内犯新罪或者发现判决宣告以前还有其他罪没有判决的，《刑法》第77条规定，应当撤销缓刑，对新犯的罪或者新发现的罪作出判决，把前罪和后罪所判处的刑罚，依照《刑法》第69条的规定，决定执行的刑罚。需要注意的是，缓刑考验期不是执行刑罚，在此期间发现实施新的犯罪或者新发现罪，既不能视为在服刑期间实施犯罪行为，也不能认为服刑期间发现的漏罪。虽然缓刑犯的人身自由等受到一定限制，但是不能折抵刑期，因此，在数罪并罚时，既不能按照先减后并原则，也不能依照先并后减原则。

假释犯犯新罪或发现还有其他罪没有判决的，应当承担刑事法律责任。被假释的犯罪分子，在假释考验期限内犯新罪，应当撤销假释，依照《刑法》第71条的规定实行数罪并罚；在假释考验期限内，发现被假释的犯罪分子在判决宣告以前还有其他漏罪没有判决的，应当撤销假释，依照《刑法》第70条的规定实行数罪并罚。

暂予监外执行犯因犯新罪或者发现判决宣告以前还有其他罪没有判决的，应当承担的刑事法律责任。暂予监外执行犯因犯新罪或者发现判决宣告以前还有其他罪没有判决的，应当根据刑法规定数罪并罚，发现新罪的，刑罚按照先减后并原则并罚；发现漏罪的，刑罚按照先并后减原则并罚。《暂予监外执行规定》第22条规定:“罪犯在暂予监外执行期间因犯新罪或者发现判决宣告以前还有其他罪没有判决的,侦查机关应当在对罪犯采取强制措施后24小时以内,将有关情况通知罪犯居住地社区矫正机构;人民法院应当在判决、裁定生效后,及时将判决、裁定的结果通知罪犯居住地社区矫正机构和罪犯原服刑或者接收其档案的监狱、看守所。”

(3)社区矫正对象专门的刑事责任

社区矫正对象实施殴打、威胁、侮辱、骚扰、报复社区矫正机构工作人员和其他依法参与社区矫正工作的人员及其近亲属行为的,一般属于妨害社会管理秩序罪或者侵犯公民人身权利、民主权利犯罪等,可能构成妨害公务罪、煽动暴力抗拒法律实施罪、聚众扰乱社会秩序罪、聚众冲击国家机关罪、寻衅滋事罪、侮辱罪、诽谤罪、诬告陷害罪、故意伤害罪、故意杀人罪,应当根据刑法的相关规定追究其刑事责任,坚决予以惩处。例如,根据《刑法》第277条第1款的规定,以暴力、威胁方法阻碍国家机关工作人员依法执行职务的,构成妨害公务罪,处3年以下有期徒刑、拘役、管制或者罚金。根据《刑法》第278条的规定,煽动群众暴力抗拒国家法律、行政法规实施的,构成煽动暴力抗拒法律实施罪,处3年以下有期徒刑、拘役、管制或者剥夺政治权利;造成严重后果的,处3年以上7年以下有期徒刑。根据《刑法》第290条第1款和第2款的规定,聚众扰乱社会秩序,情节严重,致使工作无法进行,造成严重损失的,构成聚众扰乱社会秩序罪,对首要分子,处3年以上7年以下有期徒刑;对其他积极参加的,处3年以下有期徒刑、拘役、管制或者剥夺政治权利。聚众冲击国家机关,致使国家机关工作无法进行,造成严重损失的,构成聚众冲击国家机关罪,对首要分子,处5年以上10年以下有期徒刑;对其他积极参加的,处5年以下有期徒刑、拘役、管制或者剥夺政治权利。根据《刑法》第293条的规定,随意殴打他人、情节恶劣的;追逐、拦截、辱骂、恐吓他人,情节恶劣的;在公共场所起哄闹事,造成公共场所秩序严重混乱的,可构成寻衅滋事罪,处5年以下有期徒刑、拘役或者管制。纠结他人多次寻衅滋事,严重破坏社会秩序的,处5年以上10年以下有期徒刑,可以并处罚金。根据《刑法》第246条第1款的规定,以暴力或者其他方法公然侮辱他人或者捏造事实诽谤他人,情节严重的,可构成侮辱罪、诽谤罪,处3年以下有期徒刑、拘役、管制或者剥夺政治权利。根据《刑法》第243条第1款的规定,捏造事实诬告陷害他人,意图使他人受到刑事追究,情节严重的,构成诬告陷害罪,处3年以下有期徒刑、拘役或者管制;造成严重后果的,处3年以上10年以下有期徒刑。根据《刑法》第234条的规定,故意伤害他人身体的,处3年以下有期徒刑、拘役或者管制;故意伤害他人身体致人重伤的,处3年以上10年以下有期徒刑;故意伤害他人身体致人死亡或者以特别残忍的手段致人重伤造成严重残疾的,处

10 年以上有期徒刑、无期徒刑或者死刑。①

二、社区矫正工作人员的法律责任

社区矫正工作人员的法律责任，是指社区矫正工作人员和其他国家工作人员对其在执行公务期间实施的违法违纪行为应当承担的法律责任。

（一）实施违法违纪及犯罪行为的主体

社区矫正机构工作人员和其他国家工作人员实施违纪违法，甚至犯罪行为，依照《社区矫正法》第 61 条专门规定，应该被追究相应责任。社区矫正机构工作人员是指在社区矫正机构中履行监督管理、教育帮扶等执法职责的专门国家工作人员。其他国家工作人员是指国家机关中从事社区矫正相关工作的人员，具体是指：依法接受委托承担社区矫正工作的司法所工作人员，人民法院、人民检察院、公安机关、司法行政机关、监狱，甚至民政、人力资源和社会保障、教育、卫生等部门从事社区矫正相关工作的人员。比如，有权决定是否判处管制、宣告缓刑、裁定假释和决定暂予监外执行的法官，对社区矫正工作负责法律监督职责的检察官，有权依法实施治安管理处罚的公安民警，有权依法提起假释、暂予监外执行的监狱、看守所干警，有资质诊断、检查、鉴别罪犯是否符合保外就医条件的医生，等等。

国家机关工作人员应当严格依法办事，认真履行职责，正确行使权力，切忌不作为、乱作为。如果国家机关工作人员不依法履行职责，存在滥用职权、徇私舞弊、玩忽职守、索贿受贿、虐待社区矫正对象等违法犯罪行为的，应当根据《监察法》《中国共产党纪律处分条例》给予相应的处罚。情节严重，构成犯罪的，根据《刑法》《刑事诉讼法》等法律追究其刑事责任。

（二）实施违法违纪及犯罪行为的种类

《社区矫正法》第 61 条列举了相关违纪违法行为的类型，共有六种。

第一种，利用职务或者工作便利索取、收受贿赂的。索取或者收受贿赂，指的是受贿，即国家工作人员利用职务上的便利，索取他人财物的，或者非法收受他人财物，为他人谋取利益的行为。

第二种，不履行法定职责的。主要情形有：玩忽职守，是指国家工作人员严重不负责任，不履行职责或者不正确履行职责的行为；徇私舞弊，通常表现为司法工作人员徇私舞弊对不符合假释、暂予监外执行条件的罪犯，予以假释或者暂予监外执

① 参见王爱立、姜爱东主编：《〈中华人民共和国社区矫正法〉释义》，中国民主法制出版社 2020 年版，第 289 ~ 290 页。

行的行为;滥用职权,是指不法行使职务权限的行为,如超越职权范围行使权力,随意对事项作出决定或者处理,故意不履行应该履行的职责,假公济私等。

第三种,体罚、虐待社区矫正对象,或者违反法律规定限制或者变相限制社区矫正对象的人身自由的。体罚与虐待密不可分,是殴打以外的、对社区矫正对象进行肉体折磨或者精神摧残的一切方式,如罚跑、跳、趴,罚蹲、站,罚超强、超长时间体力劳动,罚饥、渴,罚冻、晒,罚不允许睡觉等。限制或者变现限制人身自由,是指非经法律规定或者利用法律规定掩饰非法目的,将社区矫正对象限制在一定空间之内,使其在一定时间内不能或者不敢自行离开特定空间的行为。

第四种,泄露社区矫正工作秘密或者其他依法应当保密的信息的。泄露秘密,是指国家工作人员违反保守国家秘密法或者相关保密纪律,故意使国家秘密被不应该知悉者知悉,或者故意使国家秘密超出了秘密限定的接触范围的行为。

第五种,对依法申诉、控告或者检举的社区矫正对象进行打击报复的。这种行为性质系报复陷害,是指国家工作人员利用职务便利,滥用职权,假公济私,打击报复社区矫正对象的行为。

第六种,有其他违纪违法行为的。违法违纪行为是指从事社区矫正工作的国家工作人员违反法律、法规以及国家机关的决定、命令、应当承担法律责任和纪律责任的行为。[①] 本规定为兜底性条款,指的是上述五种行为之外的其他违纪违法行为。

(三)实施违纪违法及犯罪行为的责任种类

从事社区矫正的国家工作人员实施违反社区矫正法行为的严重程度不同,危害性的程度不同,因而,其承担法律责任的形式也有所区别,分为党纪政纪处分或者刑事责任。党纪政纪处分主要是针对国家工作人员相对较轻的职务违法行为。刑事责任主要是针对国家工作人员严重的职务犯罪行为或者普通的犯罪行为。

1. 行政纪律处分或者党纪处分

行政纪律处分主要来自《监察法》的规定,所有行使公权力的公职人员都应该按照法律接受监察,监察委有权调查职务违法和职务犯罪,开展廉政建设和反腐败工作,维护宪法和法律的尊严。

各级监察委员会依法对从事社区矫正工作的国家工作人员进行监察,具体情形包括:(1)对公职人员依法履职、秉公用权、廉洁从政从业以及道德操守情况进行监督检查;(2)对涉嫌贪污贿赂、滥用职权、玩忽职守、权力寻租、利益输送、徇私舞

① 参见王爱立、姜爱东主编:《〈中华人民共和国社区矫正法〉释义》,中国民主法制出版社 2020 年版,第 294 页。

弊以及浪费国家资财等职务违法和职务犯罪进行调查;(3)对违法的公职人员依法作出政务处分决定;(4)对涉嫌职务犯罪的,将调查结果移送人民检察院依法审查,提起公诉;(5)对履行职责不力、失职失责的领导人员进行问责;(6)向监察对象所在单位提出监察建议。

监察机关根据监督、调查结果,有权对从事社区矫正相关工作的国家工作人员及其工作单位依法作出处理,具体包括:(1)对有职务违法行为但情节较轻的公职人员,按照管理权限,直接或者委托有关机关、人员,进行谈话提醒、批评教育、责令检查,或者予以诫勉;(2)对违法的公职人员依照法定程序作出警告、记过、记大过、降级、撤职、开除等政务处分决定;(3)对不履行或者不正确履行职责负有责任的领导人员,按照管理权限对其直接作出问责决定,或者向有权作出问责决定的机关提出问责建议;(4)对涉嫌职务犯罪的,监察机关经调查认为犯罪事实清楚,证据确实、充分的,制作起诉意见书,连同案卷材料、证据一并移送人民检察院依法审查,提起公诉;(5)对监察对象所在单位廉政建设和履行职责存在的问题等提出监察建议。

如果从事社区矫正相关工作的国家工作人员是中国共产党党员,还应该依照《中国共产党纪律处分条例》予以处罚。党员违反党章和其他党内法规,违反国家法律法规,违反党和国家政策,违反社会主义道德,危害党、国家和人民利益的行为,还要坚持全面从严治党的原则,依照规定给予相应的处分。对党员的纪律处分的种类有:警告、严重警告、撤销党内职务、留党察看或者开除党籍等。

2. 刑事责任

刑事责任,是指依据刑事法律规定和实际发生的犯罪事实而产生的,由代表国家的司法机关确认的,犯罪人因实施犯罪行为而应当承担的以刑罚处罚、非刑罚处罚措施或者单纯有罪宣告等否定性评价为具体内容的法律责任。① 行为人实施了刑法分则中规定的犯罪行为,就应该承担刑法规定的刑罚以及非刑罚处罚后果。从事社区矫正相关工作的国家机关工作人员,如果违反了刑法,构成犯罪的,应当依法追究刑事责任。

从事社区矫正相关工作的国家机关工作人员可能构成以下犯罪:对于利用职务或者工作便利索取、收受贿赂的,根据《刑法》第385条和第386条的规定,构成受贿罪的,根据受贿所得数额及情节给予相应处罚。索贿的从重处罚。对于不履行法定职责的,情节严重构成刑法第九章规定的渎职罪,可依照《刑法》第397~401条或第417条规定,追究其滥用职权罪、玩忽职守罪,故意泄露国家秘密罪、过失泄露

---

① 参见贾宇主编:《刑法学》(上册·总论),高等教育出版社2019年版,第274页。

国家秘密罪，徇私枉法罪，执行判决裁定失职罪、执行判决裁定滥用职权罪，私放在押人员罪，失职致使在押人员脱逃罪，徇私舞弊减刑、假释、暂予监外执行罪，帮助犯罪分子逃避处罚罪的刑事责任。对于体罚、虐待社区矫正对象，或者违反法律规定限制或者变相限制社区矫正对象的人身自由的，情节严重构成犯罪，可依照《刑法》第 232～234 条、第 238 条、第 248 条或第 397 条规定追究其滥用职权罪、故意杀人罪、过失致人死亡罪、故意伤害罪、虐待被监管人罪或非法拘禁罪的刑事责任。对于泄露社区矫正工作秘密或者其他依法应当保密的信息的，情节严重构成犯罪，依照《刑法》第 398 条规定追究其故意泄露国家秘密罪、过失泄露国家秘密罪的刑事责任。对依法申诉、控告或者检举的社区矫正对象进行打击报复的，情节严重构成犯罪，依照《刑法》第 254 条规定追究其报复陷害罪的刑事责任。①

第三节　社区矫正法律监督

一、社区矫正法律监督的概念

社区矫正法律监督，是指人民检察院对国家机关及其工作人员在适用与执行社区矫正工作中的司法、执法活动进行的监督。

（一）人民检察院有监督社区矫正工作的权力

人民检察院有权对社区矫正进行法律监督。《社区矫正法》第 62 条规定，人民检察院发现社区矫正工作违反法律规定的，应当依法提出纠正意见、检察建议。社区矫正的决定，社区矫正对象的接收、监督管理、教育帮扶以及解除矫正等各个环节，都有可能存在违反法律规定的问题，甚至存在犯罪行为，人民检察院有权依法对相关环节的人民法院、公安机关、监狱、社区矫正机构以及卫生、教育、民政等部门进行监督。

人民检察院进行的法律监督主要采用两种方式，即纠正意见和检察建议。

1. 提出纠正意见

提出纠正意见是监督检察的重要方式之一。纠正意见，是指人民检察院依法向从事社区矫正相关工作的国家机关或相关单位指出其违法情况，并要求其予以纠正的监督手段。为确保社区矫正法等相关法律法规正确适用、执行，人民检察院

---

① 参见王爱立、姜爱东主编：《〈中华人民共和国社区矫正法〉释义》，中国民主法制出版社 2020 年版，第 295～296 页。

发现违法情况，应当及时向违法单位提出纠正意见。

根据2009年6月25日中央社会治安综合治理委员会办公室、最高人民法院、最高人民检察院、公安部、司法部联合制定的《关于加强和规范监外执行工作的意见》第24条的规定，人民检察院发现有下列情形的，应当提出纠正意见：(1)人民法院、监狱、看守所没有依法送达监外执行法律文书，没有依法将罪犯交付执行，没有依法告知罪犯权利义务的；(2)人民法院收到有关机关对监外执行罪犯的撤销缓刑、假释、暂予监外执行的建议后，没有依法进行审查、裁定、决定的；(3)公安机关没有及时接收监外执行罪犯，对监外执行罪犯没有落实监管责任、监管措施的；(4)公安机关对违法的监外执行罪犯依法应当给予处罚而没有依法作出处罚或者建议处罚的；(5)公安机关、监狱管理机关应当作出对罪犯收监执行决定而没有作出决定的；(6)监狱、看守所应当将罪犯收监执行而没有收监执行的；(7)对依法应当减刑的监外执行罪犯，公安机关没有提请减刑或者提请减刑不当的；(8)对依法应当减刑的监外执行罪犯，人民法院没有裁定减刑或者减刑裁定不当的；(9)监外执行罪犯刑期或者考验期满，公安机关、监狱、看守所未及时办理相关手续和履行相关程序的；(10)人民法院、公安机关、监狱、看守所在监外执行罪犯交付执行、监督管理过程中侵犯罪犯合法权益的；(11)监外执行罪犯出现脱管、漏管情况的；(12)其他依法应当提出纠正意见的情形。

2. 提出检察建议

提出检察建议是监督检察的另一种重要方式。检察建议是人民检察院为了督促从事社区矫正相关工作的国家机关预防风险和改进工作而发出的包括存在问题与改进建议的书面文书。2009年2月26日，最高人民检察院发布的《人民检察院检察建议工作规定》开宗明义地指出，检察建议是人民检察院为促进法律正确实施、促进社会和谐稳定，在履行法律监督职能过程中，结合执法办案，建议有关单位完善制度，加强内部制约、监督，正确实施法律法规，完善社会管理、服务，预防和减少违法犯罪的一种重要方式。检察建议主要包括再审检察建议、纠正违法检察建议、公益诉讼检察建议、社会治理检察建议、其他检察建议五种类型。

有下列情形之一的，人民检察院应当提出检察建议：(1)发现人民法院、公安机关、司法行政机关和监狱、看守所对社区矫正罪犯的交付执行、监督管理、教育矫正、帮困扶助活动中存在执法不规范、管理不严格等可能导致执法不公或重大事故等苗头性、倾向性问题；(2)发现被监督单位应对而未对有关人员和行为予以表彰或者给予处分、行政处罚；(3)发现被监督单位相关工作制度不健全、不完善，已有制度不落实，导致执法中存在缺陷和漏洞；(4)其他需要提出检察建议的情形。①

人民检察院提出检察建议的内容主要包括：(1)问题的来源或提出建议的起因；(2)应当消除的隐患及违法现象；(3)治理防范的具体意见；(4)提出建议所依据的事实和法律、法规及有关规定；(5)被建议单位书面回复落实情况的期限等其他建议事项。

(二)社区矫正工作有接受人民检察院监督的义务

从事社区矫正相关工作的国家机关或有关单位要接受人民检察院的法律监督。《社区矫正法》第62条规定，有关单位应当将采纳纠正意见、检察建议的情况书面回复人民检察院，没有采纳的应当说明理由。《社区矫正法实施办法》第57条规定，有关单位对人民检察院的书面纠正意见在规定的期限内没有回复纠正情况的，人民检察院应当督促回复。经督促被监督单位仍不回复或者没有正当理由不纠正的，人民检察院应当向上一级人民检察院报告。有关单位对人民检察院的检察建议在规定的期限内经督促无正当理由不予整改或者整改不到位的，检察机关可以将相关情况报告上级人民检察院，通报被建议单位的上级机关、行政主管部门或者行业自律组织等，必要时可以报告同级党委、人大，通报同级政府、纪检监察机关。

从事社区矫正相关工作的国家机关或有关单位需要认真对待检察建议，及时整改落实，消除隐患，并及时书面反馈人民检察院。人民检察院提出的解决建议需要于法有据、合情合理，可行性、操作性要强。例如，苏州市相城区人民检察院向社区矫正机构提出检察建议，"建议按照规定将未成年人的社区矫正与成年人分开进行，并选择适合未成年人教育的学习内容和形式，开展更多种类的社区服务活动供未成年社矫对象参与"。② 司法所及时按照检察院建议将未成年与成年矫正对象分开矫正，组织未成年社区矫正对象赴敬老院做公益活动，在马路口协助交警执行，检察建议下的整改提升了矫正效果。

二、人民检察院法律监督的内容

人民检察院对社区矫正的监督，贯穿适用、执行的各个环节，确保社区矫正依法规范开展。《社区矫正法实施办法》第6条规定了人民检察院依法履行的职责，其中有五项为法律监督的内容，即(1)对社区矫正决定机关、社区矫正机构或者有

① 参见吴宗宪主编：《社区矫正导论》(第2版)，中国人民大学出版社2020年版，第298页。

② 王金艳、龚茜：《江苏苏州相城区：检察建议纠正社区矫正违规行为》，载最高人民检察院官网2021年9月21日，https://www.spp.gov.cn/spp/dfjcdt/201903/t20190310_411066.shtml。

关社会组织的调查评估活动实行法律监督；(2)对社区矫正决定机关判处管制、宣告缓刑、裁定假释、决定或者批准暂予监外执行活动实行法律监督；(3)对社区矫正法律文书及社区矫正对象交付执行活动实行法律监督；(4)对监督管理、教育帮扶社区矫正对象的活动实行法律监督；(5)对变更刑事执行、解除矫正和终止矫正的活动实行法律监督。人民检察院可以向有关机关、单位调阅材料、档案，可以调查、核实有关情况，有关机关、单位和人员应当予以配合。下面分别介绍人民检察院具体的法律监督内容。

(一)对调查评估活动实行法律监督

调查评估意见是决定社区矫正的重要依据。调查评估活动主要分为以下两个环节。

1. 接受调查评估环节

社区矫正决定机关对拟适用社区矫正的被告人、罪犯，需要调查其社会危险性和对所居住社区影响的，可以委托拟确定为执行地的社区矫正机构或者有关社会组织进行调查评估。社区矫正机构或者有关社会组织收到委托文书后应当及时通知执行地县级人民检察院，主动接受检察院法律监督。

2. 出具调查评估意见环节

社区矫正机构、有关社会组织接受委托后，应当对被告人或者罪犯的居所情况、家庭和社会关系、犯罪行为的后果和影响、居住地村(居)民委员会和被害人意见、拟禁止的事项、社会危险性、对所居住社区的影响等情况进行调查了解，形成调查评估意见，与相关材料一起提交委托机关。评估意见同时抄送执行地县级人民检察院。抄送人民检察院，有利于人民检察院掌握调查评估意见内容，进行监督指导，避免在重要环节内容方面出现差错。

人民检察院除对调查评估进行监督外，在有必要的情况下，也可以自行委托调查评估。2021 年《最高人民法院关于适用〈中华人民共和国刑事诉讼法〉的解释》第 282 条规定，人民检察院可以提出量刑建议并说明理由；建议判处管制、宣告缓刑的，一般应当附有调查评估报告，或者附有委托调查函。

(二)对社区矫正适用实行法律监督

1. 对判处管制、宣告缓刑的监督

人民法院对犯罪人判处管制、宣告缓刑的司法活动，需要接受人民检察院的监督。人民检察院有权监督管制刑适用或者缓期执行宣告的合法性，如果认为其宣告不恰当的，可以通过抗诉实现案件重新审理。

2. 对裁定假释的监督

假释是对被剥夺自由的犯罪人,附条件提前释放在社区服刑的制度。人民检察院依法对假释案件的提请、审理、裁定等全部活动是否合法实行法律监督。相关法律文件主要有:《最高人民法院关于减刑、假释案件审理程序的规定》《人民检察院办理减刑、假释案件规定》《监狱提请减刑假释工作程序规定》《最高人民法院关于办理减刑、假释案件具体应用法律的规定》等。

人民检察院可以派员列席监狱假释评审委员会会议。监狱应当在假释评审委员会完成评审和公示程序后,将提请假释建议送人民检察院征求意见。人民检察院对报请假释案件提出检察意见的,监狱应当一并移送受理假释案件的人民法院。监狱在向人民法院提请假释的同时,应当将提请假释的建议书副本抄送人民检察院。

人民检察院可以对假释案件裁定进行监督。人民检察院对审理假释案件有异议,人民法院应当开庭审理。在庭审过程中,检察人员对报请理由有疑问的,在经审判长许可后,可以出示证据,申请证人到庭,向被报请假释罪犯及证人提问并发表意见。人民检察院认为人民法院假释裁定不当,在法定期限内提出书面纠正意见的,人民法院应当在收到纠正意见后另行组成合议庭审理,并在 1 个月内作出最终裁定。

人民检察院不仅对假释过程进行监督,而且在假释裁定后,也可以进行监督。收到控告、举报或者发现司法工作人员在办理假释案件中涉嫌违法的,应当依法进行调查,并根据情况,向有关单位提出纠正违法意见,建议更换办案人,或者建议予以纪律处分;构成犯罪的,依法追究刑事责任。

3. 对暂予监外执行的监督

暂予监外执行的前提是罪犯因病或者其他原因不适合在监狱、看守所监禁行刑,为防止罪犯利用制度的宽宥,尤其需要进行法律监督。《刑事诉讼法》《暂予监外执行规定》都明确了人民检察院的法律监督职责。

暂予监外执行的提出、决定和批准都需要接受人民检察院监督。监狱、看守所应当组织对需要暂予监外执行的罪犯进行病情诊断、妊娠检查或者生活不能自理的鉴别。人民检察院可以派员监督有关诊断、检查和鉴别活动。监狱、看守所提出暂予监外执行的书面意见的,应当将书面意见的副本抄送人民检察院。人民检察院认为必要时,可以自行组织或者要求人民法院、监狱、看守所对罪犯重新组织进行诊断、检查或者鉴别。

决定、批准暂予监外执行的机关应当接受人民检察院的法律监督。人民法院在作出暂予监外执行决定前,应当征求人民检察院的意见。人民法院决定暂予监外执行的,应当制作暂予监外执行决定书,在判决生效后7日内将暂予监外执行决定书抄送同级人民检察院。人民法院决定不予暂予监外执行的,应当通知同级人民检察院。

人民检察院认为暂予监外执行不当的,应当自接到通知之日起1个月内将书面意见送交决定或者批准暂予监外执行的机关,决定或者批准暂予监外执行的机关接到人民检察院的书面意见后,应当立即对该决定进行重新核查。人民检察院认为必要时,可以自行组织或者要求人民法院、监狱、看守所对罪犯重新组织进行诊断、检查或者鉴别。

(三)对交付执行活动实行法律监督

人民检察院有权对社区矫正对象交付执行进行法律监督,确保其能够真正接受社区矫正,防止"纸面服刑"情况出现。被判处管制、宣告缓刑、裁定假释的社区矫正对象到执行地县级社区矫正机构报到时,社区矫正机构应当核对法律文书、核实身份,办理登记接收手续。暂予监外执行的社区矫正对象,由公安机关、监狱或者看守所依法移送至执行地县级社区矫正机构,办理交付接收手续。人民检察院对交付执行活动实行法律监督,监督的内容包括社区矫正对象是否按时报到,法律文书及材料是否及时、完备送达等。

(四)对日常执法活动实行法律监督

人民检察院有权对社区矫正机构日常执法活动进行监督。社区矫正机构接收社区矫正对象后,应当建立社区矫正档案、确定矫正小组、组织入矫宣告、风险评估及分类管理、制订矫正方案、掌握社区矫正对象活动情况和行为表现、审批外出申请、变更执行地、对社区矫正对象考核、表扬或者批评、提请有关部门行政处罚、调查取证、组织活动等。人民检察院对日常执法活动进行监督,发现不合法或者不合理的情况,有权发出检察建议,纠正不合适的行为。例如,监督社区矫正机构在日常执法活动中,是否对未成年社区矫正对象进行身份保护,是否对未成年社区矫正对象档案保密,是否将未成年社区矫正对象与成年社区矫正对象分开实施矫正等情况。

(五)对执行变更、解除和终止矫正的活动实行法律监督

1. 人民检察院对社区矫正机构的执行变更、解除和中止活动进行监督

社区矫正机构发现社区矫正对象有撤销缓刑、撤销假释或者暂予监外执行收监执行的法定情形的,应当组织开展调查取证工作,依法向社区矫正决定机关提出撤销缓刑、撤销假释或者暂予监外执行收监执行建议,并将建议书抄送同级人民检

察院。

社区矫正机构在具备法定条件后,有权向原审人民法院提出撤销缓刑、假释、暂予监外执行建议。撤销缓刑、假释、暂予监外执行建议书和人民法院的裁定书副本同时抄送社区矫正执行地同级人民检察院。被提请撤销缓刑、撤销假释的社区矫正对象具备法定情形的,社区矫正机构在提出撤销缓刑、撤销假释建议书的同时,提请人民法院决定对其予以逮捕。社区矫正机构提请逮捕、人民法院作出是否逮捕决定的法律文书,应当同时抄送执行地县级人民检察院。

社区矫正对象符合法定减刑条件的,由执行地县级社区矫正机构提出减刑建议书并附相关证据材料,报经地(市)社区矫正机构审核同意后,由地(市)社区矫正机构提请执行地的中级人民法院裁定。社区矫正机构减刑建议书和人民法院减刑裁定书副本,应当同时抄送社区矫正执行地同级人民检察院。

社区矫正对象矫正期限届满,且在社区矫正期间没有应当撤销缓刑、撤销假释或者暂予监外执行收监执行情形的,社区矫正机构依法办理解除矫正手续。执行地县级社区矫正机构应当向社区矫正对象发放解除社区矫正证明书,同时抄送执行地县级人民检察院。

人民检察院对上述变更、解除和终止矫正的活动进行监督。

2. 人民检察院直接对社区矫正对象进行监督

人民检察院拥有提起撤销缓刑建议的权力。被宣告缓刑的犯罪分子,在缓刑考验期限内,违反法律、行政法规或者国务院有关部门关于缓刑的监督管理规定,或者违反人民法院判决中的禁止令,情节严重的,人民检察院有权力在发现问题后向司法行政机关发出检察建议书,建议司法行政机关向法院提出撤销缓刑,收监执行。

人民检察院拥有提起撤销假释建议的权力。罪犯在假释考验期内违反法律、行政法规或者国务院有关部门关于假释的监督管理规定的,人民检察院有权提出撤销假释建议书。作出假释裁定的人民法院,应当在收到检察机关撤销假释建议书后及时审查,作出是否撤销假释的裁定,同时抄送人民检察院。

人民检察院拥有提起撤销暂予监外执行建议的权力。人民检察院发现暂予监外执行罪犯依法应予收监执行而未收监执行的,由决定或者批准机关同级的人民检察院向决定或者批准机关提出收监执行的检察建议。暂予监外执行犯收监执行后,应当接受人民检察院监督。监狱、看守所将罪犯收监执行后,应当将收监执行的情况告知罪犯居住地县级人民检察院。人民法院应当将裁定罪犯刑期重新计算的有关法律文书抄送同级人民检察院。

复习思考题

1. 社区矫正的对象有哪些？如何规定在《刑法》与《刑事诉讼法》中的？
2.《社区矫正法》中规定了社区矫正对象的刑事法律责任有哪些？
3.《社区矫正法》中列举的社区矫正工作人员违纪违法行为的类型有哪些？
4. 人民检察院对社区矫正的五项法律监督内容是什么？
5. 人民检察院对社区矫正适用实行法律监督的内容是什么？

第五章　社区矫正工作体系

本章摘要

我国社区矫正工作确立了党委、政府领导，司法行政机关组织实施，相关机关分工负责，社会力量广泛参与的社区矫正工作领导体制和工作机制。党委、政府通过成立社区矫正委员会领导社区矫正工作。社区矫正委员会负责统筹协调和指导本行政区域内的社区矫正工作。法院、公安机关、监狱管理机关是社区矫正决定机关，依法作出社区矫正决定。司法行政机关是社区矫正工作的管理机关。社区矫正机构是司法行政部门设立的具体负责社区矫正工作的机构。司法所根据社区矫正机构的委托开展社区矫正工作。人民检察院参与社区矫正，主要任务是开展法律监督，保障社区矫正工作依法进行。监狱在决定假释和暂予监外执行方面发挥着重要作用。在留所服刑罪犯暂予监外执行问题上，看守所发挥着其他机构不可替代的作用。社区矫正工作还需要政法委、财政部门、民政部门、人力资源和社会保障等部门的支持与配合。除有关国家机关、机构外，社会力量也积极参与了社区矫正工作。较具代表性的是社区矫正中心、中途之家及各类社会工作组织。

重点问题

1. 社区矫正决定机关的范围及职责。
2. 社区矫正委员会的职责。
3. 社区矫正机构与司法所的关系。
4. 社会力量参与社区矫正工作。

第一节　社区矫正决定机关

社区矫正决定机关是行使社区矫正决定权力相关机关的统称。“社区矫正的决定是指确定对什么人在什么时候采取什么样的社区矫正计划的过程。”①根据我国现行法律规定，社区矫正决定机关是指依法判处管制、宣告缓刑、裁定假释、决定暂予监外执行的人民法院和依法批准暂予监外执行的监狱管理机关、公安机关。

一、人民法院

人民法院是社区矫正的主要决定机关。从目前我国社区矫正对象的实际类型分布来看，被宣告缓刑的社区矫正对象占绝大多数，如表5－1所示。

表5－1　2012～2017年全国社区矫正对象类型分布②

年份	管制（人）	占比（%）	缓刑（人）	占比（%）	假释（人）	占比（%）	暂予监外执行（人）	占比（%）
2012年年底	13,003	2.3	463,394	82.2	64,129	11.4	23,520	4.2
2013年年底	15,546	2.3	567,354	83.3	74,268	10.9	23,833	3.5
2014年年底	14,743	2	630,039	86.0	65,136	8.9	22,140	3.0
2015年年底	11,865	1.7	619,797	88.8	47,398	6.8	18,886	2.7
2016年年底	11,302	1.6	625,618	90.6	35,856	5.2	18,082	2.6
2017年年底	9569	1.4	638,575	92.1	27,601	4.0	17,930	2.6

由表5－1可知，缓刑犯在社区矫正对象总数占据绝大多数。从这个意义上来说，人民法院在社区矫正工作中发挥着不可替代的作用。

（一）人民法院在社区矫正中的职责

《社区矫正法实施办法》第5条规定：“人民法院依法履行以下职责：（一）拟判处管制、宣告缓刑、决定暂予监外执行的，可以委托社区矫正机构或者有关社会组织对被告人或者罪犯的社会危险性和对所居住社区的影响，进行调查评估，提出意见，供决定社区矫正时参考；（二）对执行机关报请假释的，审查执行机关移送的罪犯假释后对所居住社区影响的调查评估意见；（三）核实并确定社区矫正执行地；（四）对被告人或者罪犯依法判处管制、宣告缓刑、裁定假释、决定暂予监外执行；（五）对社区矫正对象进行教育，及时通知并送达法律文书；（六）对符合撤销缓刑、撤销假释或者暂予监外执行收监执行条件的社区矫正对象，作出判决、裁定和决

① 吴宗宪：《社区矫正比较研究》（上），中国人民大学出版社2011年版，第59页。

② 参见司法部社区矫正管理局编：《2012—2017年全国社区矫正工作统计分析报告》，法律出版社2018年版，第5页。

定;(七)对社区矫正机构提请逮捕的,及时作出是否逮捕的决定;(八)根据社区矫正机构提出的减刑建议作出裁定;(九)其他依法应当履行的职责。”

根据上述规定,人民法院在社区矫正工作中依法履行以下主要职责。

1. 依法适用社区矫正

人民法院应当贯彻宽严相济的刑事政策,严格按照《刑法》《刑事诉讼法》等法律规定的条件和程序,判处管制、宣告缓刑、裁定假释、决定暂予监外执行。人民法院对被告人或罪犯拟判处管制、宣告缓刑、决定暂予监外执行的,根据需要可以委托社区矫正机构或者有关社会组织对被告人、罪犯的社会危险性及其适用社区矫正对所居住社区的影响,进行调查评估,提出意见,供决定适用社区矫正时参考。对执行机关报请假释的,人民法院审查执行机关移送的罪犯假释后对所居住社区影响的调查评估意见。在充分重视社会调查意见的基础上,人民法院决定是否对犯罪嫌疑人、被告人或罪犯适用社区矫正。

人民法院根据有利于接受矫正的原则确定社区矫正执行地。对拟适用社区矫正的,人民法院应当核实社区矫正对象的居住地。① 社区矫正对象有多个地方居住的,可以确定经常居住地②为执行地。针对没有居住地,居住地、经常居住地无法确定或者不适宜执行社区矫正的情况,人民法院不能一概适用监禁刑,而应当听取犯罪嫌疑人、被告人、罪犯的意见,综合社会调查意见,根据有利于社区矫正对象接受矫正,更好地融入社会的原则,确定社区矫正执行地。

2. 对社区矫正对象进行告知教育

为避免社区矫正对象脱逃漏管,强化社区矫正对象的服刑意识,人民法院对社区矫正对象进行告知教育十分必要。人民法院应当充分利用审判资源对社区矫正对象进行教育,使其认罪悔罪、服从管理。人民法院要通过对社区矫正对象的教育,使其充分认识到适用社区矫正是对其从宽处理,要求其自觉履行社区矫正期间的法定义务,自觉接受社区矫正机构的管理和监督。人民法院要向社区矫正对象说明不遵守相关规定的法律责任,使其认识到不服从管理的不利后果,进而自觉遵守有关规定。

3. 配合社区矫正执行工作

人民法院需要与司法行政机关、社区矫正机构加强协作,依法、及时地作出相应的判决、裁定和决定,维护社区矫正工作的严肃性与权威性,确保社区矫正高效执行。具体而言,人民法院应当做好与社区矫正机构、公安机关等有关机关的法律

---

① 社区矫正对象的居住地是指其实际居住的县(市、区)。

② 社区矫正对象的经常居住地是指其经常居住的,有固定住所、固定生活来源的县(市、区)。

文书交接工作，防止出现社区矫正对象脱管漏管；对符合撤销缓刑、撤销假释或者暂予监外执行收监执行条件的社区矫正对象，应当及时作出判决、裁定或决定；对社区矫正机构提请逮捕的，应当及时作出是否逮捕的决定；根据社区矫正机构提出的减刑建议依法、按时作出裁定。

（二）实践中需注意的问题

1. 决定适用社区矫正应当考虑的因素①

一般认为，法官在考虑是否适用社区矫正时，主要考虑下列因素：

（1）犯罪人的适合性。只有那些具有社区矫正适合性的犯罪人，才有可能被适用社区矫正。社区矫正被看成一类自由裁量措施和优惠待遇，而不是一种权利。对于所有适合被告人，法官都应考虑是否适用缓刑或者其他中间制裁。②

（2）立法规定的有关条件。法官在考虑是否适用社区矫正的时候，必须考虑立法中规定的缓刑和其他中间制裁的条件。如果有关被告人的量刑前信息表明，被告人符合立法规定的必须判处社区矫正的条件，法官就有可能适用社区矫正，反之亦然。

（3）中间制裁和其他社区矫正计划的可得性与质量。法官判决社区矫正，也取决于在当地社区中执行中间制裁和其他社区矫正计划的状况和质量。如果在当地社区中有执行中间制裁和其他社区矫正计划的条件，而且这些社区矫正计划的运行质量很好，那么，法庭就很可能判处社区矫正。

（4）监狱中的状况。有时候，法官对被告人判处社区矫正，实际上也是一种权宜之计，是在其他条件很差的情况下进行的迫不得已的选择。这类影响法官判处社区矫正的很差的其他条件之一，就是当地监狱的状况。如果当地监狱存在拥挤情况而且监狱中其他条件较差时，例如，在监狱中如果缺乏对年轻犯罪人的矫治计划，法官很有可能判处社区矫正。

（5）其他因素。法官在考虑是否对被告人适用社区矫正时，也会考虑其他的相关因素。例如，考虑被告人的社会稳定性，这种社会稳定性通过被告人的家庭关系、婚姻状况、就业时间、吸毒历史来衡量。此外，法官也会考虑犯罪的政治性质、判决可能对舆论发生的影响等因素。

2. 建立与社区矫正机构的良性互动关系

人民法院与社区矫正机构保持良性互动关系十分必要。对于审判辖区社区矫

---

① 参见吴宗宪：《社区矫正比较研究》（上），中国人民大学出版社2011年版，第84～86页。

② 中间制裁是指介于传统的缓刑和监禁之间的刑罚方法。

正工作的规模、矫正过程中刑事奖惩的评定标准与适量程度，需要人民法院与社区矫正机构进行经常性地沟通与交流，以确保执法统一，提高执法的效率和效益。[①]在促进两部门良性互动方面，《社区矫正法实施办法》第 11 条第 2 款作出了相关规定。该条款要求，社区矫正工作相关部门之间依法进行信息共享，人民法院、人民检察院、公安机关、司法行政机关依法建立完善社区矫正信息交换平台，实现业务协同、互联互通，运用现代信息技术及时准确传输交换有关法律文书，根据需要实时查询社区矫正对象交付接收、监督管理、脱离监管、被治安管理处罚、被采取强制措施、变更刑事执行、办理再犯罪案件等情况，共享社区矫正工作动态信息。随着社区矫正信息化水平的持续提高，人民法院与社区矫正机构的互动会更便捷、更高效、更通畅。

3. 与社区矫正对象保持适当距离[②]

在社区矫正执行过程中，法院仍有可能对社区矫正对象的行为再次作出裁定，还要接受检察机关对裁判准确与否的检察监督，为保持中立、不偏不倚，法院应当与社区矫正对象保持理性距离。这既是法治社会中司法制度建设的需要，也是社会对司法公正的要求。

4. 严格把握社区矫正对象减刑尺度

在社区矫正对象减刑适用上，人民法院应坚持适度原则，也就是在减刑适用上既不宜宽松，也不宜苛刻。不宜宽松的原因是，将社区矫正对象留在社区服刑，本身已体现了宽大精神。社区矫正对象并没有失去人身自由，只是人身自由受到了一定的限制。与在监狱中服刑的罪犯相比，对其的刑事惩罚力度已有较大减弱。不宜苛刻的理由是，减刑对社区矫正对象来说是一种刑事奖励，是一种激励措施。如果人民法院在社区矫正对象减刑问题上过于收紧，适用率极低，减刑的激励、刺激与示范作用就难以发挥，不利于社区矫正机构开展工作，不利于社区矫正工作的健康发展。

二、公安机关

公安机关是我国人民民主专政中具有武装性质的治安行政和刑事执法机关，主要承担预防、制止和侦查违法犯罪活动等职责。根据《社区矫正法》的规定，公安机关是社区矫正工作的重要参与机关，为社区矫正工作提供强有力保障，发挥不可替代的重要作用。

---

① 参见吴宗宪主编：《社区矫正导论》（第 2 版），中国人民大学出版社 2020 年版，第 62 页。

② 参见赵秉志主编：《社区矫正法（专家建议稿）》，中国法制出版社 2013 年版，第 32 页。

(一)公安机关在社区矫正中的职责

《社区矫正法实施办法》第7条对公安机关的职事作了具体规定。公安机关依法履行以下职责:(1)对看守所留所服刑罪犯拟暂予监外执行的,可以委托开展调查评估;(2)对看守所留所服刑罪犯拟暂予监外执行的,核实并确定社区矫正执行地;对符合暂予监外执行条件的,批准暂予监外执行;对符合收监执行条件的,作出收监执行的决定;(3)对看守所留所服刑罪犯批准暂予监外执行的,进行教育,及时通知并送达法律文书;依法将社区矫正对象交付执行;(4)对社区矫正对象予以治安管理处罚;到场处置经社区矫正机构制止无效,正在实施违反监督管理规定或者违反人民法院禁止令等违法行为的社区矫正对象;协助社区矫正机构处置突发事件;(5)协助社区矫正机构查找失去联系的社区矫正对象;执行人民法院作出的逮捕决定;被裁定撤销缓刑、撤销假释和被决定收监执行的社区矫正对象逃跑的,予以追捕;(6)对裁定撤销缓刑、撤销假释,或者对人民法院、公安机关决定暂予监外执行收监的社区矫正对象,送交看守所或者监狱执行;(7)执行限制社区矫正对象出境的措施;(8)其他依法应当履行的职责。

根据上述规定,公安机关依照职责,依法重点做好以下工作:

1. 规范行使批准权及决定权

对在看守所服刑、符合暂予监外执行条件的罪犯,批准暂予监外执行;对符合收监执行条件的社区矫正对象,作出收监执行的决定。同时,做好社区矫正适用的相关衔接工作,例如,对在看守所服刑、拟适用暂予监外执行的罪犯,可以委托社区矫正机构或者有关社会组织开展调查评估,要核实并确定社区矫正执行地;依法将社区矫正对象交付执行等。

2. 开展逮捕、追捕及收监执行等工作

公安机关具有执法权,依法执行人民法院作出的逮捕决定;依法追捕被裁定撤销缓刑、撤销假释和被决定收监执行逃跑的社区矫正对象;依法将被裁定撤销缓刑、撤销假释,或者对人民法院、公安机关决定暂予监外执行收监的社区矫正对象,送交看守所或者监狱执行。

3. 协助社区矫正机构开展相关管理工作

公安机关应当为社区矫正机构相关管理工作提供保障。公安机关依法协助社区矫正机构查找失去联系的社区矫正对象;限制社区矫正对象出境等;及时到场处置经社区矫正机构制止无效,正在实施违反监督管理规定或者违反人民法院禁止令等违法行为的社区矫正对象;协助社区矫正机构处置社区矫正对象非正常死亡、涉嫌实施犯罪、参与群体性事件等突发事件。

4. 对违法社区矫正对象处以治安管理处罚

治安管理处罚是公安机关作出的一种行政处罚。公安机关对社区矫正对象处以治安管理处罚的情况主要有:一是社区矫正对象殴打、威胁、侮辱、骚扰、报复社区矫正工作人员及其近亲属的;二是社区矫正对象违反监督管理规定或者人民法院禁止令,尚不达到撤销缓刑、假释或决定收监执行的条件;三是社区矫正对象失去联系后查找到下落,但其拒绝接受监督管理的。公安机关应当视情节,根据《治安管理处罚法》的规定给予警告、罚款或拘留处罚。

(二)实践中需注意的问题

1. 加强与社区矫正机构的信息共享

充分的信息共享与沟通,有利于增进社区矫正工作的协调性,提高工作效率。《社区矫正法实施办法》第 11 条第 2 款规定:"社区矫正工作相关部门之间依法进行信息共享,人民法院、人民检察院、公安机关、司法行政机关依法建立完善社区矫正信息交换平台,实现业务协同、互联互通,运用现代信息技术及时准确传输交换有关法律文书,根据需要实时查询社区矫正对象交付接收、监督管理、教育帮扶、脱离监管、被治安管理处罚、被采取强制措施、变更刑事执行、办理再犯罪案件等情况,共享社区矫正工作动态信息,提高社区矫正信息化水平。"公安机关要加强与社区矫正机构等相关部门的信息共享,特别是在社区矫正对象被依法决定行政拘留、强制隔离戒毒或者因涉嫌犯新罪、发现判决宣告前还有其他罪没有判决被刑事拘留时,应当自作出决定之日起 3 日内将有关情况通知执行地县级社区矫正机构和执行地县级人民检察院,以确保社区矫正机构及时掌握社区矫正对象的活动情况,也便于人民检察院及时开展法律监督工作。

2. 及时执行收监决定

为保障刑罚执行的严肃性,维护刑事判决、裁定、决定的权威性,公安机关需要及时执行收监决定。人民法院裁定撤销缓刑、撤销假释或者决定暂予监外执行收监执行的,由执行地县级公安机关本着就近、便利、安全的原则,送交社区矫正对象执行地所属的省、自治区、直辖市管辖范围内的看守所或者监狱执行刑罚。公安机关决定暂予监外执行收监执行的,由执行地县级公安机关送交存放或者接收罪犯档案的看守所收监执行。执行地县级公安机关要及时执行前述裁定或决定,要杜绝相关裁定或决定作出后社区矫正对象长时间未被收监的现象,避免因收监不及时而导致的脱逃、重新犯罪。

3. 加强与相关部门的沟通交流①

公安机关应当加强同人民法院、人民检察院和司法行政机关的联络和沟通，建立、健全定期联系、会商工作机制，及时研究、解决工作中存在的困难和问题，积极提出建设性的意见和建议，确保社区矫正工作协调、有序开展。

三、监狱管理机关

监狱管理机关主要负责指导、监督监狱执法、管理和罪犯改造工作。在刑罚执行一体化的趋势下，监狱管理机关及监狱在社区矫正工作中发挥重要作用。

（一）监狱管理机关在社区矫正中的职责

根据《社区矫正法实施办法》第 8 条的规定，监狱管理机关以及监狱依法履行以下职责。(1)对监狱关押罪犯拟提请假释的，应当委托进行调查评估；对监狱关押罪犯拟暂予监外执行的，可以委托进行调查评估。(2)对监狱关押罪犯拟暂予监外执行的，依法核实并确定社区矫正执行地；对符合暂予监外执行条件的，监狱管理机关作出暂予监外执行决定。(3)对监狱关押罪犯批准暂予监外执行的，进行教育，及时通知并送达法律文书；依法将社区矫正对象交付执行。(4)监狱管理机关对暂予监外执行罪犯决定收监执行的，原服刑或者接收其档案的监狱应当立即将罪犯收监执行。(5)其他依法应当履行的职责。

监狱管理机关依照上述职责，依法做好社区矫正工作。监狱管理机关主要履行以下职责：

1. 依法行使暂予监外执行及收监执行的决定权

根据《暂予监外执行规定》第 14 条的规定，省级以上监狱管理机关应当自收到监狱、看守所提请暂予监外执行材料之日起 15 个工作日以内作出决定。批准暂予监外执行的，应当在 5 个工作日以内将暂予监外执行决定书送达监狱、看守所，同时抄送同级人民检察院、原判人民法院和罪犯居住地社区矫正机构。暂予监外执行决定书应当上网公开。不予批准暂予监外执行的，应当在 5 个工作日以内将不予批准暂予监外执行决定书送达监狱。② 在收监执行方面，省级以上监狱管理机关应当对执行地县级社区矫正机构提出收监执行建议进行审查。符合收监执行规定的，监狱管理机关作出暂予监外执行收监执行决定。

---

① 参见吴宗宪主编：《社区矫正导论》（第 2 版），中国人民大学出版社 2020 年版，第 64 页。

② 需要说明的是，根据 2018 年修订的《刑事诉讼法》第 265 条第 5 款的规定，看守所关押罪犯需要暂予监外执行决定权由市一级以上公安机关行使。

2. 依法行使无期徒刑罪犯假释审核权

对被判处无期徒刑的罪犯假释，在罪犯所在监狱提出假释建议书后，由省级监狱管理机关行使审核权。省级监狱管理机关审核同意的，监狱将假释建议书报送至罪犯服刑地的高级人民法院，由其作出是否准予假释的裁定。

（二）实践中需注意的问题

1. 严格、规范行使暂予监外执行决定权

暂予监外执行是切实保障罪犯权利的重要手段，是变更刑罚执行场所的重要措施，也是法律监督的重点内容。省级监狱管理机关需严格、规范行使暂予监外执行决定权，应当从形式和内容两方面审查监狱提请暂予监外执行材料，严把决定关。在形式方面，要审查《暂予监外执行审批表》及有关诊断、检查、鉴别材料、保证人的保证书等材料是否齐全。审查中发现监狱报送的材料不齐全或者有疑义的，应当通知监狱补交有关材料或者作出说明，必要时可派员进行核实。在内容方面，要审查有关罪犯是否符合《刑事诉讼法》规定的暂予监外执行条件。监狱管理机关对诊断、检查、鉴别有疑义的，应当组织进行补充鉴别或者重新鉴别。

2. 严格、规范行使无期徒刑罪犯假释的审核权

假释是鼓励无期徒刑、长期刑罪犯积极改造的重要手段，但需要严格、规范适用，以维护刑罚裁判的权威性、稳定性与公平性。根据《监狱提请减刑假释工作程序规定》第16条、第17条的规定，省级监狱管理机关收到监狱报送的提请假释建议的材料后，应当由刑罚执行部门进行审查。审查中发现监狱报送的材料不齐全或者有疑义的，应当通知监狱补充有关材料或者作出说明。审查无误后，应当出具审查意见，报请分管副局长召集评审委员会进行审核。监狱管理局分管副局长主持完成审核后，应当将审核意见报请局长审定；分管副局长认为案件重大或者有其他特殊情况的，可以建议召开局长办公会议审议决定。省级监狱管理机关审核同意对罪犯提请减刑、假释的，由局长在《罪犯减刑（假释）审核表》上签署意见，加盖监狱管理局公章。

第二节　社区矫正管理与执行机关

社区矫正管理与执行机关，是指社区矫正工作的统筹协调机关和主管机关，具体是指社区矫正委员会、司法行政机关、社区矫正机构和司法所。

一、社区矫正委员会

社区矫正委员会是由地方人民政府设立的社区矫正工作议事协调机构,负责统筹协调和指导本行政区域内的社区矫正工作。

(一)社区矫正委员会设立的背景

在2003年社区矫正试点之初,两院两部《通知》明确要求,"试点工作要在各级党委政府的统一领导下进行"。2003年8月,经中央领导批准,中央层面建立了由最高人民法院、最高人民检察院、公安部、司法部参加的联席会议制度,负责解决试点工作中遇到的重大问题。2004年,中央司法体制改革领导小组明确提出,社区矫正改革由司法部牵头,中央社会治安综合治理委员会办公室、全国人民代表大会法制工作委员会、最高人民法院、最高人民检察院、公安部、民政部等12个部门参与。2005年司法部出台的《司法行政机关社区矫正工作暂行办法》第8条明确规定:"省(自治区、直辖市)、市(地、州)和县(市、区)司法行政机关应当设立社区矫正工作领导小组办公室,作为同级社区矫正工作领导小组的办事机构,负责指导、监督有关法律、法规和规章的实施,协调相关部门解决社区矫正工作中的重大问题,检查、考核本地区社区矫正实施情况。"根据前述要求和规定,各地普遍建立了党委政府统一领导,司法行政机关组织实施、指导和管理,人民法院、人民检察院、公安机关、民政等部门协调配合,社会力量广泛参与的领导体制和工作机制。各试点省(区、市)都成立了党政领导作为组长,人民法院、人民检察院、公安机关、司法行政机关、民政部门、财政部门等有关部门负责人作为成员的社区矫正试点工作领导小组,并在司法厅(局)设立了办公室。除省级层面外,开展社区矫正工作的市(县、区)、乡镇(街道)也分别建立了相应的组织机构。随着社区矫正工作的全面试行与推进,更多的省市县建立了社区矫正工作领导小组,并在实践中取得了良好的法律效果和社会效果。

《社区矫正法》将上述实践经验上升为法律制度,明确规定,省、市、县、乡四级人民政府根据需要,可以设立社区矫正委员会。这是《社区矫正法》着眼于长远又兼顾现实的体制和需要,对实践中的成功经验和做法的肯定。[①] 地方政府设立社区矫正委员会,一方面是来源于各省市县成立社区矫正领导小组协调指导社区矫正工作的实践经验;另一方面是协调各方面力量做好社区矫正工作的现实需要。

(二)社区矫正委员会的设立及组成

《社区矫正法》第8条第3款规定,"地方人民政府根据需要设立社区矫正委员

---

① 参见吴宗宪主编:《社区矫正导论》(第2版),中国人民大学出版社2020年版,第60页。

会”。此规定中的“地方人民政府”是指地方各级人民政府，包括省（自治区、直辖市）、市（自治州）、县（区）、乡镇（街道）四级人民政府。此规定中的“根据需要”是指地方各级人民政府在社区矫正委员会的组成部门和人员问题上可以根据本地实际情况进行选择，并不是指地方各级人民政府可以根据需要选择设立或不设立社区矫正委员会。

在具体实践中，社区矫正委员会可以由以下部门和人员组成：本级党委或政府有关负责人；[①]人民法院、人民检察院、公安机关、司法行政机关、财政、民政、教育、人力资源和社会保障等部门；工会、共青团、妇联等单位代表。在县（区）、乡镇两级还可以邀请村民委员会、居民委员会或者有关社会组织代表、社会工作者等人员参加。[②]

（三）社区矫正委员会的职责

社区矫正委员会的主要职责是负责统筹协调和指导本行政区域内的社区矫正工作。所谓“统筹协调和指导”，是指加强对社区矫正工作的领导、督导、检查和指导；协调、研究解决社区矫正工作中的困难和问题等。[③] 社区矫正委员会一般通过检查相关部门社区矫正工作、调研社区矫正工作实际状况和主要问题、召开联席会议等方式协调解决社区矫正工作中面临的重大困难和问题，确保社区矫正工作顺利开展、规范发展。

（四）实践中需注意的问题

1. 宜由政府主要负责人或政法委负责人任委员会主任

社区矫正委员会的成员单位一般有人民法院、人民检察院、公安机关、司法行政机关、财政、民政等十几个部门，但其中发挥主要作用的是人民法院、人民检察院、公安机关、司法行政机关。在体制上，人民法院、人民检察院与当地人民政府是同级单位，不受人民政府管辖。在党的领导体制上，人民法院、人民检察院党组要接受同级党委领导。基于这种党政体制，地方人民政府社区矫正委员会主任宜由作为党委副书记的政府主要负责人或分管人民法院、人民检察院、公安机关、司法行政机关的政法委书记担任。如果由分管司法行政工作的政府负责人作委员会主任，其

① 这里的“本级党委或政府有关负责人”有可能是政法委书记，也有可能是政府主要负责人或分管负责人。

② 参见王爱立、姜爱东主编：《〈中华人民共和国社区矫正法〉释义》，中国民主法制出版社 2020 年版，第 57 页。

③ 参见王爱立、姜爱东主编：《〈中华人民共和国社区矫正法〉释义》，中国民主法制出版社 2020 年版，第 57 页。

在协调人民法院、人民检察院方面存在一定困难，有可能影响社区矫正委员会统筹协调作用的发挥。

2. 要加强社区矫正委员会规范化建设

地方人民政府设立社区矫正委员会后，应当加强规范化建设。在社区矫正委员会成立后，应当尽快通过《社区矫正工作联席会议制度》《社区矫正委员会工作细则》《社区矫正委员会成员单位及办公室职责清单》等相关制度。随着社区矫正委员会工作的持续开展，应当出台调研、督导等相关制度。通过建章立制，促进社区矫正委员会规范运行。

3. 要切实发挥统筹协调作用

为切实发挥统筹协调作用，社区矫正委员会每年至少要召开一次联席会议，研究解决社区矫正工作中遇到的重大困难和问题。社区矫正委员会每年至少要开展一次联合调研或督导，摸清本地区社区矫正工作现状，查摆存在的主要问题，提出解决方案，并严格督促相关部门落实方案要求。

二、司法行政机关

（一）国务院司法行政部门在社区矫正中的职责

国务院司法行政部门，即指司法部。根据《社区矫正法》第 8 条第 1 款的规定，司法部主管全国的社区矫正工作。司法部内设社区矫正管理局，具体负责指导和管理全国的社区矫正工作，其职责主要包括：制定社区矫正工作的方针、政策和规范性文件；拟定社区矫正工作发展规划、管理制度；制定社区矫正对象需要遵守的有关报告、会客、外出、迁居、保外就医等监督管理规定；出台相关政策鼓励支持社会力量参与社区矫正工作；推进高素质的社区矫正工作队伍建设；支持社区矫正机构提高信息化水平；监督检查社区矫正法律法规和政策的执行情况；指导地方司法行政部门依法开展社区矫正工作等。①

（二）地方司法行政机关在社区矫正中的职责

县级以上地方人民政府司法行政机关主管本行政区域内的社区矫正工作。这里的“县级以上地方人民政府司法行政机关”是指省（自治区、直辖市）和市（自治州）以及县（区）地方人民政府的司法厅或司法局。地方司法行政机关在社区矫正方面的主要职责包括：对本行政区域内设置和撤销社区矫正机构提出意见；拟定社

① 参见王爱立、姜爱东主编：《〈中华人民共和国社区矫正法〉释义》，中国民主法制出版社 2020 年版，第 52 页。

区矫正工作发展规划和管理制度；推进本行政区域内社区矫正机构建设；指导支持社区矫正机构提高信息化水平；监督检查社区矫正法律法规和政策的执行情况；协调推进高素质社区矫正工作队伍建设；推动社会力量参与社区矫正工作；对在社区矫正工作中做出突出贡献的组织、个人，按照国家有关规定给予表彰、奖励；向社区矫正委员会报告社区矫正工作开展情况，提请社区矫正委员会协调解决社区矫正工作中的问题；社区矫正对象违法监督管理规定需要使用电子定位装置的，由县级司法行政机关负责人批准。在社区矫正具体实践中，三级司法行政机关往往内设社区矫正管理局或社区矫正处、科、股（大队）等机构，具体负责指导和管理本地区的社区矫正工作。

（三）实践中需注意的问题

司法行政机关要通过社区矫正委员会协调解决社区矫正工作中的难题，推动社区矫正工作持续健康发展。社区矫正是一项具有复杂性的系统工作，需要人民法院、人民检察院、公安机关、司法行政机关以及其他相关机关、社会力量的共同参与、协调配合。从各地实践情况来看，既存在部门之间工作衔接不够顺畅问题，也存在部分部门不愿意介入社区矫正工作或工作迟缓、懈怠问题。在这种情况下，《社区矫正法》规定了社区矫正委员会制度，通过发挥其统筹协调作用，促进各部门协调配合，共同推进社区矫正工作发展。社区矫正委员会一般由地方人民政府或党委有关负责人以及各有关方面的人员参加，能够有效解决社区矫正实际工作中的问题，增强有关部门参与社区矫正工作的积极性，提高执行效能。司法行政机关应当充分利用社区矫正委员会的统筹、协调职能，定期向本级社区矫正委员会报告社区矫正工作开展情况，并提请社区矫正委员会协调解决社区矫正工作中的难题。

三、社区矫正机构

社区矫正机构，是指司法行政部门设立的具体负责社区矫正工作的机构。[①] 在2012年修改《刑事诉讼法》时，首次提出“社区矫正机构”的概念，但并未明确其具体内容。《社区矫正法》《社区矫正法实施办法》明确了社区矫正机构的职责、设置及撤销等问题。

（一）社区矫正机构的设置和撤销

社区矫正机构的设置和撤销，由县级以上地方人民政府司法行政部门提出意见，由本级人民政府按照规定的权限和程序审批。

---

① 参见吴宗宪、张锡君、钟卫东：《社区矫正机构探讨》，载《中国司法》2020年第6期。

从《社区矫正法》第9条的规定来看，省(自治区、直辖市)、市(自治州)、县(区)都可以设置社区矫正机构。在实践中，省、市、县三级是否都要设置社区矫正机构，应从本地开展社区矫正工作的实际需要出发，作出相应选择。由于社区矫正机构的主要职责是负责社区矫正工作的具体实施，一般来说，县、(区)政府应当设置社区矫正机构。县(区)社区矫正机构与社区矫正对象同处于一个行政区域，有利于社区矫正机构对社区矫正对象进行监督管理、教育帮扶，也便于社区矫正对象就近接受管理和监督。

(二)社区矫正机构的职责

社区矫正日常工作一般应由县级社区矫正机构具体承担。如果未设置县级社区矫正机构的，则由上一级社区矫正机构具体承担。省、市两级社区矫正机构主要负责监督指导下级社区矫正机构工作、跨区域执法的组织协调、与同级社区矫正决定机关对接的案件办理工作。

县级社区矫正机构依法履行以下职责。

1. 接受委托进行调查评估，提出评估意见

接受人民法院、监狱、看守所委托，对被告人或者犯罪嫌疑人的社会危险性和对所居住社区的影响进行调查评估，提出评估意见，为人民法院判处管制、宣告缓刑、裁定假释、决定暂予监外执行，监狱管理机关、公安机关决定暂予监外执行提供参考。

2. 接收社区矫正对象，办理入矫手续

接收社区矫正对象，核对法律文书、核实身份、办理接收登记，建立档案，并宣告社区矫正对象的犯罪事实、执行社区矫正的期限以及应当遵守的规定。

3. 监督管理社区矫正对象

对社区矫正对象进行监督管理，具体包括：建立矫正小组，组织矫正小组开展工作，制订和落实矫正方案；了解掌握社区矫正对象的活动情况和行为表现，对社区矫正对象进行监督管理，实施考核奖惩；审批会客、外出、变更执行地等事项；了解掌握社区矫正对象的活动情况和行为表现；组织查找失去联系的社区矫正对象，查找后依情形作出处理；向有关机关通报社区矫正对象情况，送达法律文书；提出治安管理处罚建议，提出减刑、撤销缓刑、撤销假释、收监执行等变更刑事执行建议，依法提请逮捕。

4. 教育帮扶社区矫正对象

对社区矫正对象进行教育帮扶，具体包括：开展法治、道德等教育，增强其法治观念，提高其道德素质和悔罪意识；协调有关方面开展职业技能培训、就业指导；帮

助社区矫正对象中的在校学生完成学业；根据社区矫正对象的心理健康状况，对其开展心理健康教育、实施心理辅导；组织公益活动等事项；在社区矫正对象按照国家有关规定申请社会救助或法律援助、参加社会保险时，给予必要的协助。

5. 组织解矫宣告，办理解矫手续

社区矫正对象矫正期满，执行地县级社区矫正机构组织解除矫正宣告；社区矫正对象矫正期满或者被赦免的，执行地县级社区矫正机构应当向社区矫正对象发放解除社区矫正证明书，并通知社区矫正决定机关、所在地的人民检察院、公安机关。

6. 管理社区矫正工作人员

对社区矫正工作人员开展管理、监督、培训，落实职业保障，不断提高社区矫正工作人员能力和水平，进而提升社区矫正工作的规范化程度。

（三）社区矫正机构履行职责方式

社区矫正机构履行职责的方式相对比较灵活。社区矫正机构可以直接履行对社区矫正对象监督管理、教育帮扶等职责，也可以委托司法所承担社区矫正相关工作；可以根据需要，组织具有法律、教育、心理、社会工作等专业知识或者实践经验的社会工作者开展社区矫正相关工作；可以通过公开择优购买社区矫正社会工作服务或者其他社会服务，在教育、心理辅导、职业技能培训、社会关系改善等方面为社区矫正对象提供必要的帮扶；可以通过项目委托社会组织等方式开展前述帮扶活动。需要注意的是，当社区矫正机构通过购买社区矫正社会工作服务或者其他社会服务以及通过项目委托社会组织等方式开展帮扶活动时，购买的服务或委托开展的活动应当限于教育帮扶。之所以不应通过购买服务或者委托方式开展社区矫正对象监督管理活动，是因为对社区矫正对象的监督管理属于刑事执行活动，属于国家固有职能，这样的职能原则上应由国家机关行使，不能委托社会组织履行有关职能。

（四）实践中需注意的问题

在社区矫正实践中，部分社区矫正工作人员反映社区矫正机构权威性不够、强制权不足，影响了对社区矫正对象的监督管理效果。在这种情况下，部分实务界和理论界人士希望设置社区矫正警察。然而，立法机关并未采纳此种观点，《社区矫正法》未设置社区矫正警察。实际上，社区矫正机构可以通过与当地公安机关充分共享信息、密切分工配合，借助公安机关力量对违反监督管理规定的社区矫正对象实施制止、惩戒、收监等措施。

四、司法所

司法所是县（市、区、旗）司法局的派出机构，实行县（市、区、旗）司法局和乡镇人民政府（街道办事处）双重管理、以县（市、区、旗）司法局为主的管理体制。截至2019年9月，全国共有司法所40,513个，工作人员达到12.8万人，司法所基本实现了乡镇（街道）全覆盖，标识统一等规范化建设水平进一步提高。[①]

（一）司法所社区矫正职责变迁

司法所在社区矫正工作中的职责经历了一个变迁过程。2003年两院两部《通知》中提出，街道、乡镇司法所要具体承担社区矫正的日常管理工作。2012年，最高人民法院、最高人民检察院、公安部、司法部联合出台的《社区矫正实施办法》规定，司法所承担社区矫正日常工作。当时，司法所除负责社区矫正日常工作外，还承担着人民调解、安置帮教、法治宣传等多项工作。在工作人员方面，大多数司法所仅有1~2名工作人员。相对于其工作职责，司法所的工作力量明显不足。在管辖范围方面，由于司法所管辖范围太小，因此不能满足矫正对象最基本的流动要求，甚至对小范围内迁居的社区矫正对象也无法实现连续的个别矫正方案。[②] 在《社区矫正法》立法过程中，“考虑到司法所承担所有对社区矫正对象的监督管理和教育帮扶确有困难，且社区矫正工作是专业性很强的工作，需要一支专门的力量”，[③]因此，该法规定社区矫正机构负责社区矫正工作的具体实施，司法所根据社区矫正机构的委托承担社区矫正相关工作。

（二）司法所在社区矫正中的职责

司法所根据社区矫正机构的委托开展相应工作。通常包括：开展调查评估并向社区矫正机构及时反馈评估意见；接收社区矫正对象，组织入矫宣告和解矫宣告；组建矫正小组，制订并落实矫正方案；开展对社区矫正对象的日常监督管理、教育帮扶等工作；对社区矫正对象进行考核，提出奖惩建议；其他依法应当履行的职责。

有的地区在《社区矫正工作细则》中明确了司法所接受委托的职责。例如，《甘肃省社区矫正工作细则》第6条规定，司法所根据县（市、区）社区矫正机构委托，承

---

① 《全国共有司法所40513个基本实现乡镇（街道）全覆盖》，载央广网2021年1月10日，https://baijiahao.baidu.com/s?id=1644185848316357859&wfr=spider&for=pc。

② 参见刘强主编：《社区矫正组织管理模式比较研究》，中国法制出版社2010年版，第249页。

③ 参见王爱立、姜爱东主编：《〈中华人民共和国社区矫正法〉释义》，中国民主法制出版社2020年版，第64页。

担下列社区矫正工作：配合县（市、区）社区矫正机构开展调查评估；接收社区矫正对象，组织或参加入矫宣告，组织解矫宣告；组建矫正小组，指导矫正小组运作和作用发挥；制订、调整、执行矫正方案；组织实施社区矫正对象日常管理和教育帮扶工作；负责社区矫正对象外出、迁居、会客、特定区域或场所准入申请的审核；了解掌握社区矫正对象的活动情况和行为表现，并组织实施日常考核管理，提出奖惩建议；建立矫正对象工作档案；县（市、区）社区矫正机构依法委托的其他事项。同时，《甘肃省社区矫正工作细则》还规定了社区矫正机构依法委托司法所开展其他社区矫正工作的，应当向相关部门报告、报备及通报。县（市、区）社区矫正机构依法委托司法所开展其他社区矫正工作的，应当报经县（市、区）司法行政机关同意，并报市（州）社区矫正机构备案，同时通报县（市、区）人民法院、人民检察院、公安机关。

有的地区则在《社区矫正工作细则》中明确了社区矫正机构不得委托司法所承担的事项。例如，《河南省社区矫正工作细则》第 7 条规定：县级社区矫正机构根据需要决定是否委托司法所承担社区矫正相关工作和委托的相关工作范围，但下列事项不得委托司法所承担：8 天以上外出，迁居，进入特定区域、会见特定人等事项的审批；决定社区矫正对象的奖惩；决定提请变更刑事执行措施；社区矫正对象不准出境通报备案和边控；法律法规规定不应委托的事项。

（三）实践中需注意的问题

1. 司法所需要关注社区矫正对象心理矫治问题

在实践中，一些司法所因工作人员数量限制，在社区矫正工作上投入的精力不足。在这种情况下，司法所只是机械地完成一些社区矫正基础性工作，如接收社区矫正对象、组建矫正小组、开展日常监督。司法所工作人员很少关注社区矫正对象的心理问题。由于社区矫正对象心理是否健康，直接影响对其的教育矫治效果，某种意义上也决定其能否顺利解除矫正，因此，司法所工作人员需要密切关注社区矫正对象的心理健康状况。在接收社区矫正对象后，要通过心理健康测试，了解社区矫正对象的心理健康状况。对于量表反映出心理存在严重问题的社区矫正对象，要予以重点关注。司法所工作人员要定期与存在心理问题的社区矫正对象谈心、谈话，掌握其心理动态，并进行适当的劝解、引导。若发现社区矫正对象心理问题日趋严重，则应邀请专业心理咨询师或医生进行有针对性的心理矫治与治疗。

2. 社区矫正机构委托司法所开展社区矫正工作的激励机制问题①

社区矫正机构在委托过程中必须处理好利益关系，使司法所既履行义务，也享

① 参见吴宗宪、张锡君、钟卫东：《社区矫正机构探讨》，载《中国司法》2020 年第 6 期。

有权利，做到基本的互惠。社区矫正机构应当关注司法所的正常要求和需要，在进行委托的过程中，要在委托关系和委托协议中恰当地体现相互利益关系。在委托机制方面，除了通过在人事管理中重点提拔那些工作业绩突出的司法所所长等工作人员之外，在常规的委托关系中，还应当包括两方面的内容：(1)提供合理经费。委托方要根据被委托方工作量的大小给其提供合理的社区矫正经费。工作量的大小既包括所管理的社区矫正对象的数量多少，也包括开展日常社区矫正工作所要付出的劳动的情况。在确定所提供的经费数额时，不能仅仅考虑辖区内社区矫正对象的数量，还要考虑开展具体工作的难易程度等情况，确定较为合理的经费数额。(2)实行奖优罚劣。要规定对于被委托方的奖优罚劣内容，重视通过奖惩机制，督促被委托方尽职尽责，认真做好所委托的各项工作。

第三节　社区矫正相关机关、机构

一、人民检察院

人民检察院是我国法律监督机关。人民检察院参与社区矫正，主要任务是开展法律监督，保障社区矫正工作依法进行。社区矫正作为非监禁刑事执行制度，应当接受人民检察院的法律监督。这是检察机关履行法律监督职能的必然要求。

(一)人民检察院在社区矫正工作中的主要职责

根据《社区矫正法实施办法》第6条的规定，人民检察院依法履行以下职责：(1)对社区矫正决定机关、社区矫正机构或者有关社会组织的调查评估活动实行法律监督；(2)对社区矫正决定机关判处管制、宣告缓刑、裁定假释、决定或者批准暂予监外执行活动实行法律监督；(3)对社区矫正法律文书及社区矫正对象交付执行活动实行法律监督；(4)对监督管理、教育帮扶社区矫正对象的活动实行法律监督；(5)对变更刑事执行、解除矫正和终止矫正的活动实行法律监督；(6)受理申诉、控告和举报，维护社区矫正对象的合法权益；(7)按照刑事诉讼法的规定，在对社区矫正实行法律监督中发现司法工作人员相关职务犯罪，可以立案侦查直接受理的案件；(8)其他依法应当履行的职责。

人民检察院依照上述职责，对社区矫正工作进行法律监督。人民检察院在社区矫正工作中主要履行以下职责。

1. 对社区矫正工作中的违法行为进行监督纠正

人民检察院对社区矫正决定机关、社区矫正机构、看守所、监狱等机关在社区矫正工作中的违法行为均有权监督,应就有关违法行为提出纠正意见、检察建议。这些违法行为包括:社区矫正决定机关、看守所、监狱、社区矫正机构在交付、接收社区矫正对象活动中违反有关规定的;社区矫正对象报到后,社区矫正机构未履行法定告知义务,致使其未按照有关规定接受监督管理的;社区矫正机构违反法律规定批准社区矫正对象离开所居住的市、县,或者违反人民法院禁止令的内容批准社区矫正对象进入特定区域或者场所的;社区矫正机构或司法所没有依法监督管理而导致社区矫正对象脱管的;社区矫正对象违反监督管理规定或者人民法院的禁止令,社区矫正机构未依法予以警告、未提请公安机关给予治安管理处罚的;公安机关未依法将罪犯送交看守所、监狱,或者看守所、监狱未依法收监执行的;公安机关未依法对在逃的罪犯实施追捕的,等等。

2. 受理社区矫正对象的申诉、控告和举报①

社区矫正对象认为其合法权益受到侵害的,有权向人民检察院申诉、控告和检举,具体包括社区矫正工作人员体罚、虐待社区矫正对象;违反法律规定限制或者变相限制社区矫正对象的人身自由以及其他侵害社区矫正对象合法权益的行为。人民检察院接受申诉、控告和检举后,应当及时处理,并将处理结果告知社区矫正对象。

3. 支持社区矫正机构等部门做好社区矫正工作

人民检察院应当及时发现和消除社区矫正机构在监督管理和教育帮扶中存在的问题和隐患,帮助社区矫正机构做好与公安机关、人民法院等有关部门的交付衔接工作。同时,人民检察院可以发挥专业特长,为社区矫正工作人员做相关业务培训,为社区矫正对象做法律知识培训。

(二)实践中需要注意的问题

1. 把交付执行监督作为监督重点

在社区矫正工作实践中,交付执行环节出现问题较多,如对被判处管制、宣告缓刑或者人民法院决定暂予监外执行的罪犯,在判决、裁定生效后或者收到人民法院暂予监外执行决定后,未依法交付罪犯居住地社区矫正机构执行,或者公安机关对需要收监执行刑罚但下落不明的罪犯,在收到人民法院的判决书、裁定书、执行通知书等法律文书后,没有及时抓捕、通缉。这些问题相对于其他问题更为严重地影响了社区矫正工作的严肃性。人民检察院应当把交付执行作为监督重点,严格

① 参见王爱立、姜爱东主编:《〈中华人民共和国社区矫正法〉释义》,中国民主法制出版社2020年版,第55页。

执行《社区矫正法》《人民检察院刑事诉讼规则》的相关规定,及时纠正交付执行环节出现的问题。

2. 既要监督社区矫正机构也要监督法院、公安机关、监狱

在实践中,人民检察院一定程度存在重社区矫正机构监督,轻法院、公安机关监督的问题。法院、公安机关、监狱等机关在社区矫正工作中均承担一定职责。这些机关是否依法履行职责直接影响社区矫正效果及社区矫正对象的合法权益。尽管社区矫正监督的重点是社区矫正机构及司法所,但人民检察院同时要加强对法院、公安机关、监狱等机关的监督。唯有如此,方能发挥最大监督效能。

二、监狱

监狱是监禁刑的主要执行机关。在作为非监禁刑事执行的社区矫正工作中,监狱也发挥着重要作用,特别是在决定假释和暂予监外执行问题上。可以说,离开了监狱,监狱关押罪犯假释和暂予监外执行工作无法开展。

(一)监狱在社区矫正中的职责

1. 依法行使建议权或提请权

对被判处无期徒刑罪犯的假释,监狱行使建议权,其提出的《提请假释建议书》须省级以上监狱管理机关审核;对被判处有期徒刑和被减为有期徒刑罪犯的假释,监狱行使提请权。对监狱关押罪犯拟提请假释的,应当委托拟确定为执行地的社区矫正机构或者有关社会组织进行调查评估。

2. 依法行使暂予监外执行审议权

对罪犯拟暂予监外执行的,监狱依法核实并确定社区矫正执行地;社区矫正执行地确定后,监狱可以委托当地县级司法行政机关进行调查评估;就是否对罪犯提请暂予监外执行,监狱进行审议。经审议决定对罪犯提请暂予监外执行的,监狱应当填写暂予监外执行审批表,连同有关诊断、检查、鉴别材料、保证人的保证书,提请省级以上监狱管理机关批准。已委托进行核实、调查的,还应当附县级司法行政机关出具的调查评估意见书。

3. 开展出监教育

在假释犯、暂予监外执行罪犯离开监狱之前,书面通知其居住地社区矫正机构,协商确定交付时间,并对其进行出监教育,书面告知其在假释、暂予监外执行期间应当遵守的法律和有关监督管理规定。监狱要向罪犯说明社区矫正期间不遵守相关规定的法律责任,使其认识到不服从管理的不利后果,促进其自觉遵守有关规定。罪犯应当在告知书上签名。

4. 执行监狱管理机关对暂予监外执行罪犯收监执行决定

暂予监外执行的社区矫正对象违反有关法律、行政法规和监督管理规定，被监狱管理机关决定暂予监外执行收监执行的，由存放或者接收罪犯档案的监狱立即收监执行。

（二）实践中需注意的问题

1. 严格行使假释建议权或提请权

监狱需要严格执行《监狱提请减刑假释工作程序规定》的相关规定，规范行使假释建议权或提请权。监狱刑罚执行部门收到监区或者直属分监区对罪犯提请假释的材料后，应当就下列事项进行审查：需提交的材料是否齐全、完备、规范；罪犯确有悔改或者立功、重大立功表现的具体事实的书面证明材料是否来源合法；罪犯是否符合法定假释的条件；提请假释的建议是否适当。经审查，对材料不齐全或者不符合提请条件的，应当通知监区或者直属分监区补充有关材料或者退回；对相关材料有疑义的，应当提讯罪犯进行核查；对材料齐全、符合提请条件的，应当出具审查意见，连同监区或者直属分监区报送的材料一并提交监狱减刑假释评审委员会评审。提请罪犯假释的，还应当委托县级司法行政机关对罪犯假释后对所居住社区影响进行调查评估，并将调查评估报告一并提交。

监狱减刑假释评审委员会应当召开会议，对刑罚执行部门审查提交的提请假释建议进行评审，提出评审意见。会议应当有书面记录，并由与会人员签名。监狱可以邀请人民检察院派员列席减刑假释评审委员会会议。评审后，应当将提请假释的罪犯名单以及假释意见在监狱内公示。公示内容应当包括罪犯的个人情况、原判罪名及刑期、历次减刑情况、提请假释的建议及依据等。公示期限为 5 个工作日。公示期内，如有监狱人民警察或者罪犯对公示内容提出异议，监狱减刑假释评审委员会应当进行复核，并告知复核结果。

监狱应当在减刑假释评审委员会完成评审和公示程序后，将提请假释建议送人民检察院征求意见。征求意见后，监狱减刑假释评审委员会应当将提请假释建议和评审意见连同人民检察院意见，一并报请监狱长办公会议审议决定。监狱对人民检察院意见未予采纳的，应当予以回复，并说明理由。监狱长办公会议决定提请假释的，由监狱长在《罪犯假释审核表》上签署意见，加盖监狱公章，并由监狱刑罚执行部门根据法律规定制作《提请假释建议书》，连同有关材料一并提请人民法院裁定。人民检察院对提请假释提出的检察意见，应当一并移送受理减刑、假释案件的人民法院。

2. 严把暂予监外执行审议关

监狱需要严格执行《监狱暂予监外执行程序规定》的相关规定，严把监予监外执行审议关。监狱刑罚执行部门收到监区对罪犯提请暂予监外执行的材料后，应当就下列事项进行审查：提交的材料是否齐全、完备、规范；罪犯是否符合法定暂予监外执行的条件；提请暂予监外执行的程序是否符合规定。经审查，对材料不齐全或者不符合提请条件的，应当通知监区补充有关材料或者退回；对相关材料有疑义的，应当进行核查。对材料齐全、符合提请条件的，应当出具审查意见，由科室负责人在《暂予监外执行审批表》上签署意见，连同监区报送的材料一并提交监狱暂予监外执行评审委员会评审。

监狱刑罚执行部门应当核实暂予监外执行罪犯拟居住地，对需要调查评估其对所居住社区影响或核实保证人具保条件的，填写《拟暂予监外执行罪犯调查评估委托函》，附带原刑事判决书、减刑裁定书复印件以及罪犯在服刑期间表现情况材料，委托居住地县级司法行政机关社区矫正机构进行调查，并出具调查评估意见书。

监狱暂予监外执行评审委员会应当召开会议，对刑罚执行部门审查提交的提请暂予监外执行意见进行评审，提出评审意见。监狱可以邀请人民检察院派员列席会议。评审后，监狱同意对罪犯提请暂予监外执行的，应当在监狱内公示 3 个工作日。公示内容应当包括罪犯的姓名、原判罪名及刑期、暂予监外执行依据等。公示期内，罪犯对公示内容提出异议的，监狱暂予监外执行评审委员会应当进行复核，并告知其复核结果。对病情严重必须立即保外就医的，可以不公示，但应当在保外就医后 3 个工作日内在监狱公告。

公示无异议或者经复核异议不成立的，监狱应当将提请暂予监外执行相关材料送人民检察院征求意见。征求意见后，监狱刑罚执行部门应当将监狱暂予监外执行评审委员会暂予监外执行建议和评审意见连同人民检察院意见，一并报请监狱长办公会议审议。监狱对人民检察院意见未予采纳的，应当予以回复，并说明理由。监狱长办公会议决定提请暂予监外执行的，由监狱长在《暂予监外执行审批表》上签署意见，加盖监狱公章，并将有关材料报送省级监狱管理机关。

三、看守所

看守所是羁押依法被逮捕、刑事拘留的犯罪嫌疑人的机关。对被判处有期徒刑的罪犯，在被交付执行刑罚前，剩余刑期在 3 个月以下的，由看守所代为执行。在留所服刑罪犯暂予监外执行问题上，看守所发挥着不可替代的作用。

(一)看守所在社区矫正中的职责

1. 依法行使暂予监外执行审议权

看守所需要严格依照《暂予监外执行规定》的相关规定,规范行使暂予监外执行审议权。看守所应当就是否对留所服刑罪犯提请暂予监外执行进行审议。经审议决定对罪犯提请暂予监外执行的,应当在看守所内进行公示。对病情严重必须立即保外就医的,可以不公示,但应当在保外就医后3个工作日以内在看守所内公告。公示无异议或者经审查异议不成立的,看守所应当填写暂予监外执行审批表,连同有关诊断、检查、鉴别材料、保证人的保证书,提请设区的市一级以上公安机关批准。已委托进行核实、调查的,还应当附县级司法行政机关社区矫正机构出具的调查评估意见书。

看守所审议暂予监外执行前,应当将相关材料抄送人民检察院。决定提请暂予监外执行的,看守所应当将提请暂予监外执行书面意见的副本和相关材料抄送人民检察院。人民检察院可以向决定或者批准暂予监外执行的机关提出书面意见。

2. 对被批准暂予监外执行的罪犯进行教育

对留所服刑罪犯批准暂予监外执行的,看守所应当书面通知其居住地社区矫正机构,并对其进行出所教育,书面告知其在暂予监外执行期间应当遵守的法律和有关监督管理规定。罪犯应当在告知书上签名。

3. 执行人民法院、公安机关暂予监外执行决定

人民法院决定暂予监外执行的社区矫正对象,若羁押在看守所的,由看守所自收到决定之日起10日内将社区矫正对象移送社区矫正机构。公安机关批准暂予监外执行的社区矫正对象,由看守所自收到批准决定之日起10日内将社区矫正对象移送社区矫正机构。

(二)实践中需注意的问题

在实践中,看守所应当依照《暂予监外执行规定》及《看守所留所执行刑罚罪犯管理办法》(2013年修订)的相关规定,严把罪犯暂予监外执行审议关。

看守所接到暂予监外执行申请或者意见后,应当召开所务会研究,初审同意后根据不同情形对罪犯进行病情鉴定、生活不能自理鉴定或者妊娠检查,未通过初审的,应当向提出书面申请或者书面意见的人员告知原因。所务会应当有书面记录,并由与会人员签名。

对暂予监外执行犯的病情鉴定,应当到省级人民政府指定的医院进行;妊娠检查,应当到医院进行;生活不能自理鉴定,由看守所分管所领导、管教民警、看守所医

生、驻所检察人员等组成鉴定小组进行；对正在哺乳自己婴儿的妇女，看守所应当通知罪犯户籍所在地或者居住地的公安机关出具相关证明。

对需要暂予监外执行的罪犯，看守所应当填写《暂予监外执行审批表》，并附病情鉴定或者妊娠检查证明，或者生活不能自理鉴定，或者哺乳自己婴儿证明；需要保外就医的，应当同时附保外就医保证书。县级看守所应当将有关材料报经所属公安机关审核同意后，报地市级公安机关审批；地市级以上看守所应当将有关材料报所属公安机关审批。看守所在报送审批材料的同时，应当将暂予监外执行审批表副本、病情鉴定或者妊娠检查诊断证明、生活不能自理鉴定、哺乳自己婴儿证明、保外就医保证书等有关材料的复印件抄送人民检察院驻所检察室。批准暂予监外执行的公安机关接到人民检察院认为暂予监外执行不当的意见后，应当对暂予监外执行的决定进行重新核查。

四、其他相关机关

社区矫正工作是一项复杂的系统工程，需要发动社会各方面的力量开展工作。除了人民法院、人民检察院、公安机关外，还需要其他有关党政部门或单位的积极配合。在这里，仅对政法委、财政部门、民政部门等十一个部门或单位在社区矫正中的职责做简要介绍。除这些部门外，税务部门、残联等单位在社区矫正工作中也发挥着重要作用。

（一）政法委

政法委要发挥综合协调作用，促进人民法院、人民检察院、公安机关、司法行政机关形成工作合力，共同促进社区矫正工作。要将社区矫正工作纳入本地社会治安综合治理规划，将社区矫正工作纳入平安县（区、市）或乡镇（街道）综合治理考评工作中。

（二）财政部门

财政部门要将社区矫正经费列入政府财政预算，为社区矫正工作的顺利开展提供经费保障，并根据经济社会发展情况适时予以调整。同时，要对经费使用情况进行监督。

（三）编制部门

各级编制部门要根据《社区矫正法》第 9 条第 1 款的规定，积极履行社区矫正机构设置和工作人员编制方面的职责，解决社区矫正机构执法主体地位问题、人员编制问题，为社区矫正工作开展提供组织保障。

（四）民政部门

民政部门要加强对社区矫正对象的帮困扶助，将符合最低生活保障标准的社区矫正对象纳入“低保”保障体系，将符合有关条件的社区矫正对象纳入贫困群体医疗救助；指导村（居）委会，配合做好社区矫正对象的日常帮教工作，鼓励村（居）委会在自办的经济实体中安置社区矫正对象就业；依法办理非政府社区矫正组织和团体登记注册。

（五）教育部门

教育部门解决社区矫正对象的学历教育和其他教育方面的问题；督促学校配合做好在校社区矫正对象监督管理和教育帮扶工作，创造条件接收社区矫正对象子女就学；解决社区矫正对象文化教育和职业技能培训中的质量监督等问题。

（六）卫生健康部门

卫生健康部门要对暂予监外执行犯医学鉴定工作给予便利；对需到外地就医的社区矫正对象出具就医证明；做好患传染病、艾滋病、严重精神病等社区矫正对象的疫病监测、治疗和卫生防疫工作。

（七）人力资源和社会保障部门

人力资源和社会保障部门要依法对就业困难的社区矫正对象开展职业技能培训、就业指导，强化创业培训，落实有关扶持政策，鼓励社区矫正对象创业，促进创业带动就业。

（八）市场监督管理部门

对申请从事个体经营和开办经济实体，并且符合登记条件的社区矫正对象，市场监督管理部门要依法受理登记，并在办理证照时提供方便和服务；对办理失业登记后，自谋职业从事个体经营且领取了执照的社区矫正对象，市场监督管理部门按相关规定落实优惠政策；加强对社区矫正对象的工商法律法规宣传教育，增强其守法经营观念，提高其职业道德水平。

（九）工会

工会要协调稳定已加入工会组织的社区矫正对象的劳动关系，维护他们的合法权益，并配合社区矫正机构或司法所做好帮教工作。

（十）团委

团委要维护青少年社区矫正对象的合法权益，积极为青少年社区矫正对象提供专业化、系统化的志愿者帮教服务。

（十一）妇联

妇联要加强对女性社区矫正对象的帮教工作，将女性社区矫正对象作为重点人群，开展法治、道德教育；发挥妇联在婚姻家庭纠纷调解中的积极作用，引导女性正确对待自己、他人和社会；维护女性社区矫正对象合法权益，配合社区矫正机构或司法所做好帮教工作。

五、社区矫正中心(中途之家)

除了人民检察院、监狱、看守所、政法委等国家机关参与社区矫正工作外,社区矫正中心、中途之家等社会机构也在积极参与社区矫正工作。北京、江苏、上海等省市较早探索在区县设立社区矫正中心。这些社区矫正中心(中途之家)人员充足、设施完备、信息化程度高,在社区矫正工作中发挥了重要作用。

(一)北京市的阳光社区矫正服务中心和阳光中途之家

2005年1月29日,北京市西城区新街口街道阳光社区矫正服务中心成立。该中心性质是公益事业社会团体。2005年4月29日,北京市社区矫正办公室发布《关于进一步做好阳光社区矫正服务中心工作的试行意见》,决定在全市18个区县建立阳光社区矫正服务中心。2008年7月8日,北京市朝阳区"阳光中途之家"建成并投入使用。该机构由北京市朝阳区司法局设立和管理,是其下属的事业单位。其工作经费由区政府纳入地方财政预算,其主任由司法局任命,下设教育矫正部、心理咨询与技能培训部、宿舍管理部、办公室等科层制的管理机构,共10名事业编制人员,并从监狱系统抽调监狱干警作为"矫正干警",他们主要负责"四项工作",即入矫教育、生活管理监督、请销假管理、安全检查。① 该机构对社区矫正对象开展"三统一两服务",即统一开展法制教育、统一开展社会认知教育和统一开展心理矫治,为有需求的社区矫正对象提供技能培训服务和过渡性安置服务。2010年9月,北京市司法局在总结朝阳区"阳光中途之家"经验的基础上,决定向全市推广。阳光中途之家的基本功能包括三个方面:第一,对社区矫正对象进行集中教育;第二,为有需求的"两类"人员(社区矫正对象和刑释人员)提供社会适应性指导;第三,为有需求的"两类"人员提供心理咨询和心理辅导。其辅助功能有:第一,为"三无"人员(无家可归、无亲可投、无生活来源的人员)提供临时安置;第二,为"两类"人员提供就业帮助;第三,为社区矫正对象提供公益劳动项目。②

(二)江苏省的社区矫正管理教育服务中心③

2009年,江苏省提出在县(市、区)建立集管理教育、公益劳动、心理矫治等综合功能为一体的"社区矫正管理教育服务中心"的工作思路,在全省积极推进县(市、

---

① 参见张荆、廖灿亮:《中国与日本"中途之家"比较研究》,载《河南警察学院学报》2014年第2期。

② 参见高莹主编:《社区矫正工作手册》,法律出版社2015年版,第45页。

③ 参见吴宗宪主编:《社区矫正导论》(第2版),中国人民大学出版社2020年版,第69页。

区)社区矫正管理教育服务中心建设。

1. 提供了监督管理的工作平台

社区矫正管理教育服务中心内部设有矫正宣告室、检察室、警务室、定位监控室等监督管理功能区域,依法执行社区矫正对象报到、会客、请销假、迁居、政治权利行使限制等管控措施,避免发生脱管、漏管,防止重新违法、犯罪;运用网络通信等技术手段,对重新犯罪风险高的社区矫正对象进行实时监控等,提高监管科技含量。同时,作为法院、检察院、公安机关等部门参与社区矫正管理的工作平台,中心探索创新和健全、完善对社区矫正对象的日常考核与司法奖惩的衔接制度等,共同对社区矫正对象实施有效的监督管理。

2. 搭建了帮困扶助的桥梁

社区矫正管理教育服务中心设置安置区,即"中途之家",主要对"三无"对象(无家可归、无亲可投、无生活来源的社区矫正对象和刑满释放人员)提供暂时性食宿服务,帮助他们提高生活适应能力。该中心通过与社会企业联办技能培训基地等方式,为区域内有就业需求的社区矫正对象提供免费技能培训和就业指导,提高其就业谋生能力,也为企业输送了劳动用工。同时,该中心还在社区矫正对象和政府职能部门之间起到搭建桥梁作用,积极协调民政、人力资源和社会保障等部门,将符合条件的社区矫正对象纳入最低生活保障,落实其责任田、帮助其解决基本生活保障方面的困难和问题,积极增加社会和谐因素。

六、其他民间非营利帮教组织

社区矫正的本质特点就是在社区中对社区矫正对象开展教育和改造工作。这一特点蕴含着利用社区中的社会力量开展社区矫正的含义。社会力量参与社区矫正是创新社会治理的客观要求,是推进社区矫正工作的内在要求,是有关国家和地区社区矫正的成功经验。[①] 近年来,社会力量在实现社区矫正目标方面发挥了十分重要的作用。民间非营利帮教组织则是其中专业性较强的社会力量。上海市新航社区服务总站是较具代表性的民间非营利帮教组织。

2004 年 2 月,上海市成立了专门从事社区矫正服务工作的民办非企业性质的社会组织——上海市新航社区服务总站。在该组织成立后,上海市社区矫正工作办公室与其签订协议,将社区矫正对象和刑满释放人员的日常帮教工作以"政府购买服务"的方式外包给了新航社区服务总站。该机构的具体服务内容包括:一是协

① 参见王爱立、姜爱东主编:《〈中华人民共和国社区矫正法〉释义》,中国民主法制出版社 2020 年版,第 87 ~ 88 页。

助司法行政部门开展社区矫正安置帮教工作，为其做好社区矫正对象日常管理、教育、帮扶提供服务。具体包括与社区矫正对象保持接触、交流，了解掌握社区矫正对象基本情况、言行动态及社区表现等信息，协助社区矫正民警、专职干部做好日常管理、教育矫正、帮困扶助工作；在矫正小组中发挥联络、沟通作用，开展对象走访、信息核查、工作通报、研判对象动态信息，为司法行政工作人员开展社区矫正对象的监督管理、奖励惩处等执法行为提供可靠、及时的信息和评估意见，等等。二是根据司法行政部门要求和社区矫正对象需求，为社区矫正对象提供专业化帮教服务，积极开发社会工作项目。三是整合社会资源，为社区矫正对象提供帮困扶助服务。具体包括为社区矫正对象及其子女提供生活、学业上的支持和帮助；解决对象及其家属就业、生活等方面困难等。[①] 在北京，北京市七彩昀社会工作事务所、北京市朝阳区曙康社会工作事务所等社会组织也在通过承接政府购买服务的方式参与社区矫正工作。

对于国家相关机关来说，民间非营利帮教组织没有任何权力色彩和强制性因素，其工作人员以与社区矫正对象平等的身份介入社区矫正工作，对社区矫正对象来说更有亲和力，有利于修复社区矫正对象的社会能力，提升矫正和帮扶效果。不过，我国民间非营利帮教组织的数量还比较少、规模比较小，专业程度有待进一步提高，还不能满足社区矫正工作全面推进的实际需要。我国各级政府需要加大对民间非营利帮教组织的鼓励、扶持力度，培育和孵化更多的民间非营利帮教组织，推动他们在社区矫正工作中发挥更大的作用。

复习思考题

1. 人民法院决定适用社区矫正时应当考虑哪些因素？
2. 如何切实发挥社区矫正委员会的作用？
3. 社区矫正机构可以将哪些职责委托给司法所？
4. 人民检察院在社区矫正工作中有哪些职责？
5. 如何认识和评价社区矫正中心？

---

① 根据上海市社区矫正管理局与上海市新航社区服务总站 2015 年签订的《政府购买服务合同》整理。

第六章　社区矫正工作主体

本章摘要

本章聚焦社区矫正机构工作人员、社区矫正社会工作者和其他社会力量三类工作主体,结合《社区矫正法》相关规定、司法实践中的现实问题和域外经验,重点介绍:社区矫正机构工作人员和社区矫正社会工作者的概念与作用、职责与权限、培训和保障;其他社会力量的构成主体,包括居民委员会与村民委员会、社区矫正对象的监护人及家庭成员、社会志愿者等,分别探讨了这些社会力量参与社区矫正工作的相关领域、参与方式和参与机制。总之,应当以社区矫正机构工作人员为主力,将社区矫正社会工作者通过招聘、公开购买服务或项目委托等方式纳入社区矫正工作者队伍,合理有序引导社会力量协助开展社区矫正工作。

重点问题

1. 社区矫正机构工作人员的定义、职责与权限。
2. 社区矫正社会工作者的概念、职责与权限。
3. 社会力量参与社区矫正工作的主体构成、参与领域和参与机制。
4. 社区矫正工作主体的培训与保障。

第一节　社区矫正机构工作人员

一、社区矫正机构工作人员的概念与作用

(一)概念

社区矫正机构工作人员是指在社区矫正工作中履行监督管理、教育帮扶等执法职责,具备法律等专业知识的专门国家工作人员。社区矫正机构工作人员可以

从以下方面理解。

首先,社区矫正机构工作人员是在社区矫正工作中履行监督管理、教育帮扶等职责的执法者。“监督管理”,是指依据《社区矫正法》规定,对社区矫正对象进行监督、考察和管理,保障刑事判决、裁定和暂予监外执行决定的正确执行的活动。① 例如,及时了解掌握社区矫正对象的活动情况和行为表现,对社区矫正对象外出、迁居等予以审批,依法依规对社区矫正对象的表现进行考核奖惩等。“教育帮扶”指的是对社区矫正对象开展有针对性的教育,并助力解决其在重新融入社会方面存在的问题和困难,从而增强社区矫正对象的社会适应能力防止其重新犯罪的活动。② 例如,对社区矫正对象开展法治道德教育,协调有关方面开展职业技能培训和择业就业指导,组织参加公益活动,协助申请社会救助等。

其次,社区矫正机构工作人员需要具备法律等专业知识。社区矫正机构工作人员在社区矫正工作中担任专业执法力量,其工作性质决定了这个主体需要具有法律等专业知识。一方面,他们既可以是法律专业人员,也可以是具备教育学、心理学、社会学等学科背景的专业人员;另一方面,他们既可以是系统学习法律等专业学科的毕业生,也可以是其他学科毕业在社区矫正工作实践中不断习得掌握法律等专业知识的人员。

最后,社区矫正机构工作人员是具有职业化和专业性特征的专门国家工作人员。社区矫正机构工作人员具有国家工作人员的身份,同时他们承担着专门的监督管理、教育帮扶等社区矫正执法工作。

(二)作用

第一,从社区矫正对象视角审视,社区矫正机构工作人员负责从社区矫正对象的接收到解除矫正全过程的监督管理、教育帮扶等执法工作。在监督管理中密切关注社区矫正对象活动情况和行为表现,防止其重新犯罪;在教育帮扶中助力社区矫正对象认罪悔罪、增强法律意识、增长法律知识、解决现实困难,从而提升其社会适应能力,促进社区矫正对象更好地回归并融入社会。

第二,从刑事执行目的和社会效应来看,社区矫正机构工作人员规范执法,不断提高自身的职业化、规范化水平,在监督管理和教育帮扶社区矫正对象的过程中保障了刑事判决、刑事裁定和暂予监外执行决定的正确执行,可以有效预防和减少

① 参见王爱立、姜爱东主编:《〈中华人民共和国社区矫正法〉释义》,中国民主法制出版社 2020 年版,第 71 页。

② 参见王爱立、姜爱东主编:《〈中华人民共和国社区矫正法〉释义》,中国民主法制出版社 2020 年版,第 71 页。

犯罪,既包括特殊预防,也涵盖一般预防,[①]进而为个人和国家各项工作的顺利开展提供安全稳定的社会环境。

第三,从社区矫正机构工作人员的组织领导效能来看,社区矫正机构工作人员作为社区矫正工作的专业执法者,是社区矫正工作队伍的中坚力量,需要做好同公安机关、检察机关、审判机关、民政部门、人力资源与社会保障等有关部门的协作联动工作,并组织领导社会工作者、社会志愿者等社会力量根据社区矫正机构的需要开展社区矫正工作,[②]为促进部门间依法协作互助,组织引导社会力量有效参与社区矫正工作发挥了重要作用。

二、社区矫正机构工作人员的职责与权限

(一)职责

1.监督管理与教育帮扶的核心职责

(1)监督管理职责

监督管理职责是社区矫正机构工作人员的核心职责之一。《社区矫正法》第四章第23~34条规定了监督管理的相关要求,内容涵盖掌握社区矫正对象的情况和表现、考核奖惩、违法行为的制止与处置等方面。依据该法第23条的规定,社区矫正机构工作人员负有监督管理社区矫正对象遵守法律法规及判决、裁定、暂予监外执行决定等法律文书规定的义务,以及监管其遵守国务院司法行政部门关于报告、会客、外出、迁居、保外就医等监督管理规定的职责。

就分类监管而言,针对不同矫正级别的社区矫正对象,社区矫正机构工作人员对之采取的监管程度是不同的,监督管理的职责内容存在差异化。例如,上海市依据社区矫正对象基本信息分析评估、心理测评、认罪态度评估、日常行为考核等方面,对社区矫正对象进行风险评估,确定其矫正级别,一般分为再犯罪风险系数高的一级社区矫正对象、再犯罪风险系数中等的二级社区矫正对象和再犯罪风险系数低的三级社区矫正对象。[③] 从全国范围来看,一般依据社区矫正对象的人身危险

---

① 参见高铭暄、赵秉志主编:《刑罚总论比较研究》,北京大学出版社2008年版,第73~74页。"我国刑罚的目的是预防犯罪,包括特殊预防和一般预防两个方面。所谓特殊预防,是指通过对犯罪人适用、执行刑罚,防止其重新犯罪。所谓一般预防,是指通过制定、使用和执行刑罚,防止社会上可能犯罪的人走上犯罪道路。"

② 参见吴宗宪主编:《社区矫正导论》,中国人民大学出版社2011年版,第112页。

③ 参见陈耀鑫主编:《上海市社区矫正"三分矫正"工作实务指南》,上海人民出版社2019年版,第168页。

性，将其分为严管级和普管级，[①]从而针对不同级别采取差异化监管，社区矫正机构工作人员在差异化的监管职责履行中实现矫正的个别化与针对性，确保矫正实效的达成。

随着时代发展，电子监管或信息化监管成为社区矫正机构工作人员的职责内容之一。全国各地基于手机定位、电子监控等不同手段，不断加强电子监管的规范化建设。北京市 2019 年制发了《关于加快更新社区矫正电子腕带设备的通知》《电子腕带系统对接统一接口标准》等规范性文件，还研发了“北京社矫 App”，建立市、区、所三级联网互通的业务网，实现社区矫正机构、社区矫正机构工作人员、社区矫正社会工作者、社区矫正志愿者和社区矫正对象五种数据全面对接。[②] 信息化、智能化技术手段的合理融入与规范化应用使监督管理工作更为便捷、精准和高效。社区矫正机构工作人员需要不断加强自身的信息化素养，以满足新时代发展背景下的职责所需。

（2）教育帮扶职责

教育帮扶是社区矫正机构工作人员的核心职责之一。《社区矫正法》第五章第 35～43 条明确了社区矫正机构工作人员对社区矫正对象开展教育帮扶工作的相关规定，内容涉及法律道德等教育矫正、就业就学帮扶、组织矫正对象参加公益活动等。

依据《社区矫正法》第 36 条的规定，一方面，社区矫正机构工作人员需要加强对社区矫正对象的法治、道德等教育，增强其法治观念，提升其道德素质和悔罪意识。许多社区矫正对象实施犯罪行为的一个重要原因是缺乏基本的法律知识，法治观念淡薄。位于北京市大兴区的“社区服刑人员教育中心”在对全市社区矫正对象进行初始集中教育时，课程的第一讲就是介绍犯罪的概念、特征、原因、危害，刑罚的种类及执行方式等法律知识。[③] 2017 年 5 月笔者参加了该中心主办的第 95 期社区矫正对象入矫集中教育培训班的学习，调研期间发现，一些犯有故意伤害罪的矫正对象表示经过初始教育学习，增长了社区矫正相关法律知识，他们感到受益匪浅，非常后悔自己当时与邻里路人等发生矛盾后，情急之下的所作所为，如果今后生活中再遇到类似情境不会再以暴制暴，而是选择报警等合法手手段维护自己的权益。事实上，在法治的他律作用下，还要强化对社区矫正对象的道德教育，包括社

---

① 参见王爱立、姜爱东主编：《〈中华人民共和国社区矫正法〉释义》，中国民主法制出版社 2020 年版，第 131 页。

② 《北京市司法局 2019 年度绩效任务全年完成情况》，载北京市司法局官网 2020 年 7 月 12 日，http://sfj.beijing.gov.cn/sfj/zwgk/ghjh84/681583/index.html。

③ 参见北京市社区服刑人员教育中心编著：《社区服刑人员初始教育教材》，中国人民公安大学出版社 2015 年版，第 1～58 页。

会主义核心价值观、传统文化中的道德精髓等,从而增强其内省自律意识,约束管理好自身行为,防止再犯罪,成为守法公民。在加强对社区矫正对象的上述教育时,社区矫正机构工作人员需要增强自身的法律知识和思想道德素养,从而让职责落实更具内生力。

另一方面,针对社区矫正对象的个体特征、日常表现等实际情况,社区矫正机构工作人员需要充分考虑矫正对象的工作和生活情况,因人施教,落实好个别化矫正。在实践中,一些社区矫正机构及相关职能部门采用分阶段分类型的教育方式取得了良好的矫正效果,即社区矫正对象在入矫阶段的初始教育、中期阶段的常规教育、解矫前教育形成时间脉络指引下的分阶段教育①;还有依据矫正对象的性别、年龄、案由罪错类型、心理行为类别等开展针对女性、青少年或寻衅滋事类等特定类型矫正对象的分类教育。② "教育矫正是社区矫正的中心任务。监督管理解决的是'标'的问题,而'本'在于平时丰富有效的教育。"③因此,在分析研判社区矫正对象的个性特征、日常表现和工作生活现状的基础上,听取矫正小组成员等多方主体的不同意见和建议,制订个别化的矫正方案,从社区矫正对象的现实困难和实际问题入手,突出问题导向,丰富教育内容,确保有针对性的教育能够入脑入心入行,增强教育帮扶的实效。

2. 社区矫正工作流程视域下的职责界定

社区矫正机构工作人员的职责贯穿社区矫正工作整个流程。《社区矫正法实施办法》第9条明确列举了社区矫正机构工作人员所应履行的职责,包括接受委托开展调查评估工作;接收社区矫正对象,核实身份建立档案;组织入矫和解矫宣告,办理相关手续;建立矫正小组,制订并落实矫正方案;对社区矫正对象进行监督管理,实施考核奖惩;审批会客、外出、变更执行地等事项;了解掌握社区矫正对象近期活动情况和行为表现;组织查找失联社区矫正对象并据情依法予以处理;提出治安管理处罚建议,提出减刑、撤销缓刑、撤销假释、收监执行等刑事执行变更建议;对社区矫正对象进行教育帮扶,开展法治道德等教育、就业指导及职业技能培训,组织公益活动等事项;向有关机关通报社区矫正对象情况,送达法律文书;对社区矫正工作人员开展管理、监督、培训,落实职业保障等。这些职责规定涵盖社区矫正工作

---

① 参见北京市社区矫正工作领导小组办公室:《社区服刑人员分类管理分阶段教育实施方案》,载《北京市社区矫正工作制度汇编》2015年版,第249~252页。

② 参见陈耀鑫主编:《上海市社区矫正"三分矫正"工作实务指南》,上海人民出版社2019年版,第70~157页。

③ 参见王爱立、姜爱东主编:《〈中华人民共和国社区矫正法〉释义》,中国民主法制出版社2020年版,第190页。

的全过程，为社区矫正机构工作人员依法、依责履职指明了方向。

3. 社区矫正机构工作人员的职业准则

社区矫正机构工作人员需要遵守相应的职业准则。《社区矫正法》第14条规定，社区矫正机构工作人员应当严格遵守宪法和法律，忠于职守，严守纪律，清正廉洁。第一，社区矫正机构工作人员要严格遵守宪法和法律。一方面，加强宪法知识和《社区矫正法》等相关法律知识的学习；另一方面，在执法实践中，严格按照宪法和法律的相关规定履职尽责，做好社区矫正工作。这也是贯彻我国实施的依法治国方略和建设社会主义法治国家的必然要求。第二，社区矫正机构工作人员要忠于职守，以《社区矫正法》的立法宗旨、工作原则和工作目标为指导，不断学习新知识新技能，增强自身业务素养，将分类管理、个别化矫正原则，以及监督管理与教育帮扶并重等理念贯彻到实际工作中。第三，社区矫正工作中涉及的国家秘密、工作秘密、商业秘密以及个人隐私等要严格保密。这是社区矫正机构工作人员必须履行的义务。对于违法泄露上述信息的，应当按照《保守国家秘密法》、《社区矫正法》及其他相关法律规定处理，构成犯罪的，依法追究刑事责任。第四，清正廉洁是社区矫正工作的基本要求和高素质社区矫正工作队伍建设的内在要求。社区矫正工作致力于促进社区矫正对象重新融入社会，预防并减少犯罪，与人民群众的切身利益紧密关联。因此，只有社区矫正机构工作人员品行端正、廉洁自律，才能践行社会主义核心价值观，维护并不断提升社区矫正工作的公信力，促进司法公正的实现。

4. 责任追究的相关规定

社区矫正机构工作人员对其违法违纪行为需承担相应的责任。依据《社区矫正法》第61条的规定，对于利用职务或工作便利索取收受贿赂的；不履行法定职责的；体罚、虐待社区矫正对象，或违反法律规定限制或变相限制社区矫正对象人身自由的；泄露社区矫正工作秘密或其他依法应当保密信息的；对依法申诉、控告或检举的社区矫正对象打击报复的；其他违纪违法行为等应当予以处分，构成犯罪的依法追究刑事责任。因此，社区矫正机构工作人员应当明晰自身的职责定位，尽职尽责，对照本条规定确立职业红线边界意识，坚决抵制违法违纪行为。

此外，依据《社区矫正法》第43条的规定，社区矫正机构工作人员在履行监督管理、教育帮扶等执法职责的过程中，应当保护社区矫正对象享有的合法权利，避免过度干预社区矫正对象合法、依规的工作、生活、学习等。

（二）权限

1. 执法权

社区矫正是一种非监禁刑事执行制度。这要求社区矫正机构工作人员具有执法权。社区矫正机构工作人员依法享有以监督管理和教育帮扶社区矫正对象为核心,从接收到解矫整个社区矫正工作过程中法律赋予的执法权。例如,《社区矫正法》第26条规定,社区矫正机构工作人员可以通过通信联络、信息化核查、实地查访等方式核实社区矫正对象的活动情况和行为表现,有关单位和个人应当予以配合。本法条明确赋予社区矫正机构工作人员对社区矫正对象进行监督管理,通过多种方式核实其动态信息的执法权。再如,《社区矫正法》第28条规定了社区矫正机构工作人员可根据社区矫正对象表现,依照相关规定对社区矫正对象实施考核奖惩的权力。对于认罪悔罪、遵守法律法规、服从监督管理、接受教育表现突出的,社区矫正机构工作人员享有对社区矫正对象予以表扬奖励的权力;对于违反法律法规或监督管理规定的,社区矫正机构工作人员享有依法训诫、警告、提请公安机关予以治安管理处罚或依法提请撤销缓刑、撤销假释、对暂予监外执行的收监执行的惩戒权力。

2. 部门协作联动中享有的知情权、依法获得协助权等相关权限

社区矫正是一项复杂性刑事执行工作。这要求社区矫正机构工作人员具有知情权、获得协助权等相关权限。对社区矫正对象的组织追查、逮捕、提请撤销缓刑等工作,需要社区矫正机构与公安机关、人民法院等相关部门协作。在同公安机关、人民法院、监狱等有关部门的协作联动中,社区矫正机构工作人员享有法律赋予的知情权、获得协助权等相关法定权力。《社区矫正法》第32条规定,社区矫正对象有被依法决定拘留、强制隔离戒毒、采取刑事强制措施等限制人身自由情形的,有关机关应当及时通知社区矫正机构。对于本法律条文涉及的上述信息,社区矫正机构工作人员享有法定知情权。《社区矫正法》第30条规定,社区矫正对象失去联系的,社区矫正机构应当立即组织查找,公安机关等有关单位和人员应当予以配合协助。本法条明确赋予社区矫正机构工作人员在特定条件下享有获得有关部门及人员(配合)协助的法定权利。

3. 组织协调社会组织等社会力量参与社区矫正工作的权限

社会参与是社区矫正的特色与优势。这要求社区矫正机构工作人员具有组织协调社会组织、企事业单位、志愿者等社会力量参与社区矫正工作的权限。《社区矫正法》第11～13条明确赋予社区矫正机构工作人员相应的组织协调权限,可以组织具有专业知识或实践经验的社会工作者、基层群众性自治组织、社区矫正对象监护人、学校、企事业单位、社会组织、志愿者等参与社区矫正工作。第40条规定,社区矫正机构工作人员可通过公开择优购买社区矫正社会工作服务或项目委托等方式,组织引导社会组织参与社区矫正对象教育矫正、心理辅导、职业技能培训、社

会关系改善等工作。第 56 条规定，社区矫正机构工作人员有权组织安排共产主义青年团、妇女联合会、未成年人保护组织等依法协助做好未成年人社区矫正工作。

此外，社区矫正机构工作人员依法享有职业培训、职位晋升、合法权益保障等权利，具体内容请参见下文重点探讨。

三、社区矫正机构工作人员的培训与保障

培训与保障社区矫正机构工作人员是社区矫正工作的法定要求。《社区矫正法》第 16 条规定，"国家推进高素质的社区矫正工作队伍建设。社区矫正机构应当加强对社区矫正工作人员的管理、监督、培训和职业保障，不断提高社区矫正工作的规范化、专业化水平"。加强对社区矫正机构工作人员的培训和职业保障是社区矫正机构工作人员依法享有的权利，同时也是建设高素质社区矫正工作队伍的必然要求。

（一）培训

1. 培训目的

培训目的是确保社区矫正工作依法高质量推进。在社区矫正工作中，社区矫正机构工作人员担任执法者和组织领导者的角色，其思想政治素养、业务工作能力和职业道德水准直接影响着整个社区矫正工作的质量与效率，刑事判决、裁定等能否正确执行，以及刑事执行的目的能否实现。"法治队伍建设是依法治国、依法执政、依法行政、依法治理、公正司法的根本保证。"[①]应当坚持建设德才兼备的高素质法治工作队伍，推进法治专门队伍革命化、正规化、专业化和职业化建设。[②] 社区矫正工作中仍然存在人员定位不清、人才流失严重，以及规范化和专业化水平不高等现实问题。[③] 随着时代变迁，新技术涌现及其在社区矫正领域的应用，强化对社区矫正机构工作人员的培训是解决实际问题和顺应时代发展的现实需求。因此，加强对社区矫正机构工作人员的培训意义重大，影响深远，是确保社区矫正工作质量和提高司法能力与公信力的应有举措。

2. 培训内容

建设高素质的社区矫正机构工作队伍，需要聚焦以下几个方面开展培训工作。

---

① 参见张文显：《习近平法治思想研究（下）——习近平全面依法治国的核心观点》，载《法制与社会发展》2016 年第 4 期。

② 参见郭声琨：《深入学习宣传贯彻习近平法治思想　奋力开创全面依法治国新局面》，载《人民日报》2020 年 12 月 21 日，第 6 版。

③ 参见江西省司法厅课题组、沙闻麟：《关于基层社区矫正队伍建设的探索与思考》，载《中国司法》2017 年第 2 期。

第一,思想政治教育居首位。加强对社区矫正机构工作人员的思想政治教育,坚定其理想信念,将社会主义核心价值观和社会主义法治理念教育深入培训内容,树立宪法和法律至上的理念。第二,加强法律知识的系统化培训。以习近平法治思想为指导,以《社区矫正法》为核心,全面梳理整合社区矫正工作相关的法律法规及规范性法律文件,提升社区矫正机构工作人员的法律知识储备和法律素养。第三,结合新时期发展中的新情况与新问题,有针对性地提升社区矫正机构工作人员的业务水平和工作能力。例如,2018 年司法部举办的全国社区矫正教育管理工作培训班围绕智慧矫正、罪犯再犯罪问题研究、上海社区矫正改革实践、江苏省社区矫正高质量发展的实践与思考、《司法部关于加强社区矫正专案执行工作的意见》有关问题等展开,①紧密结合社区矫正工作中的重点、难点与热点问题,有效提升了社区矫正机构工作人员的问题意识、工作能力和业务水平。第四,应当重视新技术与新方法的培训教育。《社区矫正法》第 5 条规定,"国家支持社区矫正机构提高信息化水平,运用现代信息技术开展监督管理和教育帮扶。社区矫正工作相关部门之间依法进行信息共享"。据此,社区矫正机构需要不断加强社区矫正信息化和智能化建设中的新技术、新平台的应用培训,将技术培训与应用经验分享以及相关应急处理机制建设等有机融合,重视技术的实操性和应用性,全面提升培训效果。

3. 培训方式

培训方式需要根据培训内容进行选择。培训形式与方法可依据培训主题内容,如政治学习、业务知识讲授、专项技能培训等选择适宜的培训方式,包括集中授课、讨论交流、实地考察和网络在线学习等。首先,就线下培训而言,通常采用的方式是集中授课加讨论交流的模式。根据培训主题聘请业内专家学者及实务工作者代表等以主题报告等形式授课。其次,可依据培训地资源条件,选取代表性参观地点开展实地考察活动。例如,2017 年司法部举办的全国社区矫正教育管理工作培训班在杭州举行。培训期间,学员们实地考察了杭州市余杭区仓前司法所、阿里巴巴总部和未来科技城海创园,②从而获得启发,对社区矫正信息化建设有更为深入的思考。最后,结合现实条件和新兴技术等开展多种形式的网络在线培训。随着针对新型冠状病毒的防疫常态化,网络培训、线上学习的模式日益普及。可以采用网络直播、网络公开课等方式,将适宜的线下学习转为网络在线学习模式,促进培训

---

① 参见《司法部举办 2018 年全国社区矫正教育管理工作培训班》,载中华人民共和国司法部官网,http://www.moj.gov.cn/organization/content/2018-09/17/sqjzjsjxw_39935.html。

② 《全国社区矫正教育管理工作培训班举办》,载中华人民共和国司法部官网,http://www.moj.gov.cn/Department/content/2017-09/26/607_8598.html。

顺应时代发展和现实国情,探索出更为多元化和多模态的培训形式。

4. 培训效果评价

培训效果评价是检验培训目的是否实现的重要手段。培训结束后,社区矫正机构可采用考试测评、总结报告等方式检验培训学习成效,合格者颁发相应培训证书;还可以针对本期培训主题,组织岗位练兵竞赛等,以评选奖项等方式激励社区矫正机构工作人员认真钻研,学以致用。此外,还可以针对此次培训的主题设置调查问卷,一方面检验了解培训者的学习效果,另一方面吸纳培训者提出改进建议,从而进一步完善培训内容与方法,更好地满足社区矫正机构工作人员的现实学习需求,增强培训的获得感和实效性。例如,2016 年深圳市司法局组织全市社区矫正机构工作人员分三期赴西北政法大学短期业务培训,学习结束后学员们撰写了学习论文和学习成果总结,编辑印制《深圳市司法局社区矫正业务培训班文集》供其他学习者学习交流,从而增强了培训效果,促进了业务经验交流,启迪了工作思路。

(二)保障

充分保障社区矫正机构工作人员是稳定、发展工作队伍的重要手段。联合国《东京规则》第 15 条第 3 款规定,"为了获得和留住合格的专业工作人员,应使之享有适当的公务员地位、与其工作性质相称的适当薪金和福利,并应有充分的机会在专业和事业上得到发展"。社区矫正机构工作人员承担着监督管理与教育帮扶等诸项职责,其工作性质决定着自身会面临人身安全等风险挑战,现实中还存在福利待遇不高、职业发展机制不完善等问题,因此,需要在资金支持、人身安全保障、健全职业发展机制和完善救济渠道等方面加强保障。

1. 资金保障

依据《社区矫正法》第 6 条的规定,各级人民政府应当将社区矫正经费列入本级政府预算。此项规定为社区矫正机构工作人员依法有序开展社区矫正工作提供了资金保障。2012 年财政部、司法部颁布的《关于进一步加强社区矫正经费工作的意见》明确规定,社区矫正经费开支范围包括司法行政机关社区矫正工作指导管理费、社区矫正工作经费、社区矫正设备费等。① 在实践中,社区矫正经费主要由地方区、县财政负担,一些地方省级财政设有社区矫正专项资金,参照社区矫正对象数量及各地经济状况等给予补贴资助。

从域外经验审视,美国的社区矫正经费主要源自地方政府、州政府和联邦政府

---

① 参见《财政部、司法部关于进一步加强社区矫正经费工作的意见》,载《北京市社区矫正工作制度汇编》2015 年版,第 467 ~ 468 页。

(前二者又是其中的主要来源),除政府经费保障外,一些州还设有专门的慈善金或基金会,如1972年伊利诺伊州成立的塞弗基金会是一个为矫正对象提供就业、教育、医疗、精神健康、戒毒治疗等综合服务的非营利组织,其资金来源主要依靠政府拨款和民间捐赠。德国各类缓刑帮助制度经费的主要来源是国家财政,少部分取自民间筹款。日本的更生保护活动经费由国家和社会共同负担,如早稻田更新会的运营经费70%源自政府拨款,30%来自社会募捐。[①] 有鉴于此,我国的社区矫正经费除主要依靠政府预算经费保障外,还可以结合不同地区资源特点,充分利用社会资金,充实社区矫正经费保障。

2. 人身安全等合法权益保障

《社区矫正法》第15条规定,"社区矫正机构工作人员和其他参与社区矫正工作的人员依法开展社区矫正工作,受法律保护"。一方面,社区矫正机构工作人员依法开展社区矫正工作中享有的合法权益受法律保护,这是社区矫正机构工作人员依法履职的基础条件和前提;另一方面,任何侵害社区矫正机构工作人员合法权益的违法犯罪行为应依法予以惩处。

《社区矫正法》第60条规定,"社区矫正对象殴打、威胁、侮辱、骚扰、报复社区矫正机构工作人员和其他依法参与社区矫正工作的人员及其近亲属,构成犯罪的,依法追究刑事责任;尚不构成犯罪的,由公安机关依法给予治安管理处罚"。本条明确规定了社区矫正对象打击报复社区矫正机构工作人员及其近亲属等有关人员所应承担的法律责任。对于社区矫正对象的打击报复行为,构成犯罪的通常按照妨害社会管理秩序罪或侵犯公民人身权利、民主权利犯罪等依法追究刑事责任;尚不构成犯罪的,依据《治安管理处罚法》予以处罚。对社区矫正对象打击报复行为的惩处,为社区矫正机构工作人员的合法权益提供了强有力的法律保障。

3. 职业保障

职业保障是做好社区矫正工作的前提和基础。《社区矫正法》第16条规定,"社区矫正机构应当加强对社区矫正工作人员的管理、监督、培训和职业保障,不断提高社区矫正工作的规范化、专业化水平"。首先,要在实体上保障社区矫正机构工作人员顺利履职,保障其报酬、福利待遇,必要的办公场所和办公条件等。其次,要在程序上为社区矫正工作提供必要的规范和指引,划清权责界限,避免被不当追责。[②] 最后,为社区矫正机构工作人员的职业发展提供相应的制度与机制保障。美

① 参见陈俊生、郭华主编:《国(境)外社区矫正立法》,法律出版社2013年版,第46~50页。

② 参见王爱立、姜爱东主编:《〈中华人民共和国社区矫正法〉释义》,中国民主法制出版社2020年版,第96页。

国典型的矫正机构中均有关于缓刑官、假释官和矫正专家的多个级别设置。职业晋升主要依据工作经验长短和工作业绩，学历只是其中的一个参数，拥有刑事司法、心理学、社会学等相关学科的硕士学位会有助于晋升。[①] 在汲取他国经验，充分结合我国的国情现实并有力发挥我国社会主义政治制度优势的基础上，可为社区矫正机构工作人员科学设置初、中、高级职业发展等级体系[②]，依据任职时间长短、工作业绩等参数，结合每年的绩效评估结果等适时调整社区矫正机构工作人员职位与待遇，从而建立科学化、可持续化的职业发展保障体系。

第二节　社区矫正社会工作者

一、社区矫正社会工作者的概念与作用

(一)概念

社区矫正社会工作者，是指具有法律、教育、心理、社会工作等专业知识或者实践经验，被社区矫正机构通过招聘、公开购买服务或项目委托等方式纳入社区矫正工作者队伍，参与开展社区矫正相关工作的人员。[③] 社区矫正社会工作者是法定的社区矫正工作队伍组成部分。《社区矫正法》第 11 条规定，“社区矫正机构根据需要，组织具有法律、教育、心理、社会工作等专业知识或者实践经验的社会工作者开展社区矫正相关工作”。社区矫正社会工作者的概念可以从以下角度理解。

首先，社区矫正社会工作者应当具有法律、教育、心理、社会工作等专业知识或者实践经验。这是由社区矫正的工作性质决定的，需要招募、聘任具有专业相关性的人员参与社区矫正工作，在一定程度上能够解决社区矫正机构人员不足的现实问题。其次，社区矫正社会工作者的参与方式是多元的，包括公开招聘、政府购买服务或项目委托等。我国地域广阔，不同区域社会工作者人力资源储备情况及发展程度等不平衡，因此需要各地结合本地实情，选取适宜的方式，组织社会工作者合理有序地参与社区矫正工作。最后，社会工作者根据社区矫正机构的需要，发挥自身的专业优势参与社区矫正相关工作。以社区矫正机构的工作需要为导向，以自身的专业性为基础，结合工作实际和时代发展动态，不断探索服务社区矫正工作的

---

① 参见王平主编：《社区矫正制度研究》，中国政法大学出版社 2014 年版，第 242 页。

② 参见吴宗宪：《社区矫正比较研究》(上)，中国人民大学出版社 2011 年版，第 319 页。

③ 参见王爱立、姜爱东主编：《〈中华人民共和国社区矫正法〉释义》，中国民主法制出版社 2020 年版，第 75 页。

新路径。

(二)作用

社会工作者是社区矫正工作的一支重要力量,在社区矫正实践中发挥着重要作用。具体作用包括以下内容:第一,社会工作者的参与在一定程度上解决了社区矫正机构人力不足的现实问题。以北京为例,基层司法所的专职执法力量通常由一名司法助理员和一名矫正干警组成,[①]而司法所日常承担的工作任务包括社区矫正、安置帮教、人民调解、开展普法教育和法制宣传、参与社会治安综合治理工作等诸多事宜,任务重、人员少的现状亟须社会工作者的协助参与。第二,社会工作者以非执法者身份同社区矫正对象沟通交流,发挥心理学、社会工作等专业优势,将柔性元素合理嵌入专业执法力量的刚性结构中,从而促成最佳矫正效果的达成。正如美国哈佛大学肯尼迪政府学院史蒂芬·卡尔曼教授开展的一项研究,探讨了英格兰当地政府与警察局、缓刑机构、社会工作服务组织以及其他致力于减少犯罪的相关机构间的合作问题,研究发现跨组织机构合作中呈现刚柔并济的特征时对于控制和减少犯罪效果最佳。[②] 第三,社会工作者参与社区矫正工作体现着我国政府在有效利用社会资本实现治理体系与治理能力现代化方面的发展与革新。《中共中央关于制定国民经济和社会发展第十四个五年规划和二〇三五年远景目标的建议》指出,要发挥群团组织和社会组织在社会治理中的作用,畅通和规范市场主体、新社会阶层、社会工作者和志愿者等参与社会治理的途径。根据《未成年人保护法》的规定,国家鼓励和支持社会组织、社会工作者参与涉及未成年人的心理干预、法律援助、社会调查、社会观护、教育矫治和社区矫正等工作。我国政府一直在探索实践政府同社会资本合作的新模式,致力于实现国家治理体系和治理能力的现代化。因此,社会工作者有效参与社区矫正工作,不仅能提升矫正效果,在一定程度上解决专业执法人员不足的现实问题,而且顺应时代发展潮流,是我国政府治理体系与治理能力现代化发展的必然要求。

二、社会工作者的职责与权限

(一)职责

社区矫正社会工作者的性质决定了教育帮扶是其职责之重心。相对于社区矫

---

① 参见熊贵彬、荣容:《社区矫正"北京模式"新发展研究——以朝阳区阳光中途之家为视角》,中国社会出版社 2012 年版,第 127 页。

② See Steven Kelman and Sounman Hong, "'Hard,' 'Soft,' or 'Tough Love' Management: What Promotes Successful Performance in a Cross-Organizational Collaboration?", *International Public Management Journal*, Vol. 19, No. 2, 2016.

正机构工作人员的“刚性”执法力量，社会工作者的身份特征赋予其特有的“柔性”元素。另外，社会工作者具备心理学、社会工作等专业知识与技能，擅长利用社会资源通过团队协助等方式改善社区矫正对象与环境的关系，[①]增强社区矫正对象的社会适应能力，助力其复归社会。因此，社会工作者适合开展教育矫正、心理辅导、困难帮扶等工作。如《上海市社区矫正管理标准》[②]一书在社区矫正工作岗位管理规范章节规定了社区矫正社会工作者的职责要求，对于社工参与社区矫正工作选用的动词一般为“做好”或“协助”，而对于社会工作者参与的日常心理矫正工作则应用了“负责”一词，在一定程度上折射出社会工作者开展日常心理矫正工作的重要价值。事实上，司法实践也进一步证实了社会工作者在帮助社区矫正对象解决心理、生活、就业等实际问题方面发挥着重要作用。

社区矫正社会工作者的职责并未统一。在实务工作中，有些地区社会工作者只参与教育帮扶工作，不参与监督管理工作；有些地区社会工作者既参与心理辅导、就业培训、协助申请社会保险等教育帮扶工作，也会根据社区矫正机构需要协助开展调查评估、接收登记、档案管理、通信联系、信息核查、实地查访等监督管理工作。

社区矫正社会工作者的具体职责要求可以参照上海市的规定：社区矫正社会工作者应配合本地区社区矫正机构，做好社区矫正对象的管理、教育和帮扶等工作。(1)协助开展调查评估工作；(2)做好社区矫正对象矫正信息的收集掌握，评估矫正需求；(3)做好社区矫正对象矫正小组相关工作；(4)做好社区矫正对象矫正期间的教育学习工作；(5)做好社区矫正对象社区服务工作；(6)负责开展社区矫正对象日常心理矫正工作；(7)协助开展社区矫正对象社会适应性帮扶工作；(8)完成社区矫正机构交办的其他工作。

总之，社区矫正社会工作者运用专业工作方法，以教育帮扶工作为重心，根据社区矫正机构的需要参与社区矫正监督管理、教育帮扶等工作，在一定程度上解决了社区矫正机构工作人员不足等现实问题，对于促进社区矫正对象顺利复归社会也发挥着重要作用。

此外，社会工作者参与社区矫正工作要依法进行，尊重和保护好社区矫正对象的合法权益，不可体罚、歧视、虐待社区矫正对象；保守工作中知悉的社区矫正对象个人信息、隐私及其他秘密；以促进社区矫正对象顺利回归社会为目的，避免过多

---

① 参见周国强：《社区矫正公民参与机制研究》，江苏大学出版社 2016 年版，第 150 页。

② 参见上海市社区矫正管理局编：《上海市社区矫正管理标准》，上海人民出版社 2018 年版，第 524 页。

干预其正常的工作、学习与生活。

（二）权限

1. 参与权

社区矫正社会工作者具有参与社区矫正工作的权力。《社区矫正法》第 11 条赋予社会工作者依据社区矫正机构需要开展社区矫正工作的参与权，这是社会工作者在社区矫正工作中拥有的一项法定权力。在实践中，应当尊重社会工作者，肯定其在参与社区矫正日常工作中所作出的重要贡献，不得因其为非专业执法力量而歧视社会工作者或侵犯社会工作者的法定参与权。社会工作者的参与权以对社区矫正对象的教育帮扶为重心，同时涵盖协助监管等社区矫正工作环节的众多领域。例如，社会工作者协助社区矫正机构工作人员开展调查评估工作，做好社区矫正对象的档案管理工作，记录信息化核查的相关信息，参与实地查访等；还参与社区矫正对象的法治道德教育，协调有关部门开展心理辅导、就业培训，协助申请社会救助等工作。

2. 应用专业工作方法开展社区矫正工作的权限

社区矫正社会工作者具有运用专业工作方法开展社区矫正工作的权限。社会工作者具备社会学、心理学、教育学等专业优势或实践经验。在实践中，社会工作者需要运用个案工作、小组工作、社区工作等多种社会工作方法，帮助社区矫正对象解决心理障碍、行为表现、家庭矛盾等多重问题。例如，应用“焦点解决短期治疗法”等个案工作方法对社区矫正对象进行心理疏导，①缓解其焦虑抑郁等心理问题，帮助社区矫正对象恢复心理平衡，保持积极乐观的精神状态与生活态度；对于网络成瘾的社区矫正对象，社会工作者应用小组工作方法，让社区矫正对象参加由沉迷网络的同质成员组成的健康上网小组，通过专业方法的介入，促使社区矫正对象学习实用的人际交往技巧，摆脱网络游戏的桎梏；还可以适用社区工作方法，在整合社区资源的基础上，引导社区矫正对象参加社区服务或其他公益活动，从而帮助社区矫正对象逐渐融入社区与人群、回归正常的社会生活。针对特定社区矫正对象和具体矫正工作是否运用专业工作方法以及应用何种工作方法，以有益于社区矫正对象的矫正效果为导向，社会工作者享有一定的自主选择权。

3. 人身安全、职业发展等合法权益保障权

社区矫正工作者的人身安全、职业发展等合法权益受法律保护。依据《社区矫

① 参见张昱、蔡屹主编：《更生时代：社区矫正社会工作案例研究》，华东理工大学出版社 2017 年版，第 121 页。

正法》第6条、第15条和第16条的相关规定，社区矫正社会工作者依法享有获得培训和职业发展的权利，其人身和财产安全等合法权益受法律保护。因此，需要在实践中建立健全社区矫正社会工作者的培训机制和合法权益保障机制。

三、社会工作者的培训与保障

（一）培训

1. 社会工作者培训的必要性

首先，社会工作者的培训有利于提高自身的专业化水平。依据《社区矫正法》第11条的规定，社区矫正社会工作者应当具有法律、教育、心理、社会工作等专业知识或实践经验，而现实中很多地区的社区矫正社会工作者力量薄弱，专业化水平不足，因此，在加强职业规划、逐步提升这个群体的社会价值和社会地位的同时，应当科学系统地强化对他们的培训与指导，使之更好地参与社区矫正工作。

其次，社区矫正工作者的培训有利于保证社区矫正工作的实效。社区矫正社会工作者承担着大量日常的工作，如档案管理、协助开展信息化核查和实地查访等协助监管工作，以及心理辅导、就业培训、社会适应性帮扶等教育帮扶工作。社会工作者是社区矫正机构工作人员的重要补充，因此，加强对社区矫正社会工作者的培训，有利于提高社会工作者的综合素养和专业技能，从而有力确保社区矫正工作的矫正实效。

最后，社区矫正工作者的培训有利于落实社区矫正法的具体要求。《社区矫正法》第16条明确规定，“国家推进高素质的社区矫正工作队伍建设。社区矫正机构应当加强对社区矫正工作人员的管理、监督、培训和职业保障，不断提高社区矫正工作的规范化、专业化水平”。社区矫正社会工作者是社区矫正工作人员的重要组成部分，依法享有参与培训及职业保障的相关权利。

2. 培训内容

第一，培训内容应当包括社区矫正相关法律知识。社区矫正社会工作者需熟悉社区矫正工作流程及相关法律法规。这也是各地区社区矫正工作培训中的必备内容，既包括《社区矫正法》和《社区矫正法实施办法》，也包括《刑法》《刑事诉讼法》中涉及社区矫正的相关规定，还包括各地区制定的实施细则等规范性文件，如《社区矫正工作实施细则》等。此外，一些地区培训材料中还包含某些典型案例，如《北京市司法行政系统社区矫正和律师公证管理人员岗位练兵培训资料》将会同公、检、法机关对缓刑类社区矫正对象执行禁止令的处理案例、缓刑社区矫正对象违法收监执行的案例等典型案例涵盖其中，从而让学习者更具体、更直观地了解如何处理或协助处理类似案件或突发情况，对于司法实践中的具体工作具有重要指导意义。

第二，培训内容应当加强社区矫正社会工作者的心理学、教育学和社会工作等专业知识与方法的培训。在实践中，很多地区招录、聘用的社会工作者专业化水平不高，因此，强化心理学、社会工作等专业相关知识类和技能类培训势在必行。针对社区矫正对象的心理问题，需要加强心理社会治理模式、焦点解决模式和赋能理论等[①]专业知识以及个案、小组、社区等工作方法的培训；对于社区矫正对象的行为矫正问题，可以强化归因理论、社会行动理论等理论知识和巧用同理心、赞赏激励法、间接建议法、双向沟通法等工作方法的培训。

第三，培训内容应当重视社会工作者参与社区矫正工作的"规范化"建设。《社区矫正法》第16条规定，应当通过加强对社区矫正工作人员的监督管理、培训保障等，不断提高社区矫正工作的规范化和专业化水平。例如，上海市新航社区服务总站按照《社区矫正 社会工作服务规范》。[②] 强化对社区矫正社会工作者的系统培训，从而提升其参与社区矫正工作的规范化和专业化水平。

第四，培训内容应当涵盖新信息技术与智能工作方法。社区矫正社会工作者通常参与社区矫正对象档案资料的填写、整理和后续管理等工作，因此紧跟时代发展步伐，通过培训学习数据库使用与维护方面的新知识，切实保障社区矫正对象个人信息基本情况、矫正过程动态发展等相关数据的信息安全；根据社区矫正机构需要，社会工作者还需要学习电子监控、信息化核查等方面的必备技术知识和具体操作方法。有些地区的社会工作者培训还包括摄影技术、网络短视频制作、人工智能(AI)技术等内容，从而让社会工作者能够以社区矫正对象以及公众喜闻乐见的方式更好地记录、保存和宣传社区矫正工作。

第五，培训内容应当包含政治理论素养和职业道德修养。社区矫正社会工作者的服务对象并非一般的案主，而是曾经实施过犯罪行为的社区矫正矫正对象，因此，应加强政治理论素养和思想道德方面的培训。在日常参与社区矫正过程中，社区矫正社会工作者要保持正确的政治方向，传播正能量，公正客观地看待社会现象

---

① 参见张昱、蔡屹主编：《更生时代：社区矫正社会工作案例研究》，华东理工大学出版社2017年版，第121~138页。

② 2020年3月25日，上海市市场监督管理局发布通知(沪市监标技〔2020〕126号)，由上海市社区矫正管理局提出，上海市社会公共管理和公共服务标准化技术委员会归口，上海市新航社区服务总站作为主要起草单位，上海中和社区矫正事务所、上海奉贤区思齐社会工作服务中心、上海茸城社区平安服务社共同起草的地方标准DB31/T 1220—2020《社区矫正 社会工作服务规范》。参见上海市新航社区服务总站官方微博。

以及与社区矫正对象相关联的具体问题。有学者提及社区矫正社会工作者所应具备的专业素质时指出，除树立社区矫正的基本理念、掌握解决社区矫正对象需求和问题的方法与技巧、具备社会学等相关专业知识外，还应具有仁慈之心和奉献精神。① 总之，社区矫正社会工作者应当在助人自助理念的指引下，不断提升自身的政治理论素养和职业道德修养，保护好社区矫正对象的个人隐私，保守在社区矫正工作中知悉的相关秘密，并且，不过多干预社区矫正对象正常的工作、学习和生活。

3. 培训组织形式

首先，培训既可以由社区矫正机构组织，也可以由社会组织负责开展，还可以二者联合发起。在实践中，社区矫正机构通常会聘请高校专家学者、先进实务工作者等以讲座、讨论等方式对社会工作者开展培训；一些社会组织也会以多元渠道开展培训，如讲座、团建、沙龙、工作坊等。其中，社会组织督导机制对社会工作者的系统教育与职业发展具有重要作用。社区矫正社会工作者督导的教育功能是指“社工督导对社区矫正社会工作者开展服务时所需的知识与技能给予指导，协助社区矫正社会工作者达成专业上的发展”②。社会工作者督导通过教导社区矫正社会工作者有关“服务对象群”知识、“社会服务机构”知识、社会问题有关知识、工作过程知识、工作者自身认知和提供专业性建议与咨询等，强化社会工作者所需的相关知识与技能，通过个别督导与团体督导相结合的方式协助社会工作者学以致用，发挥知识能力学习与自我觉醒反馈的效能。

其次，培训既可以线下开展，也可以网络线上进行。2020 年年初，随着新冠疫情的爆发，网络在线课程成为大中小学以及继续教育学习的重要平台。事实上，除了聘请专家学者开展专项培训外，还可以选取一些与社区矫正工作相关的优质网络公开课或公益讲座，供有相关需求的社会工作者学习。

最后，培训采用分阶段的形式，有针对性地开展，效果更佳。加拿大对缓刑监督官的培训具有以下特征：(1)分阶段培训：包括入职前的岗前培训、入职后 6 个月内培训、1 年内考取证书训练、常态化学习和终身学习；(2)网课和线下课程结合，如档案管理和案件监督为网课，调查面谈技能培训为线下面对面进行训练；(3)必修与选修相结合，既开设了针对特定类型罪犯，如性罪犯等监督管理类课程，又开设了传染病预防、多元文化等课程。③ 根据以上域外经验，对社区矫正社会工作者的培训可以结合本地资源特点以及社会工作者具体负责的工作性质等元素，分阶段、有

① 参见吴宗宪主编：《社区矫正导论》，中国人民大学出版社 2011 年版，第 116 页。

② 参见大兴区司法局：《社区矫正工作中的社工督导功能探析》，载《感悟回归》2016 年第 1 期。

③ 参见王珏、王平、杨诚主编：《中加社区矫正概览》，法律出版社 2008 年版，第 358 ~ 360 页。

针对性地予以开展。

4. 培训效果考评

考评是检验培训效果的重要手段。根据培训主题内容、参与培训人员数量、培训时长等因素选取适宜的考评方法。其一为精准考评型,针对本次培训内容设置考题,包括客观题和主观题等题型,参训社会工作者考试结束后可获得较为精确的分值评价,及格者获取培训合格证书;其二为奖励激励型,以举办主题竞赛等方式,激励参训社会工作者用心钻研知识和技能的精髓,优胜者可获取相应奖项和奖品;其三为分享交流型,要求每位参训社会工作者认真学习,培训结束后以报告或总结材料等方式,将所学精要梳理总结后,分享给其他参训人员;其四为调查反馈型,培训结束后请参训社会工作者填写调查问卷或开展访谈等,了解社会工作者的学习感受和学习成效,同时,请社区矫正社会工作者提出针对此次主题培训的改进建议。

(二)保障

充分保障社区矫正社会工作者是稳定、发展工作队伍的重要手段。依据《社区矫正法》第 6 条、第 15 条、第 16 条和第 60 条的相关规定,建立健全社区矫正社会工作者的工资待遇、培训及职业发展、人身及生命安全等合法权益保障。

一是迫切加强社区矫正社会工作者的工资待遇保障。在实践中,社会工作者协助社区矫正机构承担了大量的日常管理工作,但从全国来看社会工作者的工资待遇普遍偏低,以武汉市为例,2016 年武汉市社区矫正专职社会工作者平均工资为 1500 元/月,比当地最低社会保障标准高一点。2016 年 1 ~ 9 月武汉市主城区社工流失平均变动率为 14%,变动率最高的区达到 41%①。不同省份、不同地区的社会工作者经费保障存在较大差距,有的中西部省份无法为社会工作者参与社区矫正提供必要的经费保障,有的省份没有建立经费保障动态增长机制,现有经费保障标准无法满足工作现实需要。因此,应当依据《社区矫正法》第 6 条的规定,无论社会工作者以公开招聘、政府购买服务或项目委托等方式参与社区矫正工作,都应落实好相关经费保障。例如,《浙江省社区矫正社会工作者管理办法(试行)》(浙司〔2020〕96 号)规定,社区矫正社工的年平均工资(含按规定由单位缴纳的社会保险费和住房公积金等费用)不低于当地上一年度全社会单位就业人员年平均工资,有条件的地方可以提高到当地上一年度全社会单位就业人员年平均工资 1.5 倍水平。

① 参见张石玲:《当前社会力量参与社区矫正工作面临的问题及对策——以武汉市社区矫正工作为例》,载《中国司法》2017 年第 5 期。

此外,可以通过社会资金的合理引入,以多元途径实现社会工作者待遇的稳步提升。

二是亟待加强社会工作者的培训和职业发展保障。如前文所述,社区矫正社会工作者工资待遇偏低,且职业发展空间狭小,晋升与发展机制尚未健全,因此人员流动性大,“招不来人、留不住人”的情况较为突出。《缓刑和社会工作中工作满意度研究》①一文探讨了英国社工和专业缓刑官两个主体在社区矫正工作中的工作满意度问题,研究发现较之专业缓刑官,许多社工在实务工作中感受到的是被疏远,大多数社工认为,与缓刑服务部门相比在其他领域就职应当会得到更好的职业发展。文章揭示出社会工作者参与社区矫正工作满意度不高的现实问题。事实上,一方面,可以在专业知识和相关技能的系列培训中增强社工的职业认同感、归属感和获得感;另一方面,健全社会工作者的职业发展保障机制,通过合理科学的晋升级别及相应岗位设置,配合相关奖励激励机制等多措并举,全面提升社会工作者的工作满意度。

三是需要加强社区矫正社会工作者的合法权利保障。《社区矫正法》第15条规定,“社区矫正机构工作人员和其他参与社区矫正工作的人员依法开展社区矫正工作,受法律保护”。第60条规定,保护好社区矫正社会工作者及其近亲属的人身及生命安全。社区矫正对象针对社区矫正社会工作者及其近亲属的殴打、威胁、侮辱、骚扰、报复行为构成犯罪的,依法追究刑事责任;尚不构成犯罪的,由公安机关依法给予治安管理处罚。据此,落实好社会工作者享有的参与权、财产权、人身及生命安全等合法权益保障是法律规定的切实要求。

第三节 其他社会力量

大卫·加兰德(David Garland)提出,对刑罚的理解不应仅仅停留在犯罪控制的工具性视角,而应当认识到刑罚的复杂性,事实上,刑罚受到政治、经济、文化等多重因素的影响,可以将刑罚视为一种社会制度(punishment as a social institution),在社会行为和文化意蕴更宽广的社会网络中解读刑罚,而作为一种社会制度的刑罚仅仅能在部分程度上实现自足,因此,需要加强同其他领域的合作,将自身链接到

① See Martin Davies, “Work Satisfaction in Probation and Social Work”, *The British Journal of Social Work*, Vol. 20, No. 5, 1990.

整个社会治理的网络中。[①] 社会力量参与是社区矫正这一刑事执行方式的应有之义,同时也是"行刑社会化"和实现社区矫正对象"再社会化"的必然要求。在实践中,除了社区矫正机构工作人员和社区矫正社会工作者之外,居民委员会和村民委员会成员、社区矫正对象的监护人及家庭成员、社会志愿者等其他社会力量在协助开展社区矫正工作中发挥着至关重要的作用。

一、居民委员会与村民委员会

(一)概念与作用

我国《城市居民委员会组织法》第 2 条规定,居民委员会是"居民自我管理、自我教育、自我服务的基层群众性自治组织。不设区的市、市辖区的人民政府或者它的派出机关对居民委员会的工作给予指导、支持和帮助。居民委员会协助不设区的市、市辖区的人民政府或者它的派出机关开展工作"。我国《村民委员会组织法》第 2 条规定,村民委员会是"村民自我管理、自我教育、自我服务的基层群众性自治组织,实行民主选举、民主决策、民主管理、民主监督。村民委员会办理本村的公共事务和公益事业,调解民间纠纷,协助维护社会治安,向人民政府反映村民的意见、要求和提出建议。村民委员会向村民会议、村民代表会议负责并报告工作"。

居民委员会与村民委员会在社区矫正工作中发挥着不可替代的作用。依据上述规定,居民委员会和村民委员会作为基层群众性自治组织,一方面,在自我管理、自我教育与自我服务中密切关注着居民的日常生活;另一方面,协助人民政府及其派出机关开展各项工作,同时将村民或居民的意见、要求和建议反映给政府相关职能部门。《社区矫正法》第 12 条规定,"居民委员会、村民委员会依法协助社区矫正机构做好社区矫正工作"。在实践中,村(居)委会扎根乡村或社区基层,具有贴近社区矫正对象日常工作与生活的优势,可以及时了解社区矫正对象的思想动向和行为表现,同时将相关情况及时反映给社区矫正机构;在发挥自身优势的基础上,村(居)委会依法协助社区矫正机构开展监督管理、教育帮扶等工作,尤其对于社会工作者、社会组织等资源相对稀缺的农村而言,村委会在协助开展社区矫正工作中发挥着至关重要的作用。2014 年,司法部、教育部、民政部等六部委联合颁布的《关于组织社会力量参与社区矫正工作的意见》规定,村(居)民委员会是协助开展社区矫正工作的重要力量。此外,居民委员会和村民委员会在宣传社区矫正和组织相

---

① See David Garland, *Punishment and Modern Society: A Study in Social Theory*, Oxford: Clarendon Press, 1990, p. 281 – 292.

关社会组织、居民群众及其他志愿者参与社区矫正工作中也发挥着积极作用，通过整合自身人力、物力、文化等资源，促进社区矫正对象融入社区、回归社会。

（二）参与领域及相关职责

第一，协助参与社区矫正调查评估工作。《社区矫正法》第18条规定，“社区矫正决定机关根据需要，可以委托社区矫正机构或者有关社会组织对被告人或者罪犯的社会危险性和对所居住社区的影响，进行调查评估，提出意见，供决定社区矫正时参考。居民委员会、村民委员会等组织应当提供必要的协助”。调查评估的内容是对被告人或罪犯的社会危险性和对所居住社区的影响进行调查分析，提出评估意见；调查评估的目的是为社区矫正决定机关是否适用社区矫正提供参考。① 因此，居民委员会、村民委员会应当给予社区矫正机构或社会组织必要的协助，将其知悉的相关情况，包括被告人或罪犯个人生活习性、一贯表现、家庭和社会关系、犯罪行为的影响、悔罪态度等如实告知，并为社会调查的顺利进行提供帮助。

第二，作为矫正小组成员参与社区矫正工作。《社区矫正法》第25条第2款规定“根据需要，矫正小组可以由司法所、居民委员会、村民委员会的人员，社区矫正对象的监护人、家庭成员，所在单位或者就读学校的人员以及社会工作者、志愿者等组成”。作为矫正小组成员，居民委员会、村民委员会的人员参与社区矫正工作的主要职责包括：按照矫正方案协助社区矫正机构开展个案矫正工作；督促社区矫正对象遵纪守法，遵守社区矫正规定；参与对社区矫正对象的考核评议和教育活动；对社区矫正对象定期走访谈话，了解其思想、工作和生活情况，及时向社区矫正机构报告；协助对社区矫正对象进行帮困扶助；依法协助社区矫正机构做好其他工作。

第三，组织引导志愿者和社区群众参与社区矫正工作。《社区矫正法》第38条规定，“居民委员会、村民委员会可以引导志愿者和社区群众，利用社区资源，采取多种形式，对有特殊困难的社区矫正对象进行必要的教育帮扶”。一些社区本身就拥有志愿者服务站、文体社团等各类资源，村（居）委会可以充分利用这些资源，采取多元、适宜的形式组织引导志愿者和社区群众参与到对社区矫正对象的教育帮扶工作中。例如，北科大社区利用本社区网格律师资源为有困难的社区矫正对象答疑解惑，提供所需的法律咨询服务；组织社区矫正对象参与雷锋月“不忘初心在社区，美化家园我先行”社区环境清理等活动。② 这些教育帮扶活动让社区矫正对

---

① 参见王爱立、姜爱东主编：《〈中华人民共和国社区矫正法〉释义》，中国民主法制出版社2020年版，第104页。

② 参见北科大社区党委、居委会主编：《北科大社区之声》第41期，2017年3月。

象真切地感受到来自社区和社会志愿者的关怀，在亲自参与服务社区和共建社区的相关活动中，社区矫正对象认罪悔罪，同时，提升了自身的人际交往能力和伦理道德素养，从而更好地融入现实生活回归社会。

(三)域外经验

加拿大各地区的公民咨询委员会负责观察当地相关机构(特别是社区)的日常工作和重大事件，与社区、加拿大矫正局以及矫正对象保持联系，为加拿大矫正局提供咨询服务，在促进公众参与社区矫正和增强社会同矫正对象互动中发挥着重要作用。加拿大全国已有106个公民咨询委员会，会员共计600余人。各地方公民咨询委员会由5～15名社区志愿者构成，任期2年。地方公民咨询委员会向区域公民咨询委员会负责，区域公民咨询委员会向国家执行委员会负责。《公民咨询委员会材料手册》针对该委员会工作目标作出如下规定：加强与社区矫正对象、加拿大矫正局工作人员和公众的沟通，提升公众对社区矫正的理解；在社区矫正过程中，鼓励公众参与；参与发展社区资源，支持矫正项目；做公正的观察者，特别是在危机时刻到来时；通过有意义的咨询积极参加新政策和新项目的开发与实施①。在社区矫正工作过程中，公民咨询委员会发挥了联络员、观察员和建议者的作用。

我国的居民委员会、村民委员会在联络社区、社区矫正对象和社区矫正机构中承担了类似加拿大公民咨询委员会的职能，但由于不同的国情背景，我国的基层群众性自治组织更倾向于“上传下达式”地完成社区矫正机构交付的工作任务。今后，在党的十九届四中全会提出的“健全充满活力的基层群众自治制度”指引下，在依法协助社区矫正机构开展工作中，居民委员会和村民委员会参与社区矫正工作的主动性和建设性有待进一步探索和提升。

此外，由于居民委员会、村民委员会人员通常不具备法律、社会学、心理学等专业背景，对社区矫正法律法规和具体工作不了解，因此需要采取灵活多样的形式加强相关培训。《社区矫正法》第6条明确规定，居民委员会、村民委员会依法协助社区矫正机构开展工作所需的经费应当按照规定列入社区矫正机构本级政府预算，从而在法律层面明确了居民委员会、村民委员会参与社区矫正工作的经费保障。

二、社区矫正对象的监护人及家庭成员

(一)定义及重要性

社区矫正对象的监护人是指对未成年社区矫正对象的人身、财产及其他一切

---

① 参见王珏、王平、杨诚主编：《中加社区矫正概览》，法律出版社2008年版，第412～416页。

合法权益依法负有监督和保护责任的人。[①]《民法典》第 27 条规定,父母是未成年子女的监护人。未成年人的父母已经死亡或者没有监护能力的,由下列有监护能力的人按顺序担任监护人:祖父母、外祖父母;兄、姐;其他愿意担任监护人的个人或者组织,但是须经未成年人住所地的居民委员会、村民委员会或者民政部门同意。社区矫正对象的家庭成员是指与社区矫正对象在同一家庭中共同生活的成员,如夫妻、父母、子女、兄弟姐妹等。[②]

"对于返回社区的矫正对象来说,家庭往往既是一种宝贵的重返社会资产,又是一种潜在的饱含不利因素的压力来源。"[③]家庭是社会的细胞,是社会结构中最基本的单位之一。家长是孩子的第一任启蒙老师,家庭教育不仅是启蒙教育,而且是日常教育和终身教育。[④] 家庭教育对一个人的健康成长和良性发展起至关重要的作用,产生着深远的影响。不完整的家庭结构、异常的家庭关系、道德缺失的家庭教育、不健康的家庭生活方式等都会给家庭成员带来或多或少的不良影响,极易导致青少年形成不良人格,造成畸形发展,易受外界的不良教育感染,形成错误的人生观、价值观、世界观,导致其走上犯罪道路。《诗经 · 小雅 · 小宛》有云:"教诲尔子,式穀似之。"我国历史上的周公训子、孟母三迁、岳母刺字等普通民众耳熟能详,《颜氏家训》等各种优秀的家训文化也广为流传。因此,应当在继承发扬我国传统文化精髓的同时,以社会主义核心价值观为引领,不断融入现代家庭教育的科学元素,改善问题家庭的教育模式与方法,从而提升社区矫正对象家庭教育的质量,促进社区矫正对象融入家庭与社区,更好地回归社会。

(二)参与领域及内容

第一,协助社区矫正机构做好监督管理工作。社区矫正对象的监护人、家庭成员作为矫正小组成员,依据《社区矫正法》第 25 条的相关规定协助社区矫正机构落实矫正方案。[⑤] 由于社区矫正对象的监护人、家庭成员与其共同生活,可以第一时间了解社区矫正对象的健康情况、生活状态和行为动向,所以应当发挥监护人、家庭成员的上述优势,协助社区矫正机构,落实好对社区矫正对象的日常监管,遇到

---

① 参见王爱立、姜爱东主编:《〈中华人民共和国社区矫正法〉释义》,中国民主法制出版社 2020 年版,第 80 页。

② 参见王爱立、姜爱东主编:《〈中华人民共和国社区矫正法〉释义》,中国民主法制出版社 2020 年版,第 80 ~ 81 页。

③ See Shannon M. Barton Bellessa, *Encyclopedia of Community Corrections*, Los Angeles: SAGE Press, 2012, p. 325.

④ 参见林少菊:《家庭伦理与犯罪研究》,中国人民公安大学出版社 2005 年版,第 42 页。

⑤ 参见司绍寒:《社区矫正程序问题研究》,法律出版社 2019 年版,第 152 页。

法律规定情形或特殊情况及时向社区矫正机构报告。实践中的确存在社区矫正对象的监护人、家庭成员误认为,“人死百了”或由于其他原因没有及时向社区矫正机构报告的现实问题,因此,《社区矫正法》第 51 条特别规定:社区矫正对象在社区矫正期间死亡的,其监护人、家庭成员应当及时向社区矫正机构报告。

第二,协助社区矫正机构做好教育矫正工作。《社区矫正法》第 39 条对此作出明确规定,“社区矫正对象的监护人、家庭成员应当协助社区矫正机构做好对社区矫正对象的教育”。法条表述中使用“应当”一词表明,协助社区矫正机构做好教育矫正工作是社区矫正对象的监护人、家庭成员的法定义务,必须依法履行。在整个矫正过程中,社区矫正机构应当明确告知社区矫正对象的监护人、家庭成员具有法定的协助教育义务,在其怠于履行相关义务时及时提示和督促。总之,社区矫正机构应当通过矫正小组、入户走访等多种渠道同社区矫正对象的监护人、家庭成员保持良性沟通关系,利用好、落实好社区矫正对象的监护人、家庭成员协助教育的责任和义务。

第三,协助社区矫正机构做好未成年人社区矫正工作。《社区矫正法》对未成年社区矫正对象的监护人作了特别规定。《社区矫正法》第 53 条第 1 款指出,“未成年社区矫正对象的监护人应当履行监护责任,承担抚养、管教等义务”。依据《未成年人保护法》和《预防未成年人犯罪法》的相关规定,监护人应当承担的抚养、管教等义务,包括关注未成年社区矫正对象的生理、心理和行为习惯,用健康的思想、良好的品行和适当的方法教育引导社区矫正对象,预防和制止未成年社区矫正对象吸烟、酗酒、沉迷网络、赌博、吸毒、卖淫等行为;发现未成年社区矫正对象组织或参加实施不良行为团伙的,应当及时予以制止,若发现该团伙有违法犯罪行为的,应当及时向社区矫正机构或公安机关报告;发现有人教唆、胁迫、引诱未成年社区矫正对象重新违法犯罪的,应当向社区矫正机构或公安机关报告等。《社区矫正法》第 53 条第 2 款还规定了未成年社区矫正对象的监护人怠于履行监护职责和拒不履行监护职责的处理办法。对于监护人怠于履行监护职责的,社区矫正机构应当对未成年社区矫正对象的监护人进行批评教育,督促其依法履行监护职责;对于监护人拒不履行监护职责的,包括明示拒绝履行或经社区矫正机构教育督促后仍不履行的,可根据具体情况通知监护人所在单位或村(居)委会或公安机关依法处理,还可以向人民法院提出撤销监护人资格的申请。

另外,社区矫正对象的监护人应当做好未成年人的义务教育工作。《社区矫正法》第 55 条第 1 款规定,“对未完成义务教育的未成年社区矫正对象,社区矫正机构应当通知并配合教育部门为其完成义务教育提供条件。未成年社区矫正对象的监护人应当依法保障其按时入学接受并完成义务教育”。作为矫正小组成员，监护人应当始终关注未成年社区矫正对象接受义务教育的情况，发现社区矫正对象未完成义务教育的，应当及时向社区矫正机构报告。社区矫正机构将有关情况通知教育部门，在相互配合中确保社区矫正对象按时入学，接受并完成义务教育。

（三）潜能挖掘与利用

社区矫正工作需要充分挖掘和利用监护人及家庭成员的潜能。《未成年人保护法》第12条规定，“父母或者其他监护人应当学习家庭教育知识，正确履行监护职责，抚养教育未成年人。有关国家机关和社会组织应当为未成年人的父母或者其他监护人提供家庭教育指导”。在实践中，由于自身法治观念淡薄、缺乏良好的生活习性、工作繁忙疏于管教子女等多种因素，社区矫正对象的监护人、家庭成员往往会进行不适当的家庭教育，营造一种不良的家庭环境。若不改变这种固有的家庭教育模式和行为习惯，将十分不利于社区矫正对象的教育矫正。因此，可以多措并举地加强对社区矫正对象的监护人及家庭成员的教育引导。上海市的实践做法是，在分级矫正工作中吸纳社区矫正对象的家属加入矫正小组，对配合帮助实施监督教育的家属鼓励其参加家属学校，经过培训进一步提升其帮教能力和水平；对不配合协助监管教育的家属通过加强家庭走访和沟通教育的方式，督促其配合监管教育，①从而不断改善家庭关系，建立良好的家庭支持系统。一些社会工作者还为社区矫正对象开展义工活动、家长沙龙等服务项目。家长沙龙主要以青少年家长为服务对象，对其开展每月一次小组交流会，交流学习对孩子的管理和教育、家庭关系改善技巧等。② 此类活动不仅可以提升监护人同社区矫正对象间的沟通能力，融洽二者关系，还可以培养一些家长成为青少年矫正工作的辅助力量和主要支持者。

此外，为发挥监护人及家庭成员的作用，可以请专家、学者等相关专业人士开展有关家庭伦理道德、婚姻家庭方面的法律知识等讲座培训；社会工作者可以运用社会工作的专业方法深入个案家庭内部，厘清具体问题，有针对性予以帮扶解决；在矫正小组成员交流矫正方案、汇报社区矫正对象情况、入户走访等过程中，社区矫正机构工作人员应当强化同社区矫正对象监护人、家庭成员间的交流互动，帮助其缓解家庭矛盾，改善家庭关系，完善家庭教育方式，从而提升教育帮扶效果。

---

① 参见陈耀鑫主编：《上海市社区矫正“三分矫正”工作实务指南》，上海人民出版社2019年版，第192页。

② 参见大兴区司法局：《青少年社区矫正服务模式的实务研究》，载《感悟回归》2016年第1期。

三、社会志愿者

(一)定义与作用

社区矫正志愿者,是指具备一定专业知识和能力素养或实践经验,经司法行政部门和志愿者组织登记,自愿无偿参与社区矫正工作的人员。[①]《社区矫正法》第13条规定,"国家鼓励、支持企业事业单位、社会组织、志愿者等社会力量依法参与社区矫正工作"。社区矫正志愿者具有自愿性、无偿性、兼职性等特征,主要的人员构成包括专家学者、高校师生、企事业单位人员、律所律师、离退休人员、社区居民等热心参与社区矫正工作的相关人员。

在各国社区矫正实践中,志愿者都扮演着重要的角色,是社区矫正专职工作者的重要补充。我国社区矫正的本意就是"在相关人民团体、社会组织和社会志愿者的协助下"转化社区矫正对象的犯罪心理与行为恶习,促进其顺利回归社会的非监禁刑事执行制度。因此,根据社区矫正机构的需要,社会志愿者协助参与社区矫正工作是我国社区矫正制度的应有之义,也是行刑社会化和推进我国国家治理体系和治理能力现代化的必然要求。事实上,社区矫正志愿者通常具备某项专业特长或丰富的实践经验,热心社会公益事业,可以助力解决实践中社区矫正专职工作人员不足、专业基础相对薄弱等现实问题,在协助社区矫正机构开展教育帮扶等工作中发挥着重要作用。

(二)不同志愿主体的参与领域和参与方式

不同类型的志愿者主体具有各自鲜明的特征与优势,因此,应当针对不同类型的志愿者选择其适宜的参与领域和参与方式,最大效能地利用好志愿者的参与价值。以下为几类具有代表性的志愿者主体。

1. 高校师生

高校拥有较为丰富的专业人才,是特定专业人才的聚集地和培养专业人才的专门机构,拥有储备文献信息资源的图书馆和心理矫正实验室等资源与科研条件,同时承载着服务社会的职能。因此,高校师生适宜参与教育矫正、困难帮扶以及从事与社区矫正实践相互促进的理论研究工作。参与方式可选用项目合作方式,如中国政法大学与大兴区司法局合作的"社区矫正引入专业社会工作项目";[②]设立社区矫正实习基地,如中央司法警官学院在朝阳区中途之家设立教学科研实习基地;

---

① 参见赵国玲主编:《刑事执行法学》,北京大学出版社2014年版,第90页。

② 参见刘颖、郭伟和:《借助专业力量架起回归的桥梁——北京市大兴区社区矫正引入专业社会工作项目报告》,载《人民调解》2013年第2期。

建立工作坊，如首都师范大学范燕宁教授在大兴区集中教育中心设立的司法社工工作坊，将专业社工知识引入社区矫正对象的矫正实践等。

2. 企业爱心人士

企业具有营利性，是谋求利益创造财富的主体，但企业同时又承担一定的社会责任，特别是具备一定规模和参数的知名企业，面临着社会责任担当和企业文化营造的任务和使命。企业爱心人士的参与领域和参与方式为：一是教育矫正环节，负责某类专业知识的讲解，如大兴区紫云东方文化公司员工为社区矫正对象讲解国学课程；二是专业技能培训，如江苏宜兴市爱心企业员工为社区矫正对象讲授紫砂制作课程；三是就业安置等困难帮扶，例如，截至 2017 年，江苏省宜兴市累计发展爱心帮教企业 296 家、捐助岗位 764 个、安置人员 300 余人，有效创设了社会化、制度化的就业安置渠道。①

3. 律所律师

律师拥有系统的法学专业知识和良好的沟通辩论技能，以及守时、敬业、尊重当事人等职业素养，契合社区矫正工作中教育帮扶的需求。其适宜的参与领域和参与方式为：接收宣告阶段为社区矫正对象解惑答疑，讲解相关法律知识，让社区矫正对象打开心结，认罪服法；②在教育矫正工作环节，发挥普法宣传与教育帮扶社区矫正对象的作用等。此外，律师协会、律师联盟等社会团体的参与可提供更丰富的人力、项目等资源，通过人才智库、项目资源库等资源共享与利用，让律师参与社区矫正更为便捷，富于成效。

4. 社区居民志愿者

社区居民同社区矫正对象居住在同一个社区，便于了解社区矫正对象的思想动态与活动情况。因此，社区居民志愿者可以通过加入社区矫正小组等方式，参与协助监管和教育帮扶等工作。2015 年，北京市制定了社区矫正社区评议制度③，每

---

① 参见李亚西、范晨：《社会力量参与社区矫正工作问题研究——基于北京朝阳、江苏宜兴和浙江余杭的实践调查》，载《中国司法》2018 年第 9 期。

② 参见郑朝：《律师参与社区矫正宣告　上好入矫“第一堂法治课”》，载《司法所工作》2016 年第 5 期。2016 年 4 月 26 日海淀区学院路街道司法所在接收展春园社区矫正对象张某时，因发现其对法院判决结果存有较大质疑，欠缺相关法律知识对未来的社区矫正工作开展存在隐患，首次邀请百瑞律师事务所热心公益事业的徐卫平律师参与社区矫正宣告工作，化解社区矫正对象对法院判决认识上的误区，普及相关法律知识，从真正意义上让社区矫正对象认罪服法，从而在刑事执行伊始，破解其心理障碍，消除重新犯罪之隐患，有效保障司法所社区矫正工作的顺利开展，取得了良好的实践效果。此后，学院路司法所依托学院路地区“律师调解委员会”团队，将更多的公益律师资源纳入社区矫正的入矫宣告工作中，并于 2016 年 5 月始，将其制度化。

③ 北京市司法局于 2015 年 7 月制定《北京市司法局关于社区矫正社区评议工作的暂行办法》，已确立社区矫正评议人员选聘条件、工作职责等制度规定，并设立发放评议补贴的激励机制。

个社区从村(居)委会成员、社会工作者、志愿者、党员以及离退休职工等热心社区矫正工作的人员中推选3~5名评议员,社区评议员每周记录社区矫正对象的日常表现和公益活动情况,填写《社区矫正评议员工作记录表》,每月末提交司法所或受委托的社会组织。2016年大兴区司法局在各社区选聘评议员700余人,发放评议补贴60余万元,社区评议员向司法所报送评议记录3万余条。[①] 这一举措,规范了社区居民志愿者参与社区矫正工作的方式和工作流程,发挥了社区居民协助社区矫正机构做好监督管理工作的效能,调动了其参与热情,培育了公民参与社区工作的意识与精神。

5.党员志愿者

党员代表最广大人民的根本利益,以全心全意为人民服务为根本宗旨。党员志愿者是社区矫正工作不容忽视的重要力量。针对我国国情现实,许多地区社会组织发展不足,尤其是乡村,而基层党员志愿者资源相对丰厚。因此,党员志愿者可以充分予以利用。余杭区崇贤街道司法所以村(社区)网格党建工作模式为载体,探索出"基层党建+社区矫正"的工作模式,在街道层面建立崇贤启航党员服务之家,作为党员志愿者和社区矫正对象日常活动场所;在各村(社区)成立若干党员服务站,服务站的党员志愿者负责联系该辖区内的社区矫正对象,每月带领他们开展理论知识学习和社区服务等活动,协助司法所严格落实教育学习、公益活动等规定;确立了志愿服务的刷卡积分制度;制定了党建+社区矫正的工作流程图和崇贤启航党员服务之家人员分工图;根据《余杭区党员先锋指数信息化积分项目表(修订)》制定了相关考评制度。这种党员志愿者参与社区矫正工作的模式值得借鉴、推广。

(三)参与机制

随着时代发展,社会志愿者队伍不断壮大以及社区矫正工作的职业化、规范化水平提升,应当逐步完善社区矫正志愿者的参与机制。

第一,在志愿者选任方面,应当将专业相关性、年龄结构等因素同当地的现实条件与需求相结合,制定出适宜的选任机制。社区矫正志愿者的选任条件通常包括下列要素:拥护宪法,遵守法律法规;品行端正;热心社区矫正工作;有一定的法律政策水平、文化素质和专业知识等。[②] 志愿者选任后,需要规范注册登记工作。

第二,在参与领域与参与方式方面,应当根据志愿者主体的专业优势等特征进

---

① 参见大兴区司法局:《推进司法行政工作创新与维护新区平安和谐》,载《感悟回归》2017年第1期。

② 参见王珏、王平、杨诚主编:《中加社区矫正概览》,法律出版社2008年版,第127~128页。

行匹配。社区矫正志愿者往往具有一定的专业特长或较为丰富的实践经验,其参与领域主要集中在教育帮扶领域,包括法治教育、心理辅导、社会认知教育、技能培训等。此外,根据现实需要,志愿者还可以协助社区矫正机构开展其他相关工作。总体来看,社区矫正志愿者的参与方式为无偿志愿式,但仍然可以选用项目运作方式开展,如加拿大"社区支持与责任圈"项目等。[①] 志愿服务工作完成后需规范服务记录。《关于组织社会力量参与社区矫正工作的意见》还提出,在社区矫正工作中建立社会工作者引领志愿者开展服务的参与机制。

第三,完善社区矫正志愿者的培训机制。依据《社区矫正法》第16条的规定,需要加强对社区矫正志愿者的培训工作。培训可由社区矫正机构牵头,在村(居)委会和志愿者组织的协助下,就社区矫正相关法律法规、社区矫正对象的教育帮扶政策、志愿服务的具体内容和工作流程、与社区矫正对象的沟通技巧等有计划、分层次、多形式地开展。[②] 培训结束后,志愿者可获取相应的培训证书。从时间性和阶段性上看,培训既包括开展志愿服务之前的培训,也应涵盖志愿服务期内针对不同服务内容以及新知识新方法的培训。就培训方式而言,既可以采用线下模式,也可选用网络在线模式,还可以采取线上、线下相结合的混合模式。

第四,建立健全社区矫正志愿者的保障机制。依据《社区矫正法》第15条和第16条的规定,健全社区矫正志愿者的保障机制十分必要。虽然社会志愿者以无偿志愿方式参与社区矫正工作,但在实践中仍然会产生志愿者的交通费用、提供志愿服务所需的设备、资料等费用,而现实的困境则是相应的资金保障不足。英国志愿服务的资金,仅36%来自政府投入,大量资金来源于社会,除个人和企业捐助外,千年志愿者公积金、健康部门与志愿行动基金等社会公益基金提供了大量的资金支持。[③]《关于组织社会力量参与社区矫正工作的意见》规定,国家鼓励企事业单位、公益慈善组织和公民个人对社区矫正志愿服务活动进行资助,形成多渠道、多元化的筹资机制。因此,社区矫正机构应当充分利用好社会资金,多渠道加强经费保障、人员保障和组织保障,健全人身安全和风险责任等相关法律保障。美国针对志愿者不适当地记录当事人隐私、在工作中使当事人受到伤害等由于志愿者错误行为导致的诉讼,为志愿者建立了责任保险制度,明确了社区矫正志愿者的相关法律责

---

① 参见王珏、王平、杨诚主编:《中加社区矫正概览》,法律出版社2008年版,第395~400页。

② 参见高贞主编:《中国特色社区矫正制度研究》,法律出版社2018年版,第39页。

③ 参见高贞主编:《社区矫正执行体系研究》,法律出版社2017年版,第248~249页。

任承担范围。[①] 此经验可结合我国国情选择性参考。

第五,完善社会志愿者的奖励激励机制。由于志愿服务本身的自愿、无偿等特性,对于志愿者的评价更多采取鼓励激励式或建议改进的方式。一是奖励激励方式。例如,杭州市余杭区每年度依据《余杭区启航社区矫正优秀志愿者年度评选实施意见》,开展社区矫正志愿服务评先评优工作,从社区(村)、爱心企业中评选出先进集体;按照一定比例从社区(村)、志愿者讲师团和爱心企业中评选出优秀社区矫正志愿者;从基层司法所、志愿者服务中心评选志愿服务的优秀组织者。二是建议改进的方式。从社区矫正对象的现实需求及志愿服务效果的角度,通过评价工作进一步完善改进志愿活动。例如,志愿服务活动后,由社区矫正对象和司法所工作人员填写《余杭区社区矫正志愿者讲师团讲座评价表》,就该讲座本身的重要性、与自己工作联系紧密度、讲座的前沿性以及对实际工作的帮助程度等进行综合评价,还可提出自己的意见和建议,从而不断提升讲师团的志愿服务质量,保障教育矫正的效果。武汉市《东西湖区司法局关于在社区矫正工作中引入志愿者的办法(试行)》规定了志愿者的职责、构成和管理机制以及补贴激励机制。[②] 浙江杭州市余杭区社区矫正志愿者服务中心为每位参与社区矫正工作的志愿者颁发《志愿者服务手册》,规定了志愿者的行为规范、权利和义务、启航志愿者服务中心工作职责等内容;每本手册设有志愿者个人信息填写栏,包含日期、志愿服务内容、时数、服务人数、证明人签字等内容。

此外,应当设立社区矫正志愿者协会等组织。例如,上海市社会帮教志愿者协会等,建立健全组织机构和运作机制,确保其相对稳定性和可持续发展,从而更广泛地吸纳有志之士,更好地整合多方资源,在组织志愿者参与社区矫正实务工作的同时大力宣传社区矫正事业,营造社会公众参与、助力社区矫正对象回归社会的社会氛围和文化气息。

总之,各国社区矫正的实践中不乏志愿者的身影。就整个社区矫正工作的顺利开展而言,志愿者发挥着十分重要的作用。英国早就有大量社区辅助官、治安法官由兼职志愿者担任的传统,在社区矫正领域,各类志愿者组织广泛参与其中,英国“柯林克斯”更生公司董事克莱夫·马丁(Clive Martin)曾谈道“无论你在哪里探

---

① 参见刘强编著:《美国社区矫正的理论与实务》,中国人民公安大学出版社 2003 年版,第 343 ~ 344 页。

② 参见张石玲:《当前社会力量参与社区矫正工作面临的问题及对策——以武汉市社区矫正工作为例》,载《中国司法》2017 年第 5 期。

访罪犯改造情况,你都会看到志愿者组织在工作”。[①] 日本的社会力量参与社区矫正工作呈现着浓重的“官民协作,以民为主”[②]的特征。负责社区矫正工作的机构为保护观察所,由保护观察员与担任观察司的民间志愿者构成。[③] 日本将每年的 7 月 1 日设为更生保护日;每年 7 月法务省举办“使社会更加光明”的公众参与犯罪预防活动。在公民志愿者参与方面,我国的制度和文化背景等因素决定了现阶段志愿者参与社区矫正的广度和深度不够,但也要看到近年来各类志愿者组织在不断发展壮大,公民参与志愿服务的意识也在稳步提升。因此,在共建共治共享的现代社会治理理念的指引下,大力挖掘和有效利用高校师生、律所律师、企业爱心人士等个人或各类公益组织慈善机构等组织资源,以标准化、制度化的参与机制,引导其积极参与社区矫正工作,最大限度地发挥其应有价值,助力社区矫正对象顺利回归社会。

复习思考题

1. 社区矫正机构工作人员的定义是什么?其职责与权限包括哪些?
2. 社区矫正社会工作者在哪些领域以何种方式参与社区矫正工作?社会工作者参与社区矫正工作的意义是什么?
3. 在新时代背景下,社区矫正工作主体的培训与保障应重点关注哪些方面?
4. 在司法实践中应该重点引导哪些社会力量参与社区矫正工作?如何科学有序地引导这些社会力量有效参与社区矫正工作?

---

① 参见刘强、姜爱东主编:《社区矫正评论》(第 6 卷),中国人民公安大学出版社 2016 年版,第 320 页。

② 参见王平主编:《社区矫正制度研究》,中国政法大学出版社 2014 年版,第 246 页。

③ 参见张荆主编:《海峡两岸社区矫正制度建设研究》,法律出版社 2016 年版,第 138 页。

第七章　社区矫正对象

本章摘要

社区矫正对象是指已判决生效并在社区接受矫正的罪犯。作为实施过犯罪行为的特殊公民,他们既承担一定的义务,也享有一定的权利。法律在剥夺或限制社区矫正对象某些权力的同时,也保护其未被剥夺或限制的权利。在社区矫正工作中要特别关注社区矫正对象的权利保障问题。本章分三节内容,重点介绍社区矫正对象的概念、特点、类型及其法律地位、权利保障等问题。

重点问题

1. 社区矫正对象的概念及特点。
2. 社区矫正对象的基本权利与义务。
3. 社区矫正对象的权利保障。

第一节　社区矫正对象概述

一、社区矫正对象的概念

(一)社区矫正对象称谓的演变过程

自2003年开展社区矫正试点工作以来,社区矫正对象的称谓几经变化。在较早时期的文献中普遍使用的是“社区矫正对象”的称谓,后又使用“社区服刑人员”的称谓,2012年最高人民法院、最高人民检察院、公安部、司法部联合印发的《社区矫正实施办法》中使用“社区矫正人员”的称谓, 2019年第十三届全国人民代表大会常务委员会第十五次会议通过的《社区矫正法》中再次使用“社区矫正对象”的称谓。

在社区矫正试点开始前后,特别是在探索阶段和试点前期,理论界和实务界对在社区接受矫正的罪犯,普遍使用"社区矫正对象"的称谓。2003 年 7 月两院两部《通知》中明确,将在社区接受矫正的罪犯称为"社区服刑人员",主要原因:根据国际上行刑实践的经验,认为"社区服刑人员"一词更能使罪犯认识到自己的身份,从而更好地促进罪犯的认罪伏法和再社会化。在 2004 年 7 月司法部印发的《司法行政机关社区矫正工作暂行办法》和 2009 年 9 月最高人民法院、最高人民检察院、公安部、司法部联合印发的《关于在全国试行社区矫正工作的意见》中,都沿用"社区服刑人员"的称谓。但在实践中,有学者认为,被宣告缓刑的人员在缓刑考察期间,不是在执行刑罚,因为没有惩罚性,故而不是在"服刑",所以使用"社区服刑人员"的称谓不恰当。也有学者认为,我国的社区矫正对象范围过窄,应该把吸毒人员、附条件不起诉人员也纳入进来,而他们一旦被纳入社区矫正的范围,社区矫正的性质与定位必然发生变化,"社区服刑人员"称谓的合理性也必然会面临冲击。但在没有法律规范的前提下,实践中更多还是使用"社区服刑人员"的称谓。

2012 年 1 月,最高人民法院、最高人民检察院、公安部、司法部联合印发了《社区矫正实施办法》,在该办法中将"社区服刑人员"的称谓改为"社区矫正人员"。其原因:有些实务工作者认为,将在社区接受矫正的人员称为"社区服刑人员"有贴"标签"之嫌,不利于其改造。同时,接受社区矫正的人员也不愿意被称为"服刑人员",抵触情绪较大;所以,为了贯彻人道主义原则,便于开展教育帮扶工作,将"社区服刑人员"改为"社区矫正人员"。但是,在司法实践中,"社区矫正人员"与"社区矫正工作人员"有混淆之嫌,特别是非专业人员,易于将社区矫正人员误解为社区矫正工作人员。"社区矫正人员"的称谓既没有标明人员的法律地位和身份特征,还有刻意模糊人员身份之嫌。所以,使用"社区矫正人员"这个称谓,既不准确,也容易引起误解,还有失公正。随后,在 2014 年 8 月 28 日司法部办公厅印发的《关于全面推进社区矫正工作的意见》中,又将"社区矫正人员"的称谓改回为"社区服刑人员"。最后,2019 年 12 月 28 日通过的《社区矫正法》明确称谓为"社区矫正对象"。这种称谓更加人性化,避免了标签化现象,更符合促进社区矫正对象顺利融入社会的目的任务。

称谓的变化,反映了社区矫正的概念也在不断发生着变化,直至《社区矫正法》的出台,社区矫正对象的概念才以法律的形式将其规范下来。这一概念的外延比较明确,而且适应性比较强,无论社区矫正对象的适用范围如何变化也不影响其使用。同时,"社区矫正对象"的概念既是实践经验的总结,又是法律文明化、人道化理念的体现,也反映了社区矫正的属性。

（二）社区矫正对象的概念

我国刑事实体法、刑事程序法以及社区矫正专门立法都提及了社区矫正这一概念。具体而言，《刑法》第38条、第76条、第85条分别规定：对判处管制的犯罪分子，依法实行社区矫正；被宣告缓刑的犯罪分子，在缓刑考验期限内，依法实行社区矫正；对假释的犯罪分子，在假释考验期内，依法实行社区矫正。《刑事诉讼法》（2018年修正）第269条规定："对被判处管制、宣告缓刑、假释或者暂予监外执行的罪犯，依法实行社区矫正，由社区矫正机构负责执行。"《社区矫正法》第1条规定："为了推进和规范社区矫正工作，保障刑事判决、刑事裁定和暂予监外执行决定的正确执行，提高教育矫正质量，促进社区矫正对象顺利融入社会，预防和减少犯罪，根据宪法，制定本法。"第2条规定："对被判处管制、宣告缓刑、假释或者暂予监外执行的罪犯，依法实行社区矫正。对社区矫正对象的监督管理、教育帮扶等活动，适用本法。"

根据上述法律规定，社区矫正对象是指为了执行刑事判决、刑事裁定和暂予监外执行的决定而在社区接受监督管理、教育帮扶的罪犯，主要包括被判处管制的、被宣告缓刑的、被裁定假释的、被决定暂予监外执行的罪犯。社区矫正对象的监督管理、教育帮扶等活动，由社区矫正机构负责执行。对符合条件的罪犯，依法实行社区矫正，进行监督管理、教育帮扶，促进其在一个社会化、开放化的环境下顺利回归会社会，有利于化解消极因素，缓和社会矛盾，从而达到预防和减少犯罪，维护社会稳定的目的。

二、社区矫正对象的特点

（一）犯罪行为的确定性

社区矫正对象是实施了犯罪行为的自然人。实施了犯罪行为是他们与守法公民的基本区别，也是其与一般违法者的重要区别。如果行为人没有实施犯罪行为，就不能成为社区矫正对象。同样，虽然行为人实施了违法行为，但是，违法行为的程度较轻，没有达到构成犯罪的标准，他们也不能成为社区矫正对象。例如，因为吸食、注射毒品被强制戒毒的违法者、受到治安管理处罚的违法者。

（二）罪犯身份的明确性

社区矫正对象的罪犯身份不因其接受矫正的环境而发生变化。刑事制裁性是犯罪的特征之一。实施了犯罪行为就要受到刑事法律的制裁。社区矫正对象是受到刑罚处罚的罪犯。无论是有过监禁矫正经历的假释犯、暂予监外行犯，还是在社会上接受矫正的管制犯、缓刑犯，都是判决已生效并处在执行或考察期间的罪犯。

（三）适用范围的特定性

社区矫正对象的适用范围具有特定性，不能随意扩大或缩小。根据《刑法》《刑事诉讼法》《社区矫正法》的相关规定，目前，社区矫正对象仅指在社区内接受矫正的管制犯、缓刑犯、假释犯和暂予监外执行犯“四类”特定罪犯。

（四）执行方式的多样性

社区矫正的执行方式具有多样性，既有原判刑罚的执行，也有刑罚执行方式的变更。管制犯就是原判刑罚的执行。缓刑、假释和暂予监外执行都是刑罚执行方式的变更。缓刑犯是因为其犯罪情节较轻，有悔罪表现，人身危险性和社会危害性不大，才依法实施社区矫正，缓刑考验期满，原判的刑罚就不再执行。假释犯是在监狱经过一段时间的改造，具有悔改表现，其人身危险性和社会危害性都有所降低，回归社会不致再危害社会，故将他们从监狱转移到社区中接受矫正。暂予监外执行犯则是由于具有特定的法定事由，如身体患有严重疾病需要保外就医的，怀孕或正在哺乳自己婴儿，生活不能自理，适用暂予监外执行不致危害社会，出于人道主义关怀，将他们置于社区中进行社区矫正。

三、社区矫正对象的类型

（一）管制犯

1. 管制的概念

管制是我国刑罚体系中的一种主刑。作为限制一定人身自由的刑罚方式，管制刑属于我国首创。管制是指对罪犯不予关押，但限制其一定自由，依法实行社区矫正的一种刑罚。

2. 管制的适用对象

根据《刑法》的有关规定，管制的适用对象是指犯罪情节轻微，社会危害不大，必须进行惩处而又无须关押的罪犯。一方面，罪行性质轻、危害小。我国《刑法》分则规定可以适用管制的犯罪主要集中在妨害社会管理秩序罪和妨害婚姻家庭罪中，这些犯罪的共同特点是罪行性质不严重，社会危害性较小。另一方面，人身危险性较小。管制不剥夺罪犯的人身自由，是在一定程度上限制其人身自由，所以，适用管制刑罪犯的人身危险性较小。如果罪犯的人身危险性高，管制则难以达到预防犯罪的目的。

3. 管制的期限

根据《刑法》第 38 条、第 41 条、第 69 条的规定，管制的期限，为 3 个月以上 2 年以下，数罪并罚时不得超过 3 年。管制的刑期从判决执行之日起计算，判决执行以前先行羁押的,羁押1日折抵刑期2日。虽然管制刑期的上限比拘役长,但由于管制只是限制人身自由,而拘役是剥夺人身自由。所以,从性质上讲,管制仍轻于拘役。

4. 管制的执行

根据《刑法》第38条第3款的规定,对判处管制的犯罪分子,依法实行社区矫正。《刑法》第40条规定,被判处管制的犯罪分子,管制期满,执行机关应即向本人和其所在单位或者居住地的群众宣布解除管制。

(二)缓刑犯

1. 缓刑的概念

我国刑法中的缓刑,是指对于被判处拘役、3年以下有期徒刑的犯罪分子,符合一定的条件,在一定考验期内,如果没有再犯新罪或者未被发现有漏罪或者没有违反法律、法规及有关规定或者没有违反人民法院判决书中的禁止令的,缓刑考验期满,原判刑罚就不再执行的一种刑罚制度。缓刑不是独立的刑种,理论界有学者将其称为"附条件的不执行"。

2. 缓刑的适用条件

根据《刑法》的相关规定,缓刑分为一般缓刑和战时缓刑两种。下面我们重点介绍一般缓刑。一般缓刑是指人民法院对于被判处拘役、3年以下有期徒刑的犯罪分子,根据其犯罪情节较轻,有悔罪表现,没有再犯罪的危险,宣告缓刑对所居住社区没有重大不良影响的,规定一定考验期,暂不执行原判刑罚的制度。一般缓刑的适用,应当具备以下条件:

第一,犯罪分子被判处的刑罚是拘役、3年以下有期徒刑。这是适用一般缓刑的前提条件。

第二,犯罪分子同时符合犯罪情节较轻、有悔罪表现、没有再犯罪的危险、宣告缓刑对所居住社区没有重大不良影响4个条件。这是适用一般缓刑的实质条件。虽然有的犯罪分子被判处拘役或者3年以下有期徒刑,但其犯罪情节恶劣,或者没有悔罪表现,或者有再犯罪的危险,或者宣告缓刑对所居住社区有重大不良影响的,仍然不能宣告缓刑。

"犯罪情节较轻",是指犯罪人的行为性质不严重、犯罪情节不恶劣。"有悔罪表现",是指犯罪人对于其犯罪行为能够认识到错误,真诚悔悟并有悔改的意愿和行为。比如,积极向被害人道歉、赔偿被害人的损失、获取被害人的谅解等。"没有再犯罪的危险",是指对犯罪人适用缓刑没有再犯罪的可能,这是对犯罪分子将来再犯的预测,可根据其罪前的一贯表现,罪中的犯罪情节,罪后的认罪、悔罪表现,综合判断其社会危险性。“宣告缓刑对所居住社区没有重大不良影响”，是指对犯罪人适用缓刑不会对其所居住的社区安全、秩序和稳定带来重大的、现实的不良影响，具体情形由法官根据个案情况来判断。适用缓刑的上述四项条件必须同时具备，缺一不可。

第三，犯罪分子不是累犯和犯罪集团的首要分子。这是适用缓刑的排除条件。罪犯屡教不改，主观恶性较深，有再犯可能性，适用缓刑难以防止其再次危害社会。犯罪集团的首要分子，是指在犯罪集团中起组织、策划、指挥作用的犯罪分子。首要分子在犯罪集团中的作用大，其危害性高，是我国《刑法》打击的重点。累犯和犯罪集团的首要分子都排除适用缓刑。

第四，对宣判时不满 18 周岁的人、怀孕的妇女和已满 75 周岁的人，只要符合缓刑条件的，应当宣告缓刑。这是《刑法修正案（八）》第 11 条的补充规定，其目的是发扬人道主义精神，更好地保护未成年人、怀孕的妇女和老年人等特殊群体。

3. 缓刑的考验期限

根据《刑法》第 73 条的规定，拘役的缓刑考验期限为原判刑期以上 1 年以下，但是不能少于 2 个月。有期徒刑的缓刑考验期限为原判刑期以上 5 年以下，但是不能少于 1 年。缓刑考验期限，从判决确定之日起计算。此处的“判决确定之日”是指判决发生法律效力之日。判决前先行羁押的日期不能折抵缓刑考验期。

4. 对缓刑犯的考察和处理

（1）对缓刑犯的考察

社区矫正机构对被宣告缓刑的犯罪分子，在缓刑考验期内，依法实行社区矫正。同时，对被宣告缓刑的犯罪分子，人民法院根据犯罪情况，可以宣告禁止令。人民法院从促进缓刑犯教育矫正，有效维护社会秩序的需要出发，确有必要禁止其在缓刑考验期限内从事特定活动，进入特定区域、场所，接触特定人，可以根据《刑法》第 38 条第 2 款、第 72 条第 2 款的规定，宣告禁止令。2011 年 4 月 28 日，最高人民法院、最高人民检察院、公安部、司法部颁布了《禁止令规定》。人民法院宣告禁止令，应当根据犯罪分子的犯罪原因、犯罪性质、犯罪手段、犯罪后的悔罪表现、个人一贯表现等情况，充分考虑与犯罪分子所犯罪行的关联程度，有针对性地决定禁止其在缓刑考验期限内“从事特定活动，进入特定区域、场所，接触特定的人”的一项或者几项内容。

具体而言，人民法院可以根据犯罪情况，禁止判处宣告缓刑的犯罪分子在缓刑考验期限内从事以下一项或者几项活动：第一，个人为进行违法犯罪活动而设立公司、企业、事业单位或者在设立公司、企业、事业单位后以实施犯罪为主要活动的，禁止设立公司、企业、事业单位;第二,实施证券犯罪、贷款犯罪、票据犯罪、信用卡犯罪等金融犯罪的,禁止从事证券交易、申领贷款、使用票据或者申领、使用信用卡等金融活动;第三,利用从事特定生产经营活动实施犯罪的,禁止从事相关生产经营活动;第四,附带民事赔偿义务未履行完毕,违法所得未追缴、退赔到位,或者罚金尚未足额缴纳的,禁止从事高消费活动;第五,其他确有必要禁止从事的活动。

人民法院可以根据犯罪情况,禁止判处宣告缓刑的犯罪分子在缓刑考验期限内进入以下一类或者几类区域、场所:第一,禁止进入夜总会、酒吧、迪厅、网吧等娱乐场所;第二,未经执行机关批准,禁止进入举办大型群众性活动的场所;第三,禁止进入中小学校区、幼儿园园区及周边地区,确因本人就学、居住等原因,经执行机关批准的除外;第四,其他确有必要禁止进入的区域、场所。

人民法院可以根据犯罪情况,禁止判处宣告缓刑的犯罪分子在缓刑考验期限内接触以下一类或者几类人员:第一,未经对方同意,禁止接触被害人及其法定代理人、近亲属;第二,未经对方同意,禁止接触证人及其法定代理人、近亲属;第三,未经对方同意,禁止接触控告人、批评人、举报人及其法定代理人、近亲属;第四,禁止接触同案犯;第五,禁止接触其他可能遭受其侵害、滋扰的人或者可能诱发其再次危害社会的人。

禁止令由司法行政机关指导管理的社区矫正机构负责执行。禁止令的期限既可以与缓刑考验的期限相同,也可以短于缓刑考验的期限,但判处宣告缓刑的,禁止令的期限不得少于 2 个月。禁止令的执行期限,从管制、缓刑执行之日起计算。人民检察院对社区矫正机构执行禁止令的活动实行监督。

(2)对缓刑犯的处理

根据缓刑犯在缓刑考验期内的不同表现,对其做出下列不同处理。

被宣告缓刑的犯罪分子,在缓刑考验期内,犯新罪或者发现判决宣告以前还有其他罪没有判决的,应当撤销缓刑,对新犯的罪或者新发现的罪作出判决,把前罪和后罪所判处的刑罚,依照《刑法》第 69 条的规定,数罪并罚决定执行的刑罚。被宣告缓刑的犯罪分子,在缓刑考验期内,违反法律、行政法规或者国务院有关部门关于缓刑的监管规定,或者违反人民法院判决中的禁制令,情节严重的,应当撤销缓刑,执行原判刑罚。被宣告缓刑的犯罪分子,在缓刑考验期内,没有上述情形,缓刑考验期满,原判的刑罚不再执行,并公开予以宣告。这里应当注意的是,缓刑的效力只及于主刑。《刑法》第 72 条第 3 款规定,被宣告缓刑的犯罪分子,如果被判处附加刑,附加刑仍须执行。

被宣告缓刑的犯罪分子违反禁止令尚不属情节严重的,由公安机关依照《治安管理处罚法》第60条的规定处罚。被宣告缓刑的犯罪分子违反禁止令,情节严重的,应当撤销缓刑,执行原判刑罚。认定“情节严重”的情形包括:3次以上违反禁止令的;因违反禁止令被治安管理处罚后,再次违反禁止令的;违反禁止令,发生较为严重危害后果的;其他情节严重的情形。自收到社区矫正机构提出的撤销缓刑建议书之日起1个月内,原作出缓刑裁判的人民法院依法作出裁定。人民法院撤销缓刑的裁定一经作出,立即生效。

(三)假释犯

1. 假释的概念

假释是指对被判处有期徒刑、无期徒刑的犯罪分子,在执行一定刑期之后,因其遵守监规,接受教育和改造,确有悔改表现,不致再危害社会,而附条件地将其予以提前释放的制度。

2. 假释的适用条件

根据我国现行刑事法律法规,假释的适用条件包括以下几个方面:

(1)一般假释的条件

①法定的对象。根据我国《刑法》的规定,被判处有期徒刑的犯罪分子,执行原判刑期1/2以上,被判处无期徒刑的犯罪分子,实际执行13年以上,如果认真遵守监规,接受教育改造,确有悔改表现,没有再犯罪危险的,可以假释。对累犯和因故意杀人、强奸、抢劫、绑架、放火、爆炸、投放危险物质或有组织的暴力性犯罪被判处10年以上有期徒刑、无期徒刑的犯罪分子不得假释。

②法定的实质条件。犯罪分子认真遵守监规,接受教育改造,确有悔改表现,没有再犯罪的危险,这是适用假释的实质条件。犯罪分子需同时具备上述四个条件。“确有悔改表现”是指认罪服法,遵守罪犯改造行为规范和监狱纪律,积极参加政治、文化、技术学习,积极参加劳动,爱护公物,完成劳动任务。“没有再犯罪的危险”,是指除符合《刑法》第81条规定的情形外,还应根据犯罪的具体情节、原判刑罚情况,在刑罚执行中的一贯表现,犯罪的年龄、身体状况、性格特征,假释后生活来源以及监管条件等因素综合考虑。

③法定的时间条件。假释仅适用已经执行一部分刑罚的犯罪分子。《刑法》第81条规定,被判处有期徒刑的犯罪分子,执行原判刑期1/2以上,被判处无期徒刑的犯罪分子,实际执行13年以上,如果认真遵守监规,接受教育改造,确有悔改表现,没有再犯罪的危险的,可以假释。如果有特殊情况,经最高人民法院核准,可以不受上述执行刑期的限制。

(2)特殊假释的条件

为了保持假释制度适用的灵活性,我国《刑法》第81条规定:如果有特殊情况,经最高人民法院核准,可以不受上述执行刑期的限制。

根据有关司法解释,“特殊情况”是指有国家政治、国防、外交等方面特殊需要的情况。其包括如下情形:罪犯在服刑期间有重大发明创造或突出的立功表现;罪犯已经基本丧失活动能力,并有悔改表现,假释后不会再危害社会;罪犯有专门技能,有关单位急需使用;罪犯家庭有特殊困难,需本人照顾,请求假释的,在司法实践中,须由县级以上公安机关或者人民政府有关部门提供证明。但对犯罪集团的首犯、惯犯和罪行特别严重的罪犯除外;为了进一步贯彻未成年人保护法,执行对未成年罪犯实行教育、感化、挽救的方针,对犯罪时未成年,在刑罚执行期间确有悔改表现,不致再危害社会的;为了政治斗争的需要,对某些具有外国国籍或不属于大陆籍的罪犯而适用假释;其他特殊情况。

(3)不能适用假释的情况

累犯以及因故意杀人、强奸、抢劫、绑架、放火、爆炸、投放危险物质或者有组织的暴力性犯罪被判处10年以上有期徒刑、无期徒刑的犯罪分子不得假释;对于生效裁判中有财产性判项,罪犯确有履行能力而不履行或者不全部履行的,不予假释。

(4)可以从宽适用的假释

下列情况可以依法从宽适用假释:过失犯、中止犯、胁从犯;因防卫过当或者紧急避险过当而被判处有期徒刑以上刑罚的罪犯;犯罪时未满18周岁的罪犯;基本丧失劳动能力、生活难以自理,假释后生活确有着落的老年罪犯、患严重疾病罪犯或者身体残疾罪犯;服刑期间改造表现特别突出的罪犯;具有其他可以从宽假释情形的罪犯。

(5)可以优先适用的假释

下列情况可以依法优先适用假释:对可以从宽掌握的罪犯既符合法定减刑条件,又符合法定假释条件的,可以优先适用假释;年满80周岁、身患疾病或者生活难以自理、没有再犯罪危险的罪犯,既符合减刑条件,又符合假释条件的,优先适用假释。

3. 假释的考验期限

被判处有期徒刑的罪犯假释时,执行原判刑期1/2的时间,应当从判决执行之日起计算,判决执行以前先行羁押的,羁押1日折抵刑期1日。被判处无期徒刑的罪犯假释时,刑法中关于实际执行刑期不得少于13年的时间,应当从判决生效之日起计算。判决生效以前先行羁押的时间不予折抵。被判处死刑缓期执行的罪犯减为无期徒刑或者有期徒刑后,实际执行15年以上,方可假释,该实际执行时间应当从死刑缓期执行期满之日起计算。死刑缓期执行期间不包括在内,判决确定以前先行羁押的时间不予折抵。

4. 假释的撤销

被假释的犯罪分子,在假释考验期限内犯新罪,应当撤销假释,依照《刑法》第71条的规定实行数罪并罚;在假释考验期限内,发现被假释的犯罪分子在判决宣告以前还有其他罪没有判决的,应当撤销假释,依照《刑法》第70条的规定实行数罪并罚。在假释考验期限内,被假释的犯罪分子有违反法律、行政法规或者国务院有关部门关于假释的监督管理规定的行为,尚未构成新的犯罪的,应当依照法定程序撤销假释,收监执行未执行完毕的刑罚。

(四)暂予监外执行犯

1. 暂予监外执行的概念

暂予监外执行是指对于被处无期徒刑、有期徒刑或者拘役的罪犯,由于符合法定情形,决定暂不收监或者收监以后又决定改为暂时监外服刑,由社区矫正机构负责执行的刑罚执行制度。

2. 暂予监外执行的适用对象

一般情况下,暂予监外执行适用被判处有期徒刑或者拘役的罪犯;在特殊情况下,暂予监外执行可适用于被判处无期徒刑的罪犯。

3. 暂予监外执行的适用条件

《刑事诉讼法》第265条第1～3款规定了暂予监外执行的适用条件:"对被判处有期徒刑或者拘役的罪犯,有下列情形之一的,可以暂予监外执行:(一)有严重疾病需要保外就医的;(二)怀孕或者正在哺乳自己婴儿的妇女;(三)生活不能自理,适用暂予监外执行不致危害社会的。对被判处无期徒刑的罪犯,有前款第二项规定情形的,可以暂予监外执行。对适用保外就医可能有社会危险性的罪犯,或者自伤自残的罪犯,不得保外就医。"

4. 暂予监外执行的决定机关

《刑事诉讼法》第265条第5款规定了暂予监外执行的不同决定机关:"在交付执行前,暂予监外执行由交付执行的人民法院决定;在交付执行后,暂予监外执行由监狱或者看守所提出书面意见,报省级以上监狱管理机关或者设区的市一级以上公安机关批准。"

对有关职务犯罪罪犯适用暂予监外执行,还应当依照有关规定逐案报请备案审查。

5. 暂予监外执行的期限

暂予监外执行没有规定具体时间期限。如出现法定收监情形的可由社区矫正机构按程序提出,刑期届满的,按规定办理相关手续。

根据《社区矫正法实施办法》第 49 条的规定,暂予监外执行的社区矫正对象有下列情形之一的,由执行地县级社区矫正机构提出收监执行建议:(1)不符合暂予监外执行条件的,如通过贿赂等非法手段被暂予监外执行的,或者通过自伤、自残等手段骗取暂予监外执行的;(2)未经社区矫正机构批准擅自离开居住的市、县,经警告拒不改正,或者拒不报告行踪,脱离监管的;(3)因违反监督管理规定受到治安管理处罚,仍不改正的;(4)受到社区矫正机构两次警告的;(5)保外就医期间不按规定提交病情复查情况,经警告拒不改正的;(6)暂予监外执行的情形消失后,刑期未满的;(7)保证人丧失保证条件或者拒不履行义务被取消保证人资格,不能在规定期限内提出新的保证人的;(8)其他违反有关法律、行政法规和监督管理规定,情节严重的情形。

《暂予监外执行规定》第 27 条规定了暂予监外执行犯刑满释放程序:"罪犯暂予监外执行后,刑期即将届满的,社区矫正机构应当在罪犯刑期届满前一个月以内,书面通知罪犯原服刑或者接收其档案的监狱、看守所按期办理刑满释放手续。人民法院决定暂予监外执行罪犯刑期届满的,社区矫正机构应当及时解除社区矫正,向其发放解除社区矫正证明书,并将有关情况通报原判人民法院。"

第二节　社区矫正对象法律地位

一、社区矫正对象法律地位的概念

社区矫正对象的法律地位,是指社区矫正对象在国家确立的特定法律关系中所处的位置,具体来讲是指其在矫正期间是否享有权利、承担义务,以及其权利和义务的范围和程度。[①]

权利与义务是相对而言的。我国《宪法》规定:"任何公民享有法律和宪法规定的权利,同时也必须履行法律和宪法规定的义务。"这表明,法律不允许只享有权利,也不允许只承担义务,权利与义务是相互联系,不可分割的。对于社区矫正对象来说,也是如此。在社区矫正过程中,矫正对象既享有一定的权利,又必须承担相应

---

① 吴宗宪主编:《社区矫正导论》(第 2 版),中国人民大学出版社 2020 年版,第 95 页。

的义务。凡是法律没有禁止的权利,矫正对象均可享有,如财产权等;凡是法律要求其承担的义务,矫正对象也必须承担。如遵守社区矫正各种规章制度的义务等。权利的保障与义务的实现相伴相生,这样才能将社区矫正对象的全部活动纳入法治化、规范化的轨道,从而使他们体验到法律的威严,形成尊重他人、尊重社会、尊重法律的观念,养成遵纪守法的良好习惯,实现成为一个合格公民的矫正目标。

二、社区矫正对象权利与义务的特点

《宪法》第33条规定:"凡具有中华人民共和国国籍的人都是中华人民共和国的公民","任何公民享有宪法和法律规定的权利"。据此,作为公民中的一个特殊群体,具有中华人民共和国国籍的社区矫正对象享有未被依法剥夺或限制的权利。当然,因其特殊的法律地位,社区矫正对象的权利与普通公民的权利存在差异。社区矫正对象的权利既包括普通公民所享有的基本权利,还涵盖罪犯身份所享有的特殊权利。与普通公民相比,社区矫正对象的权利具有特殊性。

(一)权利的不完整性

权利不完整性是指社区矫正对象的权利有缺损。虽然社区矫正对象享有广泛的公民权利,但是,这些权利是应然权利,而不是实然的权利。由于受到刑事制裁,社区矫正对象的权利是不完整的,处于缺损状态。社区矫正对象的部分权利被依法剥夺,例如,被剥夺政治权利的社区矫正对象不享有选举权、被选举权等宪法规定的政治权利;再如,参加教师、警察、律师、公证员、公务员等考试的权利。社区矫正对象的部分权利被限制,或被禁止在一定时间内不得行使,如担任保险公司的董事、监事、高级管理人员,担任国有独资企业、国有独资公司、国有资本控股公司的董事、监事、高级管理人员,担任会计和注册会计师等;又如,虽然社区矫正对象享有离开所居住的市、县或者迁居的权利,但必须经过特定程序及相关部门批准。换言之,社区矫正对象所享有的法定权利具有不完整性。

(二)权利义务的不对等性

权利义务的不对等性,是指社区矫正对象所享有的权利和应尽的义务的不对等。在社区矫正期间,社区矫正对象要依法履行特定的义务,比如,有接受法治、道德、思想、文化和技术教育的义务;有定期报告、接受监督管理、参加教育学习、公益活动和社会活动的义务;被判处禁止令的社区矫正对象有遵守禁止令情况的义务,等等。这些义务和享受权利之间具有不对等性。

(三)权利行使的局限性

权利行使的局限性,是指社区矫正对象权利行使的范围及方式受到限制。比如,社区矫正对象有会客、迁徙、外出等权利,但是,他们在行使会客权利时,必须遵守会客的规定,不经社区矫正机构批准不得会见特定人;必须接受监督管理,遵守禁止令等,才享有迁徙、外出等权利。

(四)权利的易受侵犯性

权利的易受侵犯性是指社区矫正对象的权利更容易受到侵犯。总体来看,社区矫正对象处于弱势群体的地位。虽然与监狱服刑人员相比,社区矫正对象不与社会相隔离,其日常生活基本不受影响,但其毕竟具有罪犯身份,其部分权利被剥夺或被限制,加之因定罪引发的标签效应,容易遭到社会歧视,因而其权利容易被忽略或受到他人的侵犯。①

(五)义务履行的强制性

义务履行的强制性是指社区矫正对象必须履行特定的义务。不履行特定义务,则要承担相应的法律责任,产生不利的法律后果。社区矫正对象的特定义务具有强制性,必须在国家专门机构的监管下进行。比如,社区矫正对象应当履行按时报告,接受信息化监管,参加教育学习,参加公益活动等义务。如果社区矫正对象不依法履行上述义务,将会面临警告、治安管理处罚,甚至收监执行的后果。

三、社区矫正对象的权利

权利是公民在社会生活中独立自主地做出选择或决定的资格,是社会或国家承认并有责任保障其实现的个人利益和行为尺度,是公民可以用来反抗他人和政府干涉的可靠凭证和充足理由。② 从法律意义上说,权利是指法律上关于权利主体具有的一定作为或不作为的许可。③ 社区矫正对象的权利,是指法律对社区矫正对象能够作出或者不作出一定行为,以及其要求他人相应作出或者不作出一定行为的许可与保障。④《社区矫正法》第 4 条规定:“社区矫正对象依法享有的人身权利、财产权利和其他权利不受侵犯,在就业、就学和享受社会保障等方面不受歧视。”根据社区矫正对象的法律地位,其享有的法定权利可以分为宪法、法律赋予的一般权利与社区矫正期间享有的特殊权利。

---

① 参见吴宗宪主编:《社区矫正导论》(第 2 版),中国人民大学出版社 2020 年版,第 97 页。
② 参见谢鹏程:《公民的基本权利》,中国社会科学出版社 1999 年版,第 30 页。
③ 参见《法学词典》编辑委员会编:《法学词典》,上海图书出版社 1984 年版,第 267 ~268 页。
④ 吴宗宪主编:《社区矫正导论》(第 2 版),中国人民大学出版社 2020 年版,第 97 页。

（一）社区矫正对象的一般权利

1. 生命健康权

生命健康权是指公民对自己的生命安全、身体组织的完整性和生理机能的正常性等所享有的权利。[①] 生命健康权是社区矫正对象最基本的生存权，也是最重要的人身权利。社区矫正对象的生命健康权不受侵犯，对于侵犯社区矫正对象生命健康权的违法犯罪行为，要依法追究相应的法律责任。在社区矫正工作中，社区矫正机构工作人员严禁实施体罚、虐待等非法行为侵害社区矫正对象的生命健康权。

2. 人身自由权

人身自由权是指公民按照自己的意愿支配其外在的身体行动，不受非法限制、剥夺、妨碍的权利。[②] 我国《宪法》第 37 条规定："中华人民共和国公民的人身自由不受侵犯。任何公民，非经人民检察院批准或者决定或者人民法院决定，并由公安机关执行，不受逮捕。禁止非法拘禁和以其他方法非法剥夺或者限制公民的人身自由，禁止非法搜查公民的身体。"据此，社区矫正对象人身自由权包括不受非法逮捕、拘禁，不受非法剥夺、限制自由，不受非法搜查等权利。对社区矫正对象人身自由的剥夺或限制，必须符合法定的程序，并在法律规定的范围内。

3. 人格权

人格权是指为维护主体的独立人格所必备的人格尊严、姓名、肖像、名誉、荣誉、隐私等方面的权利。人格权是人身权的重要组成部分。《宪法》第 38 条规定："中华人民共和国公民的人格尊严不受侵犯。禁止用任何方法对公民进行侮辱、诽谤和诬告陷害。"社区矫正对象的人格权包括人格尊严、姓名、肖像、名誉、荣誉、隐私等方面的权利。

《社区矫正法》充分保障了社区矫正对象的人格权。《社区矫正法》第 26 条第 2 款规定："社区矫正机构开展实地查访等工作时，应当保护社区矫正对象的身份信息和个人隐私。"第 29 条第 3 款规定："社区矫正机构通过电子定位装置获得的信息应当严格保密，有关信息只能用于社区矫正工作，不得用于其他用途。"第 54 条规定："社区矫正机构工作人员和其他依法参与社区矫正工作的人员对履行职责过程中获得的未成年人身份信息应当予以保密。除司法机关办案需要或者有关单位根据国家规定查询外，未成年社区矫正矫正对象的档案信息不得提供给任何单位或者个人。依法进行查询的单位，应当对获得的信息予以保密。"

---

① 参见吴宗宪主编：《社区矫正导论》（第 2 版），中国人民大学出版社 2020 年版，第 98 页。

② 参见吴宗宪主编：《社区矫正导论》（第 2 版），中国人民大学出版社 2020 年版，第 98 页。

4. 住宅权

住宅权包括社区矫正对象有权获得基本的居住条件的权利和住宅不可侵犯的权利两个方面。一方面，社区矫正对象有获得基本的居住条件的权利，对居无定所、无家可归的社区矫正对象，有关部门应当提供必要的帮扶，如提供“中途之家”等场所；另一方面，社区矫正对象的住宅不受侵犯，禁止任何人非法搜查或非法侵入。据此，在社区矫正工作中，社区矫正机构工作人员走访社区矫正对象家庭时，需经其同意。因侦查需要，执法人员要进入社区矫正对象住宅的，需遵守法律程序，履行法律手续，否则，可能触犯非法侵入他人住宅罪。

5. 通信权

通信权包括通信自由和通信秘密两方面的权利。通信自由，是指公民运用各种通信手段与外界进行正当交往，不受非法干涉、妨害和限制的权利。通信秘密，是指公民基于自身利益的需要，有权保持通信方式和内容的私密性，他人不得擅自获取或公开公民的通信内容。《宪法》第 40 条规定：“中华人民共和国公民的通信自由和通信秘密受法律的保护。除因国家安全或者追查刑事犯罪的需要，由公安机关或者检察机关依照法律规定的程序对通信进行检查外，任何组织或者个人不得以任何理由侵犯公民的通信自由和通信秘密。”社区矫正对象的通信权自然也包括通信自由权和通信秘密权。但是，对社区矫正对象依法进行信息化监控，依法使用手机定位、电子监控，并不妨碍其通信权。

6. 知识产权

知识产权，是指民事主体对其创造性的智力劳动成果依法所享有的专有权利，具有财产权和人身权的双重性。与普通公民一样，社区矫正对象依法享有智力劳动成果的知识产权。但是，如果社区矫正对象被剥夺了政治权利，则著作权受到一定限制。因此，被剥夺政治权利的社区矫正对象的知识产权不完整。

7. 政治权利

政治权利是指公民参与国家管理与政治活动的权力。《宪法》第 34 条规定：“中华人民共和国年满十八周岁的公民，不分民族、种族、性别、职业、家庭出身、宗教信仰、教育程度、财产状况、居住期限，都有选举权和被选举权；但是依照法律被剥夺政治权利的人除外。”第 35 条规定：“中华人民共和国公民有言论、出版、集会、结社、游行、示威的自由。”社区矫正对象的政治权利包括选举权和被选举权，言论、出版、集会、结社、游行、示威的自由等权利。但是，被剥夺政治权利的社区矫正对象自然不享有该项权利。

8. 批评、建议、申诉、控告、检举的权利

《宪法》第41条第1款规定:"中华人民共和国公民对于任何国家机关和国家工作人员,有提出批评和建议的权利;对于任何国家机关和国家工作人员的违法失职行为,有向有关国家机关提出申诉、控告或者检举的权利,但是不得捏造或者歪曲事实进行诬告陷害。"

社区矫正对象同样享有上述权利。社区矫正对象的批评建议权,是指社区矫正对象有权指出并评论国家机关及其工作人员工作中存在的问题、不足与失误,以及就改进和完善相关工作提出合理意见的权利。批评建议权对于促进公职人员廉政、勤政、监督公共权力的规范、高效运行具有积极意义。① 申诉权,是指社区矫正对象在矫正期间,对于已经发生法律效力的原法院的判决、裁定在认定事实或者适用法律上有错误时,可以依法提出申诉;如果对社区矫正机构的决定或行为不服,也可以依法提出申诉。控告权是指社区矫正对象在自己的合法权益受到侵害时,向有关国家机关揭发并要求处理的权利。检举权是指社区矫正对象对一切违法和犯罪行为向有关国家机关举报的权利。

9. 获得物质帮助权

获得物质帮助权,是指公民因疾病而面临生存危机时或者因年老、丧失劳动能力而丧失所必需的物质生活条件时,向国家和社会主张物质性援助的权利。我国《宪法》第45条规定:"中华人民共和国公民在年老、疾病或者丧失劳动能力的情况下,有从国家和社会获得物质帮助的权利。国家发展为公民享受这些权利所需要的社会保险、社会救济和医疗卫生事业。"与普通公民一样,社区矫正对象也享受获得物质帮助权。社会适应性帮助是社区矫正的任务之一。保障社区矫正对象的获得物质帮助权利,有利于减少其重新犯罪,促进其融入社会。

此外,依照宪法和法律的相关规定,社区矫正对象还享有劳动的权利、教育的权利、文化娱乐的权利以及各种诉讼的权利等。总之,未被依法剥夺或者限制的权利,社区矫正对象都应该享有。

(二)社区矫正对象的特殊权利

社区矫正对象的特殊权利是指在社区矫正过程中社区矫正对象享有的特别权利。社区矫正对象的特殊权利包括:依法接受刑事处罚的权利、对相关矫正信息的知情权、依法获得减刑的权利。

---

① 参见吴宗宪主编:《社区矫正导论》(第2版),中国人民大学出版社2020年版,第101~102页。

1. 享有依法接受刑事处罚的权利

所谓享有依法接受刑事处罚的权利，是指对社区矫正对象剥夺或限制权利的措施，必须由法定机构依照正当程序作出，且有关执行机构在执行中，不得超出原裁决所确定的剥夺或限制权利的范围和程度。对此，联合国《东京规则》第 3.1 条规定，“对罪犯权利的限制不应超过原判决主管当局所规定的程度”；第 11.1 条同时规定，“非拘禁措施的期限不得超过主管当局根据法律确定的时间”。《欧洲社区制裁与措施规则》第 27 条则将此权利表述为：“社区制裁与措施的执行，不应当使用加重其痛苦特征的方式。”在我国，虽然现行立法中没有直接规定此项权利，但从罪刑法定和行刑法治原则的要求出发，社区矫正对象也应享有此项权利。①

2. 享有对相关矫正信息的知情权

知情权是指社区矫正对象具有知悉、获取相关矫正信息的权利。知情权是社区矫正对象的一项基本权利，与这一权利相对应的是社区矫正决定机关、社区矫正机构有对社区矫正对象告知相关矫正信息的义务。《社区矫正法》第 19 条第 2 款规定：“社区矫正决定机关应当对社区矫正对象进行教育，告知其在社区矫正期间应当遵守的规定以及违反规定的法律后果，责令其按时报到。”社区矫正对象进入社区矫正后，社区矫正机构应当向矫正对象宣读判决书、裁定书、决定书、执行通知书等有关法律文书的主要内容；告知其矫正期限；告知其应当遵守的规定、被剥夺或者限制行使的权利、被禁止的事项以及违反规定的法律后果；告知其依法享有的权利；告知其矫正小组的成员及职责等。矫正对象也有权了解教育矫正、公益活动等项目的情况，有权获取对自身或者其他矫正对象考核、奖惩、评估、处遇等的政策、标准、原因、结果等信息。在实践中，社区矫正机构需要明确告知社区矫正对象在矫正期间应当遵守的法律、法规和政策以及其他相关情况、信息等。

3. 享有依法获得减刑的权利

获得减刑的权利是指社区矫正对象在矫正期间表现良好，具备了《刑法》所规定的减刑条件，就应当获得减轻其原判刑罚的权利。《社区矫正法》第 33 条明确规定，社区矫正对象符合刑法规定的减刑条件的，社区矫正机构就应当向执行地的中级以上人民法院提出减刑建议。《社区矫正法实施办法》第 42 条也有明确规定，社区矫正对象符合法定减刑条件的，由执行地县级社区矫正机构提出减刑建议书并附相关证据材料，报经地（市）社区矫正机构审核同意后，由地（市）社区矫正机构提请执行地的中级人民法院裁定。

---

① 参见吴宗宪主编：《社区矫正导论》，中国人民大学出版社 2011 年版，第 139 页。

减刑既是对社区矫正对象的一种刑事奖励措施，也是社区矫正对象享有的一项特殊权利。只要社区矫正对象具备了减刑的法定条件，就有获得减刑的权利，社区矫正机构就应当及时向执行地的中级以上人民法院提出减刑建议，人民法院在收到减刑建议书和相关证据材料后30日内依法作出裁定。

四、社区矫正对象的义务

社区矫正对象的义务是指社区矫正对象依法应当遵守的事项或者应尽的责任，也就是法律对其设定的做出一定行为或不得做出一定行为的规则。

根据现行法律，除了需要履行宪法和法律规定的公民义务以外，社区矫正对象还必须履行与其特定身份相适应的义务。《社区矫正法》第23条规定："社区矫正对象必须严格遵守法律、行政法规、履行判决、裁定、暂予监外执行决定等法律文书确定的义务，遵守行政部门关于报告、会客、外出、迁居、保外就医等监督管理规定，服从社区矫正机构的管理。"第29条规定："社区矫正对象有下列情形之一的，经县级司法行政部门负责人批准，可以使用电子定位装置，加强监督管理：（一）违反人民法院禁止令的；（二）无正当理由，未经批准离开所居住的市、县的；（三）拒不按照规定报告自己的活动情况，被给予警告的；（四）违反监督管理规定，被给予治安管理处罚的；（五）拟提请撤销缓刑、假释或者暂予监外执行收监执行的。"第36条规定："社区矫正机构根据需要，对社区矫正对象进行法治、道德等教育，增强其法治观念，提高其道德素质和悔罪意识。"第42条规定："社区矫正机构可以根据社区矫正对象的个人特长，组织其参加公益活动，修复社会关系，培养社会责任感。"

根据上述规定，社区矫正对象的特定义务可以概括为以下内容：（1）遵守国家法律行政法规的义务；（2）履行判决、裁定、暂予监外执行决定等法律文书确定的义务；遵守司法行政部门关于报告、会客、外出、迁居、保外就医等监督管理规定，服从社区矫正机构管理的义务；（3）接受佩戴电子定位装置的义务；（4）参加教育学习，接受思想、法治、道德、技术教育的义务；（5）参加公益活动的义务；（6）爱护国家财产，保护公共设施的义务；（7）维护正常矫正秩序，自觉接受改造的义务；（8）检举违法犯罪活动的义务；（9）履行法律法规规定的其他义务，如部分管制犯、缓刑犯遵守禁止令规定的义务。

第三节 社区矫正对象权利保障

一、社区矫正对象权利保障的概念

社区矫正对象的权利保障是指一切支撑与支持社区矫正对象行使其法律权利的制度与措施。[1] 充分保障社区矫正对象的权利,能够促进社区矫正对象的权利从静态转向动态,从可能转向现实。

二、社区矫正对象权利保障的体系

随着我国社区矫正工作的推进,特别是《社区矫正法》的颁布实施,社区矫正对象权利保障的体系已初步形成。

(一)立法保障

1.《宪法》

我国宪法充分保障了社区矫正对象的权利。具体体现为:《宪法》第33~50条规定,公民享有人身、政治、经济、文化等方面的基本权益,包括平等权、人身自由权、人格尊严不受侵犯权、住宅不受侵犯权、政治权利和自由、宗教信仰自由、监督权和取得赔偿权、申诉权、控告权、劳动权、社会救济权、受教育权等。同时,《宪法》也明确提出,中华人民共和国公民在法律面前一律平等,国家尊重和保障人权,任何公民享有宪法和法律规定的权利。这些为社区矫正对象的权利提供了坚实的宪法保障。

2.《刑法》

我国刑事实体法相关条款也充分保障了社区矫正对象的权利。例如,《刑法》第39条第2款规定:"对于被判处管制的犯罪分子,在劳动中应当同工同酬。"该条款保障了被判处管制的社区矫正对象依法获得同工同酬的权利;第78条规定:"被判处管制、拘役、有期徒刑、无期徒刑的犯罪分子,在执行期间,如果认真遵守监规,接受教育改造,确有悔改表现的,或者有立功表现的,可以减刑;有下列重大立功表现之一的,应当减刑。"此条款保障了社区矫正对象依法获得减刑的权利。

3.《刑事诉讼法》

我国刑事程序法相关条款原则性保障了社区矫正对象的权利。《刑事诉讼法》

---

① 参见冯建仓:《社区服刑人员权利保障若干问题研究》,载《犯罪与改造研究》2017年第10期。

第 2 条规定："中华人民共和国刑事诉讼法的任务，是保证准确、及时地查明犯罪事实，正确应用法律，惩罚犯罪分子，保障无罪的人不受刑事追究，教育公民自觉遵守法律，积极同犯罪行为作斗争，维护社会主义法制，尊重和保障人权，保护公民的人身权利、财产权利、民主权利和其他权利，保障社会主义建设事业的顺利进行。"此条款为尊重和保障社区矫正对象的人权，保护他们的人身权利、财产权利等提供了根据。

4.《社区矫正法》

社区矫正专门法律具体化地保障了社区矫正对象的权利。《社区矫正法》第 4 条第 2 款规定，"社区矫正工作应当依法进行，尊重和保障人权。社区矫正对象依法享有的人身权利、财产权利和其他权利不受侵犯，在就业、就学和享受社会保障等方面不受歧视"；第 26 条第 2 款规定，"社区矫正机构开展实地查访等工作时，应当保护社区矫正对象的身份信息和个人隐私"；第 34 条规定，"开展社区矫正工作，应当保障社区矫正对象的合法权益。社区矫正的措施和方法应当避免对社区矫正对象的正常工作和生活造成不必要的影响；非依法律规定，不得限制或者变相限制社区矫正对象的人身自由。社区矫正对象认为其合法权益受到侵害的，有权向人民检察院或者有关机关申诉、控告和检举。受理机关应当及时办理，并将办理结果告知申诉人、控告人和检举人"；第 43 条规定，"社区矫正对象可以按照国家有关规定申请社会救助、参加社会保险、获得法律援助，社区矫正机构应当给予必要的协助"；第 57 条规定，"未成年社区矫正对象在复学、升学、就业等方面依法享有与其他未成年人同等的权利，任何单位和个人不得歧视"，等等。这些条款充分保障了社区矫正对象的人身权、财产权、隐私权、申诉权等多项基本权利。

（二）司法保障①

基于立法保障而相应的司法保障也完全适用于社区矫正对象，根据我国有关法律规定，当社区矫正对象的权利受到侵犯时，无论是刑事方面还是民事方面均可以通过启动司法程序，追究侵权者的责任。

司法保障，是指为了保障社社区矫正对象权利的实现而建立的司法救助的相关制度和措施。完善的司法救助制度和程序是保障社区矫正对象权利的关键。司法救助是维护社区矫正对象权利的最后一道屏障。根据我国《宪法》《刑事诉讼法》《民事诉讼法》《行政诉讼法》等有关法律的规定，当社区矫正对象的合法权利受到侵害时，可以通过起诉、申诉、控告等各种途径来寻求司法救济。对于侵权性质的行

① 参见高莹主编：《社区矫正工作手册》，法律出版社 2014 年版，第 97 页。

为，根据《民事诉讼法》《行政诉讼法》的规定，社区矫正对象可以通过民事诉讼、行政诉讼等司法程序来主张和维护自己的权利。对于严重侵犯社区矫正对象权利、构成犯罪的行为，可以启动刑事诉讼程序，根据《刑法》中的相关罪名追究相关人员的刑事责任。

（三）监督保障

监督保障是指为了促使社区矫正工作依法、规范运行，强化社区矫正对象的权利保障而建立的相关监督制度和措施。①

多样化的监督制度是保障社区矫正对象权利的前提。我国现行的法律法规为社区矫正对象权利保障的监督提供了充实的根据。例如，《社区矫正法》第 8 条第 2 款等规定，检察机关是国家的法律监督机关；第 62 条规定："人民检察院发现社区矫正工作违反法律规定的，应当依法提出纠正意见、检察建议。有关单位应当将采纳纠正意见，检察建议的情况书面回复人民检察院，没有采纳的应当说明理由。"《社区矫正法实施办法》第 5 条规定：人民检察院依法履行以下职责：对社区矫正决定机关、社区矫正机构或者有关社会组织的调查评估活动实行法律监督；对社区矫正决定机关判处管制、宣告缓刑、裁定假释、决定或者批准暂予监外执行活动实行法律监督；对社区矫正法律文书及社区矫正对象交付执行活动实行法律监督；对监督管理、教育帮扶社区矫正对象的活动实行法律监督；对变更刑事执行、解除矫正和终止矫正的活动实行法律监督；受理申诉、控告和举报，维护社区矫正对象的合法权益；按照《刑事诉讼法》的规定，在对社区矫正实行法律监督中发现司法工作人员相关职务犯罪，可以立案侦查直接受理的案件；其他依法应当履行的职责。上述监督制度和措施为保障社区矫正对象的权利提供了坚强的监督保障。

（四）组织保障

组织保障，是指为了保障社区矫正对象的权利而在社区矫正工作的机构设置、队伍建设等方面提供的条件。健全的组织机构、执行机构以及优良的工作队伍是社区矫正对象权利实现的组织保障。

1. 组织及执行机构明确

《社区矫正法》第 8 条第 1 款规定，"国务院司法行政部门主管全国的社区矫正工作。县级以上地方人民政府司法行政部门主管本行政区域内的社区矫正工作"；第 3 款规定，"地方人民政府根据需要设立社区矫正委员会，负责统筹协调和指导

---

① 参见冯建仓：《社区服刑人员权利保障若干问题研究》，载《犯罪与改造研究》2017 年第 10 期。

本行政区域内的社区矫正工作”;第9条规定,“县级以上地方人民政府根据需要设置社区矫正机构,负责社区矫正工作的具体实施。社区矫正机构的设置和撤销,由县级以上地方人民政府司法行政部门提出意见,按照规定的权限和程序审批。司法所根据社区矫正机构的委托,承担社区矫正相关工作”。上述法律规定明确了社区矫正的组织机构、执行机构及其相应的职责与权限,为社区矫正对象权利的实现提供了坚强的组织保障。

2. 工作队伍建设规范

《社区矫正法》第10条规定:“社区矫正机构应当配备具有法律等专业知识的专门国家工作人员,履行监督管理、教育帮扶等执法职责。”第11条规定:“社区矫正机构根据需要,组织具有法律、教育、心理、社会工作等专业知识或者实践经验的社会工作者开展社区矫正相关工作。”第13条规定:“鼓励社会志愿者依法参与社区矫正工作。”第16条规定:“国家推进高素质的社区矫正工作队伍建设。社区矫正机构应当加强对社区矫正工作人员的管理、监督、培训和职业保障,不断提高社区矫正工作的规范化、专业化水平。”上述条款为社区矫正工作队伍的高质量建设提供了根据,为社区矫正对象权利的实现提供了工作队伍保障。

《社区矫正法》的颁布,以法律的形式规范了社区矫正工作队伍的人员构成。具体而言,社区矫正机构应当按照“职业化、专业化、社会化”的要求,建立以社区矫正机构工作人员为核心,以社区矫正社会工作者和社会志愿者为辅助的工作队伍。社区矫正工作队伍的组织架构、个体的法律意识、人权意识、服务意识和业务素质、工作能力等,直接关系到社区矫正对象的权利及其实现的程度。社区矫正工作队伍通过严格的准入条件、明确的工作纪律、健全的规章制度、定期的业务培训和职业保障等措施,不断加强和提高社区矫正工作队伍的素质,为社区矫正对象的权利实现提供有力的队伍保障。

(五)制度保障

制度保障,是指为了保障社区矫正对象实现其权利而建立的相关制度和措施。①

健全的制度是保障社区矫正对象权利的基础。《社区矫正法》第22~45条明确规定了社区矫正的接收、监督管理、教育帮扶、解除等制度,形成了较为规范的社区矫正工作制度和工作流程;第61条明确规定了社区矫正工作人员和其他国家工作人员的法律责任。这些工作制度、工作流程以及法律责任为社区矫正对象的权

① 参见高莹主编:《社区矫正工作手册》,法律出版社2014年版,第96页。

利实现提供完善的制度保障。

（六）生存保障

生存保障，是指为帮助社区矫正对象解决生存困难而制定的一些制度和措施。提供必要的生存保障，不仅能够满足生存、生活有困难的社区矫正对象的基本需求，也能够预防和减少重新犯罪。在实践中，各地社区矫正机构积极探索建立就业安置生活保障制度，协助老弱病残、无生活来源的社区矫正对象申请最低生活保障，安排相应的困难补助，提供医疗救助，建立过渡性就业安置基地，建设"中途之家"，提供免费的职业技能培训、就业指导等措施，帮助社区矫正对象解决生存性问题，取得良好的社会效果。

生存保障是社区矫正的工作任务之一。早在2009年最高人民法院、最高人民检察院、公安部、司法部联合发布的《关于在全国试行社区矫正工作的意见》中，将监督管理、教育矫正和帮困扶助列为社区矫正工作的三项任务，并明确要求："各地要进一步加强对社区服刑人员的帮困扶助，积极协调民政、人力资源和社会保障等有关部门，将符合最低生活保障条件的社区服刑人员纳入最低生活保障范围，为符合条件的农村籍社区服刑人员落实责任田；要整合社会资源和力量，为社区服刑人员提供免费技能培训和就业指导，提高就业谋生能力，帮助其解决基本生活保障等方面的困难和问题。"《社区矫正法》第37条规定："社区矫正机构可以协调有关部门和单位，依法对就业困难的社区矫正对象开展职业技能培训、就业指导，帮助社区矫正对象中的在校学生完成学业。"上述规定为社区矫正对象的生存保障提供了制度支撑。

（七）社会保障

社会保障，是指为了保障社区矫正对象权利的实现，鼓励和发动广泛的社会力量参与社区矫正工作的实践。

2014年11月14日，司法部、中央综治办、教育部、民政部、财政部，人力资源社会保障部联合印发了《关于组织社会力量参与社区矫正工作的意见》。该意见充分认识社会力量参与社区矫正工作的重要性，进一步鼓励引导社会力量参与社区矫正工作，做好政府已公开招聘的社区矫正社会工作者的保障工作，着力解决社区矫正对象就业就学和社会救助、社会保险等问题，进一步加强对社会力量参与社区矫正工作的组织领导。《社区矫正法》也充分肯定了社会力量广泛参与的作用。《社区矫正法》第13条规定，"国家鼓励、支持企事业单位、社会组织、志愿者等社会力量依法参与社区矫正工作"；第35条第1款规定，"县级以上地方人民政府及其有关部门应当通过多种形式为教育帮扶社区矫正对象提供必要的场所和条件，组织动员社会力量参与教育帮扶工作”；第38条规定，“居民委员会、村民委员会可以引导志愿者和社区群众，利用社区资源，采取多种形式，对有困难的社区矫正对象进行必要的教育帮扶”，等等。这些条款为社会力量积极参与社区矫正工作提供了法律保障。

多年来的实践表明，社会力量的广泛参与，为社区矫正工作的顺利开展及取得较好的社会效果做出了重要贡献。企业、事业单位、社会团体、社会组织、社区居民、社会工作者、社会志愿者等社会力量的广泛参与，为社区矫正对象的教育权、劳动权、就业权等权利的实现奠定了良好的社会基础。

复习思考题

1. 社区矫正对象的概念是如何演变的？
2. 社区矫正对象的特殊权利有哪些？
3. 社区矫正对象的法律地位是怎样的？
4. 如何保证社区矫正对象的权利不受侵害？

第八章　监 督 管 理

本章摘要

监督管理是社区矫正工作的重要任务之一。监督管理需要坚持依法管理原则、科学管理原则与社会参与原则。监督管理对维护社区安全,落实刑罚的惩罚功能,促进社区矫正对象行为养成具有积极意义。监督管理主要包括常规监督管理和特殊监督管理两种类型。社区矫正对象的考核与奖惩是监督管理中的两个重要环节。考核是奖惩的依据,奖惩是考核的体现。从广义上讲,矫正接收与结束也是监督管理的范畴。矫正接收包括社区矫正对象的接收和法律文书的接收两个部分。矫正结束包括矫正解除和矫正终止两种情形。接收与结束分别是社区矫正工作的起点与终点,其牵涉的部门多,需要相关机关衔接与配合。

重点问题

1. 监督管理的原则。
2. 矫正接收的工作内容。
3. 常规、特殊监督管理的内容。
4. 社区矫正对象考核的方法。
5. 社区矫正对象奖惩的原则。
6. 矫正解除与矫正终止的区别。

第一节　监督管理概述

一、监督管理的概念

监督管理是指在社区矫正工作中,针对社区矫正对象而实施的一系列监督管理活动。通过对社区矫正对象进行科学、严格的监督管理，防止其再次实施犯罪行为，为矫正其不良心理和行为恶习创造条件。

在社区矫正期间，社区矫正对象应当遵守宪法、国家法律、国务院行政法规，履行社区矫正决定机关作出判决、裁定、暂予监外执行决定时的法律文书中所明确规定的义务，遵守国务院司法行政部门以及联合其他有关部门制定的关于报告、会客、外出、迁居和保外就医等监督管理的规定，服从社区矫正机构的监督管理。可以说，监督管理是为保证社区矫正的顺利实施，实现刑事制裁目的而进行的一系列管理活动的总称。

二、监督管理的原则

社区矫正对象监督管理的原则是在对社区矫正对象监督管理过程中，指导社区矫正工作人员正确开展监督管理活动的基本准则，包括依法管理原则、科学管理原则、社会参与原则。

（一）依法管理原则

依法管理原则，是指在社区矫正监督管理过程中，社区矫正工作人员要严格依照法律法规开展工作，坚持有法必依、执法必严、违法必究的工作原则。国家法律法规是开展社区矫正工作的依据，也是社区矫正工作人员开展监督管理工作的准绳。在监督管理过程中，依法管理既要做到依法监督社区矫正对象遵守法定义务，又要做到依法保障其合法权益。同时，社区矫正的监督管理工作也要依法接受监督。

1. 严格依法监管

严格依法监管，是指对社区矫正对象的监督管理必须严格依照法律，遵守我国《刑法》《刑事诉讼法》《社区矫正法》《社区矫正法实施办法》等相关法律法规的规定。社区矫正工作人员作为执法者，自身首先要知法、懂法，严格依法办事。严格依法管理的原则，其实质就是坚持社会主义法治，依照法律从事社区矫正监督管理工作。社区矫正作为一种刑事执行手段，其中的监督管理影响到刑罚的准确执行，以及社区矫正对象的权利保障和义务履行。因此，必须执法守法，严格依照各项法律规定和标准来规范自己的执法行为，坚决克服和纠正有法不依、有规不循的现象，从而养成依法办事的习惯。

监督管理具有强制性，社区矫正对象必须接受监督管理，这是社区矫正对象必须履行的义务。根据我国《刑法》《刑事诉讼法》《社区矫正法》等法律的有关规定，社区矫正对象在矫正期间，其权利是依法受到一定限制的。如应当依法、依规报告自己的活动情况，遵守会客规定，离开所居住的市、县或者迁居应当报经监督机关批准，遵守禁止令的规定；管制犯未经执行机关批准，不得行使言论、出版、集会、结社、游行、示威自由的权利等。社区矫正机构需要依法对社区矫正对象进行监督管理，实施考核奖惩，审批社区矫正对象会客、外出、变更执行地等事项，了解掌握社区矫正对象的活动情况和行为表现。社区矫正对象如实施违反监督管理规定的行为，将依法依规受到制裁。

2. 依法保障社区矫正对象的合法权益

《社区矫正法》第 4 条明确规定，“社区矫正工作应当依法进行，尊重和保障人权”。虽然社区矫正对象需要履行法律规定的义务，部分权利受到限制，但是他们法律上依然享有的各种权利应当得到保护。社区矫正工作中要注意尊重和保障社区矫正对象人权，不得侵犯其合法权益。社区矫正监督管理措施应当避免对社区矫正对象的正常工作和生活造成不必要的影响，非依法律规定，不得限制或者变相限制社区矫正对象的人身自由。在社区矫正期间，任何单位和个人非依法定程序不得创设以及扩大社区矫正对象应当遵守的规定及应当履行的义务。涉及刑罚有关事项，如对公民权利的剥夺、限制人身自由的强制措施和处罚等事项，只能由国家立法机关制定的法律予以规范。具体而言，依照《社区矫正法》，社区矫正机构开展实地查访等工作时，应当保护社区矫正对象的身份信息和个人隐私。社区矫正机构工作人员和其他依法参与社矫正工作的人员对履行职责过程中获得的未成年人身份信息应当予以保密。

3. 依法接受监督

社区矫正的监督管理工作需要依法接受监督。一方面，要接受检察机关的监督。依据《宪法》和其他相关法律，检察机关需要依法对社区矫正工作进行监督。我国《宪法》第 134 条规定：“中华人民共和国人民检察院是国家的法律监督机关。”《社区矫正法》第 8 条第 2 款规定：“人民检察院依法对社区矫正工作实行法律监督。”在调查评估阶段，检察机关要对社区矫正决定机关、社区矫正机构或者有关社会组织的调查评估活动实行法律监督；在判决、裁定、决定阶段，要对社区矫正决定机关判处管制、宣告缓刑、裁定假释、决定或者批准暂予监外执行活动实行法律监督；在社区矫正对象交付阶段，要对社区矫正法律文书及社区矫正对象交付执行活动实行法律监督；在日常矫正阶段，要对监督管理、教育帮扶社区矫正对象的活动实行法律监督；要对变更刑事执行、解除矫正和终止矫正的活动实行法律监督；检察机关的工作还包括受理申诉、控告和举报，维护社区矫正对象的合法权益。由此可见，在社区矫正中，检察机关的监督是全方位的。对社区矫正对象的监督管理工作，需要依法自觉接受检察机关的监督。

另一方面,监督管理工作还要接受社会监督,即接受非国家权力性质的政治实体、社会团体、社会舆论媒体及社会成员运用法律、道德、政纪、舆论等相关手段,对社区矫正各个环节进行监督,督促相关部门和个人纠正其中存在的不当甚至违法情形。由于社区矫正对象所处的特殊矫正环境,其报告、会客、外出、迁居和保外就医等监督管理环节发生在公众的身边,且社区矫正对象本人的身份之一也是社区居民,因此,监督管理工作便于接受社会监督。社区矫正对象的考核奖惩影响其监管等级、处遇甚至刑期,其标准、环节、依据应当公开、公平、公正进行,接受广泛的社会监督。社会监督具有监督范围广泛和监督方式灵活等特点,是法律监督的重要补充。

(二)科学管理原则

科学管理,是指在监督管理工作中科学运用相关的理论和方法,先进的科学技术,实现科学联动,提高监管质量与效率的原则。

1. 科学运用相关理论和方法

社区矫正工作人员要注意科学运用相关理论,将相关理论的知识巧妙地运用到社区矫正管理工作中。由于社区矫正相关理论众多,在监督管理中,注意遵循矫正的一般规律,做到理论联系实际。只有按照客观规律办事,才能避免盲目地运用理论。任何事物的发展都有其规律性,社区矫正监督管理过程需要遵循社区矫正工作的发展规律及社区矫正对象矫正的客观规律,要科学认识社区矫正对象,从其矫正的实际出发。每个社区矫正对象的社会经历、文化水平、犯罪性质等方面存在不同,其思想变化、行为表现也会不一样,因此,在管理过程中,要认真研究矫正过程中的各种现象,发现问题,不断摸索出矫正规律,从而更好地监督管理社区矫正对象。

2. 科学运用先进技术

社区矫正工作人员要科学运用先进技术,推动监督管理工作信息化,不断提高监督管理的效率。在党的十九大提出“网络强国、数字中国、智慧社会”的战略部署和司法部推进“数字法治、智慧司法”信息化体系建设的背景下,各地司法行政机关运用互联网、云计算、物联网、大数据、人工智能、区块等现代信息技术对传统社区矫正工作进行全方位改造,社区矫正工作进入了全新发展阶段。具体而言,在监督管理工作中,各地区需要统筹建设全覆盖的“大平台、大系统、大数据”,逐步在各级社区矫正机构建构可视化指挥调度管理系统,建构具备远程督察、立体防控、快速协同功能的指挥体系;打造各类移动应用,将社区矫正信息化平台功能与手机、自助矫正终端相结合,从而实现随时、随地、随身的智能应用;建成和完善定位监管系统,利用北斗、GPS、WIFI、基站、射频识别等定位技术和地理信息技术，对社区矫正对象实施远程控制。

3. 促进科学联动机制

科学联动机制是加强社区矫正工作各级、各部门之间的协作，提高监督管理工作的效率。在监督管理中，要重视科学联动。在社区矫正总体框架下，落实司法部、省、市、县、乡五级贯通的联动机制。同时，各部门之间也要注意联动，社区矫正机构要与法院、检察院、公安机关、司法行政机关等有关部门依法建立信息共享机制，实现数据互认、信息共享、决策互助、高效联动、统筹监管，切实提升社区矫正监管工作质量。社区矫正相关信息涉及社区矫正对象以及其他相关人员的个人信息、隐私信息等，社区矫正机构应当依法做好保护工作，有关部门之间的信息共享需要依照法律和有关规定进行。

（三）社会参与原则

社会参与原则是充分利用社会资源和力量，参与社区矫正监督管理的原则。社会力量参与是社区矫正工作试点以来一直遵循的基本原则。

1. 鼓励参与

国家鼓励社会力量参与社区矫正。依据《社区矫正法》的规定，社会组织可以参与调查评估，志愿者可以参加矫正小组，有关人民团体应当协助做好教育帮扶工作。社区矫正机构可以通过公开择优购买社会服务、项目委托等方式，委托社会组织提供教育、心理辅导、职业技能培训、社会关系改善等专业化的帮扶。国家鼓励有经验和资源的社会组织跨地区开展帮扶交流和示范活动；鼓励企业事业单位、社会组织为社区矫正对象提供就业岗位和职业技能培训。国家为社会组织参与社区矫正工作提供财政保障，社会组织依法协助社区矫正机构所需的经费，应当按规定纳入社区矫正机构本级预算。

综上可见，在法律的支持下，社会力量可以参与到社区矫正的方方面面，包括在监督管理工作中。由于志愿者可以加入社区矫正小组，落实相关的矫正方案，因此，可以协助社区矫正机构进行部分监督管理工作。在社区矫正对象的考核中，相关社会力量提供的反映社区矫正对象表现的材料也可以作为考核的参考。

2. 自愿参与

社会力量参与社区矫正应当是自愿的，需要合理引导，而并非强制。社区矫正需要社会力量的参与，应努力争取公众的支持，这样才能促使社区矫正工作长远发展。监督管理作为社区矫正的重要方面，同样需要社会力量的参与。公民和相关团体拥有参与到社区矫正工作中的权利，他们有权参与对社区矫正对象的监督管理，也有权放弃参与。在社区矫正工作中，只有社会公众真正认同社区矫正工作，愿意帮助社区矫正对象，才能真正发挥其作用。同时，设计合理的政府买服务项目，吸引社会组织的加入。在舆论上，社区矫正机构需要继续广泛开展对社区矫正的宣传，使公众对社区矫正形成正确的认知，了解社区矫正的必要性和重要意义，从而加入社区矫正志愿者队伍。

3. 合理参与

社会力量参与社区矫正需要注意合理参与。在选择社会力量时，要根据社区矫正工作监督管理的需要，选择符合条件的社会组织和人员，需要“高度重视参与质量，开展关于参与质量的全方位评估”。[①]要进行合理的分工，明确社区矫正专业工作者与社区矫正辅助人员的差别，明确社区矫正专业工作者的职责，如相关的执法环节必须由社区矫正机构社区矫正专业人员进行。合理参与原则，就是要合理引用社会力量，明确不同类型的社会力量的职责分工，充分发挥其优势。

三、监督管理的意义

（一）有利于保障社区安全

社区矫正作为一种非监禁的刑事执行活动，既要在社区矫正对象不脱离社会的情况下矫正其不良心理和行为恶习，又要保障社区安全。“监督的主要目的，就是观察和了解他们日常生活情况和遵守法律与判决的情况，从而发现是否具有危害社会的危险性和不遵守法律与判决的行为与表现，进而根据具体情况采取控制措施，预防他们对社会造成新的侵害。”[②]保障安全是社区矫正的前提，没有社区安全的基础，也不可能实现惩戒罪犯、重返社会的目标。社区矫正监督管理的意义之一也在于保障社区安全。通过监督管理，促使社区矫正对象养成遵守规范的习惯，同时阻断社区矫正对象同社会致罪因素的联系。

（二）有利于落实刑罚的惩罚功能

社区矫正对象触犯了《刑法》，他们也因此受到了刑罚的惩罚。社区矫正的刑罚惩罚性更多体现在监督管理中。社区矫正机构通过对社区矫正对象进行监督管理，依法限制其部分行动自由，限制其部分权利行使，要求其定期汇报思想，汇报工作、学习和生活情况；对于违反监督管理规定的行为，社区矫正机构根据具体情况依法对社区矫正对象予以惩处。这些强制性、他律性的工作，使社区矫正符合其作

---

① 参见田兴洪：《社区矫正中的社区参与模式研究》，法律出版社 2017 年版，第 526 页。

② 参见吴宗宪：《社区矫正比较研究》（上），中国人民大学出版社 2011 年版，第 324 页。

为一种非监禁刑事执行活动的本质,落实了刑罚的惩罚功能。

(三)有利于促进矫正对象行为养成

监督管理有利于社区矫正对象的行为养成。监督管理贯穿于社区矫正工作的全过程,通过有组织、有计划的监督管理,运用法律法规及相关制度约束及严格的考核与奖惩,使社区矫正对象始终处于制度的规训之中,促使社区矫正对象逐渐改变不良的行为习惯,养成良好的行为习惯。在社区矫正考核与奖惩制度下,违法违规的社区矫正对象会依法受到惩罚,甚至被撤销缓刑、撤销假释、收监执行;遵规守法的社区矫正对象会依法获得行政、刑事奖励。严格的考核奖惩有利于转化社区矫正对象的不良心理和行为恶习,促进良好行为的养成。

第二节　监督管理内容

一、矫正接收

矫正接收,是指社区矫正机构依法接收社区矫正对象及其相关法律文书,并办理接收手续的活动。根据《社区矫正法》的相关规定,社区矫正对象的居住地或者经常居住地的社区矫正机构是社区矫正的接收机构。社区矫正机构根据已经生效的人民法院关于适用管制、缓刑、假释等非监禁刑罚措施的刑事判决或裁定,以及省级监狱管理机关或设区的市公安机关批准暂予监外执行的决定进行相关的接收工作。矫正接收工作主要包括法律文书及材料的接收和社区矫正对象的接收两个环节。

(一)法律文书及材料的接收

社区矫正决定机关应当按规定期限通知,并将有关法律文书送达执行地社区矫正机构。《社区矫正法》第 20 条规定:"社区矫正决定机关应当自判决、裁定或者决定生效之日起 5 日内通知执行地社区矫正机构,并在十日内送达有关法律文书,同时抄送人民检察院和执行地公安机关。社区矫正决定地与执行地不在同一地方的,由执行地社区矫正机构将法律文书转送至所在地的人民检察院、公安机关。"据此,社区矫正决定机关应当在社区矫正裁判文书生效之日起 5 日内通知执行地社区矫正机构。其目的是为社区矫正机构开展接收工作留足准备时间,也有利于社区矫正机构提前掌握社区矫正对象报到的期限,便于后续工作开展。

不同类型社区矫正对象的法律文书有所差异。被判处管制、宣告缓刑的社区矫正对象,人民法院应向社区矫正机构送达刑事判决书、执行通知书、结案登记表、起诉书、社区矫正告知书、接受社区矫正保证书、送达回执等;被裁定假释的社区矫正对象,看守所或监狱应向社区矫正机构送达假释裁定书、刑事判决书、最后一次减刑裁定书、出监所鉴定表或改造表现鉴定材料、假释证明书、社区矫正告知书、接受社区矫正保证书、送达回执等;被人民法律决定暂予监外执行的社区矫正对象,人民法院应向社区矫正机构送达暂予监外执行决定书、起诉书、刑事判决书、结案登记表、执行通知书、暂予监外执行具保书、罪犯病情诊断、妊娠检查或生活不能自理的鉴别意见、社区矫正告知书、接受社区矫正保证书、送达回执等;被公安机关或监狱管理机关决定批准暂予监外执行的社区矫正对象,看守所或监狱应向社区矫正机构送达暂予监外执行决定书、刑事判决书、暂予监外执行审批表、暂予监外执行具保书、罪犯病情诊断、妊娠检查或生活不能自理的鉴别意见、社区矫正告知书、接受社区矫正保证书、送达回执等。

社区矫正机构应当认真核查有关法律文书及材料,并及时送达回执。收到社区矫正决定机送达的法律文书及材料后,社区矫正机构应当及时核查,登记备案。在确认法律文书及相关材料齐备,社区矫正对象确实属于本辖区管辖之后,社区矫正机构应当在5日内向社区矫正决定机关送达回执。

社区矫正机构应当及时建立矫正档案。在法律文书及材料齐备后,社区矫正机构应当建立社区矫正对象矫正档案。已经办理过社会调查评估的,社区矫正机构应当将调查评估材料归入矫正档案。根据《社区矫正法实施办法》第18条的规定,执行地县级社区矫正机构建立的社区矫正对象矫正档案,包括以下内容:适用社区矫正的法律文书;接收、监管审批、奖惩、收监执行、解除矫正、终止矫正等有关社区矫正执行活动的法律文书;进行社区矫正的工作记录;社区矫正对象接受社区矫正的其他相关材料。如果委托司法所承担社区矫正相关工作,社区矫正机构应当及时通知司法所做好接收工作,并在3个工作日内将法律文书及材料转送司法所。接受委托对社区矫正对象进行日常管理的司法所应当建立工作档案。

(二)社区矫正对象的接收

社区矫正机构应当依法接收社区矫正对象,为其办理登记手续,建立矫正小组,并组织宣告。

1. 按时报到

社区矫正对象应当按时报到。《社区矫正法》第21条规定:“人民法院判处管制、宣告缓刑、裁定假释的社区矫正对象,应当自判决、裁定生效之日起十日内到执行地社区矫正机构报到。人民法院决定暂予监外执行的社区矫正对象,由看守所或者执行取保候审、监视居住的公安机关自收到决定之日起十日内将社区矫正对象移送社区矫正机构。监狱管理机关、公安机关批准暂予监外执行的社区矫正对象,由监狱或者看守所自收到批准决定之日起十日内将社区矫正对象移送社区矫正机构。"据此,不同类型的社区矫正对象的报到方式不同。管制犯、缓刑犯、假释犯按照规定期限自行到执行地社区矫正机构报到;人民法院决定的暂予监外执行犯,由公安机关依法将其移送至社区矫正机构;监狱管理机关或公安机关批准的暂予监外执行犯,由监狱或看守所依法移送至社区矫正机构;对社区矫正对象存在因行动不便、自行报到确有困难等特殊情况的,县级社区矫正机构可以派员到其居住地等场所办理登记接收手续。

社区矫正对象报到时,社区矫正机构应当进行核实身份、信息采集及登记备案等工作。社区矫正机构需要核实社区矫正对象身份、住址等基本信息,核验无误后办理登记手续。随后,社区矫正机构需要采集社区矫正对象的身份、指纹、法律文书等信息,拍摄社区矫正对象免冠电子照片,录入"社区矫正对象信息管理系统",并制作《社区矫正对象基本信息表》。

在实践中,社区矫正对象前来报到时,执行地县级社区矫正机构未收到法律文书或者法律文书不齐全,需要先记录在案,核实其居住地,经查证其居住地属本县(市、区)的,应当为其办理登记接收手续,并书面通报社区矫正决定机关,自通报之日起5日内送达或补齐法律文书。决定机关未按时送达或补齐法律文书的,应及时通报同级人民检察院。

2. 未按时报到的处置

对于法律文书和材料已经送达,社区矫正对象未按时报到的,社区矫正机构应当立即采取相应措施。发现社区矫正对象未按规定时间报到的,社区矫正机构应当及时组织查找,公安机关等有关单位和人员应当予以配合协助。社区矫正机构应当及时将有关情况书面通报社区矫正决定机关和人民检察院。社区矫正机构能够联系到社区矫正对象的,应当督促其立即报到,并告知其不报到的法律后果。社区矫正机构联系不到社区矫正对象的,需要向其居住的村(居)委会说明情况,并了解社区矫正对象去向;向其监护人、亲属书面告知社区矫正对象未按规定时间报到的情况及法律后果。社区矫正对象不按规定时间报到或逃避监管的,社区矫正机构根据情况给予警告、训诫,提请治安管理处罚,符合收监执行条件,依法提出撤销缓刑、撤销假释或收监执行的建议。

3. 建立矫正小组

社区矫正机构需要为社区矫正对象确定矫正小组。《社区矫正法》第25条规定:"社区矫正机构应当根据社区矫正对象的情况,为其确定矫正小组,负责落实相应的矫正方案。根据需要,矫正小组可以由司法所、居民委员会、村民委员会的人员,社区矫正对象的监护人、家庭成员,所在单位或者就读学校的人员以及社会工作者、志愿者等组成。社区矫正对象为女性的,矫正小组中应有女性成员。”第52条规定,社区矫正对象是未成年人的,矫正小组应当吸收熟悉未成年人身心特点的人员参加。《社区矫正法实施办法》第19条规定:矫正小组主要开展下列工作:按照矫正方案,开展个案矫正工作;督促社区矫正对象遵纪守法,遵守社区矫正规定;参与对社区矫正对象的考核评议和教育活动;对社区矫正对象走访谈话,了解其思想、工作和生活情况,及时向社区矫正机构或者司法所报告;协助对社区矫正对象进行监督管理和教育帮扶;协助社区矫正机构或者司法所开展其他工作。矫正方案的制订在本书第十三章进行专门论述。

4. 组织入矫宣告

社区矫正机构接收社区矫正对象后,应当组织或者委托司法所组织入矫宣告。《社区矫正法》第22条规定:“社区矫正机构应当依法接收社区矫正对象,核对法律文书、核实身份、办理接收登记、建立档案,并宣告社区矫正对象的犯罪事实、执行社区矫正的期限以及应当遵守的规定。”《社区矫正法实施办法》第20条规定了入矫宣告的内容,包括:判决书、裁定书、决定书、执行通知书等有关法律文书的主要内容;社区矫正期限;社区矫正对象应当遵守的规定、被剥夺或者限制行使的权利、被禁止的事项以及违反规定的法律后果;社区矫正对象依法享有的权利;矫正小组人员组成及职责;其他有关事项。社区矫正机构或者司法所的工作人员主持宣告,矫正小组成员及其他相关人员到场。宣告后,社区矫正对象应当在书面材料上签字,确认已经了解所宣告的内容。

二、常规监督管理

常规监督管理是指对社区矫正对象日常的监督管理,包括监督社区矫正对象遵守法律、履行法定义务、日常活动、行为表现等情况,以及外出、变更执行地的审批和监管工作。

(一)常规监督管理的内容

1. 遵守法律和履行义务情况

(1)监督社区矫正对象遵守法律法规

社区矫正机构应当监督社区矫正对象遵守宪法、法律、国务院行政法规。在社区矫正期间及解除矫正后,社区矫正对象都应当遵守宪法、法律以及行政法规。遵守法律法规也是社区矫正对象考核的重要内容。发现社区矫正对象有违法犯罪行为,矫正小组应当及时报告。

(2)监督社区矫正对象遵守禁止令和其他义务

社区矫正机构应当监督社区矫正对象履行社区矫正决定机关作出的判决、裁定和暂予监外执行决定中所明确的义务以及人民法院宣告的禁止令。

禁止令是法院对犯罪人判处的禁止他们在执行期间从事特定活动,进入特定区域、场所或接触特定人的判令。我国《刑法》第38条第2款规定,“判处管制,可以根据犯罪情况,同时禁止犯罪分子正在执行期间从事特定活动,进入特定区域、场所,接触特定的人”。第72条第2款规定,“宣告缓刑,可以根据犯罪情况,同时禁止犯罪分子在缓刑考验期限内从事特定活动,进入特定区域、场所,接触特定的人”。

尽管社区矫正机构属于执法机关,但在现阶段,社区矫正机构还不能做到警察化。在实务工作中,的确有一部分警察参与到社区矫正工作中,但多为借调、挂职且大多来自监狱和戒毒系统,并不是公安民警。事实上,社区矫正机构无法对违规违法的社区矫正对象采取人身强制措施。《社区矫正法》第31条规定:“社区矫正机构发现社区矫正对象正在实施违反监督管理规定的行为或者违反人民法院禁止令等违法行为的,应当立即制止;制止无效的,应当立即通知公安机关到场处置。”在发现社区矫正对象存在违反人民法院禁止令以及其他违法违规行为时,公安机关应当提供包括强制隔离措施在内的警务保障。社区矫正机构需要先行履行制止职责,与公安机关配合迅速处置。

(3)监督社区矫正对象遵守监督管理规定

社区矫正机构应当监督社区矫正对象遵守报告、会客、外出、迁居和保外就医等监督管理的规定。《社区矫正法》明确规定,社区矫正机构承担监督管理社区矫正对象的职责,社区矫正对象应当履行服从监督管理的义务。

监督社区矫正对象遵守报告、外出、迁居、保外就医等监督管理规定,可以防止社区矫正对象脱管、失控,为教育帮扶工作奠定基础。规定社区矫正对象应当遵守会客的监督管理规定,主要是为了防止其受外界的不良影响、干扰,以致重新违法犯罪。“隔绝这些不良影响有利于降低犯罪人人身危险性、防范再犯从而促其矫正复归。”[①]社区矫正机构及司法所发现社区矫正对象没有按时报告,甚至私自离开居住地的或外出后逾期不归的情况出现时,应当及时采取措施,组织追查。

2. 掌握社区矫正对象活动情况和行为表现

在日常监管中,社区矫正机构应当了解掌握社区矫正对象的活动情况和行为

---

① 参见李川:《基于风险管控的社区矫正制度研究》,东南大学出版社2017年版,第184页。

表现。在社区矫正工作中,社区矫正机构既要对社区矫正对象进行监督管理,又要开展相应的教育帮扶。监管等级的设置与调整需要根据社区矫正对象的现实风险,而活动情况和行为表现是其风险性的直接体现。教育帮扶工作要结合社区矫正对象的自身情况,即需要掌握社区矫正对象的活动情况和行为表现,需要了解社区矫正对象的工作、学习、生活、保外就医等活动情况,以及他们在社会生产、生活中的心理状态、工作态度、生活方式以等方面。因此,掌握社区矫正对象的活动情况和行为表现十分重要,是进行监督管理和教育帮扶的基础。

3. 做好外出、变更执行的审批和监管工作

社区矫正对象未经批准不得擅自离开所居住的市、县或者迁居。有正当理由的,社区矫正机构可以予以批准,但程序必须规范。

(1)外出的审批和监管工作

外出监管,是指社区矫正对象离开法定的活动范围的监管活动。社区矫正对象外出需要履行请销假手续。根据《社区矫正法》和《社区矫正法实施办法》的相关规定,社区矫正对象未经批准不得离开所居住的市、县。确有正当理由需要离开的,需要经执行地社区矫正机构或者受委托的司法所进行批准。也就是说,社区矫正对象有正当理由可以请假外出。

社区矫正对象需就医、就学、参加诉讼或发生家庭重大变故等,属于外出的正当理由,经社区矫正对象本人提出申请,社区矫正机构可以批准。社区矫正对象提请请假申请时,在通常情况下需要撰写书面申请,并如实提供诊断证明、录取通知书、有关法律文书等相应证明材料。如遇到情况紧急,经核实确不能书面申请的情况,可以允许社区矫正对象使用电话的方式提出申请,社区矫正机构批准后,社区矫正对象应及时补办请假手续。社区矫正对象活动范围中的市指的是直辖市的城市市区、设区的市的城市市区和县级市的辖区。在设区的同一市内跨区活动的,不属于离开所居住的市县,无须履行请销假手续。

在外出期间,虽然社区矫正对象离开了执行地,但为确保其不出现脱管情况,执行地社区矫正机构应当通过电话联系、信息化核查等方式加强监督管理,及时掌握其活动情况。在具体操作中,根据实际工作需要,执行地社区矫正机构也可以委托外地社区矫正机构协助,对社区正对象进行监督管理。社区矫正对象应当在外出期限届满前返回执行地,并立即向社区矫正机构或者司法所报告,办理销假手续。社区矫正对象因为特殊原因无法按期返回时,应及时向司法所报告,司法所要做好记录,并利用通信等手段加强监督管理。社区矫正机构发现社区矫正对象违反外出管理规定的,应当责令其立即返回,并视违规情节予以处罚。另外,对于无正

当理由,未经批准离开所居住的市、县的,经县级司法行政部门负责人批准,可以对社区矫正对象使用电子定位装置,加强监督管理。

出于人道化原则和效率化目标考虑,《社区矫正法》还规定了外出审批的简化程序。《社区矫正法》第27条第1款规定,“对于因正常工作和生活需要经常性跨市、县活动的,可以根据情况,简化批准程序和方式”。申请简化请假批准时,需要社区矫正对象本人向社区矫正机构提出书面申请,写明经常去往市、县的名称、时间、频次等以及必须经常性外出的理由,并提供相关证明。社区矫正机构、司法所收到社区矫正对象外出申请后应当严格审核,对于不提供有关证明或者弄虚作假的,不予批准。在重点时段、重大活动期间或者遇有特殊情况时,一般不批准社区矫正对象前往活动举办地或重点地区。社区矫正机构要严格履行社区矫正对象外出审批程序,严防社区矫正对象因不请假而外出造成脱管。社区矫正对象外出期间,社区矫正工作人员应采取通信联络等方式,掌握其活动情况及行为表现。

(2)迁居与变更执行地的审批和监管工作

迁居是指社区矫正对象因正当需求改变居住地的情况。变更执行地审批是指社区矫正对象因工作、居所变化等原因需要变更执行地的相关审批。在社区矫正期间,社区矫正对象迁居多数情况下会引起执行地的变更。申请变更执行地,需要由社区矫正对象提前提出申请,并提供相关证明材料,社区矫正机构按照有关程序审批并作出决定。社区矫正机构办理社区矫正对象执行地变更审批,应当做到符合规定、程序严谨,从有利于社区矫正对象接受矫正,更好地融入社会出发。新旧执行地社区矫正机关应做好衔接工作,避免脱管、漏管。在作出执行地变更的决定后,应当通知社区矫正决定机关和变更后的社区矫正机构,同时将有关法律文书及时转交变更后的社区矫正机构。

社区矫正机构不同意变更执行地的,应及时告知社区矫正对象。迁出地社区矫正机构同意变更执行地的,应当在征求迁入地社区矫正机构意见后做出决定。当新旧执行地社区矫正机构对变更执行地意见不一致时,应当向共同的上一级社区矫正机构汇报。执行地变更需要跨省(区、市)的,如县级、市级社区桥正机构不能达成一致意见的,由省级社区矫正机构之间协调解决。

(二)常规监督管理的方式

1. 会面

会面是常用的监管方式。会面地点通常在社区矫正机构。在会面过程中,根据不同的情况,可以采取正式谈话的方式也可以选择非正式的谈话方式。由于社区矫正对象需要定期向社区矫正机构汇报思想,在社区矫正对象前来汇报思想时进行会面，了解其思想、工作、学习、生活状况是当前常用的方法。但是，由于社区矫正对象是定期到社区矫正机构进行汇报，如果仅仅依靠其到社区矫正机构汇报思想时了解情况，并不能充分了解社区矫正对象日常的真实状况。且部分特殊社区矫正对象，如身患疾病行动不便、孕期接近临产的暂予监外执行类人员等，出于人道考虑，社区矫正机构一般不强制其严格按照规定的时间到社区矫正机构定期汇报思想，因此，需要社区矫正工作人员实地走访进行会面。

2. 通信联络

通信联络是指社区矫正工作人员运用通信方式了解社区矫正对象状况，达到监督社区矫正对象目的的方法。日常使用的移动客户端、语音通话、视频通话、短信、邮件、电报、电传、信件、社交软件等联络方式都属于通信联络的手段。通信联络是一种非面对面的监督方法。请假外出或者因伤、因病、因孕行动不便无法到社区矫正机构报告的，或者处于“宽管”等级表现优良的社区矫正对象，社区矫正工作人员可以利用通信联络的方式掌握其具体情况，替代定期的会面。

自社区矫正试点以来，电话查访一直是通信联络的主要方法。必要时，社区矫正工作人员会通过电话查访的方式，询问社区矫正对象所在位置、具体活动、当前状态等，了解社区矫正对象情况。遇到紧急、特殊情况，社区矫正对象需要主动利用电话进行汇报。随着智能手机的普及，信息技术的发展带来了社交环境的变化，社交软件在人们生活中广泛普及。当前在通信联络中，运用微信、QQ、App 等社交软件辅助电话查访变得普遍。

3. 信息化核查

信息化核查，是指利用现代信息技术和互联网、物联网等获取和查验社区矫正对象身份、位置、活动等信息的核查方法。例如，利用手机定位核实其活动范围，确定其是否越界；利用公共视频监控系统，实时核验位置，确定其是否脱管；利用互联网和相关信息系统，核查特定社区矫正对象的网上信息、交通出行等情况，以核实特定的社区矫正对象是否违反监管规定。在进行信息化核查时，要注意保护社区矫正对象的隐私。对于社区矫正对象个人的出生日期、身份证号码、住址、生物特征信息等个人信息，以及个人的私生活、日记、相册、生活习惯、通信秘密、电话号码、身体缺陷等个人隐私应注意予以保密。

4. 实地查访

实地查访又称走访，是社区矫正工作人员深入社区矫正对象工作或生活的场所，了解社区矫正对象实际情况的监管方式。走访地点主要包括社区矫正对象的家庭、社区、工作单位、就读学校、就医医院等地，走访时对相关单位和个人进行调查和访问的方式。[①] 通过观察及与相关人员的访谈，了解社区矫正对象的状态，是否存在居住地变更、工作变化等情况；了解社区矫正对象在工作和生活中是否遇到问题，是否发生变故，是否存在违法犯罪情况，是否存在吸毒、酗酒等情况。相比会面，实地查访可以更直观地了解社区矫正对象的状况。但是，由于耗时、耗力、工作量较大，加之当前社区矫正机构人力、财力紧张等因素限制，社区矫正机构需要合理规划，集中精力实地查访最需要走访的社区矫正对象，例如，风险性高、发生家庭变故、受到处罚的矫正对象。实地查访有利于社区矫正机构与社区矫正对象家庭、单位和所在社区形成联动，提升监督管理质量，但在工作中要注意方式方法，避免因为实地查访给社区矫正对象带来社会排斥等负面影响，注意保护社区矫正对象的隐私以及信息安全。

5. 书面报告

书面报告，是指社区矫正对象以书写和递交书面材料的方式向社区矫正机构汇报情况的监督管理方式。自社区矫正工作试点以来，多数地区社区矫正机构一直使用书面报告的监管方法。比如，要求社区矫正对象定期提交的思想汇报、期满总结等。

三、特殊监督管理

（一）使用电子定位装置

电子定位，是指运用电子设备和电子定位技术掌握社区矫正对象活动轨迹、活动范围的监督管理方式。需要注意的是，社区矫正实践中普遍应用的手机定位不在电子定位装置的范围。

1. 电子定位装置的功能

针对社区矫正对象所使用的电子定位装置主要指与有社区矫正定位管理系统相连接的卫星（北斗/CPS）、WIFI 和基站等。这些设备可以对社区矫正对象进行实时定位、收发数据，准确掌握其活动范围，是具有防拆、防爆、防水等性能的定位电子设备。在实际工作中，比较常见的电子监控设备是电子定位腕带。根据司法部 2019 年 9 月 30 日发布的《社区矫正电子定位腕带技术规范》，电子定位腕带是指佩戴在社区矫正对象腕上，对其实施定位，具备防拆、防水和收发数据等功能，掌握其活动范围的社区矫正专用电子终端。电子定位腕带应支持 2G/3G/4G/5G/NB -

---

① 参见王爱立、姜爱东主编：《〈中华人民共和国社区矫正法〉释义》，中国民主法制出版社 2020 年版，第 140 页。

IoT(窄带物联网)或卫星传输等一种或多种远程通信方式。电子通信协议应采用TCP(传输控制协议)/UDP(用户数据报协议)/HTTP(超文本传输协议)/COAP(受限应用协议)/MQTT(消息队列遥测传输)等,支持与省级社区矫正一体化平台互联。定位模式应支持卫星(北斗/GPS)、WIFI 和基站定位模式,支持多种定位模式相结合,支持定位模式智能切换。定位精度上电子定位腕带的北斗/GPS 水平定位精度应≤20m。定位信息上传要求应具备盲区补报功能,可存储 100 条以上的离线定位数据;应具备定位数据采样频率可配置功能(取值以 min 为单位,范围应≤60min)。电子定位腕带应具备拆卸、低电和电子围栏告知等告警功能,告警的形式应支持屏幕显示、振动或其他方式,具体要求如下:(1)拆卸告警功能:电子定位腕带应具有不可逆的硬件防拆装置,在遭到破坏、剪断或拆卸等非正常摘取电子定位腕带时,应能实时向省级社区矫正一体化平台发送告警信息;(2)低电告警功能:电子定位腕带电量不足 20% 时,应及时向社区矫正对象告警,提醒其充电;(3)电子围栏告警功能:电子定位腕带超出(或进入)省级社区矫正一体化平台默认的行政区划及其他情况设定的电子围栏时,省级社区矫正一体化平台应能实时接收消息并向社区矫正对象提示。

2. 电子定位装置的使用条件

与普遍应用的手机定位不同,电子腕带等电子定位装置并不适用所有社区矫正对象。电子定位的使用可以达到加强监管的效果,是具有惩罚色彩的一种特殊监管方式。因此,在对社区矫正对象使用电子定位装置时,需要严格评估使用条件,规范使用程序及期限。依据《社区矫正法》第 29 条的规定,适用电子定位装置的社区矫正对象共有五类。第一类是违反人民法院禁止令的。第二类是无正当理由,未经批准离开所居住的市、县的。这里的无正当理由,是没有经过社区矫正机构的批准离开所居住的直辖市区、设区市区、县级市行政区域和县行政区域的。第三类是违反社区矫正监督管理规定,拒不按照规定报告自己的活动情况,被社区矫正机构给予书面警告处分的。第四类是社区矫正对象违反监督管理规定,被治安管理处罚的,包括违反治安管理规定,受到警告、罚款、行政拘留、吊销公安机关发放的行政许可证。第五类是拟提请撤销缓刑、假释或者暂予监外执行收监执行的。

使用电子定位装置要注意处理好信息利用和保护的关系。社区矫正机构对使用电子定位装置获得的信息只能用于对社区矫正对象的监督管理和教育帮扶,不得改作他用,更不得透露给无关人员。电子腕带使用要严格按照规定进行审核,禁止滥用,杜绝无差别地使用。使用电子定位装置的批准人可以是县级司法行政部门负责人,可以是县级司法行政部门分管社区矫正工作的负责人,也可以是县级司法行政部门主要负责人。

3. 电子定位装置的使用期限

依据《社区矫正法》第29条的规定，社区矫正对象首次使用电子定位装置期限不得超过3个月。除矫正期限不足3个月的社区矫正对象外，一般首次使用期为3个月。使用期满后，不需要继续使用的，应当予以及时解除。对于使用电子定位装置期限届满后，经社区矫正机构评估存在违反监督管理风险的社区矫正对象，经过县级司法行政机关负责人批准的，期限可以延长，每次延长使用不得超过3个月。

（二）查找失联的社区矫正对象

失联，指的是无法通过有效手段联系到社区矫正对象的情形。当社区矫正对象失联时，社区矫正机构应及时通知相关部门，并联合公安机关以及有关部门进行查找。公安机关及其他有关部门应予以配合，不得推诿。

1. 组织查找的情形

在日常监督管理中，社区矫正机构、司法所的工作人员、矫正小组成员需要及时掌握社区矫正对象的情况，如果发现无法通过有效方式联系到社区矫正对象时，要及时向社区矫正机构报告。社区矫正机构应当立即组织查找，并将查找的有关情况通报社区矫正决定机关、执行地检察机关和原服刑的监狱、看守所。

2. 组织查找中的联动

发现社区矫正对象失去联系后，社区矫正机构要及时运用通信联络、信息化核查、实地查访等方式进行查找，同时，社区矫正机构要及时通知公安机关等有关单位和人员协助查找，尽快找到社区矫正对象下落。在查找社区矫正对象的过程中，公安机关等有关单位和人员有协助的义务。公安机关参与社区矫正工作是其法定职责，也是弥补社区矫正机构强制力量不足的重要手段。

3. 组织查找后的处理措施

社区矫正对象应当如实报告活动情况，未经批准不得离开居住地，这是我国《刑法》《社区矫正法》规定的法律义务。在查找到社区矫正对象后，社区矫正机构视情节依法给予社区矫正对象训诫、警告、提请公安机关予以治安管理处罚，情节严重的提请撤销缓刑，撤销假释，收监执行。暂时未能查找到社区矫正对象下落的，社区矫正机构应当与公安机关等有关单位继续查找。

（三）立即制止违规违法行为

当社区矫正对象实施违规违法行为时，社区矫正工作人员需要立即制止，防止严重后果发生，维护社会安全。对于社区矫正机构制止无效的，应当及时通知公安机关，公安机关应当立即到场处置。这样，既能有效发挥公安机关在维护社会治安方面的优势,也有利于明确职责分工,确保社区矫正的顺利实行。

1. 立即制止的情形

当社区矫正对象实施违反法定义务的行为时,社区矫正机构应当立即制止。实施违反法定义务时包括社区矫正对象准备实施、正在实施和实施刚结束尚未离开现场三种情况。这里的违反法定义务,主要包括违反监督管理规定的行为和违反禁止令等违法行为。

2. 通知公安机关的情形

社区矫正机构是社区矫正的执行机关,有掌握社区矫正对象的活动情况和行为表现的职责。在实际工作中,社区矫正工作人员,特别是矫正小组成员接近社区矫正对象的日常生活。当发现社区矫正对象正在实施违规违法行为时,社区矫正机构应当立即派员到场制止。如制止无效,事态发展严重,需及时处置,且表明社区矫正对象的人身危险性升高,主观恶性提高时,社区矫正机构应立即通知公安机关。在接到社区矫正机构通知后,公安机关应立即到现场处理。如社区矫正对象仍不服从管理,公安机关可以采取强制带离等措施,避免发生严重后果。

3. 后续处理

社区矫正对象实施违规违法行为,经社区矫正机构制止后,服从管理的,社区矫正机构应视情形给予相应的处罚。对依法应给予治安管理处罚的社区矫正对象,社区矫正机构应当向同级公安机关提请治安管理处罚,并附相关证明材料。公安机关应当将治安管理处罚的结果通报社区矫正机构。对受到治安管理处罚的社区矫正对象,社区矫正机构对其使用电子定位装置,加强监督管理。针对此类社区矫正对象,还可以将其列为重点管理对象,进行更加严格的监督管理,加强教育。对违法情节严重的,社区矫正机构应及时向有关部门提请撤销缓刑,撤销假释,收监执行。发现社区矫正对象涉嫌重新犯罪的,应当移送公安机关处理,并配合公安机关做好案件侦查工作。

四、矫正结束

矫正结束,是指社区矫正对象矫正期限届满或出现其他法定事由而不再进行社区矫正的活动。根据《社区矫正法》等法律规定,矫正结束可分为矫正解除和矫正终止两种情形。

(一)矫正解除

矫正解除,是指因社区矫正对象矫正期限届满或者被赦免,而结束社区矫正的活动。

1. 矫正解除的条件

《社区矫正法》第 44 条规定:“社区矫正对象矫正期满或者被赦免的,社区矫正机构应当向社区矫正对象发放解除社区矫正证明书,并通知社区矫正决定机关、所在地的人民检察院、公安机关。”据此,矫正期限届满或被赦免是矫正解除的条件。

矫正期限届满涉及社区矫正对象矫正期的起止问题。不同类型社区矫正对象的矫正期限及计算方法不同。被判处管制的社区矫正对象,其矫正期限与管制的期限相等,矫正期从判决执行之日起计算,期限届满宣布执行期满,解除管制;被宣告缓刑的社区矫正对象,其矫正期限与缓刑考验期限相等,矫正期从判决确定之日起计算,期限届满宣布缓刑考验期满,原判刑罚不再执行;被裁定假释的社区矫正对象,其矫正期限与假释考验期限相等,矫正期从假释之日起计算,期限届满宣布考验期满,原判刑罚执行完毕;被裁定暂予监外执行的社区矫正对象,其矫正期限与暂予监外执行的期限相同,人民法院决定的,其矫正期从暂予监外执行决定生效之日起计算;公安机关、监狱管理机关决定的暂予监外执行的社区矫正对象,其矫正期限与暂予监外执行的期限相同,矫正期从出监所之日起计算。

2. 矫正解除的内容

(1)做好总结与鉴定

做好个人总结与书面鉴定是正式解除的前期工作。《社区矫正法实施办法》第 53 条规定,社区矫正对象一般应当在社区矫正期满 30 日前,作出个人总结,执行地县级社区矫正机构应当根据其在接受社区矫正期间的表现等情况作出书面鉴定,与安置帮教工作部门做好衔接工作。

(2)办理解除手续

办理解除手续是解除矫正的重要环节。《社区矫正法实施办法》第 53 条规定,执行地县级社区矫正机构应当向社区矫正对象发放解除社区矫正证明书,并书面通知社区矫正决定机关,同时抄送执行地县级人民检察院和公安机关。公安机关、监狱管理机关决定暂予监外执行的社区矫正对象刑期届满的,由看守所、监狱依法为其办理刑满释放手续。社区矫正对象被赦免的,社区矫正机构应当向社区矫正对象发放解除社区矫正证明书,依法办理解除矫正手续。

(3)组织解矫宣告

解矫宣告,是指解除社区矫正的宣告。《社区矫正法实施办法》第 54 条规定,社区矫正对象矫正期满,执行地县级社区矫正机构或者受委托的司法所可以组织解除矫正宣告。具体的宣传内容包括:宣读对社区矫正对象的鉴定意见;宣布社区矫正期限届满，依法解除社区矫正；对判处管制的，宣布执行期满，解除管制；对宣告缓刑的，宣布缓刑考验期满，原判刑罚不再执行；对裁定假释的，宣布考验期满，原判刑罚执行完毕。社区矫正机构或者司法所工作人员主持宣告，矫正小组成员及其他相关人员到场，按照规定程序进行。在宣告完毕后，社区矫正机构向社区矫正对象发放《解除社区矫正证明书》。需要注意的是，对未成年社区矫正对象的解除宣告不公开进行。

（二）矫正终止

矫正终止是因社区矫正对象被裁定撤销缓刑、假释，被决定收监执行，或者社区矫正对象死亡而结束社区矫正的活动。矫正终止的情形主要有两种。

1. 收监

社区矫正对象被收监执行，社区矫正工作自动终止。这里的收监包括三种情形：第一，被宣告缓刑的社区矫正对象被撤销缓刑的；第二，被裁定假释的社区矫正对象被撤销假释的；第三，被决定暂予监外执行的社区矫正对象被依法收监的。人民法院裁定撤销缓刑、撤销假释或者相关机关决定暂予监外执行收监狱执行之日起，社区矫正自动终止。关于撤销缓刑、撤销假释、暂予监外执行收监执行的条件本章第三节专门论述。

2. 死亡

社区矫正对象死亡的，社区矫正工作自动终止。《社区矫正法》第51条规定："社区矫正对象在社区矫正期间死亡的，其监护人、家庭成员应当及时向社区矫正机构报告。社区矫正机构应当及时通知社区矫正决定机关、所在地的人民检察院、公安机关。"社区矫正对象正常死亡的，其监护人、家庭成员应当及时向社区矫正机构报告。社区矫正机构应当及时通知社区矫正决定机关、人民检察院、公安机关，医院应开具相关的死亡证明。社区矫正对象非正常死亡的，其监护人、家庭成员也应当及时向社区矫正机构报告。社区矫正机构应当在及时通知公安机关，同时报请检察机关对死亡原因作出司法鉴定。

第三节　社区矫正对象的考核与奖惩

社区矫正对象的考核与奖惩是社区矫正监督管理中的两个相辅相成的重要环节。考核是奖惩的依据，奖惩是考核的体现。

一、社区矫正对象的考核

(一)社区矫正对象考核概述

1. 社区矫正对象考核的概念

社区矫正对象的考核,是指社区矫正机构依法对社区矫正对象认罪悔罪、遵守法律法规、参加学习教育以及日常行为表现等情况进行评价的活动。

2. 社区矫正对象考核的主体

社区矫正对象考核的主体是社区矫正机构。《社区矫正法》第 28 条第 1 款规定:"社区矫正机构根据社区矫正对象的表现,依照有关规定对其实施考核奖惩。"在考核工作中,司法所和矫正小组也应发挥作用。《社区矫正法》第 9 条第 2 款规定:"司法所根据社区矫正机构的委托,承担社区矫正相关工作。"第 25 条规定:"社区矫正机构应当根据社区矫正对象的情况,为其确定矫正小组,负责落实相应的矫正方案。根据需要,矫正小组可以由司法所、居民委员会、村民委员会的人员,社区矫正对象的监护人、家庭成员,所在单位或者就读学校的人员以及社会工作者、志愿者等组成。社区矫正对象为女性的,矫正小组中应有女性成员。"社区矫正机构在对社区矫正对象进行考核时,应当听取司法所及矫正小组意见。

3. 社区矫正对象考核的客体

社区矫正对象考核的客体是社区矫正对象。考核的依据是国家相关法律法规。社区矫正对象的日常表现是考核的重要指标,具体包括认罪悔罪、遵守法律法规、服从监督管理、接受教育等方面的情况。及时、公正的考核能够引导和规范社区矫正对象的行为。

(二)社区矫正对象考核内容

社区矫正对象考核的内容是社区矫正机构考核评价社区矫正对象表现的具体方面。根据《社区矫正法》第 28 条第 1 款的规定,社区矫正对象的认罪悔罪、遵守法律法规、服从监督管理、接受教育情况等方面是考核的重要内容。

1. 认罪悔罪情况

认罪悔罪主要包括社区矫正对象对判决的态度,认为判决是否公正;对犯罪行为是否有正确的归因;是否认识到犯罪行为的社会危害;是否悔恨自身的犯罪行为等。具体是指以下几个方面:

(1)对犯罪事实的认识。对犯罪事实的认识程度从低到高依次为:完全不认可判决,否认全部犯罪事实;承认部分判决中认定的犯罪事实,但否定主要犯罪事实;承认判决中认定的主要犯罪事实,但不认可部分细节;完全认可判决中认定的犯罪事实。

(2)对法院判决的认识。根据对定罪和量刑认识分为四种情况,包括:既不服从定罪,也不服从量刑;不服从定罪,但是服从量刑;服从定罪,但不服从量刑;既服从定罪,又服从量刑。

(3)对犯罪原因的认识。犯罪归因可以分为以下几种类型:认为犯罪原因是偶然因素导致,或是偶然因素为主;认为犯罪原因是客观因素,或者客观因素为主;认为犯罪原因是自身主观因素,或者是主观因素为主。

(4)对犯罪危害的认识。对于犯罪危害的认识从低到高可以分为以下几个维度:完全认识不到犯罪行为造成的社会危害;小部分地认识到犯罪行为造成的社会危害;可以大部分地认识到犯罪行为造成的社会危害;完全认识犯罪行为造成的社会危害。

(5)悔罪行为的表现。以下行为可以被认为是悔罪的表现:书写认罪书和悔罪书,深刻剖析自己的犯罪原因,表示认罪悔罪;书写忏悔信,且有具体的忏悔行为;积极履行法院判决的财产刑,积极赔偿受害人;主动坦白交代余罪,或者检举揭发其他为他犯罪行为;规劝帮助他人认罪悔罪,且有成效的。

2. 遵守法律法规

遵守法律法规主要包括社区矫正对象是否有违法、违规的行为。在考核中,对社区矫正对象的违法违规行为要进行客观分析,具体是指以下几个方面:

(1)确定违法的类型。当社区矫正对象出现违法违规情况时,需要确定违法的种类和程度,鉴别是违反民事法律法规,还是违反行政法律法规,抑或违反刑事法律法规。

(2)鉴定违法的原因。对社区矫正对象的违法原因也需要进行鉴定,主要考察是社区矫正对象故意违法违规还是过失违法违规。

(3)认定违法的态度。社区矫正对象实施违法违规行为后,社区矫正机构需要对其违法违规后的态度进行考核。具体包括,是否正确认识、客观归因违法违规行为,是否有赔礼道歉、赔偿损失、停止侵害、排除妨碍等补救行为等。

3. 服从监督管理

服从监督管理主要包括社区矫正对象在社区矫正期间履行判决、裁定、暂予监外执行决定等法律文书确定的义务,遵守国务院司法行政部门对社区矫正对象的相关规定,服从社区矫正机构的管理等方面的内容。具体体现在以下几个方面:

(1)遵守报告情况。考核社区矫正对象遵守报告情况,主要包括是否按时报告,是否如实汇报思想动态及工作、学习、生活状况,是否主动报告工作变动、居所变化等特殊情况等。

(2)遵守会客规定情况。考核社区矫正对象遵守会客规定情况,主要包括是否擅自会见同案犯及其他违法犯罪人员,是否擅自接触禁止会见的被害人等。在互联网发达的时代,考核遵守会客规定,除了要考核社区矫正对象现实生活中的遵守情况,还要考核是否在网络空间的遵守情况。

(3)遵守外出、迁居规定情况。考核社区矫正对象遵守外出、迁居相关规定情况,主要包括是否未经批准擅自离开所在县、市、区;是否按程序履行外出请假、迁居手续;外出后,是否按时返回,是否及时销假等。

(4)遵守保外就医监督管理规定情况。考核社区矫正对象遵守保外就医监督管理规定的情况,主要包括是否每月报告本人身体情况,配合医生治疗;是否按时到指定的医院接受治疗,向执行地县级社区矫正机构、受委托的司法所提交病情复查情况等。

4. 接受教育情况

接受教育情况是指社区矫正对象进行法治、道德、文化、生活等方面教育的情况,重点考核出勤率、学习态度、学习效果。

(1)出勤率。考核社区矫正对象应参加学习的次数和实际参加学习的次数,是否有迟到、早退、病假、事假等情况。

(2)学习态度。考核社区矫正对象参加学习时的状态,是否遵守学习纪律,是否按时完成作业情况等。

(3)学习效果。考核社区矫正对象的学习效果,可以用考试、撰写体会等方式进行。

总体来看,对社区矫正对象的考核内容既包括矫正表现,也包括矫正态度。但由于社区矫正对象的性别、年龄、类型、文化程度、身体状况、工作状况以及接受裁判的内容等都不相同,考核时还要具体问题具体分析。比如,一名保外就医的社区矫正对象常年卧病在床,不能因为其长时间不参加集中学习,武断地评价其考核不合格。

(三)社区矫正考核方法

考核方法是开展考核工作的关键因素。考核方法是否科学,直接影响考核结果的全面性、客观性与公正性。对社区矫正对象的考核是一项严肃认真而又具体细致的日常工作。考核应是对社区矫正对象的矫正态度和行为表现的真实反映,要力求客观公正。实务工作中,考核的主要方法有以下几种:

1. 记事评议法

记事评议法是社区矫正机构、矫正小组对社区矫正对象日常行为以文字材料的形式记录在册,并对社区矫正对象的矫正表现进行评价的考核方法。记录时可以一事一记,也可以对社区矫正对象某一时期的矫正表现做出综合记载。如社区矫正工作人员综合评价社区矫正对象提交的书面报告情况。又如,社区矫正工作人员记录并评价社区矫正对象在学习教育、公益活动中的表现等。评议时,矫正小组依据相关记录,对社区矫正对象的现实表现进行讨论,评价社区矫正对象的考核等次。

2. 计分考核法

计分考核法是将社区矫正对象的矫正态度和行为表现等方面分解成若干具体的指标,并赋予相应的分值,然后根据社区矫正对象的实际表现情况,逐项进行赋分的考核方法。计分考核法是我国社区矫正工作中使用较为普遍的一种考核方法。

总体来看,记事评议法和计分考核法各有优缺点,记事评议法的优点在于详细、具体,在进行回顾时可以清楚地了解社区矫正对象各个阶段的表现。缺点是工作量较大,作为奖惩依据时缺乏横向的比较性。计分考核法的优点是社区矫正对象可以简单、清楚地了解考核结果,而且标准统一,便于社区矫正对象之间进行横向比较,缺点是计分考核法仅有一个分数,在反映社区矫正对象的具体表现方面较弱。在实务操作中,两种考核的方法可以结合使用。

二、社区矫正对象的奖惩

(一)社区矫正对象奖惩概述

社区矫正对象的奖惩,是指在考核的基础上,社区矫正机构对社区矫正对象进行奖励或惩罚的制度。考核是奖惩的前提和基础,奖惩是考核的结果和落实。奖惩必须严格依法进行,不得随意扩大或缩小。

在实务工作中,社区矫正机构应当准确把握奖惩的适用条件,严格按照程序执行。既要维护刑事执行的严肃性和司法的公信力,又要保障社区矫正对象的合法权益。奖惩的标准及程序应当公开透明,结果应当公示,接受监督。在执行奖惩时,特别是适用惩罚时,要注意保障社区矫正对象的合法权利,保障其知情权、申辩权和复议权等,畅通社区矫正对象权利保障的渠道。

在实务工作中,要考虑社区矫正对象的类别和裁判内容中的不同,合理设置考核和奖惩条件,避免同一化。管制犯、缓刑犯、假释犯、暂予监外执行犯的性质各异,法律规定的义务和监督管理的要求并不相同,导致其违规违法的法律后果也不一样。依照《刑法》的规定,被宣告缓刑的犯罪分子,在缓刑考验期内,违反法律、行政法规或者国务院有关部门关于缓刑的监督管理规定，或者违反人民法院判决中的禁止令，情节严重的，应当撤销缓刑，执行原判刑罚。被假释的犯罪分子，在假释考验期限内，有违反法律、行政法规或者国务院有关部门关于假释的监督管理规定的行为，尚未构成新的犯罪的，应当依照法定程序撤销假释，收监执行未执行完毕的刑罚。

社区矫正机构要注意与相关部门协调联动，准确适用奖惩。奖励措施中的表扬，惩罚中的训诫、警告都可以由社区矫正机构直接作出决定。但是，奖惩措施中的治安管理处罚、减刑、撤销缓刑、撤销假释、收监执行等都需要社区矫正机构提请，由相关部门作出决定，因此，奖惩工作能否顺利、高效进行需要相关部门依法予以积极支持，也需要社区矫正机构加强与相关部门的协调。

（二）奖励措施

1. 表扬

表扬是一种行政奖励。《社区矫正法》第28条规定，"社区矫正对象认罪悔罪、遵守法律法规、服从监督管理、接受教育表现突出的，应当给予表扬"。《社区矫正法实施办法》第33条进一步细化了表扬的条件，即"社区矫正对象接受社区矫正六个月以上并且同时符合下列条件的，执行地县级社区矫正机构可以给予表扬：（一）服从人民法院判决，认罪悔罪；（二）遵守法律法规；（三）遵守关于报告、会客、外出、迁居等规定，服从社区矫正机构的管理；（四）积极参加教育学习等活动，接受教育矫正的。社区矫正对象接受社区矫正期间，有见义勇为、抢险救灾等突出表现，或者帮助他人、服务社会等突出事迹的，执行地县级社区矫正机构可以给予表扬"。考核中的表扬是指记录在社区矫正对象矫正档案中的书面表扬，作为对社区矫正对象的行政奖励。

2. 减刑

减刑是一种司法奖励。社区矫正对象符合减刑条件，社区矫正机构提出建议，经由人民法院对社区矫正对象给予的奖励措施。不同类型社区矫正对象的减刑标准有所不同。

对于缓刑类的社区矫正对象，2011年11月21日最高人民法院审判委员会通过的《关于办理减刑、假释案件具体应用法律若干问题的规定》第13条规定，判处拘役或者3年以下有期徒刑并宣告缓刑的罪犯，一般不适用减刑。前款规定的罪犯在缓刑考验期限内有重大立功表现的，可以参照《刑法》第78条的规定，予以减刑，同时应依法缩减其缓刑考验期限。拘役的缓刑考验期限不能少于2个月，有期徒刑的缓刑考验期限不能少于1年。据此，对缓刑类的社区矫正对象而言，一般不适用减刑,但有重大立功表现的除外。如果在缓刑考验期内有重大立功表现的,可以参照《刑法》第 78 条的规定予以减刑,同时应当依法缩减其缓刑考验期。

对于管制、假释、暂予监外执行类的社区矫正对象,可以依据《刑法》和《社区矫正法》相关规定进行减刑。《刑法》第 78 条规定,被判处管制、拘役、有期徒刑或无期徒刑的犯罪分子,在执行期间,如果认真遵守监规,接受教育改造,确有悔改表现的,或者有立功表现的,可以减刑;有重大立功表现的,应当减刑。《社区矫正法》第 33 条规定,"社区矫正对象符合刑法规定的减刑条件的,社区矫正机构应当向社区矫正执行地的中级以上人民法院提出减刑建议,并将减刑建议书抄送同级人民检察院。人民法院应当在收到社区矫正机构的减刑建议书后三十日内作出裁定,并将裁定书送达社区矫正机构,同时抄送人民检察院、公安机关"。根据上述规定,判处管制、裁定假释或者决定暂予监外执行的社区矫正对象,如果认真遵守法律、行政法规,履行判决、裁定、暂予监外执行决定中确定的义务,遵守国务院司法行政部门关于报告、会客、外出、迁居、保外就医等监督管理规定,服从社区矫正机构的管理,根据社区矫正机构的考核结果认定确有悔改表现的,社区矫正机构可以提出减刑建议。社区矫正对象有重大立功表现的,社区矫正机构应当提出减刑建议。

根据 2012 年 7 月 1 日起施行的《关于办理减刑、假释案件具体应用法律若干问题的规定》第 2 条的规定,"确有悔改表现"是指同时具备以下四个方面情形:认罪悔罪;认真遵守法律法规及监规,接受教育改造;积极参加思想、文化、职业技术教育;积极参加劳动,努力完成劳动任务。对罪犯在刑罚执行期间提出申诉的,要依法保护其申诉权利,对罪犯申诉不应不加分析地认为是不认罪悔罪。罪犯积极执行财产刑和履行附带民事赔偿义务的,可视为有认罪悔罪表现,在减刑、假释时可以从宽掌握;确有执行、履行能力而不执行、不履行的,在减刑、假释时应当从严掌握。

根据《关于办理减刑、假释案件具体应用法律若干问题的规定》第 3 条的规定,具有下列情形之一的,应当认定为有"立功表现":(1)阻止他人实施犯罪活动的;(2)检举、揭发监狱内外犯罪活动,或者提供重要的破案线索,经查证属实的;(3)协助司法机关抓捕其他犯罪嫌疑人(包括同案犯)的;(4)在生产、科研中进行技术革新,成绩突出的;(5)在抢险救灾或者排除重大事故中表现突出的;(6)对国家和社会有其他贡献的。其中,第(4)项、第(6)项中的技术革新或者其他贡献应当由罪犯在刑罚执行期间独立或者为主完成,并经省级主管部门确认。

根据《关于办理减刑、假释案件具体应用法律若干问题的规定》第 4 条的规定,"重大立功表现"是指具有下列情形之一:(1)阻止他人实施重大犯罪活动的;(2)检举监狱内外重大犯罪活动,经查证属实的;(3)协助司法机关抓捕其他重大犯罪嫌疑人的;(4)有发明创造或者重大技术革新的;(5)在日常生产、生活中舍己救人的;(6)在抗御自然灾害或者排除重大事故中,有突出表现的;(7)对国家和社会有其他重大贡献的。第(4)项中的发明创造或者重大技术革新应当是罪犯在刑罚执行期间独立或者为主完成,并经国家主管部门确认的发明专利,且不包括实用新型专利和外观设计专利;第(7)项中的其他重大贡献应当由罪犯在刑罚执行期间独立或者为主完成,并经国家主管部门确认。

(三)惩罚措施

对社区矫正对象的惩罚措施有训诫、警告、治安管理处罚、撤销缓刑、撤销假释、暂予监外执行的收监执行等。

1. 训诫

训诫是社区矫正机构对符合条件的社区矫正对象进行批评教育,并责令其改正的行政处罚措施。训诫是行政处罚中最轻的一种,是以警示为主要目的,通常不会导致社区矫正对象监管等级的提高。

《社区矫正法实施办法》第 34 条规定了训诫的条件,即社区矫正对象具有下列情形之一的,执行地县级社区矫正机构应当给予训诫:(1)不按规定时间报到或者接受社区矫正期间脱离监管,未超过 10 日的;(2)违反关于报告、会客、外出、迁居等规定,情节轻微的;(3)不按规定参加教育学习等活动,经教育仍不改正的;(4)其他违反监督管理规定,情节轻微的。

当社区矫正对象出现应当予以训诫的情形时,执行地司法所应向县级社区矫正机构提出申请,经批准后,作出给予社区矫正对象训诫的书面决定,并对其进行口头训诫。

2. 警告

警告,是指社区矫正机构依法对符合条件的社区矫正对象进行提醒、告诫的行政处罚措施。警告通常会导致社区矫正对象的监管等级提高至"严管"级别。

《社区矫正法实施办法》第 35 条规定了警告的条件,即社区矫正对象具有下列情形之一的,执行地县级社区矫正机构应当给予警告:(1)违反人民法院禁止令,情节轻微的;(2)不按规定时间报到或者接受社区矫正期间脱离监管,超过 10 日的;(3)违反关于报告、会客、外出、迁居等规定,情节较重的;(4)保外就医的社区矫正对象无正当理由不按时提交病情复查情况,经教育仍不改正的;(5)受到社区矫正机构两次训诫,仍不改正的;(6)其他违反监督管理规定,情节较重的。

警告通常由执行地司法所提出建议,经县级社区矫正机构批准,做出给予社区矫正对象警告的书面决定,并书面通知其本人。

3. 治安管理处罚

治安管理处罚是由公安机关对扰乱公共秩序、妨害公共安全、侵犯人身权利和财产权利以及妨害社会管理，具有一定社会危害性，但尚不够刑事处罚的行为依法作出的行政处罚措施。治安管理处罚的种类分为：警告、罚款、行政拘留和吊销公安机关发放的许可证。

《社区矫正法实施办法》第36条规定，"社区矫正对象违反监督管理规定或者人民法院禁止令，依法应予治安管理处罚的，执行地县级社区矫正机构应当及时提请同级公安机关依法给予处罚，并向执行地同级人民检察院抄送治安管理处罚建议书副本，及时通知处理结果"。社区矫正对象受治安管理处罚一般有两种情形：其一，违反一般公民都应遵守的义务，如社区矫正对象实施了斗殴、寻衅滋事等违反《治安管理处罚法》或者其他法律的行为；其二，违反了社区矫正对象应当遵守的特定义务，如社区矫正对象未经批准擅自外出等。

在实务中，治安管理处罚的种类不同，对社区矫正对象实施治安管理处罚的具体程度也不尽相同。需要给予警告和500元以下罚款的，一般由执行地司法所进行调查后，向当地派出所送达治安管理处罚建议书并附有关证据材料，由当地派出所依法给予治安管理处罚；需要给予其他治安管理处罚的，一般由执行地司法所进行调查后，经当地县级社区矫正机构向同级公安机关送达治安管理处罚建议书，并附有关证据材料，由当地同级公安机关依法给予治安管理处罚。①

4. 撤销缓刑

撤销缓刑，是指缓刑类社区矫正对象出现应当撤销缓刑的情形时，人民法院依照程序裁定撤销缓刑的司法处罚措施。

根据《刑法》《社区矫正法》《社区矫正法实施办法》的相关规定，撤销缓刑的情形有以下四种：

(1)被宣告缓刑的社区矫正对象在缓刑考验期限内犯新罪。

(2)发现被宣告缓刑的社区矫正对象判决宣告以前还有其他罪没有判决。

(3)被宣告缓刑的社区矫正对象违反法律、行政法规或者国务院有关部门关于缓刑的监督管理规定，情节严重的。社区矫正对象在缓刑考验期内，有下列情形之一的，由执行地同级社区矫正机构提出撤销缓刑建议：违反禁止令，情节严重的；无正当理由不按规定时间报到或者接受社区矫正期间脱离监管，超过一个月的；因违反监督管理规定受到治安管理处罚，仍不改正的；受到社区矫正机构两次警告，仍

---

① 参见吴宗宪主编：《社区矫正导论》(第2版)，法律出版社2020年版，第217页。

不改正的;其他违反有关法律、行政法规和监督管理规定,情节严重的情形。

(4)被宣告缓刑的社区矫正对象违反人民法院判决中的禁止令,情节严重的。

当出现撤销缓刑的情形时,一般由执行地司法所进行调查和提出建议后,经当地同级社区矫正机构向有关人民法院提出撤销缓刑建议,送达撤销缓刑建议书并附有相关证据材料。社区矫正机构一般向原审人民法院提出撤销缓刑建议。如果原审人民法院与执行地同级社区矫正机构不在同一省、自治区、直辖市的,可以向执行地人民法院提出建议,执行地人民法院作出裁定的,裁定书同时抄送原审人民法院。对于缓刑考验期内犯新罪或者发现判决宣告以前还有其他罪没有判决的,应当向审理该案件的人民法院提出建议,由审理该案件的人民法院作出裁定。

人民法院拟撤销缓刑的,应当听取社区矫正对象的申辩以及其委托律师的意见。人民法院裁定撤销缓刑的,应当将法律文书送达执行地同级社区矫正机构,并抄送执行地县级人民检察院和公安机关。执行地县级公安机关本着就近、便利、安全的原则,立即将社区矫正对象送交执行地所属监狱或看守所执行刑罚。执行地同级社区矫正机构应当及时向执行地监狱或看守所移交撤销缓刑裁定书和执行通知书、撤销缓刑建议书、原判决书、裁定书、执行通知书、起诉书副本、结案登记表以及社区矫正期间表现情况等文书材料。

另外,根据《社区矫正法》第 47 条和《社区矫正法实施办法》第 48 条的相关规定,被提请撤销缓刑的社区矫正对象可能逃跑或者具有现实危险的,社区矫正机构可以在提出撤销缓刑建议的同时,提请人民法院决定对其予以逮捕。这里的社会危险包括:具有危害国家安全、公共安全、社会秩序或者他人人身安全现实危险的;可能对被害人、举报人、控告人或者社区矫正机构工作人员等实施报复行为的;可能实施新的犯罪的。社区矫正机构提请人民法院决定逮捕社区矫正对象时,应当提供相应的证据,移送人民法院审查。

5. 撤销假释

撤销假释,是指假释类社区矫正对象出现应当被撤销假释的情形时人民法院依法撤销假释的司法处罚措施。

根据《刑法》《社区矫正法》《社区矫正法实施办法》的相关规定,撤销假释的情形有以下三种:

(1)假释类社区矫正对象在假释考验期限内犯新罪。

(2)假释类社区矫正对象被发现判决宣告以前还有其他罪没有判决。

(3)假释类社区矫正对象违反法律、行政法规或者国务院有关部门关于假释的监督管理规定，尚未构成新的犯罪的。根据《社区矫正法实施办法》第47条的规定：社区矫正对象在假释考验期内，有下列情形之一的，由执行地同级社区矫正机构提出撤销假释建议：无正当理由不按规定时间报到或者接受社区矫正期间脱离监管，超过一个月的；受到社区矫正机构两次警告，仍不改正的；其他违反有关法律、行政法规和监督管理规定，尚未构成新的犯罪的。

根据现行法律的相关规定，撤销假释的程序同撤销缓刑的程序相同。当出现应当撤销假释的情形时，社区矫正机构一般向原审人民法院提出撤销假释建议。如果原审人民法院与执行地同级社区矫正机构不在同一省、自治区、直辖市的，可以向执行地人民法院提出建议，执行地人民法院作出裁定的，裁定书同时抄送原审人民法院。社区矫正机构撤销假释的建议书和人民法院的裁定书副本同时抄送社区矫正执行地同级人民检察院、公安机关、罪犯原服刑或者接收其档案的监狱。被提请撤销假释的社区矫正对象可能逃跑或者具有现实危险性的，社区矫正机构在提出撤销假释建议书的同时，提请人民法院决定对其予以逮捕。此处的现实危险性与上述撤销缓刑提请逮捕的判断标准相同。

6. 暂予监外执行的收监执行

暂予监外执行的收监执行，是指有权决定暂予监外执行的机关发现暂予监外执行类社区矫正对象不符合规定条件或严重违反暂予监外执行规定时，依照法定程序决定收监执行的司法处罚措施。

根据《刑事诉讼法》《社区矫正法》《社区矫正法实施办法》的相关规定，在暂予监外执行期间，暂予监外执行犯具有下列情形之一的，应当及时被收监执行。

（1）不符合暂予监外执行条件的。根据《刑事诉讼法》第265条的规定，暂予监外执行犯不符合下列条件之一，①有严重疾病需要保外就医的；②怀孕或者正在哺乳自己婴儿的妇女；③生活不能自理适用暂予监外执行不致危害社会的，即被认定不符合暂予监外执行的条件，由执行地县级社区矫正机构提出收监执行建议。

（2）严重违反有关暂予监外执行监督管理规定。根据《社区矫正法实施办法》第49条的规定，严重违反有关暂予监外执行的监督管理规定，具体包括：①不符合暂予监外执行条件的；②未经社区矫正机构批准擅自离开居住的市、县，经警告拒不改正，或者拒不报告行踪，脱离监管的；③因违反监督管理规定受到治安管理处罚，仍不改正的；④受到社区矫正机构两次警告的；⑤保外就医期间不按规定提交病情复查情况，经警告拒不改正的；⑥暂予监外执行的情形消失后，刑期未满的；⑦保证人丧失保证条件或者因不履行义务被取消保证人资格，不能在规定期限内提出新的保证人的;⑧其他违反有关法律、行政法规和监督管理规定,情节严重的情形。当暂予监外执行犯出现上述情形之一,由执行地县级社区矫正机构提出收监执行建议。

(3)暂予监外执行的情形消失后,罪犯刑期未满的。暂予监外执行犯的暂予监外执行情形消失,比如,医疗水平进步,社区矫正对象疾病得到治疗;生活能够自理或者生育完成、哺乳期结束等情形出现时,由执行地县级社区矫正机构提出收监执行建议。

当出现上述三种暂予监外执行收监执行的情形时,一般由执行地司法所进行调查和提出建议后,经当地县级社区矫正机构向有关决定机关提出收监执行建议,送达收监执行建议书,并附相关证据材料。执行地县级社区矫正机构一般向当地社区矫正决定机关提出收监执行建议。如果原社区矫正决定机关与执行地县级社区矫正机构在同一省、自治区、直辖市的,可以向原社区矫正决定机关提出建议。社区矫正决定机关应当在收到建议书后30日内作出决定,将决定书送达社区矫正机构和公安机关,并抄送人民检察院。

暂予监外执行的对象可能来自不同的决定机关。《刑事诉讼法》第265条规定,对被判处有期徒刑或者拘役的罪犯,在交付执行前,暂予监外执行由交付执行的人民法院决定;在交付执行后,暂予监外执行由监狱或者看守所提出书面意见,报省级以上监狱管理机关或者设区的市一级以上公安机关批准。据此,我国暂予监外执行的社区矫正决定机关包括人民法院、省级以上监狱管理机关和设区的市一级公安机关。

暂予监外执行的社区矫正决定机关不同,收监执行的程序也有所不同。根据《社区矫正法实施办法》第50条的规定,人民法院裁定撤销缓刑、撤销假释或者决定暂予监外执行收监执行的,由执行地县级公安机关本着就近、便利、安全的原则,送交社区矫正对象执行地所属的省、自治区、直辖市管辖范围内的看守所或者监狱执行刑罚。公安机关决定暂予监外执行收监执行的,由执行地县级公安机关送交存放或者接收罪犯档案的看守所收监执行。监狱管理机关决定暂予监外执行收监执行的,由存放或者接收罪犯档案的监狱收监执行。

复习思考题

1. 在监督管理中,如何落实依法监管原则?
2. 接收社区矫正对象的工作内容有哪些?
3. 分析“计分考核法”和“记事评议法”的优缺点。

4. 社区矫正对象认罪悔罪的认定标准。
5. 社区矫正对象行政奖励的种类及条件。
6. 社区矫正对象司法奖励的种类及条件。
7. 矫正解除和矫正终止的区别有哪些?

第九章　教 育 矫 正

本章摘要

教育矫正是实现社区矫正对象再社会化的重要手段，是社区矫正的重要任务之一，贯穿于社区矫正工作的全过程。根据目前中国社区矫正的有关规定和实践，对社区矫正对象的教育矫正主要包括告知教育、入矫教育、常规教育、公益活动以及解矫教育。在教育矫正过程中，社区矫正工作者应当遵循因人施教原则、因地制宜原则、以理服人原则以及循序渐进原则，综合运用集中教育、个别教育、分类教育以及社会教育等教育方法，以提高教育矫正工作的质量与效率。

重点问题

1. 社区矫正对象教育矫正的含义与特点。
2. 社区矫正对象教育矫正的原则与内容。
3. 公益活动的含义及性质。
4. 公益活动的形式及组织原则。
5. 教育矫正的具体方法。

第一节　教育矫正概述

一、社区矫正对象教育矫正的含义

社区矫正对象教育矫正，是指社区矫正机构转变社区矫正对象的不良心理和行为恶习，促进其再社会化的系统性影响活动。教育矫正是社区矫正的基本内容和重要任务之一。

教育矫正是近代教育刑论的产物。德国著名的刑法学家冯·李斯特曾经系统地提出教育目的刑的学说。他认为,“刑罚的任务是将罪犯改造成为一个对社会有用之才(非自然的、人工的对社会的适应)。这里涉及一个问题,即是增加罪犯恐惧心理还是改变其性格,回答了这个问题,我们就可以区分刑罚的效果究竟是威慑还是矫正了”。[①] 他强调指出,“再社会化刑罚的执行应注重社会教育”。[②] “此外,现代心理学和教育学的研究方法和成果必须加以利用,这样才能使刑罚执行不仅仅徒有一个现代的形式,而且也具有现代心理学、教育学的内容。”[③]教育刑论认为,刑罚的本质是教育,刑罚的目的不是报应而是矫正,刑罚的对象不是行为而是行为人。

随着法治文明的发展和教育刑论的推动,教育矫正已成为世界各国矫正制度的重要内容。1955 年第一届联合防止犯罪和罪犯待遇大会通过的《囚犯待遇最低限度标准规则》第 58 条规定,监所应该利用适当可用的改造、教育、道德、精神和其他方面的力量和各种协助,并设法按照囚犯所需的个别待遇来运用这些力量和协助;第 77 条规定,监狱应该设法对可以从中受益的一切囚犯继续进行教育。[④] 我国 1994 年颁布施行的《监狱法》第 4 条规定:“监狱对罪犯应当依法监管,根据改造罪犯的需要,组织罪犯从事生产劳动,对罪犯进行思想教育、文化教育、技术教育。”社区矫正是一种非监禁刑事执行制度,教育矫正是其重要内容。《社区矫正法》第 36 条规定:“社区矫正机构根据需要,对社区矫正对象进行法治、道德等教育,增强其法治观念,提高其道德素质和悔罪意识。对社区矫正对象的教育应当根据其个体特征、日常表现等实际情况,充分考虑其工作和生活情况,因人施教。”由此可见,教育矫正是实现社区矫正对象再社会化的重要环节。

二、社区矫正对象教育矫正的特点

社区矫正对象教育矫正作为教育的一种特殊形式,具有以下特点:

(一)教育矫正对象的特殊性

社区矫正对象教育矫正是对特殊对象开展的工作。《社区矫正法》第 2 条规定:“对被判处管制、宣告缓刑、假释和暂予监外执行的罪犯,依法实行社区矫正。对社区矫正对象的监督管理、教育帮扶等活动,适用本法。”由此可见,教育矫正的

---

① ［德］李斯特:《德国刑法教科书》,徐久生译,法律出版社 2006 年版,第 9 页。

② ［德］李斯特:《德国刑法教科书》,徐久生译,法律出版社 2006 年版,第 21 页。

③ ［德］李斯特:《德国刑法教科书》,徐久生译,法律出版社 2006 年版,第 22 页。

④ 参见刑法改革国际编:《〈联合国囚犯待遇最低限度标准规则〉详解》,于南译,法律出版社 1998 年版,第 243 页。

对象就是《社区矫正法》规定的管制犯、缓刑犯、假释犯和暂予监外执行犯。

(二)教育矫正环境的开放性

社区矫正对象教育矫正是在开放的环境中进行的。社区矫正是一种非监禁刑事执行制度,这决定了社区矫正对象是在社会上接受矫正,他们所处的教育环境具有开放性的特点。在社区矫正教育过程中,教育活动是在多种开放性场所进行的,它既可能发生在社区矫正机构,也可能发生在公益活动场所,还可能发生在社区矫正对象的家庭。

(三)教育矫正方式的灵活性

社区矫正对象教育矫正可以采用灵活的方式进行。由于社区矫正对象是在开放性的社会环境中接受矫正,社区矫正机构可以充分利用各种社会资源、整合各方社会力量,开展教育活动。《社区矫正法实施办法》第 43 条第 3 款、第 4 款规定:"社区矫正机构、司法所根据需要可以采用集中教育、网上培训、实地参观等多种形式开展集体教育……社区矫正机构、司法所可以通过公开择优购买服务或者委托社会组织执行项目等方式,对社区矫正对象开展教育活动。"据此,在开展教育矫正工作时,社区矫正机构不应当一味地采用课堂式的教育方式,而需要坚持灵活性原则,结合教育主题组织各种形式的教育活动,典型的方法有参观、开展社会活动及公益活动、榜样示范、咨询宣传等,也可以借助网络,通过 App 等进行线上教育。

(四)教育矫正主体的广泛性

社区矫正对象教育矫正工作的主体具有广泛性的特点。社区矫正的重要特点是立足社区,依靠社区,强调利用社会力量开展矫正工作,使社区矫正对象在不脱离社会环境的条件下实现再社会化。矫正环境的开放性决定了矫正主体的广泛性。《社区矫正法》第 35 条第 2 款规定:"有关人民团体应当依法协助社区矫正机构做好教育帮扶工作。"第 38 条规定:"居民委员会、村民委员会可以引导志愿者和社区群体,利用社区资源,采取多种形式,对有特殊困难的社区矫正对象进行必要的教育帮扶。"第 39 条规定:"社区矫正对象的监护人、家庭成员、所在单位或者就读学校应当协助社区矫正机构做好对社区矫正对象的教育。"第 40 条第 1 款规定:"社区矫正机构可以通过公开择优购买社区矫正社会工作服务或者其他社会服务,为社区矫正对象在教育、心理辅导、职业技能培训、社会关系改善等方面提供必要的帮扶。"由此可见,人民团体、居民委员会、村民委员会、志愿者、社区群众、未成年社区矫正对象的监护人、家庭成员、所在单位、就读学校、社会工作者等社会力量都可以参与到社区矫正对象教育矫正工作之中。

教育矫正主体的广泛性体现了社会力量的积极参与。这不仅是社区矫正教育的特点，而且是社区矫正工作的优势所在。

（五）教育矫正内容的多样性

对社区矫正对象的教育矫正包括多方面的内容。《社区矫正法实施办法》第43条第3款规定："组织社区矫正对象参加法治、道德等方面的教育活动；根据社区矫正对象的心理健康状况，对其开展心理健康教育、实施心理辅导。"有的地区提出"三分矫正"的做法，将教育矫正全程分为入矫阶段、中期阶段和临解矫阶段，其中入矫集中教育包括社区矫正规定教育课、在刑意识教育课、法律常识教育课、案例警示课、社会认知教育课等，中期集中教育包括爱国主义教育、政治思想教育、安全警示教育、奖惩评审教育、形势政策教育等，临解矫集中教育包括矫正总结指导教育、安置帮教政策解读教育等。[①] 由此可见，社区矫正对象的教育内容多样、丰富。

三、社区矫正对象教育矫正的原则

社区矫正对象教育矫正的原则，是指社区矫正工作者在教育矫正过程中应当遵循的基本准则。它是教育矫正本质的具体体现，是社区矫正工作者开展教育活动的行动指南。社区矫正对象教育矫正原则主要包括以下四个方面：

（一）因人施教原则

因人施教原则，是指社区矫正工作者从社区矫正对象的实际出发，根据他们的个人特点而采取相应教育措施的原则。

因人施教是教育学的基本规律之一。因人施教的思想可以追溯到我国古代著名教育家孔子（前551年—前479年）。《论语》中记载，孔子对弟子的评价有："由也果"、"赐也达"、"求也艺"，[②]"柴也愚"、"参也鲁"、"师也辟"、"由也喭"。[③] 孔子往往根据学生的特点，对学生提出相同或者相似的问题，给出不同的答案。比如，几个学生问"孝"和"仁"，孔子每次回答都不同。因人施教这一说法从此形成。

在社区矫正对象教育矫正过程中贯彻因人施教原则，应当把握以下三个方面：

第一，掌握社区矫正对象的个人特点。目前，我国社区矫正适用对象的来源不同，一些社区矫正对象来自监狱、看守所，有过监禁矫正经历；还有一些社区矫正对象来源于人民法院。他们在犯罪性质、刑罚种类等方面都有差异。每个社区矫正对象表现出不同的个人特点，了解和掌握社区矫正对象的个人特点是贯彻因人施教

---

① 参见陈耀鑫主编：《上海市社区矫正"三分矫正"工作实务指南》，上海人民出版社2019年版，第23～60页。

② 《论语·雍也》。

③ 《论语·先进》。

原则的前提。社区矫正对象的个人特点主要包括:性别、年龄、民族、心理特征、家庭环境、文化程度、生活经历、犯罪原因、犯罪手段、犯罪性质、刑种、矫正期限、主观恶性程度、现实需要、危险程度等。社区矫正工作者可以通过查阅档案、个别谈话及定期走访等方法,详细、准确地掌握社区矫正对象的实际情况,为采取有针对性的教育措施提供条件。

第二,制订个性化的教育矫正计划。在掌握了社区矫正对象的个人特点后,社区矫正工作者要制订个性化的教育矫正计划,精选教育内容,运用恰当的教育方法,有的放矢,对症下药,这样才能取得良好的矫正效果。例如,对未成年社区矫正对象的教育,要坚持教育为主、惩罚为辅原则,法律教育以在刑意识、法律常识和社区矫正规章制度为主,认知教育以心理健康教育、爱国主义教育为主,技能教育以就业技能、安全生产和应急救护为主,同时,着重加强亲情教育。又如,对女性社区矫正对象的教育,要坚持宽严相济原则,心理健康教育以非暴力沟通技巧、女性角色定位与认知、压力管理与应对为主,心理矫正以团体心理咨询和个案辅导相结合,并充分发挥家庭成员感恩教育的优势。对暴力型社区矫正对象,要加强法治教育,转化其为所欲为的错误观念,培养守法意识,学会用法律武器维护自己的合法权益;同时,通过传统文化教育和心理辅导等方式,提高其人文素养,矫正其错误的价值观及恶劣的行为习惯。对财产型社区矫正对象,要强化法治教育,注重价值观、金钱观教育和职业技术教育;通过心理矫治,改变其需要结构,消除违法、犯罪动机;强化劳动锻炼,培养其良好的行为习惯和劳动观念。

第三,激发社区矫正对象的优势。中国古代儒家经典《礼记》中称,"知其心,然后能救其失也。教也者,长善而救其失者也"。[①] 教育矫正是一个动态过程。在这种"纠偏"式的教育中,社区矫正工作者不要一味地针对社区矫正对象的缺点和问题,而需要及时发现、发挥和发展社区矫正对象的自身优势,做到长善救失,促进其不断进步。社会成员都有内在的品质、美德和才能等潜质,那些违法、犯罪人员也不例外,这些潜质即便暂时被掩蔽、磨损甚至被淹没,也可以通过教育和鼓励等方法,使其重新发挥作用。社区矫正工作者关注的中心应从"问题"转移到"优势",应当扮演鼓励、协助、支持的角色,挖掘社区矫正对象拥有的资源,最大限度地发现、发挥和发展他们潜在的优势,引导他们参与认识和解决问题的全过程,让他们树立信心,重新进行自我评价,最终实现回归社会的目标。

(二)因地制宜原则

因地制宜原则,是指社区矫正工作者应当根据不同的教育环境采取不同的教

---

① 《礼记·学记》。

育矫正措施的原则。

贯彻因地制宜的原则，要求社区矫正工作者根据社区的不同特点，采取不同的教育矫正措施。德国社会学家费迪南德·滕尼斯在1887年出版的《社区与社会》一书中最先使用了“社区”这个概念。他认为，社区是一种基于情感、内心倾向而建立起来的富有人情味、具有共同价值观念、关系亲密的由同质人口组成的社会生活共同体。目前，我国社区主要分为农村社区、小城镇社区和城市社区三种类型。这三类社区在地域环境、社会群体、社会活动、文化心理、物质设施以及组织、管理水平等方面都存在差异；同时，在经济、社会发展水平不同的地区，即使同一类社区也会呈现不同的特点。

社区矫正工作者要从社区实际出发，因地制宜地开展教育矫正活动。在城市和比较发达的小城镇社区，社区矫正工作者可以利用辖区内的各种社会资源对社区矫正对象开展教育。例如，利用设施资源中的高等院校、科研机构以及教育（培训）设施，人力资源中的大学生志愿者，智力资源中的专家、学者，组织资源中的社会组织及其社会工作者等。在农村社区，社区矫正工作者可以利用关系资源中的血缘关系和邻里关系。

值得关注的是，随着互联网技术的发达，网络教育日渐兴起，甚至有占主流之势。利用网络开展教育矫正，在一定程度上克服了所在社区教育资源匮乏的局限。社区矫正机构可以利用网络优秀教育资源，如“学习强国”“CCTV”等，为社区矫正对象提供学习素材，也可以将教育资源传递到互联网上，以满足教育资源匮乏地区的需要。

（三）以理服人原则

以理服人原则，是指社区矫正工作者通过摆事实、讲道理的方法去疏通、劝导和说服社区矫正对象自觉地接受矫正的原则。坚持以理服人原则，是我国教育矫正工作的优良传统。

在社区矫正对象教育矫正过程中贯彻以理服人原则，应当从以下几方面入手：

第一，实现双方良性互动。社区矫正工作者与社区矫正对象双方在某种程度上是“专业服务关系”，双方的良性互动是贯彻以理服人原则的基础。在实践中，如果社区矫正工作者单纯地强调管制与服从，将社区矫正对象视为被动接受教育的客体，虽然这种矫正关系也能让社区矫正对象处于被控制的状态，但无法调动他们自身的改造动力，甚至会产生对立、抵抗情绪，进而增大矫正活动的阻力。因此，社区矫正工作者需要在充分尊重社区矫正对象人格的前提下，建立信任、合作的专业矫正关系，变单向的说教为双向的沟通，实现双方良性互动，这样才能真正达到以理服人的目的。

第二,坚持摆事实与讲道理相结合。摆事实、讲道理是以理服人原则的基本精神。摆事实是讲道理的基础,讲道理是摆事实的深化。对社区矫正对象的教育工作,要坚持摆事实与讲道理相结合,进行耐心、细致的说服,而不是简单粗暴式、命令式地压服。当社区矫正对象产生思想偏差或错误行为时,社区矫正工作者需要在充分调查、核实的前提下,摆明事实,然后对其进行实事求是的批评教育,对其错误思想进行揭露、批判,即讲道理。在批评时,应当允许社区矫正对象提问、辩解,把教育过程变成交流过程,让其思想问题暴露出来,以利于社区矫正工作者抓住他们的思想症结,从而加强教育的针对性。

第三,坚持言教与身教相结合。著名教育家孔子曾说:"其身正,不令而行;其身不正,虽令不从。"[①]这句话说明"身教"重于"言教"。以理服人不仅可以通过摆事实、讲道理这种"言教"来实现,也可以通过榜样、示范等"身教"的方式去贯彻。在实践中,为了达到"身教"的效果,社区矫正工作者需要不断地提高自身素质,注重自身形象。除了遵守法律,品行端正,具有一定的法律政策水平、文化素质以及专业知识外,更重要的是要具备正义感、责任感、同情心、奉献意识和服务精神等职业素质,用自己的言行去激励社区矫正对象积极改造,这样才能真正做到以理服人。

第四,注重感化教育。在教育矫正过程中,坚持以理服人原则的同时,社区矫正工作者也要注重感化的力量,以情感人,达到教育的目的。感化是社区矫正工作者以诚恳的态度、细致的关怀和切实的帮助等方式去影响社区矫正对象的活动。感化是一种潜移默化的影响,它能够产生强有力的教育力量。在新中国的刑罚执行中,一直重视感化的作用,强调对罪犯教育、感化、挽救。社区矫正工作者可以通过帮助社区矫正对象解决实际困难来实现感化,使之消除疑虑和偏见,安心接受矫正;还可以利用政策的优势实现感化。与监狱矫正相比,社区矫正是一种更人性化的矫正方式,体现了国家对社区矫正对象深层次的人文关怀以及和谐社会下的司法宽容。这一制度本身就具有无可争辩的感化力量。

(四)循序渐进原则

循序渐进原则,是指社区矫正工作者遵循人的认识能力发展的客观规律,有计划、有步骤地对社区矫正对象开展教育活动的原则。

辩证唯物主义认识论认为,人们对客观事物的认识有一个由浅入深、由低级到

---

① 《论语·子路》。

高级、由现象到本质、由量变到质变的循序渐进的转化过程。[①] 对社区矫正对象的教育要遵循这个认识规律,坚持循序渐进原则。

在教育矫正过程中贯彻循序渐进原则,应当从以下两个方面着手。

第一,根据认识转化规律制订科学的教育计划。社区矫正工作者要根据教育矫正的内容,结合社区矫正对象的实际需求编制教育计划。在制订教育计划时,既要考虑教育内容的连贯性和系统性,又要注意社区矫正对象的认识水平和接受能力,做到内容充实、目标明确,以保证教育工作循序渐进地进行。同时,社区矫正工作者要及时掌握社区矫正对象接受教育的实际情况,进而适时地调整教育内容与方法。

第二,必须坚持不懈、持之以恒。社区矫正工作者要认识到犯罪心理具有稳定性和顽固性,人的思想转化具有反复性和复杂性的特点。教育矫正的实践证明,几乎没有一个罪犯是不经过反复的,有的还出现多次反复。教育矫正的实质是改变社区矫正对象原有的价值观念、道德标准和行为方式,向其灌输符合社会规范的价值体系和行为准则,确立新的生活目标。对社区矫正对象的教育矫正需要大量的、长期的、细致的工作,社区矫正工作者必须坚持不懈、持之以恒,要克服"急于求成"的思想、"跳跃式"的教育方式以及"简单、粗暴"的教育方法。

第二节 教育矫正内容

一、告知教育

告知教育,是指社区矫正决定机关告知社区矫正对象相关的遵守义务及法律后果,并责令其按时报到的教育。

告知教育是刑事司法机关共同参与社区矫正工作的直接体现。社区矫正是一项系统性、综合性工作,仅靠司法行政机关、社区矫正机构及司法所难以完成,需要人民法院、公安机关、监狱、人民检察院等司法机关共同参与。《社区矫正法》第 8 条规定,人民法院、人民检察院、公安机关和其他有关部门依照各自职责,依法做好社区矫正工作。《社区矫正法实施办法》第 15 条规定:"社区矫正决定机关应当对社区矫正对象进行教育,书面告知其到执行地县级社区矫正机构报到的时间期限以及逾期报到或者未报到的后果,责令其按时报到。"根据上述条款,对社区矫正对

---

① 参见王明迪主编:《罪犯教育概论》,法律出版社 2001 年版,第 21 页。

象进行告知教育是社区矫正决定机关应当履行的法定职责。

告知教育的目的是督促社区矫正对象认罪悔罪，认识犯罪行为的社会危害，帮助社区矫正对象认清犯罪原因，真诚悔罪；教育其遵纪守法，遵守社区矫正的法定义务，避免重蹈覆辙；督促其按时到指定社区矫正机构报到，服从社区矫正机构的管理。社区矫正决定机关实施的告知教育能够帮助社区矫正对象认罪悔罪，增强其在刑意识，也能够起到预防、减少脱管的作用。

告知教育包括人民法院的法庭教育，也包括监狱、看守所对假释犯、暂予监外执行犯的所内教育。告知教育的内容主要有以下几个方面：一是提示应当守法的概括性规定，如《社区矫正法》第 4 条第 1 款规定，社区矫正对象应当依法接受社区矫正，服从监督管理；第 23 条规定，社区矫正对象在社区矫正期间应当遵守法律、行政法规，履行判决、裁定、暂予监外执行决定等法律文书确定的义务，遵守国务院司法行政部门关于报告、会客、外出、迁居、保外就医等监督管理规定，服从社区矫正机构的管理。二是《刑法》《刑事诉讼法》《监狱法》等明确的义务性规定，如《刑法》第 39 条第 1 款规定："被判处管制的犯罪分子，在执行期间，应当遵守下列规定：(一)遵守法律、行政法规，服从监督；(二)未经执行机关批准，不得行使言论、出版、集会、结社、游行、示威自由的权利；(三)按照执行机关规定报告自己的活动情况；(四)遵守执行机关关于会客的规定；(五)离开所居住的市、县或者迁居，应当报经执行机关批准。"三是法院判处的禁止令、职业禁止等须遵守的规定。四是告知社区矫正对象违规可能会被给予警告、治安管理处罚，严重的可能会被收监执行等法律后果。① 根据《社区矫正法实施办法》第 15 条的规定，告知教育的方式是书面形式，体现了教育的规范性和严肃性。

二、入矫教育

入矫教育，是指社区矫正机构接收社区矫正对象之后，为帮助其适应社区矫正制度而进行的教育。入矫教育的目的主要有以下两个方面：一方面，帮助社区矫正对象认识社区矫正的性质，熟悉社区矫正监督管理、教育帮扶等方面的规定，强化其在刑意识，帮助其明确矫正目标以及适应矫正制度；另一方面，社区矫正工作者能够掌握社区矫正对象的罪错案由、文化程度、生活及工作经历、家庭状况等基本情况，了解他们的思想动态、个性特征及现实需求，为下一步的教育矫正奠定基础。

入矫教育主要包括三个方面。

---

① 参见王爱立、姜爱东主编：《〈中华人民共和国社区矫正法〉释义》，中国民主法制出版社 2020 年版，第 110 页。

（一）权利义务教育

权利义务教育，是指为了让社区矫正对象正确行使公民的基本权利和履行特定的法律义务而进行的教育。

权利义务教育是保障社区矫正对象权利，规范社区矫正对象行为的重要手段。社区矫正是一种非监禁刑事执行制度，刑事制裁性是其根本属性。社区矫正对象进入开放式的矫正体系后，首先要明确自己的权利和义务。《社区矫正法》第 4 条第 2 款明确规定，“社区矫正工作应当依法进行，尊重和保障人权。社区矫正对象依法享有的人身权利、财产权利和其他权利不受侵犯，在就业、就学和享受社会保障等方面不受歧视”。此条款明确了社区矫正对象权利保护的范围。第 34 条规定：“开展社区矫正工作，应当保障社区矫正对象的合法权益。社区矫正的措施和方法应当避免对社区矫正对象的正常工作和生活造成不必要的影响；非依法律规定，不得限制或者变相限制社区矫正对象的人身自由。社区矫正对象认为其合法权益受到侵害的，有权向人民检察院或者有关机关申诉、控告和检举。受理机关应当及时办理，并将办理结果告知申诉人、控告人和检举人。”此条款规定各有关机构、单位和个人在开展社区矫正工作过程中，有义务保障社区矫正对象的合法权益，也提及了社区矫正对象权利救济的途径。社区矫正对象权利方面的相关规定有利于保障社区矫正对象的合法权益不受侵犯。第 23 条规定：“社区矫正对象在社区矫正期间应当遵守法律、行政法规，履行判决、裁定、暂予监外执行决定等法律文书确定的义务，遵守国务院司法行政部门关于报告、会客、外出、迁居、保外就医等监督管理规定，服从社区矫正机构的管理。”此条款规定了社区矫正对象应当履行的特殊义务。特殊义务的遵守有利于社区矫正对象的行为养成，也有利于预防其重新犯罪。

权利义务教育是促进社区矫正工作顺利进行的重要路径。尽管社区矫正对象在开放性的社区中接受矫正，但他们仍然是罪犯，仍须遵守国家法律法规，特别是要注意遵守社区矫正法的相关规定，如报到、会客、迁居、请销假、保外就医、参加教育学习以及公益活动等规定。因此，开展权利义务教育，有利于社区矫正对象明确其特殊身份，强化其规范养成。在一般情况下，社区矫正机构通过集中教育的方式组织权利义务教育。

（二）在刑意识教育

在刑意识教育，是指为了让社区矫正对象了解自己的法律身份和矫正状态而进行的教育。

在刑意识教育是社区矫正教育的特色。非监禁性是社区矫正区别于监狱矫正的重要特征。在开放性的社区中接受矫正,容易造成部分社区矫正对象忽视其作为罪犯的法律身份,以为不被关押在监狱中就不是罪犯,与其他守法公民一样享有自由,主要表现是未成年人、法律知识匮乏的社区矫正对象,因此,开展在刑意识教育是十分必要的。

开展在刑意识教育可以坚持法治教育与政策教育相结合的原则。社区矫正工作者应通过必要的法治教育,使社区矫正对象明确罪与非罪的界限,认识其犯罪行为的危害性,以及刑事审判的权威性和严肃性,使他们意识到自己虽然没有被关押在监狱中,但仍然是一名罪犯,从而端正其对社区矫正的态度,主动接受监管和教育。同时,社区矫正工作者需要充分发挥政策的威力,解读社区矫正是一种行刑社会化方式,明确社区矫正对象的法定义务,强调监督管理、教育矫正等方面的规章制度,以及违反规章制度后应当承担的法律责任,以加强其行为约束及服刑意识。自试点以来,一些社区矫正机构通过警示案例教育,特别是本地区收监执行的案例,落实在刑意识教育,值得借鉴。

(三)监禁体验教育

监禁体验教育,是指为了预防和威慑社区矫正对象实施违法犯罪行为而对其实行的短期监禁的教育。

监禁体验教育的适用对象,是在社区矫正过程中不服从管理、教育,多次违反监督管理规定,说服教育效果不佳的社区矫正对象。监禁体验教育是通过一定时期的监禁,让社区矫正对象体验到监禁的痛苦,监狱刑的严厉性、强制性、惩罚性,对监禁刑产生惧怕心理,再比对社区矫正的相对自由,进而更加珍惜社区矫正的机会,实现服从管理,预防、阻止再次违法犯罪发生的目的。

监禁体验教育类似国外的休克监禁,又译为震慑性监禁。在一些文献中,还使用了一些类似的名称,例如,间歇拘禁、间歇型监禁、间歇型刑罚、休克缓刑、休克假释、复合刑罚等。

休克监禁的这些形式尽管在设计和组织方面有一些差别,但是,其基本的成分是相同的。(1)首先将犯罪人监禁一定时期,让他们体验监狱的艰苦生活,对监禁刑产生惧怕心理。(2)利用犯罪人对监狱生活和监禁刑的惧怕心理,阻止他们实施新的更加严重的犯罪行为,因为这类犯罪行为可能会带来被判处监禁刑的后果。(3)在短暂的监禁之后,将犯罪人释放出去,让他们在社区中继续接受监督,执行完剩余的刑期。①

① 参见吴宗宪:《社区矫正比较研究》(上),中国人民大学出版社2011年版,第441~442页。

借鉴国外休克监禁，我国学者吴宗宪教授提倡对缓刑犯开展“监禁体验型教育”，并在有关论著中明确提出将“监禁体验型教育”作为教育矫正的重要项目之一，详细提及了立法理由。①

1. 对象的设定。在实践中，一些社区矫正对象在社区矫正过程中法治观念不强，自以为不至于被监禁，任意违反监督管理规定，加之对于监禁缺乏理性认识，意识不到重新犯罪的严重性。吸收域外经验，通过立法规定一些强制性教育手段迫在眉睫。通过不超过12小时的监禁体验型教育惩戒严重违反监督管理规定者，有利于威慑和阻止其重新犯罪。

2. 决定和执行。监禁体验型教育涉及干预公民自由权，在决定权归属上应该慎重对待。规定由县级社区矫正管理机关批准，有利于保障监禁体验型教育依法进行。在我国，监狱的设置与基层行政区划并不对应。在县级行政区划中，一般都设置了看守所。监禁体验型教育的期限不长，可在看守所、附近的监狱等监禁机构执行。

3. 保障人权的需要。监禁体验型教育的重点在于“体验监禁”，由此决定了其强度不得超过正常监禁生活。其内容仅限于听取监禁情况介绍和体验正常监禁生活。执行机构不得对其实施侮辱、虐待等非法行为。

综合上述内容，借鉴《社区矫正法》中电子监控装置设定的决定权，监禁体验教育的决定权可以赋予县级司法行政机关负责人，时间不超过12小时，地点在就近的看守所或监狱，内容仅限于体验正常监禁生活，执行机构不得对其实施侮辱、虐待等非法行为。

目前，一些社区矫正机构组织社区矫正对象参观、体验监狱、看守所，听取监狱人民警察、监狱服刑人员的报告，体验监狱生活，就具有监禁体验教育的色彩。另外，社区矫正机构将“教育体验基地”直接设置在监狱。例如，贵州省遵义市播州区司法局“社区服刑对象教育体验基地”在忠庄监狱正式挂牌成立。② 这种做法也是监禁体验教育的实践。

三、常规教育

常规教育，也称日常教育，是指社区矫正工作者对社区矫正对象普遍进行的，以矫正其不良心理和行为恶习为目标的教育。常规教育是教育矫正工作的主体和

---

① 参见赵秉志主编：《社区矫正法（专家建议稿）》，中国法制出版社2013年版，第72页。

② 《贵州监狱首家“社区服刑对象教育体验基地”正式挂牌成立》，载贵州省监狱管理局官网，http://jyglj.guizhou.gov.cn/xwzx/yxcz/202006/t20200619_61168761.html。

关键。

常规教育的内容主要包括四个方面。

（一）法治教育

法治教育，是指为了让社区矫正对象学习法律知识和增强法律意识而进行的教育。

法律是治国之重器，法治是国家治理体系和治理能力的重要依托。[①] 党的十九大提出，加大全民普法力度，建设社会主义法治文化，树立宪法法律至上、法律面前人人平等法治理念的法治建设任务。社区矫正对象是特殊的社会群体。法律知识缺乏、法律意识淡薄是多数社区矫正对象走上违法犯罪道路的重要原因。因此，加大对社区矫正对象的普法力度，促进他们树立宪法法律至上，法律面前人人平等的法治理念至关重要。对社区矫正对象开展法治教育具有多重积极意义。其一，有利于促使社区矫正对象认罪服法、安心接受矫正；其二，有利于转化社区矫正对象的行为恶习，促使他们成为守法公民；其三，有利于预防和减少重新犯罪，维护社会稳定。

法治教育主要包括以下几个方面：

第一，法的基本知识教育。社区矫正工作者应向社区矫正对象阐明法理学的基本知识以及社会主义法的本质、作用与要求，强调依法治国的重要性，明确只有坚定不移地走中国特色社会主义法治道路，才能真正实现法治保障人民权益的根本目的。开展法治教育，需要教育社区矫正对象懂得什么是社会主义民主；懂得在行使自己权利时，不得损坏国家、社会和集体的利益以及他人的合法权益；教育引导社区矫正对象懂得什么是守法，什么是违法，明确是非界限，分辨合法行为与违法犯罪的基本界限，帮助社区矫正对象树立起学法、知法、懂法、守法的基本生活模式和习惯。[②]

第二，现行主要法律法规教育。现行主要法律法规教育需要与社区矫正对象的生活紧密结合，例如，开展《宪法》《刑法》《刑事诉讼法》《民法典》《民事诉讼法》《监狱法》《治安管理处罚法》等方面的教育，帮助社区矫正对象了解这些法律的内容以及与自身的关系，并学会运用法律保护自己的合法权益。开展现行法律法规教育时，社区矫正工作者要注意分类，对同一类型群体或罪名的社区矫正对象开展

---

① 中共中央宣传部编：《习近平新时代中国特色社会主义思想三十讲》，学习出版社 2018 年版，第 183 页。

② 参见王爱立、姜爱东主编：《〈中华人民共和国社区矫正法〉释义》，中国民主法制出版社 2020 年版，第 214 页。

集中的法律教育，以取得良好效果。例如，对女性社区矫正对象，集中进行《婚姻法》《妇女权益保障法》《反家庭暴力法》等法律教育；对触犯危险驾驶罪的社区矫正对象，集中进行《刑法》《道路交通安全法》等法律教育。

第三，社区矫正相关法律法规教育。2020 年 7 月 1 日起，《社区矫正法》《社区矫正法实施办法》正式施行。社区矫正机构要加紧组织社区矫正对象学习上述两部法律，特别是对在矫的社区矫正对象。因为《社区矫正法》是我国第一部专门规范和指导社区矫正工作的法律，其理念先进、特色鲜明、体例规范；新修订的《社区矫正法实施办法》不仅增加了新内容，而且有诸多新变化。开展社区矫正相关法律法规的教育，不仅可以规范社区矫正对象的行为，增强他们的在刑意识和遵纪守法意识，也能够实现保障社区矫正对象合法权益的目标。

（二）道德教育

道德教育是指为了让社区矫正对象遵守道德规范，增强道德素质，提高道德修养而进行的教育。

法治与德治都在国家治理体系中占居重要地位，两者不可分离，更不可偏废。法律是成文的道德，道德是内心的法律。两者分别从他律和自律的角度规范人们的行为。道德是依靠内在信念、社会舆论和传统习惯来调整人与人之间、个人与社会之间关系的行为规则和规范的总和。从因果关系来讲，多数罪犯的犯罪行为，是错误的价值观念和道德败坏的结果。将社区矫正对象转化为守法公民是社区矫正的根本目标，也就是说，社区矫正对象知法、守法是最低限度，从更高的层次来说，则应促进他们遵守道德规范，增加他们的道德素质，提高他们的道德修养。

道德教育主要包括以下几个方面：

第一，遵守道德规范，即公民基本道德规范。2019 年，中共中央、国务院印发《新时代公民道德建设实施纲要》指出："推动践行以文明礼貌、助人为乐、爱护公物、保护环境、遵纪守法为主要内容的社会公德，鼓励人们在社会上做一个好公民；推动践行以爱岗敬业、诚实守信、办事公道、热情服务、奉献社会为主要内容的职业道德，鼓励人们在工作中做一个好建设者；推动践行以尊老爱幼、男女平等、夫妻和睦、勤俭持家、邻里互助为主要内容的家庭美德，鼓励人们在家庭里做一个好成员；推动践行以爱国奉献、明礼遵规、勤劳善良、宽厚正直、自强自律为主要内容的个人品德，鼓励人们在日常生活中养成好品行。"社区矫正工作者重点将上述社会公德、职业道德、家庭美德和个人品德的规范，结合社区矫正对象的年龄层次、家庭背景、罪错案由等情况，有侧重地进行道德教育。

第二，增强道德素质。道德素质是人们的思想意识状态按照社会规范要求所达到的水准,包括人生观、道德观、思想品质和传统文化习惯;好的道德素质,应当具有正确的人生价值观念,具有仁爱、责任、同情、羞耻等道德良心,具有良好的行为习惯。① 正确的人生观、价值观是增强道德素质的根本。社区矫正工作者要帮助社区矫正对象破除"人的本质是自私的"、"人的本性就趋利避害,追求感官快乐"以及享乐主义、个人主义等错误的人生观;矫正他们只讲个人价值、不讲社会价值,注重奢侈享受、忽视劳动创造等错误的价值观;更新他们以个人需要、利益为核心,以金钱、权力、享受和实用为尺度等错误的价值评价;教育他们认识到错误的人生观、价值观是违法犯罪的重要原因。

第三,提高道德修养,即按照社会主义道德规范的要求,培养良好的道德品质。要提高道德修养,具体做法有:首先,要从点滴小事做起,勿以恶小而为之,勿以善小而不为;其次,要敢于自我剖析,对自身的缺点进行自我批评;最后,要慎独,在任何情况下,甚至在独自一人、无人监督的情况下,也要自觉地严格要求自己,不做任何缺德的事情。②

道德教育不能脱离传统文化,才能契合国民性格,方能实现启发作用。习近平总书记强调:"培育和弘扬社会主义核心价值观必须立足中华优秀传统文化。牢固的核心价值观,都有其固有的根本。抛弃传统、丢掉根本,就等于割断了自己的精神命脉。"开展道德教育,社区矫正工作者要充分挖掘并运用优秀传统文化中的要素,例如,《三字经》《弟子规》《论语》《了凡四训》等经典文献中的哲理,更易于社区矫正对象认同;利用传统文化的形式表达,譬如,话剧、快板、戏曲、书法等,更易于社区矫正对象接受。

(三)文化教育

文化教育,是指为了提高社区矫正对象的文化知识水平和自身素质而开展的教育。

开展文化教育有利于提高社区矫正对象接受思想教育的能力及文明程度。文化是人类在社会历史发展过程中所创造的物质财富和精神财富的总和。文化既是建设物质文明的重要因素,也是提高人的思想道德水平的条件。文化知识与人的发展有着极为密切的关系。文化知识的匮乏,特别是法律意识的淡薄,是部分罪犯走上违法、犯罪道路的重要原因。正如国外有学者指出:教育和犯罪之间存在无可争辩的关系。没有进过学校的人,得不到符合道德规范的教育,所以更容易接受不

---

① 参见王爱立、姜爱东主编:《〈中华人民共和国社区矫正法〉释义》,中国民主法制出版社 2020 年版,第 189 页。

② 参见王明迪主编:《罪犯教育概论》,法律出版社 2001 年版,第 66 页。

良刺激和坏影响。①

文化教育是社区矫正对象教育矫正的重要内容。国外矫正机构为文化程度偏低的社区矫正对象提供不同形式和多种程度的文化教育，主要包括扫盲教育、基本读书能力教育以及较高程度的文化教育。在美国很多司法管辖区的中间报告中心，都提供普通同等学历证书（General Equivalence Diploma，GED）教育课程。例如，在美国加利福尼亚州的阿拉梅达县，缓刑局向缓刑犯提供计算机化的GED课程教育，大多数参加者每星期在计算机上学习10个小时的课程，以便通过各种GED测验。这项教育计划是计算机在线教育计划，缓刑犯可以通过计算机网络学习阅读、写作、计算和生存技能（如看地图技能、使用电话号码本的技能、理解街头的交通等标志的技能等）。②

文化教育应当根据社区矫正对象的年龄和需求灵活进行。对于处于学龄阶段的未成年社区矫正对象，其监护人及社区矫正机构应当帮助他们完成义务教育。《社区矫正法》第55条第1款规定："对未完成义务教育的未成年社区矫正对象，社区矫正机构应当通知并配合教育部门为其完成义务教育提供条件。未成年社区矫正对象的监护人应当依法保证其按时入学接受并完成义务教育。"对于在校学生，社区矫正机构可以协调有关部门和单位，帮助他们完成学业。《社区矫正法》第37条规定："社区矫正机构可以协调有关部门和单位，依法对就业困难的社区矫正对象开展职业技能培训、就业指导，帮助社区矫正对象中的在校学生完成学业。"社区矫正对象进入学校接受文化教育时，应当采取必要的措施。一方面，学校不能歧视他们，在不公开他们特殊身份的情况下开展矫正工作，为其营造良好的矫正环境；另一方面，加强适时的心理辅导和必要的法治教育。此外，社区矫正对象的监护人或家庭成员、学校与社区矫正机构要规范各自的权利与义务，加强相互间的沟通与合作，形成以学校为中心的"三位一体"的教育矫正体系。

对年满16周岁并有就业愿意的社区矫正对象，社区矫正机构、有关部门和单位应当给予帮助。《社区矫正法》第55条第2款规定："年满十六周岁的社区矫正对象有就业意愿的，社区矫正机构可以协调有关部门和单位为其提供职业技能培训，给予就业指导和帮助。"未成年社区矫正对象完成义务教育后，由于各种原因不再升学的，需要加强就业帮助，以获取有关劳动知识和技术，增强社会适应能力，顺利回归社会。根据我国《宪法》《劳动法》的相关规定，对于年满16周岁具有就业意愿的社区矫正对象有获得劳动就业训练的权利。社区矫正机构可以协调劳动行政部

① 参见魏平雄等主编：《犯罪学教程》，中国政法大学出版社1998年版，第273页。

② 参见吴宗宪：《社区矫正比较研究》（上），中国人民大学出版社2011年版，第419～420页。

门、人力资源和社会保障部门、职业院校、职业技能培训机构、企业和事业单位等为社区矫正对象提供相关职业技能培训,给予就业指导和帮助,提高他们的社会适应能力。

不同文化程度的成年社区矫正对象,教育内容的侧重点也有所差异。对于初中以下文化程度的成年社区矫正对象,重点加强启蒙教育和文化补课,根据国家中学教育的要求开展教育工作,特别是帮助文盲和半文盲的社区矫正对象达到义务教育的水平。对于高中以上文化程度的社区矫正对象,教育内容重在智力开发,并鼓励他们参加电大、函大、高等教育自学考试等更高层次的学习。

文化教育可以通过多种教育手段实现。社区矫正是一种非监禁刑事执行制度,矫正环境的开放性决定了社区矫正工作者可以采取多样化的文化教育手段,例如,课堂式教育、集会式教育以及参观、实习、榜样示范等现场式教育。同时,社区矫正机构可以充分利用社区教育资源,包括高等学校、科研机构、教育(培训)机构等设施资源以及专家、学者、大学生志愿者等智力资源,将文化教育纳入所在地区的教育规划之中。

(四)生活教育

生活教育,是指为了让社区矫正对象掌握必要的生活知识、养成良好的生活方式及适应正常社会生活而进行的教育。

对社区矫正对象的生活教育,主要包括以下几个方面:

1. 人际关系教育

人际关系教育是为了帮助社区矫正对象学会如何建立和维护良好的人际关系而进行的教育。

良好的人际关系对社区矫正对象融入社会具有重要作用。人的本质是一切社会关系的总和。社会性是人的本质属性,人际交往是个体生存和发展的基础,也是个体社会化的重要途径。社区矫正是一种非监禁刑事执行制度。社区矫正对象在开放性的社区中接受矫正,可以扮演原有的社会角色,保持过去的社会联系,但由于他们被贴上“罪犯”“坏人”等负面标签,社会对上述角色的认知,在伦理和价值层面都普遍评价偏低,特殊的社会身份使社区矫正对象受到社会成员的排斥,进而导致人际关系紧张,甚至原有社会关系网络断裂,因此,社区矫正对象应当学会建立和维护良好的人际关系,为自己营造一个和谐的矫正氛围。

人际关系教育主要包括交往观念、人际交往技巧以及社交礼仪等方面。在交往观念方面,社区矫正工作者需要帮助社区矫正对象树立正确的友谊观和交友观,指导他们如何看待人与人之间的友谊,正确处理友谊与法律关系,以及如何择友等。孔子把朋友分为两类——益友与损友:“益者三友,损者三友。友直、友谅、友多闻,益矣。友便辟、友善柔、友便佞,损矣。”[①]这句话的意思是有益的朋友有三种,有害的朋友也有三种,同正直、诚实、见闻广博的人交朋友是有益的,而同善于谄媚逢迎、阳奉阴违、华而不实的朋友交往是有害的。对于社区矫正对象来讲,在现实生活中应该多交益友、远离损友,特别要远离违法、犯罪人员以及同案犯,以免受其影响而重新犯罪。在人际交往技巧方面,社区矫正对象需要把握尊重和诚实等交往原则,以利于和谐人际关系的建立。社交礼仪主要包括恰当的言谈、优雅的举止和合适的形象等方面。

2. 生活方式教育

生活方式教育,是指为了帮助社区矫正对象养成良好的生活方式而进行的教育。

生活方式教育的内容十分丰富,贴近社区矫正对象的日常生活。生活方式是一个含义复杂并且缺乏公认的定义的概念。一般而言,狭义的生活方式是指日常生活领域的活动形式和行为特征。[②]

生活方式教育主要包括生活规律化、培养爱好、遵守时间、理性消费等内容。生活规律化是指引导社区矫正对象养成顺应人体生物钟及大自然规律的起居、饮食、劳动、学习习惯,树立健康意识。培养爱好是指引导社区矫正对象在闲暇时间进行有意义的休闲活动,例如,打球、游泳、登山、书法、绘画等,可以锻炼身体,也可以陶冶情操,使人们的精神愉悦,充实向上。遵守时间是一种良好的习惯,更是做人的基本原则。理性消费是指社区矫正对象养成恰当的消费观念,克服寄生性消费、超前性消费、情绪性消费等不恰当的消费行为。

此外,社区矫正工作者还需要培养社区矫正对象回归社会的自信心。过去的犯罪行为使社区矫正对象被贴上“罪犯”“坏人”等负面标签,从而产生强烈而深重的耻辱心理,有时他们会感觉自己是“二等公民”或“另类”,被正常的社会成员排斥和疏离,对未来生活感到没有无望;感觉别人在背后议论,产生敏感、自卑心理,进而将自己尽量封闭起来,减少社会交往。这些自卑的表现不利于他们重新融入社会生活。可以说,重塑自信是开启新生活的首要工作。社区矫正工作者可以引导社区矫正对象进行自我激励,通过多说积极的言语、多与积极的人为伍等方式,帮助他们克服自卑心理,增强回归社会的信心。

---

① 《论语·季氏》。

② 参见《中国大百科全书·社会学》,中国大百科全书出版社 1991 年版,第 369 页。

四、公益活动

(一)公益活动的含义

公益活动是指一定的组织或个人向社会捐赠财物、时间、精力和知识等活动。①

公益活动不同于国外的社区服务、公益劳动。在国外,公益劳动也被称为“社区服务”(community service)、“公益劳动”(gemeinnützige Leistungen, work for the general good)、“替代劳动”(lavoro sostitutivo)等②,是指由法庭判决犯罪人到社区中进行一定时间无偿劳动或者服务的非监禁刑措施,其适用对象是罪行轻微、恶性不大的罪犯,其适用一般要征得罪犯本人同意。罪犯若违反社区服务令,则应当承担更严厉的处罚,通常是以罚金刑或自由刑代替。目前,我国公益活动是社区矫正工作中的一种教育矫正措施。《社区矫正法》第42条规定:“社区矫正机构可以根据社区矫正对象的个人特长,组织其参加公益活动,修复社会关系,培养社会责任感。”据此条文,公益活动不同于国外性质是非监禁刑措施的“社区服务”“公益劳动”“替代劳动”。同时,公益活动也不同于2012年最高人民法院、最高人民检察院、公安部、司法部出台的《社区矫正实施办法》中规定的“社区服务”,以往规定的社区服务具有强制性,且时间要求每月不少于8小时,而《社区矫正法》中明确的“公益活动”不具有强制性,也没有时间数量上的限制。

(二)组织公益活动的原则

1. 公益性原则

公益性原则,是指组织和开展公益活动需要符合公共利益的原则。

公益性原则的贯彻主要体现在活动目的、领域以及报酬方面。公益,即社会公共利益。社区矫正对象的公益活动必须符合公共益,其活动方式、内容、过程及结果应当具有公益性。公益活动的领域应是社区或公共服务方面,涉及为不特定多数人服务的各种活动。社区矫正机构不能组织社区矫正对象参加为社区矫正机构、司法所等部门服务的活动。公益性最突出的表现是无偿性。社区矫正机构不能将公益活动作为增加收入的手段,社区矫正对象参加的公益活动是无偿的、非营利性的。

2. 个别性原则

个别性原则,是指组织和开展公益活动需要根据社区矫正对象个人特长的原则。

---

① 参见王爱立、姜爱东主编:《〈中华人民共和国社区矫正法〉释义》,中国民主法制出版社2020年版,第214页。

② 参见吴宗宪:《社区矫正比较研究》(下),中国人民大学出版社2011年版,第582页。

个别性原则强调根据社区矫正对象的个人特长组织公益活动,而不能“公式化”“统一化”的开展。在制订矫正方案时,社区矫正机构需要考虑社区矫正对象的个人特长、身体情况、生活环境、文化程度、擅长专业等,为其安排合适的公益活动。例如,社区矫正对象过去是医院院长,具有深厚的医学专业知识,社区矫正机构设计的公益活动是定期为社区居民开展“疾病预防”“身体保健”等方面的医学知识讲座,这种公益活动的设计符合个别化原则。

3. 人道性原则

人道性原则,是指组织和开展公益活动需要符合人道主义精神的原则。

人道性原则的贯彻主要体现在适用对象和力所能及两个方面。一方面,社区矫正机构应当为合适的社区矫正对象安排公益活动。有劳动能力的,身体健康的社区矫正对象适合参加公益活动。对于未成年人、年满60周岁的老人、妊娠期间妇女、身体残疾或患有精神疾病、因病丧失生活自理能力等社区矫正对象,社区矫正机构应当结合他们的自身情况,鼓励其参加合适的公益活动项目。另一方面,社区矫正机构应当根据社区矫正对象的能力安排公益活动。组织公益活动需要符合修复社会关系,培养社会责任感的目的,不能组织社区矫正对象参加有危险和明显超过强度的活动。另外,社区矫正机构组织公益活动时不得影响社区矫正对象的正常工作和生活,更不得利用公益活动限制或变相限制社区矫正对象的人身自由。

4. 保护性原则

保护性原则,是指组织和开展公益劳动需要保护社区矫正对象安全的原则。

社区矫正机构负责社区矫正对象公益活动的组织工作,应当承担相应的安全保护职责。在公益活动开展前,社区矫正机构需要对活动场所进行实地考察,排除安全隐患,制订工作方案,明确活动的时间、地点、内容,并对社区矫正对象进行必要的纪律教育、安全教育,同时,制订突发事件处置方案,明确处置的原则、程序及工作人员的配备、职责。在公益活动开展中,社区矫正机构既要考察社区矫正对象的态度及表现,也要做好现场安全维护工作,特别是有未成年人、老年人等特殊群体参与的活动现场。

(三)公益活动的形式

公益活动的形式,是指社区矫正对象参加公益活动的方式。公益活动的形式主要有两种:

一是社区矫正机构组织的公益活动。为落实公益活动,社区矫正机构需要立足本地资源,加强与企业、事业单位、社会团体、社会组织等的联系与合作,建立公益活动基地,使社区矫正对象可以充分发挥自己的特长进行公益活动。《社区矫正法》颁布实施之前，各地社区矫正机构建立了一批社区服务基地，我们不能将之抛弃，而应当合理利用或加以改造，使其满足公益活动的功能。公益活动基地的建立，既可以为社区矫正对象发挥特长，进行公益活动提供场所，进而增强其社会责任感，也可以促进社会公众认识并接纳社区矫正对象，加快社会关系修复。

二是社区矫正对象自发参加的公益活动。社区矫正机构应当鼓励社区矫正对象自发参加公益活动，并对社区矫正对象自发参加公益活动的情况予以统计，作为日常管理的根据。对于在参加公益活动方面表现突出的社区矫正对象，应根据相关法律法规和有关规定对其进行奖励或报请其他部门予以表彰，以此带动其他社区矫正对象积极参加公益活动。①

社区矫正机构需要记录好公益活动的具体情况。无论是社区矫正机构组织的，还是社区矫正对象自发参加的公益活动，社区矫正机构都应清楚记录，并对社区矫正对象的表现、活动完成情况、活动的社会效果等情况进行总结，及时表扬先进，批评落后。

五、解矫教育

解矫教育是社区矫正工作者对处于解矫前的社区矫正对象进行的，带有总结性、补课性的专项教育活动。

解矫教育的目的是，指导社区矫正对象做好自我鉴定，填写《社区矫正期满鉴定表》；结合自我鉴定，引导社区矫正对象巩固教育成果，增强社会责任意识；根据社区矫正对象的就学、就业、生活等情况，有针对性地开展安置帮教政策教育，进一步强化社会关系修复、职业技能培训、就业创业辅导及生活工作方向引导，为其全面适应社会提供帮助。

解矫教育主要包括两个方面的内容。

（一）总结指导教育

总结指导教育，是指辅导社区矫正对象回顾，并总结接受社区矫正以来的思想转变、矫正表现、矫正效果等情况，进一步认识不足，明确努力方向的教育。

在矫正期限届满前，社区矫正机构需要指导社区矫正对象进行自我总结，填写《社区矫正期满鉴定表》。开展总结指导教育的目的是引导社区矫正对象客观地总结过去取得的成绩和存在的问题，巩固矫正成果。社区矫正工作者需要告诫社区

---

① 参见王爱立、姜爱东主编：《〈中华人民共和国社区矫正法〉释义》，中国民主法制出版社 2020 年版，第 214 页。

矫正对象克服“松口气”的思想，消除浮躁心态，要求他们客观、全面地总结教育矫正过程，重点总结在法治观念、道德素质、文化程度及遵守法律等方面的变化或收获，特别要注意目前存在的不足，以明确解除矫正后努力的方向；教育、引导社区矫正对象增强法治观念和公民社会责任意识，做合格的社会公民。

在自我总结过程中，社区矫正对象要坚持实事求是原则，不能夸大也不能缩小，更不得杜撰。社区矫正工作者可以运用对比或启发的方法，引导社区矫正对象进行自我总结。所谓对比法，就是引导社区矫正对象进行自身矫正前后的对比，自己与其他社区矫正对象进行对比，在比较中发现进步及不足的方法；启发法，就是通过个别谈话或总结座谈会等方式，启发社区矫正对象思路及感悟的方法。

（二）安置帮教教育

安置帮教教育，是指对即将解矫的社区矫正对象，告知安置帮教工作的性质及相关工作内容的教育。

安置帮教是在各级政府领导下，依靠各有关部门和社会力量对刑满释放人员进行的一种非强制性的引导、扶助、教育和管理活动。解除矫正后，部分社区矫正对象仍有获得教育和帮助的需要，由此，开展安置帮教教育十分必要。

对于即将解矫的社区矫正对象，告知安置帮教工作的性质及相关工作内容，引导社区矫正对象树立生活信心，全面开始创造新的生活，坚决摒弃错误观点、不良心理及行为习性；有困难、有疑惑及时向安置帮教部门沟通，请求帮助，避免重蹈覆辙。

此外，上海市社区矫正系统将解矫承诺仪式作为解矫教育的重要内容之一，其程序主要由社区矫正对象发言表态、佩戴黄丝带（可选）、宣誓承诺三个环节组成。解矫承诺仪式具有仪式感，能够达到鼓励、警示以及震撼心灵的作用。这种方式也值得借鉴。

第三节　教育矫正方法

一、集中教育

集中教育，是指将社区矫正对象按照一定的组织形式集合起来进行宣教、传授和训练，解决他们普遍性问题的教育方法。

在社区矫正中，集中教育方法被广泛运用在教育矫正实践之中。集中教育既是一种教育组织形式，也是一种教育方法和理念。《社区矫正法实施办法》第 43 条第3款规定:“社区矫正机构、司法所根据需要可以采用集中教育、网上培训、实地参观等多种形式开展集体教育。”这为集中教育提供了法律依据。

(一)集中教育的组织形式

1. 课堂式教育

课堂式教育,是指社区矫正机构利用自身资源或整合社会力量,在规定的时间和地点,按照拟定的教学计划,对相对固定的社区矫正对象进行的系统授课活动。课堂式教育是集中教育最基本和最常用的一种方法,广泛地应用于社区矫正对象的法治教育、文化教育、道德教育之中。此种教育的组织形式比较正规,有专业或专门的教师,有明确的教材、教学大纲、教学时间及场所。在课堂式教育中,教师要充分利用讲述、讲解、演示、提问等方法,调动社区矫正对象的积极性和主动性,以提高课堂教学效果。随着互联网技术的发展与推广,传统“面对面”的课堂式教育也发生了变革。例如,为推进教育矫正精准化,打造社区矫正的“开封模式”,目前,河南省开封市司法局积极推行社区矫正“互联网+课堂化教育”的新模式,打破了传统课堂式教育的空间限制,其形式更加灵活。

2. 集会式教育

集会式教育,是指就特定专题或任务而进行的宣讲、说教活动。例如,动员大会、奖惩会、分析国内外形势、宣讲政策、法律、决定以及学习文件材料等。此种教育具有时间短、针对性强、教育主题单一等特点。集会式教育需要结合实际,针对社区矫正对象在一个阶段内取得的成绩和存在的突出问题,进行总结和讲评,鼓励先进、鞭策后进,提出希望和要求,以保障和促进教育矫正工作的顺利进行。一些地区规定的专题教育也类似集会式教育。例如,江苏省规定,重点时段、重要节日、重大活动期间或者根据实际需要,县级司法局、司法所应当对社区矫正对象进行专题教育。

3. 现场式教育

现场式教育是一种组织矫正教育对象直接参与社会实践,以亲身体验为特点的集中教育形式。其特点是使矫正教育对象在实践中学习,它比较生动、直观,容易激发矫正教育对象的感情,加深印象和记忆。[①]现场式教育主要通过参观来实现。参观是有计划、有目的地引导社区矫正对象接触实际事物,以增强其感性认识的形象化教育方法。监狱、看守所、部队、爱国主义教育基地等是组织社区矫正对象参观的主要场所。例如,2017年11月,深圳市罗湖区司法局组织社区矫正对象在警示

① 参见高莹主编:《矫正教育学》,教育科学出版社2007年版,第191页。

教育基地——罗湖区看守所开展集中教育。在活动现场，由市检察院、区司法局领导分别向全体社区矫正对象讲授法治教育与具体要求，之后，在看守所民警的带领下，社区矫正对象进入看守所参观，实地接受警示教育。

另外，除上述三种类型外，集中教育还可以通过座谈、讨论、集中咨询等方式开展。

(二)集中教育的具体实施

集中教育是教育矫正的重要形式之一。根据教育矫正工作的实际需要，社区矫正机构应当有计划、有目的地组织集中教育。同时，对新入矫、有违规违纪行为、重点、重要的社区矫正对象分批次、分重点地开展集中教育；重点时段、重大活动期间或者遇到特殊情况，应当及时组织全体社区矫正对象开展专题教育。根据实际情况与矫正需要，社区矫正机构设计并调整集中教育的内容，综合开展法治教育、道德教育、生活教育等。

集中教育对象的特殊性要求社区矫正机构应当严格、规范组织教育活动。组织单位应当及时做好教育记录，记录事项包括授课人、教育内容、组织形式、参加人数、课堂情况、教育效果等。社区矫正机构要加强对集中教育效果的总结和评定。集中教育一般应组织结业(阶段)考试，并将成绩记入社区矫正对象档案。社区矫正对象因特殊原因缺席集中教育的，应当提前请假，报县级社区矫正机构批准，并及时补课；无故缺席集中教育并拒绝补课的，应当予以批评教育，经教育仍不改过的，县级社区矫正机构应当给予训诫处罚，严重违反社区矫正工作有关规定且符合收监条件的，建议提请相关部门予以收监。

二、分类教育

分类是按照某种科学标准或规范将事物区分为不同类别的过程。分类矫正是我国社区矫正工作的重要原则之一。《社区矫正法》第 24 条规定，“社区矫正机构应当根据裁判内容和社区矫正对象的性别、年龄、心理特点、健康状况、犯罪原因、犯罪类型、犯罪情节、悔罪表现等情况，制定有针对性的矫正方案，实现分类管理、个别化矫正。矫正方案应当根据社区矫正对象的表现等情况相应调整”。《社区矫正法实施办法》第 43 条第 2 款规定：“社区矫正机构、司法所应当根据社区矫正对象的矫正阶段、犯罪类型、现实表现等实际情况，对其实施分类教育。”由此可见，社区矫正工作人员需要区别社区矫正对象的不同特点和情况，分类、分阶段的开展教育矫正工作。分类教育是指将具有共性的社区矫正对象集中在一起给予同类教育的方法。实施分类教育可以突出重点、有的放矢，合理分配教育力量，节约有限教育资源,提高教育工作的效率与质量。

分类标准是开展分类教育的关键。分类标准是否科学直接决定分类教育的效果。目前,我国官方将社区矫正对象分为以下四类:管制犯、缓刑犯、假释犯和暂予监狱外执行犯。暂予监外执行犯还分为三种情况,有严重疾病需要保外就医的,怀孕或者正在哺乳自己婴儿的妇女,生活不能自理,适用暂予监外执行不致危害社会的罪犯。

从社区矫正工作实践来看,上述分类不能满足分类教育工作的实际需要。一些地区不断探索合适的分类教育标准,例如,根据 2016 年河北省司法厅下发《关于加强社区服刑人员教育管理工作的意见》(冀司〔2016〕147 号)的规定,社区服刑人员分类方式主要有以下八种:一是以犯罪事实、犯罪性质和主观恶意度、社会危害程度,可将其划分为过失犯罪与故意犯罪、严重刑事犯罪和轻微刑事犯罪等四种类型。二是以在社区矫正中的处遇等级,可将其划分为严管级、普管级两种类型。三是以在社区矫正中所处的教育管理阶段,可将其划分为入矫阶段、矫中阶段和解矫阶段三种类型。四是以自身所固有的心理特征,可将其划分为胆汁质、多血质、黏液质、抑郁质四种类型。五是以家庭或个人状况,可将其划分为家庭完整型和残缺型、经济较好型和生活困难型、人际和谐型和关系紧张型、身体健康型和病患缠身型等八种类型。六是以年龄结构可将其划分为 20 岁以下、20 岁至 60 岁、60 岁以上三种类型。七是以文化程度分类实施教育管理,可将其划分为文盲、小学、初中、高中、大学以上五种类型。八是以性别不同可将其划分为男、女两种类型。上述规定从不同角度对社区矫正对象进行分类。社区矫正工作人员需要根据性别、年龄、犯罪原因、犯罪类型、刑罚种类等,借鉴上述规定的思路,结合本地区社区矫正对象的构成情况,将社区矫正对象进行合理区分。每种类型社区矫正对象既能凸显其群体特征,又要数量适中,才能达到分类的目的,取得良好的教育效果。

三、个别教育

个别教育是我国传统的教育方法。我国古代第一部教育专著《学记》中指出:“学者有四失,教者必知之。人之学也,或失则多,或失则寡,或失则易,或失则止。此四者,心之莫同也。知其心,然后救其失,教也者,长善而救其失也。”这段话充分阐明了根据教育对象的不同情况进行因人施教的意义。

个别教育,是指教育工作者为解决社区矫正对象个体存在的特殊问题而进行的一种思想影响或知识、技能传授的教育活动。个别教育是集中教育和分类教育的补充和深化,是因人施教教育理念的运用,也是刑事个别化原则的具体体现。

《社区矫正法》第36条第2款规定:“对社区矫正对象的教育应当根据其个体特征、日常表现等实际情况,充分考虑其工作和生活情况,因人施教。”

（一）个别教育的实现形式

1. 个别谈话

个别谈话是教育工作者与社区矫正对象“面对面”地交流思想和情况,以解决其特殊问题的方法。个别谈话是了解和教育社区矫正对象的一种重要方法。在个别谈话过程中,教育工作者应把握以下环节:

第一,熟悉情况。所谓“知彼知己,百战不殆”。在进行个别谈话之前,教育工作者要明确以下五个方面情况,即社区矫正对象的基本情况、个别教育的原因、目的、内容以及方法。

第二,抓住时机。抓住恰当的时机,个别谈话能够起到事半功倍的效果。2016年河北省司法厅下发的《关于加强社区服刑人员教育管理工作的意见》(冀司〔2016〕147号)中规定:“一般每周应当至少进行1次个别教育。对家庭发生变故、身患重病、生活出现困难、有自杀倾向、发生矛盾纠纷、有报复社会或他人的言论和苗头、社会交往异常等特殊需求或特殊情况的对象,应当适当增加个别教育的次数和时间,乃至采取特别管控教育措施,消除风险隐患。”当社区矫正对象出现上述特殊情况时,社区矫正机构需要加强个别教育,以防止脱管,甚至再犯罪的风险。此外,一些地区还特别规定了女性矫正对象的个别教育。例如,江苏省社区矫正系统规定,对女性社区矫正对象进行个别教育,应当由女性社区矫正机构工作人员或者两名以上社区矫正机构工作人员实施,体现了对女性社区矫正对象的保护。

第三,投入情感。由于特殊的身份与社会地位,社区矫正对象容易产生紧张、焦虑、抑郁、恐慌等负性情绪。人本主义心理学家罗杰斯认为,共情是体验别人内心世界,就好像那是自己的内心世界一样的能力,即站在对方的立场上体验其内心世界的能力。如果个别谈话过程中缺乏共情,社区矫正对象会认为教育工作者不理解他,不懂得他的经历,或者根本不关心他的处境。因此,教育工作者需要运用情感的力量,设身移位,考虑社区矫正对象的思想状态,体验他们的感受,并作出恰当的反应,才能形成良性的互动。

第四,善于总结。个别谈话后,教育工作者应当及时进行总结,检验谈话效果,分析存在问题及下一步努力的方向。

2. 个别感化

感化法,是指教育工作者以真情实意、满腔热情去影响社区矫正对象,以达到潜移默化目的的教育活动。在个别教育中,感化是一种有效的“催化剂”,是取得良好效果的重要方法。

在运用个别感化法时，教育工作者必须注意以下两个方面：

第一，尊重社区矫正对象的人格尊严。行刑社会化理论认为，罪犯有复归社会的权利，社会有使罪犯复归社会的义务，现代社会对于犯罪人的关怀不再强调是一种对犯罪人的恩惠，而是法治国家的社会义务。[①]在教育矫正过程中，当社区矫正对象的问题暴露之后，其处于易受伤害的地位，通常会变得敏感、紧张，教育工作者没有权力而且也不应该轻视他们。教育工作者需要克服标签效应，尊重社区矫正对象的人格及尊严，不能将他们当作“另类”。可以说，尊重社区矫正对象的人格、尊严是个别感化的前提。

第二，解决社区矫正对象的实际困难。教育工作者可以从帮助社区矫正对象解决实际困难着手，缓解对抗，化解矛盾，往往能够起到感化的作用。从目前社区矫正实践来看，社区矫正对象面临的困难主要包括以下方面：缺乏必需的物质生活资料，如住房、责任田等；缺少必要的生活支持性资源，如专业技术、文化知识等；此外，还有一些社区矫正对象有心理问题甚至患心理疾病，需要专业人员提供必要的心理干预和矫治等。教育工作者利用现行法律及政策，调动社会资源及力量，帮助社区矫正对象解决实际困难，能够起到感化的作用。

另外，除上述两种类型外，个别教育还可以通过个人报告、家庭走访等形式进行。在特殊情况下，如社区矫正对象请假外出期间，应当通过电话访问的方式开展个别教育。

（二）个别教育的组织实施

个别教育应当与集中教育、分类教育相结合。个别教育要结合集中教育、分类教育的内容开展，巩固集中教育、分类教育的成果。个别教育要有连贯性，整个矫正期内的个别教育要清晰、全面、系统、客观地反映社区矫正对象接受社区矫正的全过程。通常来讲，社区矫正机构对社区矫正对象每周至少进行1次个别教育。当社区矫正对象出现家庭变故、交往异常等特殊情况时，社区矫正机构应当及时介入，增加个别教育的频率，以达到消除风险，维持稳定的目标。

个别教育是社区矫正对象考核的重要内容，应当认真执行，严格记录。社区矫正机构应当做好社区矫正对象个别教育的记录，包括教育主题、教育内容、采取的工作措施、教育效果初步分析等。接受个别教育的情况是日常考核社区矫正对象的重要内容之一。除特殊情况外，无故不接受个别教育的社区矫正对象，社区矫正

---

① 参见张建明主编：《社区矫正理论与实务》，中国人民公安大学出版社2008年版，第133页。

工作人员应当对其进行批评教育,经教育仍不改过的应当予以训诫处罚。

四、社会教育

社会教育是指社区矫正机构运用社会力量开展教育矫正工作的方法。社会教育是社区矫正教育的优势,是“专门机关与群众路线相结合”的体现。《社区矫正法》第35条第1款规定:“县级以上地方人民政府及其有关部门应当通过多种形式为教育帮扶社区矫正对象提供必要的场所和条件,组织动员社会力量参与教育帮扶工作。”此条款明确了开展教育帮扶工作的责任主体,也为组织社会教育提供了法律依据。

(一)社会教育的特点

1. 参与的广泛性

社区矫正的特点是立足于社区,依赖于社区,强调社会力量的参与,使社区矫正对象在不脱离社会群体的条件下实现再社会化。在社区矫正过程中,县级以上地方人民政府及其他有部门应当组织动员社会力量参与教育帮扶工作。参与对社区矫正对象教育帮扶工作的社会力量,主要有事业单位、人民团体、社会和群体性组织、村(居)委员会、企业等单位和个人。同时,社区矫正机构可以协调有关部门和单位,依法对就业困难的社区矫正对象开展职业技能培训、就业指导,帮助社区矫正对象中的在校学生完成学业。由此可见,社区矫正的开放性决定了社会教育参与主体的广泛性。

2. 形式的多样化

非监禁性是社区矫正区别于监狱矫正的重要特征。社区矫正将社区矫正对象置于开放性的社区中进行矫正,打破了监狱矫正的场所限制。县级以上地方人民政府及其他有部门、社区矫正机构可以调动各种社会力量,采取培训、讲座、参观、参加社会活动等多种形式,对社区矫正对象开展有针对性、多样化的教育工作,满足他们不同层次、不同类型的需要,促进他们顺利回归社会。

(二)社会教育的实现形式

从法律规定来看,社会教育的实现形式主要有五种。

1. 亲属教育

亲属教育,是指运用社区矫正对象的监护人、家庭成员等社会力量对社区矫正对象开展教育的方法。

《社区矫正法》第39条规定:“社区矫正对象的监护人、家庭成员,所在单位或者就读学校应当协助社区矫正机构做好社区矫正对象的教育。”此条款是对社区矫正对象进行协助教育的义务法定。社区矫正对象的监护人、家庭成员通常是社区矫正对象的抚养人、扶养人,他们与社区矫正对象朝夕相处,能够及时、准确地掌握社区矫正对象的思想变化和行为表现。监护人、家庭成员对社区矫正对象的接纳、支持、教育、感化和监督,有时比社区矫正机构工作人员及其他力量的介入效果更佳。但是,在实践中,有些监护人、家庭成员未能履行好教育职责,导致社区矫正对象恶习累积,甚至隐瞒社区矫正对象的真实情况或故意编造虚假信息,导致社区矫正机构不能及时掌握社区矫正对象的真实情况,不能及时开展相应的教育,不能及时提请撤销缓刑、假释、收监执行。因此,社区矫正机构工作人员需要认真分析和定位社区矫正对象与其监护人、家庭成员之间的关系,调动监护人、家庭成员的积极性,共同对社区矫正对象开展教育矫正。

2. 志愿者教育

志愿者教育,是指运用志愿者、社区群众等社会力量对社区矫正对象开展教育的方法。

《社区矫正法》第 38 条规定:"居民委员会、村民委员会可以引导志愿者和社区群众,利用社区资源,采取多种形式,对有特殊困难的社区矫正对象进行必要的教育帮扶。"此条款规定了居民委员会、村民委员会有引导志愿者和社区群众对有特殊困难的社区矫正对象进行必要的教育帮扶的职责,也为志愿者和社区群众参与教育矫正工作提供了法律依据。有特殊困难的社区矫正对象是社区矫正对象中的弱势群体,除通过合理渠道享有社会保障外,基本生活仍须救助的社区矫正对象。如丧失劳动能力的残疾人社区矫正对象、患有严重传染病的社区矫正对象、患有精神疾病丧失行为能力的社区矫正对象等。[①] 居民委员会、村民委员会应当坚持自愿原则,吸纳并引导志愿者和社区群众走访有特殊困难的社区矫正对象,了解他们的实际需求,通过心理疏导、财物募捐等形式,进行必要的教育和帮助。志愿者和社区群众的职业的多元化、资源的多样化,能够为有特殊困难的社区矫正对象提供不同类型的教育和帮扶,帮助社区矫正机构做好教育矫正工作。

3. 专业人员教育

专业人员教育,是指运用社会工作社会服务或其他社会服务对社区矫正对象开展教育的方法。

《社区矫正法》第 40 条第 1 款规定:"社区矫正机构可以通过公开择优购买社区矫正社会工作服务或其他社会服务,为社区矫正对象在教育、心理辅导、职业技

---

① 参见王爱立、姜爱东主编:《〈中华人民共和国社区矫正法〉释义》,中国民主法制出版社 2020 年版,第 109 页。

能培训、改善社会关系等方面提供必要的帮扶。”此条款是国家鼓励引导专业社会组织和社会工作者对社区矫正对象提供教育帮扶的规定，也为社区矫正社会服务或其他社会服务参与教育矫正提供了法律依据。自试点以来，以上海为代表各地区积极探索政府购买服务等方式，借助专业组织、专业人员的力量，专群结合开展社区矫正工作，取得了良好效果。专业组织、专业人员具有社会工作、心理学、教育学、社会学等专业知识，运用专业方法，针对社区矫正对象认知、行为、心理、社会关系、就学就业等方面的问题实施科学化的个案矫正，提供专业化的教育和帮助，为社区矫正对象顺利回归社会创造条件。

4. 单位及学校教育

单位及学校教育，是指运用社区矫正对象所在单位、就读学校等社会力量对社区矫正对象开展教育的方法。

《社区矫正法》第 37 条规定："社区矫正机构可以协调有关部门和单位，依法对就业困难的社区矫正对象开展职业技能培训、就业指导，帮助社区矫正对象中的在校学生完成学业。"第 39 条规定："社区矫正对象的监护人、家庭成员，所在单位或者就读学校应当协助社区矫正机构做好社区矫正对象的教育。"根据上述条款，对于已就业社区矫正对象，其所在单位负有协助社区矫正机构进行教育的义务；对于就读的学生，其就读学校有协助社区矫正机构进行教育的义务。就读的学生需要区分来看：对未成年的社区矫正对象，其监护人、学校、居民委员会、村民委员会要根据《预防未成年人犯罪法》的相关规定，协助做好未成年人的教育工作；对成年的社区矫正对象，除学校根据教育部《普通高等学校学生管理规定》给予开除学籍处分的外，社区矫正机构应当协调学校，共同帮助社区矫正对象完成学业。

单位的同事、领导，学校的同学、老师与社区矫正对象形成业缘关系、学缘关系。他们之间的互动时间久、频率高、程度深，特别是与社区矫正对象关系亲密的同事、同学，能够及时了解社区矫正对象的思想动态、心理变化和行为表现，能够及时发现社区矫正对象的异常，也能够与平等地与社区矫正对象沟通、交流，实现稳定情绪、平复心理、转化观念的作用。可以说，社区矫正对象所在单位、就读学校在协助社区矫正机构进行教育方面占有优势，是社会力量参与教育矫正工作的重要路径之一。

在单位及学校进行教育的过程中，要处理好协助教育与保护权益之间的关系。在实践中，基于劳动合同关系极可能被解除或碍于情面，社区矫正对象不愿将自己的经历主动向单位报告，而工作单位可能也不了解其被判处刑罚。此时，社区矫正机构要做好调查、研判，向单位阐明社区矫正的性质、价值，最大限度地争取单位的协助。同时,要做好社区矫正对象相关情况的保密工作,减少标签效应及社会排斥,特别对在读学生,更要严格限定知情范围,并告知相关人员的保密原则,避免教育矫正产生的负面影响。

5. 人民团体教育

人民团体教育,是指运用人民团体的力量对社区矫正对象开展教育的方法。《社区矫正法》第35条第2款规定:"有关人民团体应当依法协助社区矫正机构做好教育帮扶工作。"此条款是关于有关人民团体协助教育帮扶的规定。人民团体作为党联系群众的桥梁纽带,是参与社会治理、维护社会和谐稳定的重要力量。[①] 工会、共青团、妇联、残联等人民团体,充分发挥自身的优势,结合社区矫正对象的特点,依法协助社区矫正机构做好家庭困难、未成年、女性以及身患残疾社区矫正对象的相关教育帮扶工作。

除上述社会教育的实现形式外,村民委员会、居民委员会、未成年人保护组织、学校、科研院校等社会力量都可以参与社区矫正对象的教育矫正工作。社会参与性是社区矫正的优势与特征,要求社区矫正机构解放思想,调动人力、智力、设备、组织等社区资源及政府部门、非政府组织等社会力量,共同开展社区矫正对象的教育矫正工作,以缓解社区矫正机构教育资源的紧张,进一步提高教育矫正工作的质量。

复习思考题

1. 什么是社区矫正对象教育矫正?
2. 社区矫正对象教育矫正有什么不同于监狱教育的特点?
3. 在社区矫正对象教育矫正过程中应遵循哪些基本原则?
4. 对社区矫正对象进行教育矫正的主要内容包括哪些方面?
5. 如何认识和组织社区矫正对象公益活动?
6. 集中教育的组织形式有哪些?
7. 个别教育的实现形式有哪些?
8. 社会教育的实现形式有哪些?

① 参见王爱立、姜爱东主编:《〈中华人民共和国社区矫正法〉释义》,中国民主法制出版社2020年版,第185页。

第十章　社会适应性帮扶

本章摘要

社会适应性帮扶是社区矫正的重要任务和具体内容之一，将其常规化和制度化，是社区矫正工作的重要创新，是刑事执行工作的重大变革。社会适应性帮扶，是指社区矫正工作者调动社区资源，整合社会力量，帮助社区矫正对象解决就业、生活、法律及心理等方面的困难和问题，促进其顺利回归社会的矫正措施。社会适应性帮扶具有对象特殊性、参与广泛性、形式灵活性、内容多样性的特点。社区矫正对象需要的差异性决定了社会适应性帮扶内容的多样化。目前，社区矫正机构开展的社区适应性帮扶可划分为生存性帮扶、支持性帮扶和发展性帮扶三种类型。从程序角度来讲，需要评估是开展社会适应性帮扶工作的前提条件，介入实施是开展适应性帮扶的关键环节，调查回访是介入实施后的必要环节，发挥检验工作效果的作用。

重点问题

1. 社会适应性帮扶的概念及特点。
2. 社会适应性帮扶的具体内容。
3. 社区矫正对象的主要需要类型。
4. 介入实施的手段。
5. 调查回访的作用。

第一节　概　　述

一、社会适应性帮扶的概念

2003年7月10日发布的两院两部《通知》中规定，社区矫正的任务是“帮助社区服刑人员解决在就业、生活、法律、心理等方面遇到的困难和问题,以利于他们顺利回归社会生活"。2004 年 5 月 9 日,《暂行办法》第 33 条规定:"司法行政机关应当协调有关部门和单位,为社区服刑人员提供职业培训和就业指导,为符合条件的社区服刑人员提供最低生活保障,为社区服刑人员遇到的其它问题提供指导和帮助。"2019 年 12 月 18 日通过的《社区矫正法》第五章专门规定了教育帮扶工作,第 37 条、第 38 条、第 40 条、第 41 条、第 43 条分别规定了"职业技能培训和就学""特殊困难对象的社区教育帮扶""社工、专业社会组织的帮扶""社会力量帮助就业""社会救助、社会保险和法律援助"。

综上所述,社会适应性帮扶是社区矫正的重要任务之一,是指社区矫正工作者调动社区资源,整合社会力量,帮助社区矫正对象解决就业、生活、法律及心理等方面的困难和问题,促进其顺利回归社会的矫正措施。

二、社会适应性帮扶的特征

(一)社会适应性帮扶对象的特殊性

社会适应性帮扶的对象仅限社区矫正对象。《社区矫正法》第 2 条规定:"对被判处管制、宣告缓刑、假释和暂予监外执行的罪犯,依法实行社区矫正。"两院两部《通知》还规定:"对于罪行轻微、主观恶性不大的未成年犯、老病残犯,以及罪行较轻的初犯、过失犯等,应当作为重点对象,适用上述非监禁措施,实施社区矫正。"本章阐述的社会适应性帮扶,其对象是特指符合《社区矫正法》规定的四类罪犯,他们不同于监狱服刑人员与刑满释放人员,也不同于失业者、贫困者等其他社会弱势群体。

(二)社会适应性帮扶参与的广泛性

社会参与性是社区矫正区别监狱矫正的重要特征。社区矫正工作者可以充分整合、利用社会资源(见表 10 - 1),协调相关部门和单位,帮助社区矫正对象解决生活中存在的各种问题和困难。社会力量的积极参与增强了社会各方面的责任感,体现了全社会对社区矫正对象的关心和帮助,这是社区矫正的优势和价值所在,也是坚持人为本,构建和谐社会的内在要求。

表 10－1　社区矫正资源体系①

物质资源	组织资源	街道办事处、司法所、居(村)民委员会、企事业单位、民间团体
	设施资源	社区矫正中心、社区活动中心、教育(培训)设施、其他公共设施
	经费资源	政府经费、社区筹资
	技术资源	信息技术、心理咨询技术、监控技术
社会资源	人力资源	社会工作者、合同制矫正工作者、社区矫正志愿者、社区居民
	智力资源	人大代表、专家、学者、各类专业人士
	文化资源	价值观、道德意识、行为取向、社会规范、制度
	关系资源	社会(个人)支持网络、血缘、职缘、邻里关系

(三)社会适应性帮扶形式的灵活性

非监禁性是社区矫正区别于监狱矫正的重要特征。社区矫正是一种非监禁刑事执行制度,这决定了对社区矫正工作者对社区矫正对象的帮助打破了监狱、看守所等监禁性机构的场所限制,使帮助在形式上灵活多样。如社区矫正工作者通过教育帮助社区矫正对象解决家庭关系紧张、人际互动障碍等问题,通过心理辅导与治疗解决各种心理不适,借助社会各方力量解决入学、就业、生活保障等方面的问题。

(四)社会适应性帮扶内容的多样性

两院两部《通知》中规定,社区矫正的任务是“帮助社区服刑人员解决在就业、生活、法律、心理等方面遇到的困难和问题,以利于他们顺利适应社会生活”。这说明对社区矫正对象的帮扶包括物质层面和心理层面,涵盖社区矫正对象生存性、支持性和发展性方面,其内容具有多样性的特点,主要涉及以下几个方面:提供临时性救助、申请最低生活保障、落实责任田、提供法律援助、心理咨询与矫治、进行职业技术培训、帮助入学及就业等。

三、社会适应性帮扶的原则

社会适应性帮扶的原则,是指社区矫正工作者在帮助社区矫正对象过程中,采取各种措施与方法应当遵循的基本准则。结合我国目前社区矫正工作的具体实

① 参见张昱主编:《矫正社会工作》,高等教育出版社 2008 年版,第 130 页。

践,社会适应性帮扶的原则主要包括三方面的内容。

(一)个别性原则

个别性原则,是指社区矫正工作者进行帮助时,应当注重社区矫正对象的个体差别,从他们的具体情况出发,根据需要帮助的优先程度,进行有针对性的帮助。

社区矫正对象是社会化失败者,违法犯罪行为使其社会地位降低,被贴上"罪犯""坏人"等负面标签,原有的社会关系网络弱化甚至断裂,被社会成员排斥和疏离,与社会守法公民相比,在生活、工作方面有更多的困难。从目前社区矫正实践来看,社区矫正对象面临的困难主要包括以下几个方面:缺乏必需的物质生活资料,如住房、责任田等;缺少必要的生活支持性资源,如专业技术、文化知识等;此外,还有一些社区矫正对象有心理问题甚至心理疾病,需要矫正机构提供必要的心理干预和矫治等。尽管社区矫正对象面临的困难大致相同,但由于他们个体的特殊性,使实际情况千差万别。因此,在帮扶过程中,社区矫正工作者应当贯彻个别性原则,了解并掌握社区矫正对象的基本情况和特点,如性别、年龄、性格、文化程度、家庭状况、工作经历、犯罪原因、关系资源、问题和困难等,根据其需要帮扶的优先顺序,采取有针对性的帮扶措施。

(二)整体性原则

整体性原则,是指对社区矫正对象进行的社会适应性帮扶与教育矫正、监督管理是一个整体,它们之间是相互联系、相互促进的。

社区矫正的主要任务是对社区矫正对象进行教育矫正、监督管理和社会适应性帮扶。教育矫正是促使罪犯改变不良心理和行为恶习的手段,是实现其再社会化的根本;监督管理是落实法院判决、裁定或决定,确保刑罚顺利实施的基础,是实现其再社会化的基础;社会适应性帮扶是使罪犯安心接受矫正和顺利回归社会的保障,是实现其再社会化的手段。教育矫正、监督管理、社会适应性帮扶这三项任务是一个整体,相互联系、相互促进,社区矫正工作者应当围绕这三项任务,加强对各种矫正措施和方法的综合运用,发挥整体效果,切实提高罪犯教育改造质量。

社区矫正是非监禁刑事执行活动,尽管罪犯在开放性的社区中接受矫正,但刑事制裁性仍是其根本属性。社区矫正的刑事制裁性质决定了社区矫正工作者对社区矫正对象开展必要的教育矫正和监督管理。同时,社区矫正也是通过解决矫正对象的问题,恢复他们社会功能,促进他们顺利回归社会的过程。这决定了社区矫正工作者应当对社区矫正对象进行必要的帮扶。因此,在实际中,社区矫正工作者要坚持整体性原则,不可将三项任务分割开来,也不能只重视其中一个方面,而忽视其他方面。

（三）参与性原则

参与性原则，是指社区矫正工作者在对社区矫正对象帮助过程中，要充分利用相关部门资源，整合社会各方力量，调动社会公众积极性，走群众路线的基本准则。

以社区为基础对社区矫正对象开展帮助是社区矫正的特点和优势所在。由于社区矫正机构及社区矫正对象个人的资源毕竟有限，因此，社区矫正机构应当以行政区域内的社会资源为依托，建立以社区矫正机构为中心，民政、劳动和社会保障、工会、团委、妇联等部门相互协调，社会力量支持和群众广泛参与的帮助体系。社区矫正机构是帮助体系的中心和主体，民政部门要将社区矫正工作纳入社区建设与管理之中，将符合最低生活保障条件的社区矫正对象纳入最低生活保障范围。劳动和社会保障部门要积极为生活困难或有就业需要的社区矫正对象提供职业培训和就业机会。工会、团委、妇联要发挥职能优势，对特殊类型的社区矫正对象进行教育辅导和技术指导。此外，企事业单位、高等学校、科研机构、社区组织、社会工作者、社会志愿者等社会力量都可以发挥各自作用，为社区矫正对象提供学习、工作、生活上的帮扶。

第二节　社会适应性帮扶的内容

社区矫正对象需要的差异性决定了社会适应性帮扶内容的多样化。有学者指出，从中国社区矫正的实践来看，相当多社区矫正对象存在不同的问题和困难，概括起来主要有四类：第一类是物质经济方面的问题和困难，包括没有住房、缺乏生活来源、缺乏劳动岗位和职业技能等；第二类是婚姻家庭方面的问题和困难，包括适婚服刑人员没有配偶、家庭成员之间关系不融洽等；第三类是社会交往方面的问题和困难，包括缺乏社会交往或者进行不良社会交往、不能恰当对待社会歧视等；第四类是心理行为方面的问题和困难，包括对自己的犯罪与判决的疑问、存在一些心理异常、有不良个人嗜好、养成了不良行为习惯等。[①] 根据需要层次的区分，笔者将社区矫正对象的需要区分为三种类型：生存性需要，涵括最低生活保障、基本生活帮扶、医疗或养老保障等；支持性需要，包括法律援助、心理帮扶、家庭关系修复等；发展性需要，包括帮扶就学、扶持就业、职业技术培训等。针对上述三种层次的需要，社区矫正机构应当协调社会资源及力量开展相应的帮扶措施。

---

① 参见吴宗宪主编：《刑事执行法学》，中国人民大学出版社 2007 年版，第 405 页。

一、生存性帮扶

生存性帮扶,是指为了满足社区矫正对象生存性需要而进行的帮困扶助活动。生存性帮扶主要包括下列具体种类:

(一)临时救助

临时救助是指在社区矫正对象面临暂时的生活困难时,社区矫正机构提供的暂时性帮扶措施。

对社区矫正对象开展临时救助具有重要意义。大多数社区矫正对象是社会中的弱势群体,他们在生活中会面临多方面的困难。特别是经过长期监狱矫正后回归社会的社区矫正对象,可能面临无处投靠、无家可归、无力自养的窘境;还有一些患有严重疾病保外就医的社区矫正对象,可能面临无人照顾、病情恶化、无力支付高额医疗费用等困难。此外,在日常生活中,社区矫正对象可能遇到意外事件而处于紧急状态。在上述情况下,社区矫正机构应当从人道主义出发,充分调动社会资源,整合社会力量,为社区矫正对象提供救助,以利于他们适应社会生活。对社区矫正对象提供临时性救助,可以帮扶他们渡过难关,树立重新生活的信心,提高适应社会生活的能力,促进其再社会化进程;也可以预防和减少他们因生活困难而导致的重新违法犯罪。

在国外,一些国家和地区为社区矫正对象提供紧急救助的制度和措施比较成熟,但具体做法有所不同。在美国,对于临时遇到困难的社区服刑人员的紧急救助,很大一部分是由社会团体进行的。例如,救世军(Salvation Army)①经常提供紧急食物、衣物和住宿帮扶;美愿产业(Goodwill Industries)②是一种提供住宿和工作的机构,向那些有身体残疾或者心理疾病的犯罪人提供住宿和工作。③ 在英国,监狱给即将释放的犯人(包括被假释的犯人)发放津贴,帮扶他们解决交通等问题,以及在释放后的短时间内遇到的生活困难。在日本,保护观察的辅导援助包括:帮扶提供教养训练的手段;帮扶得到医疗以及修养;帮扶寻找住宿等。在我国,2014 年司法部、中央综治办、教育部、民政部、财政部、人力资源社会保障部联合下发《关于组织社会力量参与社区矫正工作的意见》中明确规定,"做好基本生活救助。民政部

---

① 救世军是英国慈善家·布思于 1865 年在英格兰的伦敦东区创建的一个基督教组织,从事范围广泛的慈善工作。成员穿军队制服,拥有军衔。

② 美愿产业是美国一家规模较大的慈善机构,1901 年由卫理公会牧师埃德加·赫尔姆斯创立,在美国和许多其他国家活动,给身体、精神有残疾者或者犯过罪的人等提供培训和就业帮扶。

③ 参见吴宗宪:《社区矫正比较研究》(上),中国人民大学出版社 2011 年版,第 420 页。

门对基本生活暂时出现严重困难、确实需要救助的社区服刑人员依法给予临时救助”。这为开展社区矫正对象临时救助工作提供了依据和保障。

在我国，自社区矫正工作开展以来，各地政府和司法行政机关在社区矫正对象临时救助方面，进行了有益探索。例如，2016 年河北省司法厅联合多部门下发了《关于社会组织参与帮教社区服刑人员、刑满释放人员工作的实施意见》（冀司〔2016〕100 号）中规定，“社会组织对符合社会救助条件的帮教对象，可以向其介绍社会救助相关政策和申请的条件、程序等，协助‘三无’、老弱病残等生活困难的‘两类人员’①及其家庭提出社会救助申请，配合管理部门落实最低生活保障、特困人员供养、基本养老保险、基本医疗保险等救助政策”。2014 年，杭州市上城区财政局、民政局和司法局联合制定下发了《上城区社区矫正救助金管理暂行办法》，专门对社区矫正对象建立救助金，实行人均不超过 5000 元帮困救扶，已对 14 个生活困难的社区矫正对象进行了累计 4.3 万元的临时救助，下城区和拱墅区分别在全区的“春风行动”专项基金中专题列支“司法救助”模块，对社区矫正对象进行人均不超过 3000 元的临时救助。

（二）社会保障

社会保障是国家和社会依法对社会成员的基本生活予以物质帮扶和保障的社会安全制度。② 目前，我国的社会保障制度主要包括社会保险、社会救济、社会福利和公共医疗卫生。

对社区矫正对象的社会保障，重点是指为符合条件的社区矫正对象提供最低生活保障。最低生活保障简称“低保”，是一种社会保障制度类型，指国家对家庭人均收入低于当地政府公告的最低生活标准的人口给予一定现金资助，以保证该家庭成员基本生活所需的社会保障制度。2014 年，司法部、中央综治办、教育部、民政部、人力资源和社会保障部联合下发《关于组织社会力量参与社区矫正工作的意见》规定，“将生活困难、符合最低生活保障条件的社区服刑人员家庭依法纳入最低生活保障范围”。“已参加企业职工基本养老保险并实现再就业或已参加城乡居民基本养老保险的，按规定继续参保缴费，达到法定退休年龄或养老保险待遇领取年龄的，可按规定领取相应基本养老金，但服刑期间不参与基本养老金调整。社区服刑人员可按规定执行基本医疗保险等有关医疗保障政策，享受相应待遇。符合申领失业保险金条件的社区服刑人员，可按规定享受失业保险待遇”。《社区矫正法》

---

① 两类人员是指社区矫正对象、刑满释放人员。

② 参见吴宗宪主编：《刑事执行法学》，中国人民大学出版社 2007 年版，第 420 页。

第38条规定,“居民委员会、村民委员会可以引导志愿者和社区群众,利用社区资源,采取多种形式,对有特殊困难的社区矫正对象进行必要的教育帮扶”。第43条规定,“社区矫正对象可以按照国家有关规定申请社会救助、参加社会保险、获得法律援助,社区矫正机构应当给予必要的协助”。这些规定为社区矫正对象享有最低生活保障、社会保险、医疗保险等社会救助提供了法律及制度保障。

自开展社区矫正工作以来,很多省市将生活困难(特别是伤残、家庭困难),且符合最低生活保障条件的社区矫正对象纳入最低生活保障范围。例如,2016年9月,天津市协助解决最低生活保障352人,发放临时救助金20余万元。各地区规定的社区矫正对象申请最低生活保障程序大体相同,下面以北京市为例加以介绍。① (1)申请。申请人持司法所开具的介绍信及所需证明、材料,向户口所在地社区居委会(村委会)提出申请;社区居委会(村委会)对申请的家庭进行登记,填写《北京市最低生活保障待遇申请登记表》;在辖区内公布,征求群众意见;经核实后,填写《北京市最低生活保障待遇申请审批表》,提出具体意见后,上报街(乡)民政部门。(2)审核。街(乡)民政部门对上报的材料进行核查,根据实际情况填写《北京市低保待遇申请人员家庭情况调查表》主管领导签署意见后,报区(县)民政局。(3)审批。区(县)民政局对申请最低生活保障待遇的家庭进行审批登记。对不符合条件的,30日内书面通知申请人并说明理由。(4)备案。街(乡)民政部门接到区(县)民政局审批意见后,将社区矫正对象享受城市“低保”待遇的相关材料抄送本街(乡)社区矫正工作领导小组备案。

从目前社区矫正实践来看,协助社区矫正对象办理最低生活保障是社会适应性帮扶的重要手段之一。将社区矫正对象纳入社会保障体系之中,可以帮扶他们解决实际困难,有利于他们安心接受矫正,顺利实现回归社会的目标。但在办理最低生活保障过程中应当注意以下两点:一是社区矫正对象必须生活确有困难,符合当地民政部门规定的最低生活保障条件,并严格按照程序办理;二是申请最低生活保障的目的是帮扶社区矫正对象摆脱困境,而不是培养“养懒汉”思想,要避免社区矫正对象盲目、无理申请最低生活保障的现象,以节省国家资金,也要避免生活改善,不符合最低生活保障条件后,仍继续享受最低生活保障待遇的现象。

二、支持性帮扶

支持性帮扶是指为满足社区矫正对象支持性需要而提供的帮困扶助。支持性

---

① 参见荣容、肖君拥主编:《社区矫正的理论与制度》,中国民主法制出版社2007年版,第226页。

帮扶主要包括法律帮扶与心理帮扶。

（一）法律帮扶

法律帮扶，是指社区矫正机构指导社区矫正对象学习、遵守和应用法律的帮扶措施。提供法律帮扶具有重要的作用：一是能够增强社区矫正对象的法律知识，提高他们的法律观念和意识，促进他们成为守法公民，实现其再社会化的目标；二是可以帮扶社区矫正对象解决实际问题，避免其重新违法犯罪，实现维护社会稳定的目的。

从目前社区矫正实践来看，各地区司法行政机关主要通过法律援助的形式帮扶社区矫正对象解决有关法律问题。法律援助是国家为贫者、弱者、残疾者等社会弱势群体提供减费、免费的法律帮扶，以保障其合法权益的社会公益性法律制度。法律援助是一项司法救助制度。我国的法律援助制度建立于 1994 年年初，主要是由律师、公证员、基层法律工作者等法律服务人员为经济困难或特殊案件的公民给予减、免收费提供法律帮扶，以保障其合法权益的实现和司法公正。2016 年河北省司法厅联合多部门下发的《关于社会组织参与帮教社区服刑人员、刑满释放人员工作的实施意见》（冀司〔2016〕100 号）中规定，社会组织可以协助有关部门，为符合条件的“两类人员”提供法律援助。

获得法律援助是社区矫正对象维护自身合法权益的重要途径。在日常生活中，社区矫正对象可能遇到法律问题而需要帮扶时，特别是遇到需要通过法律诉讼解决的重大问题，但自己又无力聘请律师，社区矫正机构可以给予必要的帮扶。

从目前实际来看，法律帮扶已经成为社会适应性帮扶的重要内容之一。各地区司法行政机关通过法律援助的形式，为社区矫正对象解决实际问题，同时能够提高他们依法维权的意识。此外，社会参与性是社区矫正的重要特征和优势所在，司法行政机关除利用自身的法律资源之外，还充分利用律师事务所、法律专业人员、法律援助志愿者等为社区矫正对象提供帮扶。例如，武汉市成立社区矫正讲师团，搭建专业社会力量参与平台，广泛吸纳优质教育资源，组建专家库，在全国副省级城市中，率先成立市级社区矫正讲师团，对社区矫正对象开展法治宣传、法律援助、心理辅导、技能培训等教育活动。但是，目前我国缺乏专门为社区矫正对象提供法律援助的规章制度，司法行政机关通常参照监狱服刑人员法律援助制度开展工作。因此，国家应尽快建立健全相关规章制度，保障法律帮扶规范推进。

（二）心理帮扶

心理帮扶是为了解决社区矫正对象的不良心理问题而提供的帮扶措施。对社区矫正对象开展心理帮扶是十分必要的。这是因为：首先，犯罪有其深层的心理原因,特别是多次犯罪者一般都有较严重的心理问题。有关研究表明,当代罪犯总体上心理问题的检出率为90.10%,其中有82%的罪犯心理问题与正常群体相比,达到了异常或严重的程度。[①] 其次,在矫正过程中,社区矫正对象经常表现出自卑、敌意、多疑、矛盾、焦虑、抑郁、反社会倾向等心理异常,需要及时的帮扶和救治。

心理帮扶是社区矫正工作的重要内容之一。《社区矫正法》第40条规定,"社区矫正机构可以通过公开择优购买社区矫正社会工作服务或者其他社会服务,为社区矫正对象在教育、心理辅导、职业技能培训、社会关系改善等方面提供必要的帮扶"。《暂行办法》第30条规定:"司法所应当聘请社会专业人员,定期为社区服刑人员提供心理咨询服务,开展心理健康教育。"根据上述规定,心理帮扶主要包括心理健康教育、心理咨询与心理辅导等。目前,各地区司法行政机关已经认识到心理帮扶的必要性和重要性。一些地区成立了心理咨询中心或心理辅导站,定期开展心理健康教育,同时,充分利用本地区人力资源,聘请相关专业人员开展心理咨询与治疗工作,并取得了良好的效果。

1. 心理健康教育。心理健康教育,是指教育工作者或其他专业人员利用心理学原理、方法与技术,对社区矫正对象进行心理辅导,帮助他们消除心理障碍,提高心理素质,促进其适应社会生活的教育活动。

对社区矫正对象开展心理健康教育是十分必要的。社区矫正对象是心理问题、心理疾病的高发人群,高水平心理健康在他们当中是很少见的。最近一项研究对22名社区矫正对象的心理健康状况调查发现,社区矫正对象这一特殊群体心理不健康者的比率虽然低于监狱服刑人员,但是仍高于用同一测验测得的一般群体,SCL－90测验中1个或1个以上因子为阳性症状的检出率为100%。[②] 可见,社区矫正对象心理健康存在问题的情况是较普遍的。

社区矫正对象心理健康教育内容丰富,且在不同阶段有所侧重。社区矫正对象心理健康教育的内容主要包括:普通心理学、犯罪心理学与矫治心理学的一般知识;自卑、嫉妒、猜疑、焦虑、矛盾、恐惧、逆反、对抗等消极心理的表现、特征与防治对策;不健康心理的自我调适方法等。在矫正过程的不同阶段,社区矫正对象会表现出不同的心理问题,心理健康教育也应当有所侧重。在矫正初期,心理健康教育以调整心态、适应环境、确立目标为主题,要求社区矫正对象了解和掌握心理学的一般知识。在矫正中期,心理健康教育以形成正确的自我意识,建立和谐的人际关系,塑造积极的心态为主要内容。同时,要积极开展有针对性的心理健康教育。例如,

---

① 参见黄京平、席小华主编:《社区矫正工作者手册》,中国法制出版社2007年版,第219页。

② 参见刘素珍等:《社区服刑人员心理健康状况调查》,载《心理科学》2006年第6期。

针对未成年社区矫正对象，注重提升他们的情感、智商，控制其冲动情绪，加强性知识教育等；针对女性社区矫正对象，注重加强道德修养，增强自尊、自爱、自强的精神，以及增加生理、心理卫生教育；针对暴力型社区矫正对象，注重控制和调节情绪；针对财产型社区矫正对象，注重培养其社会性情感和社会性需要，如集体荣誉感、自尊心等。在矫正后期，心理健康教育以巩固积极成果为重点，以传授自我心理调适方法为主要内容。

心理健康教育的形式可以是多样化的。矫正环境的开放性决定了心理健康教育形式的多样性。社区矫正工作人员可以通过系统化课堂教育，举办心理健康专题讲座，利用传播媒介（如心理健康专业性报纸、黑板报、宣传册、电话、网络等）等方式开展心理健康教育。

2. 心理咨询。社区矫正对象的心理咨询，是指社区矫正工作人员或专业工作人员运用心理学的原理与技术，协助社区矫正对象发现其心理问题，挖掘其潜在能力，改变其原有的认知结构和行为模式，提高其适应社会生活能力的服务活动。

社区矫正对象心理咨询的方法多种多样。根据咨询的规模，可分为个体咨询和团体咨询；根据咨询的方式，可分为门诊咨询、电话咨询、书信咨询、网络咨询；根据咨询的时程，可分为短程咨询、中程咨询和长程咨询；根据咨询是否有中转媒介，可分为直接咨询和间接咨询。目前，我国司法行政机关主要运用个体咨询方法开展心理咨询活动。

3. 危机干预。危机干预，是指对发生心理危机的社区矫正对象进行的指导帮扶活动。危机干预是一种特殊的心理咨询服务，其本质是短期的心理咨询与治疗的过程，是对处于困境或遭遇挫折的社区矫正对象给予心理方面的关怀和支持，使其尽快恢复心理平衡的过程。

对社区矫正对象进行心理危机干预是十分必要的。在社区矫正期间，社区矫正对象可能会遇到各种突发事件而处于紧急状态。例如，躯体疾病、失恋、婚姻关系紧张、亲人死亡、重大经济损失、失业等，这些情况都会引发社区矫正对象情绪失调，造成心理危机，甚至会诱发社区矫正对象违法犯罪、自杀等极端行为。在这些情况下，社区矫正工作人员或专业工作人员应当及时对社区矫正对象开展心理危机干预，帮扶他们摆脱困境，恢复到危机前的状态。

在心理危机干预过程中，干预者可以借助心理咨询与治疗的相关技术，根据危机者的具体情况和干预者的技术擅长灵活运用。危机干预技术主要有三大类，即沟通技术、心理支持技术和干预技术。沟通技术主要目的是建立和保持双方的良好沟通和相互信任。心理支持技术是指通过暗示、保证、疏泄、环境改变、镇静的药物等方式,给予社区矫正对象以心理支持其主要目的是化解危机。干预技术是以改变社区矫正对象的认知为前提,通过疏泄情感,提供危机的应对方式,建立新的社交关系等方法去解决问题。支持技术和干预技术的效果,取决于双方的咨访关系。

社区矫正对象心理问题的危机干预工作应当遵循一定步骤推进,而不能盲目展开。首先,评估危机。干预者应当对危机及相关因素进行综合性评价。干预者必须了解危机事件、易受伤害状态、促成因素、主动危机状态等;同时,与社区矫正对象建立良好的咨询关系,取得对方信任。其次,制订计划。干预者应当根据危机干预目标,并结合社区矫正对象的心理需求及水平,制订具体、实用的干预计划。干预计划还要考虑社区矫正对象的文化背景、社会生活习惯以及家庭环境等因素。再次,实施干预。干预的基本策略为:(1)主动倾听并热情关注,给予心理上支持;(2)提供疏泄机会,鼓励当事者将自己的内心情感表达出来;(3)解释危机的发展过程,使当事者理解目前的境遇、理解他人的情感,树立自信;(4)给予希望和保持乐观的态度和心境;(5)培养兴趣、鼓励积极参与有关的社交活动;(6)注意社会支持系统的作用,多与家人、亲友、同事接触和联系,减少孤独和心理隔离。最后,后续跟进。社区矫正对象的心理危机暂时化解后,并不意味着危机完全解除。为防止危机再次发生或出现连锁反应,干预者必须通过个别心理学或团体心理学干预方式,做好后续的跟进工作,强化危机应对技能训练,以增强其个人功能,达到自主化解危机的目标。①

三、发展性帮扶

发展性帮扶是为满足社区矫正对象发展性需要而进行的帮困扶助活动。发展性帮扶主要包括帮扶就学与帮扶就业。

(一)帮扶就学

帮扶就学,是指为了解决处在学龄期或者愿意继续在学校学习的社区矫正对象的入学问题而进行的帮扶活动。

对未成年社区矫正对象提供就学帮扶,具有重要意义。

第一,有利于促进未成年社区矫正对象的再社会化。部分未成年社区矫正对象正处于学龄阶段。学校是个体社会化的重要机构,也是矫正未成年犯的场所。学校在对学生的制约和保护、对学生劣迹行为的矫治、对学生的自我管理与教育以及

---

① 参见吴宗宪主编:《中国服刑人员心理矫治技术》,北京师范大学出版社 2010 年版,第 378 页。

培养良好的品德和新型的人际关系方面，都起着教育的“杠杆”作用。[①] 学校可以通过教师的关怀与教导、同辈群体的交流与鼓励，以及良好的文化氛围，发挥教育的隐性功能，矫正未成年社区矫正对象不良心理及行为恶习，促进其重新回归社会。同时，将学校纳入社区矫正体系之中，可以避免未成年社区矫正对象与不良群体的交往，有利于预防和减少重新犯罪。

第二，有利于创造良好的学习环境。帮扶就学可以为未成年社区矫正对象创造良好的学习环境。现在很多学校都不愿意接收“问题”青少年，特别是有过犯罪行为的社区矫正对象，担心他们会影响学校的学习氛围。因此，帮扶未成年社区矫正对象就学，创造良好的学习环境，必须采取相应的措施，需要社区矫正机构、教育部门、未成年社区矫正对象的监护人、共产主义青年团、妇女联合会、未成年人保护组织等社会力量共同努力。

首先，学校不能歧视未成年社区矫正对象，不公开其特殊身份。教师应当克服注重分数的片面思想，以宽容的心态接纳未成年社区矫正对象，发现他们的教育优势，并给予鼓励和关怀，以营造良好的学习环境。其次，加强适时的心理辅导和必要的法治教育。尽管未成年社区矫正对象受到不良因素污染，但他们的人生观、价值观还在形成与发展之中，具有极强的可塑性。心理辅导和法治教育有利于他们悔过自新，重塑自我。此外，未成年社区矫正对象的监护人、学校与社区矫正机构要规范各自的权利与义务，加强相互间的沟通与合作，形成以学校为中心的“三位一体”的矫正体系。

第三，有利于贯彻执行有关立法的规定。我国的有关立法规定，对于受到刑事处分的未成年人，应当帮扶他们继续学习。例如，2020 年 12 月 26 日第十三届全国人民代表大会常务委员会第二十四次会议修订通过的《预防未成年人犯罪法》第 58 条规定：“刑满释放和接受社区矫正的未成年人，在复学、升学、就业等方面依法享有与其他未成年人同等的权利，任何单位和个人不得歧视。”2014 年，司法部、中央综治办、教育部、民政部、人力资源和社会保障部联合下发《关于组织社会力量参与社区矫正工作的意见》规定，“帮助接受教育。对于未完成义务教育的未成年社区服刑人员，司法行政部门应当配合教育部门，协调并督促其法定监护人，帮助其接受义务教育。对于非义务教育阶段有就学意愿的社区服刑人员，地方教育部门应当对其予以鼓励和支持”。2019 年颁布的《社区矫正法》第 55 条规定，“对未完成义务教育的未成年社区矫正对象，社区矫正机构应当通知并配合教育部门为其完成

---

① 参见马辉、周静茹主编：《社区矫正工作实务》，暨南大学出版社 2008 年版，第 81 页。

义务教育提供条件。未成年社区矫正对象的监护人应当依法保证其按时入学接受并完成义务教育”。帮助未成年社区矫正对象就学是对《预防未成年人犯罪法》《社区矫正法》及相关规范性文件具体规定的贯彻。此外,随着入学观念及相关制度的变化,对于有继续入学愿望的成年社区矫正对象,社区矫正机构应当鼓励他们参加电大、函大、高等教育自学考试或者其他类型的成人教育,有关部门应当给予支持,积极促成他们继续学习。

(二)帮扶就业

帮扶就业,是指社区矫正机构为了解决有劳动能力的社区矫正对象的就业问题而提供的帮扶活动。

对社区矫正对象开展就业帮扶,具有十分重要的意义。一方面,这有利于顺利开展社区矫正工作。对社区矫正对象提供就业帮扶,既有利于从根本上解决他们生活困难的问题,也有利于他们重新树立生活信心,实现个人价值,达到真正回归社会的目标。另一方面,这有助于预防和减少社区矫正对象重新犯罪。失业与犯罪之间关系密切。无业导致入狱,入狱导致无业,无业导致再次入狱。如此循环使人犯罪的原因都模糊了。[①] 因此,就业帮扶是预防罪犯重新犯罪的重要手段。

表 10-2 2012~2015 年全国社区矫正工作帮扶就业、就学情况

年份	就业基地(个)	技能培训(万人次)	指导就业或就学(万人次)
2012	6978	22.4	26.1
2013	7649	24.5	29.6
2014	8013	22.9	27.9
2015	8165	20.2	25.5

资料来源:司法部社区矫正管理局编:《全国社区矫正发展情况与数据统计》,法律出版社 2016 年版。

由表 10-2 可知,近年来,我国司法行政机关重视社区矫正对象就业、就学方面的帮扶,就业数量逐年上升,技能培训、指导就业或就学都保持着较高的频次。这些是发展型帮扶的主要措施。

在国外,矫正机构十分重视罪犯就业能力的培训。针对社区矫正对象普遍缺乏职业技能和寻找工作能力的情况,国外矫正机构大多通过职业技能培训和寻找

① 翟中东:《国际视域下的重新犯罪防治政策》,北京大学出版社 2010 年版,第 488 页。

职业帮扶等形式开展就业帮扶。职业技能培训往往是通过私营职业培训机构进行的。寻找职业帮扶方面的培训往往是通过现场训练进行的。例如,在美国的很多州立监狱以及联邦监狱中,都实施了“模拟工作招聘会”(mock job fair)计划,以便帮扶即将出狱的犯人学习和实践寻找工作的技能,熟悉在以后可能要使用的劳动工具等。①

帮扶就业也是我国社区矫正的任务之一。我国《宪法》第42条规定,有劳动能力的公民参加劳动,既是一项法律权利,也是一项法律义务。2014年,司法部、中央综治办、教育部、民政部、人力资源和社会保障部联合下发《关于组织社会力量参与社区矫正工作的意见》规定,“促进就业。人力资源和社会保障部门负责对有需求的社区服刑人员进行职业技能培训,并将其纳入本地职业技能培训总体规划。符合条件的社区服刑人员可以申请享受相关就业扶持政策,接受公共就业服务机构提供的职业指导和职业介绍等服务”。《社区矫正法》第37条规定,“社区矫正机构可以协调有关部门和单位,依法对就业困难的社区矫正对象开展职业技能培训、就业指导,帮助社区矫正对象中的在校学生完成学业”。一些地区制定的社区矫正规章制度也对帮扶社区矫正对象就业作了明确规定。

从目前社区矫正实践来看,各地区司法行政机关及社区矫正机构实施的就业帮扶主要包括以下几个方面:

1. 就业指导

就业指导,是指为社区矫正对象提供就业信息和职业指导的帮扶活动。对社区矫正对象提供就业指导具有重要意义。这是因为,一方面,一些社区矫正对象与市场需求、就业状况有一定的脱节,并且基于自身能力,缺乏与用人单位之间的常规性供需渠道,不可能掌握最新的就业市场供需信息。另一方面,社区矫正对象当中真正懂得结合自身特点、市场需求和行业状况进行职业规划,有方向、有目标、有步骤地发展自己的人并不多。因此,为了帮扶社区矫正对象顺利就业,提供就业信息和进行就业指导显得尤为重要。

社区矫正机构可以通过多种方式和渠道开展就业指导。一方面,社区矫正机构可以和社会上的职业介绍机构、家政服务中心等社会职业中介机构合作,为社区矫正对象提供就业信息,或向有关公司、企业推荐社区矫正对象;另一方面,社区矫正机构还可以聘请专职的职业指导老师,为社区矫正对象提供就业建议,指点迷津,职业指导老师根据社区矫正对象的思想、实际情况以及他们的自身条件,提出

① 参见吴宗宪:《社区矫正比较研究》(上),中国人民大学出版社2011年版,第417页。

就业建议。

2. 职业技能培训

职业技能培训,是指为了提高社区矫正对象的职业技能而开展的帮扶活动。对社区矫正对象提供职业技能培训是很有必要的。这是因为,缺乏市场需求的职业技术是导致社区矫正对象就业难的重要原因。特别是那些有过监狱矫正经历的社区矫正对象,他们适应生活能力差、缺乏工作经验,更难在激烈的市场竞争中找到合适的工作。

在职业技能培训过程中,社区矫正机构应当坚持以下原则:一是个别化原则。尽管社区矫正对象都是社会化失败者,但每名社区矫正对象却有各自的特点,他们的性别、年龄、个人兴趣、文化水平、知识结构各不相同。因此,社区矫正工作人员可以运用优势视角的实践模式,最大限度地发现、发挥和发展社区矫正对象自身的优势和潜能,开展有针对性的职业技能培训,实现助人自助,才能取得事半功倍的效果。二是导向性原则。社区矫正机构或其委托的职业培训机构应当以市场为导向,将职业培训与就业指导有机地结合起来,了解市场人才需求动态,开展具有市场竞争性的职业技能培训,同时对有一定职业技能的社区矫正对象,予以指导,让他们掌握就业的方法与技巧。

3. 资金支持

资金支持,是指对具有一定自谋职业能力的社区矫正对象提供必要创业资金的帮扶活动。对有自谋职业能力但缺乏资金的社区矫正对象提供资金支持是十分必要的。一些社区矫正对象有自谋职业的能力,但是,他们缺乏创业所需要的资金、场所、设备和其他条件,由于其身份和社会地位,他们难以通过正常渠道获得支持。在这种情况下,社区矫正机构可以实行政策性扶持,拓宽渠道,为社区矫正对象提供必要的资金支持,帮扶他们顺利创业。例如,上海市虹口区对于有条件、有能力、有愿望自主创业的社区矫正对象实行资金扶持,街道安排50万元专项资金用于扶持社区矫正自主创业,并予以一次性开业补贴。江苏省江阴市成立社区矫正和安置帮教对象创业援助基金会,并提供小额援助金,该市所辖的华士镇还为自主创业的社区矫正对象提供低息贷款。

4. 安置就业基地

在实践中,司法行政机关可以通过建立过渡性安置就业基地帮扶社区矫正对象解决就业问题。在安置就业基地,社区矫正对象与其他员工同吃同住、同工同酬,不仅可以增长才干、积累经验,还可以接触到更多、更新的就业信息,习得一技之长之后可以实现真正就业。例如,北京市顺义区司法局积极扶持过渡性安置就业基地建设，以原有的100家就业困难人员见习基地为依托，重点解决社区矫正对象中的“三无”（无家可归、无亲可投、无业可就）人员和生活困难人员以及有重新违法犯罪倾向人员。承担见习基地功能的企业采取“以师带徒”的方式对这部分人员给予3个月的就业见习指导。见习期结束后，按照岗位需求接收合格者就业，并保证“签合同、上保险、保工资”。

5. 自主创业

自主创业，是指对具有自主创业能力和愿望的社区矫正对象提供指导和帮扶，促进他们以创业带动就业的帮扶活动。自主创业是实现社区矫正对象就业的重要手段。党的十七大报告提出：“完善支持自主创业、自谋职业政策，加强就业观念教育，使更多劳动者成为创业者。”一些社区矫正对象犯罪前是私营业主，或者有过一定的创业经验，或者具有文化程度高、思想开放等优势，具备自主创业的素质和能力。社区矫正机构应当鼓励和扶持社区矫正对象，发挥他们原有的优势，帮扶其自主创业。

第三节　社会适应性帮扶的程序

一、需求评估

（一）需求评估的概念与作用

所谓需要，就是人们在一定的情境下，对客观事物产生的匮乏感，而要求得到满足的社会心理反应。[①] 在马克思主义的理论中，需要是人的本性。马克思和恩格斯在《德意志意识形态》一书中指出：“在现实世界中，个人有许多需要。”之后又说明满足个人需要的重要性，“任何人如果不同时为了自己的某种需要和为了这种需要的器官而做事，他就什么也不能做”，最后得出，“他们的需要即他们的本性”的结论。既然需要是人的本性，那么社区矫正对象也有满足需要的本性。

美国人本主义心理学派的创始人马斯洛提出了需要层次论，他将人的需要分为五个等级：（1）生理需要；（2）安全需要；（3）归属和爱的需要；（4）自尊的需要；（5）自我实现的需要。马斯洛指出需要是由低级向高级发展，人们只有满足了低级的需要才会去追求较高级的需要。马斯洛的需要层次论告诉我们，社会成员的需要是有层次方面差异的。同样，社区矫正对象的需要也是有差异的。尽管社区矫正

① 参见韩明谟主编：《社会学概论》，中央广播电视大学出版社2007年版，第29～30页。

对象都有犯罪经历及服刑人员的特殊身份，但仍表现出千差万别的特殊性，他们的性别、年龄、婚姻状况、文化程度、家庭环境、工作经历、社会资源等方面都存在很大差异。社区矫正对象的需要也不尽相同，或是急需解决住房、最低生活保障、生活来源、医疗保障等；或是需要法律援助、心理辅导、良好的人际关系等；或是希望得到职业培训、教育学习、就业指导等。因此，社区矫正机构应当根据社区矫正对象的具体需要制订有针对性的帮扶措施及矫正方案，不能不加区分地对所有社区矫正对象开展整齐划一的帮扶工作。在开展帮扶工作之前，社区矫正机构工作人员应当了解社区矫正对象的需要状况，以利于其采取合适的帮扶措施，因此，需要评估是十分必要的。

需要评估是用来评估服刑人员的个人社会技能、健康、情感的稳定性、教育水平和职业能力、智力状况和其他相关因素的手段。① 需要评估是开展社区矫正对象社会适应性帮扶工作的前提。需要评估关注目前社区矫正对象的生存、生活及发展状态，系统性评价其需要的具体内容及强弱程度。同时，随着社区矫正工作的开展，社区矫正对象处于不断变化的状态，其需要自然也随之变化。社区矫正机构工作人员应当及时了解社区矫正对象需要的变化状态，以调整相应的帮扶措施，提高社区矫正工作的效果。

在社区矫正工作中，需要评估具有不可替代的重要作用。其一，需要评估是预防社区矫正对象重新犯罪的重要措施。从犯罪心理学角度讲，“犯罪心理是犯罪行为生成的前提，而犯罪心理的生成又是以满足需要为基础的”。② 因此，内在需要是产生外在行为的原始动力。当社区矫正对象的迫切需要，例如，衣、食、住、行等基本生活需要都无法通过正当手段获得满足时，他们就极有可能无视法律规章与道德规范，采取非法手段去满足需要。其二，需要评估是有效帮扶社区矫正对象的重要措施。社区矫正对象的需要多种多样，错综复杂：有些是显性的，有些是隐性的；有些是客观存在的，有些是主观臆测的。因此，社区矫正机构工作人员进行科学、系统的评价后，才能甄别出主要矛盾，即社区矫正对象最迫切的需要，开展相应的帮扶措施使之得以满足。

（二）需要评估的方法

国外社区矫正工作重视社区矫正对象的需要评估工作，并将需要区分为不同内容。例如，美国康涅狄格州黑文市对社区矫正对象的需要评估主要分为以下部

---

① 参见刘强主编：《社区矫正制度研究》，法律出版社2007年版，第159页。

② 梅传强：《论犯罪心理的生成机制》，载《河北法学》2004年第1期。

分:(1)经济和住房的情况;(2)教育和职业的历史;(3)就业的历史情况;(4)有关法律方面的历史,如过去是否被逮捕过,什么原因被逮捕等;(5)家庭和社会交往的历史;(6)医疗的和精神方面的历史;(7)滥用物质的历史,主要是指是否有吸毒和酿酒的历史;(8)情感的状态。社区矫正工作者根据社区矫正对象的上述情况,将他们的需求划分层次,依据需要的重要程度开展具体的帮扶工作。

从目前我国社区矫正实践来看,有些学者也在社会适应性帮扶个别化方面进行了探索,并构思出一些了解社区矫正对象需要的参考①:(1)希望得到矫正工作者的信任;(2)希望继续学习文化或升学;(3)希望得到技能培训;(4)希望参与劳动;(5)希望考核奖惩公正合理;(6)能获得法律援助;(7)能有一份稳定的工作;(8)亲友能理解关心自己;(9)希望家庭关系和睦;(10)有吸毒或酿酒问题,希望得到治疗;(11)身体有疾病,希望自己健康;(12)希望生活在宽松、友好的环境中;(13)希望自己的生活条件能得到改善;(14)希望社会可以尊重和认可自己;(15)希望自己有良好的声誉;(16)希望经济收入有所增加;(17)希望能得到充分及时的社会保障;(18)希望能得到心理治疗。

目前,社区矫正机构工作人员开展需求评估工作主要采取入矫调查与走访排查两种方式。入矫调查,是指社区矫正机构要求新入矫的社区矫正对象填写《矫正需求调查表》,围绕生活来源、家庭婚姻、身体健康状况、掌握工作技能等方面,进行需求调查。走访排查,是指社区矫正机构定期对社区矫正对象的生活来源、家庭婚姻、身体健康状况、掌握工作技能等情况进行走访核实,有重大变化时,及时调整帮扶措施。

矫正需要评估表②

(Case Needs Identification and Analysis)

一、就业需要的确定与分析

1. 服刑人员文化程度低于 8 年级?	是	不是	不知
2. 服刑人员没有高中文凭?	是	不是	不知
3. 是否没有学习能力?	是	不是	不知

① 参见刘强主编:《社区矫正制度研究》,法律出版社 2007 年版,第 159 ~ 160 页。

② 参见张建明、吴艳华主编:《社区矫正实务》(第 4 版),中国政法大学出版社 2021 年版,第 342 ~ 347 页。

续表

4. 是否有身体上的缺陷?	是	不是	不知
5. 罪犯是否对自己工作不满意?	是	不是	不知
6. 工作史是否稳定的状况?	是	不是	不知
7. 服刑人员在工作岗位是否可信? 如雇主是否依赖服刑人员?	是	不是	不知
8. 服刑人员是否很难满足工作的要求?	是	不是	不知
9. 服刑人员是否在工作中很难与人交往?	是	不是	不知

就业需要的印象评价:

1. 能够适应社会
2. 不是需要立即提高(没有引起现在问题的历史原因)
3. 有提高的需要(有引起问题的历史原因,但问题并非特别大)
4. 需要认真考虑提高罪犯的就业能力(存在适应社会问题)

就业状态:

就业:全职/兼职

职业教育状况:专门参加/临时

是否接受社会福利

其他

是否需要干预?	需要		不需要
干预内容			
基础教育	低	中	高
特别技能或培训	低	中	高
职业咨询	低	中	高
同事相互交往	低	中	高
工作习惯	低	中	高
寻找工作技能	低	中	高

补充说明:

干预参与的动机:低(自己不愿意参与)、中(愿意按照个案管理人员的要求参与到干预中)、高(具有较高的参与积极性)

二、婚姻与家庭需要的确定与分析

1. 是否在孩提阶段有过滥性生活?	是	不是	不知
2. 婚姻关系是否不稳定?	是	不是	不知
3. 是否虐待配偶?	是	不是	不知
4. 是否配偶的虐待人?	是	不是	不知
5. 是否因为儿童时受虐而不能自拔?	是	不是	不知
6. 为人父母不太合格?	是	不是	不知
7. 家庭关系不好?	是	不是	不知

婚姻与家庭需要的印象评价:

1. 能够适应社会(家庭关系稳定)
2. 不是需要立即提高(没有引起现在问题的历史原因)
3. 有提高的需要(有时关系不稳定)
4. 需要认真考虑(家庭关系非常不稳定)

是否需要干预?	需要		不需要
干预内容			
对过去的被害情况咨询	低	中	高
婚姻咨询	低	中	高
为人父母的技能	低	中	高
虐待配偶	低	中	高
虐待孩子	低	中	高
其他	低	中	高

干预参与的动机水平:低(自己不愿意参与)、中(愿意按照个案管理人员的要求参与到干预中)、高(具有较高的参与积极性)

三、社会交往方面需要的确定与分析

1. 是否不愿意与他人交往,比较孤立?	是	不是	不知
2. 是否有很多服刑人员朋友或熟人?	是	不是	不知
3. 与酗酒者、使用毒品者有比较密切的交往?	是	不是	不知
4. 是否要以使用"利用"描述与他人的关系?	是	不是	不知
5. 是否很容易被他人影响?	是	不是	不知
6. 是不是那种不愿意提出个人主张或者拒绝他人要求的人?	是	不是	不知

交往需要的印象评价：

1. 能够适应社会（没有不良交往）
2. 不是需要立即提高（大多数交往还是积极的）
3. 有提高的需要（与一些不良人员交往）
4. 需要认真考虑（交往人员多数是社会不良人员）

是否需要干预？	需要		不需要
干预内容			
提出自己主张的训练	低	中	高
社会交往训练	低	中	高
需要志愿者帮扶	低	中	高

补充说明：

干预参与的动机水平：低（自己不愿意参与）、中（愿意按照个案管理人员的要求参与到干预中）、高（具有较高的参与积极性）

四、滥用毒品方面需要的确定与分析

1. 服刑人员的生活史表明，其使用毒品是否影响到了自己的婚姻、就业、守法、身体、经济等？	是	不是	不知
2. 服刑人员的生活史表明，其使用酒精是否影响到了自己的婚姻、就业、守法、身体、经济等？	是	不是	不知

交往需要的印象评价：

1. 不是需要立即提高（现在的问题与个人生活史没有关系）
2. 有提高的需要（有中度的不适应社会问题）
3. 需要认真考虑（有严重的不适应社会问题）

是否需要干预？	需要		不需要
干预内容			
强化的在专门设施内的矫治	低	中	高
在设施外的矫治	低	中	高
维护	低	中	高
健康咨询、毒品教育	低	中	高

补充说明：

干预参与的动机水平：低（自己不愿意参与）、中（愿意按照个案管理人员的要求参与到干预中）、高（具有较高的参与积极性）

五、对社区方面需要的确定与分析

1. 服刑人员逮捕前是否有住宿？	是	不是	不知
2. 服刑人员的自我表现是否很差？如外表不适当、举止不当？	是	不是	不知
3. 服刑人员的健康是否很差？	是	不是	不知
4. 是否有理财能力差的问题？如乱付账单等？	是	不是	不知
5. 对有组织的活动，如体育运动、志愿者活动不感兴趣？	是	不是	不知
6. 缺乏有效利用社会服务的能力？	是	不是	不知

交往需要的印象评价：

1. 能够适应社会
2. 不是需要立即提高（现在没有适应社会的困难）
3. 有提高的需要（缺乏技能，但是不影响独立生活）
4. 需要认真考虑（缺乏技能，不能独立生活）

是否需要干预？	需要		不需要
干预内容			
监督下住宿，如在精神治疗、住宿矫治机构内	低	中	高
每日到庇护所	低	中	高
生活技能咨询，如卫生、衣服、社会服务等	低	中	高
休闲咨询	低	中	高
需要志愿者	低	中	高

补充说明：

干预参与的动机水平：低（自己不愿意参与）、中（愿意按照个案管理人员的要求参与到干预中）、高（具有较高的参与积极性）

六、情感方面的确定与分析

1. 是否服刑人员需要解决问题的能力很弱，如不能意识到发生问题，或者意识到但不知如何解决？	是	不是	不知
2. 是否不能确定现实的、长期的目标？	是	不是	不知
3. 是否不懂同情他人，如不能理解他人的感受？	是	不是	不知
4. 是否容易陷入冲动，如寻求刺激？	是	不是	不知
5. 是否控制自己的愤怒很困难？	是	不是	不知
6. 是否不能很好地处理压抑与挫折？	是	不是	不知
7. 是否有不法的性史，如未满法定年龄有性伴侣、有过性攻击、性暴力、对孩子有性行为？	是	不是	不知
8. 是否有性无能等性退化问题？	是	不是	不知
9. 是否存在智力问题，如脑受过伤，IQ 低等？	是	不是	不知
10. 是否曾经被诊断过有精神疾病？	是	不是	不知
11. 是否有过自杀或者自伤史？	是	不是	不知
12. 是否有饮食生活上的混乱问题？	是	不是	不知

情感方面需要的印象评价：

1. 不是需要立即提高（没有现实中的问题）
2. 有提高的需要（情感上有问题）
3. 需要认真考虑（有严重的情感上需要帮扶解决的问题）

是否需要干预？	需要　　不需要		
干预内容			
认知技能训练（问题解决技能、确定目标技能、价值观培养、情感培训）	低	中	高
性罪犯矫治	低	中	高
焦虑管理	低	中	高
冲动行为的咨询	低	中	高
有关性问题的咨询	低	中	高
宗教或精神问题的咨询	低	中	高
自杀自伤预防	低	中	高

补充说明：

干预参与的动机水平：低（自己不愿意参与）、中（愿意按照个案管理人员的要求参与到干预中）、高（具有较高的参与积极性）

七、态度方面需要的确定与分析

1. 服刑人员是否表现出反社会的态度，如对他人财产不尊重、支持个人之间的暴力？	是	不是	不知
2. 是否支持男性支配女性的观点，支持男女不平等的观念？	是	不是	不知
3. 是否认为种族存在优劣，支持对所谓劣等种族歧视的观点与行动？	是	不是	不知
4. 是否不能为一个长期目标努力？	是	不是	不知

态度方面需要的印象评价：

1. 能够适应社会（能够积极参与、回应帮扶）
2. 不是需要立即提高（有改变自己的动机，但是态度上需要帮扶）
3. 有提高的需要（能够认识到问题之所在，但是在帮扶下不能改变态度）
4. 需要认真考虑（不能认同问题之所在，不能接受帮扶）

是否需要干预？	需要	不需要	
干预内容			
认知性治疗、如态度转变、目标确定、价值观改变	低	中	高
针对女性暴力方面的咨询	低	中	高
指向种族问题的咨询	低	中	高

补充说明：

干预参与的动机水平：低（自己不愿意参与）、中（愿意按照个案管理人员的要求参与到干预中）、高（具有较高的参与积极性）

整体来讲，目前，我国社区矫正对象需要评估工作在理论和实践方面都相对匮乏，需要评估的文献十分少见，国内学者以介绍国外需要评估情况为主，结合国内的实际进行理论研究严重不足。在实践中，目前仍没有编制出社区矫正对象需要评估量表。社区矫正工作人员更多地依靠社区矫正对象的说明进行判断，很少通过系统性的观察、查阅档案资料和量化评估等方式揭示其需要的实然状况。这可能导致帮扶工作走向偏差，也会造成“头痛医头，脚痛医脚”，浪费社会资源的同时也消耗工作人员有限的精力。简言之，目前我国社区矫正对象需要评估工作十分薄弱。

(三)需要评估与矫正需要评估的区分

矫正需要是矫正项目的实施根据。服刑人员矫正需要的不同,矫正机构及矫正工作人员对服刑人员所采取的矫正项目不同。① 需要评估与矫正需要评估的终极目标一致,都是为了预防社区矫正对象重新犯罪,促进其顺利回归社会,但两者的侧重点不同,需要评估是以社区矫正对象为出发点,侧重他们客观的具体需求,而矫正需要评估是以社区矫正工作人员为出发点,强调与社区矫正对象犯罪、重新犯罪密切相关的因素。进而,两者的直接目标不同:前者是为社区矫正对象后续开展具体的帮扶措施提供根据;而后者则是为社区矫正工作人员设计矫正项目提供根据。

矫正项目是国外开展社区矫正工作的特色之一,客观分析社区矫正对象的矫正需要则是设计合理矫正项目的前提条件。为了准确把握社区矫正对象的矫正需要,国外研制了一些量化式矫正需要评估工具,例如,美国印第安纳州的矫正需要评估工具、加拿大矫正需要评估表等。就我国而言,矫正项目的概念及理念正逐渐被关注与接受,矫正需要评估工具的设计自然也被提上日程。有学者已开始对矫正项目的原则与具体框架进行探讨,明确矫正项目的设计应当坚持以矫正需要为根据的原则、学习原则以及本土经验抽象原则,并设计了劳动培训类、家庭矫正类、社会交往技能类、戒毒类、生活能力类、情绪控制类、认知行为类、文化教育类方面的矫正项目内容。② 总之,需要评估与矫正需要评估的出发点与直接目标等方面存在显著差异,是两个不同的概念。

二、介入实施

(一)介入实施的概念

介入实施,是指在需求评估的基础上,社区矫正工作人员针对社区矫正对象的具体困难而开展的帮扶活动。介入实施是社会适应性帮扶的关键。在需要评估的基础上,社区矫正工作人员甄别社区矫正对象的具体需要,并研判其主次关系与紧迫程度,利用法规、政策,整合社会资源,调动社会力量,帮扶社区矫正对象解决问题,满足其现实需要。鉴于司法行政机关资源的有限性以及社区矫正对象自身资

① 参见翟中东:《社区性刑罚的崛起与社区矫正的新模式——国际视角》,中国政法大学出版社2013年版,第286页。

② 参见翟中东:《中国社区矫正制度的建构与立法问题》,中国人民公安大学出版社2017年版,第239~246页。

源的稀缺性与需要的多样性，司法行政机关应当以社会资源为依托，建立以社区矫正机构为中心，社会力量大力支持和社会公众广泛参与的帮扶体系。

（二）介入实施的手段

帮扶内容的差异性决定了介入实施手段的多样性，即社区矫正机构必须调动各种社会力量，利用多方社会资源，才能直接、快速地帮扶社区矫正对象解决现实问题。社会力量参与是社区矫正的显著特征。鉴于资源、权力的有限性，社区矫正机构可以在现行法律法规框架内，充分利用社会保障与福利政策，借助政府职能部门、社会组织、企事业单位、社会志愿者的优势，帮扶社区矫正对象解决各种层次的现实需要。在帮扶过程中，社区矫正机构介入实施的手段主要包括四种。

1. 借助政府部门及行政机关

在社会适应性帮扶过程中，政府部门及行政机关发挥着重要作用。有学者已详细论述了我国部分行政机关在社区矫正工作中的作用。①

（1）人力资源与劳动和社会保障部门。对符合条件的社区矫正对象提供最低社会保障、开展技能培训、职业介绍、职业指导、推荐就业等各项服务工作，并开辟多种渠道，帮扶他们尽快就业；对参加过失业保险的，按规定核发失业保险金；对已经就业的，解决劳动报酬支付、劳动争议解决等方面的问题，依法保障其合法权益。

（2）民政部门。按相关政策规定及时给符合规定条件的社区矫正对象提供医疗救助、临时救助等帮扶，保障其基本生活；指导居（村）委会配合做好社区矫正对象的日常帮教和监控工作，鼓励居（村）委会在自办的经济实体中安置社区矫正对象就业。

（3）卫生部门。做好患传染病、艾滋病、严重精神病等社区矫正对象的疾病监测、治疗和卫生防疫工作；对符合条件的社区矫正对象进行医疗救治，缓解他们的就医压力。

（4）教育部门。解决社区矫正对象的学历教育和其他教育等方面的问题，特别是要解决从监狱中释放的符合条件的假释犯和其他社区矫正对象的入学等问题；解决对社区矫正对象进行文化教育和职业技能培训中的质量监督等问题。

（5）工商行政管理部门。对申请从事个体经营和开办经济实体并且符合登记条件的，依法受理登记，并在办理证照时提供方便和服务；对办理失业登记后自谋职业从事个体经营且领取了执照的社区矫正对象，及时按照相关规定落实优惠政策；加强对社区矫正对象的工商法律法规宣传教育，增强其守法经营观念，提高职

① 参见吴宗宪等：《刑事执行法学》，中国人民大学出版社2013年版，第280～281页。

业道德水平。

(6)税务部门。对办理失业登记后实现就业或者自谋职业从事个体经营并且符合规定条件的社区矫正对象,按照相关政策规定予以减免税费和税务登记工本费。

(7)工会。稳定协调已加入工会组织的社区矫正对象的劳动关系,维护他们的合法权益,并配合区司法行政机关做好帮教工作。

(8)共青团。维护青少年社区矫正对象的合法权益,重点做好对他们的矫正帮教工作;组织青年志愿者与社区矫正对象结成帮教对子,感化挽救失足青少年。

(9)妇联。将对女性社区矫正对象的教育纳入妇联女性教育管理目标,作为重点人群开展法制、人生观教育;维护女性社区矫正对象的合法权益,配合区司法行政机关做好帮教工作。

(10)残疾人联合会(简称残联)。维护残疾社区矫正对象的合法权益,配合司法行政机关做好残疾社区矫正对象的帮教工作,教育他们遵纪守法,树立自尊、自信、自强、自立观念;弘扬人道主义精神,开展残疾社区矫正对象的康复、扶贫、教育、劳动就业、职业培训等工作,创造良好的社会环境和条件,扶助他们平等参与社会生活。

2. 借助社会组织

社会组织参与社区矫正工作是社会治理创新的重要内容,是贯彻党的十八届四中全会"建立健全社会组织参与帮教特殊人群、预防违法犯罪的机制和制度化渠道"的重要体现,也是贯彻《社区矫正法》第 41 条"国家鼓励企业事业单位、社会组织为社区矫正对象提供就业岗位和职业技能培训。招用符合条件的社区矫正对象的企业,按照规定享受国家优惠政策"的具体体现。社区矫正机构要协调当地财政部门,根据帮扶工作的实际需求,将心理矫正咨询、行为偏差纠正、就业就学引导、职业技能培训等适宜由社会组织承担的服务事项列入政府购买服务指导性目录和同级财政预算中,并制订政府购买帮扶项目的实施方案,明确购买数量、购买方式、购买时间、服务标准、考评管理、支付办法、违约责任等内容,配合相关部门认真组织实施,确保社会组织、社会工作者有序参与帮扶服务。

社会组织参与社会适应性帮扶工作的具体内容如下:

(1)做好帮教准备工作,即社会组织可以通过社区矫正机构了解掌握社区矫正对象的基本信息、改造表现、家庭状况以及个体需求,有针对性的制订帮教方案,为其顺利回归社会、融入社会,开展帮教工作奠定基础。

(2)提供日常帮教服务,即社会组织可以安排相关专业社会工作者、志愿者和爱心人士，与社区矫正对象结对帮教或对他们开展集中教育，参与社区矫正对象未成年子女帮扶工作。

（3）开展心理健康教育，即社会组织帮扶社区矫正对象消除不良心理障碍，克服消极情绪，减轻回归社会后存在的心理负担，激励引导他们培养健康人格，形成积极向上的精神状态，重树生活信心。

（4）协助解决就业问题，即社会组织可以提供政策咨询、职业指导、职业介绍、创业信息等服务，有条件的社会组织可以提供劳动岗位或技能培训服务，以及落实贷款贴息、社会保险补贴、岗位补贴、培训补贴、费用减免、公益性岗位安置等就业扶助政策。

（5）参与社会救助工作，即介绍社会救助相关政策和申请的条件、程序等，协助“三无”、老弱病残等生活困难的社区矫正对象及其家庭提出社会救助申请，配合管理部门落实最低生活保障、特困人员供养、基本养老保险、基本医疗保险等救助政策。社会组织可以协助有关部门，为符合条件的社区矫正对象提供法律援助。

3. 借助企事业单位

鼓励企业事业单位参与社区矫正对象的社会适应性帮扶工作，并按照规定享受国家优惠政策。社区矫正机构应当积极动员企业事业单位参与社区矫正工作，通过捐赠物资，提供工作岗位、技能培训、专业服务等方式，为社区矫正对象提供帮扶。

4. 借助社会志愿者

发挥社会志愿者的优势帮扶社区矫正对象解决实际需要。社区矫正志愿者是热心社区矫正工作，自愿无偿地开展法治教育、心理辅导、社会认知教育、技能培训等工作的人员。社区矫正机构应当广泛宣传、普及社区矫正志愿服务理念，切实发挥志愿者在社会适应性帮扶工作中的作用，将社区矫正志愿者的知识、能力、技术、特长与社区矫正对象的现实需要对接，结成帮扶“对子”，帮扶社区矫正对象解决法律、心理、就业等方面的问题与困难。例如，发挥“五老”①的优势，帮扶社区矫正对象。“五老”志愿者与社区矫正对象结成“对子”，并通过探望、座谈、讲课、做报告以及赠送日用品、学习用品等方式，教育、感化社区矫正对象，加速其融入社会群体。

三、调查回访

（一）调查回访的概念

调查回访，是指社区矫正对象的困难得到解决后一段时间，社区矫正工作人员

---

① “五老”：老干部、老教师、老军人、老党员、老模范。

对社区矫正对象进行的跟踪式调查。调查回访是帮困扶助工作的必要环节。

在调查回访过程中,社区矫正工作人员应当坚持关怀原则、责任原则和保护原则。同时,社区矫正工作人员要注意介入方式。介入方式不当会引起社区矫正对象社区矫正工作人员的反感。一般的介入方式主要有:电话、信件和走访。社区矫正工作人员与社区矫正对象的面谈或交流不必过于正式,应当营造一个轻松的氛围,以缓解他们的紧张情绪。谈话的主题应当转绕帮困扶助后的现状,思想及行为表现的变化等方面进行。

(二)调查回访的作用

调查回访的作用主要有以下两个方面:

一方面,调查回访有利于及时掌握社区矫正对象的现实情况。社区矫正工作人员还可以与社区矫正对象周围的社会成员进行沟通,了解帮扶措施是否起作用、程度如何,以及社区矫正对象的现实表现等。由此可见,调查回访也是评估帮扶措施效果的重要手段。

另一方面,调查回访有利于加强各部门间联系。帮扶是一个系统工程,仅凭社区矫正机构一己之力难以完成。社区矫正机构要调民政、劳动与社会保障、教育、医疗卫生等相关部门,并借助企业事业单位、社会组织及社会志愿者的力量,共同完成帮扶工作。因此,帮扶后的回访有利于加强各部门及工作人员之间的信息交流,共同总结帮扶工作中存在的问题及改进措施,使帮扶工作不断科学化、规范化、合理化。

复习思考题

1. 简述社会适应性帮扶的概念和特点。
2. 社区矫正对象的需要层次有哪些?
3. 在帮助社区矫正对象过程中,社区矫正机构可以借助哪些资源?
4. 社区矫正对象社会适应性帮助的程序是什么?

第十一章　特殊类型社区矫正对象

本章摘要

在社区矫正对象中，一些特殊类型的社区矫正对象具有不同于普通社区矫正对象的特点。根据分类矫正的原则，社区矫正机构工作人员需要给予特殊类型社区矫正对象特别关注。从年龄、性别及犯罪类型角度讲，未成年社区矫正对象、女性社区矫正对象、涉毒类社区矫正对象属于社区矫正对象中的特殊群体。虽然特殊类型社区矫正对象数量少，但是需要实施特别化的矫正措施，以提高社区矫正工作的质量。

重点问题

1. 未成年人犯罪的主要特征。
2. 未成年社区矫正对象的特点及矫正对策。
3. 女性犯罪的特点及成因。
4. 女性社区矫正对象的特点及矫正对策。
5. 涉毒类社区矫正对象的特点及矫正对策。

第一节　未成年社区矫正对象

一、未成年人犯罪的概念与主要特征

（一）未成年人犯罪的概念

未成年人犯罪是与成年犯罪相对而言的，是以犯罪主体的年龄特征为标准划分出来的犯罪类型。根据我国《宪法》《民法典》的相关规定，法定成年年龄是18周岁。未成年人犯罪是指未满18周岁的人实施的犯罪。

(二)未成年人犯罪的主要特征①

2020年,全国检察机关共受理审查逮捕未成年犯罪嫌疑人37,681人,受理审查起诉54,954人,经审查,批准逮捕22,902人,不批准逮捕14,709人,提起公诉33,219人(含附条件不起诉②考验期满后起诉人数),不起诉16,062人(含附条件不起诉考验期满后不起诉人数),不捕率③、不诉率④分别为39.1%和32.59%。同时,共批准逮捕侵害未成年人犯罪38,854人,提起公诉57,295人。其主要有以下特点:

1. 未成年人犯罪数量下降幅度较大,升降态势与疫情防控形势关联较大

继2019年受理审查逮捕、审查起诉未成年犯罪嫌疑人同比上升7.51%、5.12%之后,2020年同比分别下降21.95%、10.35%,为五年来最低,见图11-1。从2020年各季度看,受理审查逮捕未成年犯罪嫌疑人数分别为5695人、7941人、12,996人和11,049人,前三季度同比分别下降42.09%、42.08%、7.16%,第四季度有所反弹,同比上升2.95%,见图11-2。这与疫情形势及防控要求紧密相关,即疫情防控严格,社会接触时间、空间缩小,犯罪活动相应受到限制。

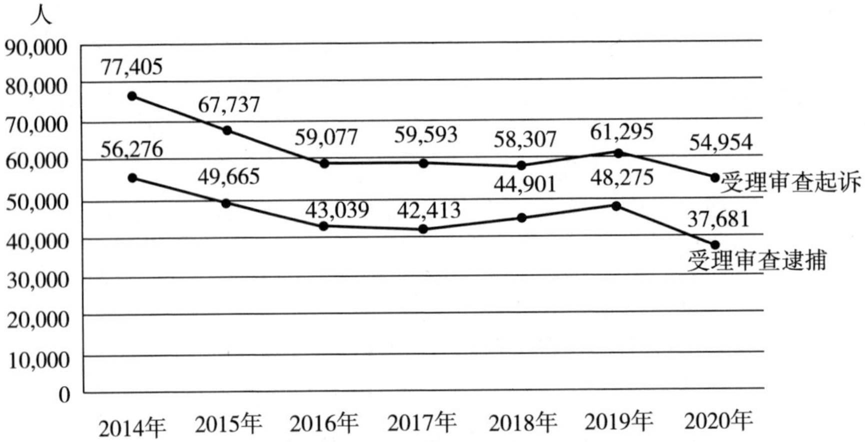

图11-1 2014~2020年未成年人犯罪情况

① 本节内容如无特别标注,均来源于《未成年人检察工作白皮书(2020)》,载最高人民检察院官网,https://www.spp.gov.cn/xwfbh/wsfbt/202106/t20210601_519930.shtml#2。

② 附条件不起诉,是指检察机关依法对应当负刑事责任的犯罪嫌疑人,认为可以不立即追究刑事责任时,给其设立一定考察期,如其在考察期内积极履行相关社会义务,并完成与被害人及检察机关约定的相关义务,足以证实其悔罪表现的,检察机关将依法作出不起诉决定。

③ 不捕率=不批准逮捕人数/(批准逮捕人数+不批准逮捕人数)。

④ 不诉率=不起诉人数/(提起公诉人数+不起诉人数)。

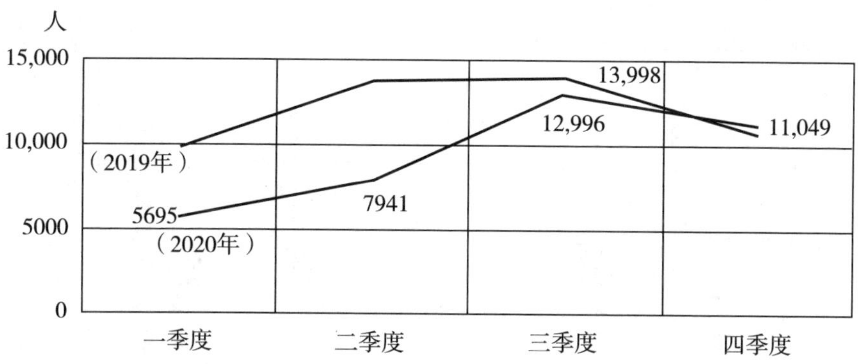

图 11－2 2019 年、2020 年各季度受理审查逮捕未成年人犯罪情况

2. 七类犯罪占比超八成

2020 年受理审查起诉未成年人犯罪居前七位的分别是盗窃 14,405 人、聚众斗殴 7406 人、寻衅滋事 5728 人、强奸 5160 人、抢劫 4968 人、故意伤害 4167 人、诈骗 4042 人，见图 11－3。七类犯罪嫌疑人数量占全部犯罪人数的 84.03%，与 2019 年基本持平。

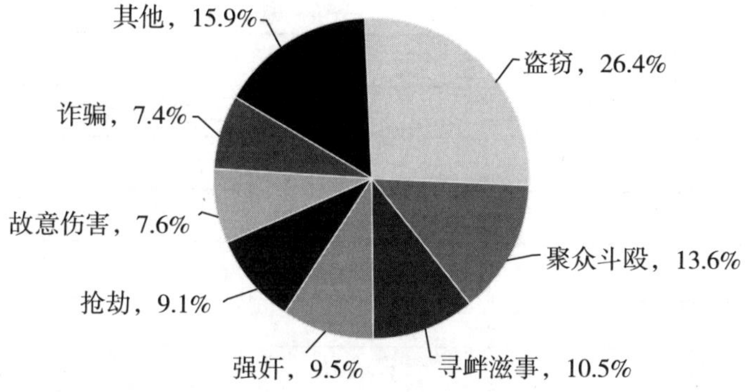

图 11－3 2020 年未成年人涉嫌罪名分布

3. 未成年人涉嫌严重暴力犯罪占比继续下降

2016 年至 2020 年，受理审查起诉未成年人涉嫌故意杀人、故意伤害致人重伤或死亡、强奸、抢劫、贩卖毒品、放火、爆炸、投毒八种严重暴力犯罪（因统计口径关系，将全部故意伤害、走私贩卖运输制造毒品犯罪均统计在内）分别为 22,028 人、19,954 人、17,936 人、18,172 人、15,736 人，占全部犯罪人数的比例分别为 37.29%、33.48%、30.76%、29.65% 和 28.63%，年均下降 2.16%，见图 11－4。

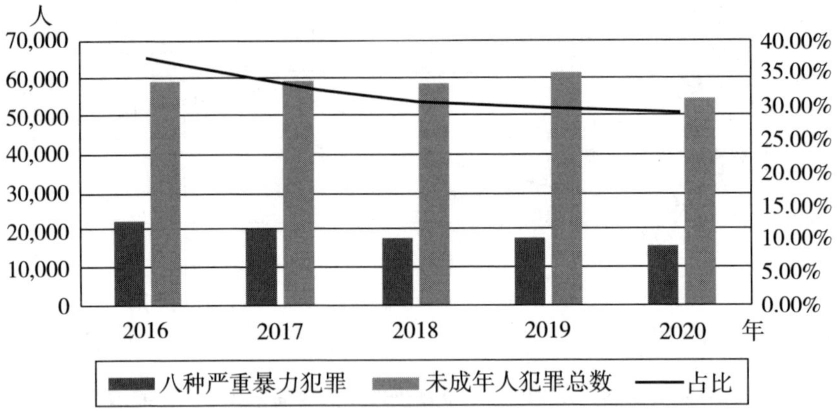

图 11－4　2016～2020 年受理审查起诉未成年人涉嫌严重暴力犯罪态势及占比

4. 低龄未成年人犯罪占比有所回升

2016～2020 年受理审查起诉 14～16 周岁未成年人犯罪分别为 5890 人、5189 人、4695 人、5445 人、5259 人，占受理审查起诉全部未成年人的比例分别为 9.97%、8.71%、8.05%、8.88% 和 9.57%，近两年呈上升态势，见图 11－5。

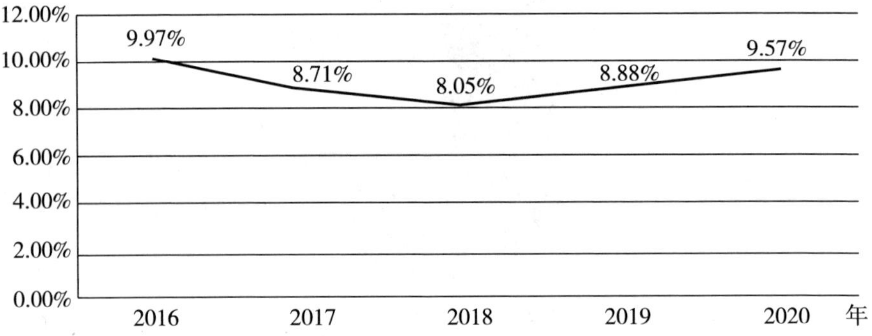

图 11－5　2016～2020 年 14～16 周岁未成年人犯罪占比

5. 流动未成年人犯罪占比超一半

2020 年，各地检察机关受理审查起诉未成年人犯罪案件中非本县 13,923 人、非本市 8729 人、非本省 5213 人，占全部受理审查起诉人数的 50.71%，见图 11－6。这反映出加强流动未成年人管理、教育工作非常重要和迫切。

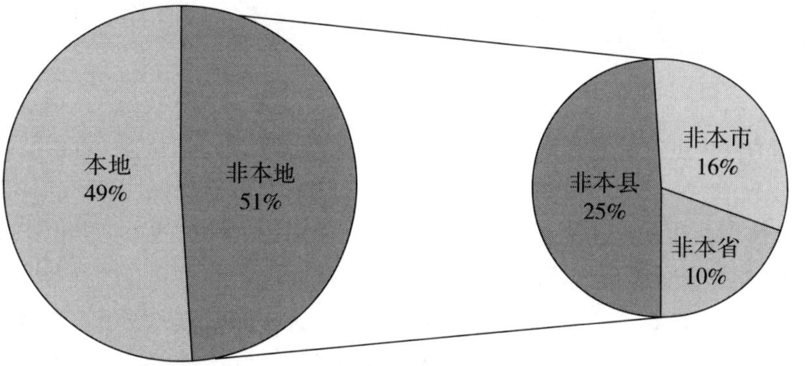

图 11－6 2020 年流动未成年人犯罪情况

6. 未成年人重新犯罪率整体平稳

2016～2020 年，检察机关受理审查起诉未成年人中曾受过刑事处罚的分别为 2246 人、1938 人、2054 人、2349 人、2092 人，分别占同期受理审查起诉未成年人总数的 3.80%、3.25%、3.52%、3.83%、3.83%，保持在 3%～4% 之间，平均重新犯罪率为 3.65% 左右，见图 11－7。

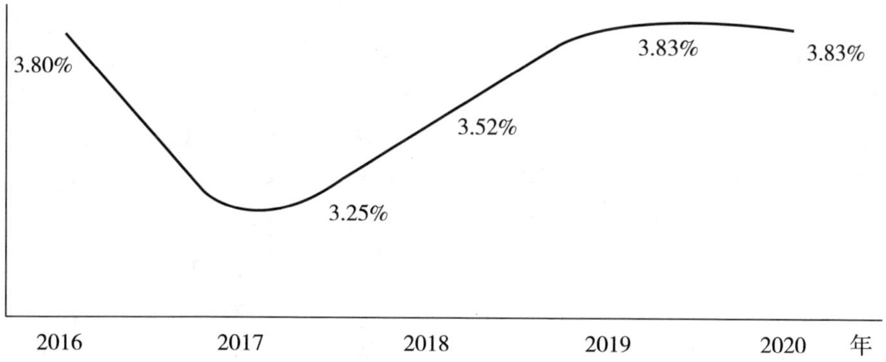

图 11－7 2016～2020 年未成年人重新犯罪率

二、未成年社区矫正对象的主要特征

自 2003 年试点以来，未成年人成为社区矫正重点适用对象。但是，近年来，未成年人在社区矫正对象总数中所占比例一直很小。根据 2017 年 1 月底的统计，未成年社区矫正对象的百分数为 1.8%，未成年社区矫正对象的人数为 12,546人。根据 2019 年年底的统计，未成年区矫正对象 7037 人，占社区矫正对象总数的 1.04%。[1] 总体来看,未成年人在社区矫正体系中所占比例低。

(一)生理特征[2]

未成年社区矫正对象大多处在青春期和青年早期,具有明显的生理特征。首先,他们的身体迅速发育。青春期从 11 岁、12 岁开始到 14 岁、15 岁,青年早期从 14 岁、15 岁到 17 岁、18 岁。处在这个阶段的人们,身体发育速度很快,身高、体重迅速增加,使他们在外形上迅速接近成年人。其次,他们的身体机能增强。由于身体各个器官的发育速度很快,他们的肌肉力量增加,代谢功能极强,导致他们精力充沛,充满活力,喜欢行动。最后,他们的性发育成熟。这个阶段的未成年人性器官和性机能得到发育,性激素分泌增多,这使他们有强烈的性兴趣和好奇心,不断产生性冲动,渴望进行性行为。

(二)心理特征

1. 认知方面

未成年时期的本质是一个过渡期,认知方面表现出幼稚性逐步向成熟性过渡,这一时期个体的身体、智力、情感及社会能力发生着迅速而剧烈的变化。未成年罪犯的认知水平低,主要表现在以下几个方面:

第一,错误的人生观。研究人员对 280 名犯罪未成年人提出七个有关人生问题作问卷调查:(1)勇敢、英雄和亡命徒;(2)友谊和江湖义气;(3)自由和纪律;(4)诚实和谎言;(5)公和私,个人和集体;(6)理想和前途;(7)美和丑。他们回答这些问题时认为,英雄就是“胆子大”“敢拼命”的约占 92%;认为友谊就是“哥们儿义气”“为朋友两肋插刀”“有福同享、有难同当”“全扛不抬人”根本否认有真正友谊的占 92%;认为自由就是“想干什么就干什么,谁也管不着”“能尽情玩乐”的占 92%;认为“不撒谎办不成大事”“老实人吃亏”的占 98%;认为“人天生就是自私的”“人不为己、天诛地灭”的占 90%;认为“我不知道什么是理想和前途,只知道图钱”的占 65%;认为美就是“长得漂亮”“穿着时髦”“招人看”的占 80%。[3] 从上述数据可知,大部分未成年犯持错误的人生观。第二,缺乏法治观念。缺乏法律知识是导致未成年人违法犯罪的重要原因之一。大多数未成年社区矫正对象缺乏法律知识,未形成法治观念,不会用法治观念指导自己的行为。第三,不成熟的认知结构。未成年社区矫正对象的思维仍具有很大的片面性,认知不能控制情感、情绪的影响,激情

---

① 参见吴宗宪主编:《社区矫正导论》(第 2 版),中国人民大学出版社 2020 年版,第 196 页。

② 参见吴宗宪:《论未成年人社区矫正中的心理学工作》,载《预防青少年犯罪研究》2018 年第 1 期。

③ 参见罗大华、何为民主编:《犯罪心理学》,中国政法大学出版社 2007 年版,第 328 页。

与冲动在处理事情中常常占主要地位；普遍缺乏内省力、自觉性和适应性，特别是在认罪服法方面，往往把犯罪原因归结为客观环境，很少从主观找原因。

2. 情感方面

未成年社区矫正对象的情感、情绪具有内隐、曲折、文饰的性质。主要表现在以下几个方面：第一，不稳定性。表现为情感变化多端、难以自控、喜怒无常、愤怒时凶残粗暴，高兴时容易动情。第二，冲动性。一件小事也能够引起未成年社区矫正对象产生冲动，斗殴斗狠，当情绪爆发时，甚至不计后果，铤而走险。但冲动过后冷静下来时，通常也会感到恐惧和后悔。第三，浅薄性。在日常生活中，未成年社区矫正对象建立感情，人际交往的基础是江湖义气，“有福同享、有难同当”，以及追求感官刺激的享乐主义等错误的人生观；未成年社区矫正对象遇到复杂问题，不善于理智性思考，经不起的挑逗和刺激，易躁、易怒、易暴。

3. 意志方面

未成年社区矫正对象的意志具有明显的两极性。一方面，未成年社区矫正对象在正常的社会化过程中，表现出意志的薄弱性，缺乏进步的信心和勇气，说明与其意志薄弱不无关系；另一方面，在实施反社会的活动方面表现出意志的顽强性。未成年社区矫正对象在实施违法犯罪行为时，却表现出“不达目的绝不罢休”的顽强意志力。如为了满足欲望，可以以身试法；在审讯过程中，坚持“全扛不抬人”（被抓后罪责全揽起来，不供同伙），拒不认罪服法；在矫治过程中，表现为与社区矫正工作者对抗。

（三）行为特征

受上述心理特征的影响，未成年社区矫正对象的犯罪行为表现为以下特征。第一，模仿性。未成年人心智尚未成熟，好奇心强，喜欢模仿自己所崇拜人物的行为、表情及语言。因此，当影视、书籍等大众传媒中出现了未成年人所崇拜的反社会的色情、凶杀、淫秽、恐怖等不良内容时，容易诱发他们违法犯罪。第二，冲动性。由于未成年社区矫正对象的情绪不稳定和难以自控的特点，加之外界环境的刺激，决定了他们在实施违法犯罪行为时的盲目性、偶发生和冲动性。第三，凶残性。由于未成年社区矫正对象缺乏法治观念和道德自律，加上情感的冲动及难以自控，因此，他们在进行犯罪活动时往往手段凶残，不计后果。此外，未成年社区矫正对象的行为特征还表现为：团伙性、互感性、戏谑性和易变性。

三、未成年社区矫正对象的矫正对策

（一）建立立体化的监督管理

社区矫正的开放性为建立立体化的监督管理体系提供了条件。针对未成年人社会联系弱、法治意识薄、自控能力差等特点，社区矫正机构需要建立以司法所为核心，家庭、学校、单位及社区共同参与的立体化监管体系，以落实未成年人的监督管理规定。

1. 司法所监督

司法所是监督未成年社区矫正对象的核心力量。受社区矫正机构委托的司法所是未成年人社区矫正工作的具体执行机构，承担日常监督职责。根据《社区矫正法》的相关规定，司法所监督未成年社区矫正对象履行禁止令的情况，例如，监督未成年人是否从事特定活动，是否进入特定场所，是否接触特定人员的情况；监督未成年社区矫正对象履行法定义务情况，例如，监督未成年人报告，提交思想汇报，参加教育、心理矫治以及公益活动等情况；监督未成年社区矫正对象参加社会活动情况，例如，监督未成年人学习、工作、生活以及交友活动等情况。由此可见，司法所对未成年社区矫正对象实施全面的监督。

2. 家庭监督

家庭是监督未成年社区矫正对象的重要力量。家庭是未成年社区矫正对象健康成长，顺利回归社会的重要场所，也是未成年社区矫正对象的经济依赖和精神寄托。家庭成员与未成年人朝夕相处，了解他们的活动情况和行为表现，也便于进行监督检查。《社区矫正法》第 53 条规定："未成年社区矫正对象的监护人应当履行监护责任，承担抚养、管教等义务。监护人怠于履行监护职责的，社区矫正机构应当督促、教育其履行监护责任。监护人拒不履行监护职责的，通知有关部门依法作出处理。"据此，监护人对未成年社区矫正对象的监督是法定职责。根据《社区矫正法》的相关规定，监护人应当协助社区矫正机构做好未成年人的监督工作，具体包括：督促未成年社区矫正对象按时到司法所报到，定期提交思想汇报，积极参加教育、心理矫治、公益活动等，主动向司法所报告未成年社区矫正对象的违法违纪行为等。

3. 学校和单位监督

学校和单位是监督未成年社区矫正对象的重要资源。有些未成年社区矫正对象还在学校中学习，因此，学校是监督的重要力量。一方面，学校要为未成年社区矫正对象提供良好的学习环境，促进其成长，避免污名化的标签；另一方面，教师需要关注未成年社区矫正对象的心理、思想及行为变化，及时与他们沟通，适时开展心理健康教育、法治教育、道德教育等，帮助他们解决学习、生活中遇到的难题。有些未成年社区矫正对象已经完成义务教育，开始参加工作，因此，单位是监督的重要力量。单位应当协助司法所、家庭对未成年社区矫正对象进行监督。例如，有的司法所将组织公益活动的监督权交付未成年社区矫正对象的所在单位执行,这样既可以减轻司法所的负担,又可以避免公益活动与工作的时间冲突。

4. 社区监督

社区是监督未成年社区矫正对象的必要补充。社区是未成年人实现社会化、再社会化的重要场所。未成年社区矫正对象的行为、活动等情况等都离不开社区的监督。这里的社区主要指居民委员会和村民委员会,他们应当协助司法所开展监督工作,具体包括:关心未成年人的生活情况及近期动向,了解未成年人的人际交往,化解与他人的矛盾、冲突,及时向司法所反馈现实表现等。

(二)实施特殊化的教育矫正

未成年人是社区矫正对象中的特殊群体。保护和宽缓是现代法治国家对待未成年人的基本原则。我国《社区矫正法》专章规定未成年人社区矫正工作也是这一原则的体现。《社区矫正法》第52条规定,"社区矫正机构应当根据未成年社区矫正对象的年龄、心理特点、发育需要、成长经历、犯罪原因、家庭监护教育条件等情况,采取针对性的矫正措施。社区矫正机构为未成年社区矫正对象确定矫正小组,应当吸收熟悉未成年人身心特点的人员参加。对未成年人的社区矫正,应当与成年人分别进行"。据此,根据未成年社区矫正对象生理、心理特点和健康成长的需要,在确定矫正小组时,社区矫正机构应当吸收熟悉未成年人身心特点的人员参加,并对其开展针对性的教育矫正措施。同时,对未成年社区矫正对象的教育矫正,应当与成年社区矫正对象分开进行,以避免交叉感染。《社区矫正法》第55条第1款规定:"对未完成义务教育的未成年社区矫正对象,社区矫正机构应当通知并配合教育部门为其完成义务教育提供条件。未成年社区矫正对象的监护人应当依法保证其按时入学接受并完成义务教育。"在未成年社区矫正对象在校学习期间,社区矫正机构可以委托学校对其进行教育矫正。在寒暑假期间,社区矫正机构可以联合未成年社区矫正对象的监护人、共产主义青年团、妇女联合会、未成年人保护组织等社会力量共同对其进行专门的教育矫正。

1. 坚持教育为主,惩罚为辅原则

2021年6月1日起施行的《未成年人保护法》第4条规定:"保护未成年人,应当坚持最有利于未成年人的原则。处理涉及未成年人事项,应当符合下列要求:给予未成年人特殊、优先保护;尊重未成年人人格尊严;保护未成年人隐私权和个人信息;适应未成年人身心健康发展的规律和特点;听取未成年人的意见;保护与教育相结合。"因为未成年人心智未定型、观念未固定、可塑性强,且未来的人生道路还长,所以坚持教育为主,实行宽缓的特殊保护。

在教育过程中,教育工作者要注意以下几个方面:首先,教育工作者要正确对待未成年社区矫正对象,要给他们更多的关怀、鼓励和帮助,粗暴式、命令式的管理方法,特别是歧视他们,容易使其失去再社会化的信心,并产生对抗心理。其次,教育工作者还要尊重未成年社区矫正对象的人格,善于发现他们自身的积极因素和潜在优势,培养他们积极向上的自信心以及克服困难的意志力。最后,教育工作者可以运用"移情换位"的方法,即设身处地,站在矫正对象的位置上,从他们的角度体会其内心感受,进行说服教育,同时,可用自身的亲身经历教育他们改正错误的认知结构。

2. 精选教育内容,适应身心发展

道德教育以塑造社会品格为主。未成年社区矫正对象普遍缺乏责任意识、集体意识及社会意识,道德教育严重不足。开展道德教育的目标是让未成年社区矫正对象在社会规范上识对错,在道德伦理上断善恶,在交往处事中明是非,在意识追求中分美丑。同时,教育工作者要加强法治教育。法治教育的目的是教会未成年社区矫正对象在遇到问题时利用法律解决,而不是非法使用暴力等手段解决;帮助他们形成法治理念,增强法律意识,远离违法犯罪行为,做守法的社会公民。

文化教育以义务教育为主。大多数未成年社区矫正对象文化水平偏低。文化基础差、缺乏法律知识是大部分未成年人违法犯罪的主要原因。特别是随着互联网的发达,未成年人获取信息的渠道多样化,一些负面信息对部分未成年社区矫正对象的价值观、交友观、金钱观等产生不良影响,加之不良同辈群体的外在影响,容易导致其产生偏差行为。文化教育有利于提高未成年社区矫正对象的文化素质与认识水平。对尚处在学龄阶段的未成年社区矫正对象,社区矫正机构及教育部门要帮助他们复学,安排在适合的学校及年级中学习,并督促其监护人履行监护责任,承担抚养、管教等义务。监护人拒不履行监护职责的,社区矫正机构通知有关部门依法作出处理。

职业技术教育以学习生产技能为主。职业技术教育是为了提高未成年社区矫正对象的职业技能水平而进行的教育。对未成年社区矫正对象进行职业技术教育,以学习生产技能为主。在内容上,要加强基础知识培训、生产习艺性训练和技能教育。年满 16 周岁的社区矫正对象有就业意愿的,社区矫正机构可以协调有关部门和单位为其提供职业技能培训,给予就业指导和帮助。此外,社区矫正机构还可以通过政府购买服务的方式,出资聘请适合的职业教育机构专门对未成年社区矫正对象进行职业技术培训。

在教育矫正项目上,上海市社区矫正系统积极探索,根据未成年社区矫正对象的需求，形成了一套涵盖法律、认知与技术的矫正项目（见表 11－1），值得借鉴。

表 11－1　未成年社区矫正对象中期矫正阶段的教育项目①

项目模块		课程设置	所需课时
初期矫正阶段		社区矫正中心入矫教育	每月 3 次
中期矫正阶段	社区矫正中心个别教育		每月 3 次
	法律	法律常识（犯罪构成、常见犯罪、禁毒教育）	6 课时
		在刑意识（重大、特殊节点）	8 课时
	认知	心理健康	4 课时
		爱国（国歌广场）	2 课时
		爱党（一大会址）	2 课时
		爱军（军事形势课）	2 课时
		暑期拓展	8 课时
		家庭日活动	4 课时
	技能	就业技能	2 课时
		应急救护	8 课时
		消防安全	2 课时

3. 加强亲情教育，落实帮教工作

在教育矫正过程中，社区矫正工作者应当充分利用未成年社区矫正对象的社区环境资源，发挥其监护人、家庭、亲属、学校以及共青团等社会力量的教育、感化作用。教育工作者应与未成年社区矫正对象的家庭及其他社会力量签订帮教协议，重视监护人、亲人、家属的规劝工作。安全感和归属感是人的基本心理需求，未成年社区矫正对象也不例外。大部分未成年社区矫正对象渴望得到家庭的认可、接纳、关心与爱护，与家庭成员建立起和谐、温暖的家庭关系。家庭成员及其他社会力量的感化、帮助和监督有利于促使未成年社区矫正对象改变不良心理和行为，也有利于实现再社会化的目标。

① 参见陈耀鑫主编：《上海市社区矫正“三分矫正”工作实务指南》，上海人民出版社 2019 年版，第 93 页。

(三)建立多元化的帮扶体系

1. 教育帮扶

教育帮扶,是指帮助未成年社区矫正对象提高文化水平的帮扶活动。文化水平较低,法律意识淡薄,与社会闲散人员交往是未成年社区矫正对象的显著特点。同时,受教育权是我国宪法规定的基本权利之一。因此,加强未成年社区矫正对象的教育帮扶十分必要。《社区矫正法》第 55 条第 1 款规定:“对未完成义务教育的未成年社区矫正对象,社区矫正机构应当通知并配合教育部门为其完成义务教育提供条件。未成年社区矫正对象的监护人应当依法保证其按时入学接受并完成义务教育。”据此,社区矫正机构、教育部门以及未成年社区矫正对象的监护人都要履行教育帮扶的职责。《社区矫正法》第 57 条规定:“未成年社区矫正对象在复学、升学、就业等方面依法享有与其他未成年人同等的权利,任何单位和个人不得歧视。有歧视行为的,应当由教育、人力资源和社会保障等部门依法作出处理。”此条款为未成年社区矫正对象的教育帮扶工作提供了法律保障。

2. 心理帮扶

心理帮扶是帮助未成年社区矫正对象解决心理问题,维护心理健康的帮扶活动。心理帮扶的目的是改善未成年社区矫正对象的生活质量,预防其重新犯罪。对未成年社区矫正对象的心理帮扶需要建立在心理学评估基础之上,专业心理学人员根据不同程度的心理问题,开展相应的心理健康教育,或进行心理咨询或治疗。开展心理健康教育时,社区矫正工作人员要考虑未成年人的性别、年龄、文化程度、心理特点等因素,增强教育内容的针对性,以提高教育质量。在开展心理咨询或治疗过程中,专业人员要坚持保密原则,注意保护未成年人的隐私。

3. 就业帮扶

就业帮扶是帮助未成年社区矫正对象解决就业问题的帮扶活动。就业帮扶是稳定未成年人生活,预防其重新犯罪,促进其融入社会的重要手段。《社区矫正法》第 55 条第 2 款规定:“年满十六周岁的社区矫正对象有就业意愿的,社区矫正机构可以协调有关部门和单位为其提供职业技能培训,给予就业指导和帮助。”据此,社区矫正机构根据未成年社区矫正对象的意愿和需要,协调人力资源与社会保障部门、职业学校、职业培训机构、技工学校、企业职工培训中心等部门,通过建立职业培训基地、集中办班、定向安置等模式,帮助未成年社区矫正对象实现就业。

第二节　女性社区矫正对象

长期以来，犯罪学研究以男性为中心，传统犯罪学主要解释了男性的犯罪行为，忽视或严重地歪曲了大量有关女性罪犯的话题，[①]“女性犯罪”问题在犯罪学研究中处于边缘地位。19 世纪 90 年代以前，几乎没有专门针对女性犯罪人的学术研究。意大利著名犯罪学家切萨雷 · 龙勃罗梭最早采用实证研究方法深入开展女性犯罪（人）研究，其与古格列莫 · 费雷罗合著的《女性犯罪人、卖淫者和正常妇女》（*Criminal Woman, the Prostitute, and the Normal Woman*）一书是历史上第一部关于女性犯罪人的专著，其影响力一直持续到 20 世纪后期。基于犯罪生物学视角，龙勃罗梭认为，女性犯罪的本质是生物性的，女性犯罪人要比正常妇女更偏男性化，正常妇女和女性犯罪人一样，都是固有的异乎寻常，随时都有可能发生犯罪。龙勃罗梭的女性犯罪人理论建立了“正常状态”，作为规范守法行为的标准。[②]

20 世纪六七十年代以来，女性主义犯罪学兴起，开始超越单纯的生理因素，着眼于权利、社会地位、经济和社会资源分配等方面存在的性别不平等问题分析女性犯罪的深层次原因。性别不平等导致女性存在社会化缺陷、处于不利的社会地位、社会关系遭到破坏，进而在一定程度上引发女性的犯罪行为。[③]

一、女性犯罪的概念及发展状况

女性犯罪是与男性犯罪相对而言的，以犯罪主体的性别特征为标准划分出来的犯罪类型。“因为犯罪的是女性，所以才说成女性犯罪。”[④]在犯罪学的语境下，女性犯罪是指“由女性实施的，与女性特有的生理或心理特征密切相关的，具有严重社会危害性的行为”。[⑤] 也有学者将其界定为“女性作为犯罪主体实施的，种类广泛但带有女性特点的，具有严重社会危害性且应当受到严厉处罚的行为”。[⑥]

---

① ［美］乔治 · B. 沃尔德、托马斯 · J. 伯纳德、杰弗里 · B. 斯奈普斯：《理论犯罪学》，方鹏译，中国政法大学出版社 2005 年版，第 335 页。

② 参见罗翊乔：《科学抑或荒诞：龙勃罗梭女性犯罪人理论述评》，载《犯罪与改造研究》2018 年第 12 期。

③ 参见刘柳：《弱势群体女性犯罪原因分析及社会福利支持探讨》，载《中国研究》2020 年第 1 期。

④ 杨庆武、曾贝：《规制与优恤：传统时代对于女犯司法处置问题概述》，载《重庆科技学院学报（社会科学版）》2021 年第 3 期。

⑤ 夏玉珍主编：《犯罪社会学》，华中科技大学出版社 2014 年版，第 103 页。

⑥ 赖修桂、赵学军：《女性犯罪研究》，法律出版社 2013 年版，第 3 页。

（一）女性犯罪相对比例仍然较低

2021年7月，联合国毒品与犯罪问题办公室发布首份全球监狱研究数据简报。截至2019年年底，全球女性监狱人口总量预计为80万，占据全球监狱人口7.2%的份额，见图11－8。①

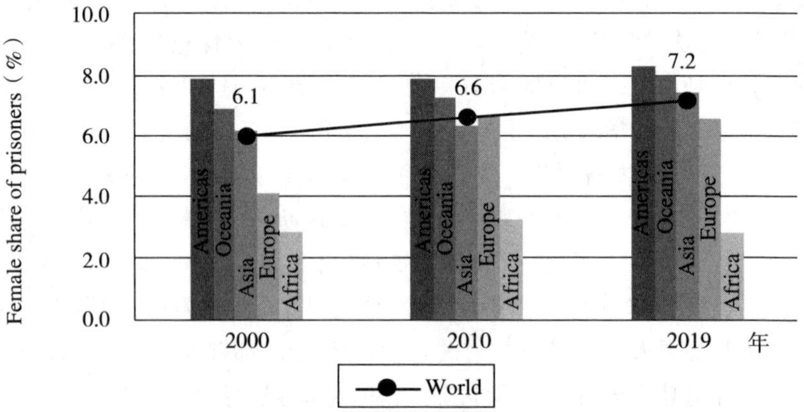

图11－8 监狱人口中的女性份额（2000年、2010年及2019年数据）

资料来源：https://www.unodc.org/documents/data－and－analysis/statistics/DataMatters1_prison.pdf。

欧洲委员会刑事数据年度项目定期收集、分析并发布欧洲委员会各成员国监狱人口与机构（SPACE Ⅰ）以及缓刑人口与机构（SPACE Ⅱ）数据，见图11－9。2020年SPACE Ⅰ数据显示，女性罪犯在本国监狱人口总数中所占比例的中位数为4.9%，平均值为5.6%。在监狱人口超过100万的国家中，女性罪犯占比最高的为拉脱维亚（8.6%），最低的为阿尔巴尼亚（1.8%）。法国女性罪犯数量为2532人，占比3.6%；德国女性罪犯数量为3833人，占比6%；俄罗斯女性罪犯数量为42,334人，占比8.1%。②

2020年SPACE Ⅱ数据反映出女性缓刑人口的数据信息，并与女性监狱人口进行对比，见图11－10。女性缓刑人口所占比例的中位数为10.7%，平均值为10.5%。除个别国家之外，女性缓刑人口比例一般是女性监狱人口的两倍左右，这与女性犯罪类型严重程度相对较低和需要照料未成年儿童有关。③

---

① https://www.unodc.org/documents/data－and－analysis/statistics/DataMatters1_prison.pdf.

② Aebi M F. Tiago M M. SPACE Ⅰ－2020－Council of Europe Annual Penal Statistics：Prison populations. Strasbourg：Council of Europe, 2021.

③ Aebi M F. Hashimoto Y Z. SPACE Ⅱ－2020－Council of Europe Annual Penal Statistics：Persons under the Supervision of Probation Agencies. Strasbourg：Council of Europe, 2020.

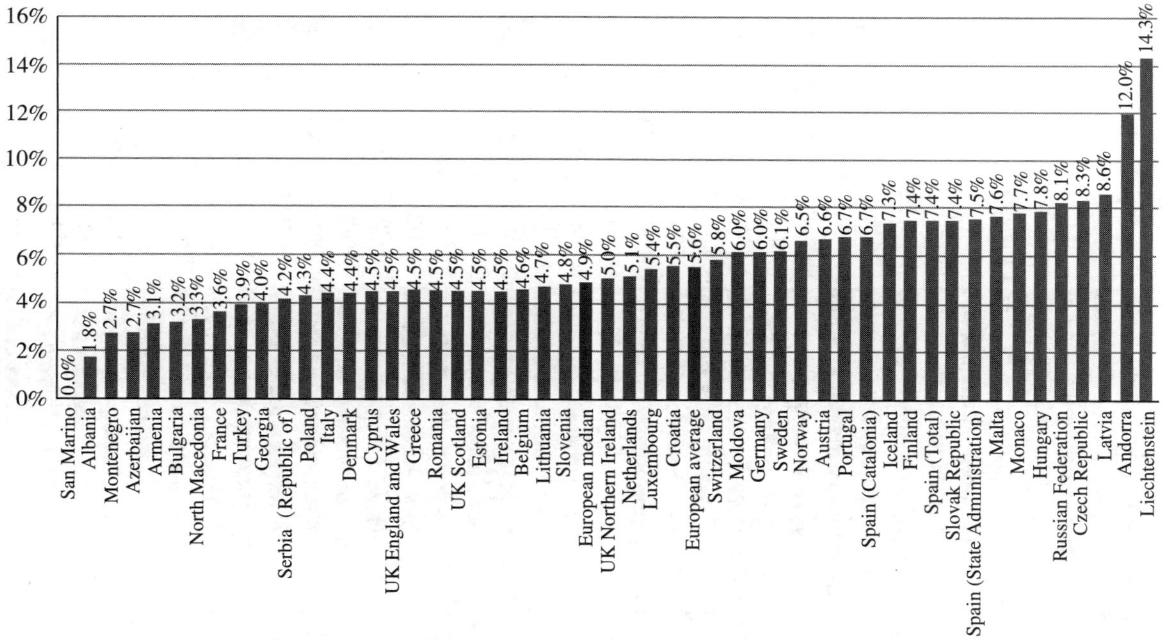

图11–9　2020年1月31日女性罪犯在监狱人口中所占比例（统计样本数量为48个国家或地区）

资料来源: https://wp.unil.ch/space/files/2021/06/210329_Key_Findings_SPACE_I_2020.pdf。

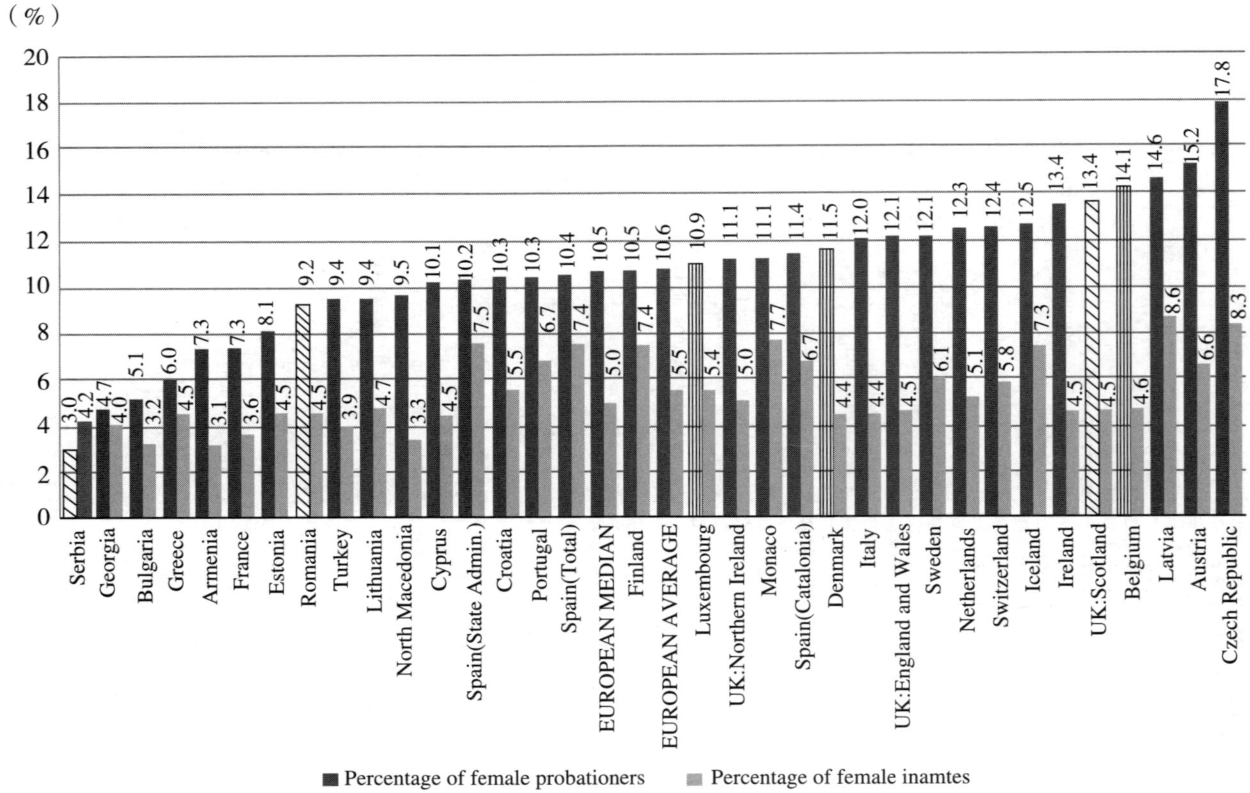

图11-10　2020年1月31日女性缓刑人口与监狱人口所占比例（统计样本数量为33个国家或地区）

资料来源：https://wp.unil.ch/space/files/2021/06/KeyFindings_Probation-and-Prisons-in-Europe-2020_210527.pdf。

在我国,女性罪犯所占比例近年来有所增长。2010～2019 年,各级人民法院判决生效的刑事案件中,女性罪犯所占比重由 5.3% 上升至 10.3%,见图 11－11。

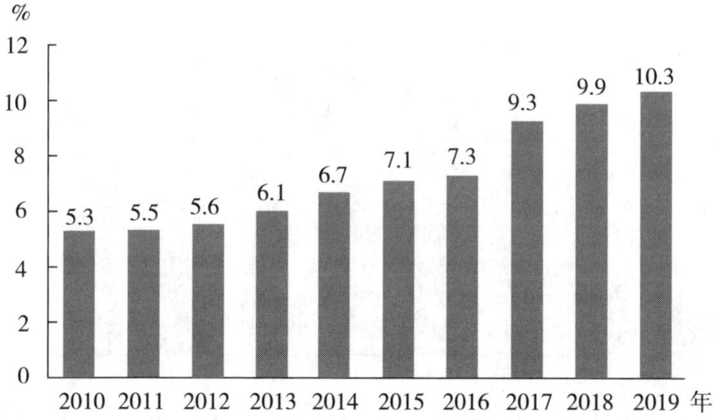

图 11－11　2010～2019 年各级人民法院判决生效的刑事案件中女性罪犯所占比重

资料来源:国家统计局社会科技和文化产业统计司:《中国妇女儿童状况统计资料》,中国统计出版社 2020 年版,第 95 页。

(二)女性犯罪绝对数量呈上升态势

联合国毒品与犯罪问题办公室统计数据表明,2000～2019 年,女性监狱人口数量的增长速度为 33%,快于男性监狱人口数量的增长速度(25%)。第 4 版《世界女性监禁人口清单》指出,自 2000 年左右以来,女性监狱人口数量上涨了 53.3%,增长速度超过男性,且该上升情形在各大洲内均有所体现。

1. 国外女性犯罪的上升态势

1980～2018 年,美国联邦和州监狱中女性罪犯的数量从 13,206 人上升至 110,845 人,增幅为 739.35%;而如果加入看守所(jail)内监禁的女性犯罪人数量,1980～2019 年,美国女性犯罪人数量 1980 年的 26,378 人提升至 2019 年的 222,455 人,增幅为 743.34%,见图 11－12。澳大利亚 2006 年女性罪犯数量为 1826 人,2018 年达到近十五年来顶峰 3625 人,2020 年仍然维持在 3144 人的高位,涨幅为 72.2%。①

① 资料来源:https://www.abs.gov.au/statistics/people/crime－and－justice/prisoners－australia/latest－release#data－download。

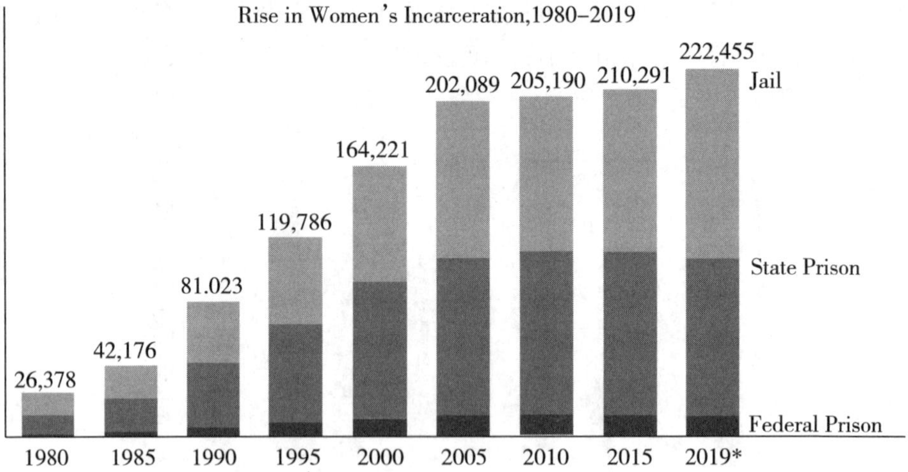

图 11－12　1980～2019 年美国监禁女性数量上升态势

资料来源：The Sentencing Project. Incarcerated Women and Girls[R/OL]. https://www. sentencingproject. org/wp－content/uploads/2016/02/Incarcerated－Women－and－Girls. pdf。

2. 我国女性犯罪的上升态势

从全国层面来看，据统计，在 20 世纪五六十年代，女性犯罪所占比例大约为 1%～3%；70 年代占 5% 左右；80 年代上升到 8%；90 年代初达到 10% 以上。进入 20 世纪 90 年代以来，我国女性犯罪数量开始出现显著上升。① 从 2010～2019 年判处女性罪犯人数和 2003～2018 年在押女性罪犯人数上，均可看出我国女性犯罪的上升态势，见图 11－13、表 11－2。

① 参见路正：《论女性犯罪及其刑事政策》，载《犯罪研究》2017 年第 2 期。

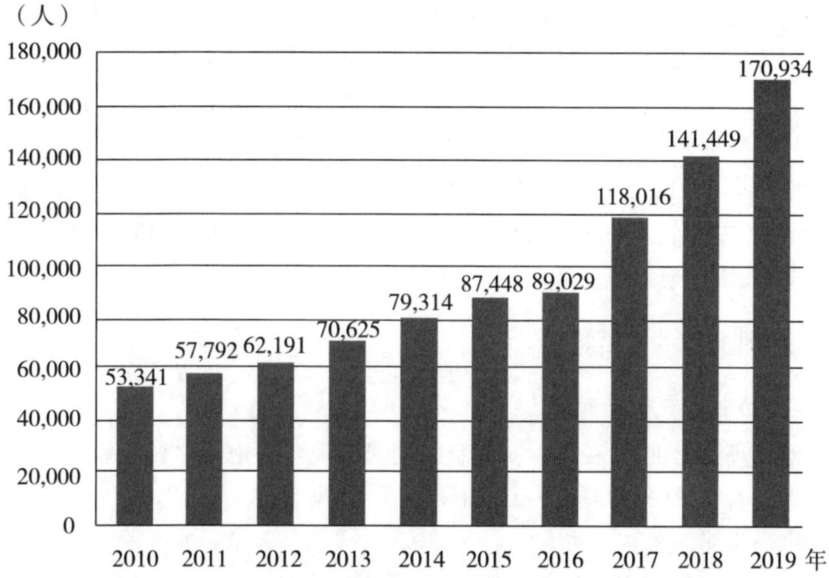

图 11－13　2010～2019 年我国判处女性罪犯人数

资料来源：国家统计局国家数据网站，https://data.stats.gov.cn/easyquery.htm? cn = C01&zb = A0S0P&sj = 2019。

表 11－2　在押服刑人员人数及性别构成

年份	人数（万人）		性别构成（%）	
	女	男	女	男
2003 年	7.1	147.5	4.6	95.4
2005 年	7.7	148.1	5.0	95.0
2010 年	9.0	155.7	5.5	94.5
2015 年	10.7	154.3	6.5	93.5
2016 年	11.0	150.3	6.8	93.2
2017 年	14.3	156.9	8.4	91.6
2018 年	14.5	154.5	8.6	91.4

资料来源：国家统计局社会科技和文化产业统计司：《中国社会中的女人和男人——事实和数据（2019）》，2020 年版，第 152 页。

近年来，社区矫正在矫女性罪犯的数量也呈逐年增长的态势，2011 年 1 月底，在矫女性罪犯数量为 23,933 人，到 2015 年 1 月底，数量上涨至 74,740 人，占社区矫正罪犯总数的比例也从 8.3% 提升至 10.1% 。[①]

从地方层面来看,四川省监狱管理局课题组的调研结果显示,1999 年至 2019 年间,S 省监狱关押女犯总量呈波形上升趋势,20 年间在押犯总数翻了将近 3 倍。[②] 沈辰的统计数据显示,2013 年至 2018 年间,J 省 N 监狱新收女犯数量呈现上升趋势,从 2013 年的 622 人上升至 2018 年的 836 人。[③] 白晓周收集了日照市看守所 2010 年至 2017 年收押的女性犯罪嫌疑人数据,八年间女性犯罪嫌疑人数量翻了一番,由 121 人增长至 247 人。[④]

二、女性犯罪的主要特征

(一)犯罪类型相对集中

虽然从理论上讲,女性可以实施我国刑法所规定的绝大多数犯罪类型。但从司法实践来看,女性犯罪多集中于以下几种类型,见表 11 -3。

1. 毒品犯罪

1999 ~2019 年,S 省监狱关押的女性罪犯中,涉毒型犯罪占比始终呈现上升趋势,由 15.7% 上升至 60% 。[⑤] 在南京女子监狱服刑人员中,涉毒型女犯占到押犯总数近三成。[⑥] 贩卖毒品罪是山东省在押女犯实施的主要犯罪类型,此类罪犯数量占比达到 17.9% ,位列首位。[⑦] 此外,从属向独立的地位转变、"两怀"妇女(即"处于怀孕期的妇女""怀抱哺乳期婴儿的妇女")实施毒品犯罪比例上升、体内藏毒比例较高以及以贩养吸、以淫养吸现象突出均为女性毒品犯罪的主要特点。

---

① 参见司法部社区矫正局编:《全国社区矫正发展情况与数据统计》,法律出版社 2017 年版,第 64、228 页。

② 参见四川省监狱管理局课题组:《监狱女犯构成及改造问题研究——以 S 省为例》,载《犯罪研究》2020 年第 4 期。

③ 参见沈辰:《女性犯罪者家庭抗逆力研究》,吉林大学 2020 年博士学位论文,第 19 页。

④ 参见白晓周:《女性权益保护视角下的日照市女性犯罪问题研究》,曲阜师范大学 2019 年硕士学位论文,第 14 页。

⑤ 参见四川省监狱管理局课题组:《监狱女犯构成及改造问题研究——以 S 省为例》,载《犯罪研究》2020 年第 4 期。

⑥ 参见经伟、姚丹:《南京女监涉毒型女犯群体特征分析》,载《江苏法制报》2016 年 7 月 25 日,第 00B 版。

⑦ 参见山东省女子监狱课题组、丰帆:《女性犯罪发展态势与管理型矫正模式构建》,载《中国司法》2016 年第 6 期。

表 11－3　2017～2019 年全国法院判处女性犯罪人数(比例)前五位犯罪类型

年份	全国法院判处女性犯罪人数前五位犯罪类型					全国法院判处女性犯罪人数所占比例前五位犯罪类型				
2017	走私、贩卖、运输、制造毒品罪(10,104 人)	诈骗罪(10,013 人)	开设赌场罪(4620 人)	生产、销售假药罪(4316 人)	非法吸收公众存款罪(4166 人)	生产、销售假药罪(59.93%)	非法种植毒品原植物罪(53.39%)	组织、利用会道门、邪数组织、利用迷信破坏法律实施罪(52.72%)	重婚罪(44.68%)	引诱、容留、介绍卖淫罪(43.34%)
2018	诈骗罪(14,221 人)	走私、贩卖、运输、制造毒品罪(11,358 人)	开设赌场罪(6053 人)	非法吸收公众存款罪(5595 人)	引诱、容留、介绍卖淫罪(4756 人)	传播性病罪(88.3%)	非法种植毒品原植物罪(60.0%)	组织、利用会道门、邪数组织、利用迷信破坏法律实施罪(55.4%)	生产、销售假药罪(47.7%)	重婚罪(46.2%)
2019	诈骗罪(19,871 人)	走私、贩卖、运输、制造毒品罪(11,271 人)	开设赌场罪(11,069 人)	非法吸收公众存款罪(6268 人)	引诱、容留、介绍卖淫罪(6129 人)	非法种植毒品原植物罪(62.3%)	组织、利用会道门、邪数组织、利用迷信破坏法律实施罪(47.2%)	生产、销售假药罪(45.1%)	重婚罪(44.8%)	引诱、容留、介绍卖淫罪(41.2%)

资料来源:2018～2020 年《中国妇女儿童状况统计资料》。

2. 诈骗犯罪

女性往往给人柔弱温婉、诚实善良、需要他人保护的感觉。一般而言，人们对于女性的戒备心相对较低。此外，女性多善于表达，虚构的事实更容易被人相信。因此，女性犯罪的欺骗性更为明显，诈骗犯罪成为女性犯罪的主要类型之一。无论是街头诈骗、合同诈骗、信用卡诈骗等传统诈骗形式，还是目前更为高发的电信网络诈骗，女性犯罪人往往通过装作楚楚可怜博得被害人同情、口若蜜饯说得被害人心花怒放而得逞。[①] 吴鹏森的调查反映出女性罪犯具有阴柔性特征，诈骗罪系属某市女子监狱中排名第一的犯罪类型，120 名女性诈骗罪犯占比 20.5%。[②] 沈辰对 J 省 N 监狱 500 名女性罪犯开展抽样调查，诈骗罪犯为 147 名，占样本总数的 29.4%，排名同样居于首位。[③]

3. 拐卖人口犯罪

近年来，拐卖人口犯罪的团伙化、集团化色彩日益突出，集拐、运、转、销于一体犯罪产业链已然形成，犯罪成员内部组织性强、分工明确、协作配合，共同完成犯罪。女性在此类犯罪中扮演重要角色。凭借天生形成的亲和力以及护士、教师等职业优势，女性犯罪人更容易接近妇女儿童，取得其信任，使其放松警惕，并在运输过程中以母亲、姐妹等角色进行伪装，犯罪行为更具有欺骗性和隐蔽性。李江楠选取 2015～2019 年 992 份拐卖儿童犯罪判决书开展实证分析，女性犯罪人所占比例逐年上升，2019 年达到 57%。[④]

4. 性犯罪

在人们的固有观念中，女性常常作为性犯罪的被害人出现。但从司法实践上看，侵害他人性权利的性犯罪，利用肉体、色相等性诱惑手段所实施的性犯罪，有伤风化的性犯罪等属于女性犯罪的高发类型。海南省 2019 年全省法院共判处犯罪人数 11,363 人，女性犯罪人数 553 人，仅占 4.87%，但女性犯罪人却在引诱、容留、介

---

① 非法吸收公众存款罪也是女性高发的犯罪类型之一，丁骋骋和邱瑾的研究发现，“由于女性在民间借贷中特殊的性别优势，这导致女性更容易在民间借贷中获得他人信任，获得更高的融资额，这可能是非法集资案中女性涉案金额显著高于男性的其中一个原因”。参见丁骋骋、邱瑾：《性别与信用：非法集资主角的微观个体特征——基于网络数据挖掘的分析》，载《财贸经济》2016 年第 3 期。

② 参见吴鹏森：《当前我国女性犯罪的基本特点及原因分析——基于某市监狱女性在押人员的调查》，载《安徽师范大学学报（人文社会科学版）》2018 年第 1 期。

③ 参见沈辰：《女性犯罪者家庭抗逆力研究》，吉林大学 2020 年博士学位论文，第 20 页。

④ 参见李江楠：《试析人工智能在侦办拐卖儿童犯罪中的应用》，载《江西警察学院学报》2020 年第 3 期。

绍卖淫罪中占比达到47.69%。[①] 河南省2018年全省法院共判处犯罪人数112,927人,女性犯罪人数11,342人,占比10%。但因犯引诱、容留、介绍卖淫罪而被判处犯罪女性人数则有280人,比例升至44.9%。[②]

5. 杀婴与弃婴犯罪

杀婴与弃婴犯罪是女性,特别是年轻未婚女性实施的另外一种主要犯罪类型。性生理发育趋前,但性心理发育滞后、法治意识淡薄、学校与家庭性教育缺失、社会转型期婚恋观及人际关系的变迁等原因共同促成此类犯罪发生。毛威分析了中国裁判文书网上2016~2019年间52起杀婴与弃婴犯罪,女性参与其中的案件比例与人数比例分别达到78.85%和79.25%。[③]

(二)犯罪方式与男性存在差异

女性犯罪方式与男性存在差异,主要体现在演进过程和行为手段两个方面。从犯罪行为的演进过程来看,相比突发性、公开性的男性犯罪,女性犯罪的渐进性、隐蔽性特征明显。国内外司法实践表明,女性犯罪,往往是在深思后,再认真选择和确定作案方式的。在女性犯罪中,激情犯罪所占比例相对较少,女性心理细腻、做事谨慎的特点导致犯罪行为实施之前通常有一个较长的准备期和酝酿期,存在比较明显的动机斗争过程。"女性犯罪越具有渐进性,其犯罪的动机斗争时间越长,犯罪越有预谋,犯罪方式也就更加隐秘。"[④]

从犯罪行为手段来看,相比男性通常使用的攻击性、暴力性手段,女性犯罪的非攻击性、非暴力性特征明显。由于生理原因,女性一般不具备体力优势,"从生理上看,决定肌肉生长的睾酮在女性体内的含量大约只有男性的1/16,普通女子上肢肌肉力量比同龄男子大约低50%。同一年龄段正常成年男子的肌肉重量约占体重的40%~45%,而女子仅占35%"。[⑤] 故其实施犯罪时会充分展现自己的女性魅力,多利用亲和力、色相从事盗窃、诈骗、拐卖人口等非暴力性犯罪活动。即使女性实施暴力犯罪,也会在犯罪对象和犯罪手段上有所特别考量。女性暴力犯罪侵害对象范围狭窄,特定性明显,往往是关系较为密切、已然存在婚姻情感、家庭纠纷、邻里冲突的人,如丈夫、情夫、男友、子女、公婆、邻居、同事、朋友等。为避免被害人的

---

① 参见海南省统计局、国家统计局海南调查总队编:《海南统计年鉴(2020)》,中国统计出版社2020年版,第522页。

② 参见河南省统计局、国家统计局河南调查总队编:《河南统计年鉴(2019)》,中国统计出版社2020年版,第705页。

③ 参见毛威:《进化心理学视角下的杀婴与弃婴犯罪》,载《湖南警察学院学报》2019年第6期。

④ 张远煌主编:《犯罪学》(第4版),中国人民大学出版社2020年版,第165页。

⑤ 周折:《论女犯监管模式的调整》,载《中国监狱学刊》2020年第5期。

反抗,女性常选择被害人失去自我保护能力的时间(如醉酒或入睡后等)或使用被害人丧失反抗能力的方式(如投毒或麻醉等)作案。①

(三)犯罪低龄化趋势开始显现

医疗事业的发展和营养条件的改善使我国青少年生理发育平均开始年龄比改革开放前提前了1~2年。科学技术的进步、教育水平的提高以及文化传媒的丰富不断拓展青少年知识和信息获取渠道,重组其认知结构。青少年生理和心理的"早熟"引发行为辨认和控制能力相应发生变化,进而导致犯罪呈现低龄化趋势,女性犯罪也不例外。中国青少年研究中心的调查结果反映,近年来女性未成年人犯罪的比例有所增加。2001年,女性在未成年罪犯中所占比例为4.2%,该比例在2014年增长至为6.4%。② 低龄化趋势在女生校园暴力现象中同样有所体现,在最高人民法院公布的67起女生校园暴力典型案件中,暴力行为人的年龄集中于15~17岁,最小的施暴女生年龄仅9岁。③

(四)"恶逆变"犯罪仍然高发

"恶逆变"反映出被害人向犯罪人的逆向角色转化。女性被害人合法权益受到家庭暴力、配偶虐待等违法犯罪行为侵犯后产生报复动机,加之悲观情绪的积累、救济手段的缺失、社会关怀的缺位等因素的共同影响,促使其心理和行为发生逆向变化,采取"以暴制暴"方式实施犯罪行为。"恶逆变"犯罪最为直观的表现形式即为"受虐妇女杀夫"现象。程朝阳和高鑫以中国裁判文书网上的一审判决书为分析样本,研究发现,2014~2018年,每年家庭暴力引发的已决刑事犯罪数量在140件左右,家庭暴力受虐妇女杀害施暴丈夫致其死亡的犯罪数量在年均20件左右,两者均呈渐进性上升趋势。④

三、女性社区矫正对象的矫正对策

(一)分类教育

从性别角度来讲,女性社区矫正对象是社区矫正对象的特殊群体。根据司法部社区矫正管理局统计的数据,截至2015年11月底,全国女性社区矫正对象

---

① 参见吴畏、陈晓刚、邓振华:《四川省471例故意杀人案特征回顾性分析》,载《证据科学》2019年第1期。

② 参见郭开元:《中国未成年犯的群体特征分析》,载《中国青年社会科学》2015年第1期。

③ 参见袁翠清:《未成年女生校园暴力行为法律研究》,载《当代青年研究》2016年第5期。

④ 参见程朝阳、高鑫:《对"受虐妇女杀夫"类案件的法理分析——以2014-2018年典型案例为样本》,载《山东警察学院学报》2019年第5期。

74,420 人,占全部社区矫正对象的 10.6%。[①] 从数量上看,女性社区矫正对象所占比例不高,但由于女性自身生理、心理及行为的特殊性,需要在坚持普遍教育的基础上,加强有针对性的特殊教育。例如,《社区矫正法》第 25 条规定,社区矫正对象为女性的,矫正小组中应有女性成员。这有利于对女性社区矫正对象开展相关工作,也有利于保护她们的合法权益,体现了对女性的特殊保护和关照。

在对女性社区矫正对象进行教育矫正的过程,教育工作者需要把握以下几个方面:

1. 感化教育与感性教育相结合的原则

在分类教育过程中,教育工作者要根据女性的性别特征,遵循宽严相济的原则来进行,寓管于教,坚持感化教育与感性教育相结合的原则。由于女性社区矫正对象感情丰富细腻,情绪容易受客观环境影响,且不稳定,特别是在审判后、入矫之初、节假日、纪念日及生病或遇到困难时,社会交往异常时,解除矫正之前,情绪波动极为明显。教育工作者应当把握时机,以情对情,以自己的真挚感情和工作热情来感化教育她们。

同时,教育工作者要加强感性教育。由于部分女性社区矫正对象知识文化水平较低,倾向于直观、形象的思维方式。因此,对她们的矫正应当避免教条式、空洞式的理论说教,尽量采用她们喜欢又易于接受的直观、具体、生动、形象的教育方式,如组织文艺表演、开展手工制作、参观等,这种感性教育方式有利于提高教育效果。例如,上海市社区矫正系统组织的女性社会公益实践活动中的爱心小兔制作和捐赠活动,值得借鉴、推广。由参与女性分类教育的学员在老师的指导下亲手完成爱心小兔制作。一个小兔从最初的布料裁剪,到各部分的缝制、填充塞棉,直至最后的组装完成,将花费 8 ~ 10 小时的人工,这是对制作者耐心和爱心的一次磨炼。凭借自身努力,一针一线到最终完成,由此带来的成就感和自我肯定对该些女性社区矫正对象也起到了积极的效果。爱心小兔的成品通过认领后,所得款项也以爱心捐款的形式全部赠与宝贝之家。[②]

2. 个别教育与家庭教育相结合的原则

部分女性社区矫正对象虚荣心强,不喜欢在公开场合表达自己的真实思想及内心世界,害怕在公众面前被批评。因此,教育工作者应当坚持个性化教育的原则,

---

① 参见司法部社区矫正管理局编:《全国社区矫正发展情况与数据统计》,法律出版社 2017 年版,第 258 页。

② 参见陈耀鑫主编:《上海市社区矫正“三分矫正”工作实务指南》,上海人民出版社 2019 年版,第 88 ~ 89 页。

运用个别教育的方法。这对于解决女性社区矫正对象的特殊问题，调动她们矫正的积极性具有明显的作用。

同时，由于犯罪性质、犯罪恶习等方面差异显著，不同类型的女性社区矫正对象具有不同的特点，这要求教育工作者要根据各类女性社区矫正对象的实际情况，开展个别教育。例如，针对眼浅心细的女性社区矫正对象，要“以细对细”进行教育；针对心存疑虑的女性社区矫正对象，则要以诚开导，开展心理健康教育或心理咨询；针对心灰意冷的女性社区矫正对象，则要“以热对冷”，给予鼓励；针对爱慕虚荣的女性社区矫正对象，注意尊重她们的人格；针对情感脆弱的女性社区矫正对象，则应以情动人、循循善诱。

此外，社区矫正工作人员要充分发挥家庭教育优势。女性社区矫正对象具有家庭观念重，对亲人依附感强的特点。矫正小组可以与其亲属签订帮教协议，充分发挥家庭成员的帮助、支持、配合及监督作用。特别是女性社区矫正对象与其家庭成员关系不融洽的，教育工作者需要多走访其家庭，动员家庭成员规劝女性社区矫正对象努力改造，让她们感受到亲情和真情，消除被亲人鄙视、抛弃的顾虑，重新树立家庭责任感和生活信心，以提高教育矫正质量。

3. 精选教育内容

一方面，注重女性生理、心理知识教育。女性有其特殊的生理现象和与其相伴的心理反应，但部分女性社区矫正对象对女性基本的生理卫生常识知之甚少，在遇到月经期和更年期这样的生理反应时，不能适当地调节心理变化和情绪反应，这给她们的正常生活与矫正工作带来诸多麻烦。因此，对女性社区矫正对象开展基本的女性生理、心理知识教育十分必要。另一方面，加强伦理道德和法纪教育。有关道德发展理论的研究认为，与男性相比，妇女更具有“关怀道德”，即考虑别人的感情和关怀别人的道德的特点，“关怀道德”水平的降低会导致女性犯罪的发生。因此，对女性社区矫正对象进行的教育要重视关怀道德的培养，从而会减少女性的犯罪行为。同时，加强法律教育，让她们学会通过正当手段来维护自己的合法权益。其内容不仅包括《宪法》《刑法》等内容，而且还包括《妇女权益保障法》和《民法典》中的婚姻家庭编等与妇女自身权益密切相关的法律知识。

在教育矫正项目上，上海市社区矫正系统积极探索，针对女性社区矫正对象心理承受能力差、思想包袱重、消极沉沦等特点，围绕调整自我认知和建立正常社会关系，制定了一套涵盖集中教育学习、社会公益实践和心理矫正的矫正项目，见表 11－4，值得借鉴。

表 11－4 女性社区矫正对象中期矫正阶段的教育项目①

<table>
<tr><td rowspan="13">女性社区矫正对象分类矫正项目</td><td>项目模块</td><td>课程内容</td><td>课时</td></tr>
<tr><td rowspan="6">集中教育学习课程</td><td>遇见自己</td><td>2 课时</td></tr>
<tr><td>压力管理与应对</td><td>2 课时</td></tr>
<tr><td>非暴力沟通技巧</td><td>2 课时</td></tr>
<tr><td>婚姻家庭</td><td>2 课时</td></tr>
<tr><td>女性角色定位与认知</td><td>2 课时</td></tr>
<tr><td>感恩教育</td><td>2 课时</td></tr>
<tr><td rowspan="3">社会公益实践课程</td><td>爱心小兔制作</td><td>6 课时</td></tr>
<tr><td>义卖捐赠活动</td><td>2 课时</td></tr>
<tr><td>病残孤儿陪伴</td><td>4 课时</td></tr>
<tr><td rowspan="2">心理矫正课程</td><td>团体心理咨询</td><td>6 课时</td></tr>
<tr><td>个案辅导</td><td>/</td></tr>
</table>

（二）心理矫治

1. 认知疗法②

认知疗法，是 20 世纪六七十年代在美国心理治疗领域中发展起来的一种新的理论和技术，是通过认知技术和行为技术来改变当事人不良认知的一类心理治疗方法的总称。利用认知疗法对女性犯罪人进行心理矫治的出发点在于确认她们的思想和信念是其情绪状态和行为表现的原因。认知疗法是用认知重建、适应性技能训练、问题解决等技术进行心理辅导和治疗，其中认知重建最为关键。

（1）认知重建。在女性犯罪人中存在大量的不良思想，这些思想严重地影响了她们的情绪和行为。认知重建重视改变女性犯罪人的错误认知，帮助她们建立新的恰当的认知。

首先，社区矫正工作者可以通过谈话、聆听女性犯罪人的倾诉等方式，了解女性犯罪人的心理，指出女性犯罪人中存在哪些不良的思想。

其次，要分析女性犯罪人不良思想的来源。社区矫正工作者要帮助女性犯罪人分析不良思想的来源，是来源于现实生活中的真实思想，还是来自过去的生活经

① 参见陈耀鑫主编：《上海市社区矫正“三分矫正”工作实务指南》，上海人民出版社 2019 年版，第 85 页。

② 参见章恩友、姜祖桢主编：《矫治心理学》，教育科学出版社 2008 年版，第 446～448 页。

验和信条。使用的具体技术包括:划界,是指帮助女性犯罪人划清自己适应不良思想与客观现实的界限,使她们明白主观认识和客观现实之间的区别,避免将思想与事实混淆,很多女性犯罪人之所以出现情绪和行为问题,一个重要原因就是没有划清这样的界限,错误地把自己的想法当作客观现实;剥离,是帮助女性犯罪人明确自己与周围发生事情的关系,把那些与女性犯罪人没有关系的事情剥离出去,不要让它影响她们的心理和行为。很多女性犯罪人出现情绪和行为问题最主要的原因是把那些与自己无关的事情牵连到自己身上,产生很重的心理负担,以至于影响自己的情绪和行为。社区矫正工作者应该帮助她们认识清楚,究竟哪些事情与她们有关,哪些事情实际上与她们无关。

最后,在帮助女性犯罪人建立新的恰当的认知中,最重要的是要消除女性犯罪人的偏见。许多女性犯罪人对社区矫正工作者、其他矫治对象充满了偏见,她们遇到事情时,往往将这些偏见加以夸大,得出不恰当的结论。因此,对女性犯罪人的认知重建应当是帮助她们认识到那些来自个人偏见的适应不良的思想。

(2)适应技能训练。女性犯罪人缺乏解决问题的适应性技能是其走上违法犯罪道路的重要原因之一,也是其接受改造的主要障碍因素。适应性技能训练方法通过教给女性犯罪人以恰当的认知技能,促使她们摆脱焦虑等情绪。例如,大量的研究证实了认知技能训练在降低重新违法犯罪率方面具有很好的效果。研究发现,如果心理矫治工作重视对罪犯思维的改变,重视罪犯的认知技能训练,就会产生积极的效果。

(3)问题解决。这种方法认为,女性犯罪人使用不恰当的问题解决方法,是引起她们消极情绪的重要因素。女性犯罪人挫折、仇视、怨恨、焦虑、抑郁等消极情绪的产生,都与不恰当的问题解决方式有关。研究结果发现,每个人的问题解决的行为类型都具有一定的倾向性,这种倾向性构成了问题解决方式在个体身上的不同表现形式,如积极面对并解决问题、学会求助是值得提倡的方式,而经常采用退避、幻想和自责方式进行问题解决是不成熟的表现。

因此,在心理矫治中应重视帮助女性犯罪人建立新的问题解决模式,使她们学会恰当的问题解决方式,从而减少消极情绪和相关行为的产生。

2. 行为疗法

行为疗法是根据操作性条件反射原理,通过奖惩的手段,进行社区矫正对象意志行为磨砺和良好行为习惯养成的一种矫治方法。女性社区矫正对象缺乏意志自觉性和坚定性,且她们大多数具有散漫、纪律性差的行为特点,她们的不良行为习惯得不到改正,容易再次产生不良的动机和需要,以至于重新违法犯罪。因此,只有对其行为进行矫治，提高她们辨别是非的能力，培养她们良好的个性，才能提高矫正质量。

在运用行为疗法时，社区矫正工作者要恰当地运用奖惩措施，对于她们的积极表现，哪怕是微小的进步，都要及时给予肯定、表扬或进行奖励。通过奖惩让社区矫正对象明确努力的方向，而受到鼓励的女性社区矫正对象对此会产生积极的反应，激发她们参与矫治的热情。

3. 团体心理辅导①

对女性矫治对象的团体辅导，是在团体情境下为女性矫治对象提供心理帮助与指导的一种心理咨询形式，它是一种通过团体内人际相互作用，促使女性矫治对象在交往中通过观察、学习、体验，认识自我、探索自我、发展改变自我、接纳自我，学习新的态度和行为方式，从而发展良好适应性的助人过程。

团体辅导具有很多优点。首先，在团体中女性矫治对象产生"和别人一样"的体验，这本身就具有治疗作用。进入团体之前，大多数女性社区矫正对象认为她们的某些感受是自己所独有的，别人不理解自己，进入团体后，她们很快就发现原来许多人有和自己类似的想法和体验，这种认识对成员的心理具有一定的影响。其次，团体辅导是在女性社区矫正对象日常生活与现实状况下进行的，环境是大家熟悉的，活动情境比较容易进入角色，因此在团体中学习到的知识、技能、行为和态度便于女性社区矫正对象迁移运用到现实生活中。再次，团体辅导中多样化的资源和观点有利于女性社区矫正对象全面和深刻地认识自己，对她们的某些心理问题可能产生较大的触动和启发，她们从团体中所获得的信息资源远多于个别辅导，这可以开阔她们的视野。最后，活动为女性社区矫正对象提供了可以接受反馈的机会，而且团体提供的反馈比个人的反馈更有力量，这对成员客观地评价自己以及强化成员的行为是非常有效的。

第三节 涉毒类社区矫正对象

一、毒品犯罪的概念与发展状况

（一）毒品犯罪的概念

目前，包括我国在内的世界大多数国家和地区的刑事立法和禁毒立法中，尚未

① 参见章恩友、姜祖桢主编：《矫治心理学》，教育科学出版社2008年版，第451～452页。

形成关于“毒品犯罪”的通行定义。

在刑法学的论域中，“犯罪”概念反映出行为的社会危害性、刑事违法性以及应受刑罚处罚性。“毒品犯罪”的概念可表述为“违反毒品、毒品原植物和易制毒化学品及其他禁毒管理法规，破坏禁毒管制活动，依法应受刑事处罚的行为”。[①]“违反有关法律法规关于毒品、毒品原植物和易制毒化学品管理的规定，危害毒品管制秩序，依照《刑法》规定应受刑罚处罚的行为”[②]或者“违反我国的禁毒法规和我国缔结或者参加的关于毒品管制的国际公约，非法消费、经营、持有毒品以及破坏国家禁毒活动，依法应当追究刑事责任的行为”。[③]

我国《刑法》共规定了 12 种毒品犯罪，即第 347 条走私、贩卖、运输、制造毒品罪，第 348 条非法持有毒品罪，第 349 条第 1 款、第 2 款包庇毒品犯罪分子罪，第 349 条第 1 款窝藏、转移、隐瞒毒品、毒赃罪，第 350 条第 1 款走私制毒物品罪，第 350 条第 1 款非法买卖制造物品罪，第 351 条非法种植毒品原植物罪，第 352 条非法买卖、运输、携带、持有毒品原植物种子、幼苗罪，第 353 条第 1 款引诱、教唆、欺骗他人吸毒罪，第 353 条第 2 款强迫他人吸毒罪，第 354 条容留他人吸毒罪以及第 355 条非法提供麻醉药品、精神药品罪。

在犯罪学的论域中，“毒品犯罪”的外延进一步扩展。犯罪学论域中的毒品犯罪可界定为“违反禁毒法律法规，非法种植、制造、贩卖、吸食毒品及其他违反禁毒法规，应受行政处罚或刑罚处罚的行为”[④]或者“毒品犯罪是指与毒品有关的一系列犯罪的总称，具体是指违反国家有关毒品管理法规，走私、贩卖、运输、制毒、持有、吸食毒品以及非法种植毒品原植物等破坏国家禁毒活动、妨害社会管理秩序、危害公民身体健康、依法应受处罚的行为”[⑤]。

（二）毒品犯罪的发展状况

1. 世界毒品犯罪形势依然严峻

尽管全球每年花费超过 1000 亿美元实施“毒品战争”，投入高昂的财政和社会成本，但是毒品生产、供应和使用仍在增加。毒品引发的公共安全问题日趋恶化、毒品与恐怖主义共生导致国际安全形势日益严峻、全球毒品问题催生有组织犯罪活动频繁，在威胁国际公共安全的同时，长期使用毒品会对人的大脑结构和功能造成

① 应培礼主编：《犯罪学通论》，法律出版社 2016 年版，第 288 页。

② 刘建宏主编：《新禁毒全书：中国毒品犯罪及反制》（第 2 卷），人民出版社 2014 年版，第 2 页。

③ 姚建龙主编：《禁毒刑法学》，中国人民公安大学出版社 2016 年版，第 6 页。

④ 张远煌主编：《犯罪学》（第 4 版），中国人民大学出版社 2020 年版，第 119 页。

⑤ 夏玉珍主编：《犯罪社会学》，华中科技大学出版社 2014 年版，第 94 页。

多重损伤,成为社会严重的疾病负担,精神行为障碍的出现和传染性疾病的传播,对国际卫生安全构成严重威胁和破坏。①

《2021 年世界毒品报告》(*World Drug Report 2021*)②指出,在过去 10 年中,吸毒人数增加了 22%,这在部分程度上归因于全球人口增加 10%。2019 年,全球预计有 2.75 亿人吸食毒品,亦即世界上 15 ~ 64 岁人口中,过去一年内至少使用过一次毒品的比例为 5.5%。本年度吸毒造成 50 万人死亡。毒品成瘾(使用障碍)患者预估达到 3600 万左右,占据吸毒总人数的 13%,因其减损健康生命年数 1800 万年,与其相关的死亡数据在过去 10 年中几乎翻了一番,医疗卫生系统面临的工作压力愈发艰巨。在仅考虑世界人口数量上升的前提下,预测表明,全球吸毒人数到 2030 年将增长 11%。

《2021 年世界毒品报告》还特别关注了新冠肺炎疫情对于毒品(犯罪)形势的影响。在新冠肺炎疫情大流行的第一阶段,全球大部分地区的毒品市场暂时遭遇混乱,但得以迅速复原。疫情流行期间毒品市场显现出的复原力再次表明,贩毒者有能力迅速适应变化了的环境和情况。疫情流行激发一些先前存在的毒品贩运动态出现,或促进其加速发展。其中,包括毒品运输规模增大,陆路和水路运输路线、私人飞机、航空货运、邮政包裹以及邮件递送等通过非接触式方法向消费者交付毒品的使用程度有所增长。

新冠肺炎疫情对于毒品市场的后续影响将在今后几年内得以显现。这场疫情加剧经济困境,同时带来技术上的根本变革与社会习惯上的巨大改变,两者从长远来看可能会影响毒品模式。疫情带来的经济危机将只会加大种植非法作物的吸引力。失业率上升可能意味着更多人有意愿成为收割鸦片胶和古柯叶的短工,而贩毒者也会发现在此困难时期更容易招募到人手。与此同时,不平等、贫困和精神健康(不良)状况在全球范围内呈上升趋势,这些均为促使人们吸毒、危害健康、扩大毒品成瘾(使用障碍)群体规模的已知因素。目前已经可以观察到吸毒模式发生的变化,包括使用大麻和非医疗使用药用镇静剂现象的增多,这些变化可能会加速此类物质市场的扩张。毒品零售分销方面的新做法可能会对上述全部情形起到推波助澜的作用。随着在线购买、邮寄乃至无人机交付等无接触方式愈发常见,街头毒品交易日趋减少。

---

① 参见张勇安主编,上海研究院、上海大学编:《国际禁毒研究报告》(2019),社会科学文献出版社 2019 年版,第 31、48 ~ 109 页。

② UNODC. World Drug Report 2021: Executive Summary, Policy Implications Vienna: UNODC, 2021.

国际麻醉品管制局2020年度报告也分析了新冠肺炎疫情对于毒品贩运和非法经济产生的影响。各国政府为防止新冠肺炎疫情传播所采取的措施必然会对包括毒品制造、流动和消费在内的毒品市场有所影响。迄今为止,在毒品市场特别是在国际毒品贩运方面出现三个新的变化,分别是毒品供应减少、价格上涨;工作重心转向执行社交隔离、边境管控以及打击伪造医疗产品的相关职责,侦(调)查其他类型犯罪的执法人员的人数暂时减少;贩毒组织改变现有贩运路线和作案手法,在某些情况下甚至换用其他物质,寻求各种方式以尽量降低成本和风险,实现利润最大化。①

根据《2021年欧洲毒品报告》②(*European Drug Report 2021:Trends and Development*)的估算统计,欧盟范围内约有28.9%的成年人(15~64岁)在其一生中至少使用过一次毒品,吸毒人数达到8300万左右。从全球角度而言,欧洲属于重要的毒品市场,国内生产和世界其他地区贩运成为毒品供应来源。2019年,欧洲报告查获毒品案件110万起左右,其中最为常见的类型是大麻制品。在查获的案件中,大部分是从吸毒者处没收少量毒品,而公斤规模的托运毒品虽在案件数量上占比相对较低,但在查获毒品总量中占据主导地位。2009~2019年,欧洲报告的毒品查获案件数量的指数趋势展现出不同的情形,但总体上反映出上升趋势。欧洲查获毒品重量的指数趋势表明,自2009年以来,除大麻脂外的其他所有毒品总体呈增势,自21世纪初以来增长更为显著。欧盟2019年报告的毒品犯罪预估为150万起,自2009年以来几乎增加了1/4(24%)。其中,大多数(占比82%)犯罪(总计120万起)与毒品使用或为个人使用而占有相关。

2. 我国禁毒工作稳中有进,毒品形势持续向好

《中国毒品形势报告》近年数据反映出,自2015年起,我国破获毒品犯罪案件数量和抓获毒品犯罪嫌疑人数量均有所回落,见图11-14。《2020年中国毒情形势报告》总结到,受疫情严控和严打高压双重影响,国内涉毒违法犯罪得到遏制,毒情形势持续向好态势进一步巩固拓展,呈现现有吸毒人数减少、规模化制毒活动减少、制毒物品流失减少、外流贩毒人数减少"四个减少"的积极变化。

---

① https://www.incb.org/documents/Publications/AnnualReports/AR2020/Annual_Report/E_INCB_2020_1_eng.pdf.

② European Monitoring Centre for Drugs and Drug Addiction. European Drug Report 2021: Trends and Developments Luxembourg: Publications Office of the European Union, 2021.

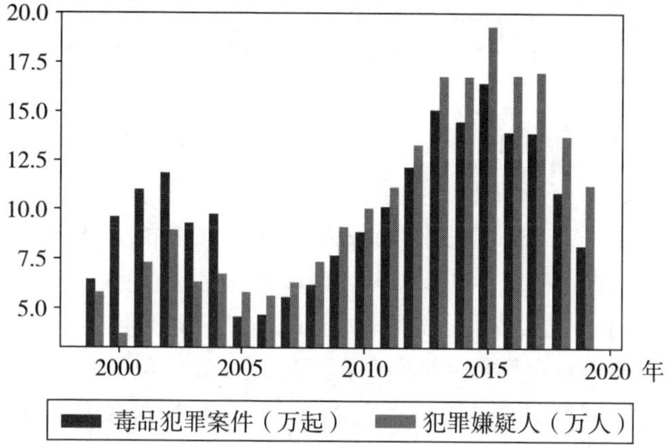

图 11－14　1999～2019 年我国破获毒品犯罪案件数量和抓获毒品犯罪嫌疑人数量

资料来源：王宏玉、潘振生：《犯罪经济学视角下的毒品犯罪防控"悖论"解析》，载《中国人民公安大学学报（社会科学版）》2020 年第 6 期。

最高人民检察院发布的《未成年人检察工作白皮书（2020）》中披露，未成年人毒品犯罪情况持续好转，实现五连降，见图 11－15。2016～2020 年，检察机关受理审查逮捕未成年人涉嫌走私、贩卖、运输、制造毒品犯罪人数分别为 2047 人、1476 人、1108 人、945 人、686 人，受理审查起诉分别为 2810 人、2003 人、1504 人、1201 人、942 人。自 2016 年首次下降后，呈连续下降趋势，2020 年较 2016 年受理审查逮捕、受理审查起诉人数均下降 66.5%。

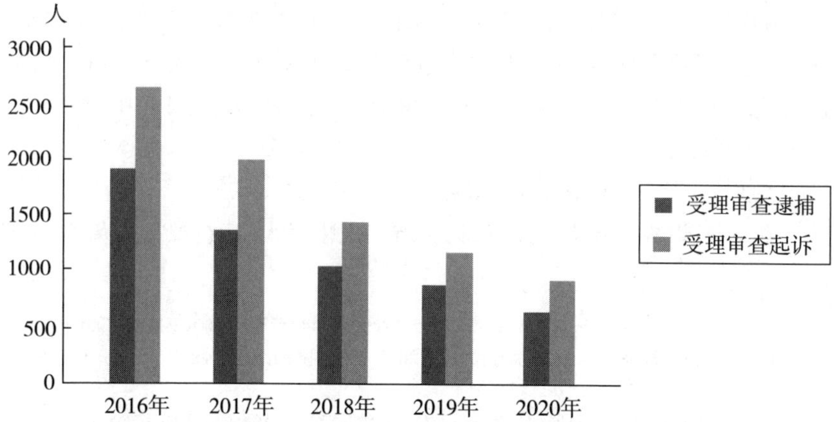

图 11－15　2016～2020 年未成年人涉嫌毒品犯罪态势

资料来源：《未成年人检察工作白皮书（2020）》，载 https://www.spp.gov.cn/spp/xwfbh/wsfbt/202106/t20210601_519930.shtml#2。

2021年6月24日,公安部新闻发布会通报禁毒工作情况,我国禁毒工作取得"三降三升"显著成效。①"三降"表现为,毒品违法犯罪活动下降,全国破获毒品犯罪案件从2016年12.8万起逐年降至2020年6.4万起,幅度达到一半;新发现吸毒人员数量下降,全国新发现吸毒人员从2016年37.9万名下降至2020年15.5万名,降幅接近六成;现有吸毒人员数量下降,目前全国现有吸毒人员180万名,较2016年年底降幅超过三成。"三升"表现为,缉毒打击效能上升,经过严打高压,国产毒品占比从高峰期的70%降至2020年的13%,缴获境外毒品从2016年34吨降至2020年22吨,国内主要毒品价格涨幅超过1倍;戒断三年未复吸人员数量上升,目前全国戒断三年未发现复吸人员达300万名,是2016年的2.5倍;群众对禁毒工作满意度上升,国家统计局调查显示,2020年全国禁毒工作群众满意度达到96.96%。

二、毒品犯罪的主要特征②

(一)犯罪类型相对集中于经营型毒品犯罪

以《刑法》分则规定的行为方式为标准,毒品犯罪可分为经营型毒品犯罪、持有型毒品犯罪、包庇、窝藏型毒品犯罪以及诱使、迫使、帮助他人吸食毒品的犯罪四种主要类型。③ 以走私、贩卖、运输、制造毒品罪为代表的经营型毒品犯罪成为毒品犯罪的高发类型。经营型毒品犯罪动机多为谋取高额的非法利益,走私、贩卖、运输、制造毒品犯罪迎合了犯罪人试图一夜暴富的心理。此外,吸毒者往往通过贩卖毒品赚取资金保障自己吸食毒品,"以贩养吸"也是此类犯罪的主要动机。2018年,最高人民法院中国司法大数据研究院发布毒品犯罪司法大数据专题报告,走私、贩卖、运输、制造毒品罪为在毒品犯罪中所占比例最高,达64.78%。④ 走私、贩卖、运输、制造毒品罪在2019年全国人民法院一审刑事案件个罪数量排名中位列第六名,总数为5.9万件。⑤

(二)物流寄递渠道贩毒案件持续上升

近年来,我国物流行业快速发展,物流市场规模巨大,运行保持总体平稳、稳中

① 资料来源:https://www.mps.gov.cn/n2254536/n2254544/n2254552/n7946755/index.html.

② 本部分内容如无特别标注,均来源于2014～2019年《中国毒品形势报告》及《2020年中国毒情形势报告》。

③ 参见徐宏、李春雷:《毒品犯罪研究》,知识产权出版社2016年版,第15页。

④ 资料来源:http://www.court.gov.cn/upload/file/2019/11/22/11/02/20191122110222_27382.pdf。

⑤ 参见靳高风、郭一霖、李昂霖:《疫情防控背景下中国犯罪形势变化与趋势——2019—2020年中国犯罪形势分析与预测》,载《中国人民公安大学学报(社会科学版)》2021第第3期。

有进的运行态势,需求规模不断扩大,经济结构调整优化,运行效率有所改善。2011～2019年我国社会物流总额不断增长,2019年达到298.0万亿元。物流活动总体较为活跃,企业业务量水平均保持较好增长。① 在此背景下,物流寄递已成为贩毒活动的重要渠道,“大宗走物流、小宗走寄递”特点明显。物流寄递渠道贩毒呈现出案件数量激增、涉案毒品数量巨大、毒品种类日趋复杂以及运输区域跨度大等显著特征。② 2020年,物流寄递渠道贩毒案件持续上升,全国共破获物流寄递渠道贩毒案件3011起,缴获毒品4.3吨,分别上升9.5%和1.1%。其中,破获物流货运渠道贩毒案件414起、缴获毒品2.7吨,邮寄快递渠道贩毒案件2303起、缴获毒品1.6吨。

寄递渠道贩毒交寄方便、成本低、风险小。一些犯罪分子采取境外转寄、请人代寄等方式,将毒品直接从毒源地寄到末端消费市场。国际快递已成为跨国贩毒集团向中国走私大麻、恰特草等毒品和中国毒品走私出境的“双向渠道”。物流寄递渠道贩毒案件持续上升具有犯罪人、物流企业以及禁毒部门三个层面的形成原因。③ 首先,物流贩毒实现“人”“毒”分离,降低贩运成本,提升犯罪行为隐秘性,犯罪人身份不易暴露,并可“弃毒保人”,被抓获的风险明显下降;其次,物流寄递企业禁毒意识不强、运作模式简单、物流寄递实名制、验视制度落实不到位、从业人员素质不高、监管措施难以适应现实需要等因素为毒品犯罪人提供了可乘之机;最后,禁毒职能部门对传统贩毒渠道的高压态势迫使毒品犯罪人另辟蹊径,物流行业毒品查缉工作存在漏洞和盲点,未形成行之有效的物流贩毒查缉方法、跨地区警力协作机制有待完善等因素不利于物流寄递渠道贩毒案件的追查和打击。

(三)互联网成为毒品犯罪的新平台

2020年,全国共破获网络毒品案件4709起、抓获犯罪嫌疑人8506名,缴获毒品856.9公斤,分别占全国总数的7.4%、9.2%和1.5%。“互联网＋物流寄递”贩毒活动增多,利用网络虚拟身份勾联、线上交易毒品,采用手机银行、微信、支付宝转账等网络支付方式付款,通过寄递渠道运送毒品的网络贩毒模式已成新常态。

互联网改变了毒品犯罪的行为模式。由于网络勾联方便、安全和网上支付简单、快捷等特点,走私贩毒人员携带毒品、当面交易的接触式贩毒模式已越来越少。

---

① 参见中国物流与采购联合会编:《中国物流年鉴》,中国财富出版社有限公司2020年版,第181～189页。

② 参见梅传强、王心一:《物流运毒犯罪的肇因检视与治理之策》,载《广西警察学院学报》2021年第1期。

③ 参见李云鹏编著:《物流贩毒问题研究》,云南大学出版社2018年版,第37～45页。

涉毒信息、沟通联络、支付方式、运送方式、犯罪场所均已显现网络化特征。[①] 特别是在疫情形势下,互联网虚拟平台、论坛、群组等成为涉毒活动聚集地。

互联网提升了毒品犯罪的发现和打击难度。越来越多的吸毒人员通过网络视频聊天聚众吸毒,涉案人数众多、发现查处难度大。不法分子利用大众网络平台发布涉毒信息,采用数字货币支付毒资,使用邮寄、同城快递等方式或小众物流快递公司运送毒品,中途变更收货地址,交易两头不见人。上海、江苏等地侦破多起利用智能快递柜系列贩毒案,贩毒分子收取毒资后将存有毒品的快递柜位置和取件密码通过手机发送给吸毒人员"取货"。一些不法分子甚至通过登录"暗网"进行贩毒,"暗网"环境中的毒品犯罪由于具有隐匿性、简易性、暴利性、全球性以及再生性等特点而备受毒品犯罪人青睐。[②]

互联网扩展了毒品犯罪的完整链条。互联网涉毒违法犯罪活动已从单纯的视频吸毒发展为传播制毒技术、贩卖制毒原料、销售毒品和聚众吸毒等全链条涉毒活动。国际麻醉品管制局已经关注到互联网给毒品管控带来的挑战,通过互联网购买毒品,特别是在暗网交易平台上使用加密货币购买,已成为全球趋势,蔓延到数个区域。每年通过国际邮件和快递服务运往世界各地的信函和快递包裹有数十亿件,借助在线金融服务或加密货币采购的毒品就混杂其中。[③]

(四)新型毒品犯罪问题突出

新类型毒品不断出现,如含 LSD 成分的"邮票"、向学生兜售的"聪明药"以及逐渐蔓延的"0 号胶囊""G 点液""犀牛液"等色胺类物质,品种五花八门。有的变换包装,伪装成食品、香烟等,如"奶茶"、巧克力形态的毒品;有的是未列管的毒品替代品,如号称"改良 K 粉"的氟胺酮;新精神活性物质作为第三代毒品,在国内迅速扩张,且花样不断翻新,如合成大麻素"娜塔莎"等。

受全球毒品形势影响,制贩、滥用新型合成毒品、新精神活性物质案件增长迅速,一些娱乐场所和特定群体滥用情况突出,社会危害性大。截至目前,我国已累计发现新精神活性物质 9 大类 317 种,近 3 年就新发现 50 余种。新精神活性物质已经成为一种"新威胁",具有更新快、种类多、毒效强、扩散广、危害大等特点,隐有取代传统毒品和合成毒品之势,逐步打破传统毒品的区域偏好向全球扩散,因其风险

---

① 参见胡江:《毒品犯罪网络化的刑事治理》,载《西南政法大学学报》2020 年第 5 期。

② 参见秦总根:《暗网环境中的涉毒犯罪及其治理》,载《犯罪与改造研究》2020 年第 12 期。

③ 资料来源:https://www.incb.org/documents/Publications/AnnualReports/AR2020/Supplement/20-07605_INCB_Supp_ebook_C.pdf.

的不确定性构成全球新威胁。[①] 新精神活性物质滥用时有发现,花样不断翻新,包装形态不断变化,有的甚至伪装成食品饮料,出现"毒邮票""毒糖果""毒奶茶",极具伪装性、隐蔽性、诱惑性,容易被一些不法分子利用,迎合青少年好奇、追求刺激、群体化的特点,极易对青少年产生引诱和危害。因此,对新型毒品的有效惩治、强化综合治理刻不容缓。[②]

(五)利用特殊人群贩毒屡禁不止

境内外贩毒集团组织、雇用、操控怀孕和哺乳期妇女、急性传染病人、失去生活自理能力的重病伤残人、艾滋病携带者等特殊人群从事贩毒活动。我国四川、贵州等地以及缅甸等国特殊人群贩毒突出,区域性、家族化、流动性特点明显,反复性强,打击处理难度大。2016 年,我国抓获本国籍涉毒特殊人员 4576 名、外国籍涉毒特殊人员 782 名。2018 年 1 ~ 9 月,云南省公安机关共破获特殊人群贩毒犯罪案件 481 起,抓获贩毒特殊人群 545 人(其中,云南籍特殊人群 370 人,缅甸籍特殊人群 86 人),缴获各类毒品 631.15 公斤。[③]

特殊人群参与的毒品犯罪主要包括受人雇用运输毒品、零星贩毒以及走私毒品三种类型。最为常见的犯罪方式在于为幕后策划贩毒的老板充当运输毒品的"马仔",通过体内藏毒等手段赚取运费;零星贩毒可分为自主从事和受幕后老板雇用指使两种情形;在云南边境地区,特殊人群受毒贩雇用从"金三角"地区向我国境内走私毒品犯罪的活动比较严重。生活困难急需用钱、报复社会发泄不满、渴望发财致富、上当受骗以及受到威胁强迫等成为特殊人群从事毒品犯罪的主要动机。[④] 一些毒品犯罪组织甚至使用高额利益作为诱饵,引诱一些少数民族、贫困地区村民进行自伤、自残或者拐骗儿童、恶意怀孕等,以此获取特殊人群身份,进而逃避法律制裁。[⑤]

此外,滥用场所更加隐蔽,利用网络平台在线吸毒增多、国内制毒活动呈现规模小型化、工艺简单化、分布零散化特点、海上走私过境大案有所发生、贩毒人员流窜境外走私毒品入境增多等情况也是近年来《中国毒品形势报告》和《2020 年中国毒情形势报告》反映出的我国毒品犯罪的新特征。

---

① 张勇安主编、上海研究院、上海大学编:《国际禁毒研究报告(2020)》,社会科学文献出版社 2020 年版,第 1 ~ 36 页。

② 资料来源:https://www.spp.gov.cn/spp/xwfbh/wsfbt/202106/t20210625_522305.shtml#2。

③ 李云鹏:《西南边疆地区少数民族特殊人群贩毒防控构想》,载《云南警官学院学报》2020 年第 1 期。

④ 参见昂钰:《特殊人群毒品犯罪问题研究》,云南人民出版社 2016 年版,第 69 ~ 87 页。

⑤ 参见于冰:《我国毒品犯罪的防治对策研究》,中国人民公安大学 2020 年硕士学位论文,第 9 页。

三、涉毒类社区矫正对象的主要特点

涉毒类社区矫正对象是社区矫正对象中的特殊群体,包括未有吸毒史,但实施过毒品犯罪的社区矫正对象和有吸毒史的社区矫正对象两类。毒品属于国家管制的违禁品,其非法生产、运输、使用自然需要隐蔽进行,普通社会成员很难介入毒品流转链条。据相关数据显示,毒品犯罪人中属于吸毒人员的比例高达90%。[①] 由此可见,单纯实施毒品犯罪而未有吸毒经历的犯罪人所占比例极低。据此,本章论及的涉毒类社区矫正对象是指有过吸毒史的社区矫正对象。

(一)涉毒类社区矫正对象具有吸毒人员的特点

1. 从医学角度来讲,吸毒人员是慢性复发性脑病患者

以往观点认为,吸毒是不良行为,是道德败坏的表现。随着科技的进步,现代医学对吸毒行为是疾病的观点已形成共识,即吸毒起初是个人行为选择的结果,一旦成瘾就发展成慢性复发性脑病,与高血压、抑郁症等慢性疾病同样需要治疗。《吸毒成瘾认定办法》(公安部令第115号)第2条指出:吸毒成瘾是指吸毒人员因反复使用毒品而导致的慢性复发性脑病,表现为不顾不良后果、强迫性寻求及使用毒品的行为,同时伴有不同程度的个人健康及社会功能损害。脑成像研究证实,毒品的作用会造成多巴胺等神经递质系统和奖赏通路的病理性改变,导致成瘾。成瘾行为是一种复杂的脑疾病,是由生物、行为和环境(包括社会)因素共同作用引起的。毒品具有极强的成瘾性。毒品成瘾具有以下特征:第一,易产生耐受性,即机体对药物敏感性较低的现象;第二,出现戒断综合征,一旦停止毒品滥用,就会出现特殊的生理、心理症状群;第三,明知故犯,即明知滥用行为会产生危害及痛苦等不良后果,仍去寻找或使用毒品,即使试图戒断,但也无能为力,绝大多数重蹈覆辙;第四,产生稽延性戒断综合征,即急性戒断症状消退后,仍会产生身体和心理依赖,如浑身无力、失眠、食欲低下等症状。稽延性戒断综合征持续时间长,从数月到数年之久。

2. 从心理学角度来讲,吸毒人员普遍存在心理异常

与其他矫正对象相比,涉毒类社区矫正对象普遍存在心理异常,甚至心理疾病。吸毒人员的心理特点主要表现为以下几个方面:

第一,人格缺陷。吸毒人员的人格特质缺陷突出表现为固执,即大部分吸毒人员的性格偏向好强、固执,表现为自以为是,武断处事,反抗感强;敷衍,即大部分戒

---

① 参见毒品犯罪问题理论与实践研究课题组:《实证视角下当前毒品犯罪的现状分析与对策——以揭阳市为例》,载《汕头大学学报(人文社会科学版)》2018年第9期。

毒人员原则性差,应付了事,缺少恒心和毅力,容易放弃,在缺少外在监督、约束的情况下,容易复吸;独立性差,即大部分吸毒人员行动时缺少主见,依赖性强,难以脱离已有的吸毒关系网。

第二,认知偏差。长期吸食毒品会改变脑部的结构,特别是额叶,引发代谢和神经递质的异常,损害吸毒人员的认知能力,导致部分功能性失调认知障碍。吸毒人员对毒品的作用存在认知误区,对戒毒行为存在抵触倾向。同时,吸食毒品也会导致吸毒人员认知思维方式偏差,主要表现为:偏执、极端,武断、固执,猜疑、夸大消极面等。

第三,负性情绪明显。从脑功能的角度分析,长期吸食毒会破坏吸毒人员的大脑奖赏神经系统,导致戒断后仍会经常感觉空虚或焦虑,加之毒品滥用造成的脑部高级认知功能的损伤,对负性情绪缺乏调节和控制,进一步加剧了负性情绪的困扰。吸毒人员的负性情绪突出地表现为抑郁和焦虑。

3. 从行为学角度来讲,吸毒人员的偏差性行为明显

吸毒人员常表现出偏差性的行为,具体体现为自控力低、冲动性强、欺骗性强、逆反敌对性强等方面。第一,吸毒人员自控力低。自我控制力低,在时间管理、行动执行、排除干扰、控制冲动、抑制诱惑、延迟满足等方面都存在不足。同时,成瘾程度越高,自控力越低。吸毒人员自控力差突出表现为,不自觉地参与到关于毒品和吸毒的讨论之中,并表现出渴求;不能抵制稽延性戒断症状,对毒品产生强烈渴求,进而复吸以及随之而来的反复戒治。

第二,冲动性强。长期吸食毒品引发大脑皮层结构和功能的改变,导致吸毒人员冲动水平上升,即使在戒断期间,仍然存在较强的攻击性。受毒品线索、吸毒环境的影响,冲动性强也是导致复吸的重要诱因。吸毒人员冲动性的突出表现是,面对消极后果,也会明知故犯;缺乏深思熟虑,偏好即时奖赏;易受外界刺激,实施暴力攻击或冒险性行为;为缓解戒断症状,不顾后果、不惜代价寻求毒品。

第三,欺骗性强。欺骗有利可图,因此,说谎是吸毒人员普遍存在的行为特点。在吸食毒品期间,吸毒人员为掩盖自己的违法行为,或为获取毒资,会欺骗家人、亲友。同时,吸毒人员通常虚荣心较强,特别是女性吸毒人员,与他人交谈中往往会夸大或炫耀,以获得他人的认同或关注。

第四,逆反敌对性强。逆反敌对是吸毒人员普遍存在的一种行为表现。对吸食甲基苯丙胺等新型合成毒品的吸毒人员来讲,虽然戒断后躯体症状得到缓解,但是敌意、易怒等负性情绪仍会持续较长时间。吸毒人员逆反性、敌对性的突出表现主要有,“标新立异”处事,即别人反对,他则赞同;抵制各种戒毒措施;攻击他人或是对抗戒毒工作人员等。

4. 从社会学角度来讲,吸毒人员处于弱势地位

吸毒人员的社会弱势地位主要体现在以下几个方面。第一,文化程度普遍偏低。国内一项针对福建省1000名男性强制戒毒人员的调查,小学350人(35%),中学595人(59.5%),大学及以上55人(占5.5%)。[①] 说明了吸毒人员的文化程度普遍低。第二,从职业上看,无业占据主导。国内一项针对614例海洛因依赖者的调查发现,有249例(56.72%)均从事与现行政策、法令相悖的各种营生,排列前三位的是涉赌72例(16.40%)、涉黄68例(15.48%)、扒窃38例(8.65%)。娱乐休闲业主和经商共81例(18.44%),无业人员94例(21.41%),情况不详15例(3.42%)。所谓无业的吸毒人员中绝大多数均有其各自的营生勾当,或涉嫌违法犯罪活动或从事不太体面的职业,故而羞于启齿,诡称无业。[②] 由此可见,无业的吸毒人员大多数与其他违法犯罪行为有密切联系。第三,家庭支持系统薄弱。家属成员与吸毒人员的关系紧张,拒绝、排斥吸毒人员,甚至断绝亲属关系。家庭结构不完整或问题家庭是部分吸毒人员吸毒的重要社会因素,因此,吸毒后也难以获得相应的支持。从婚姻状况方面来看,有近一半的吸毒人员处于未婚或离异状态。即使保持婚姻状态,配偶也对吸毒人员不抱希望。

总之,由于具有吸毒史,涉毒类社区矫正对象也具有上述吸毒人员的一般特征。

(二)涉毒类社区矫正对象的特殊性

由于具有上述吸毒人员的特征,涉毒类社区矫正对象与其他类型社区矫正对象区别明显,具体表现在以下几个方面:

1. 身患疾病多

毒品滥用给吸毒人员身体功能和生理系统造成全方位的损害,包括神经、感知觉、呼吸、心血管、消化、免疫、生殖系统等。涉毒类社区矫正对象不同程度地患鼻炎、肺结核、高血压、糖尿病等疾病。吸食冰毒等苯丙胺类新型毒品还会破坏人体的神经系统,产生鲜明的视听觉,出现触幻觉以及被害妄想等精神病症状,从而引发极端暴力行为。同时,由于共同使用吸毒工具以及吸毒后的性释放,导致肝炎、性病、艾滋病等传染性疾病在吸毒群体多发。因身患重病,被决定暂予监外执行或缓刑的居多。身患疾病多,特别是神经性、传染性疾病需要及时、有效的治疗与防治,

---

① 参见丛伟东等:《福建省1000名男性强制戒毒人员心理健康状况及人格特征的分析》,载《齐齐哈尔医学院学报》2013年第19期。

② 参见贾一夫等:《无业海洛因依赖者的生涯及经济来源调查》,载《中国药物滥用防治杂志》2005年第3期。

需要特殊的监管手段及教育帮扶措施。

2. 毒瘾戒断难

毒瘾戒断仍是一个世界性难题。当前全球的戒毒巩固率只有9%，即使是戒毒技术比较先进的发达国家复吸率也高达90%以上。[①] 从医学角度来讲，吸毒人员是慢性复发性脑病患者。换言之，吸毒人员是特殊的病人。吸食毒品后，人体会产生身体依赖与心理依赖。吸毒人员难以摆脱心理依赖是毒瘾难以戒断的关键因素。依托现有的科学水平，对吸毒人员综合应用医学、心理学、教育学、社会学等专业知识与技术是取得良好戒治效果的主要选择。鉴于毒瘾戒断的艰难性，单纯的复吸率已失去评价意义，延长复吸时间、降低毒品的身心伤害已成为部分国家和地区毒瘾戒断的判断标准。随着我国禁毒模式的整合与改进，特别是司法行政强制隔离戒毒统一模式的推广，强制隔离戒毒的复吸率有所下降。涉毒类社区矫正对象的毒瘾同样难以戒断，需要在矫正期间加强专业化的医疗戒治与心理干预。

3. 再犯风险高

毒品与犯罪之间具有天然的联系。毒品具有成瘾性，为获取毒资、供给毒品，多数吸毒人员会"以贩养吸"或实施抢夺、盗窃等财产型犯罪。同时，吸食毒品后，人体难以控制自身的行为、意识，易产生攻击性行为，实施暴力型犯罪。据统计，2017年全国公安机关抓获的非涉毒品类刑事犯罪嫌疑人中，吸毒人员共15.2万名，占10.3%。[②] 可见，毒品滥用危害极大，影响社会治安稳定。涉毒类社区矫正对象再犯风险高，究其原因有：涉毒类社区矫正对象生活方式不健康，易染吸烟、酗酒、赌博等恶习，出入娱乐场所较频繁；人际交往复杂，与"道友"来往密切，与正常社会成员疏离；犯罪前一贯表现差，违法犯罪记录多；文化程度低，无谋生技能及正当职业，家庭关系紧张；戒毒症状逐渐加重，需要不断增加毒品供给，大量毒资需求与现实收入状况的矛盾关系，等等。据浙江省乐清市统计，该市46名涉毒社区服刑人员中，41人有前科记录，27人曾被公安机关处以行政拘留、强制戒毒等处罚，17人曾多次被公安机关处以行政处罚，8人曾因涉毒被判处刑事处罚。[③] 已有大量数据和个案证明染有毒瘾的社区服刑人员具有相对较高的再犯罪风险。[④] 据此，涉毒类社区矫正对象再犯风险高，需列入重点监管范围，实施禁止令、电子定位等特别化的监督措施。

---

① 参见敬雪华：《涉毒社区服刑人员与循证矫正》，载《山东警察学院学报》2018年第3期。

② 参见《近五年中国毒品形势报告全文(2014－2018)》，载搜狐网2019年6月19日，https://www.sohu.com/a/321547191_120024602。

③ 参见项昌林等：《涉毒社区服刑人员的社区矫正实践与探索》，载《中国司法》2015年第12期。

④ 参见郑海、李国华：《中观视野中重新犯罪的罪刑样态与耦合关系》，载《法律科学(西北政法大学学报)》2017年第4期。

4. 社会排斥大

与其他类型社区矫正对象相比，涉毒类社区矫正对象受到社会排斥更大，融入社会难度更高。究其原因如下：其一，涉毒类社区矫正对象既是吸毒人员，又是罪犯。“双重标签”自然易遭到社会成员的排斥与疏离。其二，涉毒类社区矫正对象的家庭关系通常比较紧张，家庭结构脆弱，家庭接纳程度低，难以得到家庭成员的支持与关爱。其三，在就业竞争日益激烈的背景下，涉毒类社区矫正对象文化程度低，缺少职业技能，附之“双重标签”不利于其求职就业，甚至制度化地被排除在就业体系之外。据此，涉毒类社区矫正对象更需要社会公众的宽容与社会资源的帮助。

四、涉毒类社区矫正对象的矫正对策

我国《社区矫正法》《社区矫正法实施办法》并未对涉毒类社区矫正对象作出特殊规定。但是，涉毒类社区矫正对象特别是成瘾严重的部分人员具有自身的独特性，其再犯危险性较高，不加区分地适用其他类型矫正对象的方案难以奏效。据此，社区矫正机构需要制定并实施特别化的矫正对策。

（一）设置特殊化的监管措施

特殊化的监管措施是控制涉毒类社区矫正再犯危险的重要保障。在实施《社区矫正法》《社区矫正法实施办法》中规定的监管措施基础上，针对涉毒类社区矫正对象的特殊再犯风险，社区矫正机构需要实施更严格的监管措施。

1. 定期进行毒品检测

为掌握涉毒类社区矫正对象的戒毒情况，预防其复吸，建议社区矫正机构联合派出所、禁毒办，在他们报到、个别教育时随时进行尿检。

2. 增加禁止令的内容

多数吸毒人员有经常出入 KTV、酒吧等娱乐性场所的生活习惯，且他们的交往范围往往局限于“毒友”圈子。为切断与毒品的联系，预防复吸，建议对涉毒类社区矫正对象适用“禁止令”，禁止其进入活动区域内的娱乐场所，禁止其接触有吸毒史的成瘾人员，甚至可以实施“宵禁令”。

3. 加强电子定位应用

电子定位是掌握社区矫正对象活动情况及行动轨迹的重要手段。根据《社区矫正法》第 29 条的规定，目前电子定位装置的适用并不包括涉毒类社区矫正对象。但是，为了准确掌握涉毒类社区矫正对象的行踪，落实禁止进入娱乐场所，禁止接触吸毒人员的禁令，预防其复吸，建议对涉毒类社区矫正对象适用电子定位装置，具体程序、时限及相关批准人与其他适用情形保持一致。

（二）丰富专门化的教育内容

专门化的教育矫正是戒除涉毒类社区矫正心理依赖的重要手段。针对涉毒类社区矫正对象的特殊需求，社区矫正机构需要开展专门的教育矫正。

1. 基于戒断毒瘾的需要，教育矫正内容需要增加毒品认知教育

毒品认知教育是指涉毒类社区矫正对象正确认知毒品，吸毒原因及危害，禁毒及戒毒的法规政策，树立戒毒信心与决心的教育活动。毒品认知教育的主要内容如下：其一，毒品认知教育，即科学认识毒品的性质与种类，正确剖析吸毒、复吸原因。其二，毒品危害教育，即教育吸毒严重损害吸毒人员的身心健康，破坏人体的神经系统、消化系统、循环系统等，传播性病、艾滋病等疾病，过量吸食将导致死亡；同时，吸毒也会易诱发刑事犯罪，影响家庭和谐稳定，消耗社会经济资源，破坏生态环境及社会秩序。其三，《禁毒法》《戒毒条例》等禁毒法律法规教育，让吸毒人员明确国家严厉的禁毒政策以及人性化的处置理念。其四，树立戒毒信心。对于初次吸毒或成瘾程度不高的社区矫正对象，树立戒毒信心至关重要。因此，在科学认识毒品的基础上，教育工作者要鼓励社区矫正对象树立坚定的戒毒信心与信念，培养坚强的拒毒意志力，抵制毒品及吸毒环境的引诱。

2. 基于减轻心理依赖的需要，教育矫正内容需要强调心理学干预

吸毒成瘾是一种反复发作的脑疾病。吸毒成瘾后，人体的脑功能会发生毒品依赖性变化，并且，脑的结构也会发生病理性改变，进而产生难以摆脱的心理依赖。因此，对涉毒类社区矫正对象，特别是就其中吸毒成瘾人员而言，心理学干预必不可少。戒毒期间的心理学干预主要包括心理咨询和心理治疗，包括以下几个方面主要内容：[①]（1）培养、调动戒毒人员的心理自救意识；（2）帮助戒毒人员学习、掌握心理自救的技能；（3）恢复、重建戒毒人员健康的生活理念与生活习惯；（4）矫治戒毒人员的不良行为；（5）帮助、辅助人员渐渐回归家庭、社会。戒毒矫治康复中的心理咨询和心理治疗包括以下三个方面内容：（1）对毒品心理依赖的矫治。（2）对戒毒人员进行人格重塑。（3）培养戒毒人员自我调控的能力。

对涉毒类社区矫正对象开展心理学干预时，需要注意以下问题：其一，安排专门心理咨询师对社区矫正对象进行心理咨询或治疗，不具有相关专业资质的人员不得进行；其二，心理咨询师需要坚持保密原则，不得随意泄露社区矫正对象的隐私；其三，对有自伤、自残等危险倾向的社区矫正对象，心理咨询师需要及时进行心理危机干预，以平衡其情绪，避免危险行为发生，并及时通知社区矫正机构工作人

---

① 参见蔡燕强主编：《戒毒矫治康复手册》，暨南大学出版社 2006 年版，第 100 ~ 101 页。

员;其四,异性心理咨询师不得单独与戒毒未成年人进行心理咨询或治疗。心理咨询师工作时可以着便装,以利于双方沟通交流。

3. 基于增强身体机能的考虑,教育矫正的内容需要重视身体康复训练

众所周知,吸食毒品损害身体健康,易患传染性疾病,改变人格,危害心理健康,长期吸食毒品会引起消化、呼吸、循环等系统脏器产生功能障碍,甚至衰竭乃至危及生命。恢复身心健康为毒瘾戒断提供条件。身体康复训练是以康复医学为基础,以康复训练为手段,结合吸毒人员的身心状态,帮助其恢复身体及心理机能,增强其身体素质,为抵制和戒断毒瘾奠定基础。身体康复训练的目标不仅是帮助吸毒人员恢复身心健康,更重要的是培养他们运动的兴趣和习惯,在没有专业人员指导下能够自主地保持身体训练,增强体质,为戒断毒瘾提供良好的身体保障。

社区矫正机构可以邀请社会体育指导员或国家职业健身教练等专业人员,根据涉毒类社区矫正对象的身心健康状况,设计专门的身体康复训练项目,并指导实施。设计身体康复训练方案时,专业人员需要坚持个别性、渐进性、兴趣性原则。身体康复训练可分为初期和后期两个阶段进行。初期身体康复训练以基础性运动能力的恢复为目标,主要进行一般耐力训练、结合身体主要肌群的基本力量练习,并进行一次系统的体质测试。初期康复训练的方法主要有广播体操、慢跑、下蹲起、跳绳、俯卧撑、引体向上等练习。后期身体康复训练以基础性体能训练为主,根据涉毒类社区矫正对象的身体健康状况采取基础训练和个性训练相结合的方式进行。身体康复训练一段时间后,进行一次系统的体质测试,以调整训练方案,保持身体康复训练的科学性。后期身体康复训练的方式有:早操或早晨锻炼、耐力练习、有氧韵律操、力量练习等。

(三)拓展社会化的帮困扶助

社会化的帮困扶助是解决涉毒类社区矫正特殊问题的重要手段。针对涉毒类社区矫正对象的特殊问题,社区矫正机构需要拓展社会化的帮扶力量。

1. 基于治疗疾病、戒断毒瘾的考虑,社区矫正机构需要协调医疗、戒毒机构

涉毒类社区矫正对象通常身患高血压、胃溃疡、糖尿病等疾病,以及肺结核、性病等传染性疾病,同时,他们存在不同程度的身体依赖与心理依赖,需要专业的治疗与戒治。治疗与戒治需要专业机构的专业人员进行,在实践中,主要是医院和戒毒场所。对于涉毒类社区矫正对象,特别是成瘾程度严重的,社区矫正机构需要协调医疗机构、戒毒机构等单位提供相应的帮助,加强与其沟通,及时了解病情及戒毒情况,并在治疗的过程中予以必要的配合。

2. 基于解决生存性问题，社区矫正机构需要联系民政、社会保障等部门

毒品的成瘾性需要持续性的资金支持。因此，毒品犯罪人中“以贩养吸”以及侵财型犯罪居多。因供应毒资及毒品造成的身心伤害，大部分涉毒类社区矫正对象经济条件差，无法自食其力，家庭也陷入贫困。对于生活等方面有特殊困难的涉毒类社区矫正对象，社区矫正机构需要协调民政部门、社会保障部门，帮助他们积极申请最低生活保障、社会救助等。同时，根据《社区矫正法》第 38 条的规定，居民委员会、村民委员会可以引导志愿者和社区群众，利用社区资源，采取多种形式，对有特殊困难的社区矫正对象进行必要的教育帮扶。此条款也适用于有特殊困难的涉毒类社区矫正对象的教育帮扶。

3. 基于解决社会性问题，社区矫正机构需要协调家庭、专业社会组织、企业事业单位等部门

涉毒类社区矫正对象具有吸毒人员的一般特征，其文化程度低、就业技能差、家庭关系紧张等因素，导致其受到的社会排斥更大。为解决涉毒类社区矫正对象的失业等社会性问题，一方面，社区矫正机构需要强化文化知识教育，提高涉毒类社区矫正对象的认知能力，扩展其认知视域，帮助其树立正确的世界观、人生观与价值观。同时，根据《社区矫正法》第 39 条的规定，社区矫正对象的家庭成员应当协助社区矫正机构做好对社区矫正对象的教育。社区矫正机构需要与涉毒类社区矫正对象的家庭加强联系，引导其宽容、接纳矫正对象，促进其教育、监督、帮助的作用。另一方面，社区矫正机构需要协调专业社会组织、企业事业单位等部门。根据《社区矫正法》第 40 条的规定，社区矫正机构可以通过公开择优购买具有禁毒、戒毒工作资质和经验的社会工作服务，为涉毒类社区矫正对象在教育、心理辅导、职业技能培训、社会关系改善等方面提供必要的帮扶。根据《社区矫正法》第 41 条的规定，社区矫正机构可以协调当地企业事业单位、社会组织为社区矫正对象提供就业岗位和职业技能培训，协调税务等部门为招用社区矫正对象的企业落实国家相关优惠政策。

复习思考题

1. 简述未成年社区矫正对象的特征。
2. 简述未成年社区矫正对象的矫正对策。
3. 简述女性犯罪的特征。
4. 简述女性社区矫正对象的分类教育。
5. 简述涉毒类社区矫正对象的特殊性。
6. 简述涉毒类社区矫正对象的矫正对策。

第十二章　矫正社会工作

本章摘要

随着社会进步与司法文明的发展，预防犯罪与矫正罪犯不再是国家司法部门的职责，而是需要全社会共同努力。社会工作是坚持利他主义原则和助人自助宗旨的一种实践方式。社会工作的理念、目标与社区矫正制度相契合，并为社区矫正工作提供了一套独特的专业程序与方法。《社区矫正法》的相关规定为社会工作嵌入社区矫正提供了法律保障。矫正社会工作是社会工作在社区矫正领域应用的直接体现。矫正社会工作强调运用社会工作的专业知识和技术，协助社区矫正机构，引导社区矫正对象建立良好的社会关系，促进其顺利回归社会；运用社会政策及社会资源，帮助社区矫正对象及其家庭解决社会问题，维护社会稳定。

重点问题

1. 矫正社会工作的特点与分类。
2. 矫正社会工作中的伦理困境与解决原则。
3. 矫正社会工作的理论基础。
4. 矫正社会工作的过程。

第一节　矫正社会工作概述

一、矫正社会工作的基本概念

（一）矫正社会工作

“矫正”一词是由医学术语引申到司法领域。在医学领域，矫正，是指通过手术或药物等技术手段使患者身体部位或技能的障碍得以康复的过程。当其被引入司法领域后,被赋予了新的内涵,意指国家司法机关和工作人员通过各种措施和手段,使犯罪者或具有犯罪倾向的违法人员得到思想上、心理上和行为上的专业性治疗,从而重新融入社会,成为正常社会成员的过程。① "矫正"这一词汇出现并被引用于刑罚执行领域,彰显了人类惩罚观念的巨大转变和进步。刑罚的目的和作用不再局限于惩罚、隔离和威慑,还强调帮助犯罪人顺利实现再社会化。

19 世纪末 20 世纪初,专业社会工作发端于英美等西方国家。一直以来,关于社会工作的定义亦是众说纷纭。西方国家的学者们普遍将其认定为一种助人自助的服务活动。同时,社会工作的内涵和外延也在不断发生变化。在广泛吸收自然科学和社会科学知识的过程中,社会工作逐步发展为一门涵盖社会学、心理学、新闻学、管理学、电子信息科学等多领域综合知识的应用型社会科学,并成为被全球广泛认可的新型社会服务行业。我国社会工作的专业教育恢复发展之后,国内学者亦从多方位总结和归纳了社会工作的内涵,比较有代表性的是,"社会工作是秉持利他主义价值观,以科学知识为基础,运用科学的专业方法,帮助有需要的困难群体,解决其生活困境问题,协助个人及其社会环境更好地相互适应的职业活动"。② 从事社会工作专业服务的人员被称为社会工作者,或简称为"专业社工"或"社工"。

矫正社会工作,也称矫治社会工作或感化工作,是指社会工作在矫正领域中的具体应用。它是矫正制度中必不可少的组成部分,也是社会工作实务的重要领域之一。具体而言,它是指专业人员或志愿人士,在专业价值观指引下,运用社会工作的理论、知识和方法、技术,为罪犯(或具有犯罪危险性的人员)及其家人,在审判、监禁处遇、社会处遇或刑释期间,提供思想教育、心理辅导、行为纠正、信息咨询、就业培训、生活照顾以及社会环境改善等,使罪犯消除犯罪心理结构,修正行为模式,适应社会生活的一种福利服务。③

根据上述定义可以看出,矫正社会工作具有以下四个特点:

1. 社会福利服务的专业性

从工作性质上看,矫正社会工作既是专门服务于罪犯及其家人这个特殊群体的专业化服务,又是整合社会资源,改善服务对象生活状况的福利性服务。它是一项极具挑战的复杂性、系统性工作,需要专业工作人员、政府和司法部门,以及社会多方协调配合才能顺利开展。

---

① 参见杨曼:《矫正社会工作研究》,中国政法大学 2009 年硕士学位论文,第 3 ~4 页。
② 参见王思斌主编:《社会工作概论》(第 3 版),高等教育出版社 2014 年版,第 9 页。
③ 参见张昱主编:《矫正社会工作》,高等教育出版社 2008 年版,第 6 ~7 页。

2. 服务对象的特殊性

从工作对象上看,矫正社会工作主要是对罪犯或是具有犯罪危险性的违法人员开展工作。显而易见,矫正社会工作的对象既是社会安全和公共利益的危害者,又是因社会化过程受阻或社会适应性差而走上歧途的弱势群体。因此,矫正社会工作的服务过程既是维护社会安全稳定的服务过程,也是帮助弱势群体再社会化的重塑过程。

3. 矫正过程的一致性

从工作过程上看,矫正社会工作者所提供的服务是有法律依据和制度保障的专业化服务。服务过程与罪犯的司法矫正过程息息相关,各个环节都能体现出矫正社会工作的优势和作用。此外,矫正社会工作的最终目的与司法矫正的目的具有一致性,二者都是为了预防犯罪和维护社会稳定。

4. 服务内容的全面性

从工作内容上看,矫正社会工作贯穿于整个司法矫正过程中,涵盖审判、监狱处遇、社会处遇、刑释等各个环节,同时,矫正社会工作的服务广度、深度也可见一斑。矫正社会工作的服务内容既包括思想认识、心理调适等精神层面的转化,也包括行为纠正、就业培训、生活照顾等社会适应层面的帮助,还有针对罪犯家人以及周围社会环境的支持与改善。因此,矫正社会工作是具有全面性和针对性的服务。

(二)矫正社会工作的机构与人员

罪犯的矫正过程是一个复杂、系统的过程,需要多方力量配合协作。矫正社会工作者作为矫正过程中的重要角色,承担着丰富而重要的职能。矫正社会工作者本着人道主义精神,运用科学理论和方法,从事的矫正罪犯、改善社会环境的服务活动及成效,有力地证明了人性化刑事执行制度的有效性和先进性。具体而言,矫正社会工作者,是指具备社会工作的专业价值观、理论知识、方法技术,从事违法犯罪人员矫正工作的专业化职业人员。与之相对应,提供专业化矫正社会工作服务的机构被称为矫正社会工作机构。

1. 矫正社会工作的组织机构

合理健全的组织架构是保证矫正社会工作顺利推进的必要设置。由于矫正社会工作的专业特点和工作需求,各国各地区的政府及司法机构往往在其中起主导作用,统管机构设置、人员任用及培训、经费预算及管理、工作监督与评估等业务。其中,专业化的矫正社会工作机构,各国各地区不尽相同。如美国的“观护及假释协会”、英国的“国家观护人协会”、日本的“保护司会”“大哥大姐协会”,我国香港特别行政区的“善导会”等,都是专业化的矫正社会工作民间机构。虽然机构名称差异较大，但其工作内容涵盖了服务模式的探索与推广，督导及培训一线工作人员，举办专业会议及编纂相关刊物等方面，对矫正社会工作的制度完善及实施过程起到了基础性的作用。①

2. 矫正社会工作人员

矫正社会工作是涉猎面广、政策性强、专业性高、工作难度大的活动，非专业人员难以担任。按工作性质、工作额度与持续性、薪资待遇等的不同，矫正社会工作人员可分为专职人员和志愿人员两种。② 专职人员的资格认定需通过严格的专门培训或学历认证，有明确的工作职能和工作定额，并需通过相应的工作指标考核。志愿人员则是不以矫正社会工作为专门职业的社会人士。志愿人员利用空余时间兼职从事矫正工作，不从政府或相关机构领取报酬。因矫正工作的特殊性和专业性，在遴选志愿人员时除去考量其品德、态度、空闲时间等因素外，也需经专业机构审查和培训后才能上岗。

二、矫正社会工作的分类

根据司法程序，可将矫正社会工作分为司法判决前的矫正社会工作及司法判决后的矫正社会工作两大类。具体而言，可按照司法审判前、监狱处遇、社会处遇、刑释这四个阶段分别探讨其介入方式和特点。③

（一）司法审判前的矫正社会工作

1. 针对犯罪嫌疑人的矫正社会工作

司法审判前，矫正社会工作的服务对象是已被羁押或保释，但尚未被判定有罪的犯罪嫌疑人。这一过程中，矫正社会工作者可以通过与犯罪嫌疑人及其家庭和周围社会的接触了解，出具一份有关犯罪嫌疑人的调查报告，提交法庭作审判参考。调查报告包括犯罪嫌疑人的社会背景（如家庭关系、成长过程等）和性格特点，以及犯罪成因等资料。撰写调查报告的目的也不同于律师为被告作无罪辩护，而是在承认犯罪事实的基础上为法庭判决提出参考建议。在一些国家，法庭对判决前的调查报告是十分重视的，因为法庭调查一般注重犯罪事实本身，而矫正社会工作者的调查报告所提供的犯罪嫌疑人的社会背景及性格特征等资料，有助于法庭作出更利于其改过自新的判决。

---

① 参见王思斌主编：《社会工作概论》（第3版），高等教育出版社2014年版，第352页。

② 参见王思斌主编：《社会工作概论》（第3版），高等教育出版社2014年版，第353页。

③ 参见张昱主编：《矫正社会工作》，高等教育出版社2008年版，第8～12页。

2. 针对犯罪嫌疑人亲友的矫正社会工作

由于犯罪嫌疑人被羁押等待审判，其家人亲友会遭受一定的冲击和影响，尤其是犯罪嫌疑人的直系亲属，如年迈的父母或尚未成年的子女，其正常生活可能会因"家庭顶梁柱"的缺位而陷入困境。矫正社会工作者可以为这些犯罪嫌疑人的家人提供帮助。比如，为缺失经济来源的犯罪嫌疑人家人寻求维持生活的社会资源，为无人监护而失去依靠的未成年子女安排妥当的生活照料，为因犯罪嫌疑人的待审案件而产生心理困扰的家庭成员提供心理辅导等。

（二）监狱处遇中的矫正社会工作

监狱的封闭环境可能引发服刑人员的抗拒心理。因此，在为监狱服刑人员提供服务时，社会工作者主要是调动他们自身的潜能和社会资源，消除其思想和行为上的潜在危险因素和负面因素，加强其与社会的联系和沟通能力，恢复重建其社会功能，引导其向积极的方向转化，以达到改过自新、回归社会的目的。具体工作既包含个案辅导和团体治疗，通过社会工作的专业方法引导服刑人员矫正偏差行为；也包括职业辅导和社会联系，通过与外部社会的联系为罪犯的再社会化提供可能性。此外，矫正社会工作者还通过评估报告的形式，用科学的指标和方法对罪犯进行测评，并向监狱当局提供报告结论，为其处遇升级甚至假释提供参考。

（三）社会处遇中的矫正社会工作

社会处遇，也称社区处遇或设施外处遇，它是指以社区为基础的罪犯矫正措施。一般而言，社会处遇，是指在社区环境中管理教育改造罪犯方式的总称，是不将罪犯与社会隔离，利用社区资源改造罪犯的刑罚执行制度。从实际情况来看，社会处遇已在一些国家的刑罚执行方式中占据主流，也成为矫正社会工作主要介入领域。矫正社会工作者在社会处遇中所提供的服务主要有以下三种：一是社区矫正对象的观护。主要包括缓刑、假释、监外执行人员在观护期内遵守或违反规定的情况，矫正社会工作者作为观护人，要对被观护者起到监督作用。二是院舍训练的组织管理。主要是向受助者提供住院或寄宿等训练机会，使受助者能够掌握正常的生活技能从而顺利回归社会。它通常是为违法犯罪人员尤其是为违法青少年设置的，主要包括中途之家（或称社区矫正中心）、家庭监禁、寄养照管、感化院等。三是社会服务计划的执行。它是指法院判决犯罪人到社区中进行一定时数无偿劳动，以替代短期自由刑的非监禁刑措施。社会服务可以培养犯罪人的劳动习惯和社会责任感，使其在服务过程中学会生产、生活技能，增强就业能力和社会适应能力，还可以避免短期自由刑造成的与社会隔绝和恶习交叉感染，是近年来西方较为盛行的社会处遇措施。

(四)针对刑释人员的矫正社会工作

矫正社会工作者对刑满释放人员提供的服务也称为更生保护或出狱人保护。刑满释放人员往往面临与社会脱节和受到社会歧视等境遇,如果帮助他们融入社会,则对其今后的生活及社会的安定具有重大意义。

出狱人保护这一社会福利措施起源于美国费城。出狱人保护工作在促进出狱人再社会化和稳定社会方面起到重要作用。这项措施既符合国家和社会利益,又符合以人为本的价值取向。因此,在后续的发展过程中,出狱人保护得到许多国家的肯定和接纳。其具体措施包括提供住宿场所,提供就业、就学帮助,提供生活辅导和医疗保健服务,提供物质支持等。

三、矫正社会工作的功能

从社会系统论的角度来看,功能是体现系统中不同部分之间的相互依存性的概念,其基本含义是某种事物或方法所发挥的作用。社会工作有助人、救难、解困、发展四大基本功能。矫正社会工作的功能也可以根据自身和社会的系统性关系来探讨。①

(一)矫正社会工作自身发挥的功能

1. 矫正功能

矫正功能是矫正社会工作最基本的功能。它使其区别于其他实践领域的社会工作过程,从而体现出鲜明的专业性和特殊性。矫正社会工作的实施对象是罪犯或具有犯罪倾向的人员,通过对其进行生理、心理、思想和行为上的矫正治疗,使其顺利重新融入新生活,成为正常的社会成员。

2. 服务功能

社会工作是一种助人自助的服务活动。矫正社会工作作为社会工作实践领域的重要组成部分,本质上也是在司法领域中开展的社会福利服务,其服务对象是特殊的社会弱势群体——违法犯罪人员及其家属。矫正社会工作过程与整个刑事司法过程相辅相成,其内容全面而深入。服务手段既包括直接的专业服务,如心理辅导、生活照料、经济支持、疾病治疗、就学就业指导、家庭关系调试等方面,也包括转介性、协调性、倡议性的间接服务。

(二)矫正社会工作服务于社会的功能

1. 创造利于矫正对象更新改造的外部环境

犯罪社会学研究表明,犯罪主要受社会因素影响,如父母离异、家庭教育缺位、

---

① 参见张昱主编:《矫正社会工作》,高等教育出版社 2008 年版,第 15 ~ 16 页。

邻里不和、毒品沾染、偷盗盛行等。这些负面因素的客观存在自然不利于矫正对象的更新改造。除针对微观层面的矫正对象进行的教育帮扶外，矫正社会工作还需针对宏观层面的社会环境进行改善，尤其是家庭环境和社区环境，争取营造有利于预防犯罪和改造罪犯的外部环境。

2. 推动刑罚制度科学化、人性化发展

非刑罚化、非监禁化是现代社会的刑法观念和刑罚制度的发展趋势。据此，矫正社会工作应运而生，反之，也是推动这一趋势发展的强效动力。矫正社会工作运用专业的科学知识和方法开展矫正服务，帮助罪犯回归正常生活，通过矫正效果证明，人性化的矫正措施比严刑峻法更有助于罪犯的更新改造和社会的长治久安。

第二节　矫正社会工作的价值伦理

一、社会工作的价值观

社会工作价值观是社会工作实践的灵魂，是社会工作者的精神动力，是社会工作者成长的力量。社会工作价值观是以人道主义为基础，充分体现了热爱人类，服务人类，促进公平，维护正义，改善人与社会环境关系，促进社会和谐的理想追求，激励和指导着社会工作者的具体工作。可以说，社会工作价值观总体上与我国提倡“以人为本，构建和谐社会”的社会发展理念是一致的。

国际社会工作界把社会工作价值观归纳为以下六个方面：

1. 服务。社会工作者应当超越个人利益，为他人提供专业服务。

2. 社会公正。社会工作者追求社会变革，特别是他们和社会上的弱势群体一起工作，不断追求社会公正。

3. 个人的尊严和价值。社会工作者对每个人都给予关心和尊重，不但尊重服务对象的个体差异，还要尊重他们在文化和种族上的多元性。

4. 人与人之间关系的重要性。人与人之间的关系是社会变革的重要工具。

5. 诚信。社会工作者对待服务对象要坦诚、守信用，这样才能在社会工作者和服务对象之间建立起充分信任的关系，这是社会工作能够顺利、高效进行的前提。

6. 能力。社会工作者要不断增强专业知识和技能，并将它们灵活、恰当地应用到实践过程。

二、社会工作价值观的应用原则

社会工作价值观的基本原则是从社会工作的操作层面来说的，也就是在具体的实践过程中，社会工作者应遵循的一些准则。在面对社区矫正对象的时候，矫正社会工作者需要遵循以下几点操作原则：

1. 接纳。接纳，是指社会工作者接受服务对象的身份、观念及行为。但是，需要注意的是，我们不能把接纳误解为认同服务对象的行为或价值观。接纳是社会工作专业对公众的统一服务态度，每个人都有权获得社会工作者提供的服务，至于是认同还是反对服务对象的行为或价值观，不影响工作关系的建立。

2. 尊重。对于社会工作专业来说，尊重是一个实践的过程。举例来说，我们国家有尊老的传统。对老年人来说，他们需要维持健康，享受天伦之乐，并且要消除社会交往中的孤独感，所以要尊重老年人，我们就要设法满足老年人的健康、情感和社会交往等方面的需求。精神病、艾滋病患者以及残疾人士，他们面临的最大困境是社会歧视和基本生活能力的欠缺，尊重他们就意味着应当帮助他们康复或改善环境，通过多方努力来减少社会歧视，维护他们的正当利益。

3. 个别化。尊重个性化需求，充分挖掘个人潜能是社会进步的主要标志之一。当然，不同的社会工作方法在应用个别化原则是有所区别。例如，个案社会工作特别强调个别化原则，而小组工作和社区工作方法则更加关注服务对象的共性需求。

4. 自决权和知情同意。案主在事关自身利益的决策中起到主导作用。社会工作者有义务向服务对象提供必要的信息。如果服务对象是没有能力进行选择和决策的案主，如儿童、未成年人以及智障患者等，社会工作者需要根据法律或有关规定，由他的监护人或者相关人士代行选择和决策的权利。虽然社会工作者是基于善意的选择，但是也不赞成其代替服务对象作出决定。

5. 保密。在一般情况下，社会工作者要坚持保密原则，特别是服务对象的隐私。但是，在一些特殊情况下，社会工作者应当透露有关信息时，必须要向所属机构或有关部门报告，同时，告知服务对象有限度地公开隐私信息的必要性和相关保护措施。如果事态紧急，必须打破保密原则而来不及报告时，社会工作者事后要提供必要的证据。

6. 不批判。社会工作者可以向服务对象分享与服务内容有关的自身感受和经验，以及对有关问题的看法，并提供解决问题的建议。但是，社会工作者不能直接或间接地强迫服务对象接受某种观点或某些事物。

三、矫正社会工作中的伦理困境

（一）伦理两难

社会工作者践行专业价值观具有一定难度。因为在实践过程中，社会工作者需要同时对案主、同事、机构和社会等多方面履行伦理义务。不同主体的伦理义务有时是不一致的，甚至存在矛盾冲突。在冲突之中，社会工作者自然会形成伦理两难，具体表现如下：

1. 保密问题

有效保护服务对象的隐私，使其不受伤害，是社会工作伦理基本原则。但是，这一基本原则在实践中难以把握。

小芳是一个有着吸毒史的女青年，曾经因贩卖毒品被判刑，现在是社区矫正对象。小芳现在基本上戒断了毒瘾，经过社会工作者的帮助，逐渐恢复了正常的生活规律，也希望能够找份工作，自食其力。经过社会工作者和小芳的共同努力，她获得了两个工作机会，一是去民政局殡葬部门做美容师，二是在一家著名娱乐城做服务员。小芳十分希望能去娱乐城工作，但小芳的父亲不同意小芳的选择，他担心小芳重新结识不良群体，所以竭力主张小芳去殡葬部门工作。为了工作的选择，父女俩冲突日益加剧，小芳甚至扬言如果父亲一定要她去从事殡葬美容工作，她将以死抗争。一天，社会工作者接到了小芳的电话，哭诉她父亲又在逼她，她不想活了……社会工作者有义务保护服务对象的有关信息不被曝光，从而保护服务对象的利益。但是，对于小芳这种特殊情况，为了保护她的生命安全，需要适度打破保密原则。因此，如何在不破坏社会工作者与小芳已经建立起来的信任关系基础上保护其生命安全就成为一项重要工作。

2. 价值中立和价值介入

在是否需要坚持价值中立的问题上，理论界有两种截然不同的观点。坚持价值中立的观点认为，社会工作的本质属性是助人自助，自助就是要尊重服务对象的自决权利，坚持自决原则；但是，坚持价值介入观点的认为，社会工作者不能简单、机械地照搬社会工作规定的原则、条例，当服务对象迫切地需要社会工作者给予价值支持的时候，社会工作者应当履行自己的专业服务职责。

毫无疑问，社区矫正是带有鲜明价值介入的社会活动。它意在改变矫正对象的犯罪心理和行为劣习，促使其回归社会。它以法律执行的极端方式代表一个社会在某个阶段集体情感的不容破坏和亵渎，以及现实社会道德的不容抵触和违背。所以，社区矫正作为非监禁刑罚执行活动，没有什么社会活动比它更具有强烈的价值介入特征。[①] 因此，在开展社会工作实践活动中，社会工作者不可避免地陷入价值中立还是价值介入的两难困境。

---

① 参见周湘斌：《社区矫正研究中价值中立与价值介入之间的必要张力》，载《北京科技大学学报（社会科学版）》2005 年第 2 期。

3. 个人利益和社会责任

通常来说,个人利益与社会责任存在一定差距。但是,在多数情况下,个人利益与社会责任不会产生比较严重的冲突。但是,当个人利益与社会责任发生矛盾时,社会工作者也很难作出选择。

例如,一名矫正社会工作者发现3岁的女儿发高烧,病情严重,但她丈夫出差在外,当时又没有合适的人帮忙照顾孩子,而她又已经提前约了某位社区矫正对象进行一次重要的面谈。社会工作者应该怎么办?是履行母亲的职责,照顾自己的孩子?还是履行工作责任,去会见社区矫正对象?这就是个人利益与社会责任的一个实践难题。

(二)解决伦理困境的原则

1. 保护生命原则

生存权是人最基本的权利。任何权利都不能危及自己或他人的生命、健康。面对案主的行为危及本人或他人的生命、健康时,社会工作者一定要以保护生命原则为最优先。在上述案例中,社会工作者并不会因为失约而危及服务对象或他人的生命安全,同时,她又找不到合适的对象照顾孩子,在这种情况下,应坚持保护生命原则,可以选择通知服务对象和社工机构后,带孩子及时就医。

2. 完全平等与差别平等原则

完全平等原则,是指当服务对象的实际需要都相同,而社会工作者所能提供的资源或服务又相当充足时,社会工作者可以给予每个服务对象平等的服务。差别平等原则,是指当社会工作者所能提供的资源或服务有限时,社会工作者要优先考虑为更加迫切需要帮助的服务对象提供援助,如家庭贫困、身患疾病的服务对象。在社区矫正工作中,社区矫正对象的需要千差万别。社会工作者应当优先考虑解决社区矫正对象的生存性需要,如衣、食、住、行等基本的生活保障。

3. 自主和自由原则

自主和自由原则强调要尊重服务对象的自我选择和决定权利。但是,如果服务对象自我选择或决定可能伤害自身或他人时,社会工作者要及时进行干预,应将风险控制到最低程度。如果干预的风险大而收益小,服务对象拒绝接受干预也能够接受。在社区矫正工作中,社会工作者应当尊重社区矫正对象在学习、生活、就业等方面的自主权,但是,其自主权的行使要有边界,需要在法律规范、职业道德以及公序良俗的社会规范框架内实现。

4. 最小伤害原则

当面临的困境可能伤害服务对象或他人时，社会工作者应当尽可能避免或防止伤害的发生。如果社会工作者迫不得已要对服务对象进行强制或伤害，应当选择伤害最小、恢复最易的方案执行。坚持最小伤害原则，在一定程度上能够帮助社会工作者与服务对象建立良好的沟通基础和信任关系，保证社会工作的顺利开展。在社区矫正工作中，当社区矫正对象发生自杀、攻击性行为等危机时，社会工作者需要及时介入，干预手段要坚持最小伤害原则。

5. 隐私保密原则

根据法律规定及职业伦理要求，社会工作者需要保护服务对象的隐私。在社区矫正工作中，社会工作者要遵守《社区矫正法》等法律法规的相关规定，保护社区矫正对象的身份信息等隐私以及在社会调查中获得的商业秘密等，特别要注意保护未成年人的隐私权。但是，如果面对社区矫正对象可能伤害自身或他人时，保密原则可以适度打破。

第三节　矫正社会工作的理论基础

一、优势视角理论①

优势视角是针对于病态模式（劣势视角）的反思和批判而产生的，其基本理念是着眼于个体的优势，而不是个体的不足和局限。在矫正社会工作领域运用时，优势视角强调社会工作者要聚焦矫正对象所具有的优势和资源，发掘和培养矫正对象的潜在能力，最终达到助人自助的目的。优势视角是矫正社会工作者与矫正对象共同努力的一种工作模式。矫正社会工作者不再聚焦于矫正对象的问题、不足以及标签，取而代之的是关注他们所呈现的优势、能力、资源以及成就。优势视角与劣势视角的比较，见表12－1：

---

① 参见刘斌：《优势视角的运用及相关案例分析》，载搜狐网2021年8月27日，https://www.sohu.com/a/292722581_491282。

表 12－1 优势视角与劣势视角的比较

优势视角	劣势视角
个体独特性、能力、天赋、资源＝优势	累积症状＝诊断
实务工作者将案主看作他们生活的“专家”，从外在环境来认识案主	实务工作者对案主所说的表示怀疑，是案主生活的“专家”
童年的创伤不能预测之后的生活事件	成人问题植根于童年时的创伤
干预是以案主的愿望为导向的	治疗是以实务工作者所设计的治疗方案为导向的
生活中的可能性无处不在	案主生活中的可能性受到他自己病状的限制
治疗工作的资源存在于案主、家庭和社区之中	治疗工作的资源主要在于实务工作者的知识和技能
治疗工作主要集中于推动案主挖掘生活的一切可能性以及对生活的愿景	治疗工作主要集中于减轻症状及其对案主造成的负面影响

（一）优势视角理论中的个人优势和环境优势

从优势视角来看，无论案主身处何种艰难的困境中，社会工作者也能发现其独特的精神特质。在心理、行为、认知等方面，社区矫正对象可能存在一些问题。这些问题即个人的劣势，但是从优势视角的立场来看，社会工作者要尽力挖掘其存在的优势和特长，帮助他们发现、发挥这些优势资源。

1. 个人的基本优势

(1)热望。社会工作核心价值观是“助人自助”。因此，社会工作者要充分了解到案主自己想要达到的目标，才能激发个人潜力，发挥个人能力去努力实现这个目标。

(2)能力。每个人都或多或少拥有如技巧、知识、天赋等各种各样的才能，这些才能有的已经表现出来，有的尚未挖掘。就社区矫正对象而言，无论其社会地位和社会身份如何，都应该得到平等地对待，其能力也应该得到尊重和发挥。

(3)自信。自信的两个层次在于：一是相信个人有能力去完成某项事务或某个行为；二是对于个人完成任务和面对挑战能力的了解。因此，社会工作者需要发掘社区矫正对象的某些正向经验，对其自信的树立有很大的作用。

2. 环境的基本优势

(1)资源。资源可分为有形资源和服务资源两种。有形资源表现为物态的资源,如社区公园、社区图书馆等;服务资源是指他人对个人无法企及之事提供的服务,如家务协助、幼儿托管等。服务资源的主要来源是非正式网络成员和正式社会福利机构。优势观点强调拓展社区矫正对象自身具有的资源,并增强其资源运用能力。

(2)社会关系。社会关系包括三个层次:亲密伴侣关系、社会网络支持和社区网络关系。他们为个人提供了表达性支持和工具性支持。拓展社区矫正对象的社会支持网络,争取各方面的支持资源,帮助他们发挥自身的优势与能力。

(3)机会。机会对于每个社会成员公平获得,是历来社会运动追求的目标。尽管社区矫正对象被贴上了负面的标签,优势视角将社区视为机会的主要来源,倡导社会工作者树立挖掘社区资源的目标和心态,寻找适应他们的社区资源和机会。

(二)优势视角的实践原则

1. 个人、团体、家庭和社区都有优势

社会工作者需要将社区矫正对象看作具有优势的人,这些优势可能来源于本人或者处于的团体、家庭及社区。同时,优势的发掘需要社会工作者采用倾听的态度,了解案主的经历、故事和解释。社会工作者需要从社区矫正对象的经历中寻找曾有的教训和经验,找到优势的发挥点,而不是聚焦他们现有的困扰、障碍。社会工作者需要保持乐观的态度和积极的看法去面对社区矫正对象或他们所处的系统,并且克服习以为常的思维缺陷。

2. 创伤与虐待、疾病与抗争具有伤害性,但它们可能是挑战和机遇

个体在不利的情形中并非被动的承受者,个体还可以采取主动的态度应对这样的不利情况。创伤与虐待、疾病与抗争具有伤害性,但这些可能也是我们的挑战和机遇。当社区矫正对象遇到问题时,社会工作者要做的是提醒和协助他们面对自身困惑、自我怀疑、逃避的态度,促进他们认识和发挥自己的优势,从而将伤害性事件转变为成长的机遇。

3. 与案主合作,社会工作者能够发挥其专业作用

在优势视角下,社会工作者不能以专家、权威人士自居,因为这种"不平等"的关系不易帮助社区矫正对象发现自己的优势,并树立重振生活的信心。社会工作者应该扮演合作或咨询的角色,从社区矫正对象的故事、叙说中得到教益和启示,以开放的心态和他们形成良好的沟通,帮助他们实现目标,促使他们发生改变。

4. 所有的环境都充满资源

优势观点强调"资源"的重要性,同时认为任何环境都充满了资源。较监狱服

刑人员相比，处于社会环境中的社区矫正对象，有权利且能够获得和运用社区中丰富的人力、智力、组织、物质等资源。因此，社会工作者的服务应该注重资源和优势，尽量排除社区矫正对象缺陷和不足对服务的干扰，从而让他们认识并发挥自身的价值，快速融入社会群体。

5. 激发抗逆力和优势的话语与叙事

人们时常抗拒承认自己的能力、储备和资源，因此，许多体现优势的特征和能力在多年的自我怀疑、他人谴责中被埋没，或者被负向性标签磨损。抹杀优势的问题在于缺乏言语、信任或信念。社会工作者需要应用表现抗逆力的语言，鼓励社区矫正对象讲述生活中抗争或成功的故事，以激发其抗逆力及优势。

6. 迈向正常化且持续化的优势

社会工作者和社区矫正对象要共同巩固已经凸显的优势，反复强化优势和抗逆力的新词汇。社会工作者要培养社区矫正对象发掘自身及周围环境资源的能力。其目的是尽量融合所有的优势，确保优势不断凸显、相互促进、持续发展，最终为社区矫正对象寻找解决困境的合适办法。

优势视角是一种全新的视角与理念，强调的是发掘个人、集体或者社会的优势和潜力，培养和提高人们的抗逆力，激发人们战胜困难的觉悟和决心。优势视角理论不仅改变了社会工作者在服务关系中处于主导地位的状况，而且还贯彻了“助人自助”的社会工作核心理念。但是，优势视角在运用过程中，也存在一定的局限。优势视角可能忽视社区矫正对象在求助之时所面临的真正问题或困难，仅仅强调优势而忽视问题，可能导致社区矫正对象的利益受到损害。

二、“人在环境中”理论

20 世纪初，玛丽·里士满和简·亚当斯在慈善组织会社和睦邻组织运动中都推行“人在情境中”的理论范式。例如，玛丽·里士满在 1917 年出版的《社会诊断》中提出“在情境中理解行为”，强调利用环境资源促进案主的改变和提升。此种论点奠定了社会工作要从环境角度理解和干预个人及其行为的理论框架，检视个人与环境之间的互动，提升个人适应环境的能力成为社会工作的目标。之后，心理暨社会学派的汉密尔顿提出了“人与环境”一词，并用其来界定社会工作的特质。20 世纪 50 年代的心理社会学派的托尔正式提出了“人在情境中”的概念。随着社会工作对社会问题的关注不断提升，“人在情境中”逐渐成为社会工作的主要实务原则。霍利斯明确指出个案工作的核心观点在于“人与他的情境”。“人在环境中”，是指用以描述案主的人际、环境、心理与身体健康状况的知识系统，该系统兼顾了案主的问题和能力，强调问题不止来源于个体特质，同时也存在于个人与环境的复杂性。[①]

尽管“人在情境中”在英语中表达方式不一，不同的词汇表述背后关于人与环境关系的假设也不相同，但总的来说，这些观点都包含了三个层面的要素，即人的层面、环境的层面、人与环境关系层面。“人在情境中”的理论认为，人不是完全独立自存的个体，研究一个人，必须将其放到他所处的环境中进行，即他的家庭、学校、工作场所等。“人在情境中”的理论强调应该注重研究案主的环境和社会环境间各要素的关系，人受到环境压力和人们彼此冲突的影响和困扰。所以，我们不能把个人与环境割裂开，要用系统的方法去分析情境中人们的行动。社会工作者在分析社区矫正对象问题时，也要把他们放回到他们所处的家庭、学校、工作单位等环境中，才能从根本上找到问题的根源所在。

三、增权理论

增权理论的一个重要先驱性论著是由所罗门在1976年完成的《黑人增权：压制性社区的社会工作》。她关注的是黑人这个少数族群。黑人这个族群具有社会群体的“无力感”，即缺少必要的个人资源和环境资源来实现在现实社会中扮演自己的角色，而这种“无力感”非但不能得到来自社会的包容和接纳，反而给他们带来众多上至制度，下至言语的负面评价，使本就处于社会中弱势地位的黑人群体更加无力解决个人在工作、生活中遇到的一系列问题。基于此背景，增权理论应运而生。[②]

增权理论可以帮助我们解决个人在面对来自外界的压迫时，如何为自身争取社会正义、发挥自身优势和适应社会环境等问题。增权理论不但不会指责权利受侵害者没有能力去获取资源和权力，而且更加关注个体因为社会不公、歧视和压迫而导致需要无法满足以及遭遇失败。增权的目标，在于通过削弱影响个体决定权、行动权的社会性或个别性障碍，增强个体运用权力的能力与自信，或者从环境中向个体注入一定的权力等方式，去帮助人们获得对自己生活的决定权和行动权，从而实现个人的抱负和幸福。

社会工作以“助人自助”为宗旨，主要的服务对象是社会中的弱势群体，而一部分的弱势群体正是因为在社会环境中无权才产生的问题，所以在实践中运用增权策略尤其重要。毫无疑问，大多数社区矫正对象也属于社会弱势群体，社会工作者在帮助他们恢复社会属性、解决个人问题的过程中，可以运用增权理论，帮助他们

---

① 参见宁玉梅：《人在情境中：生态系统理论和增权理论的比较》，载《学理论》2013年第9期。

② 参见何雪松：《社会工作理论》（第2版），格致出版社、上海人民出版社2017年版，第170页。

挖掘个人优势，争取社会政策支持，协调家庭邻里关系，帮助就业择业培训等，帮助他们顺利回归社会。

社会工作是以帮助案主克服限制其成长的个人或环境的障碍，促进个体自身发展。所以，在社会工作过程中，增权是重要的目标之一。在矫正社会工作实践过程中，社会工作者要以增权为导向，相信任何人都有属于自己的特长、爱好与能力，必须充分认识他们的存在，而非只是看到贴在社区矫正对象身上的负面标签；社会必须相信社区矫正对象有自己改变自己的能力，他们有能力去增加他们的优势，运用自己的权利，为社会的整体利益作贡献。因此，在对个案问题进行介入时，社会工作者要帮助社区矫正对象明确其所处的环境，认识其自身的潜能，激活、赋予他们应有的权利，帮助他们学会运用资源，掌握自己的生活。

四、生态系统理论

生态系统理论是从一般系统理论发展而来的，是为回应社会工作领域中"社会"的缺失，关注个人与环境的互动。在评判和反思中，一般系统理论引入生态学等相关理论元素，发展出生态系统理论，并提出具体的系统模型和实践模式。生态系统理论具有综融式特点，与自我心理学、赋权理论、社会资本理论、社会支持理论、社会排斥理论都有很大关联性，并能有效融合这些理论的部分观点和元素。[①] 社会工作的生态系统理论沿用了生态理论的"栖息地"和"生存空间/活动范围"等概念。

"栖息地"，是指人生活的环境，包括物理环境和社会环境。当"栖息地"有丰富的资源，能够提供有机体成长和发展所需时，人就会逐渐地繁殖和成长；当"栖息地"缺乏必要的资源，人的生理、心理、社会性的发展和相关的行为功能都会受到严重的影响。有机体或有生命力的系统与其所处的环境间维持着持续且交流的关系。人们与及其所处的环境也被视为相互依赖，且彼此辅助的一个整体。人和环境在这个整体里，互为对方进行持续的改变和塑造。个人与朋友、亲戚、邻居、同事，甚至与宠物的联结所产生的支持性社会网络，可减轻生活压力，这是一种"滋养性"的环境。"滋养性"的环境能够在适当的时刻，以特定的方式为社会成员提供必要的资源、安全与支持，以增进社区成员与社会的共同发展。相反，如果社会成员面对生活压力又缺乏社会支持，便会沮丧，甚至产生偏差行为，这种环境即是"不友善"环境。"不友善"环境缺乏或扭曲了支持资源的提供，因而阻碍了社会成员的发展和适应能力。

"生存空间/活动范围"，是指社会成员在社会所处的地位和扮演的角色，这也

① 参见卓彩琴：《生态系统理论在社会工作领域的发展脉络及展望》，载《江海学刊》2013 年第 3 期。

是社会成员成长过程的任务之一。生态系统理论认为,社会成员需要掌握有取得资源的机会,否则无法建立自己的生存空间,主张人类发展是成长中的个人与其环境间长期交流的结果,而不是单一的个人特质因素的产物。在生态系统理论视角下,人类是与环境的各种因素相互作用实现发展。社会工作试图通过处理人与自然、社会环境间的功能失调,进而强化能力、整合治疗和改变问题。在生态系统视角下,社会成员并不是被动地适应环境,而是主动地与环境互动。因此,生态系统理论主张,要理解个人在家庭、团体、组织及社区中的功能发挥,需要从个人及其所在环境中的不同层次之间的关联切入。生态系统论认为,个人所在的各个系统层次是一个层层相扣的巢状结构,大致分为四个层次、三个系统。

1. 微观系统。这个系统是指个人在亲密情境下的人际关系活动形态与角色扮演;它包括影响个人的生物、心理和社会系统。

2. 中观系统。这个系统是指对个人有影响的小群体,包括家庭、工作群体和社会群体。中观系统分为两个层次:一为中间系统,即两个以上的系统间发生关联,如一个社区矫正对象的"家和单位";二为外在系统,即两个以上的关联系统,在同一个间接的外在系统中发生关联,如社区矫正对象亲属的工作场所。

3. 宏观系统。这一系统是指比家庭等中观系统更大的群体和系统,包括制度、文化环境等。影响一个人的四个重要宏观系统是组织、机构、社区和文化。各系统层次在更宏观的文化环境和社会环境中发生关联,很多微观和中观层次的行为都需要干预其所在的宏观环境。例如,社区矫正对象的行为就是源于家庭、群体、组织和社区的,经这些系统模塑而成,因此,即使其是以个人身份前来求助,干预其所在的宏观环境也是非常重要的,特别是与社区矫正对象有关的社会支持网络。因此矫正社会工作将焦点放在四个方面:一是促进社区矫正对象的成长和发展;二是增强社区矫正对象适应环境的能力;三是移除环境对社区矫正对象的阻碍;四是增加社会环境对社区矫正对象需求的响应和有益成分的提供。

第四节　矫正社会工作过程与方法

一、矫正社会工作的过程

矫正社会工作的一般过程包括五个环节。①

① 参见张昱主编:《矫正社会工作》,高等教育出版社 2008 年版,第 98 ~ 121 页。

（一）建立专业关系

专业关系是矫正社会工作者与矫正对象在互动过程中形成的相互认同、相互信任的专业助人关系。良好的专业关系既是开展矫正工作的基础，又是促进矫正对象顺利回归社会的重要因素。矫正对象与矫正社会工作者各自对自身角色的认同是专业关系的建立基础。同时，工作目标、双方的价值取向、矫正需求和期望、矫正情景的性质和复杂性等也是影响专业关系建立的重要因素。基于这些因素，双方缔结成以服务对象为本的，具有目标性、非平等性、控制性和代表性的专业关系，既维护着矫正工作的专业性和权威性，又体现着以矫正对象的需求和问题为本的关怀性。矫正社会工作者可以通过感同身受、订立目标、制造安全和温馨的氛围、积极主动等专业技巧，建立好专业关系。专业关系的建立并非“一蹴而就”，而是在矫正社会工作中不断调整和磨合的过程，其具体内容包括：了解矫正对象的基本情况，初步评估矫正对象的问题和需求，促使矫正对象进入角色，与支持系统建立关系等。

（二）矫正资料收集与分析

为了更准确地把握和分析矫正对象的需求和问题，促使矫正工作有效开展，需要对矫正对象的资料进行收集。矫正对象个人的资料主要包括个人基本状况及其社会关系、对自身现状和目前困境的看法、改善现状的动机和内驱力、个人身心状态及情感状态等。环境层面的资料收集主要分为社会系统资料和资源系统资料。前者主要包括家庭亲友、邻里街坊、学校或工作单位等，对矫正对象有重大影响力的人尤需关注；后者主要包括各类保障政策、就业岗位、各类专业服务组织或志愿者所提供的服务等。此外，个人和环境相互作用方面的资料也不容忽视，主要包括矫正对象与周围环境的关系，矫正对象寻求帮助的方式，社会系统对矫正对象求助的反应，其他系统之间的互动方式对矫正对象问题的影响等。资料收集的方法主要有文献法、访谈法、问卷法、观察法等。

明确资料收集的内容和方法后，矫正社会工作者需要对其进行分类梳理和归纳，并进行相关分析。资料的分析过程分为资料整理、资料分析和总结三个部分。整理阶段的主要工作是将收集到的资料进行规范化、有序化地审核、复查、分类，并撰写备忘录。分析阶段是对整理后的资料进行再次系统化、全面化地整合、验证。总结阶段则是对矫正对象系统性认识的归纳、整理和记录。资料的分析方法主要有比较分析和因果分析两种。

（三）矫正对象的问题研究与诊断

矫正社会工作者通过分析和诊断相关资料发现矫正对象的问题，并以问题为导向进行探索,设计矫正方案,是矫正社会工作的基本过程。问题研究与诊断在这一过程中发挥起承转合的关键作用。这里所说的问题,特指矫正对象自身各要素失衡及其与环境失衡所引发的各种现象。这些现象已被矫正社会工作者或矫正对象自身所察觉,且对矫正对象恢复社会功能形成不利影响。针对矫正对象存在的问题,矫正社会工作者可以从生理研究、社会变迁、文化、利益、行为、心理、社会权益等多个视角进行探讨和认定,并将问题明确化,寻找根本问题或主要问题,以厘清各个问题的位置和层次,确定矫正对象的根本问题。问题研究的具体过程主要有四个方面:对问题进行分类,确定问题域,明确问题性质,对问题进行量化分析。

(四)矫正计划的制订与介入

矫正计划的制订与介入是矫正社会工作的中心环节。矫正计划的顺利制订和执行直接影响着工作过程的科学性和专业性,从而影响矫正效果。计划的制订一般分为计划目的和目标、计划关注对象、计划实施策略这三部分。计划的目的是对介入结果的最终期望,目标则是介入过程的中间阶段所要达成的具体结果,二者在矫正过程中起着指引性的作用。依据目的和目标,详细说明计划所关注的对象或是介入的焦点,并制定相应的实施策略,才能在介入过程中有针对性地开展矫正工作。

矫正社会工作的介入是矫正社会工作者和矫正对象按照矫正目标和措施将计划付诸实施的过程。根据介入对象的差异性,将其分为直接介入和间接介入两方面。矫正社会工作的直接介入是直接针对矫正对象进行干预过程的工作方式。其中,既可以针对矫正对象个人开展社会适应、心理调试、行为改造、人际交往等个案工作内容,也可以利用小组工作和社区工作的方法,针对矫正对象群体改善其群体性问题,如与集中学习、公益活动、社会支持等。间接介入则是针对矫正对象以外的其他系统采取的介入行动。它也被视为改变矫正对象系统环境的工作,此处的环境不仅是矫正对象的家庭环境,还包括社区环境和社会环境。环境支持系统的改善有助于矫正对象社会化功能的恢复和改善,同时有利于矫正对象社会关系的重塑。

(五)矫正评估与跟进

矫正对象的评估,是指在服务计划实施之后,矫正社会工作者对矫正过程的整体反思和回顾。评估实际上就是对工作成效的评价和反思。它既是对实施过程的评定,也是对绩效结果的评判。矫正评估是矫正社会工作者或相应机构对矫正过程和绩效进行系统评价的过程。评估依据不同,评估类型也就有所差异。以评估对象为依据,可分为对矫正机构和对矫正社会工作者的评估;以评估主体为依据,可分为由政府、矫正机构、矫正社会工作者实施的评估;以评估目标为依据,可分为阶段性评估、过程性评估和绩效评估;以评估时间为依据,可分为前期、中期、后期评估。此外,还可以根据矫正过程中的具体内容进行评估,如对矫正对象的需求进行评估、对矫正社会影响的评估等。矫正评估是一个科学的设计过程,无论何种评估类型,都遵循准备期、设计期、实施期、总结期四个阶段,其中,制定评估指标体系是评估过程的重中之重。

在评估环节结束后,一般会进入结案及跟进阶段。根据结案方式的不同,跟进的方式和内容也有所差异。跟进是指矫正关系结束后,矫正社会工作者必须定期随访矫正对象,并对其表现作出相应的处理和回应的过程。跟进是矫正过程不可或缺的环节,可以起维持和巩固矫正效果,帮助矫正对象得到更有效的监管和服务,以及促进其各系统之间进一步交流合作的作用。

二、矫正社会工作方法

简单来讲,矫正社会工作方法是社会工作方法在矫正社会工作中的具体应用。一般来说,社会工作的三大基本方法为个案社会工作、小组社会工作、社区社会工作。社会工作的专业方法在矫正过程中发挥着不可替代的作用,矫正社会工作的服务过程需要社会工作专业的方法和技巧来实现。个案工作是最普遍的服务方法,通过矫正社会工作者与矫正对象之间建立的专业关系,使矫正目标在个案辅导的过程中得以实现。如果将相同类型的犯罪人作为一个小组或一个团体,则小组社会工作也是常被采取的服务模式。在社区矫正的诸多情形中,运用社区资源以协助罪犯及其家庭,必须将社区社会工作的方法作为主要手段。因此,社会工作的三大方法在矫正工作领域中得到了广泛应用。①

(一)个案社会工作方法在矫正工作中的应用

个案社会工作是由专业社会工作者运用有关人与社会的专业知识和技巧,为个人和家庭提供物质或情感方面的支持性服务,目的在于帮助个人和家庭减低压力、解决问题,达到个人和社会的良好的福利状态的一种专业工作方法。在矫正工作过程中,个案社会工作者不但要建立良好的专业关系,回应矫正对象的基本需求,尊重其合理需求和期望,并着力解决其身心困境的影响因素。同时,还要体现理论与实务技巧的结合,在工作过程中综合运用社会学、教育学、心理学等多学科的理论知识,通过具体实务技巧落实到个案服务中去。一般来说,个案社会工作的步

---

① 参见张昱主编:《矫正社会工作》,高等教育出版社2008年版,第71~97页。

骤主要分为接触问题、调查和确认问题、分析诊断、提供服务、评估五个方面。

具体而言，个案社会工作不仅可以针对矫正对象个人开展服务，还可以将矫正对象的家庭作为整体进行服务。因家庭类型不同，介入的方式和手段也有所差异。因矫正对象大多数处于社会弱势地位，其家庭环境多数也处于不利地位，沟通方式失当型家庭、关系紧张型家庭、破裂型家庭较多，支持型家庭较少，因此，在进行个案社会工作时，尤为注重矫正对象及其家庭背景，有针对性地开展服务。

（二）小组社会工作方法在矫正工作中的应用

小组社会工作是在小组工作者的协助下，通过小组互动与方案活动达到个人的成长与社会目标的完成，使个人与他人、团体与社会之间达到适应，促使个人发生转变，学习用集体的力量解决问题，实现小组成员的再社会化的一种专业工作方法。小组工作是一个产生动力的过程，在小组组建之后，小组动力使小组气氛和凝聚力不断增强，由此带来的内驱力和凝聚力也会感染小组组员，小组本身以及小组周围的环境。具体而言，小组工作的主要步骤包括评估需求、确定目的和目标、制订小组活动方案、执行方案、活动评估等步骤。

在针对矫正对象群体的小组工作中，合理的程序设计可以有效保障小组工作的开展过程。程序设计需要考虑矫正对象的需要，活动过程的参与度，小组成员的关系等要素，同时也可能受到机构的宗旨、矫正工作者的理论基础以及资源条件等方面的限制。良好的程序设计可以协助矫正对象进行表达和倾诉心声，激发成员间的互动，提升个人素质，培养集体意识，学习知识和技能。此外，通过小组程序安排，社会工作者可以达到评估组员行为、认知、价值取向等方面的情况。

（三）社区社会工作方法在矫正工作中的应用

社区社会工作是以社区和社区居民为服务对象，通过发动和组织社区居民参与集体行动，确定社区的问题与需求，动员社区资源，争取外力协助，有计划、有步骤地解决或预防社会问题，调整或改善社会关系，减少社会冲突，培养自助、互助及自决的精神，加强社区的凝聚力，培养社区居民的民主参与意识和能力，发掘并培养社区的领导人才，以提高社区的社会福利水平，促进社区进步的专业工作方法。社区社会工作的对象不仅包括社区居民，也包括各类社区组织和关系，居民的参与是社区社会工作的核心动力。社区社会工作的基本过程包括认识社区、建立社区关系、协调和改善社区关系等步骤。

矫正领域的社区社会工作方法常用于社区矫正工作中，通过改善社区环境来促使矫正对象社会功能的恢复和社区关系的重塑。矫正社会工作者可以组织矫正对象参与各类社区活动，以提升其对社区的参与感和认同感，也可以在活动过程中改善社区居民的偏见和认知,改善邻里关系和社区关系,从而提高社区凝聚力。同时,矫正社会工作者还可以通过倡导社区内不同组织间建立合作机制,为矫正对象提供良好的社区生活条件。

复习思考题

1. 什么是矫正社会工作?矫正社会工作的特点有哪些?
2. 矫正社会工作中的伦理困境有哪些?如何解决?
3. 优势视角理论的实践原则有哪些?
4. 矫正社会工作的过程包括哪些环节?
5. 矫正社会工作方法有哪些?

第十三章　个 案 矫 正

本章摘要

个案矫正即个别化矫正，是刑罚个别化原则的实现方式，也是对教育刑理念的良好诠释。个案矫正大量地吸收了个案社会工作的价值理念与工作方法，在工作程序与项目方案上侧重于对社区矫正对象的教育服务。个案矫正既是社区矫正的工作原则，也是社区矫正的工作方法。

重点问题

1. 个案矫正的概念与性质。
2. 个案矫正的特点与基本原则。
3. 个案矫正的基本程序。
4. 个案矫正的常见模式。

第一节　个案矫正概述

一、个案矫正的概念

个别化思想源远流长。刑罚个别化以犯罪原因多样化认识论为基础。从犯罪多因观对一元化犯罪认识论的批判开始，个别化就成为必然选择。刑事古典学派的理论基础是自由意志论。他们认为，犯罪是人的自由意志的结果，即自愿选择，任何其他原因都是多余的。刑事实证学派基于犯罪原因的多因论，明确提出行罚个别化，并为个别化矫正提出了具体的方法。

刑事实证学派创始人龙勃罗梭在《犯罪人论》一书中，采用实证的方法提出了犯罪的多因观。他认为，犯罪既有生物遗传的原因，也有自然和社会的原因。针对不同的犯罪原因给予恰当的矫治和隔离，也就是针对具体的个人采用特殊的惩处和照管方式。另一位代表人物菲利从社会学的角度明确提出，犯罪原因分为人类学的、自然的和社会的原因三类。正是犯罪原因的多维特征，不同犯罪人存在的差异性，决定了刑罚个别化和矫正个别化。

刑罚个别化，是指在刑事诉讼的司法决定阶段，法官在进行罪责认定时，基于对犯罪嫌疑人审前司法调查的结果，考虑其人格特点和再犯危险倾向等主观因素，做出司法个别化的裁判决定，即针对犯罪嫌疑人的不同特点做出的适应性和差别化的处理。矫正个别化，是指在矫正计划实施过程中，矫正机构根据对矫正对象的需求和再社会化程度的评估，针对不同需求和程度上的差异，实行不同的矫正项目及个案矫正计划，以解决改善认知、完善人格、矫正行为恶习、恢复社会关系、培养社会适应能力等倾向性问题。① 社区矫正个案矫正，是指基于刑罚个别化原则，社区矫正机构依据社区矫正对象的犯因性差异与需求，采用有针对性的矫正措施与技术方法，促进社区矫正对象再社会化的专门活动。

二、个案矫正的性质

（一）个案矫正属于司法社会工作的范畴

司法社会工作是司法与社会工作的结合，是一个由特定价值理念与实践逻辑所决定的复合系统，社会工作机构及其从业人员与司法机构在其中相互依托，面向罪错者、受害人以及相关利益人中的受助者，通过充分发展其全部潜能而推动社会变革、改善人际关系和促进问题解决。② 司法社会工作的主要工作领域是罪错人员、监狱服刑人员、吸毒人员、社区矫正对象、刑满释放人员等与刑事司法工作关系密切的特殊群体。

司法社会工作秉承“助人自助”的价值理念，在帮助社区矫正对象解决问题的同时实现自身的专业价值。司法社会工作者认为，每个人都有自身的潜能，并特别强调个体发展的能力，工作过程就是激发案主的内在潜能、引导其逐渐走出困境的过程。司法社会工作怀有“个体差异”的服务意识。司法社会工作坚持个别化、接纳和服务的理念，正视每个生命个体的差异性和独特性，反对用同一种思维、同一种方法去对待不同的人。每一个社区矫正对象都是一个独特的个体，他所遭遇的问题都有其特殊的原因，因此，解决问题的方式也应该是个别化的。

---

① 参见高莹主编：《矫正原理与实务》，法律出版社2014年版，第105页。

② 参见何明升主编：《司法社会工作概论》，北京大学出版社2014年版，第135页。

（二）个案矫正运用个案社会工作的方法

个案社会工作与小组工作、社区工作并称社会工作的三大直接服务方法。个案工作是一种个别化的助人行为，通过良好的人际互动过程和资源的有效运用，帮助感受困难的个人或家庭解决问题，改善社会功能，促进人格成长。[①] 个案社会工作强调"一对一"的工作模式，具有保密性，可以满足社区矫正对象多方面需求。但社区矫正对象的需求复杂，社会工作者运用积极关注、接纳、共情等手段建立专业关系可能会遇到困难。不带歧视、公正地看待社区矫正对象是个案工作介入的重要一步。如果社区矫正对象对社会工作者缺乏信任，失去改变自我的动机，采取不合作甚至抗拒的态度，专业关系的建立就面临极大挑战。

社区矫正个案工作需要遵循接案、收集资料、制定目标和服务计划、介入服务以及结案的基本工作流程。因案主和情境的特殊，内容可能略有不同。社区矫正对象并非自愿接受帮助，被动接案对后续工作流程会产生影响。因此，一方面，社会工作者需要通过优势视角等手段，与社区矫正对象建立信任关系；另一方面，在收集资料、制订矫正计划、实施矫正计划等环节，社会工作者需要与社区矫正机构工作人员沟通合作。

（三）个案矫正执行矫正社会工作的方案

社会工作的价值在于帮助有问题的社会成员恢复正常社会功能。罪犯矫正的目的是要帮助罪犯回归社会，不再重新犯罪。两者联系在一起，形成罪犯矫正社会工作。个案矫正执行矫正社会工作的方案。矫正社会工作是矫正制度非常重要的组成部分，也是社会工作实务的一个重要领域。矫正社会工作，是指社会工作实施于矫正体系中。它是指专业人员或志愿人士，在专业价值观指引下，运用社会工作的理论、知识和方法、技术，为罪犯（或具有犯罪危险性的人员）及其家人在审判、监禁、社会处遇或刑释期间，提供思想教育、心理辅导、行为纠正、信息咨询、就业培训、生活照顾以及社会环境改善等，使罪犯消除犯罪心理结构，修正行为模式，适应社会生活的一种福利服务。[②]

作为社会工作的一个特殊领域，矫正社会工作秉承了社会工作的基本观点。但是，侧重点有所不同，矫正社会工作本身带有强制性。在社区矫正过程中，社区矫正对象需要参加社会工作者组织的教育学习、公益活动等矫正项目，不得无故逃避、故意对抗等，否则将会产生不利的法律后果。

---

① 参见陈志霞：《个案社会工作》，华中科技大学出版社 2006 年版，第 9 页。

② 参见张昱主编：《矫正社会工作》，高等教育出版社 2008 年版，第 6 ~ 7 页。

三、个案矫正的特点

(一)矫正力量多方参与

社区矫正个案矫正的环境是社区,是开放的社会环境。这是个案矫正采用社会工作方法的前提,也是社会力量多方参与的条件。社区是与一定区域相联系的人类生活共同体。在城市是以由若干个居民委员会构成的街道为基本社区,在农村是以若干个村民委员会构成的乡镇为基本社区。社区中多方力量可以参与个案矫正工作,并获得法律认可。例如,《社区矫正法》规定,居民委员会、村民委员会依法协助社区矫正机构做好社区矫正工作;社区矫正对象的监护人、家庭成员,所在单位或者就读学校应当协助社区矫正机构做好社区矫正工作;社区矫正机构应当根据社区矫正对象的情况,为其确定矫正小组,负责落实相应的矫正方案;根据需要,矫正小组可以由司法所、居民委员会、村民委员会的人员,社区矫正对象的监护人、家庭成员,所在单位或者就读学校的人员以及社会工作者、志愿者等组成;国家鼓励、支持企业事业单位、社会组织、志愿者等社会力量依法参与社区矫正工作。

(二)矫正对象重点突出

个案矫正是一种方法,也是一种理念。个案矫正既适用于监狱矫正,也适用于社区矫正。虽然所有社区矫正对象都可以应用个案矫正的技术,但根据危险控制理论,危险程度高的罪犯应予以严厉程度大的管控并通过矫正项目降低其危险,危险程度低的罪犯予以严厉程度小的管控。[①] 因此,社区矫正实施分类管理,注重个别矫正。根据社区矫正对象个人情况,分类管理,科学划分管理等级,有针对性地制订个别化矫正方案,切实提高监督管理和教育矫正的针对性、有效性。对涉黑涉恶、涉恐、涉爆、邪教类和其他重要案件的社区矫正对象,要高度关注,实行个案矫正。

(三)矫正关系不是完全自愿

自愿是社会工作建立专业关系的基础,而社区矫正对象与社会工作者的矫正关系并不是建立在完全自愿的基础上的。社区矫正是在一定法律强制的前提下建立的非自愿的矫正关系。在社区矫正期间,社区矫正对象应当遵守法律、行政法规,履行判决、裁定、暂予监外执行决定等法律文书确定的义务,遵守国务院司法行政部门关于报告、会客、外出、迁居、保外就医等监督管理规定,服从社区矫正机构的管

① 参见翟中东:《罪犯的危险评估和危险控制》,中国人民公安大学出版社 2019 年版,第 31 ~ 32 页。

理。因管制与被管制、服从与被服从的矫正关系难以取得良好效果,在矫正过程中必须充分调动社区矫正对象的积极性,由非自愿到自愿授受矫正,在互动中形成以相互认同、相互信任为基础的矫正专业关系。

(四)矫正方案服务于刑事执法工作

虽然个案矫正运用社会工作的方法,但其目标是保障刑事判决、刑事裁定和暂予监外执行决定的正确执行,提高教育矫正质量,促进社区矫正对象顺利融入社会,预防和减少犯罪。个案矫正的矫正方案应当根据裁判内容和社区矫正对象的性别、年龄、心理特点、健康状况、犯罪原因、犯罪类型、犯罪情节、悔罪表现等情况制定。矫正方案应当根据社区矫正对象的现实表现等情况进行动态调整。

四、个案矫正的基本原则

(一)自助与助人结合

自助是个案矫正的特征之一。个案矫正不是社区矫正工作人员直接替社区矫正对象解决引发或可能引发犯罪的犯因性问题,而是发掘资源,通过和社区矫正对象一起寻求改善或消除问题的途径和方法,使社区矫正对象自主决定并按矫正方案自觉行动。社区矫正对象的犯因性问题是由各自的生命历程和社会生活引起的,受个人情感和心理因素的支配,具有个性主体化特征。只有激发社区矫正对象内在的解决问题的潜能,达到自觉接受矫正,才能从根本上消除其引发或可能引发犯罪的犯因性问题,不能由其他人替代。

助人是个案矫正另一特征,也是个案矫正的基本功能之一。社区矫正对象之所以走上犯罪的道路,往往是因为其在社会生活中生理、心理或环境等方面存在先天或后天的疾病、失调或适应不良等问题,凭借自己的力量不能解决。社区矫正机构应进行教育帮扶,帮助社区矫正对象改变生活态度、行为方式或心理动机,强化其社会生活适应能力。

助人应与自助结合,以助人达自助。只有帮助社区矫正对象达到自助的程度,自觉接受矫正,提高自身认知水平和社会生活能力,才能从根本上消除犯因性问题,预防可能引发犯罪的问题。

(二)专业化与社会化结合

个案矫正是一项专业化工作。个案矫正是一项专业性、技术性极强的刑事执法活动。工作人员既履行刑事执行的职责,又提供帮助服务。因此,需要具有法学、犯罪学、心理学、教育学、社会学、社区矫正理论、社会工作方法等多学科的理论知识,并接受专业培训,才能为社区矫正对象开展矫正工作,实现矫正目标。

专业化的社区矫正工作队伍是实现矫正目标的重要保障。但是,矫正资源的有限性和在法治要求下的权力边界的有限性,促使个案矫正必须要重视社会力量的参与。要提高个案矫正的有效性,必须建立社区矫正的社会支持系统。社区矫正的开放性为社会化力量的介入,为社会支持系统的建立提供了条件。社区矫正对象可以按照国家有关规定申请社会救助、参加社会保险、获得法律援助,社区矫正机构应当积极争取财政、教育、卫生、民政、人力资源和社会保障等部门的支持帮助。国家鼓励企业事业单位、社会组织为社区矫正对象提供就业岗位和职业技能培训。社区矫正对象的监护人、家庭成员,所在单位或者就读学校协助社区矫正机构做好对社区矫正对象的教育。这些都是个案矫正过程中社会化力量参与的表现。

(三)信任与尊重并重

个案矫正需要社区矫正工作人员与社区矫正对象之间建立专业关系,或称矫正关系,这是开展个案矫正工作的前提。然而,个案矫正的各项活动通常以社区矫正对象放弃为主要内容,如放弃原有的行为习惯、价值观念等。社区矫正对象往往并不是一个自愿接受矫正活动的主体。良好的矫正关系并不能自然形成,但对立的矫正关系又难以获得有效的矫正效果。因此,信任在矫正过程中尤为重要。信任是社区矫正对象对社区矫正机构和工作人员的矫正能力、矫正目的、矫正手段、矫正意义等有明确的认识,并对矫正效果充满期待。要获得社区矫正对象的信任,就要求工作人员向社区矫正对象解释矫正目的、意义和价值;客观分析犯因性问题;对矫正效果充满积极期待与自信;遵守职业操守,保守社区矫正对象的隐私秘密。其次是尊重。尊重也是获得信任的重要策略。尊重社区矫正对象的人格,保障和维护社区矫正对象的利益;尊重社区矫正对象的自主自决权;注重社区矫正对象个人对问题的看法和感受;在矫正技术的确定过程中,让社区矫正对象参与讨论和选择;在矫正方案编制中,让社区矫正对象自主决定矫正目标、矫正作业等;注重激励措施等。这些方面的尊重能够促进信任关系的建立。

(四)矫正项目与矫正需要对应

社区矫正机构所采取的个案矫正项目要与社区矫正对象的需要相对应。矫正项目应根据社区矫正对象的危险性、需求、性格等进行选择。社区矫正对象的矫正需要不同,矫正的内容和方式不同,矫正项目的选择也不同。危险性高的社区矫正对象干预力度大,危险性低的干预力度小;反之,矫正效果不佳,甚至会引发社区矫正对象重新犯罪。只有对与个体重新犯罪相关的重要因素进行相应、适度地干预,矫正工作才能取得良好效果。

第二节 个案矫正程序

个案矫正基本遵循个案社会工作的程序进行,具体包括接案、转介或转案,建立专业关系,收集资料,评估与诊断,确定目标,制订个性化矫正方案,实施矫正方案,结案。

一、接案、转介或转案

(一)接案

接案,是指工作人员与社区矫正对象进行接触,了解其需要与困难,对面临的问题做初步判断,决定是否能为社区矫正对象提供服务。在初步接触中,社区矫正对象的心理通常是比较复杂的,可能持有怀疑、焦虑的态度,对工作人员的言行比较敏感,甚至有抗拒、抵触的情绪状态。工作人员应做好充分的前期准备工作,了解社区矫正对象的心理特征和行为特点,并对下列事项具有明确意识①:

1. 能够主动寻求帮助并不是一件容易的事;

2. 认识自己需要加以改变是一件困难的事;

3. 案主本身对于自尊、自我完整及独立人格的保护使接受他人影响是一件困难的事;

4. 对一个陌生人坦诚并信任是一件不容易的事情;

5. 一开始就清楚自己的问题并不是一件容易的事;

6. 有时候问题似乎太大而无法克服,或太特殊而不容易处理。

因此,在接案时,工作人员需要尊重、接纳和关心社区矫正对象,让他们能敞开心扉,以便建立良好的矫正关系。

此外,初步了解矫正对象的问题、需求、动机与目标,对服务的期望是否合理,机构能否满足其需要、能否提供帮助等。了解情况之后,工作人员要做出是否提供服务的决定。如果机构能够提供服务,社区矫正对象也愿意接受服务,可以与社区矫正对象建立初步的契约关系。接案之后,社区矫正对象继续进入随后的个案矫正程序。当发现机构不能提供相关服务,就需要将社区矫正对象转介或转案。

(二)转介或转案

转介,是指将本机构不能提供服务的个案,经过专业服务机构转送到其他服务

① 参见翟进、张曙编著:《个案社会工作》,社会科学文献出版社2001年版,第93页。

机构,使案主能够获得适宜的专业服务的一种工作过程。转介通常在关系建立阶段做出,也有的是在经过一段时间服务后做出。有三种情况使转介成为必要:一是机构不提供案主所需要的服务,如青少年司法类社工机构不处理婚姻问题;二是机构无法提供更专门的服务,如儿童保育机构无法处理有严重心理问题的儿童;三是机构只为某一区域的人提供服务,而申请人或服务对象不是本区域之内的人。

转案,是指工作人员将本机构接受服务的对象(案主)转由本机构的其他工作人员继续提供服务的过程。常见原因有:工作人员工作变动、工作人员能力不足、社区矫正对象(案主)与工作人员之间关系产生问题,社区矫正对象提出更换。转案主要涉及三方面人员:原工作人员、接替者、社区矫正对象(案主)。

转介和转案都是原工作关系的终止,工作人员需要做好说明,不要伤害到社区矫正对象的自信心、自尊心。整个过程不要戛然而止,最好分步骤逐次展开,给社区矫正对象一定的心理准备,也有利于接替者开展工作。

二、建立专业关系

专业关系是个案工作者与案主之间的一种态度与情感交互作用的动态过程,是一种特殊的人际关系,目的是有效协助案主解决问题,使其对环境有良好的适应。[①] 在个案社会工作中非常重视专业关系在服务过程中的重要性,并视其为一切工作的基础。矫正专业关系是个案工作人员与矫正对象之间的一种认同关系,是在双方互动过程中形成的以相互认同、相互信任为基础的助人关系。[②] 社区矫正工作人员与矫正对象之间应该建立矫正专业关系。能否建立良好的矫正专业关系是个案矫正能否取得实效的基础。

(一)矫正专业关系的特点

第一,目的明确。个案矫正中的专业关系具有明确目的,就是协助矫正对象解决与犯罪有关的犯因性问题,更好地适应社会生活,最终促使其成为守法公民。

第二,时间限定。矫正专业关系的时间期限是矫正对象的问题解决。良好矫正关系建立于助人自助之上,这是一种职务关系,不是私人关系。一旦矫正对象的问题得以解决,或矫正对象解除矫正,矫正专业关系也随之消失。

第三,功能兼容。矫正专业关系是一种兼具工具性和情感性的关系。工具性,是指个案工作者是工作目标的执行者,要凭借专业知识技能帮助矫正对象解决问

---

① 参见陈志霞:《个案社会工作》,华中科技大学出版社 2006 年版,第 70 页。
② 参见高莹主编:《矫正原理与实务》,法律出版社 2014 年版,第 298 页。

题,正确处理社会关系角色;情感性,是指良好矫正关系的建立离不开双方的情感交流,彼此情绪上的接纳和相互反应。工具性功能的实现有赖于情感性功能,但这种情感性只是作为实现工作目标的手段和方式,并非工作目的。

第四,动态变化。矫正专业关系的形成和发展是工作人员和矫正对象之间态度、情绪交互反应的过程。矫正对象将其内心的心理需求以言语和非言语的方式传达给工作人员,工作人员敏锐察觉后将各种想法反映给矫正对象,矫正对象根据工作人员的建议再度反馈自己的情绪和感受,如此不断反复互动,使个案矫正中的专业关系时刻处于动态变化之中。

(二)建立矫正专业关系的技术

由于矫正对象需要的复杂性,社区矫正工作人员与社区矫正对象地位的不平等性增加了矫正专业关系建立的难度。社区矫正工作人员可以运用以下技术,建立并维护矫正专业关系。

1. 接纳。接纳意味着工作人员主动理解社区矫正对象作为一个独特个体和人的价值,相信并尊重其人格,不以工作人员的价值观评判或取舍对方,时刻保持一种接受的态度。接纳反映出价值中立,有助于创造和谐自由轻松的气氛,消除社区矫正对象的抵触情绪。

接纳不是赞同,工作人员并不赞同社区矫正对象的价值观和行为,但是相信社区矫正对象的问题不是一个人造成的,是有其深刻的历史和现实原因的,是可以理解的。接纳可以使社区矫正对象产生安全感,可以获得矫正对象的信任,还可以帮助其恢复信心,激发其积极性,从而有助于提高个案矫正的效率。

2. 期望。期望,是指一种预期或希望,希望自己的行为付出能够得到某处形式的行为反应。期望有时是明白表达的,有时是隐含的或模糊的。期望是双方的。工作人员的期望会影响社区矫正对象及其做出的目标决定。根据心理学家罗森塔尔的期望效应原理,工作人员期望社区矫正对象的能力会提高、情况会改善,就会对社区矫正对象产生积极影响。同时,社区矫正对象对工作人员的期望也是影响专业关系的重要方面。工作人员提供的服务与社区矫正对象期望的差距如果太大,会导致社区矫正对象的失望与不满,可能中断工作关系。工作人员在决定提供服务之前,一定要询问社区矫正对象的期望。一般来说,双方期望的一致性越高,工作成效也越大。

3. 共情。共情又称同感或同理心,是指工作人员设身处地去体会社区矫正对象的内心感受,用对方的参照系去理解。共情是个案社会工作中常用的技术,不仅用于建立矫正专业关系,在个案矫正的整个过程中也会经常使用。共情是一种温暖的传递,不仅可以降低社区矫正对象的抗拒和冲突,有助于专业关系的建立,还能够协助社区矫正对象释放被压抑的情绪,增进自我了解和解决问题的能力,促进社区矫正对象做有效的成长和改变。

使用共情要学会换位思考。工作人员站在社区矫正对象的角度,充分考虑他们当时的环境、情境、特定的条件,他们的认知水平、人格特征、思维特点、情绪情感的变化等,把自己放在社区矫正对象的处境,来尝试感受他们的情绪。工作人员对此的感受越准确、越深入、越透彻,就越容易有较好的共情,共情的层次也就越高。

传递共情的手段可以通过语言信息和非语言信息。非语言信息包括目光、表情、身体姿势、动作变化等;言语手段包括:表达理解意愿、讨论求助者认为重要的事情、应用语言来表达求助者的情感、应用语言来补充求助者表达不明确的信息等。Carkhuff 和 Pierce 归纳了共情区分表(见表 13－1),分为 5 个等级,用以评估工作人员的共情水平。

表 13－1 Carkhuff 和 Pierce 的言语共情区分表①

水平	特点	示例
		求助者:我已经尽量努力与妈妈沟通,但是还是没有用。她实在不可理喻,每次都谈不下去
水平 1	没有理解,没有指导。工作人员的反应是一个问题、否认、安慰或建议	工作人员:我相信慢慢会好转的
水平 2	没有理解,有些指导。工作人员的反应只注重信息内容、忽略了情感	工作人员:你与妈妈存在沟通困难
水平 3	有理解,没有指导。工作人员对内容及其意义和情感做出了反应	工作人员:你尝试与妈妈沟通,但是总谈不下去,因而感到苦恼
水平 4	有理解,也有指导。工作人员对内容和情感均做出了反应,并且指出求助者信息中隐含的不足之处	工作人员:你似乎没法与妈妈沟通,因而感到苦恼,你希望妈妈能够理解你
水平 5	理解、指导和行动都有。工作人员对水平 4 的内容都做出了反应,并提供了求助者能够采取的行动措施	工作人员:你似乎没法与妈妈沟通,因而感到苦恼。你希望妈妈能够理解你,但每次都没法继续谈下去。你可以采用这样一个步骤,写一封信具体谈谈自己的想法

① 参见陈志霞:《个案社会工作》,华中科技大学出版社 2006 年版,第 82 页。

4.积极关注。一方面,要求工作人员对矫正对象作出即时性反应;另一方面,要求工作人员以一种积极的心态看待社区矫正对象,强调他们的优势,有选择地突出他们的积极方面。

即时性反应,是指工作人员即时描述所发生的事情。强调此时此刻、此情此景的具体感受,具体内容包括三个方面:一是工作人员的想法、情感或行为,如"我刚才听到你说这句话有些不舒服……"二是社区矫正对象的想法、情感或行为,如"到现在为止,你觉得……"三是两者的相互关系,如"我很高兴你能如此信任我"等。另外,与此情、此景相适应的体语也是即时性反应的重要部分。工作人员积极主动的态度表示出对矫正对象的关心和热情,有助于缓解矫正对象的紧张情绪,缓解双方关系。

工作人员以积极的态度关注社区矫正对象的优点,激励其向上的动力。工作人员对社区矫正对象言语、行为等积极方面给予关注、指出、强化,能帮助他们克服负面评价,发现自身优点、价值和对未来的期望,全面重新认识自己,树立积极、正向的价值观。积极关注应建立在客观实际的基础上,不能无中生有;否则,社区矫正对象会感到虚伪。这样的关注会适得其反。工作人员要善于发现社区矫正对象身上的"闪光点",开发其潜能,帮助其树立矫正信心。

矫正专业关系的建立需要工作人员的专业知识、价值观、态度和人际关系的综合运用,从中反映出对社区矫正对象的关心、尊重,促使社区矫正对象对工作人员的信任,在双方对建立关系的目的和双方的职责有所确认的情况下,专业关系才有意义。矫正专业关系的建立不是一蹴而就,可能需要数次沟通;同时,矫正专业关系建立后也不是一劳永逸,而需要长期维系。可以说,矫正专业关系的建立与维系贯穿于个案矫正工作的全过程,而不是阶段性任务。

三、收集资料

资料收集越详细,越有利于评估与诊断问题。

(一)资料收集方法

通常来说,资料收集方法包括文献法、访谈法、问卷法、观察法、测验法等,社区矫正工作人员需要掌握有效的资料收集方法,并在实践中综合选择运用。

1.文献法

文献是指包含各种信息的书面材料或文字材料。因信息传播载体的多样化发展,人们希望加以研究的任何信息形式都是文献。文献法就是通过文献获取相关信息的方法。文献法具有间接性、无反应性、稳定性和客观性的特点。在个案矫正工作中,文献法被经常采用,社区矫正对象的判决书、服刑教育改造情况、心理矫治档案等,都是用来了解其生活经历、犯罪情况等方面的文献。

2. 访谈法

访谈法是通过访谈得资料的方法。通过访谈,可以了解社区矫正对象的诸多信息,包括个人经历、目前生活状态、精神疾病症状、社会历史信息等。根据结构性程度不同,访谈法分为结构性访谈和非结构性访谈。结构性访谈是根据标准化问题清单进行的访谈,问题的顺序和解释都是标准化的,访谈员不能随意改变或解释。非结构性访谈没有事先准备好的问题清单,访谈员可以根据目标情况掌握范围和深度。如果访谈员能力较强,一般可以进行深度访谈。

根据与访谈对象是否直接接触,访谈还可以分为面谈和电话访谈。面谈法既可以收集语言作息,又可以收集到非语言信息,所得资料比较全面,质量较高。电话访谈适用于不方便面谈的情况,在个案矫正工作中也可以使用。

3. 问卷法

问卷法是现代社会调查中最流行的一种资料收集方法。它在形式上是一份精心设计的问题表格,用以测量人们的社会行为、心理特征和态度等。问卷并不是问题与答案的简单罗列。问卷设计的要求比较高。第一,问卷的结构需完整。第二,问卷设计以被调查者真实回答为主要原则。第三,问卷设计需经历一定步骤。第四,问题形式多样化。第五,问卷的语言要简单明确、通俗易懂。

4. 观察法

观察法,是指利用感官或仪器收集相关信息的方法。按照结构性程度划分,观察法包括结构性观察和非结构性观察。结构性观察有观察清单,而非结构性观察没有。按照观察者的角色划分,观察法有参与观察和非参与观察。参与观察是指研究者融入研究对象的生活背景中所做的观察,完全以研究对象为视角,没有先入之见,所得资料质量较高。非参与观察是局外观察,研究人员不会深入研究对象的生活场景中,如果能做到不打扰、不影响研究对象的生活,观察到的资料也同样真实有效,质量较高。

5. 测验法

测验法,是指采用标准化的测量量表或精密的测验仪器,来测量社区矫正对象的人格、智力、行为和态度的方法。个案矫正中经常采用的测验法包括一般心理人格特征测验和专门的矫正测验。一般心理人格测验大多采用目前比较常用的心理人格测验量表,如 SCL－90、MMPI、EPQ、抑郁焦虑量表等。专门的矫正测验是在矫正工作过程中,实务部门专门编制的测验量表,如人身危险性测验、矫正态度测验、矫正需要测验等。

(二)资料信息内容

为充分了解社区矫正对象,为后续的评估诊断、制订矫正方案等打下坚实基础,收集资料的信息内容应准确有效,并包含社区矫正对象个人层面的资料、环境层面的资料和个人与环境交互作用层面的资料。

1. 个人基本资料

这主要包括社区矫正对象的姓名、性别、年龄、出生地、出生日期;被捕前职业、收入、经济状况、受教育状况;民族、婚姻、宗教信仰;家庭住址、邻里关系、社区文化状况和联系方式、社区中如何看待社会问题的受害者等。

2. 捕前的生活状况

这主要包括社区矫正对象的居住条件、日常活动内容、活动场所、生活习惯、近期生活方式有无重大变化等。

3. 婚姻家庭

这主要包括社区矫正对象的一般婚姻状况,对婚姻关系是否满意;婚姻中有无重大事件发生,事件原因中有无道德和文化因素;家庭结构,对家庭成员的看法和态度,家庭成员在家庭中的分工,自己在家庭中所起的作用;家庭中发生的重大生活事件,发生的原因中有无道德和文化因素等。

4. 社会交往

这主要包括社区矫正对象的社交内容、主要兴趣;密切交往的人数、内容;社会交往中的责任感;参加集体活动的兴趣、频率;亲密关系的维持时间、自己的满意程度等。

5. 成长史

这主要包括儿童期有无特殊事件发生,对当时情景的回忆是否完整,是否患过严重疾病,童年家庭生活、父母情感是否和谐;童年家庭教育方式、学习教育情况,有无退缩或攻击行为。少年期家庭教育、学校教育和社会教育是否顺利、有无挫折;少年期间性萌动的体验与应对;少年期印象最深的事件、有无严重疾病、有无特别的兴趣爱好;少年期与成人的关系、与同伴的关系、有无仇视、嫉恨的事或人。青年期的情感状态,学习、就业、婚姻有无挫折;朋友状况;有无吸毒史、辍学史、性侵史、醉酒史、赌博史等;各种不良行为发生的频率及年龄等。

6. 犯罪相关情况

这主要包括社区矫正对象的案由、刑种、矫正期限、犯罪形态;犯罪地点,包括居住地、非经常性居住地、户籍所在地;是否共同犯罪、在共同犯罪中所起的作用;共同犯罪人类型，如家庭成员、朋友、同事、同乡或其他人；是否涉黑涉恶、涉恐涉爆、涉毒、邪教类和其他重要案件；有无前科，发生前科事由、时间、受到惩罚的体验等。

7. 目前矫正和生活状态

这主要包括社区矫正对象对法律、制度和纪律的认知；劳动观、学习观；人际关系、对亲情的评价和愿望；睡眠、作息、情绪、文体娱乐的满意度；奖励及对奖励的期望与评价等。

8. 各种检测情况

这主要包括社区矫正对象有关健康、心理的检测结果；矫正质量评估的各种数据和报告等。

四、评估与诊断

在全面掌握社区矫正对象信息资料的基础上，准确分析社区矫正对象存在的问题，评估其风险性，筛选出与犯因性问题或重新犯罪问题相关程度较高的因素进行干预。对与重新犯罪关系不大的因素，则没有必要被纳入矫正需要的范畴。

评估矫正对象的危险程度与需求因素是制订矫正方案的基础，应使用科学的评估量表，并结合工作实际。量表的选用应该简洁有效、便于操作，不要过于繁杂。

（一）评估内容

1. 心理健康状况

这主要包括外表、行为、语言、对待访谈的态度、心境和感情、思维状况、认知功能（记忆力和注意力以及计算能力和定向力）、抽象能力、智力、自知力、判断力等。

2. 重新犯罪危险程度

与重新犯罪相关的因素主要包括：社区矫正对象以前的服刑情况、住宿、接受教育与培训、就业情况、理财能力、家庭关系、生活方式和社会联系；使用毒品情况、酒精滥用；心理、精神健康状况；思考与行为方式。重新犯罪危险程度评估可以为社区矫正工作者选择矫正计划的参与者及矫正强度提供参考。

3. 矫正需要

需求因素，是指那些通过一段时间的介入、矫治，能够促使社区矫正对象产生思想和行为改变的动态因素，如生活状况、家庭关系、就业情况、情绪，对犯罪行为的认知等。由于社区矫正对象个人情况不同，需要矫正的内容也尽不同。有的需要接受文化教育和职业技能培训；有的需要家庭和其他人际关系交往训练；有的需要心理健康、社会适应方面的矫正。评估社区矫正对象的矫正需求具有较强的实际意义。矫正需要评估为矫正计划的目标和内容提供方向。

（二）诊断问题

诊断问题时需要将个人问题放在社会环境的大背景下考察，了解其所处环境对生活的影响，以及个人问题与所处环境之间的关系，同时，贯彻"实证为本"的原则，充分借鉴相关研究成果，对造成问题的个人因素、家庭因素和社会因素进行客观分析，所得结论应当符合心理学、社会学的客观规律，并有充足的论据予以支撑。其内容主要包括："问题是什么？问题是什么原因造成的？个人努力和社会环境如何？工作人员及社区矫正对象可以通过哪些方法来解决问题？"

在大多数情况下，社区矫正对象的问题很多，有些是能够解决的，有些是无法解决的。一般而言，适于解决的问题包括：人际冲突，社会关系不协调，在学校或单位中产生的问题，无法按照社会规范履行父亲、母亲、儿子、学生等社会角色，不适应社会变化所带来的问题，在遇到困难与问题时的情绪困扰，社会资源不足。

另外，很多问题看似单一，背后却隐藏着复杂的因素。工作人员不可能同时解决多个问题，分清主次的技巧有：从多个问题中选择社区矫正对象最急于解决的问题；通过共同探讨，由工作人员和社区矫正对象从多个问题中共同确定最主要的矛盾；从多个问题中选择对于社区矫正对象来说最容易解决、处理的问题。

五、确定目标

目标是希望获得的结果。个案矫正目标是矫正方案的关键因素。它指引着矫正活动的方向。个案矫正目标是工作人员和社区矫正对象共同协商的结果，二者应该达成一致。另外，目标应该切实可行。一是要求细致、具体，涉及问题解决的各个方面；二是要求可测量，一些模糊用语不可取，如帮助社区矫正对象提高社会经验和能力、改善父子关系等，必须用可以测量的数量指标来代替，如改善父子关系可以用下列指标：每星期父子交谈的次数、用行为表达关心的次数等；三是目标有阶段和层次性，一般包括根本目标、总目标和具体目标。

（一）目标类型

矫正目标通常分为根本目标、总目标和具体目标。

根本目标是帮助社区矫正对象成为守法公民，这是《社区矫正法》中明确规定的，也是所有个案矫正的根本目标。

总目标是对社区矫正想要达到境界所做的宽泛的、总体的陈述。它所表达的是一种想要的结果，一种理想的境界，或者是一种助人关系的长期目标。总目标往往是描述性的、难以观察和测量的，如减少攻击行为，克服情绪冲动，增强安全感，有效消除犯罪要因等。某些个案矫正的总目标可能会有相同的地方。总目标可以分成若干阶段来完成,即阶段性目标。举例如下:第一阶段,认识到犯罪的要因在于自己对愤怒情绪缺乏控制,难以克服行为攻击性;第二阶段,全面深刻认识到自己攻击性行为产生的原因和后果;第三阶段,完成情绪的各种训练项目;第四阶段,通过训练作业达到能识别、控制自己的情绪;第五阶段,使自己攻击行为逐渐减少;第六阶段,攻击行为基本消除。

具体目标是工作人员帮助社区矫正对象解决一个或几个特定的问题,完成某一项具体任务的目标。具体目标是可以观察和测量的。例如,学会制定职业生涯规划、严格遵守日常监管制度、控制情绪和学会理性思维、缓解人际关系紧张等。又如,改变社区矫正对象错误的人生观、相应量表的检测值达到常模等。一般在总目标下有若干个具体目标,每个个案矫正的具体目标都是不相同的。

(二)选择顺序

在确定目标时,除了注意使用支持性、发展性语言的技巧以外,排列顺序也很重要。如果不分主次、多头并进,往往适得其反。在排列目标次序时,可遵循以下原则。第一,先具体后抽象。矫正目标是由具体目标的实现而达到总目标,由总目标的实现而达到根本目标。第二,先直接后间接。按犯因性问题与犯罪之间的关联程度,把最紧密关联的直接目标排在优先位置。第三,先易后难。即按目标达成的难易程度,把最容易达到的目标排在优先位置,增加社区矫正对象的信心。第四,先安全后矫正。在刑罚执行期间,社区矫正对象因偶发的生活事件而产生现实危机,对社会、本人或他人的安全构成威胁时,社区矫正工作人员应当及时介入,将危机问题调整到优先位置,以确保社区安全。

六、制订个性化矫正方案

矫正方案是社区矫正工作人员根据社区矫正对象个体差异和个性需要拟定并予以实施的,旨在矫正其不良心理及行为恶习,具有计划性和协议性的服务方案。制订科学的个性化矫正方案对矫正工作的开展具有关键性作用,有利于增强其针对性和有效性,进而提高矫正质量。

编制个性化矫正方案时,应体现目标性、协商性和针对性。目标性,是指在预防再犯罪、促使社区矫正对象顺利回归社会成为守法公民这个根本目标的指导下,在问题分析和方案设计过程中将目标予以细化,着重强调矫正措施的针对性和可操作性,以及促使问题解决的实际效果。协商性,是指在编制个性化矫正方案时,坚持由工作人员与社区矫正对象共同协商,引导社区矫正对象分析自身的问题和需求,共同确定目标、制订行动计划。针对性,是指要针对社区矫正对象存在的问题,选择相对应的介入措施。如个人、家庭、就业方面的问题,可以分别采取认知行为介入、家庭亲友支持小组、个案管理模式等专业方法予以对应。

个性化矫正方案应当包括以下内容:基本信息、存在问题、矫治目标、时间安排、技术与措施,见表 13 – 2。

表 13 – 2　矫正方案示例①

社区矫正对象姓名: * * * ;性别:男;年龄:36 罪名:抢夺罪 社区矫正类型:缓刑 刑期:从 * * * * 年 * * 月 * * 日至 * * * * 年 * * 月 * * 日 介入方案制订时间: * * * * 年 * * 月 * * 日 根据评估及家访面谈的结果,该社区矫正对象存在的问题包括:继续就学,家庭关系紧张。 工作人员设计的个性化矫正方案内容包括: 服务介入预期总目标:帮助该社区矫正对象顺利度过矫正期,防止重新犯罪,发掘其自身优势,协助其解决就业问题,恢复其社会功能,重新融入社会。 具体目标: 1. 通过相关法律法规的学习,运用认知行为理论的相关知识,帮助其反思以往的错误行为,加强法律意识。 2. 针对其就业问题,运用任务中心介入模式进行介入服务。 3. 根据标签理论,淡化其自我标签化思想,帮助其更主动地融入社会,恢复社会功能。 第一阶段 目标:接案,完成介入前的准备工作。 时间安排: * * * * 年 * * 月 * * 日 工作内容: 1. 社工在司法所与社区矫正对象面谈,完成需求评估水平调查。 2. 社工根据需求评估水平调查问卷,完成社区矫正对象的评估报告和初步设计服务方案。 3. 社工与社区矫正对象面谈,针对服务方案提出修改意见,确定最终的服务方案,地点为司法所。 第二阶段 目标: 1. 主要了解社区矫正对象的生活、工作、社交和思想等各方面的基本情况。 2. 对社区矫正对象做好法律教育辅导工作,提供非正式的协助和意见。 时间安排: * * * * 年 * * 月 * * 日 工作内容: 1. 通过面谈、家访和电话通信联系,多途径了解该社区矫正对象的日常生活、工作、社交和思想等各方面的情况。 2. 了解一下社区矫正对象对法律和犯罪是否有新的认识,并向其做一些法律教育辅导的工作。

① 参见陈春安主编:《社区矫正专业方法应用指南》,法律出版社 2012 年版,第 43 ~ 47 页。

续表

3. 社工与司法所通过电话联系，向司法所反映社区矫正对象目前的情况和向司法所转达社区矫正对象所提出的咨询、意见和建议。 第三阶段 目标：针对该社区矫正对象的就业问题，评估该对象的能力，探讨是否能够运用任务中心模式介入服务。 时间安排：＊＊＊＊年＊＊月＊＊日 工作内容： 1. 社工与该社区矫正对象针对就业问题面谈。社工通过谈话技巧引导该社区矫正对象了解到如何正确界定就业是一个可处理的问题。通过4个条件确定是否能运用任务中心介入模式：第一，其是否知道这个问题存在；第二，其是否承认这是一个问题；第三，其是否愿意处理这个问题；第四，其是否有能力处理这个问题。 2. 社工通过与该服务对象的面谈，评估其自主能力的强弱，判断其是否适用任务中心模式进行介入。 第四阶段 目标：运用任务中心介入模式，旨在解决该社区矫正对象就业问题，完成正式介入前期的准备工作。 时间安排：＊＊＊＊年＊＊月＊＊日 工作内容： 1. 假设其适用于任务中心介入模式，则社工根据模式的介入程序开始介入工作。 2. 社工与该社区矫正对象面谈，共同设定目标问题，即就业问题，并就此问题商量服务时间、服务安排等。 3. 社工根据该社区矫正对象对目标问题下各种次要问题的焦虑程度，确定处理的先后次序。如失业证办理、创业申请等。并通过双方选择确定任务，准备开始正式履行任务。 第五阶段 目标：运用任务中心介入模式，正式介入服务。 时间安排：＊＊＊＊年＊＊月＊＊日至＊＊＊＊年＊＊月＊＊日 工作内容： 1. 社工与该社区矫正对象通过电话联系，根据首要任务的内容给予鼓励和支持，督促该对象主动与街道司法所联系，讲出自己在就业问题上的各种想法和希望得到的帮助。 2. 在整个服务过程中，社工鼓励并督促其自主处理失业证办理、创业补贴的申请、报读创业培训班等。 3. 在该社区矫正对象处理问题的过程中出现阻力或情绪低落的时候，社工与其总结并分析原因，承认阻力的同时，不断给予鼓励，对其成功持乐观期望的态度。 第六阶段 目标：让该矫正对象回顾整个服务过程，增强自主解决问题能力的自信心，从而有助于日后工作和生活脱离社工服务的自强自立。 时间安排：＊＊＊＊年＊＊月＊＊日至＊＊＊＊年＊＊月＊＊日 工作内容： 1. 社工与该服务对象面谈，一同回顾整个针对就业问题而完成的任务，社工肯定其正向行为，并进行鼓励，对负向行为不批判，行当给予建议即可。 2. 社工协助该对象制订未来的计划。

续表

第七阶段 目标：总结进度，并让矫正对象做好解矫前的准备，了解其对未来的打算。 时间安排：＊＊＊＊年＊＊月＊＊日 工作内容： 1. 社工与社区矫正对象一起总结服务方案的完成进度，与社区矫正对象一起回忆这一年来所做的工作。 2. 社工告诉矫正对象下个月将解矫，要求其做好心理准备，并了解对象在解矫后对自己人生的打算。

七、矫正方案的实施

矫正方案实施，又称介入，是指工作人员根据矫正方案完成相应任务，帮助社区矫正对象实现矫正目标的行动过程。在此过程中，工作人员需熟练运用社会工作的方法和技巧，发挥社区矫正对象的自身优势，注意社区资源的利用及矫正环境的改善，为社区矫正对象融入社会创造条件。

个案矫正方案的实施技术是针对社区矫正对象心理、认知和行为上的差异，借鉴和应用个案社会工作、罪犯心理矫治等有关技术，对社区矫正对象实施的介入与干预。个案矫正的实施技术内容多样，既包括沟通、分析的基本技术，也包括心理社会治疗、行为治疗、理性情绪治疗和危机调适等主要模式，还包括模块化的矫正项目。（详见本章第三节）

八、结案

结案，是指工作人员为终止和社区矫正对象的专业关系所做的一切准备工作。通常有以下几种情况会促使工作人员与社区矫正对象进入结案程序。

一是矫正目标实现。经过评估，社区矫正对象的犯因性问题得到解决，不良心理与行为恶习得以改善。社区矫正对象掌握了处理问题的技巧和能力，能够适应社会正常生活，按照矫正方案的规定进入结束阶段。这种结案是个案矫正实施的理想效果。社区矫正对象通常会表现出喜悦、兴奋、自信以及对工作人员的感激。社区矫正工作人员要对这种积极的心理情绪反应给予关注，以实现平稳过渡。

二是矫正活动终止。根据《社区矫正法》第 44 条、第 45 条的规定，社区矫正对象矫正期满或者被赦免的，社区矫正机构应当向社区矫正对象发放解除社区矫正证明书；社区矫正对象被裁定撤销缓刑、假释，被决定收监执行，或者社区矫正对象死亡的，社区矫正终止。社区矫正解除或终止，社区矫正工作人员与社区矫正对象之间的矫正专业关系就宣告终止，矫正方案也随之结束。

三是工作人员离职。由于社区矫正工作人员工作调离等情况，应当结束矫正个案，进行转案处理。在转案之前，要先进行结案工作。

(一)结案的一般任务

结案意味着矫正专业关系的终止，在结案时社区矫正对象可能表现出一些情绪反应，如否认结束，拒绝接受结束；表现退化行为，恢复早期的行为模式或重现早期的问题；有易躁不安的行为表现，或情绪低落等。因此，结案的一般任务如下：

1. 调适

调适因关系中断及缺少他人支持而引发社区矫正对象的不安和恐惧。工作人员要让社区矫正对象有充分的思想准备，切忌突然结束关系，要让社区矫正对象明确真正回归社会的意义和要求。

2. 审视

审视矫正工作中的经验及进步。认真分析和总结矫正工作的经验教训，为将来工作提供借鉴。

3. 思考

思考如何巩固已经取得的成果，如何将这些经验运用到今后可能遇到的困难中。邀请社区矫正对象对矫正工作及工作人员进行评议，并对矫正效果进行评价。制订矫正跟进计划，加强社区矫正对象的后续工作，以保持矫正工作的延续性。

(二)结案的过程

结案工作是一个动态和逐渐进行的过程，是将整个矫正过程中所获得的感受、想法、行为改变进行整合的过程。恰当的结案会使社区矫正对象将整个过程的收获转化为正向力量，但处理不当，也可能出现前功尽弃的局面，所以结案要经历一个过程。

1. 调适反应

社区矫正工作人员与社区矫正对象之间的专业关系是建立在信任、合作的基础之上的，工作人员对社区矫正对象提供指导、帮助，必然会对社区矫正对象产生一定感情。结案时，大多数社区矫正对象为自己的问题得到解决或改善而感到高兴，对工作人员表示感激之情；也会有社区矫正对象产生悲伤、失落、痛苦等消极情绪，尤其是未成年社区矫正对象，可能更容易产生依赖性。工作人员可以与社区矫正对象一起回顾整个矫正过程，共同探讨影响矫正的外在因素，以协助社区矫正对象深刻地认识到今后面对的处境，增强对未来的把握和信心。

如果在结案时社区矫正工作人员产生了失望、失落、同情、认同等情绪反应，应当注意两点：一是工作人员应该坚守专业关系，不能随意表达自己的感受，必须考虑对社区矫正对象的潜在影响，不能把专业关系私人化；二是不可过分认同社区矫正对象的创痛，否则，可能会导致社区矫正对象处理消极情绪和建设规划未来能力的缺失。

2. 回顾过程

回顾是在结案前工作人员与社区矫正对象共同追溯矫正过程中发生的重要事件或情景。如双方初次见面；为了解决问题，双方都做了什么努力；矫正目标是否实现；没有实现矫正目标的原因；哪些矫正措施和技巧效果显著；哪些限制性因素影响问题的解决；哪些工作方法需要调整和改善等。通过回顾，进行总结、分析和反省。就工作人员而言，回顾可以获得工作经验；就社区矫正对象而言，回顾可以帮助他们认清自己的变化，有助于提高他们的分析判断能力。

3. 讨论未来

在结案时，工作人员应当与社区矫正对象一起探讨成长目标及未来生活，并为社区矫正对象谋划未来。工作人员为社区矫正对象列出未来生活中可能会遇到的各种变化以及应对措施。讨论的目的是让社区矫正对象对未来的困难做好思想准备，并鼓励他们正确面对，树立生活信心。

4. 巩固成效

在矫正方案结案时，大多数社区矫正对象的不良心理及行为恶习已发生不同程度的转化和改变。要想巩固成效，使结案后仍能保持，工作人员还要帮助社区矫正对象明确其社会支持系统，以及可以利用的社会资源。如对矫正期满的社区矫正对象需要重点讲解各种社会保障政策，最低生活保障、法律援助、入学就业等。另外，为促使社区矫正对象继续成长，还要提高他们的自我管理和自我监控能力，帮助社区矫正对象运用矫正过程中学到的方法，正确判断和处理遇到的问题，以避免重新犯罪。

5. 认真记录

在结案时，社区矫正工作人员需要记录矫正过程、矫正效果、存在问题及矫正建议等相关内容，作为工作人员的经验总结。记录可以用表格的形式，如表 13 – 3 所示。

表 13－3 社区矫正机构个案矫正结案登记表①

<table>
<tr><td colspan="14">编号:NO
矫正工作者姓名:　　职务:　　职称:　　填表时间:</td></tr>
<tr><td>姓名</td><td></td><td>性别</td><td colspan="4"></td><td>年龄</td><td colspan="3"></td><td>民族</td><td colspan="2"></td></tr>
<tr><td>出生日期</td><td colspan="6"></td><td>健康状况</td><td colspan="6"></td></tr>
<tr><td>家庭地址</td><td colspan="6"></td><td>联系电话</td><td colspan="6"></td></tr>
<tr><td>原户籍地</td><td colspan="13"></td></tr>
<tr><td>罪名</td><td></td><td colspan="2">原判刑期</td><td colspan="3"></td><td>原判刑期起止</td><td colspan="6"></td></tr>
<tr><td>刑期变动状况</td><td colspan="13"></td></tr>
<tr><td>入矫原因</td><td></td><td colspan="3">入矫时间</td><td colspan="2"></td><td>入矫起止</td><td colspan="2"></td><td colspan="3">矫期变动情况</td><td></td></tr>
<tr><td>接案时间</td><td></td><td colspan="4">原计划结案时间</td><td></td><td>实施结案时间</td><td colspan="6"></td></tr>
<tr><td>矫正过程概要</td><td colspan="13"></td></tr>
<tr><td>矫正效果评价</td><td colspan="13"></td></tr>
<tr><td>存在的问题</td><td colspan="13"></td></tr>
<tr><td>下一步矫正(跟进服务)建议</td><td colspan="13"></td></tr>
<tr><td>转介案情况</td><td colspan="13"></td></tr>
<tr><td>矫正机构意见</td><td colspan="13"></td></tr>
<tr><td>执行机关意见</td><td colspan="13"></td></tr>
</table>

① 参见宋行主编:《服刑人员个案矫正技术》,法律出版社 2006 年版,第 164～165 页。

第三节　个案矫正方法

一、矫正模式[①]

个案矫正中大量应用个案社会工作的治疗模式。行为治疗模式、人本治疗模式和心理社会治疗模式是个案社会工作中的三大主流模式，此外，还有认知治疗模式、危机干预模式等。

(一)行为治疗模式

行为治疗模式认为行为是习得的，人类有能力控制和改变自己的思想和行为。其研究的重点是社区矫正对象的当前行为，直接以社区矫正对象的偏差行为或症状作为治疗对象。其理论基础是行为主义心理学，经典条件反射、操作性条件反射和社会学习理论。行为治疗模式的基本观点是：正如，适应性行为是学习得来的一样，非适应性行为也是通过学习形成的。个体可以通过学习消除那些不良行为或非适应性行为，也可以通过学习获得自身所缺乏的适应性行为。行为治疗的方法技术有很多，比较常用的有行为强化、放松训练、系统脱敏和自我管理等。

个案矫正的目标是促使社区矫正对象改变不良心理和行为恶习。行为治疗模式强调学习能改善问题行为，工作人员可以为社区矫正对象创造良好的外在环境和学习条件，帮助他们逐步消除不良行为，实现矫正目标。例如，社区矫正日常管理的计分考核就可以应用正负强化法；可以利用系统脱敏法解决社区矫正对象的恐惧、焦虑、强迫性行为以及抑郁等问题；可以利用厌恶疗法、自我管理法治疗社区矫正对象的成瘾行为，等等。

(二)人本治疗模式

人本治疗模式强调以当事人为中心，重视发挥当事人的主动性和创造性，通过协助当事人重新整理自我概念，使之成为一个能够充分发挥潜能的人。“自我概念”是人本治疗模式中的核心概念，是人在内心深处对自己的看法与评价。人的行为、情绪与心理皆由自我概念决定。“自我”是真实的个体，“自我概念”是当事人对自己的看法。

早期的成长经验对自我概念的形成至关重要。人们在日常生活中要得到其他

---

① 参见陈志霞：《个案社会工作》，华中科技大学出版社 2006 年版，第 157 ~ 320 页；翟进、张曙：《个案社会工作》，社会科学文献出版社 2001 年版，第 173 ~ 280 页。

人,尤其是家人的关怀并不是无条件的。当事人必须满足家人的要求、期望或家庭规定,这些被认为是"有价值的条件"。如阿莲出身戏剧世家,父母很希望她长大后能成为一代戏剧名家,这样父母会感到喜悦,对她关怀。所以对于阿莲来说,能成为戏剧名家是她被父母认为"有价值的条件",但这些有价值的条件可能并不是自己内在的真正需要。当事人为博取他人关怀、好感,被认为有价值,便会不自觉地内化那些要求,而与自己的真正需要渐行渐远,导致当事人的错觉和身份危机。如阿莲的真正兴趣是从医,但这种真正需要被"有价值的条件"掩盖了,阿莲在表面上得到了家人的重视,但因牺牲了自己的真正意愿而内心苦闷,对自己产生很多怀疑和不满。一旦个体难以达到有价值的条件,还会产生消极的自我概念。自我概念决定了处理经验的方式和态度。在现实生活中,每个人都经历现实的经验。当现实经验发生时,自我概念和现实经验可能一致,也可能发生矛盾与冲突,甚至脱节。当现实经验与自我概念不相符时,我们便会歪曲对事物的看法,以求心理平衡。对于适应能力差的人来说,现实经验与自我概念的矛盾冲突可能使其处于精神紧张的状态,长此以往,严重者可能成为精神病患者。

人本治疗模式的工作目标是去掉当事人身上那些受"有价值的条件"影响所形成的自我概念及其衍生出来的生活方式和思维、情感、行为方式,协助当事人回复本性和真正自我,愿意体验生命的变化,而不是追求一个固定的、理想的目的。人本治疗模式把治疗过程看作整个人的改变,不是某个症状、问题的改变,是人生的一个不断成长过程。其实质是重建个体在自我概念与经验之间的和谐,达到个体人格的重建和整个人的改变。这种治疗模式要求工作人员表明如一、不评价的态度、同感、无条件地接纳、关爱,以当事人为中心,所有要素非常容易掌握和推广,即使没有受过高度心理学训练的人,也相当容易。它的基本概念、技巧和精神,如尊重当事人、重视专业关系、相信人的潜能等已被辅导人员广泛使用,对其他治疗模式有深远的影响和贡献。社区矫正个案矫正工作可以吸收人本治疗模式的技巧,鼓励社区矫正对象重新认识自己,改变自己,寻找真实自我,在改变中不断成长。

(三)心理社会治疗模式

心理社会治疗模式在个案工作中占有主导性地位。它借助"人在情境中"的基本原理,将心理和社会因素结合起来,强调生理、心理和社会因素的相互作用。它认为只有考察"人在情境中"的状态,才能真正理解人的行为。人的内在心理机制、人格特征与自我是在特定的环境中形成的,必须在环境中才能治愈。心理社会治疗模式受精神分析的影响较大,重视对深层心理结构和人格结构的剖析。人的行为失调与障碍并不是一种偶然的行为,往往是内在人格缺陷与自我不完善的外在表现。要真正解决问题必须理解人的内在心理机制,才能有的放矢地矫正不良行为。

心理社会模式认为导致案主问题的原因有三个,比较符合社区矫正对象的处境:一是成长过程中未解决的心理困扰。社区矫正对象早年未被解决的欲望、情绪冲突压抑在内心中,过去痛苦或不幸的经历积存在意识中,导致在现实情境中产生不合理要求、不恰当的心理状态与机制、不合理的处事方式和处理态度,干扰社区矫正对象的正常生活和人际关系。部分社区矫正对象存在早年生活经历积压的心理问题。二是当前环境压力和角色冲突。当前所处环境的压力过大,所担任的社会角色难以满足现实的期望。压力超载和环境失调会使一个人处于危机状态中,无法正确处理各种问题。被判处刑罚会使社区矫正对象面临极大的压力与角色转变。由于犯罪行为,社区矫正对象被贴上负面标签,社会地位降低,被社会成员排斥,造成心理不适、人际关系紧张以及与社会环境的失衡状态。可以说,犯罪行为及其法律制裁严重影响了社区矫正对象的生活状况,极可能使其处于危机状态中。三是个人人格内在因素造成的问题。每个社区矫正对象都是独立的个体,有自己独特的价值观念和行为方式,但这些独特的内在因素需要得到社会的认可,以保持与外部世界的相融性,否则,自身会缺乏对外部世界的正确认识,最终导致心理困扰和人际关系不协调。

(四)认知治疗模式

认知治疗模式是以纠正和改变求助者不良认知为重点的心理治疗和个案工作的总称。它是由很多不同学者从各自角度独立发展出的一套具有某种共同取向的体系。在这一体系中,以贝克的认知治疗和艾利斯的理性情绪治疗最为著名。

贝克认为,认知是情感和行为反应的中介,引起人们情绪和行为问题的原因不是发生的事件本身,而是人们对事件的解释。人们在生活中总是以自己独特的认知方式来感受、理解、评价和预测周围事物和自身,同时作出相对固定的行为反应方式。如果个人的认知评价中存在错误和歪曲的成分,就有可能产生各种不适应行为和不良情绪,进而导致或加重身心症状。因此,帮助求助者改变认知的不合理成分,调整错误、歪曲的思维、想象、信念,摆脱消极观念,接受正确的思想,以消除不适应行为和不良情绪反应,是认知治疗的重点。贝克主张的认知治疗是一种重视内在改变的结构性治疗方法,要求工作人员具有较强的逻辑思维能力,善于发现求助者思维中的逻辑错误,运用"苏格拉底式"提问让求助者意识到自己的逻辑错误,放弃错误想法,建立新的思维加工模式。这种治疗方法疗程短,效果较为持久,可用于社区矫正对象的婚姻困扰、药物滥用、社交焦虑、技能训练 、压力管理等问题。

理性情绪治疗认为,人天生具有理性和非理性两种信念,情绪问题是由人的非理性信念造成的。艾利斯对心理失衡的原因和具体机制进行深入研究，提出了ABC理论。A是指诱发性事件；B是指个体在遇到诱发事件之后相应而生的信念，即对事件的看法、解释和评价；C是指特定情景下个体的情绪及行为的结果。通常，人们认为C是由A引起的，但ABC理论的基本观点是，一个人的情绪困扰（C）并非由引发事件（A）所决定，而取决于一个人的信念（B）。如果能够改变这些错误的非理性信念，情绪困扰就会随之解决。针到非理性信念，工作人员可以采取介入辩论（D），来帮助社区矫正对象挑战自己的非理性信念。一旦非理性信念得到改变，就取得了效果（E）。如图13－1所示：

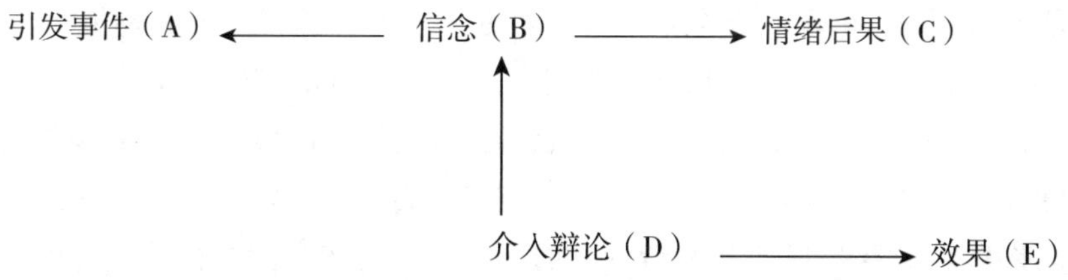

图13－1 艾利斯ABC理论示意图

在社区矫正过程中，由于歧视、失业、人际关系紧张、家庭破裂、无经济来源、患有严重疾病等事件，社区矫正对象会产生情绪低落、焦虑、自卑、失望、忧郁、无奈、消极、悲愤、绝望等负向情绪。工作人员可以利用理性情绪法，根据社区矫正对象的实际情况，帮助他们改变非理性信念，协助其勇敢面对现实，重新树立正确的观念。

理性情绪治疗的具体技术包括：理性治疗方式、情绪治疗方式和行为治疗方式。理性治疗方式，是指工作人员直接发现社区矫正对象的非理性信念，让他们明确在生活中不能过度追求“一定”“应该”“必须”等不切实际的东西，帮助他们区分理性信念和非理性信念，辩驳、纠正非理性信念，建立科学的理性信念系统。情绪治疗方式，是指让社区矫正对象想象自己处于特定情绪困扰中，再进一步尝试改变他们的非理性信念，缓解和消除他们的困扰，最终改变其不合理的信念和行为。例如，工作人员让社区矫正对象想象一些已发生或将来会发生的不愉快的事情，尽量感受极端困扰的情绪，然后尝试改变这些不适当的情绪，当情绪转为适当后，体会自己在思维上作出了怎样的改变，从中认识到“人的情绪是可以控制的”。行为治疗方式是指运用行为治疗技术帮助社区矫正对象获得有效的行为方式。工作人员可以鼓励社区矫正对象在日常生活中，实践所学的新行为，并加以系统地记录和分析，如针对胆怯、人际沟通困难的社区矫正对象，要求他们在其他社区矫正对象面前讲演，主动与陌生人接触等，让他们明确“结果并不像他们想象的那样糟糕”。

（五）危机干预模式

危机干预模式是针对危机状况下的个人、家庭或团体所进行的一种短期治疗过程和工作模式。危机是个体对事件和情境的认知或体验，即认为所面临的困难事件或情境超过了现有资源和应对机制，除非来访者获得缓解，否则危机有可能会引起严重的情绪、行为和认知功能障碍，甚至导致来访者或他人出现伤害或致命的行为。[①] 危机干预，也称危机介入、危机调适，是指对处在心理危机状态下的个人采取明确有效的措施，使之最终战胜危机，重新适应生活。因此，危机干预的主要目的是避免自伤或伤及他人，恢复心理平衡与动力。危机的成功解决可以促进个体对现状的把握，对经历的危机事件的重新认识，并学到应付未来可能遇到危机的策略。

危机干预模式主要有三种，即平衡模式、认知模式和心理转变模式。

1. 平衡模式。平衡模式认为，在危机状态下的受害者通常处于心理情绪失衡状态，原有的应对机制和解决问题的方法不能满足当前需求。危机干预的工作重点是稳定受害者的情绪，使他们重新获得危机前的平衡状态。这种模式适用于危机的早期干预。

2. 认知模式。认知模式认为，危机来源于对生活困难和创伤的错误思维和信念，通过改变错误思维和信念获得理性认识，强化自强成分，帮助个体自控。认知模式适用于心理危机状态基本稳定下来、逐渐接近心理平衡的求助者。

3. 心理转变模式。心理转变模式强调，引导人们从心理、社会和环境三个范畴来寻找危机干预的策略，除了考虑受害者个人的心理资源和应对能力以外，还要了解受害者的同伴、家庭、职业、宗教和社区的影响。危机干预的目的在于，将个体内部的应付方式与社会支持和环境资源充分结合，从而使受害者有更多的选择机会。

在社区矫正过程中，社区矫正对象也可能因人际关系紧张、受社会成员排斥、家庭破裂、子女入学问题、失业、生活困难、疾病等面临各种危机，工作人员可以利用危机干预模式介入，防止社区矫正对象产生过激行为，如自伤、自杀或重新违法犯罪等，同时，对他们开展必要的心理辅导，避免危机带来的心理伤害。

危机干预模式的运用对工作人员要求较高。工作人员要在短时间内取得社区矫正对象的信任，了解他们的主要问题，并迅速采取有效的行动。其步骤如下：

1. 确定问题。为确定社区矫正对象本人所认同的危机问题，而不是工作人员所认识的危机境遇，需要工作人员运用同情、理解、真诚、接纳和尊重等倾听技术，引导

---

① 参见［美］理查德·K. 詹姆斯、［美］伯尔·E. 吉利兰：《危机干预策略》（第7版），肖水源、周亮等译，中国轻工业出版社2017年版，第7页。

社区矫正对象倾诉自己面临的问题和困难，以及近期的生活状况，以利于了解危机的成因和问题的核心。

2. 保证安全。保证社区矫正对象安全，确保社区矫正对象自身及对他人的生理、心理危险性降低到最小。根据初步了解的情况，工作人员迅速判断社区矫正对象对自身、他人及社会环境采取破坏行为的可能性，即危险程度的判断。判断的根据主要有以下三个方面：第一，陈述。如“不如死了算了”“我肯定不放过他”等语句，说明他们有实施破坏性行为的想法。第二，非语言姿态。如眼神、语气、表情等姿态。第三，以往的经验。即他们以前是否有过危险性行为。

3. 给予支持。工作人员与社区矫正对象的沟通与交流，使他们感知工作人员是能够给予关心帮助的人。工作人员不用去评价社区矫正对象的经历与感受，而是要去促进社区矫正对象相信“这里确实有一个人很关心你”。工作人员必须无条件地，以积极的方式接纳社区矫正对象，运用同感、关注等专业技术去稳定社区矫正对象的情绪，明确其期望，并表达愿意协助他们一起解决问题，这样有助于消除他们的无助感、焦虑感以及易冲动的情绪状态，力求获取他们的信任。

4. 提出并验证可变通的应对方式。在危机状态下，社区矫正对象处于思维不灵活的状态，不能恰当判断什么是最佳选择。有些社区矫正对象甚至认为“自己已无路可走”。工作人员应提出可变通的应对方式以供选择，包括环境支持、应付机制、建设性的思维方式等。

5. 制订计划。一方面，工作人员和社区矫正对象共同分析危机形成的主要原因，协商解决危机的办法；另一方面，共同制订详细的处置计划，计划应该保证有另外的个人、组织团体和有关部门能提供及时的支持，还要考虑社区矫正对象的自控能力和自主性，保证他们能够理解和把握行动步骤。

6. 得到承诺。工作人员与社区矫正对象共同回顾计划和行动方案，并得到社区矫正对象的承诺，以便他们能够坚持执行危机干预方案。

7. 认真总结。在危机有所缓解后，工作人员要帮助社区矫正对象做好总结，主要包括：对危机的看法、取得的经验教训、如何防止类似危机的进一步发生、个人还有哪些方面需要改善、对工作人员的看法和意见，等等。

二、矫正项目①

矫正项目是具有矫正内容、矫正量与矫正程序的矫正模块。矫正内容，是指对

① 参见翟中东：《罪犯的危险评估和危险控制》，中国人民公安大学出版社 2019 年版，第 165～173 页。

罪犯矫正的实体性方法，如“理性化矫正项目”帮助罪犯提高理性的控制情绪、寻求解决问题的方案等。矫正量，是指矫正罪犯所设定的项目课程时间与次数，如36次，每次2小时。矫正程序，是指矫正项目开展后矫正内容所展开的先后顺序。

（一）矫正项目的特点

一是模块化。矫正项目是矫正内容、矫正量与矫正程序的复合体。在一个矫正项目下，矫正项目下的各部分有机结合形成整体的矫正项目。矫正项目不是碎片化的活动，从而使矫正功能更强大、矫正效果更持久。

二是程式化。与传统的非结构的矫正方法相比，矫正项目需根据设计者的程式展开。按照服刑人员的矫正变化，循序渐进地开展矫正，不能随心所欲。

三是可操作性。传统的非结构的罪犯矫正方法具有很强的人身依赖性，不同的人，即使使用同一种矫正方法，因为经验、能力、情感、性格、个人魅力等的不同，矫正效果也不同。任何一种矫正项目都可以被一定培训的人接受并运用于罪犯矫正。

四是循证性。所有矫正项目不仅源于理论构建，而且必须有使用有效的证据支持。所谓循证矫正，是指遵循证据支持的规则开展矫正活动。所有活动需经实验验证（比较研究）有效。因为不是所有的矫正项目都是有效的，或者效果很差。美国学者扎耶克经过循证认为下列矫正模式低效：第一，传统的心理分析与非直接或者以患者为中心的疗法，如谈话治疗、催眠疗法、指责社会、指责父母、宣泄愤怒等方法；第二，医学模式的方法，如改变饮食，使用药物方法等；第三，在社会上试图克服因犯罪与入狱名声给刑释人员带来的不良影响的实践；第四，非结构的谈话矫正方法。加拿大学者邦塔等认为下列情况矫正无效：第一，使用不能预测犯罪行为的因素，如控制焦虑、减轻压抑、提高自尊等，对服刑人员进行矫治；第二，使用传统的弗洛伊德的动力理论，即使用精神分析的方法对服刑人员进行矫治。为提高矫正项目的有效性，将有效的矫正项目筛选出，而将无效或低效的矫正项目淘汰，所以，矫正项目需要进行循证。

五是剂量化。经过百年的矫正实践，可以得出结论，矫正机关对罪犯的矫正并非投入越大，效果越好。矫正项目在设计中包含一定的矫正工作量，对罪犯而言就是矫正剂量。

六是个别化。矫正项目是刑罚个别化思想、矫正个别化观念的新发展。矫正项目针对具体的犯罪分子，由于犯罪原因不同，罪犯的矫正需要不同，矫正项目就应当有所不同。矫正需要评估是矫正项目实施的前提。如果将矫正项目比作“药”，矫正需要评估便是“医生的诊断”。矫正需要是指服刑人员需要矫正的犯罪原因，如好吃懒做、社会交往障碍、心理障碍。只有根据服刑人员的犯罪原因矫正才可能对症下药。“矫正需要”一词也意为犯因性需要。美国学者沃偌斯等认为,服刑人员的矫正需要(犯因性需要)包括反社会交往、反社会态度、反社会行为史、解决问题技能存在缺陷等。

七是对象性。矫正项目的对象性是指每个矫正项目都针对具体类型罪犯,如理性化矫正项目适用于冲动型暴力罪犯等。没有明确矫正对象的,矫正项目不能使用。

(二)矫正项目框架

矫正项目的出现是罪犯矫正发展史上的一个新开端。它在继承传统矫正方法的同时,也是对传统的突破。它构建了全新的矫正方法体系,使矫正效能成为矫正工作的重要指向。这不仅为矫正工作确立了效能检验标准,而且使矫正效能不断提高成为可能。以下矫正项目适用于监狱矫正,也适用于社区矫正,在个案矫正中可以选择应用。

1. 认罪悔罪矫正项目框架

这一项目旨在通过罪犯内心认罪而悔罪、承担自己的刑事责任,从内心放弃脱逃、违反规定、违法犯罪的念头。这一项目向罪犯推荐更好的生活选择,尊重罪犯的主观能动性。

适用:具有脱逃危险的罪犯;功能:降低罪犯脱逃危险;机制:使罪犯知道,只有悔罪赎罪,才能从“罪”中解脱,而脱逃会增加自己的罪,陷入更大的罪。包括三个模块:认罪模块、反省模块、赎罪模块(见表13-4)。认罪模块的功能不仅在于使罪犯产生对罪的认知,而且在于使罪犯产生罪的情感、罪恶感。反省模块的功能是使罪犯进一步认识自己的罪恶,并产生愧疚感。赎罪模块的功能是使罪犯产生赎罪的愿望。

表13-4　认罪悔罪矫正项目的框架与基本方法

模块	目标	基本方法	备注
认罪模块	使罪犯认识到自己的犯罪行为;使罪犯产生罪恶感	1. 开展认罪服法教育,学习法律 2. 展示犯罪的社会危害 3. 借助媒体了解被害人情况;通过典型案例了解犯罪对被害人及家属身心造成的伤害 4. 推动罪犯了解自己的行为对被害人身心造成的伤害	

续表

模块	目标	基本方法	备注
反省模块	培养罪犯对他人痛苦的察觉,产生悔罪感	1. 面向墙壁,保持放松的姿势,坐下。自己静静地面对自己的情境 2. 要反省自己对别人采取的行为。要从母亲开始,包括三点具体的事实:母亲为我做过哪些事情;我对母亲报答过哪些事情;我带给母亲的困扰有哪些 3. 依次进行父亲、祖父母、兄弟、姐妹、配偶、子女、朋友回忆,一个循环后又回到自己对于母亲的主题,时间切割得更细 4. 对被害人及亲属家庭生活、情感察觉 5. 内观的主题包括生活费的计算、撒谎、偷窃等。每一个主题都要严格站在对方的立场去看,质问自己有没有过失	部分罪犯对他人痛苦的察觉弱,通过内观,提高自己的察觉水平
赎罪模块	使罪犯知道赎罪对自己的意义;使罪犯知道赎罪的道理	1. 从传统文化中了解因果报应 2. 从宗教文化中知道因果报应 3. 在世俗世界中知道因果报应 4. 让罪犯知道遵守监规、承担刑事责任与赎罪的关系	

2. 理性化矫正项目框架

理性化矫正项目框架旨在改变冲动型暴力犯,从而降低行凶危险。暴力犯有冲动型、掠夺型、防御型、暴恐型。与掠夺型、防御型、暴恐型暴力犯相比,冲动型暴力犯具有突出的非理性特征,罪犯实施暴力行为与算计关系不大。监狱中威胁民警及罪犯身体安全的人主要是冲动型暴力犯,社区矫正中也有类似风险。

该项目是在英国使用的“理性与矫正项目”和加拿大使用的“认知技能训练项目”基础上设计而成的。根据罗斯与法毕诺的研究表明:思维次序影响人的社会意识与人际交往。许多服刑人员有行动快于思维的倾向,行为者往往在行动前缺乏对环境与其他人感情的考虑。基于提高罪犯理性的需要,“理性与矫正项目”设置下列环节:认识问题;提出不同解决问题的策略;作出决定;采取行动;维持新的行为;预防复发。在项目实施中,矫正工作人员向罪犯传导的接收技术有:角色互换;玩尴尬的游戏;认知练习,如分析迷失。练习与重复是学习的重要因素,使用团体环境,将被试者分为二人组或三人组,反复练习。理性化矫正项目的框架与基本方法见表 13 – 5。

表 13-5 理性化矫正项目的框架与基本方法

模块	目标	方法	备注
理性化思维模块	培养罪犯先思考后行动的思维模式,学习处理问题的暴力替代方法	1. 遇到与人冲突的事情,退后五步,深呼吸,自我提醒,让自己冷静下来 2. 正确认识挫折 3. 学习人际交往的原则 4. 认识冲动的后果 5. 学习解决问题技巧:先认识问题的性质,然后构造应对方案,准备 3 个以上方案,选择方案,付诸实施	对罪犯使用典型冲动案例文字材料、视频
情景模拟模块	养成先思考后行动的行为习惯	1. 愤怒诱发 2. 角色扮演 3. 情景训练 4. 视频评论	使用放松技术、暗示技术
静心模块	学习以静制动	1. 瑜伽疗法 2. 音乐疗法 3. 坐修疗法	—
巩固模块	巩固成果,预防复发	针对罪犯不同情形,使用不同课程补课	—

3. 定修项目框架

定修项目框架适用于有自杀危险的罪犯,同时也适用于限制减刑、被判无期、被判长刑的罪犯。该项目认为,罪犯自杀不仅有理性成分,更有情绪成分以及对生命的评价问题等。定修项目的目标是引导罪犯将服刑当修行,引导罪犯放弃自杀。该项目的要求是:既不要回首往事,也不要展望未来,而是关注当下。定修项目框架与基本方法见表 13-6。

表 13-6 定修项目框架与基本方法

模块	目的	方法	备注
导引模块	帮助罪犯了解本模块	1. 当下的生活:放下过去,不管未来,关注当下 2. 生命的意义:寻求生命的高点与智慧 3. 学习新生活:静生慧	使用放松技术、暗示技术

续表

模块	目的	方法	备注
坐修/行修模块	引导罪犯心静	1. 坐修:身体坐直,双腿盘膝,视线向下;区分杂念与妄想;不忧虑过去,不担心未来;打坐时观照呼吸以集中注意力;重复数息,1 到 26 次的呼气为一个循环;让大脑自然地放松,不要试图压制念头的升起 2. 调心:追求安心,心不同,世界不同。心态非常重要,修行的心态是“无为”。否则容易“走火入魔”(由于意念集中,容易加快某部分的新陈代谢) 3. 行修:关注脚步的一起一落,身体的一呼一息	
学习/工作修模块	引导罪犯心静,关注当下,关注成果	书画修心: 1. 通过研习书法、绘画,关注当下 2. 作品修心 3. 通过绘制葫芦、制作根雕等,关注当下	
善修模块	引导罪犯放下自我,实现生命的意义	1. 修善等于干什么都是修行 2. 不埋怨、抱怨 3. 每日自省 4. 日行一善	

复习思考题

1. 如何理解个案矫正的性质特点?
2. 简述个案矫正的基本程序。
3. 简述个案矫正常见治疗模式的要点。
4. 简述矫正项目的主要特点。

第十四章 社区矫正评估[①]

本章摘要

社区矫正评估是指社区矫正机构自身或是第三方根据一定的标准和程序,对社区矫正工作或社区矫正对象的部分或整体情况进行评价的活动。评估是社区矫正工作的重要内容之一,贯穿于社区矫正过程的始终。在评估过程中,评估人员应当遵循规范化的程序,坚持遵循系统性、科学性、客观性、标准化以及可操作性的原则。本章重点介绍了社区矫正危险评估、效果评估的概念、作用、内容与方法。

重点问题

1. 社区矫正评估的概念、原则与过程。
2. 社区矫正危险评估的目的与方法。
3. 我国社区矫正效果评估工作的现状及发展趋势。
4. 社区矫正对象矫正效果评估的内容。
5. 社区矫正工作实施效果评估的内容。
6. 社区矫正效果评估的方法。

第一节 社区矫正评估概述

一、社区矫正评估的概念

社区矫正评估,是指社区矫正机构自身或是第三方根据一定的标准和程序,对社区矫正工作或社区矫正对象的部分或整体情况进行评价的活动。评估是社区矫正

---

① 本章写作得到北京师范大学吴宗宪教授的指导、帮助,在此表示感谢。

正工作的重要内容之一,贯穿于社区矫正过程的始终。

开展社区矫正评估具有重要意义。就社区矫正对象而言,不同类型的评估具有不同的意义,具体而言,社区矫正对象危险评估可以掌握社区矫正对象的危险状态,为分类分级管理提供依据;就社区矫正对象效果评估可以掌握社区矫正措施对社区矫正对象的作用,是否有作用以及作用的大小;社区矫正对象需要评估可以掌握社区矫正对象的实际需要,为开展教育矫正、社会适应性帮扶提供依据。对社区矫正工作而言,阶段性评估能够为调整工作方案及控制工作节奏提供依据,总结性评估能够反思矫正工作的成绩与不足,为将来开展矫正工作提供经验与思路。

开展社区矫正评估时,需要注意以下方面。第一,明确目的,避免盲目。开展评估前,评估主体要明确评估的目的是什么,围绕评估目的选择合适的评估方法,确定科学的评估内容。第二,设置指标,避免缺失。评估指标、标准是开展科学化评估的前提。评估主体根据评估对象及目的的差异性,设置相应的评估标准、指标。指标必须完整,缺失或重复都会导致评估结果失真。同时,为提供效率,评估指要具有可测量性,可操作化的特点。第三,及时反馈,避免滞后。及时将评估结果反馈给社区矫正对象,有利于社区矫正对象正确认识自身的危险程度及改造进度;反馈给社区矫正机构,有利于掌握矫正措施的有效性以及其他法律效果、社会效果。

二、社区矫正评估原则

社区矫正评估原则,是指评估人员在评估工作中必须遵循的基本准则。

(一)系统性原则

系统性原则,是指根据系统的、整体的观点进行评估工作的原则。根据这个原则,要把事物作为一个有机的系统整体来分析、考察,关注构成整体的各个要素之间的联系与作用。首先,评估人员要树立整体观。评估人员要把社区矫正对象、社区矫正工作看作一个整体,认识到这个整体内部各个要素之间的相互联系和相互作用。其次,评估人员要树立联系观。评估人员要认识到社区矫正对象和社区矫正工作与外界的关系。在评估过程中,要把社区矫正对象看作社会互动系统中的一个要素,要把社区矫正工作看作刑事制裁系统中的一个要素,重视二者相互之间的联系与互动。例如,社区矫正对象矫正效果评估中应当包括社区矫正对象的认知、行为、心理以及社会适应性等方面。社区矫正工作效果评估中应当包括教育矫正、监督管理、帮困扶助等矫正项目以及再犯罪率、刑事执行成本、社会公众态度等方面。因此,社区矫正效果评估是一项复杂的系统工程,需要评估人员坚持系统性原则,也需要相关部门协作、配合。

（二）科学性原则

科学性原则，是指要运用科学的理论和方法进行评估工作的原则。没有科学性，就不能客观、真实地揭示社区矫正工作的实然状态，评估本身也就失去了价值和意义。科学性原则的内容包括评估方法的科学性、评估内容与标准的科学性以及评估结果的科学解释与运用。在评估过程中，科学性原则要求根据评估的目的及对象的不同，制订符合切实可行的评估方案，采取行之有效的评估方法，并由具有专业素质的评估人员操作，从而保障评估结果的科学性。

（三）客观性原则

客观性原则，是指以客观事实为基础进行评估工作的原则。评估人员要本着实事求是的态度，根据科学、合理的评估程序、方法与技术，对社区矫正对象或社区矫正工作作出符合实际的评价。在评估过程中，客观性原则要求尽量避免主观因素的影响，克服个人好恶等感情色彩，更不能迁就任何组织的要求以及接受上级部门或领导的暗示。任何主观臆断，夸大或缩小以及片面追求矫正工作成效的功利性做法，都会导致评估工作偏离客观的方向。

（四）标准化原则

标准化原则，是指运用标准的程序和方法进行评估工作的原则。标准化是科学化的具体体现，其目的是最大限度地控制评估过程中可能产生的误差，保证评估结果的信度和效度。标准化原则的内容包括以下方面：评估体系的标准化，即根据统一、标准的效果评估量表进行检验和调研；评估方法的标准化，即评估时间、方法以及场景具有统一性；评估结果解释的标准化，即评估结果应当与统一的常模进行比较，对应相应的评价标准，得出客观的评价。

（五）可操作性原则

可操作性原则，是指应当使用明确清楚、便于操作的评估标准与方法进行评估工作的原则。社区矫正涉及监督管理和教育帮扶，是一项复杂的矫正工作。同时，社区矫正对象的文化程度、智力水平参差不齐，个性差异较大。因此，评估标准与方法必须指标清楚、含义明确、切实可行、易于操作。如果它们含混不清，过于烦琐、复杂，会给评估带来困难。可操作性原则的内容包括以下方面：首先，评估指标的设置清楚，指标的含义明确，既不会造成理解困难，也不会引起歧义；其次，评估指标要尽可能数量化，便于测量实际情况；最后，评估方法要简便易行，容易操作。

三、社区矫正评估的过程

科学的社区矫正评估应当是一个完整的过程，这个过程包含先后相继的步骤。

一般而言,社区矫正评估的过程应当包括以下步骤。

(一)明确评估目的

评估目的,是指开展评估工作的原因,即为什么评估。评估目的不同,评估的范围、方法和标准也会不同。在一般意义上讲,评估的目的主要有两个方面:一是改进工作,即社区矫正工作者通过对社区矫正对象矫正效果的评估来发现问题,进而提高工作质量;二是深化工作,即社区矫正机构通过对社区矫正工作效果的评估来总结经验,寻找深化工作的方向和目标。因此,明确评估目的是整个评估工作的基础。

(二)确定评估问题

评估问题,是指开展评估工作的内容,即评估什么。评估目的决定具体的评估问题。评估问题通常是一些抽象的定性指标。例如,社区矫正对象矫正期间的行为表现、心理健康状况、社会适应能力以及矫正项目有效性等。评估问题应该具备指向明确、操作可行、表述清晰等特征。同时,评估人员需要将评估问题具体化为评估指标,力求全面、客观地反映评估问题,并提高评估问题的可操作性。例如,评估问题是社区矫正对象矫正期间的行为表现,评估人员可以将其具体化为以下方面:遵纪守法;接受个别教育、集中教育;遵守请销假、会客等监管制度;积极参加公益活动;按时报到并汇报思想;参加就业指导、职业技能培训等帮扶活动。

(三)设计评估方案

评估方案是评估人员对评估问题深入分析后设计的指导性文案。评估方案是开展评估工作的依据。评估方案的主要内容包括以下方面:评估要解决的问题,解决问题的方法和程序,评估者与参与评估的各个方面的关系,评估成果的主要表现形式。[①] 同时,在设计评估方案时,评估人员要对评估问题进行解释,以利于具体操作人员把握评估标准。例如,评估问题是社区矫正对象的矫正表现,社区矫正工作者可以通过以下方面加以解释:服从管理、严格遵纪守法;基本服从,但偶有违纪,经教育能改正;不服从管理或有严重违法、违法情况。

(四)收集和分析评估资料

评估资料,是指评估人员依照评估方案收集的有关资料。真实、准确的评估资料是科学评估的前提。收集资料的人员需要接受必要的培训,并遵循标准化的操作程序开展工作,这样才能保证资料的可靠性和有效性。资料收集可以以报告的形式加以说明,以备分析、解释资料时查询。资料收集的方法有:问卷调查法、访谈法、观察法、测量法、内容分析法等。

---

① 参见张昱、费梅苹:《社区矫正实务过程分析》,华东理工大学出版社2005年版,第274~275页。

分析资料能够起到深化认识的作用。评估人员需要整理、分析收集到的原始资料。研究方式不同,资料分析的方法也有所差异。在定量研究中,评估人员通常采用统计方法,主要包括描述性统计和推论性统计。在定性研究中,资料分析有两种思路:一种是“化繁为简”,即对庞杂的文字资料进行编码简化,提炼出主题并根据所要回答的问题将这些主题联系在一起。另一种则是“由浅入深”,即对文字资料进行反复阅读,读出其字里行间的含义,然后进行阐释和呈现。①

(五)撰写评估报告

评估报告,是指评估人员在分析资料基础上,详细陈述评估发现的书面报告。评估报告主要包括以下内容:标题、摘要、目录、导言、评估方法、评估发现、结论与对策建议、参考文献以及附录。此外,为了保证评估报告的质量,评估人员通常会邀请同行专家对评估报告进行评阅,检查评估方法、评估结论以及对策建议等方面的内容。

(六)调整矫正工作

评估结果是调整矫正工作的依据。社区矫正评估的最终目的是为社区矫正机构或社区矫正工作者提供经验借鉴。就社区矫正工作者而言,如果评估的结果未达到预期的目标,则需要从评估报告中总结经验,寻找矫正工作中的偏差,并加以改进;就社区矫正机构而言,通过评估总结经验,探索社区矫正工作的创新思路。

第二节　社区矫正危险评估

一、社区矫正危险评估的概念

社区矫正危险评估,是指对社区矫正对象人身危险性的评估,是指运用科学的方法对社区矫正对象人身危险性程度和再犯可能性以及对社会所造成的危险性的评估和预测。这具体是指对其人格上存在的实施犯罪行为以及其他严重违法和社会越轨行为的危险倾向的有无及大小所做的评估和预测。

人身危险性即人的危险状态。人身危险性是随着西方刑事实证学派的崛起而出现的一个概念。其思想可以追溯到19世纪初刑事实证学派创始人龙勃罗梭的天生犯罪人思想。一般认为,人身危险性是指行为人人格上存在的实施犯罪行为以及其他严重违法和社会越轨行为的危险倾向。人身危险性的主体既包括已然犯罪

---

① 参见顾东辉主编:《社会工作评估》,高等教育出版社2009年版,第57页。

人主体，又包括未然犯罪人主体；既包括具有刑事责任能力主体，又包括无刑事责任能力主体。社区矫正领域的人身危险性，在内容上不仅包括再次实施刑事犯罪的可能性，而且也应当包括实施违法行为以及严重违反社区矫正相关规定行为的可能性。所以，社区矫正领域内的人身危险性是指社区矫正对象人格上存在的实施犯罪行为以及其他严重违法和社会越轨行为的危险倾向，或是指社区矫正对象客观上潜在的继续实施危害社会、本人或他人的现实可能性。

人身危险性针对的是人的未然行为，是一个前瞻性的范畴，具有很大的随机性和难以预测性，以至于有学者发出了这样的概叹：一方面，就人类至今为止的认识能力与手段而言，远未达到可以使我们做出这样的预测的程度；另一方面，虽然在某些情况下，人的犯罪行为带有一定的规律性，但是，在相当一部分情况下，犯罪行为并无一定的规律可循，而是具有很大的随机性与偶发性。[①] 但是人身危险性毕竟是客观存在的，对行为人的个人生理、心理情况及其生活环境予以客观、全面、科学的考察，并进行细致、认真地分析，对其将来的犯罪倾向性的有无和大小，是可以做出基本准确的判断的。

二、社区矫正危险评估的目的

（一）确定社区矫正对象的危险等级

通过对社区矫正对象的危险评估，可以较为准确地确定出矫正对象的危险等级，即人身危险程度的大小或高低。如上海市的风险评估结果是将社区矫正对象的危险等级划分为“稳定”、“重点关注”和“高危控制”。如果是社区矫正适用前的危险评估，评估结果确定的危险等级可为法院等决定机关作出社区矫正决定提供参考，也为进入社区矫正后的分类管理提供思路；如果是社区矫正适用后的危险评估，评估结果确定的危险等级可以为合理分配矫正资源，调整矫正方案提供客观依据，同时还可为实施分类管理、分阶段教育提供参考。如果是社区矫正解除前的危险评估，评估结果确定的危险等级可为安置帮教等综合治理提供依据。

（二）为社区矫正对象的分类矫正提出建议

分类矫正是科学化、人性化管理的直接体现。社区矫正对象危险评估是实施分类矫正的前提。通过社区矫正对象危险评估，社区矫正工作者可以根据危险等级，实施不同的矫正措施，以提高矫正工作的效率与质量。

分类矫正，主要是指针对社区矫正对象的不同情况，对其实施分类管理、个别

① 参见邱兴隆：《关于惩罚的哲学》，法律出版社 2000 年版，第 225 页。

化矫正，并根据其矫正期间的表现和危险等级实施分级处遇的制度。如我国目前根据社区矫正对象的人身危险性程度将其划分为从严管理、普通管理、从宽管理三个等级，并在思想汇报、教育学习、公益活动、心理矫治等方面实行区别对待的原则。对人身危险性较高的矫正对象加强监督管理的措施与频次，增加教育项目的种类与频次，而对人身危险性较低的矫正对象则可以相应地减少。以危险评估为基础的分类矫正，有利于节约刑事司法资源，控制社区矫正对象重新犯罪；有利于调动社区矫正对象接受矫正的积极性，提高社区矫正工作效果。

（三）加强对社区矫正对象的危险控制

人身危险性是动态的而不是静态的，随着社区矫正对象的主客观因素变化而发生变化。因此，社区矫正工作需要随时了解社区矫正对象的人身危险性的变化，以加强对社区矫正对象的危险控制，预防他们将危险性变成对社会的实际损害，提高社区矫正工作的质量和效果。对社区矫正中的危险性进行控制，特别需要关注两个方面的内容，以便增强危险性控制的效果：危险管理和个案管理。①

危险管理就是根据社区矫正对象的危险程度分配矫正资源，并不断调整、修订分类矫正、个性化教育、心理矫正方案的活动。危险管理是建立在社区矫正对象危险性进行预测和评估的基础上。针对社区矫正对象的不同危险程度，有针对性地、合理地分配矫正资源，制订矫正方案。具体来讲，就是对人身危险性较高的社区矫正对象，应配置更多的社区矫正资源，制订更科学、合理、规范的社区矫正方案，包括实施严格的监督管理措施，规定更加频繁的监督活动间隔时间，经常与社区矫正对象进行直接接触等，以加强对他们的管理和控制；与此同时也要向他们提供更有效的帮助，例如，通过帮扶，帮助社区矫正对象解决生活困难；通过走访调查等，帮助社区矫正对象解决家庭问题、人际关系问题，等等。这种“既管又帮”的做法必将有助于减轻或者解决他们存在的问题，消除其犯罪心理和行为恶习，降低他们的人身危险性，预防其危害行为的再次发生。对人身危险性中等的社区矫正对象可以分配适当的矫正资源，并按正常的监督管理措施对他们予以监督管理，并安排相应的社会工作者和志愿者帮助解决他们的就业、生活、心理等问题。对人身危险性较低的社区矫正对象则分配较少的矫正资源，放宽对他们的监督管理，并给予较多的人身自由，例如，可以通过电话、通信等方式汇报情况，包括教育学习、公益活动、生活情况等。总之，通过对不同危险等级的社区矫正对象实施差异化的危险管理，从根本上防止他们再犯罪。

---

① 参见吴宗宪：《论社区矫正中的危险控制》，载《中国司法》2005 年第 1 期。

个案管理,是指针对每个社区矫正对象的情况采取个别化的管理措施。这种管理措施仍然建立在对社区矫正对象危险评估的基础之上。首先,对每个社区矫正对象进行危险性和需要的评价,减少社区矫正工作的盲目性;其次,针对每个社区矫正对象的情况合理分配社区矫正工作人员,避免无人接管或乱管现象的发生;最后,针对每一个社区矫正对象的情况制订科学、合理的社区矫正方案。

三、社区矫正危险评估的类型

(一)入矫前的危险评估

入矫前的危险评估,简称入矫评估,是指在评估对象适用社区矫正前(或进入社区矫正时)进行的评估。评估结果为人民法院、监狱管理机关、公安机关等做出社区矫正决定提供依据,并为进入社区矫正后的分类管理和个别化矫正等打基础。入矫评估的结果是入矫后评估和解矫前评估的结果对比的标准,以判断社区矫正工作的效果。

(二)入矫后的危险评估

入矫后的危险评估,简称中期评估,是指社区矫正对象进入社区矫正体系后对其人身危险性所进行的评估。这种评估可半年一次,也可一季度一次,主要是对社区矫正对象接受管理、教育、矫正等动态情况进行评估,再次评估再犯风险,以调整矫正方案,提高矫正效果。中期评估是对社区矫正对象管理处遇转化的根据,也是修正矫正教育方案的依据。中期评估的结果也是与前期入矫评估结果和后期解矫评估结果对比的标准,以判断社区矫正工作的效果。

(三)解矫前的危险评估

解矫前的危险评估,简称解矫评估,是指在社区矫正期限即将结束阶段,对社区矫正对象的人身危险性进行的评估。解矫评估是对社区矫正对象解除社区矫正后是否采取安置帮教或其他保护性措施的根据,也是评价整个矫正教育方案是否有效的依据。解矫评估的结果要与前期入矫评估结果和中期评估结果相对比,以判断社区矫正工作的效果。

四、社区矫正危险评估的内容

社区矫正对象危险评估的内容,是指影响社区矫正对象人身危险性的因素。从实践来看,一般认为影响社区矫正对象人身危险性的因素主要有两类:不变因素和可变因素。

(一)不变因素

不变因素,是指不因矫正对象矫正情况的变化而变化的因素,如犯罪记录、犯罪类型、犯罪事实、犯罪后果、矫正对象基本情况中的个人经历、个人的某些生物学因素(如性别、神经类型等)和心理因素(如气质、性格类型等)等。

(二)可变因素

可变因素,是指能及时反映社区矫正对象矫正情况变化的因素,如矫正对象基本情况中的法律意识、社会认知、谋生情况、家庭经济状况、行为习惯、生活环境、社会政策、形势的变化、家庭关系(婚姻状况)和思想状况、情绪状态、人际关系、对判决和矫正的态度等。

五、社区矫正危险评估的方法

(一)定性危险评估法

定性危险评估法是对社区矫正对象的人身危险性的质的规定性进行分析并得出结论的方法。具体而言,就是通过对反映社区矫正对象的人身危险性的相关因素进行分析后,评估人员利用自己的经验和知识,就其人身危险性大小作出判断并得出结论的方法。这是一种凭主观预测的方法。

定性危险评估法由于简便易行,在司法实践和理论研究中都得到了广泛的应用。但是这种方法对评估工作人员个人的素质和经验依赖性较强,评估的主观主义色彩浓厚。不同的评估人员面对同一社区矫正对象的相关评估因素,可能会得出不同的结论。因此,定性危险评估法在较大范围的推广应用受到限制,这也是定量危险评估法受到众多人青睐的原因。

定性危险评估法主要通过以下具体方法来完成:阅卷法、犯罪事实判断法、行为观察法、访谈法、问卷调查法等。

1. 阅卷法

阅卷法就是通过审阅矫正对象的案卷,了解其基本情况、犯罪事实、主观恶性程度、罪名、刑种、刑期、社区矫正起止日期、入矫前的表现与人际关系、人格特点、法律意识等,以此来初步判定其人身危险性的一种方法。这种方法主要适用于入矫前(或入矫时)的人身危险性评估。

2. 犯罪事实判断法

犯罪事实判断法主要是通过对矫正对象主观恶性程度、犯罪情节、犯罪手段、社会危害后果等方面的犯罪事实判断其人身危险性的一种方法。这种方法主要适用于入矫时的人身危险性评估。

3. 行为观察法

行为观察法主要是通过对社区矫正对象的日常行为进行自然或设定情境的观

察,来了解其行为特点和处事方式,以判定其人身危险性的一种方法。这种方法主要适用于矫正期间的社区矫正对象的人身危险性评估。

4. 访谈法

访谈法是通过与社区矫正对象本人或与其熟悉的人进行谈话,以了解其日常表现、人格特点等,以预测其行为并判断其人身危险性的一种方法。这种方法既可适用于矫正前的被告人、罪犯的人身危险性评估,也可适用于矫正期间的社区矫正对象的人身危险性评估。

5. 问卷调查法

问卷调查法就是根据需要设置一定的问题,让社区矫正对象进行回答,以了解其行为表现并判定其人身危险性的一种方法。这种方法既可适用于矫正前的被告人、罪犯的人身危险性评估,也可适用于矫正期间的社区矫正对象的人身危险性评估。

6. 测验法

测验法主要是依据要取得的信息目标,采用相应的心理测验量表(主要指各种人格量表)或心理投射测验等,对社区矫正对象进行心理测验,了解其人格特点、心理健康情况、社会适应能力、一贯的行为表现等情况。

(二)定量危险评估法

定量危险评估法是对社区矫正对象的人身危险性的量的规定性进行分析并得出结论的方法。具体而言,这是把反映社区矫正对象的人身危险性的相关因素转换成分值,并确定不同因素的成分值在总值中所占的权重,根据事先确定的公式得出计算结果,然后根据计算结果确定社区矫正对象人身危险性大小的一种方法。

虽然定量危险评估法比定性危险评估法得出的结论更为客观,但在定量危险评估法指导下的实践表明,这些定量分析法仍然是很不完善的,与实际情况存在较大的差距。相关因素及其分值和在总值中所占权重的确定是一个极其复杂的过程,不同的专家学者对同一因素会得出不同的分值和权重,同一因素对不同社区矫正对象人身危险性影响的大小是否一致,也是值得商榷的。因此,定量危险评估法的适用也有局限性。

国外社区矫正工作重视运用定量法开展危险评估工作,研发了一些定量式危险评估工具。下面具体介绍一下美国的威斯康星危险评价工具,见表 14 - 1。[①] 威

① See Icf. D. A. Andrews & James Bonta, The Psychology of criminal condurt(Cincinnati, OH: Anderson Publishing. Co. ,1994), p. 168. 转引自吴宗宪主编:《社区矫正导论》(第 2 版),中国人民大学出版社 2020 年版,第 139 ~ 140 页。

斯康星危险评价工具(The Wisconsin Risk - Assessment Insitrument)是由贝尔(S. C. Baird)、海因茨(R. C. Heinz)和贝莫斯(R. J. Bemus)在 1979 年编制的一种犯罪人危险性评估工具。这个量表包括 11 个方面的问题,每个问题有 2 个或者 3 个答案,不同的答案有不同的得分,最后根据总分的多少评定犯罪人的危险性。

表 14 - 1　威斯康星危险评价工具

项目与分值	得分
1. 过去 12 个月中改变住址的次数 0(没有改变);2(改变 1 次);3(改变 2 次或更多次)	
2. 过去 12 个月中就业时间的百分数 0(60% 或者更多时间);1(40% ~50%);2(不到 40%)	
3. 饮酒问题 0(没有明显问题);2(有中等程度的问题);3(有严重问题)	
4. 其他药物使用问题 0(没有明显问题);2(有中等程度的问题);3(有严重问题)	
5. 态度 0(希望转变;接受帮助);3(有依赖性或不愿承担责任);5(将行为合理化;消极地不愿转变)	
6. 初次判罪(或少年判决)时的年龄 0(24 岁或更大);2(20 ~23 岁);4(19 岁或更小)	
7. 以前被处以缓刑或假释监管的次数 0(无);4(1 次或更多)	
8. 以前被撤销缓刑或假释的次数 0(无);2(1 次);4(2 次或更多)	
9. 以前被判决犯有重罪的次数 0(无);2(1 次);4(2 次或更多)	
10. 判罪或少年判决 2(夜盗/盗窃/盗窃汽车/抢劫;每次 2 分);3(伪造支票,每次 3 分)	
11. 因(使用武器、体力或武力威胁进行)伤害犯罪而被判罪或少年判决 15(是);0(否)	

续表

总分:	
评分(scoring)	
0~8分:低度风险;9~15分:中度风险;16分和更高:高度风险	

自社区矫正工作试点以来,上海、山东、江苏等地区积极探索、适用社区矫正对象危险评工具,下面以甘肃省庆城县社区矫正对象危险评估量表为例,说明定量危险评估法的工作流程。①

该套量表分为:《危险程度可能性评估量表》、《社区矫正对象自陈量表》、症状自评量表(SCL-90)(此表网络自查)和《矫正对象风险评估综合评分表》。

风险评估指标:

1. 静态指标(不变因素):历史形成的难以被影响而减少风险程度的指标。包括5个大类:(1)犯罪与服刑表现记录;(2)教育和工作背景;(3)经济状况;(4)家庭和婚姻状况;(5)居住指标。

2. 动态指标(可变因素):主观表现的容易被影响而减少风险程度的指标,包括5个大类:(1)休闲和娱乐活动情况;(2)交友情况;(3)酗酒和使用毒品情况;(4)心理、情绪和人格特征;(5)生活态度及政治倾向。

风险等级:

为了与分类管理相衔接,将风险程度分为高、中、低三个等级。每个等级划定相应的分数区间,综合测评最后得分65分以下为低风险等级;65分至77分为中风险等级;77分以上为高风险等级。

工作流程:

风险评估工作流程共分8个步骤。

1. 调查情况。工作人员要全面了解测评对象个人、家庭、生活、就业、社会关系、违法犯罪史、认罪悔罪态度及服刑表现、生活态度和政治倾向等情况,并做好记录。

2. 测量打分。根据调查情况客观地填写他评量表,并安排社区矫正对象填写自陈量表和症状自评量表。之后,对测量结果进行评分,并填写《矫正对象风险评估记录表》。需要注意的是,社区矫正对象测试前,工作人员要教育和引导他们积极配合,使其真实地表达自己内心的想法和反映实际情况,减少测试的偏误。

---

① 参见张建明、吴艳华主编:《社区矫正实务》(第4版),中国政法大学出版社2021年版,第144~156页。

3. 测评分数

根据要求得出分数。危险程度可能性量表测评分数×50%＋自陈量表评分数×40%＋症状自评量表分数×10%

4. 综合评分(见表14－2)

表14－2　《矫正对象风险评估综合评分表》

姓名：　性别：　编号：　时间：　年　月　日

<table>
<tr><td>危险程度可能性得分</td><td></td><td rowspan="3">综合得分</td><td rowspan="3">×50%＋
×40%＋
×10%＋
＝</td></tr>
<tr><td>自陈量表得分</td><td></td></tr>
<tr><td>症状自评量表行分</td><td></td></tr>
<tr><td>综合评定风险等级</td><td></td><td></td><td rowspan="2">主测人签字：</td></tr>
<tr><td>监管分类</td><td></td><td></td></tr>
</table>

5. 确定风险等级

为了与分类管理相衔接，将风险程度分为高、中、低三个等级。每个等级划定相应的分数区间，综合测评最后得分65分以下为低风险等级；65～77分为中风险等级；77分以上为高风险等级。

6. 确定类别(管理等级)

工作人员按照危险程度测评量表测评分数×50%＋自陈量表评分数×40%＋症状自评量表×10%的公式求得该对象测评结果的最后得分，然后根据高、中、低三个类别所规定的分数区间，归入相应的类别。在此基础上，由乡镇司法所社区矫正工作人员集体研究审定类别，分析测评中反映出的情况，作出评估报告，提出针对性的矫正意见。

7. 调整类别

由于矫正对象的情况在不断变化之中，若矫正对象的情况变化比较明显时，须重新测评一次，根据测评结果经集体研究调整类别。并将每次测评结果填入《矫正对象风险评估记录表》内。

8. 评估与分类管理的衔接

对高、中、低三类矫正对象实施不同强度的监管。其中，对高风险类对象纳入分类管理的严管；对中风险类对象纳入分类管理的普管；对低风险类对象纳入分类管理的宽管。根据不同类别，落实相应的管理措施。

表 14－3 危险程度可能性评估量表

本量表是采用逐步推进提问式方法进行材料采集，在基本材料的采集过程中，不能够跳跃提问。本量表对原始数据的精确性要求较高，原始数据将直接影响到预测结果的精确度。在具体操作过程中应注意以下问题。

1. 在“犯罪类别”一栏中如果该预测对象为数罪并罚，则选择其所犯主要罪名，一般是选择判刑较重的那个罪名，但是涉毒、涉淫犯罪除外。若所列罪名中不包括预测对象所犯罪名，则选择其他罪名。

2. 对于“初次犯罪年龄”“自杀史”“家族精神病史”“成瘾类别”等栏尤其要注意核实预测对象的实际情况。

3. “家庭经济状况”一栏是依据其居住地的生活水平进行的划分，而不是按照国家或者省、市级标准进行划分。

本量表由 16 个题目组成，拟判处非监禁刑、拟保外就医罪犯征求意见评估时以及矫正对象入矫时，适用此表。本量表由工作人员测评。每道题设①～⑨不等，①为 1 分、②为2 分，依此类推。累计 23 分以下为低风险，24～35 分为中风险，36 分以上为高风险。

1. 矫正类别

①剥夺政治权利□　②管制□　③假释□　④缓刑□　⑤保外就医□

2. 年龄

①55 岁以上□　②45～55 岁□　③35～45 岁□　④35 岁以下□

3. 性别

①女□　②男□

4. 婚姻状况

①已婚□　②丧偶□　③离婚□　④未婚□

5. 捕前职业

①公务员、事业单位人员、离退休人员□　②私营业主、个体户□

③学生、工人、农民□　④无业人员□

6. 文化程度

①大专以上□　②高中、中专□　③初中□　④小学及以下□

7. 初次犯罪年龄

①45 岁以上□　②36～44 岁□　③18～35 岁□　④18 岁以下□

8. 刑期

①3 年以下□　②3～5 年□　③5～10 年□　④10 年以上□

9. 前科次数（劳教处分计算在内，本次判决不计）

①无□　②一次□　③二次□　④三次以上□

10. 犯罪类型

①过失罪、贿赂犯罪、贪污犯罪、军职犯罪□

②破坏社会主义市场经济秩序罪、盗窃罪、诈骗罪、涉淫犯罪、制假售假犯罪□

③其他犯罪□

④危害国家安全犯罪、危害公共安全犯罪、故意杀人罪、故意伤害罪、抢劫罪、强奸罪、涉黑犯罪、涉毒犯罪、涉邪犯罪□

11. 剥夺政治权利

①否□　②是□

续表

12. 家庭经济状况
①比较富裕□　②一般□　③低于社会保障□
13. 家庭关系
①和谐□　②一般□　③无往来□
14. 自杀史
①无□　②有□
15. 精神病家族史
①无□　②有□
16. 成瘾类别
①无□　②网瘾□　③药瘾□　④酒瘾□　⑤赌瘾□　⑥毒瘾□

表 14－4　社区矫正对象自陈量表

• 本量表等由 50 个题目组成。每道题设有 3 选项，即 A、B、C。
• 答题不能遗漏，每道题目只能选择一个答案
• 1. 我认为法院对自己的判决是
• A. 冤枉□　B. 部分有出入□　C. 比较恰当□
• 2. 自己的犯罪对社会、被害人造成了一定的危害和伤害，我认为
• A. 有愧疚感□　B. 无所谓□　C. 说不清□
• 3. 造成我犯罪的原因是
• A. 主观的□　B. 主、客观都有□　C. 客观的□
• 4. 若我知晓其他人犯罪，我的做法是
• A. 无所谓□　B. 向有关部门举报□　C. 要我谈时再说□
• 5. 在监狱、看守所期间，我与管理人员处理得
• A. 马马虎虎□　B. 见到他们就烦□　C. 想接触但没机会□
• 6. 我对有关法律法规
• A. 判刑前学过一点□　B. 现在明白得更多了□　C. 学不学无所谓□
• 7. 当别人侵犯或欺负我时，我一定以牙还牙。
• A. 是的□　B. 有时是这样的□　C. 不是的□
• 8. 现在看来，犯罪对我来说
• A. 运气不好□　B. 太不划算了□　C. 没考虑□
• 9. 只要能参加劳动，我会觉得自己是个有用的人。
• A. 是的□　B. 没考虑□　C. 不是的□
• 10. 根据我的情况，我希望从事的工作是
• A. 蓝领□　B. 白领□　C. 金领□
• 11. 在劳动中，我会合理化建议。
• A. 是的□　B. 没想过这个问题□　C. 没有□
• 12. 当看到别人上当受骗时，我觉得
• A. 很可怜□　B. 贪图小利，活该□　C. 提醒当事人报警□
• 13. 干一桩事不管结果如何，我觉得有责任尽力干到底。
• A. 是的□　B. 介于 A、C 之间□　C. 不是的□
• 14. 当我寂寞时，我会干一些刺激性的事情。
• A. 是的□　B. 一般不会□　C. 不会□

续表

• 15. 当我感到厌烦时，喜欢找一些事端发泄一番。
• A. 是的□ B. 介于 A、C 之间□ C. 不喜欢□
• 16. 有人闹纠纷时，我会站在熟悉人的这边。
• A. 是的□ B. 不予理会□ C. 看谁有理□
• 17. 我感到我处处不比别人差。
• A. 是的□ B. 介于 A、C 之间□ C. 不是的□
• 18. "顺我者昌，逆我者亡"应该成为人生信条。
• A. 是的□ B. 介于 A. C 之间□ C. 不是的□
• 19. 在公开场合，我爱与别人交谈。
• A. 是的□ B. 一般□ C. 不是的□
• 20. 我喜欢参加热闹的聚会。
• A. 是的□ B. 不太喜欢□ C. 不喜欢□
• 21. 我总能保持一个好的心情。
• A. 是的□ B. 介于 A、C 之间□ C. 不是的□
• 22. 我乐于关心别人，因而我的聚合力很强。
• A. 是的□ B. 介于 A、C 之间□ C. 不是的□
• 23. 我时常睡不着觉。
• A. 是的□ B. 只是有时□ C. 睡眠很好□
• 24. 有时，我对某些问题很看不惯。
• A. 是的□ B. 无所谓□ C. 不是的□
• 25. 我要做的事，不管别人怎么说，我会坚持去做。
• A. 是的□ B. 不全是□ C. 不是的□
• 26. 一个人在同样的地方跌倒两次。你认为可以原谅吗？
• A. 可以□ B. 不能□ C. 无所谓□
• 27. 我喜欢把自己的东西摆放得井井有条。
• A. 是的□ B. 不全是□ C. 不是的□
• 28. 我喜欢看武打、枪战片比其他故事片更刺激。
• A. 是的□ B. 各有千秋□ C. 不是的□
• 29. 有人向我乞讨，我会给他们一些钱。
• A. 是的□ B. 有时给□ C. 不是的□
• 30. "有钱能使鬼推磨"。
• A. 是的□ B. 不全是□ C. 不是的□
• 31. 马无夜草不肥，人无外财不富。
• A. 是的□ B. 不全是□ C. 不是的□
• 32. 不怕做不到，就怕想不到。
• A. 是的□ B. 不全是□ C. 不是的□
• 33. 社区矫正是我了解到的一种比较人性化的改造方式。
• A. 是的□ B. 不知道□ C. 不是的□
• 34. 回到社会，我很担心社区群众对我冷眼相看。
• A. 是的□ B. 有时担心□ C. 不担心□
• 35. 在社区服刑，我能与家人、亲友和睦相处。
• A. 是的□ B. 介于 A、B 之间□ C. 不是的□

续表

- 36. 小时候我受父母打骂较多,有些情况是我不能原谅的。
- A. 是的□　B. 介于 A、C 之间□　C. 不是的□
- 37. 我希望找到一份力所能及的工作,有一个稳定的生活来源。
- A. 是的□　B. 无所谓□　C. 不是的□
- 38. “孟母三迁”说明了环境对人生活的影响很大。
- A. 是的□　B. 无所谓□　C. 没影响□
- 39. 休闲时间,我经常和朋友一块去卡拉 OK 厅、网吧等娱乐场所。
- A. 是的□　B. 偶尔去一下□　C. 没有□
- 40. 我认为社会对每个人是公平的。
- A. 是的□　B. 看谁的命好□　C. 不是的□
- 41. “逢人只说三分话,不可全抛一片心”是真理。
- A. 是的□　B. 看情况□　C. 不是的□
- 42. 我对生活有信心,相信自己能够生活得更美好。
- A. 是的□　B. 无所谓□　C. 不是的□
- 43. 心情不好时,我会喝点酒,有时喝醉。
- A. 是的□　B. 介于 A、C 之间□　C. 不是的□
- 44. 诚实守法的人往往容易吃亏上当。
- A. 是的□　B. 不全是□　C. 不是的□
- 45. 不说谎话办不成大事。
- A. 是的□　B. 不全是□　C. 不是的□
- 46. 我认为青少年时代,学校、家庭不良管教,对我犯罪是有责任的。
- A. 是的□　B. 介于 A、C 之间□　C. 不是的□
- 47. 撑死胆大的,饿死胆小的。
- A. 是的□　B. 不全是□　C. 不是的□
- 48. 在事业有成的熟人面前,我总感到局促不安。
- A. 是的□　B. 多少有一点□　C. 不是的□
- 49. 做了坏事的人,总会得到报应的。
- A. 是的□　B. 不一定□　C. 不是的□
- 50. 为了过上好的生活,我会拼命地赚钱。
- A. 是的□　B. 够用就可以□　C. 看有没有机会□

社区矫正对象自陈量表答题卡

- 姓名:　　　　　　　　　　　得　　分:
- 编号:　　　　　　　　　　　测试日期:
- – – –

● A B C

1. ○ ○ ○

2. ○ ○ ○

3. ○ ○ ○ 后面以此类推,直到第 50 项。

社区矫正对象自陈量表评分标准

● A B C

1. 3 2 1

续表

2.	1	3	2
3.	1	2	3
4.	3	1	2
5.	1	3	2
6.	3	2	1
7.	3	2	1
8.	3	1	2
9.	1	2	3
10.	1	2	3
11.	1	2	3
12.	2	3	1
13.	1	2	3
14.	3	2	1
15.	3	1	2
16.	3	2	1
17.	3	1	2
18.	3	2	1
19.	1	2	3
20.	1	2	3
21.	1	2	3
22.	1	2	3
23.	3	2	1
24.	1	3	2
25.	3	1	2
26.	3	1	2
27.	1	2	3
28.	2	1	3
29.	1	2	3
30.	3	2	1
31.	3	2	1
32.	3	2	1
33.	1	2	3
34.	3	2	1
35.	1	2	3
36.	3	2	1
37.	1	2	3
38.	1	2	3
39.	3	2	1
40.	1	2	3
41.	3	2	1
42.	1	2	3
43.	3	2	1

续表

44.	3	2	1
45.	3	2	1
46.	3	2	1
47.	3	2	1
48.	2	1	3
49.	1	2	3
50.	3	1	2

第三节　社区矫正效果评估

一、社区矫正效果评估的概念

社区矫正效果评估，是指有关人员运用科学的评估方法对社区矫正工作的实际效果进行评价的活动。社区矫正的效果就是社区矫正在促进公共安全和减少累犯等方面发挥的积极作用。[①] 效果评估的目的是评价社区矫正工作的结果是否达到预期目的。社区矫正效果评估主要包括两个方面：

1. 社区矫正措施对社区矫正对象所产生的效果，具体是指社区矫正工作者开展的监督管理以及教育帮扶措施，对社区矫正对象的心理和行为等方面是否起作用及作用大小，从而衡量社区矫正对象是否达到守法公民标准的预期目的。

2. 社区矫正工作产生的效果，具体是指社区矫正机构开展的社区矫正工作，对预防和减少再犯罪、节约国家司法资源、维护社会稳定是否起作用及作用大小，从而衡量社区矫正工作是否达到刑事政策的预期目的。

从事社区矫正效果评估的评估人员，主要来自两类机构，即社区矫正机构和专门评估机构。社区矫正机构是社区矫正工作的具体实施单位。社区矫正机构为了掌握社区矫正的进度，发现问题并及时处理，需要开展过程评估。同时，社区矫正机构为了了解矫正结果、总结经验以及进一步改进工作，也需要进行结果评估。专门评估机构是具有从事评估工作的专业资质和专业人员的调查、研究和评估的机构。这类机构与社区矫正工作没有利害关系，属于相对独立的第三方机构，由他们进行社区矫正效果评估，通常能够得出比较客观和科学的结论。

① 参见吴宗宪：《社区矫正比较研究》（下），中国人民大学出版社 2011 年版，第 737 页。

二、社区矫正效果评估的功能

社区矫正效果评估的功能是指社区矫正效果评估所产生的作用。开展社区矫正效果评估的作用主要有四个方面。

（一）帮助社区矫正对象正确认识自我

社区矫正效果评估的结果是社区矫正对象正确认识自我的重要依据。经过一段时间矫正后，社区矫正对象通常关心自身改造到什么程度、取得哪些收获、存在哪些不足。通过阶段性的效果评估，可以发现社区矫正对象取得的进步以及新出现的问题，帮助社区矫正对象正确认识自我。在社区矫正期满前，进行总结性的效果评估，比对社区矫正对象入矫后、解矫前在认知、心理、行为以及社会适应等方面的变化，社区矫正工作者可以帮助社区矫正对象认识取得的成绩和存在的不足，指导他们进行自我鉴定，帮助他们正确认识自我。

（二）提升社区矫正工作者的工作质量

社区矫正效果评估的结果是社区矫正工作者发现自身不足，提高自身能力的重要依据。社区矫正既是刑事执行过程，也是社会工作过程。社区矫正工作者通过对社区矫正对象的矫正效果评估，可以掌握教育矫正、心理矫治、监督管理、帮困扶助等矫正项目的具体效果，总结和反思矫正方案及具体措施的作用，发现矫正工作中的优势和不足，并提出相应的改进方案，有助于不断提高自身的实践能力和服务品质。同时，在对社区矫正工作效果进行评估时，社区矫正工作者获得与监狱、公安机关、民政、村（居）委会等部门交流和沟通的机会，能够从“旁观者”的角度获得对社区矫正工作的认识。这种“外界”的认识能够帮助社区矫正工作者开拓思路，也可以间接地提升社区矫正工作质量。

（三）促进社区矫正机构总结和改进工作

社区矫正效果评估的结果是社区矫正机构总结和改进工作的重要依据。社区矫正对象矫正效果的好坏是社区矫正机构管理水平高低的直接体现。影响社区矫正对象矫正效果的因素很多，如工作队伍是否专业、教育内容是否科学、心理矫治是否开展、监管措施是否有力、帮困扶助是否落实、社区资源是否开发和利用、社会环境是否利于矫正等。无论哪个因素出现问题，都会影响矫正效果。通过社区矫正对象矫正效果评估，社区矫正机构能够及时发现问题，提出相应的对策和措施，不断总结经验，改进工作，进而提高社区矫正工作质量。

（四）引导社会成员正确评价社区矫正工作

社区矫正工作的开展需要广大社会成员的认同和支持。社区矫正是行刑社会化的具体体现,显示了国家的司法宽容和对社区矫正对象的人文关怀。受重刑主义思想的影响,一些社会成员对这种理性化、人性化、文明化的刑事执行制度持否定态度。例如,零点公司对上海市民在犯罪与惩罚态度方面的调查发现,19%的居民认为不管是什么罪都必须进监狱服刑。① 通过社区矫正效果评估,社区矫正机构可以考察社区矫正在预防再犯罪、节约国家司法资源以及维护社会稳定等方面的效果,进而引导社会成员正确认识和评价社区矫正工作,以获得社会的广泛认同与支持。

三、我国社区矫正效果评估的现状与改进

社区矫正效果评估与我国社区矫正制度的发展阶段密切相关。自2003年社区矫正工作试点以来,我国各地的司法行政机关开始重视社区矫正效果评估的探索和研究,例如,2005年,北京市司法局委托独立的专业性调查研究机构——零点公司,对北京市20名各界人士进行访谈调查,对8个城区、4个郊区(县)的1025名居民以及18个区县的107名社区服刑人员进行定量调查,得出了比较肯定的结果。② 同时,一些司法行政机关开始探索建立矫正效果评估体系,例如,上海市卢湾区司法局开发设计"社区服刑人员矫正效果评估量表",该量表从个体风险(15分)、刑罚执行情况(10分)、矫正期间表现(24分)、矫正期间奖惩情况(15分)、矫正阶段反应(24分)、外界综合评价(12分)六个方面(总共100分)评价社区服刑人员的矫正效果。山东省出台的《社区矫正阶段性效果评估表》,内容包括社区矫正对象个体风险、矫正期间表现、矫正期间奖惩 、矫正成效和外界综合评价5个项目、22个子项目,如表14-5所示。

表14-5 社区矫正对象阶段矫正效果评估③

姓 名		性别		出生日期		评估日期	
项 目	子项目					分值	得分
个体风险(15分)	管理等级		宽管类			15	
			普管类			10	
			严管类			5	

① 参见吴宗宪:《社区矫正比较研究》(下),中国人民大学出版社2011年版,第782页。
② 参见吴宗宪:《社区矫正比较研究》(下),中国人民大学出版社2011年版,第781~782页。
③ 参见山东省司法厅:《社区矫正制度规范汇编(2003—2014)》,第354~355页。

续表

项　目	子项目		分值	得分
矫正期间表现（26 分）	遵守法律法规情况	严格遵守,无违法行为	4	
		偶尔违反,经教育能改正	2	
	对社区矫正的认识和接受程度	认识正确,积极接受	2	
		认识模糊,有一定抵触	1	
		缺乏认识,拒绝接受	0	
	遵守报告情况	严格遵守	4	
		消极应付,经教育能改正	2	
		偶尔违反,经教育不改正	0	
	接受教育情况	积极接受,态度认真	4	
		态度一般,经教育能改正	2	
		消极应付,经教育不改正	0	
	遵守请销假情况	严格遵守	4	
		消极应付,经教育能改正	2	
		偶尔违反,经教育不改正	0	
	完成社区服务情况	正常完成,态度认真	4	
		应付,基本完成,态度不认真	2	
		未完成	0	
	思想汇报	按规定认真完成,善于接受规劝	2	
		应付完成或很难接受规劝	1	
		基本未完成	0	
	参加就业技能培训	积极参加或无须参加培训	4	
		被动参加且未完成培训计划	2	
		不愿意参加培训	0	

续表

项　目	子项目			分值	得分
矫正期间奖惩(10)	日常行为奖惩		有立功表现	7	
			被评为社区矫正积极分子	5	
			获得日常行为表扬	3	
			未获得任何日常行为奖励或处罚	0	
			被处以警告	-3	
			被处以行政拘留	-5	
	司法奖励		获得减刑	3	
			未获得司法奖励	0	
矫正成效(37)	思想教育效果	罪错认识和法律意识	认罪悔罪诚恳，具备一定法律意识	3	
			罪错认识、法律意识较为模糊	2	
			不认罪悔罪、法律意识淡薄	0	
		对被害人和社会的反应	愧疚，愿意主动进行补偿	3	
			一般，可以被动进行补偿	2	
			无视，坚决不愿进行补偿	0	
		人生态度	积极乐观	3	
			消极气馁	2	
			自暴自弃	0	
	人际关系改善效果	婚姻家庭关系	和睦稳定	3	
			轻微冲突	2	
			重大冲突、纠纷或无亲属	0	
		交友状况	社交健康、正常	3	
			比较孤立无朋友	2	
			与不良人有交往	0	
		社区邻里关系	和睦、友善	3	
			较为淡漠	2	
			紧张、存在冲突	0	

续表

<table>
<tr><th>项　目</th><th colspan="3">子项目</th><th>分值</th><th>得分</th></tr>
<tr><td rowspan="12">矫正
成效
（37）</td><td rowspan="9">生活状况改善效果</td><td rowspan="3">经济来源</td><td>正常就业收入</td><td>3</td><td rowspan="3"></td></tr>
<tr><td>低保救助或家庭资助</td><td>2</td></tr>
<tr><td>无稳定经济来源</td><td>0</td></tr>
<tr><td rowspan="3">住房条件</td><td>有独立居所</td><td>3</td><td rowspan="3"></td></tr>
<tr><td>有居住地但不独立</td><td>2</td></tr>
<tr><td>居无定所</td><td>0</td></tr>
<tr><td rowspan="3">就业能力</td><td>较强，竞争上岗或自主创业</td><td>3</td><td rowspan="3"></td></tr>
<tr><td>一般，推荐上岗或过渡性就业基地</td><td>2</td></tr>
<tr><td>弱，无法就业</td><td>0</td></tr>
<tr><td rowspan="3">心理矫正效果</td><td rowspan="3">艾森克人格测试效果</td><td>心理健康状况良好</td><td>10</td><td rowspan="3"></td></tr>
<tr><td>心理健康状况一般</td><td>5</td></tr>
<tr><td>心理健康状况差</td><td>0</td></tr>
<tr><td rowspan="3">外界
综合
评价
（10分）</td><td rowspan="3">矫正小组意见</td><td rowspan="3">有悔改表现
认真接受矫正
适应社会生活</td><td>是</td><td>10</td><td rowspan="3"></td></tr>
<tr><td>不能确定</td><td>5</td></tr>
<tr><td>否</td><td>0</td></tr>
<tr><td colspan="2">评估得分</td><td></td><td>阶段矫正效果</td><td colspan="2"></td></tr>
<tr><td colspan="2">原管理等级</td><td></td><td>现管理等级</td><td colspan="2"></td></tr>
<tr><td colspan="2">评估人</td><td></td><td>社区矫正机构审核意见</td><td colspan="2"></td></tr>
</table>

这些地方性探索为建立中国特色社区矫正效果评估体系提供了思路和素材。但是，与国外社区矫正评估工作的人员、内容以及方法的专业化程度相比，我国社区矫正评估工作在机构、标准、程序以及方法等方面还存在一定差距，这与社区矫正制度在我国正处于发展建设阶段有一定关系。

在未来的社区矫正中,应当进一步加强对社区矫正的评估研究,在进行评估研究的过程中,需要注意以下几个方面的问题①:

1. 进行多方面的评估。不仅要对社区矫正工作的整体进行评估,更要对社区矫正的具体制度、具体做法等进行评估;不仅要对整个中国的社区矫正工作进行评估,而且要对不同行政区域、不同类型地区(如城市社区、农村社区等)的社区矫正进行评估,以便为不同方面的决策等提供较为可靠的资料。

2. 使用先进的评估方法进行评估。除了常用的绝对值、百分数精算等方法之外,也应考虑使用在国际社会中发展起来的一些新的先进的评估方法进行评估,例如,可以尝试使用超级分析方法进行评估,以便提高评估的科学性和准确性。

3. 聘请专业人员进行评估。评估过程的科学性、评估结果的可靠性等,往往与评估者的受教育程度、受训练情况和与被评估对象的关系有密切联系。缺乏有关教育背景、不具备评估方面的专业知识和专业技能,固然不可能得出科学的评估结论;缺乏客观的态度和中立的背景,同样不可能得出公正的结论。因此,为了保证评估结果的可靠、公正,应当聘请与社区矫正工作没有利害关系、具备专业资质的评估机构,对社区矫正的效果进行评估。

四、效果评估内容

社区矫正效果评估的内容主要包括社区矫正对象矫正效果评估和社区矫正工作实施效果评估。

(一)社区矫正对象矫正效果评估

社区矫正对象矫正效果评估也称社区矫正对象矫正质量评估,是指社区矫正工作者利用科学的评估方法对社区矫正对象的矫正状况进行评价的活动。社区矫正对象矫正效果评估的对象是社区矫正对象,其内容主要包括社区矫正对象的法治观念、心理健康状况、道德素质以及社会适应性等方面,同时,也涉及社区矫正工作者的工作成效以及矫正项目的有效性。社区矫正对象矫正效果评估既可以是矫正过程中的阶段性评估,也可以是矫正结束前的总结性评估。

自开展社区矫正工作以来,我国部分地区司法行政机关重视社区矫正对象矫正效果评估的探索,取得了如下进步:②

---

① 参见吴宗宪:《社区矫正比较研究》(下),中国人民大学出版社 2011 年版,第 782 ~ 783 页。

② 参见程潮主编:《社区矫正工作评估:理论与实践》,社会科学文献出版社 2019 年版,第 260 ~ 261 页。

1. 确立了矫正质量评估指标体系。根据社区矫正试点工作经验，社区矫正质量评估指标体系应当包括社区矫正对象的遵纪守法情况、心理健康情况、道德素质情况、社会适应情况和外界评价情况等方面。这五个方面是社区矫正质量评估的基本方面和主要方向。

2. 分阶段进行矫正质量评估。围绕前述矫正质量评估体系的内容，各地纷纷建立了阶段性矫正效果评估制度，只是评估的时间和方式有差异。例如，上海市、山东省从个体风险、刑罚执行情况、矫正期间表现、奖惩、矫正阶段反应、外界综合评价6个方面，每半年对社区矫正对象进行一次阶段性矫正效果评估。

3. 部分地区制定了矫正质量操作办法。例如，湖南省制定了《社区服刑人员教育矫正效果评估操作办法（试行）》，山东省制定了《山东省社区服刑人员矫正效果评估暂行办法》。

社区矫正对象矫正效果评估是社区矫正工作的一项重要内容，是检验社区矫正工作成效的重要手段，但至今我国还没有形成一套统一、完备的社区矫正对象矫正效果评估体系，矫正效果评估工作滞后于实践的需求。各地区司法行政机关开发或使用的评估指标体系，存在评估项目不完备、指标权重的设定经验性较强、缺少实证支持等问题，因此，建立科学、规范的社区矫正对象矫正效果评估体系十分必要。

1. 指标体系

社区矫正对象矫正效果评估的指标体系，是指对社区矫正对象矫正状况进行评估的各项指标组成的指标体系。

效果评估的指标选择应当以社区矫正对象再社会化为中心，以他们经过矫正后自身素质的改善状况为内容。转化社区矫正对象的不良心理及行为恶习，促进其再社会化是社区矫正工作的根本目标，因此，效果评估的指标应当围绕这一根本目标设定。同时，在社区矫正期间，社区矫正工作者通过教育矫正、心理矫治、监督管理以及帮困扶助等措施影响或改变社区矫正对象的个人素质，社区矫正对象的思想观念、心理品质、行为方式等方面也会有所变化。总之，效果评估的指标应当以社区矫正对象接受矫正后自身素质的改善状况为内容，衡量其再社会化程度。

确定一级评估指标群，是构建效果评估指标体系的关键。构建一级指标框架的步骤是：首先，对有可能涉及的因素进行全面调查，寻找与矫正质量有关的所有主体因素，并进行归类分析；其次，按照抽样的原则和方法选择部分社区服刑人员进行系统的调查及比照分析，找出矫正质量的评估标准；最后，根据反复试验结果，对一级指标及量表因子的构成分别进行修正和完善。①

从社区矫正工作的实践来看,效果评估体系应当包括社区矫正对象的遵纪守法状况、心理健康状况、道德素质水平、社会适应能力。它们是矫正效果评估的基本方面和主要方向。在确定基本框架后,再根据一级指标所包含的要素以及各要素之间的关系,对一级指标进行细化和具体化,形成二级指标和三级指标。

2. 主要内容②

从社区矫正的根本目标出发,社区矫正对象矫正效果评估的主要内容如下:

(1)遵纪守法状况。遵纪守法状况主要是指人们对法律的态度、看法和遵从的情况。法律意识淡薄是一些社区矫正对象违法犯罪的重要因素;对法律的不尊重和缺乏认识,往往是人们实施违法犯罪行为的重要诱因。因此,遵纪守法状况是矫正效果评估体系的重要内容之一。特别是在开放性社区中接受矫正,社区矫正对象的自由程度高,面临重新犯罪的诱因多,遵纪守法、服从管理是社区矫正效果的直接体现。对社区矫正对象遵纪守法状况的评价主要是对认罪悔罪、矫正表现以及公民意识方面进行评价(见表 14-6)。

表 14-6 社区矫正对象遵纪守法状况指标体系

一级评估指标	二级评估指标	三级评估指标	评价标准
遵纪守法	认罪悔罪	正确认识社区矫正	正确认识并接受社区矫正
		正确认识犯罪行为	承认犯罪事实,正确分析犯罪原因,对犯罪危害认识深刻
		悔过自新	悔过决心大,且与现实表现相符
		与被害人关系	承认罪错,获得谅解

① 参见姜祖桢主编:《社区矫正理论与实务》,法律出版社 2010 年版,第 369 页。

② 此部分参考了司法部印发的《关于进一步加强监狱教育改造罪犯工作考核的通知》(司发通〔2008〕174 号)、司法部劳教局印发的《劳动教养人员教育矫治质量评价试行办法》(〔2005〕司劳教字 171 号)。

续表

<table>
<tr><th>一级
评估指标</th><th>二级
评估指标</th><th>三级
评估指标</th><th>评价标准</th></tr>
<tr><td rowspan="8">遵纪守法</td><td rowspan="6">矫正表现</td><td>遵守法律法规</td><td>遵守法律法规,自觉抵制违法、违纪行为</td></tr>
<tr><td>服从管理</td><td>遵守报告、会客、请销假、迁居、保外就医以及禁止令等社区矫正规章制度</td></tr>
<tr><td>接受教育</td><td>积极参加教育活动,认真完成相应作业</td></tr>
<tr><td>公益活动</td><td>积极参加公益活动,态度认真,服从安排</td></tr>
<tr><td>法律知识</td><td>掌握基本的法律知识</td></tr>
<tr><td>法律意识</td><td>守法意识强,能够用法律手段解决问题</td></tr>
<tr><td rowspan="2">公民意识</td><td>公民权利意识</td><td>了解公民权利的内容及其实现途径</td></tr>
<tr><td>公民义务意识</td><td>了解公民义务的内容,并自觉履行</td></tr>
</table>

(2)心理健康状况。从广义上讲,心理健康,是指一种高效而满意的持续的心理状态;从狭义上讲,心理健康是指人的基本心理活动的过程内容完整并协调一致的状态,也就是知、情、意、行、人格完整、协调,能适应社会的状态。[①] 社区矫正对象犯罪有外在环境的原因,也有内在心理的原因。不良心理是部分社区矫正对象犯罪的直接原因。犯罪发生后,经历逮捕、审判后,被贴上“犯罪人”“矫正对象”等标签,进一步加重社区矫正对象的心理负担,易引发心理问题;有过监禁矫正经历的社区矫正对象,重新回归后极易出现社会不适应、人际关系紧张等心理问题。可以说,心理因素与犯罪、重新犯罪紧密相关。因此,心理健康状况是效果评估体系中的重要内容之一。对社区矫正对象心理状况的评价主要是对其认知方式、意志力、人际关系以及适应能力方面进行评价(见表 14 - 7)。

① 参见张厚粲主编:《大学心理学》,北京师范大学出版社 2004 年版,第 400 页。

表 14－7 社区矫正对象心理健康评价指标

一级评估指标	二级评估指标	三级评估指标	评价标准
心理健康	认知方式	自我认知	能够客观地认识和评价自己
		社会认知	正确认识和评价社会,对事件正确归因
	意志力	自我控制能力	能够调节、控制情绪、情感冲突,抵制冲动
	人际关系	人际交往能力	自觉与他人保持融洽、协调关系,有一定的处理矛盾、冲突的能力
	适应能力	适应环境力	具有较强的生活环境适应能力
		挫折承受力	理性认识挫折,能够理智应对并战胜遇到的挫折

(3)道德素质状况。道德素质是人的道德品质的综合反映。多数社区矫正对象走上犯罪道路,往往可以追溯到思想观念上的偏差和道德自律上的不力。因此,道德素质是矫正效果评估体系的内容之一。对社区矫正对象道德素质的评价主要是对其道德认知、道德情感以及道德行为进行评价(见表 14－8)。

表 14－8 社区矫正对象道德素质评价指标

一级评估指标	二级评估指标	三级评估指标	评价标准
道德素质	道德认知	金钱观	能够正确认识金钱的价值和作用,认识获得金钱的合法手段
		善恶观	能够正确区分是非、善恶,并在是非善恶上立场鲜明
		荣辱观	能够正确区分荣辱
	道德情感	自我责任感	能够正确认识自己的言行,并能够对自己的言行负责任
		家庭责任感	正确认识并承担家庭责任
		社会责任感	正确理解社会公德,并承担相应社会责任

续表

一级 评估指标	二级 评估指标	三级 评估指标	评价标准
	道德行为	道德行为表现	具有爱国主义和集体主义观念;尊重生命,有同情心;行为举止文明等
		道德自律性	在没有外在约束的情况下,能自觉遵守基本道德规范

(4)社会适应。社会适应,是指社区矫正对象解除矫正回归社会后对社会生活的适应。社区矫正是一种非监禁刑事执行制度。社区矫正对象在开放性社区中接受矫正,只是形式上回归社会,并没有真正融入社会群体、适应社会环境,特别是有过监禁矫正经历的社区矫正对象,他们的社会适应能力更差。社区矫正对象的社会适应能力越强,回归社会的可能性越大,重新违法、犯罪的可能性越小。因此,社会适应能力是矫正效果评估体系的重要内容之一。对社区矫正对象社会适应能力的评价主要是对其劳动、就业以及生活技能进行评价(见表 14－9)。

表 14－9　社区矫正对象社会适应能力评价指标

一级 评估指标	二级 评估指标	三级 评估指标	评价标准
社会适应能力	劳动就业	劳动态度	正确认识劳动的意义,克服不劳而获、贪图享受的错误观念
		技能状况	掌握一定的劳动和就业技能
		就业愿望	有自食其力的愿望,择业观念切实可行
		就业态度	能够正确认识社会就业的激烈现状,有具体的就业计划和打算
	生活技能	闲暇管理能力	能够以建设性的方式度过闲暇时间
		理财能力	能够合理管理自己的金钱,形成恰当的消费观念,避免不恰当的消费行为
		行为举止	恰当的言谈、举止,合适的仪表,以及具备待人接物能力

此外,社区矫正工作者要充分考虑外界对社区矫正对象的评价。社区矫正是一种开放性的刑事执行制度,与社区矫正对象联系密切的社会成员在一定程度上更了解他们的思想状况和现实表现,因此,在社区矫正对象矫正效果评估过程中,除了要对社区矫正对象的个人素质进行评价外,社区矫正工作者还需要充分考虑这些社会成员的意见。外界评价的成员主要包括社区矫正对象的监护人、家庭成员、邻居、村(居)委会成员、社会工作者、社会志愿者、同学或同事、亲戚朋友、被害人等。

3. 权重确定

权重是表示指标重要程度的系数。在指标体系中,各项指标具有不同的地位和作用。为了使评估具有科学性,需要对不同的指标赋予不同的权数。确定各项指标权数的根据,主要有以下三个方面:其一,指标的信息含量。一般而言,指标所含的信息量越大,权数就越高;反之则越低。其二,指标的敏感性。一般而言,敏感度越大的指标,权数就越高;反之则越低。其三,指标的独立性。[①] 在一般情况下,各项指标之间存在一定的相关性,在这种相关性前提下,有些指标的作用可以被其他指标所替代,此时,该项指标就应该被剔除,不占有指标权数;反之,如果某些指标能够明显地增加评估的信息量,那么,该项指标的权数就应相应增加。

权数分配的方法主要有以下几种:(1)经验判断法。这是依据专家理性、直观的认识来确定权重的一种方法。(2)比较法。这是通过比较指标的重要性来确定指标权重的一种方法,其基本步骤是由专家根据重要性对指标进行排序,并将后面的指标与前一指标进行比较,计算其相对重要比,由此计算出各项指标的权数。(3)德尔菲法。这是一种利用专家系统对指标权数进行确定的方法,其基本步骤:[②] 把待定权数的指标和有关资料及统一的规则发送给选定的专家,由他们独立地给出各项指标的权数值;在此基础上计算各指标权数的均值和标准差;将计算结果及补充资料返还专家,要求他们在第一轮征询结果的基础上研究和思考,重新确定权数,并给出确定权数的理由。反复进行上面的步骤,直至专家们的意见趋于收敛、稳定或基本一致,然后计算出各指标的均值作为该指标的权数。(4)层次分析法。这是先按要求建立一个有描述系统功能特征的层次结构,再通过两两比较评价因素的相对重要性,按照相应的比例标度,构成对应的因素判断矩阵,得出各因素权重系数的方法。

---

① 参见张昱、费梅苹:《社区矫正实务过程分析》,华东理工大学出版社 2005 年版,第 277 页。

② 参见张昱、费梅苹:《社区矫正实务过程分析》,华东理工大学出版社 2005 年版,第 277 ~ 278 页。

（二）社区矫正工作实施效果评估

社区矫正工作实施效果评估，是指评估人员对社区矫正制度的实际运作状态和结果进行的评价工作。社区矫正工作实施效果评估的对象是社区矫正制度及其运行状况，其主要内容包括再犯罪率、刑罚执行成本、矫正措施的有效性以及社会公众态度等方面。

对社区矫正工作实施效果进行评估是十分必要的，这是因为，社区矫正制度是一项法律制度。在新制度经济学视野下，法律制度的发展与创新是用一种效率更高的法律制度取代原有的制度，是立法主体解决法律短缺，从而扩大法律供给以获得潜在收益的行为。社区矫正制度在国外得到普遍适用，但在我国正处于发展建设阶段，其在中国社会环境中运作的实际效果和发展前景，需要社区矫正机构或有关部门进行科学的评估。

开展社区矫正实施效果评估工作具有重要意义。首先，可以了解社区矫正机构的工作情况。例如，社区矫正机构的工作机制是否健全，工作效率如何等。其次，可以了解社区矫正制度运行的情况。例如，相关制度的设置是否科学，社区矫正工作相关机构之间的关系是否合理等。再次，可以了解罪犯矫正工作的效果情况。例如，社区矫正对象是否服从管理，教育矫正的效果如何，他们的再犯罪率高低等。最后，可以提示改进社区矫正工作的准确线索。在评估中了解到的多方面情况，可以给我们进一步改进社区矫正工作，提供准确的信息和线索，有助于我们更好地改善社区矫正工作。

社区矫正工作实施效果评估的主要内容：再犯罪率、刑罚执行成本、矫正措施效果、社会公众态度。

1. 再犯罪率

再犯罪率，是指一个期间内，社区矫正对象再犯罪人数与列管人数的比率。[①]再犯罪率的高低是社区矫正实施效果的直接体现，也是社区矫正目的是否实现的重要标志。社区矫正的目的是提高教育质量，促进社区矫正对象顺利融入社会，预防和减少犯罪。在社区矫正过程中，社区矫正机构工作人员针对社区矫正对象的犯罪原因和可能导致其重新犯罪的消极因素，实施相应的矫正项目和社会支持，以控制其违法犯罪的风险，进而实现预防和减少犯罪的目的。在某种程度上讲，社区矫正对象再犯罪也就说明社区矫正目的没有实现，甚至是社区矫正工作的“失败”。衡量社区矫正的实施效果，根本还要看社区矫正对象能否顺利融入社会，成为守法

① 参见司法部：《中华人民共和国司法行政行业标准：社区矫正术语》，2019年9月30日，第6页。

公民。因此，社区矫正对象再犯罪率是评价社区矫正实施效果的重要指标之一。

自社区矫正工作试点以来，社区矫正对象再犯罪率都保持较低水平，见表 14－10。

表 14－10　2012～2017 年全国社区矫正对象再犯罪情况①

年份	再犯罪人员数(人)	列管社区矫正对象人数(人)	再犯罪率(%)
2012 年	493	809,236	0.061
2013 年	657	1,030,341	0.064
2014 年	1058	1,161,135	0.091
2015 年	1124	1,196,567	0.094
2016 年	1014	1,181,291	0.086
2017 年	1046	1,215,021	0.086

从表 14－10 来看，2012～2017 年再犯罪率在前期呈上升趋势后有所下降，总体上再犯罪率一直维持在 0.1% 以内的较低水平。自社区矫正试点以来，全国累计接受社区矫正对象达 478 万人，累计解除矫正对象 411 万人。近几年每年接收矫正对象 50 多万人，解除矫正 59 万人，正在列管的有 126 万人；社区矫正对象的再犯罪率一直维持在 0.2% 的低水平。② 再犯罪率始终保持较低水平直接地反映了社区矫正工作的实施效果良好，实现了预期的刑事政策价值。

再犯罪率与重新犯罪率有所差异。在国际社会，重新犯罪率是类概念，其下还有具体概念，重新被逮捕率；重新被定罪率；重新被判刑率；重新被监禁率。③ 在这四个概念中，重新被逮捕率最高。由于受政策、情节等因素影响，犯罪嫌疑人被逮捕后并非被定罪，因而重新被定罪率低于重新被逮捕率；由于非刑罚处罚方法的设置，重新被判刑率低于重新被定罪率；由于刑罚通常分为监禁刑与非监禁刑，犯罪嫌疑人可能受到非监禁刑的处罚，因而重新被监禁率低于重新被判刑率。因为各国计算重新犯罪的时间节点不同，选择重新犯罪计算的标准也不同，所以，重新犯罪率之间无法进行比较。根据上面分析，再犯罪率强调社区矫正对象在社区矫正期间的再犯罪，而重新犯罪率则强调刑罚执行完毕后一段时间内的再犯罪；再犯罪率比较的基数是现在列管人员的数量，而重新犯罪率比较的基数则是释放人员的

---

① 参见司法部社区矫正管理局编：《2012—2017 年全国社区矫正工作统计分析报告》，法律出版社 2018 年版，第 33 页。

② 参见荆龙：《监管为回归：社区矫正以法律刚性彰显柔性治理》，载《人民法院报》2019 年 12 月 29 日，第 4 版。

③ 翟中东：《国际视域下的重新犯罪防治政策》，北京大学出版社 2010 年版，第 504 页。

数量。

依据再犯罪率考察社区矫正的实施效果,可以从不同方面进行:既可以考察在社区矫正期间的再犯罪率,也可以考察在解除矫正之后的再犯罪率。例如,评估人员可以对社区矫正对象解矫后与监狱服刑人员刑满释放1年或2年后的重新犯罪率进行比较。根据上海市社区矫正办公室的统计,2004年,上海市社区矫正对象期满后一年内的重新犯罪率为0.67%,2005年为0.70%;而上海市连续7年的统计数据(1998年3.3%,1999年3.2%,2000年3.1%,2001年3.3%,2002年3.2%,2003年3.3%,2004年3.1%)显示,监狱矫正对象刑满释放后一年内的重犯率平均为3.2%。[①] 上述调查显示,与监狱矫正相比,社区矫正在预防和减少再犯罪方面具有积极意义。

2. 刑罚执行成本

刑罚执行成本是指国家开展刑罚执行活动所付出的费用。这种费用主要体现为直接支出的资金,也包括可以折合为资金的人力资源等。在社区矫正效果评估中的刑罚执行成本,是国家为了开展社区矫正工作而直接支出的费用。

监狱矫正和社区矫正是两种相对应的刑事执行方式。监狱矫正的成本包括直接成本和间接成本两个方面。直接成本包括相关设施的建设费用、工作人员费用、运行费用、被监禁人的生活费用等,间接成本包括犯罪人员被监禁而给原工作单位造成的损失、被监禁人家庭资源的损耗、被监禁人社会贡献率的降低等。[②] 社区矫正执行成本评估所涉及的具体内容包括:社区矫正的基本设施的费用计算、矫正项目的费用计算、工作人员的工资及补贴、社区矫正管理的相关费用等。[③] 通过对执行成本的评估和比较,可以了解两类刑罚执行方式耗费社会资源的情况。

对社区矫正工作产生的执行成本进行评估是十分必要的,这是因为,降低执行成本,节约国家司法资源是社区矫正的优势,也是其得到支持并迅速推广的重要原因。正如美国犯罪学家克利尔等人所指出的:"社区矫正的财政(节俭)方面是相当明显的:把一个人监禁一年的花费要比把一个人安置在社区监督下一年的花费多20~25倍以上。"[④]社区矫正能够起到节约刑罚执行成本的效果在国外已得到证实。在澳大利亚,1995~1996年度用于每名犯人的费用为:监禁1名犯人的年度费用是

---

① 参见孙辉:《罪犯的监狱矫正与社区矫正模式比较——以上海市为例》,载《南京师范大学学报》2007年第4期。

② 参见张昱、费梅苹:《社区矫正实务过程分析》,华东理工大学出版社2005年版,第11页。

③ 参见刘强主编:《社区矫正制度研究》,法律出版社2007年版,第448页。

④ 吴宗宪:《社区矫正比较研究》(上),中国人民大学出版社2011年版,第65页。

49,491 澳元,社区矫正犯人的年度费用是 1690 澳元,社区矫正犯人的年度费用仅为监禁犯人年度费用的 3.41% 。[①]

在我国开展社区矫正工作之前,监狱矫正占据主导地位。据统计,2004 年,全国监狱总支出 206.8 亿元,年均押犯 1,551,770 人,监禁刑成本为每人每年 13,326.7 元,在经济发达地区费用则更高。[②] 由此可见,监禁矫正是十分昂贵的刑事执行措施。社区矫正工作的实施大幅度地降低了刑事执行成本。据统计,社区矫正的人均执行成本只有监狱的 1/10。[③] 为了从刑罚执行成本评估社区矫正的实施效果,评估人员既可以对本地区社区矫正对象每人每年的平均费用与监狱在押犯每人每年的平均费用进行比较,也可以比较本地区用于刑罚执行的总体费用,包括监狱矫正和社区矫正,了解总体费用的增减。这样,就可以认识监狱矫正和社区矫正在耗费司法资源方面的情况,发现社区矫正在节省资源方面是否存在价值。

3. 矫正措施效果

矫正措施效果,是指社区矫正工作者实施的矫正措施对社区矫正对象产生的影响和作用。

对矫正措施的效果进行评估是十分必要的,这是因为,在社区矫正中,矫正措施是实现矫正目标的重要手段,矫正措施的有效性能够客观地反映社区矫正的实施效果。评估人员可以评估某项矫正措施对社区矫正对象是否有效以及效果程度,也可以通过对实施某项矫正措施的社区矫正对象与未实施某项矫正措施的社区矫正对象之间进行对比,考察该项矫正措施是否具有矫正效果。

目前,我国社区矫正工作的主要措施包括监督管理、教育矫正和帮困扶助三大类,其中,每一类中又有多种具体的措施。

(1)监督管理。监督管理是社区矫正刑事制裁性的具体体现,其主要包括报到制度、请销假制度、迁居制度、会客制度、保外就医特殊要求等。

监督管理有效性的评估方法主要包括以下方面:评估人员可以通过社区矫正对象的脱管率、脱管时间、违法/违纪情况以及是否体验惩罚、感受威慑等方面,考察上述监管制度的有效性。评估人员可以通过社区矫正对象与不应当接触的人员进行接触的情况,对会客制度的有效性进行评估。在评估过程中,如果发现某项制度存在问题,社区矫正工作者需要查明原因,然后加以改进。

---

① 参见郭建安、郑霞泽主编:《社区矫正通论》,法律出版社 2005 年版,第 85 页。

② 参见王珏等主编:《中加社区矫正概览》,法律出版社 2008 年版,第 21 页。

③ 参见王爱立、姜爱东主编:《〈中华人民共和国社区矫正法〉释义》,中国民主法制出版社 2020 年版,第 49 页。

(2)教育矫正。教育矫正是实现社区矫正对象再社会化目标的关键,其主要包括法治教育、道德教育、文化教育、职业技能教育和社会技能教育等。教育矫正有效性的评估方法主要包括以下方面:评估人员可以对比分析社区矫正对象入矫后和解矫前在法律知识和意识、道德修养和素质、文化知识、职业技术水平以及生活技能等方面的变化情况,评估教育矫正的内容和方式的有效性。同时,公益活动是教育矫正措施之一。评估人员通过考察社区矫正对象参加公益活动的主动性、参与性以及相应活动的完成情况等,评估其是否具有社会责任感,以及社会关系修复情况,进而得知公益活动的有效性。

(3)帮困扶助。帮困扶助是实现社区矫正对象再社会化目标的保障,其主要内容包括临时救助、最低生活保障、心理帮助、就学帮助、就业帮助、法律帮助以及技能培训等。帮困扶助有效性的评估方法因帮助类型和重点的不同而有所变化。评估人员可以通过帮助解决入学、就业的成功率,评估入学、就业帮助的有效性;通过社区矫正对象联系法律援助的成功率,评估法律帮助的有效性;通过社区矫正对象的不良心理和行为的转变情况,掌握心理健康知识以及心理调适技能情况,评估心理帮助的有效性;通过社区矫正对象的人际交往技能、闲暇管理技能、理财技能等方面的变化情况,评估技能培训的有效性。

4. 社会公众态度

社会公众态度,是指社会公众对社区矫正的看法和评价。对社会公众的态度进行评估是十分必要的,有两方面原因。一方面,社区矫正是一种开放性的刑事执行制度,强调社会力量介入矫正工作。社区矫正的深入发展离不开社会公众的认同、支持和参与,在一定意义上讲,社会力量的参与程度是社区矫正工作质量的重要体现。另一方面,由于我国长期受重刑主义观念影响,杀人偿命、犯罪入监已成为一些社会公众的思维定式。社区矫正是我国刑罚制度改革的重要举措,其实施和推广是否获得社会公众的认可和支持,值得社区矫正机构重视。因此,社会公众的态度是衡量社区矫正实施效果的重要指标之一。

评估人员可以通过社会公众对社区矫正的认知程度、价值判断、参与度以及趋势预测等方面,来评估社区矫正实施对社会公众的效果。由于社区矫正在我国正处于发展建设阶段,社会公众对社区矫正的认同度、参与度不高,例如,有学者对北京、保定共600名社会公众在社区矫正的价值判断方面进行了调查,在“如果您的某位邻居犯了罪,并被判处在您居住的社区服刑,您的心情如何?”这一问题的回答上,8.5%的人表示很厌恶,另有8.0%的人很恐惧,49.2%的人回答有些不安,

22.3%的人回答无所谓,12%的人明确表示能够接受。① 根据零点公司对北京的调查,目前参与社区矫正工作的居民较少,在调查对象中,只有2.0%的居民参与过社区矫正工作,而参与者中以退休老人和一部分下岗职工为主,这些人主要是通过居委会的招募而参加到社区矫正工作中来的。②

五、效果评估方法

社区矫正效果评估方法,是指在评估社区矫正效果时使用的具体方法。评估方法的恰当选择和使用,是社区矫正效果评估工作能否顺利进行的必要条件。因为没有科学的、与评估对象相适应的评估方法,就不可能得到科学的评估结果。

在社区矫正效果评估中常用的评估方法主要有以下种类。

(一)观察法

观察法是指评估人员通过感官或者借助于一定的科学仪器,有目的、有计划地考察、描述和评价社区矫正对象行为表现的方法。

观察是有意识地关注犯罪人的言行举止的活动。③ 科学的观察具有下列特点:(1)有一定研究目的或者研究方向;(2)预先有一定的理论准备和较系统的观察计划;(3)有较系统的观察或者测量记录;(4)观测结果可以被重复验证;(5)观察者受过一定的专业训练。④

在社区矫正效果评估中,可以使用观察法研究社区矫正对象在教育学习、公益活动、日常生活中的行为表现。

1. 评估教育矫正措施的效果。评估人员可以通过观察社区矫正对象在集中教育、分类教育中的积极性、主动性以及完成作业情况等方面的行为表现,评估教育矫正内容或方法的有效性。

2. 评估公益活动的效果。评估人员可以通过观察社区矫正对象参加公益活动的积极性、主动性等方面的行为表现,评估公益活动的有效性。

3. 评估社区矫正对象的道德自律性。评估人员可以通过观察社区矫正对象在日常生活中的行为表现,评估其遵守道德规范的能力。

4. 评估社区矫正对象的生活技能情况。评估人员可以通过观察社区矫正对象的言谈、举止、仪表以及待人接物方面的表现,评估社会生活技能培养的有效性。

---

① 参见崔会如:《社区矫正实现研究》,中国长安出版社2010年版,第79页。

② 参见零点研究咨询集团:《北京市司法局社区矫正项目研究报告》,2005年12月,第44页。

③ 参见吴宗宪编著:《国外罪犯心理矫治》,中国轻工业出版社2004年版,第105页。

④ 参见袁方主编:《社会研究方法教程》,北京大学出版社1997年版,第334页。

评估人员在观察中应当做好记录,手工记录应达到以下要求:(1)详细注明观察的时间、地点,这是表明原始观察记录的重要凭证;(2)观察内容应该具体、详细,应尽可能将观察内容数量化,这样可以使观察结果更具说服力;(3)观察员必须签名,以明确责任,并备查。[①] 同时,评估人员也可利用照相、摄像、录音等技术进行记录,但运用这些方式必须慎重。

评估人员在观察评估过程中要注意减少误差。评估人员的观察活动都会产生一定误差,进而影响评估结果。从评估人员的角度来讲,观察误差与他们的态度、主观倾向、经验以及责任心有关。评估人员不能有"先入为主"的倾向,应当保持价值中立,否则,观察的结果会偏重其先前的"假设"。从评估对象的角度来讲,他们为获取满意的评估结果,往往会掩饰其真实想法,从而导致评估结果的失真。

(二)面谈法

面谈法,是指评估人员通过面对面谈话了解有关情况的评估方法。

面谈法是一种常用、难掌握的一种评估手段。面谈法可分为非结构性面谈和结构性面谈。在非结构性面谈中,允许评估人员自由地重复问题、引入新问题、改变问题顺序等。但是,此种面谈对评估人员要求较高,评估人员需要足够的经验以及较高的技能。为了增强面谈的效果和减少非结构性会谈的不可靠性,人们发展了结构性面谈。结构性面谈是根据标准化的问题清单进行的面谈。在编制问题清单时,可以根据面谈的侧重点,设计不同的问题。

在社区矫正效果评估中,可以使用面谈法了解社区矫正对象在法治观念、道德水平、就业能力等方面的实际情况。

1. 评估社区矫正对象的法治观念。评估人员可以向社区矫正对象询问与法治观念相关的题目,进而对其法治观念进行评估。例如,"你被安排进行社区矫正是因为……""通过学习,你是否知道遇到麻烦要通过法律途径解决?"等。

2. 评估社区矫正对象的道德水平。评估人员可以向社区矫正对象询问能够反映他们道德水平的题目,进而对其道德水平进行评估。例如,"金钱的多少是成功的唯一标准吗?""你认为'善有善报,恶有恶报'吗?""你觉得家庭是一种约束吗?""如果没有外部强制,你会遵守社会规则吗?",等等。

3. 评估社区矫正对象的就业能力。评估人员可以向社区矫正对象询问与就业能力相关的题目,进而对其就业能力进行评估。例如,"如何给自己找一份工作?""你有什么能够解决自己生活问题的技术?""你如何看待'技多不压身'这句话?",

---

① 参见张昱、费梅苹:《社区矫正实务过程分析》,华东理工大学出版社 2005 年版,第 93 页。

等等。

（三）心理测验法

心理测验法是根据客观的、标准化的程序来测量个体的某种行为以便判定个别差异的一种方法。①

在社区矫正效果评估中，可以使用心理测验法评估社区矫正对象的心理健康等状况及其变化情况。心理测验的内容主要包括智力测验、人格测验和心理健康状况测验，常用的测量工具主要有：韦克勒斯智力测验量表、艾森克个性问卷（EPQ）、卡特尔 16 项人格因素量表（16PF）、明尼苏达多项（相）人格调查表（MMPI）、症状自评量表（SCL－90）等通用量表。在国外，研究者根据矫正工作的需要，编制了一些专门的心理测验量表，例如，矫正态度测验、矫正行为测验、矫正人格评价测验、矫正环境评价测验，等等。②

为了实现心理测验标准化，应注意以下几个方面：第一，选用的测验工具应当与所要评估的内容相一致；第二，主持测验的人员应当具备测验的基本条件，如口齿清楚，了解测验的实施程序和指导语，有严格控制时间的能力，并严格按照测验手册说明的实施程序进行测验等；第三，要严格按照测验手册规定的方法记分和处理结果；第四，对测验分数的解释应有一定的依据，不能随意解释。

（四）比较分析法

比较分析法，是指比较分析在不同区域或者对不同对象实施社区矫正的具体效果的评估方法。

在社区矫正效果评估中运用比较分析法是十分必要的，这是因为，只有通过比较，才能够发现不同社区矫正措施的优劣，才能使人们择优汰劣，选择和推广有明显长处和优点、符合事物发展规律的政策与措施，推动社会的进步与发展。③

在社区矫正效果评估中，可以使用比较分析法评估社区矫正在不同方面的实施效果。

1. 评估社区矫正在不同地区的效果。我国幅员辽阔，且地区间经济发展不平衡，沿海地区与中西部地区、城市社区与农村社区之间存在种种差异，社区矫正在不同社会环境中实施时，会产生不同的效果，因此，为了推广先进经验，引导社区矫正的正确发展，评估人员需要评价不同地区社区矫正工作的实施效果，以便发现地

---

① 参见章恩友主编：《中国监狱心理矫治规范化运作研究》，中国市场出版社 2004 年版，第 104 页。

② 参见吴宗宪编著：《国外罪犯心理矫治》，中国轻工业出版社 2004 年版，第 112～115 页。

③ 参见吴宗宪：《论刑事政策评估的方法》，载《福建公安高等专科学校学报·社会公共安全研究》2002 年第 5 期。

区差异，借鉴先进地区的经验，推进落后地区社区矫正工作的进步。

2. 评估社区矫正工作的实际效果。评估人员可以通过比较社区矫正与监狱矫正在重新犯罪率、刑事执行成本方面的差异，评估社区矫正工作的实际效果。

3. 评估矫正措施对不同社区矫正对象的效果。评估人员可以通过比较某项矫正措施对不同类型社区矫正对象产生的效果，评估矫正措施的实际效果。

在进行比较分析时，需要综合使用数量统计、个案访谈、观察等方法。

复习思考题

1. 简述社区矫正评估的概念及注意事项。
2. 简述社区矫正评估的原则与过程。
3. 简述社区矫正危险评估的内容与方法。
4. 结合实例，说明开展社区矫正效果评估工作的必要性。
5. 社区矫正对象矫正效果评估主要包括哪些内容?
6. 社区矫正工作实施效果评估主要包括哪些内容?
7. 目前我国社区矫正工作中的矫正措施有哪些? 如何评估其有效性?
8. 社区矫正效果评估的方法有哪些?

第十五章　国外社区矫正概览

本章摘要

由于大陆法系国家社区矫正制度与英美法系国家存在制度与概念上的差异，因此，本章将国外社区矫正制度按照大陆法系国家和英美法系国家分别介绍。在大陆法系国家社区矫正部分，选择了德国、日本、韩国三个较为典型的国家分别介绍。在英美法系国家社区矫正部分，选择了美国、加拿大、英国三个较为典型的国家分别介绍。

重点问题

1. 大陆法系国家社区矫正的主要类型。
2. 大陆法系国家社区矫正的最新发展。
3. 英美法系国家社区矫正的主要类型。
4. 英美法系国家社区矫正的最新发展。

第一节　大陆法系国家社区矫正概览

由于现代社区矫正制度发源于英美法系国家，大陆法系国家社区矫正制度与英美法系国家存在制度与概念上的差异。本节选择德国、日本、韩国这三个较为典型的国家，简要介绍大陆法系国家社区矫正制度的概况。

一、德国

德国法制较接近我们通常所谓社区矫正概念类型的刑事执行措施，应为其少年法院法所采取的"Erziehungsmaßregeln"（教育措施）、"Fürsorgeerziehung"（矫正训练)与“Offener Strafvollzug”(开放式行刑)等。20 世纪 80 年代起,由于被害人的地位开始提高,保护被害人同时调解双方的破损关系,成为刑事制裁的一个风潮,此即修复式司法的概念。虽然德国法透过一连串罚金、公益劳动,甚至是调解等方式,企图修补犯罪所生的危害,同时解决犯罪者再社会化的问题,但 20 世纪 90 年代的多起重大暴力案件及幼童性侵案件,都让社会产生疑虑,而有“提高刑度”及“引进新的保安处分”的声浪。因此,从德国法的演进来看,减低机构式处遇的方向未变,但如何在监控与复归的两端中取得最佳的平衡点,一直是努力的目标。以下对德国社区矫正相关法律及其主要措施进行概要介绍。①

(一)德国社区矫正的法制概况

虽然德国法中没有具体的社区矫正概念,但从 19 世纪的赦免法中,即可发现社区矫正的踪迹。19 世纪的赦免法开始利用保护管束的手段,给予受缓刑者协助,使之适应社会。1923 年德国出现第一次观护案件,即针对少年保护管束,虽然如此,但当时法院在判决时,仍缺少给予少年观护的处分。此后,受到纳粹等政治因素的影响,鲜少动用保护管束手段。第二次世界大战后,Bonn 少年法院法官等人创立的“科隆观护协会”之后改名为“德国观护协会”,给德国观护制度带来崭新的发展。观护制度的主要目的是透过观护人员的协助,使受观护人不再犯罪。在外在部分,可透过观护人员的监督与辅导,减低受观护人的犯罪倾向。同时,促使其内省,真实悔悟而杜绝再犯可能。除了阻绝内、外在的犯罪可能外,也可协助受观护人的日常生活,保持适当的作息。换言之,在观护人员的协商与照顾下,遵循法院对受观护人的指示,解决再社会化的问题,都是观护制度的功能。截至目前,德国并无单一性的社区矫正专法,主要的规范分散于刑法、刑事诉讼法、刑事执行法、赦免法、少年法院法及麻药法。至于在社区矫正的类型上,可以区分为:缓刑付保护管束、假释付保护管束、罚金刑、电子监控、公益劳动等。

德国的转向制度非常多元,就刑事诉讼法而言,得以“欠缺诉追的公共利益”为由:(1)第 153 条的微罪不起诉;(2)第 153a 条由检察官声请法院同意而为的微罪附条件中止诉讼。就第 153 条而言,依《德国刑法》第 12 条第 2 项,轻罪是指法定本刑 1 年以下者,其不起诉原则上应由检察官声请法院同意;若所涉罪名之刑度不及《德国刑法》第 40 条所定之 5 日最低罚金单位或同法第 38 条所定之最低 1 个月有

---

① 参见姜爱东等:《德国社区矫正概览》,载《中国司法》2005 年第 11 期;萧宏宜:《社区矫治之政策与法制改革》,载《东吴法律学报》2015 年第 1 期;李振杰:《社区矫正制度的比较研究与完善进路》,载《人民检察》2019 年第 17 期;刘强主编:《社区矫正组织管理模式比较研究》,中国法制出版社 2010 年版,第 107 ~ 135 页。

期徒刑，检察官得例外无须征得法院同意。[①] 值得注意的是，《德国刑事诉讼法》第153条第2项特别指出，法院得经检察官与被告同意，于诉讼进行的任何阶段，终结诉讼。至于第153a条，其第1项规定下述几种负担形式：(1)为补救被告犯行所造成损害而提供特殊服务(第1款)；(2)对非营利机构或国库支付一定数额的金钱(第2款)；(3)履行若干非营利的服务(第3款)；(4)支付一定金额的扶养费(第4款)；(5)慎重尝试与被害人达成和解协议，以就其犯行为全额或高额补偿(第5款)；(6)参与道路交通法所要求的课程(第6款)。值得注意的是，《德国刑事诉讼法》第153a条第2项进一步指出：检察署应就被告履行第1项各类负担设定期间限制；就此而言，除上述第4款不得超过1年外，其余情形均不得超过6个月。检察署不仅得撤销第1项的各类条件，亦得延长其履行期间3个月，并得经被告同意，追加或变更条件负担。被告一旦履行其负担，其所犯之微罪即不得再行起诉；若被告未履行其负担，亦不再对其前已贡献者为补偿。

除了《德国刑事诉讼法》以外，《德国麻醉药品管制法》第31条关于刑罚的减轻或免除的规定中，亦有类似转向的中止诉讼设计。换言之，该法允许检察署或法院对于犯最重本刑2年以下的毒品购买人，以提出至少3个月的戒毒计划为前提，不再进行起诉或后续的诉讼程序。

除了《德国刑法》第56条以下规定缓刑外，尚有一个重要的刑罚替代措施，即《德国刑法》第59条的"附条件保留刑罚的警告"。详言之，依该条第1项规定："行为人若受到180天以内的罚金刑，于具备下述条件下，法院得于判决时一方面做出有罪的警告，另一方面保留其刑罚的执行：1. 即使不立即执行刑罚，亦可期待行为人将来不会再犯。2. 于整体评估行为人所为的犯行及其人格后，确定其存在应避免执行刑罚的特殊情形，且3. 从维护法秩序而言，亦可确定无须处罚。"此外，依《德国刑法》第61条就保安处分规定以下种类："1. 收容于精神病院，2. 收容于戒治机构，3. 保安监督，4. 行为监察，5. 吊销驾照，6. 职业禁止"，并透过同法第62条比例原则的规定，分别将上述六种类型的实行细节规范于第63～72条。

德国近代的矫正发展与英美有相似之处。首先于20世纪70年代经历矫治无效论的质疑，以致改革方向受阻，伴随着当时的研究在结论上均指出机构性处遇功能不彰，"复归"的取径受到重大的实证挑战，从而导致1985年删除《德国刑法》第65条关于社会治疗机构的规定，并影响司法系统的量刑，[②]直到监狱开始因为大量

---

① Vgl. Beulke, Strafprozessrecht, 12. Aufl., 2012, Rn. 334.

② Hirsch, Bilanz der Strafrechtsreform, in: GedS für Hilde Kaufmann, 1986, S. 133 ff; Kury, Zum Stand der Behandlungsforschung oder vom nothing works zum something works, in: FS – Böhm, 1999, S. 28 ff.

的中、长期监禁者而浮现人满为患的问题后，才又开始发展新的解决路径。最终，在实证研究、理论争辩与监所拥挤之间，还是出现了最大共识：如何提供新型态的非拘禁刑罚替代措施？随后于科隆与慕尼黑的架桥计划（Brücke – Projeckts）①及其他围绕着德国少年法院法的少年转向措施，开始雨后春笋般出现，②以期避免刑事司法系统的介入，对非行少年的未来生活产生负面影响。直言之，植基于少年个体的教育不足与病态，发展各类教育性计划，透过降低非必要的社会控制，以防止非行的标签效果。这个曾被形容为“北美进口的论述”，③亦开始在德国生根，并作为重要的监禁替代措施；迄20世纪90年代，基于行政管理与税务考量，甚至修正少年法院法与刑事诉讼法（前述第153a条），扩张其适用范围。与此同时，英美的修复式司法亦透过所谓“再复原”的提倡，进入德国。事实上，无论是《德国刑事诉讼法》第395条的附随诉讼或该法第403条的附带民事诉讼，早存有补偿的思想，犯罪者的补偿活动长期以来亦对其量刑造成影响；要求犯罪者修补其犯行所造成的损害，更是作为撤回中止诉讼、保留刑罚警告，甚至附条件释放的条件。目前的多数看法是，相对于刑罚与保安处分措施，“再复原”可以认为是刑事回应手段的“第三元”。④

总之，德国的刑事拘禁替代措施，主要集中在前述的《德国刑事诉讼法》第153条与第153a条的“转向”，从而有社区服务，同时，《德国刑法》则有基于保护管束而来的“电子监控”与类似缓刑的“附条件保留刑罚的警告”。

（二）德国社区矫正的具体类型

1.缓刑付保护管束

缓刑付保护管束，主要是针对二年以下自由刑的犯罪类型，给予缓刑优惠，同时附加保护管束的辅导。⑤ 如何判断犯罪人可以适用缓刑付保护管束的矫正方案，依《德国刑法》第56条第1项的规定，透过“正面的社会预测”，考量犯罪者个人的经历、犯罪情节、犯后态度及家庭生活等，于宣告缓刑时，一并宣告。另外，在犯罪人

---

① Pfeiffer, Kriminalprävention im Jugendgerichtsverfahren – Jugendrichterlichen Handeln vor dem Hintergrund des Brücke – Projeckts, Diss., 1986.

② Z. B. Kirchoff, Diversion im Jugenstrafrecht: Das STOP – Programm der INTEG nach zwei Jahren, Kriminologische Forschung in der Diskussion, 1985, S. 341 ff; Sessar/Hering, Bedeutung und Reichweite Pädagogisch Gemeinter Verfahreneinstellungen durch den Jugendstaatsanwalt: Das Beispiel des “Lübecker Modells”, Kriminologische Forschung in der Diskussion, 1985, S. 371 ff.

③ Walter, Wandlungen in der Reaktion auf Kriminalität – Zur kriminologischen, kriminalpolitischen und insbesondere dogmatischen Bedeutung von Diversion, ZStW 95 (1983), 32.

④ Roxin, Zur Wiedergutmachung als einer “dritten Spur” im Sanktionensystem, in: FS – Baumann, 1992, S. 243 ff.

⑤ Thomas Fisher, Strafgesetzbuch, 58. Aufl., 2011, § 56 Fn. 2.

有特殊情形时,除了宣告缓刑并付保护管束外,法院须考虑犯罪人是否努力回复损害(《德国刑法》第 56 条第 2 项)。换言之,再社会化的精神在缓刑付保护管束的处遇方案中,扮演相当重要的角色。甚至法院须考量犯罪者是否努力平复己身造成的损害,而判断是否可宣告缓刑并付保护管束。在缓刑付保护管束的类型中,法院可给其一定的指示,防止其再犯。所谓指示,依《德国刑法》第 57c 条第 2 项第 1 款的规定,该指示须依受刑人的日常生活、教育、经济状况等,给予适当评估。换言之,指示的程度随着个人情况不同,而有截然不同的差异。个人化的指示,也彰显在保护管束执行困难或受判决人再犯的情形。以往,若保护管束执行困难时,缓刑势必遭到撤销,然而,透过个人化指示的调整,法院依据《德国刑法》第 56e 条第 2 项加以审查,是该个案是否可透过调整保护管束的方案,继续给予保护管束的监督。仅在调整无望时,缓刑方被撤销,此时犯罪人必须入狱执行原来所宣告之刑。倘若行为人在保护管束期间表现良好,并无不法或再犯的情事,其原先犯罪的刑罚则在保护管束期间后,予以免除,德国法上称为"免除刑罚的执行"。所谓免除刑罚的执行,即指判决与处罚本身仍存在,仅是因行为人的因素,给予免除的优惠。因此,判决与处罚的记录仍会登录在刑事记录簿中,与罚金刑不同。

2. 假释付保护管束

假释付保护管束,主要适用于有期徒刑案件,而在期满前考量是否释放受刑人,相关规定分散于《德国刑法》第 57 条,《德国少年法院法》第 21 条、第 88 条及第 99 条。关于一般案件的假释规定,《德国刑法》第 57 条主要分为两类。第一种类型,系指刑期执行已逾 2/3,且至少执行 2 个月。此种类型的假释审查,须审酌假释是否有利公众利益,并经受判决人同意。在进行假释的评估时,应注意犯罪者的个人性格、犯罪情节、犯后态度及假释可能产生的影响。由此也可看出"个人化评估"是审酌假释付保护管束的重要指标。第二种类型,则指自由刑的执行已超过 1/2,且至少执行 6 个月,在具备特定要件下,可施以假释付保护管束的处分。该特定要件为:第一,犯罪人首度服刑,且所受判决之刑为 2 年以下有期徒刑;第二,犯罪人的人格在监期间整体表现良好。是否给予假释付保护管束的评估方式,须符合"风险式衡量预测"。所谓风险式衡量预测,系指法院须聘请专家,针对个案独立评估。评估的事项包含:第一,犯罪对社会的危险性;第二,行为人的再社会化。关于第一点的评估项目,主要目的系避免因错误的释放决定,而造成社会上的新危害,其亦为假释评估的重要指标。至于第二点的评估项目,则是避免悔悟向善的受刑人,因错误的留置决定,影响其回归社会的机会。从上述评估事项可以发现,德国在假释付保护管束的处分中,除了考量社会受到危害的可能外,亦对受刑人再社会化的可能做出具体分析。

关于假释付保护管束的决定,依《德国刑事诉讼法》第 454 条的规定,法院得不经言词审理,在检察官及当事人的陈述后做出裁决。只有在下述特殊情形下,法院可无须听取当事人的陈述:第一,检察官同意中止执行刑罚,而法院亦有中止执行的想法;第二,被执行人提出中止执行的申请。法院进行该项裁决时,须先进行危险性的评估,若犯罪人无法通过评估,应驳回之。(但该项驳回,犯罪人可立即提出抗告。)

3. 附条件释放

依据《德国刑事诉讼法》第 153a 条,检察官可以给予一定的指示(如公益劳动)或负担(如支付金钱),停止执行。具体而言,经检察官判断,尽管罪犯已符合公诉要件,但基于特殊原因,检察官得职权裁量不发动诉讼,透过"放弃诉追"的方式,解除刑事处罚的可能性,此即我国缓起诉制度。在实务上,检察官通常以指定负担的方式,命受处分人支付金钱,换取国家放弃诉追的优惠。对此以金钱负担的方式,换取放弃诉追的想法,德国法的主要理由如下:第一,刑事诉追的公众利益遭排除,此乃因为犯罪人所犯之罪甚轻,以支付罚金的方式,不但可以免除入监服刑的缺点,更能将该罚金做公益上的运用。此外,刑事诉追的利益虽然重要,但当犯罪造成的损害轻微时,应妥善平衡刑事诉追与犯罪人复归。第二,不会妨碍追究行为人罪责的可能,因为对于犯罪人来讲,仍须缴纳一定额度金钱,并非完全不受到惩罚,仍有究责的色彩。如此,也可以收到社区矫正的效果。

另有学者表示,罚金在德国刑事制裁体系的定位兼具刑罚与社区矫正之双重特性,并被广泛运用。[①] 而且罚金刑可以分为两种类型,分别是停止刑罚、附保留刑罚之警告,即借由暂停刑罚或避免自由刑,改课以罚金,使罪犯得以留在社区矫正。前者如德国的附条件释放,后者则是依《德国刑法》第 59 条,被宣告 180 日以下之日额罚金刑的案件,主要系针对免于前科烙印且能适应社会之犯罪人,法院宣判之方式系宣告行为人有罪,并警告行为人未来应从事合法社会活动,在确定潜在罚金之额度后,保留 1 ~ 3 年的保护管束期间。若通过相关的考核,最后仅是警告并不会有前科(《德国刑法》第 59b 条第 2 项)。[②]

4. 电子监控

2009 年 12 月欧洲人权法院针对德国的"不定期之安全管束监禁"宣告违反欧

① Kerner Hans – Jürgen:《德国普通刑法与少年刑法对金钱制裁之重大意涵》,载《中正大学法学集刊》2013 年第 2 期。

② Kerner Hans – Jürgen:《德国普通刑法与少年刑法对金钱制裁之重大意涵》,载《中正大学法学集刊》2013 年第 2 期。

洲人权公约。此宣告意味着多名具有危险的安全管束监禁之人须予以释放。为了符合欧洲人权公约之规定并考量公众安全,德国于 2010 年 10 月通过《安全管束监禁权利新规则及其配套规则法》。在该法第 11 条第 6 点,系关于法院针对受刑人电子监控的指示,此也让黑森邦、巴登·符腾堡邦、梅克伦堡·佛波玛邦以及北莱因·西法伦邦邦开始实施电子监控。

实际上,德国电子监控早在 1999 年起,就开始实施。当时因为监所人数过多及短期自由刑的流弊甚多,联邦参议院即决议,在特定条件下,德国各邦可以在刑事执行时考虑采用电子监控的方式,特别是针对不超过 6 个月刑期的短期受刑人,可以考虑改采电子监控而让其居家服刑。然而,在该决议在联邦众议院未能获得多数支持,电子监控的发展也暂时停止。① 虽然如此,面对监所空间不足的陈年问题,各邦仍努力寻求解决的方案。2000 年,德国黑森邦的法务部门即在法兰克福地区率先试办电子监控方案。当时虽未有司法的明确授权,但法官透过刑事附带处分的方式,进行为期两年的试验。② 就试行的结果,电子监控确实能影响犯罪人,产生自我控制的效果。观护机构的介入、辅导与关怀,也加深复归社会的效果,唯有相关制度仍有改进之余。其一,应考虑监控者的个别化要求,采取适合个人生活的监控方案;其二,法院在审查时,应善尽照料义务,审查处遇方案的妥适性;其三,电子监控设备应持续更新,借此提升监控效能。

在黑森邦的试办方案结束后,德国第一个邦层级实施电子监控者,即属 2009 年 7 月的巴登·符腾堡邦,并将法案命名为《执行自由刑之电子监控法》(以下简称《巴登电子监控法》)。该法的主要立法目的有二:第一,促进再社会化;第二,减少政府财政的支出。就第二点而言,在易科罚金的自由刑时,若受判决人无法支付罚金,其监禁于机构内的成本每日约 87 欧元,如此一来,邦政府不但没有经费的收入,反而需额外负担成本。若施以电子监控,邦政府每日只需支出 27 欧元,较能减轻政府的负担。关于《巴登电子监控法》的监控类型,主要可分为两类:第一,居家电子监控;第二,单纯电子监控。在第一类居家电子监控的类型中,可再细分为两类,分别是"自由刑易服居家监禁"及"离监时之准备阶段"。所谓"自由刑易服居家监禁",是指被告已受罚金终局判决,若未缴纳罚金,依《德国刑法》第 43 条规定,得以相当额度换算自由刑。此时,被告本须入监服刑,但依据《巴登电子监控法》第 2 条第 2 项之规定,得命其服居家监禁并同时辅以电子监控。至于"离监时之准备阶段",是指假释程序通过前,对受刑人采取开放式的处遇方式、移至开放式机构、提

---

① Dahs, Im Banne der elektronischen Fußfessel, NJW 1999, S. 3470.

② Dahs, Im Banne der elektronischen Fußfessel, NJW 1999, S. 3470.

前释放一周或移至治疗机构。此时为能确实了解其位置,可采用电子监控的方式,辅助监控。《巴登电子监控法》的另一种监控类型,即为单纯电子监控。其指不施以居家监控,而单纯实施电子监控。其监控类型主因来自巴登·符腾堡邦刑事执行法有所谓"开放式处遇",而依据该邦《刑事执行法》第3编第11条第1项规定,对开放式处遇的受刑人,得要求遵守特定指令。因此,电子监控可作为该项特别指令,在受刑人平时居住于监所,白天至监所外工作的情形,实施电子监控。

从《巴登电子监控法》的相关条文可以发现,德国电子监控倾向复归的精神,同时注重被监控人个人的生活习惯。首先,《巴登电子监控法》第5条规定,受刑人须于执行前14天以书面向电子监控主管机关提出申请完全或部分的居家电子监控。主管机关审核时须考量电子监控的具体执行计划,包括工作、教育、休闲、运动、参与个别或团体治疗。特别是关于居家生活、医师的照料、毒品及酒精成瘾、损害回复以及管收等。其次,第7条亦规定实施电子监控期间,每周应给予受监控者至少20小时,离开监控住所来执行关于工作、教育、儿童照料等。工作的期间外,受监控人原则上需待在家中,例外在周末得在特定期间外出。而所谓周末在特定期间得外出的规定,主要有三:其一,实施监控的第一周到第四周,周六、周日各有5小时的外出时间;其二,实施监控的第五周到第八周,周六、周日各有8小时的外出时间;其三,实施监控的第九周开始,周五下午5时至隔周一8时前,都可以自由外出,而不受限制。上述三种,依据监控时间的长短,而有不同程度的周末外出时间。

5. 公益劳动

自早期以来,德国积极地针对短期自由刑的缺点加以补强。短期自由刑在监所会受到惯犯的影响,加深犯罪的倾向,不但无法阻绝再犯,出狱后更会造成社会不安的反效果。因此,德国刑事政策普遍认为,替代的刑罚是解决短期自由刑的重要方法,而有罚金刑制度的引进。虽然积极引入罚金刑制度,但仍受到许多批评,特别是罚金刑对于许多经济不好的犯罪人,产生相当大的负担,使其铤而走险,背离罚金刑教化的目的。据此,另一种替代方案即认为,当犯罪人无力缴纳罚金时,可透过社区劳务、老人居家安养服务等方式,折抵罚金刑。

目前,德国并无独立刑罚性质的公益劳动,即便2004年联邦政府曾提出制裁法改革草案,将公益劳动作为未能履行罚金刑的优先替代方法,但是最后该草案未能通过。现今德国公益劳动的规定,主要以《德国刑法》以外以特别规定为基础,也就是说,《德国刑法施行法》第293条,赋予公益劳动的法律依据。在该条第1项即明文:"邦政府被授权,透过行政规则,执行机关得允许受判决者透过无偿工作的方式,避免执行《德国刑法》第43条的替代自由刑。只要受判决人履行无偿工作,替代自由刑即执行完成。工作必须无偿,该工作不得用于牟利之目的。邦政府得将该授权透过行政规则移转至邦司法部门。”只是由于《德国刑法》未有明确规范,各邦制定的命令,尤其是公益劳动折换罚金刑的基准皆有所差异。公益劳动的优点,主要是促进受刑人的再社会化。由于受刑人往往处于经济上的弱势,在无法负担罚金的情况下,往往面临自由遭剥夺的不利。反观富者,可透过缴纳罚金,免于自由刑的执行,形成有钱免罚,无钱受罚的不公现象。除了不公平的情况外,自由刑的施行也造成复杂的社会问题。由于入监服自由刑将使受刑人离开原居环境,甚至遭受家庭分裂的社会问题,都是受刑人日后返回社会的不利益因素。公益劳动的另一项优点就是舒缓国家财政的负担。虽然罚金的缴纳可丰厚国库收入,但针对无力缴纳的犯罪人,除了无法获得罚金,亦会消耗国家财政。在此之下,公益劳动对于纾减国家财政的负担,显得相当重要。有学者指出,未有效避免罚金刑转换为替代自由刑,在无法履行罚金刑的情形,应直接转换为公益劳动。①

二、日本

世界各国均面临监所收容满溢且监狱管理支出庞大造成国家财政负担的情况,日本也不例外。因此,日本近年开始进行刑罚执行制度的改革,从监禁处遇到非监禁处遇,试图建构更佳的刑罚执行制度。在日本,刑罚执行由法务省负责,监禁处遇隶属于法务省的矫正局,非监禁处遇则是保护局。就监禁处遇而言,所涉及者当然是监所的改革。在立法上,2006 年将原本的《日本监狱法》修正为《日本刑事收容设施及被收容者处遇法》,使立法用语更中性、规范更周密,并添加更多行刑社会化的概念,如外部通勤作业制度(《日本刑事收容设施及被收容者处遇法》第 96 条)等;同时,为了减轻国家负担,引入 PFI 制度,②即所谓的民间投资方案,让民间力量进入监所,并于 2007 年在山口县启用第一间官民协办的监狱。然而,监禁处遇的设施建筑,管理教化等软硬件支出,加上监所的受刑者人满为患,教化品质下降的问题,难以单凭监禁处遇的改革而获得缓解;同时,为更进一步协助罪犯再社会化,非监禁处遇,也就是社区矫正(社区处遇、社会内处遇),日益受到日本关心。2007 年,日本将原本的犯罪者预防更生法、缓刑保护观察法进行整合,在建立安全国度之理

---

① Dünkel/Scheel, Vermeidung von Ersatzfreiheitsstrafen durch gemeinnütziger Arbeit: das Projekt“Ausweg”in Mechlenburg – Verpommern, MG 2006, S. 173.

② “PFI”即“Private Finance Initiative”,英文原意为“私人融资活动”,在我国也被译为“民间主动融资”,是英国政府于 1992 年提出,在一些西方发达国家逐步兴起的一种新的基础设施投资、建设和运营管理模式。

想上,制定新的《日本更生保护法》作为社区矫正的依据。此次《日本更生保护法》的修正,除了改进社区矫正的规范外,更增加犯罪被害人保护的相关规定。附带一提的是,2013 年《日本更生保护法》(平成 25 年 6 月 19 日法律第 49 号)又进行修正,但目前并未施行。2013 年的修正,主要是针对药物滥用者的社区矫正;另外,就是于该法第 51 条第 2 项增订第 6 款,即为了提升个案作为社会成员的良善意识,得于一定时间内,要求个案进行对当地社会有益之事。以下对日本社区矫正相关法律及其主要措施进行概要介绍。①

(一)日本社区矫正的法制概况

近年来,日本的社区矫正(社会内处遇)逐渐被重视,主要原因除了可以缓解监所与国家财政的压力外,更重要的是,社区矫正可以有效降低再犯率,有助于社会安全,并能与开支取得平衡,且较能配合犯罪被害者保护的策略。更进一步说,社区矫正让罪犯提早与社会接触,配合家人与更生机构的协助,更容易回归正常的生活而避免再犯。同时,社区矫正可以避免短期自由刑的缺点,许多轻罪或初犯者,进入监所反而易学习不良习惯或更恶劣的犯罪手法,且被社会贴上标签;同时,也可以作为长期自由刑的受刑人,经假释重新返回社会时的配套。又如,轻罪、初犯或再犯率相当低的行为人,让他们留在社会之中,一方面,接受矫正教化,同时借由社区服务回馈社会;另一方面,能维持原本的工作与生活,而更可能"向被害人支付相当数额之财产或非财产上之损害赔偿",如此一来,对犯罪被害人来讲,也比较有实益。②

在《日本更生保护法》之下,社区矫正的方法比较具有多样性,不像监所能使用的管理教化方法比较单调。多样性的社区矫正方法,能发挥社区矫正的独特性、针对性,对于协助个案复归社会,应该更具成效。譬如,针对药物滥用者、性犯罪者等,他们可能有病犯倾向,可以考虑独立个别的矫正方式。在监督管理手段上,可以要求个案报到、报告,或社区服务,接受教育或职业训练,忍受电子监控等。在教化辅导的方法上,可以进行学业、工作乃至于生活上的扶助,希望个案生活稳定,避免再犯。③

---

① 参见李如林、林文学:《日本矫正制度及几点启示》,载《犯罪与改造研究》2004 年第 8 期;刘涛、田心则:《日本社区矫正制度介评》,载《犯罪与改造研究》2006 年第 2 期;萧宏宜:《社区矫治之政策与法制改革》,载《东吴法律学报》2015 年第 1 期;李振杰:《社区矫正制度的比较研究与完善进路》,载《人民检察》2019 年第 17 期;刘强主编:《社区矫正组织管理模式比较研究》,中国法制出版社 2010 年版,第 40 ~ 84 页。

② [日]染田惠:《犯罪者の社会内処遇の探求——処遇の多様化と修復的司法》,成文堂 2006 年版,第 22 页以下。

③ [日]染田惠:《犯罪者の社会内処遇の探求——処遇の多様化と修復的司法》,成文堂 2006 年版,第 18 页以下。

除了受矫正者之外,《日本更生保护法》也有顾及犯罪被害人的感受,以平衡社会观感。在假释的社区矫正上,《日本更生保护法》第 38 条规定,地方更生保护委员会在进行假释审理时,应听取犯罪被害人的意见,若被害人死亡或重大身心伤害而无法表达意见时,被害人的配偶、直系血亲等亦可表达意见。该法第 65 条规定,在进行社区矫正时,得视个别情况,判断是否将被害人等的心情传达给受矫正者,此是希望借由个案聆听被害人心情,能够促使省思,以助其社会复归。①

(二)日本社区矫正的执行主体

日本的社区矫正,在中央由法务省保护局统筹,地方上则有地方更生保护委员会,分设在日本 8 个高等法院所在地;保护观察所则设在 50 个地方法院所在地。保护观察所是执行社区矫正的第一线,除了实施社区矫正外,也与民间合作共同预防犯罪。另外,在法务省设有中央更生保护审查会,依据《日本更生保护法》第 4 条的规定,该审查会主要的任务是,得向法务省申请特赦,或对特定人的刑罚减免,以及对地方更生保护委员会的决定,依据《日本更生保护法》《日本行政不服审查法》进行审查并作出裁决。值得一提的是,日本在观护则采行一元化政策,观护业务是不分成年及未成年观护,皆同样设置于法务省保护局。

在实际执行上,保护观察官与保护司是社区矫正最重要的骨干。依据《日本更生保护法》第 31 条的规定,地方更生保护委员会的事务局、保护观察所,应当设置保护观察官。保护观察官是国家公务员,具备医学、心理学、教育学、社会学等与观察保护相关的专门能力,其必须调查、调整未成年人或成年人的社区矫正状况,并且作出适宜的判断,以免再犯。在与我国法比较下,可发现《日本更生保护法》的保护观察官,即为观护业务的专责人员,并且不受法官或者检察官的主导与监督。

保护司是从事社区矫正的志愿者,有《日本保护司法》专门规范。《日本保护司法》第 1 条便开宗明义表示,保护司是基于社会奉献精神,协助罪犯与非行少年改过迁善,同时进行地方上的犯罪预防,促进个人与公众的福祉。按前述法律第 3 条、第 4 条规定,保护司由法务大臣任命,其资格必须是有人品、具社会声望,有执行社区矫正的热情和时间,本身生活安定且有健康的身体且精神状况良好,未受禁锢以上的刑罚制裁者。保护司制度的设计,恰好呼应日本社区矫正官民协力的精神,本来就是社区住民的保护司,刚好可以在社区内发挥力量,引导受矫正者回归社会。

据日本法务省保护局统计,2012 年全国有保护司 48,221 人。现在保护司面临

① [日]染田惠:《犯罪者の社会内処遇の探求——処遇の多様化と修復的司法》,成文堂 2006 年版,第 23 页以下。

一个问题,就是人力减少且衰老的现象。《日本保护司法》第 2 条的预期,是全日本至少 52,500 人担任保护司;但近几年日本的保护司人数逐年下降(2009 年 48,936 人,2010 年 48,851 人,2011 年 48,664 人),与此同时,保护司的年龄由 2007 年的平均 62.8 岁,2012 年提升到 64.1 岁。保护司的性别比例,自 2002 年至 2012 年,女性呈现增加趋势,由 24.2% 成长至 25.9% 。①

除此之外,从事社区矫正的,还有更生保护法人与民间组织。这些民间组织主要补充保护观察官人力之不足,并且受地方更生保护委员会委员或保护观察所长官的指挥监督(《日本更生保护法》第 32 条)。更生保护法人的成立,是依据日本更生保护事业法设立,该法第 2 条也清楚规定,更生保护法人的工作,包含继续保护事业、一时保护事业与联络助成事业。继续性保护事业的主要任务是收容受矫正个案,同时提供教育训练、就业辅导、医疗帮助等,力促个案回归社会,称得上全面的保护;一时保护事业则不为收容工作,是以提供医疗或职业讯息,以及金钱援助或借贷为主;联络助成事业是对所有受矫正者提供帮助服务,以及进行联系工作。

至于民间组织的种类与数量,则有数量庞大。例如,更生保护女性联盟(前身为更生保护女性会)与 BBS 联盟(Big Brothers and Sisters Movement of Japan)。更生保护女性联盟,全日本约有 18 万名成员,其以母性立场出发,让女性也投入社区矫正的行列,主要协助地方上的罪犯与非行少年走回正途。BBS 联盟是日本历史最悠久的社区矫正民间组织之一,始于第二次世界大战后的京都,起先是"京都少年保护学生联盟",目标就是协助少年。现在 BBS 联盟主要受保护观察所的委托,与非行少年交友,标榜"与少年一起烦恼、一起学习、一起欢乐",协助非行少年的再社会化,以及防止少年非行的相关活动。

此外,《日本更生保护法》第 16 条、第 21 ~ 27 条亦规定,有关假释申请、调查、审理、决定流程,在该法中都明文规定是观护制度的一部分,并且由观护体制权掌。为了促使观护业务专业化,于该法第 16 条并赋予审查委员会对于假释撤销裁决,具有类如司法的审判机制,成为准司法性的机制。

(三) 日本社区矫正的主要类型

1. 保护观察

保护观察的目的是协助受保护观察者复归社会,借由监督与辅导并行,且要求受保护观察者有一定的遵循义务内容。依照《日本更生保护法》第 48 条及相关规

① 资料来源:法务省 2021 年 8 月 25 日,http://www.moj.go.jp/hogo1/soumu/hogo_hogo04.html#02。

定,可以将保护观察区分为五类。一号观察(《日本更生保护法》第 48 条第 1 款;《日本少年法》第 24 条第 1 项第 1 款):作为终局处分“保护处分”的保护观察,可能是成年或少年犯。二号观察(《日本更生保护法》第 48 条第 2 款):由少年矫正机构,暂时受允许退院而交付保护观察的少年。三号观察(《日本更生保护法》第 48 条第 3 款):假释且被交付保护观察者。四号观察(《日本更生保护法》第 48 条第 4 款):依《日本刑法》第 25 条之 2 第 1 项规定宣告缓刑且交付保护观察者。五号观察(《日本卖春防止法》第 26 条):犯日本《日本卖春防止法》第 5 条且 20 岁以上的女性,受补导处分,必须进入妇人补导院;当该女获得假退院处分,由妇人辅导院暂时出院者所接受的保护观察。妇人辅导院类似我国台湾地区的妇女习艺所,希望妇女可以在辅导院中导正价值观,并且习得生活技能,并唤起劳动意愿。

一号观察属于终局型的保护观察,二号、三号、五号观察具有假释性质,至于四号观察则是具有缓刑性质。受保护观察后,依据《日本更生保护法》第 50 条、第 51 条,有分别规定个案应当遵守的一般与特别事项。对于接受社区矫正的个案,国家应该在人权保障与管理限制上,取得平衡。在一般事项中,要求个案保持健康的生活态度,不可再犯;诚实接受保护观察官或保护司的指导监督,接受会面并报告自己的状况;报告自己的住居所,并确实住在该处;若迁居或 7 日以上的外出,必须经过保护观察所长的许可。

同时,还存在特殊事项的规定,倘若违反,则会受到《日本更生保护法》、《日本刑法》或《日本少年法》等相关规定的处分(如撤销缓刑、假释),诸如不可与有犯罪可能之人交流,不可出入可疑场所或过度游乐、饮酒;工作或学习时,不可再犯罪或不良行为;应先报告事项,却无正当理由而未报告;接受医学、心理学、教育学、社会学等专业改善个案犯罪倾向的措施,应遵守相关规定;受指定场所接受保护观察时,应当接受该场所的指导监督等。

另外,保护观察的实施内容有指导监督与辅导援护,分别规定在《日本更生保护法》第 57 条、第 58 条。指导监督的方法,有与个案面谈或其他方法保持联系,以掌握其状况;确保个案遵守一般遵守事项与特别遵守事项,并遵守生活指导方针的指示,或其他必要措施;若有为了改善个案的特定犯罪倾向,可以实施专门处遇。辅导援护的方法则有,协助个案取得适当的住居所;对于个案提供医疗照顾、职业辅导、教育训练等有助于个案再社会化的措施;并且协助个案改善及调整生活环境等,为了让个案顺利回归社会的妥当建议或措施。由此可知,日本更生保护制度颇重视受矫正者的环境改造,希望借由改变个案所身处的环境,进一步发挥再社会化的效果。不过,关于社区劳动、电子监控等制度,目前尚未引进。

2. 更生紧急保护

《日本更生保护法》第 85 条以下，是更生紧急保护的相关规定。更生紧急保护的对象是，因特定的刑事执行或刑事程序结束后，身体自由恢复，但无法获得亲属家人的支援，或不能从社福单位获得保护，又或虽有亲属家人或社福单位的援助，仍无法发挥更生作用之特定人。更具体地说，这些特定的人是指：惩役、禁锢或拘留刑之执行结束或免除执行者；宣告惩役、禁锢刑之缓刑且裁判确定者、未交付保护观察者；宣告罚金或科料者；无追诉必要而未受起诉者；允许由劳役场出场或暂时出场者；少年院允许退院，或暂时退院者，且未交付保护观察者。

前述的特定人，在刑事执行或程序告一个段落后，可以取得人身自由，如果无法得到社福机构或亲友的支援，再犯危险性是比较高的，为了避免这些人再犯，所以有更生紧急保护的机制，特定人可以于获得人身自由的 6 个月内，经保护观察所长官或更生保护事业委托，快速获得紧急保护，如钱财、住所、医疗保护或就业辅导等，希望能够借由国家社会的介入，让这类人能够拥有相对安定的环境，并且助长其工作意愿，并且断绝原先的交友圈，最终目的仍在于协助个案顺利再社会化，避免再犯。

三、韩国

近年来，韩国通过政府组织再造，优化了罪犯社区矫正制度，在法务部层级下成立“犯罪预防政策局”，通过保护观察、位置追迹（即我国之科技设备监控/电子监控）、保护立法、少年偏差行为预防教育、法律教育及法律与秩序推广活动等措施之管理，并借由协助犯罪人成功更生及预防再犯，来促进社会安全。以下对韩国社区矫正相关法律发展及其主要措施进行概要介绍。①

（一）韩国社区矫正制度的概况

韩国社区矫正制度的内涵，主要以保护观察业务为主体，并搭配位置追踪（电子监控）、国立法务医院（治疗监护）及法务福祉公团（更生保护）等资源，结合监控、治疗与保护，形成整体架构。韩国的保护观察制度，系引进美国之做法所创立，在发展历史上，主要里程碑为自 1980 年 12 月 18 日新设立法务部保护局，1988 年保护观察法颁布，1989 年开始针对违反少年法、社会保护法之相关保护对象实施保护观察（少年犯保护观察制度）、1997 年保护观察制度扩大实施至成年罪犯（成年犯保护观察制度）、2008 年开始实施位置追踪（电子监控）方案、2009 年开始实施罚金未缴纳

---

① 参见张霞：《韩国社会服务令对我国社区矫正制度的启示》，载《政法论丛》2012 年第 6 期；谌莎莉：《社区矫正监督制度研究》，江西理工大学 2018 年硕士学位论文；刘强主编：《社区矫正组织管理模式比较研究》，中国法制出版社 2010 年版，第 85 ~ 106 页。

之社会服务制度、2011 年开始实施性冲动犯罪人药物治疗制度、2014 年 6 月则将电子监控制度实施对象扩大至强盗犯及儿童绑架犯。

（二）韩国社区矫正的实施主体

韩国社区矫正制度的内涵，主要以保护观察业务为主体，保护观察是以保护观察所和保护观察审议委员会为组织主体。

保护观察所是韩国专门实施社区矫正措施的机构，具体实施社区矫正的则是其中的保护观察官。从保护观察官员额数来看，韩国全国保护观察官人数共 1586 名（韩国人口总数近 5000 万人）。在案件负荷量方面，以韩国法务部所提供资料，2010 年保护观察命令总计案件量为 221，811 件，以韩国全国保护观察官人数共 1586 名计算，平均每位保护观察官案件负荷量约为 140 件。

保护观察审议委员会是一种具有学术性质的行政指导单位，是具有准司法功能的官方组织，由韩国法务部所成立并运作，目的是对保护观察相关业务进行审查及提供建议。韩国保护观察审议委员会全国共计 5 个，分别位于首尔特别市和其他 4 个直辖市（与高等检察署位置相同的 5 个城市），分别为首尔、釜山、大邱、光州及大田。保护观察审议委员的主要职责与功能为：假释的审核与撤销；少年矫正机构暂时释放的审核与撤销；保护观察提早终止的审核与撤销；保护观察中止的审核与撤销；假释者不定期刑的终止决议；判断成年受刑人接受保护观察的必要性；位置追迹（电子监控）命令及药物治疗命令的审核与撤销；成年受刑人释放前调查与建议。

（三）韩国社区矫正措施的主要类型

1. 保护观察监督

为了有效预防再犯，保护观察官透过与犯罪人经常性的接触与家庭访视，来掌握其日常活动与生活状况，监督并确保个案的行为表现顺从应遵守事项；并在犯罪人违反规定时，撤销缓刑或调整其保护处分之内容。

保护观察官为了协助个案重新融入社区，会提供其复归正常社会生活之服务，如职业训练、协助就学、就业与安置、或经济协助等。保护观察应遵守事项，可区分为一般应遵守事项与特殊应遵守事项两种，其中“一般应遵守事项”是每位个案皆需遵守的标准规定，“特殊应遵守事项”则是经由法院判决、保护观察审议委员会或司法精神委员会所规定，反映出该个案所具有之独特需求与风险。

一般应遵守事项包括：有稳定的工作，实际住居所与登记资料一致；保持善良品性，不得与从事犯罪活动倾向之人往还；忠实遵守保护观察官之谕知事项；住居所更动时，需向保护观察官报告；欲从事国内外旅游，时间达 1 个月（含）以上时，需事先经由保护观察官核准。

特殊应遵守事项,常见的事项包括:遵守宵禁规定;禁止进入特定区域或地方;禁止接触特定对象,如被害人;对于犯罪所造成的损害提供修复或恢复原状之努力;遵守限制住居规定,尤其是无固定住址或居无定所者;禁止从事赌博活动;不得酗酒;禁止使用成瘾物质,如非法药物;依照保护观察官指示,接受药物检验,以提交物质滥用评估报告。

2. 社会服务

社会服务,系指犯罪人需在一段期间内、无偿地提供具社会有益性的工作,是一种监禁替代措施,主要实施对象是因财务困难而无力缴纳罚金之犯罪人,主要程序系由当事人向检察官申请(罚金缴纳期限 30 日内),经法院判决后所下命令(履行时数最多 500 小时),并交由保护观察官执行。社会服务命令提供犯罪人一个机会,让其得以忏悔与赎罪,偿还对于社区的责任,修复自身犯行所造成的损害,并在执行过程中获得自我实现感。

在执行方法上,社会服务的履行时间以一日 9 小时计算,只是因为要兼顾个案的工作,履行的时间可以弹性调整,如利用周末假日执行,或切割为较小的时段,并分散在 2 ~3 日的非周末时间来执行。

社会服务的工作内容,包括协助身心障碍人士、环境清洁、农场服务或协助灾后复原工作等,通常保护观察官会依据犯罪人本身的专长与能力,来择定其服务的工作项目,而非由个案自由选择。常见的社会服务工作内容包括:社会弱势家庭房屋修缮计划,如为身心障碍人士或独居老人等,提供更新壁纸、粉刷油漆或修缮地板等工作;社会福利机构协助,如对居住于社会福利机构的身心障碍人士或行动不便老人,提供照顾与陪伴服务,并协助机构的其他工作;社区友善活动,如在农忙季节协助农夫或农场或在水灾或雪灾等天然灾害后协助居民减轻工作量及灾后复原等工作;自然保育活动,如河川清洁、生态重建等工作;公共机构协助,如对公共运动中心进行整理、修缮与维护工作,古迹或历史场所协助修复,资源回收场协助等工作。

3. 药物治疗

对于因精神疾病而犯罪、药物成瘾(如麻醉药品、酒精或其他药物等)及偏差性疾患者,由于具高度再犯风险且需要特别教育,则法院基于保障社会大众安全的原则,可以借由治疗命令,命令个案接受治疗及提供保护,以预防再次犯罪。

在性犯罪防治方面,药物治疗命令的目的在于,对于 19 岁(含)以上、被害人在 16 岁以下、经性侵害犯罪判决确定之性偏差加害人实施药物治疗。期望借以防止进一步再犯性犯罪,并促进个案与社区之重整。性犯罪药物治疗所采取的措施,系透过法院的命令,对于身陷性偏差疾患困扰的性犯罪人,协助其能够控制自身的异常性需求或性冲动;方式是透过施予荷尔蒙抑制剂,在一段时间内降低个案的性偏差倾向,使其得以过正常的生活。接受药物治疗命令之个案,需同时进行心理矫正方案,如认知行为治疗等,以使治疗方案产生最大疗效。

在实施程序方面,首先,由检察官提出申请,申请前该个案必须先经过精神科医师的临床诊断(必须亲自问诊,不可由书面资料诊断),提供该个案之身心状况评估报告,并依据个案疾病之轻重程度诊断,提供不同疗程长度建议,检察官必要时也可以向保护观察官提出起诉/上诉前调查之需求,以协助法院做妥适之决定。

其次,若经由法院裁定药物治疗命令认为必须接受治疗者,则该药物治疗无须经个案同意,治疗期间个案必须同时接受保护观察监督及强制住院,治疗命令时间最多可至 15 年。

最后,药物治疗命令的执行,则由保护观察官负责,并自个案服刑(或监护)完毕出狱前(或离开治疗监护所前)2 个月开始实施,借以判断治疗处方对于该个案是否合适,以及确认、评估治疗副作用之状况。在治疗疗程上,药物采注射方式,注射频率分为每 1 个月、3 个月、6 个月定期施打性荷尔蒙抑制剂。开始治疗前会先了解个案之身体状况,治疗过程中亦会随时追踪其身体状况,对个案进行高密度的身体检查,如有异常状况会适度给予释毒剂,待状况减轻后再继续进行治疗。

在治疗命令即将结束之后期,出院准备分为两个阶段:其一,由国立法务医院多位医生组成审查委员会,对受治疗者之再犯概率、家庭支持功能、社会适应性等进行评估;其二,个案的评估资料会送至法务部,由法官、检察官、宗教人士等组成小组会议,决定个案是否可以出院。个案出院后,必须进行追踪治疗,每月至少 1 次,检查荷尔蒙治疗药剂的浓度是否能对该个案有效发挥效果,后随时间频率逐渐减低,出院之个案需到指定之大学教学医院,定期接受注射。性犯罪药物治疗并必须搭配心理治疗(如认知行为治疗)一起实施。

4. 电子监控

电子监控的目的是对于高再犯危险之犯罪人,如性侵害犯、杀人犯及儿童绑架犯,实施 24 小时的行踪位置掌握,并通过保护观察官对于个案的严密监督与辅导,来预防犯罪人再犯。

在实施期间方面,电子监控命令的执行可区分为下列四种类型。(1)刑期终结后。判决最高刑期为死刑或终身监禁:10 ~ 30 年;判决最低刑期为 3 年(含)以上:3 ~ 20年;判决最低刑期为 3 年以下:1 ~ 10 年;被害人年龄若低于 13 岁:则上述最低监控时间乘 2 倍。(2)缓刑。保护观察期间内(最多 5 年)。(3)假释。假释期间。(4)监护机构假释放者/精神治疗拘留所执行终结者。保护观察期间内(最多 3 年)

在电子监控执行的同时,法院、保护观察审议委员会或司法精神委员会针对个案所具有之独特需求(need)与风险(risk),告知受监控人特殊应遵守事项,如特定时间不得外出;禁止进入特定区域或地方;遵守限制住居规定;禁止接触特定对象,如被害人;配合完成特定治疗方案(最多 500 小时)。

此外,检察官在考量个案是否须向法院申请电子监控命令,或认为法院电子监控命令有调整之必要时,得向保护观察官提出起诉/上诉前调查之需求,并由保护观察官提供该个案如犯罪模式、与被害人关系、心理特质、再犯风险评估等资料,作为起诉或上诉之参考。

第二节　英美法系国家社区矫正概览

现代社区矫正制度主要起源于英美法系国家,但同是英美法系国家,不同国家之间的社区矫正制度也存在差异。本节以美国、加拿大、英国为例,简要介绍英美法系国家社区矫正制度的概况。

一、美国

多年来,美国的犯罪矫正发展方向始终在以补偿与恢复原状、社区服务、拘留与监督、公众保护与惩罚为内涵的“处罚”目的,及代表“再社会化”的教育服务、咨询、复归、再整合、特殊处遇措施、职业训练与就业之间来回摆荡;矫正的思想转变,由量刑实务与刑事司法研究议题的改变,即可轻易察觉。事实上,社区矫正近年来已呈现大规模的发展,自 1973 年明尼苏达州通过第一部《社区矫正法》以来(其前身来自作为理念先驱的《加州缓刑援助法》),尽管美国各州基于其相异的矫正思想、政府间的关系、资源与政策,对于是否设立专法态度不一,却也纷纷透过行政的措施与既存的行政机构,执行各类社区矫正计划。1991 年,美国律师协会甚至制定了《模范成年犯罪者社区矫正法》,[1]透过将量刑与矫正一体化,为各州的社区矫正法制提供参考。其主要内容包括:发展社区制裁措施、建立与各类犯罪对应的社区

---

① 资料来源:http//www.americanbar.org/content/dam/aba/uncategorized/criminal_justice/community_corrections_act.authcheckdam.pdf.

刑、发展州与地方的社区矫正计划行动小组、为社区矫正计划提供技术支援与人员培训,并避免不必要的人力与物力浪费、为社区矫正提供充足资金、教育大众了解社区刑、如何对犯罪者惩罚与感化、如何减少对公共安全的威胁等。自上述《模范成年犯罪者社区矫正法》公布后,在修复式司法的影响、社区矫正计划的潜在社会价值与社区矫正的费用低于监禁的经济考量下,量刑上也产生了改革,各州纷纷在量刑指南上允许对若干种类的犯罪者适用非监禁刑;归纳而言,美国的社区矫正法制存在以下特点:重视犯罪者的危险性评估;不影响犯罪者的原有工作并创造就业机会;矫正工作者法律上有义务与犯罪者进行沟通;严格的社区矫正撤销程序;为确保矫正效果(what works),重视各类计划的制订与审核;为确保矫正的持续性,提供强力的财政支援。以下对美国社区矫正相关法律、主要措施及其争议等进行概要介绍。①

(一)美国社区矫正的法制概括

在美国,约有70%的犯罪者(约500万人)在矫正期间曾接受过社区监督与处遇;这其中,又有大约420万人是通过缓刑的方式为之。理由不难理解:社区监督不仅比监禁便宜,又能为个案在完成法院的缓刑指令之余,提供工作、就学的机会(还能正常缴税);缓刑不仅常伴随其他考量犯罪者情况或被害人的需求所为的附加处罚,如社区服务、罚金与赔偿,更由于缓刑期间多数犯罪者仍居住在家中,或参与社区矫正机构、日间报到中心与药物治疗计划,甚至受到电子监控,凡此,均使缓刑成为多数社区矫正的基础。虽然2012年美国联邦狱政局给国会的简报指出:因为社区矫正委由民间公司经营,无法规要求民间公司揭露营运成本,所以联邦政府并不知道真正的成本。但北卡罗来纳州公共安全部于2012年的统计资料则指出:2011年低度戒备监狱每位犯人每日64.36美元、中度戒备监狱则为77.30美元;社区缴治中级监督每位每日3.57美元、社区缴治工作计划每位每日1.29美元、与司法部门的合作社区矫正计划每位每日11.62美元。②

至于法官裁量的依据,受到被告的过往前科记录、对社区的危险性与合作程度的深刻影响,并且可以在缓刑宣告"后",因为被告的表现而再做调整。举例而言,尽管受缓刑宣告者表现良好,若缓刑官想要让其完成一个新的矫正计划,法官即可配合在被告刑期届满前,酌量延长缓刑期间。值得一提的是,受过缓刑宣告的犯罪

---

① 参见萧宏宜:《社区矫治之政策与法制改革》,载《东吴法律学报》2015年第1期;李振杰:《社区矫正制度的比较研究与完善进路》,载《人民检察》2019年第17期;刘强主编:《社区矫正组织管理模式比较研究》,中国法制出版社2010年版,第1~39页。

② 具体参见 http://www.doc.state.nc.us/dop/cost/。

者中,有约65%成功完成其监督。①

美国社区矫正的政策是以证据导向为核心,所谓证据导向,“是把过去所做过的政策统合,重新再研究,从中找出有效的那一个,换言之,不是去实行我们所认为可行的,而必须是有证据证明是可行的”。以证据为基础的社区矫正,有两个重要原则:一是评估犯罪者的风险与需求;二是使用激励性的访谈技术。只要能跳脱犯罪行为本身,更深入地去观察其他可能导致犯罪的因果影响,例如,对具攻击性的犯罪者再犯影响要素的考量上,“不遵循矫正计划”绝对比“被害人的类型”更为重要。通过这种超脱犯罪行为本身的因果影响考量,或许更能发挥社区矫正的功能。据统计,受到有罪判决的暴力犯罪者中,仍有约20%受到缓刑宣告;这对于认为暴力犯罪者,尤其是性犯罪者应受到监禁并且具有高危险的看法,提供了有力的反驳。②

(二)社区矫正专门立法必要性的讨论

美国也曾有针对社区矫正是否需要专门立法的讨论。对此,美国矫正协会研究指出,社区矫正专门立法的目的是要透过一个专门性的机构,得以在法律制度面上对各级地方政府与社区机构提供资金,以发展与传递有别于监禁的替代性制裁方案。换言之,基于矫正系统的复杂及其功能的零碎性,社区矫正法不仅为矫正计划的权责与地方政府的参与提供了更佳的途径,从而得以促进政府机构间的合作、公众教育与制裁的范围管理;更重要的是,专门立法可以提供一个体系性的框架,将其作为检视矫正政策的平台,通过这个平台激励对问题的创新解决,进而改进矫正计划的行政管理与专业标准,最终取得社会公众对非暴力犯罪者社区矫正的支持。通过这样的“量刑改革”,可以显然察觉到其对于大众、被害者、犯罪者与政府逐渐增加的利益。对美国各州来讲,撇开其法案间的细节差异不谈,各法案之间的最大公约数,是资金与权责的转移——以地方司法机构作为社区矫正的政策与资源的最佳管理机构,并以对社区矫正的各类计划予以财政援助,期待地方政府能减少送往州立机构的犯罪者人数。③

(三)社区矫正的立法目的与规范类型

如前所述,美国各州的社区矫正法均设计为将资源与资金移转给地方政府,以更有效率地规划与执行各类分散的矫正计划,并以此纾解过于拥挤的监狱。其主

① See Leanne F. Alarid & Philip L. Reichel, *Corrections*, Harvard University Publisher, 2013, p. 76.

② See Leanne F. Alarid & Philip L. Reichel, *Corrections*, Harvard University Publisher, 2013, p. 77.

③ See Shilton, Mary K, *Community Corrections Acts for State and Local Partnerships*, American Correctional Association, 1992, p. iv – ix.

要目的，即在于创造一种行政机制，通过制度化的结构，支援并协调地方政府所实施的各类矫正计划。依美国矫正协会的研究，虽然已立法的各州在实践上仍有所差异，却可以归纳出下述的共同目的：(1)犯罪者的稳定度；(2)降低机构色彩；(3)发展犯罪者的监督计划；(4)创造复归服务；(5)拓展量刑选择；(6)规划并协调各类矫正计划；(7)确保公众安全；(8)提升花费的有效性；(9)鼓励地方参与。①

就社区矫正计划的适用而言，从审前程序(预审)到假释，已立法的各州差异颇大；俄勒冈、密歇根与明尼苏达三州的涵盖范围较为全面，其他州则局限于一定犯罪类型的犯罪者。无论如何，已知的立法例大致存在以下的社区矫正方案选择：(1)审前监督与转向；(2)缓刑与附条件释放于社区；(3)中间制裁措施与量刑替代方案；(4)拘留于社区；(5)假释监督。②

(四)社区矫正工作者的法律地位与规范

除了私人与非营利组织外，矫正人员是公务员。据此衍生出两个问题：一是作为公务员，受到民事的公务员服务法规制；二是矫正的当事人可能会依据《美国法典》第 1983 条控告州政府的官员。

就前一问题而言，从担任公务员起离开公职服务，公务员服务法设置了雇用、晋升、分派、纪律以及解雇的程序。该法保护公务员不遭受上级的独断行为，工作地点也经由公会与政府共同协商的协议为之；该协议具有法律强制力。值得一提的是，无论公私部门的雇员，都因为 1964 年通过的人权法案而受到反歧视的保护；禁止基于种族、性别、原始国籍及宗教信仰的雇用歧视，随后联邦更立法禁止对残疾与年龄的歧视。这些法律的制定，增加了少数民族与女性在矫正人员上的数量。与其他公务员相比，从事矫正工作者所面临的是，犯罪者往往与其对立的困境。矫正工作者必须运用职权控制那些缺乏自我控制或不顾社会规范者的行为——无论在监狱、缓刑者家中或街头上，这些责任都创造了压力、困难与危险的处境，遑论为了工作的顺利与获得晋升的机会，不得不面对来自上级的压力，牺牲专业以实现其职责。

至于矫正工作者的法律责任问题，联邦最高法院早于 1964 年的 Cooper v. Pate 案③即已指出《美国法典》第 1983 条不仅为囚犯，同时也为缓刑与假释者提供了对

---

① See Shilton, Mary K, *Community Corrections Acts for State and Local Partnerships*, American Correctional Association, 1992, p. 15 – 16.

② See Shilton, Mary K, *Community Corrections Acts for State and Local Partnerships*, American Correctional Association, 1992, p. 19 – 20.

③ See 378U. S. 546(1964).

矫正工作者提起诉讼的手段;其规定“任何人”利用其职权剥夺他人的宪法权利,可能在诉讼中需负赔偿责任。其后,联邦最高法院在1978年的Monell v. Department of Social Service of the City of New York案[①],尝试进一步对系争规定予以说明。其认为:当个别官员与机构的“常规与习惯”,例如,其实务操作或政策、欠缺训练与监督等,侵害了国民基本权时,该公务员可能会被起诉。这个立场在2002年的Hope v. Pelzer案[②]被进一步强化。法院否认阿拉巴马的矫正工作者将受刑人以手铐拴在监禁处所,并拒绝给予足够的水及寝室休息的行为,可以豁免责任。简言之,从事报复性管教者已违反《宪法第八修正案》,而属于残忍且不寻常的刑罚,并须为此从事金钱补偿及惩罚性赔偿。矫正工作者如何保护自己不受控诉,一位联邦监狱局的前顾问长提出下列五项建议:遵循机构政策与上级指示;获得良善训练;熟悉相关法律;面临控诉时确保有良好的辩护;保持良好的日常记录。[③]

(五)美国缓刑与假释后所涉美国宪法问题

一是缓刑与假释是否是受刑人的一项权利。美国联邦最高法院在1979年的Greenholtz v. Inmates of the Nebraska Penal and Correction Complex案已说得很清楚,假释由州核定,在服刑完毕前没有在一定条件下被释放的“权利”。[④] 1981年的Connecticut Board of Pardon v. Dumschat案,更重申对于假释与赦免委员会权责的支持,认定受刑人无权知悉其减刑请求何以被拒绝。[⑤] 2011年的Swarthout v. Cooke案中,由安东尼·甘迺迪大法官所主笔的多数意见认为:在《联邦宪法》下,受刑人不存在于有效刑期服毕前,得在一定条件下被释放的权利;国家并没有提供假释的义务。[⑥]

二是缓刑者与假释者受宪法所保障的基本权与社区矫正之间相冲突的问题。1987年的Griffin v. Wisconsin案:由于掌握受缓刑宣告的Griffin可能拥有枪械,缓刑官无令状搜索了他的公寓。联邦最高法院针对受监督的缓刑者与搜索令状的实践问题指出:缓刑机构必须能够在缓刑者伤害自己或社会之前行动,就本案而言,可认为已满足了宪法第四增修条文的合理性要求。[⑦] 再如,1988年的Pennsylvania Board of Probation and Parole v. Scott案,美国联邦最高法院以相对多数(a closely

---

① See 436U. S. 658(1978).

② See 536U. S. 730(2002).

③ See Clear, Todd R., Cole, George F., *Reisig Michael D. American corrections*, 2013, p. 119 – 120.

④ See 442 U. S. 1(1979).

⑤ See 452 U. S. 458(1981).

⑥ See 562 U. S. 216 (2011).

⑦ See 483 U. S. 868(1987).

divided Court)认为,因证据排除法则而禁止使用于刑事控诉的证据,仍可用于撤销假释的听审中。[①] 未久,美国联邦最高法院在 United States v. Knights 案中甚至一致支持要求犯罪者随时接受无令状搜索的缓刑条件。[②]

三是缓刑与假释撤销的正当程序问题。至于正当法律程序的疑义,主要牵涉缓刑与假释的撤销问题。联邦最高法院于 1967 年的 Mempav. Rhay 案中,已先一步指出:在撤销与判刑的听审中,缓刑者拥有咨询律师的权利。[③] 紧接着于 1972 年的 Morrissey v. Brewer 案认为:面临撤销假释的犯罪者须透过中立听审官员的"即时非正式调查"方式,赋予程序的正当性;换言之,联邦最高法院要求一个两阶段的撤销听审程序,在第一阶段中,听审官员要决定是否有相当理由(probable cause)认为假释条件被违反,假释者拥有被告知控诉内容、知悉不利证据、发言、提出证人,质询不利证人等权利。在第二阶段的听审中,假释者有权收到控诉告知、受到关于其违犯假释条件的证据开示、对证人反诘问。在认定其行为已严重到应撤销假释时,还必须以书面摘要其决定所仰赖的证据及其理由。[④] 这些于上述 Morrissey 案所决定的程序,于 1973 年被美国联邦最高法院在 Gagnon v. Scarpelli 案中援用到缓刑撤销的程序,[⑤]并见于其后 2006 年 United States v. Gonzalez – Lopez 案之中。[⑥]

二、加拿大

自 20 世纪非监禁的矫正制度受到重视以来,由于加拿大邻近美国,又属英联邦的一员,在法制的发展上,难免会受到美国、英国及澳大利亚的影响。加拿大经过四次重要的狱政改革后,于 1992 年制定《矫正与附条件释放法》,迄今为止已有数十次修正,成为该国社区矫正制度的重要依据。除了《矫正与附条件释放法》外,该国英属哥伦比亚省大规模实施的《社区监督策略性初步训练》计划,通过有系统的训练,强化社区矫正者的专业,衡平人权保障与社会安全,对于矫正工作的发展,奠定完善的基础。本部分即主要针对《矫正与附条件释放法》及《社区监督策略性初步

---

① See 524 U. S. 357(1988).
② See 534 U. S. 112 (2001).
③ See 389 U. S. 128(1967).
④ See 408 U. S. 471(1972).
⑤ See 411 U. S. 778(1973).
⑥ See 548 U. S. 140(2006).

训练》为核心展开介绍加拿大社区矫正制度的主要框架。①

(一)《矫正与附条件释放法》的框架与实施

1. 矫正机关与职责

《矫正与附条件释放法》(以下简称 CCRA),主要是《加拿大监禁法》与《加拿大假释法》的替代法案,②而为加拿大矫正署(Correctional Service of Canada,CSC)执行矫正业务的基本依据。加拿大矫正系统可划分为二:联邦与省。由于加拿大为联邦国家,司法部与各省律政署在体例上为平行关系,各有其独立的权限,在矫正业务上亦然。受 1867 年《不列颠北美法》的影响,加拿大的矫正系统也呈现二元化,即两年以上监禁的矫正权责属于联邦政府;一般囚禁与少年辅育院则交由省负责。

依 CCRA 第 6 条的规定,CSC 的署长由总督任命,并在公共安全部部长的领导下,指挥管理该署及与该署有关的一切事务;该署总部与署长办公室均应依国家首都法的规定设在首都;CSC 得设立地区分部。复依 CCRA 第 5 条规定,CSC 的职责如下:囚犯照护与拘留、制订帮助犯罪者社会复归与成功再整合进入社区的计划、囚犯的释放准备、对假释与法定释放的监督及犯罪者的长期监控、维持关于 CSC 运作的公众教育计划。

需要说明的是,省级矫正单位通过犯罪者危险性的高低,区分为四类,依监督强度可依序分为:省立安全矫正中心、省立中度安全矫正中心、省立开放拘留矫正中心及省立社区矫正中心。

在上述矫正机构中,虽依据犯罪者危险性的不同,而有不同强度的管控,但在不危及公众安全下,仍尽可能给予学习与教育的机会。例如,省立安全矫正中心主要通过物理性的措施,进行安全管控,但在无危险的情况下,工作、娱乐、教育、生活技能的培育等,都是该机关执行矫正的重要工作。至于省立社区矫正中心,则以“提供一个学习自己承担责任的环境,并培养正向态度以顺利回归社会”为精神,将犯罪者监禁于离自家较近的社区,并在白天离监工作或受职业训练。甚至犯罪者若有收入,更须自己负担矫正费用(如房租),彰显对自己行为负责之社会复归的态度。

---

① 参见萧宏宜:《社区矫治之政策与法制改革》,载《东吴法律学报》2015 年第 1 期;李振杰:《社区矫正制度的比较研究与完善进路》,载《人民检察》2019 年第 17 期;刘强主编:《社区矫正组织管理模式比较研究》,中国法制出版社 2010 年版,第 192 ~ 206 页。

② 《加拿大监禁法》制定于 1868 年,并于 1962 年修订;《加拿大假释法》则于 1959 年颁布,并于 1970 年与 1987 年修订。

2. 立法目的

加拿大关于矫正的立法精神，可从 CCRA 第 3 条得知，其中规定："联邦矫正系统的目的，是借由(1)透过对犯罪者安全与人性化的居留监督，实行法院宣告的刑罚，(2)透过于监所与社区中提供若干计划，协助犯罪者成为守法公民而得以复归与再融合入社区，以对公义、和平与安全社会做出贡献。"换言之，CCRA 的精神主要有两方面。其一，给予犯罪者人性化的监督，除了符合其所犯之罪刑外，更能阻绝危险，而保障公众的安全。其二，除了合理化的人性管控外，如何协助让犯罪者具备法意识，成为社会公民的一分子，也是该法的重要内涵，而在合理化的监督与协助犯罪者回复社会间，寻求最佳的平衡点。在此目标下，有效整合社会资源及连带负担社会安全责任，是矫正的重要关键。对此，CSC 认为，矫正乃 CSC、NPB（国家假释委员会）与社区的整合，共同借由一连串的活动、服务与处置，包括监督、促成犯罪者返回社区及协助犯罪者获取谋生技能的更生支持，以增强其重返社区的能力并成为守法的公民，从而促进公共安全。据此，其愿景为强化资源整合、促进社区间的连接，并针对社区的特色给予不同的支持，为矫正成功的方法。

CCRA 第 4 条进一步列出详细的指导原则，作为矫正方针：矫正过程应将社会保护列为首要考量。此点是矫正的前提要件，也是 CCRA 相当重要的指导方针。在 CCRA 的架构下，"尊重个体尊严""社会成员的基本权利""人类成长的潜能"固然为社会复归的子概念，但其前提却须符合"社会安全的假定"。① 也就是说，当社会生活的每个人都愿意成为守法的公民，尊重个体尊严等社会复归的法政策才能实现，否则一味地期待社会复归却忽视社会安的需求，将使矫正目标流于空想。此外，以保护社会安全优先的前提，更是在矫正与附条件释放间进行无缝接轨，实现安全与人权并重的精神。针对意见的交换，CCRA 第 4 条也有所规定："徒刑的执行已考虑到所有相关可获得的情资，包括为量刑的法官已陈述的理由与建议、审判或量刑过程的其他讯息、国家假释委员会（NPB）的释放政策与意见以及由被害者与犯罪者所取得的资讯；CSC 透过定时与其他刑事司法系统单位交换相关资讯，并借由与犯罪者、被害者与公众沟通其矫正政策，以促进其效率与透明度。"通过部会间的畅通的资讯沟通、犯罪者与被害者间的对话及公众意见的表达，适时修正矫正计划，确实符合矫正的需求。

至于再社会化的面向，CCRA 亦不偏废，列举出数项指导原则：(1) CSC 使用干预程度小的限制性措施，以满足公众、矫正工作者与犯罪者的保护；(2) 除了因徒刑

---

① See Grossman, Michelle G. & Roberts, Julian V., *Criminal Justice in Canada: A Reader*, 2011, p. 210.

的执行结果所导致的排除或限制外，受刑人仍享有作为社会公民的权利与基本人权；(3)便利与CSC的运作有关的公众成员参与；(4)矫正的决定方式应快速而公平，并提供犯罪者可行的申诉程序；(5)矫正的政策、计划与实务运作尊重性别、种族、文化和语言差异，并回应妇女、原住民与其他具特殊需求的犯罪者的特别需要；(6)体系化设置犯罪者通过监禁规范遵守的程度条件，来对应参与临时离监、工作释放、释放、法定释放与提升其社会复归与再社会化的计划；(7)矫正工作者经过选择与训练，被给予适当的职业发展机会与良好的工作条件，此包括工作环境对其个人尊严的维护，并得参与矫正政策与计划的制订。由上述可知，CCRA认为，社区矫正的复归面向相当广泛，除了培养犯罪者适应社会的能力外，其申诉权利、公众参与及避免歧视(包含种族、文化及语言)，更是重要。对此，矫正工作者的职业能力与在职训练，扮演重要角色，应给予其良善的工作环境，可参与矫正政策及计划的拟定，并依据其与具体个案的接触状况，做出适当的评估方案。

除了社会安全与社会复归外，经济成本的考量也是CCRA所重视的。就加拿大联邦的统计数据而言，2006～2007年，在监处分之受刑人，每人每天花费约255加币，到2010～2011年，更高涨至313加币。若以整年为单位计算，2010～2011年，男性受刑人平均花费114,364加币，而女性则是214,614加币。相对于社区矫正的经费，平均每人每年仅花31,148加币，其差距约为5倍，对于联邦政府预算影响甚大。

3. 具体矫正计划的规范

CCRA针对具体矫正计划的规划，于第15－1条至第15－2条呈现。由于CCRA针对犯罪人危险性的高低，在省的层级有不同的执行机关，因此犯罪人的信息取得、转移与安全分级就相当重要，其分别规定在第23～24条(资讯取得)、第28～29条(转移)及第30条(安全分级)。另外，由于社区矫正仍带有一定拘束人身自由的色彩，事前的相关的调查程序也是相当重要，而在调查的同时，需暂时剥夺犯罪人的权利，此规定在第31～37条(基于第19～23条的调查与状态进行行政隔离)。

由于社区矫正带有拘束权利的色彩，就犯罪人而言，相关的救济程序亦属重要。因此，CCRA第38～44条规定“对犯罪者的管教及违纪处罚与程序公平的申诉”，同时在第90～91条针对申诉的程序，做出规范。另外，附条件释放及其申诉程序也是犯罪人的重要权利，其规定在第99～156条。至于犯罪人在监所内的违规行为，如移转或收受违禁品等，而被判处简易判决，则规范在第45条。除了救济程序与违规处罚外，释放规范也明文于CCRA。例如，第17～18条(临时出狱及工作释放)、第 92 ~ 93 条(犯罪人的释放)、第 94 条(应请求而于假释或法定释放后准其暂时留宿监所)、搜索扣押与电子监控(第 46 ~ 67 条、第 57 – 1 条)及第 134 – 1 条至第 134 – 2 条(长期监管令)。又,若因服刑导致身亡或身障,其相关补偿规定于第 22 条。

在社会复归上,CCRA 亦有为数不小的篇幅。针对犯罪者的一般生活条件与宗教信仰,给予不同的矫正计划,规定于第 68 ~ 75 条。日常的健康照护及犯罪人因拒食而施以强制喂食的规定,则在第 85 ~ 89 条。原住民可能因不同文化背景,而有特殊需求,则规定在第 79 条至第 84 – 1 条。由于 CCRA 强调公众参与矫正计划,借此达成矫正目标,计划的拟定与参与则规定于第 76 ~ 78 条。为确保矫正的独立性,并确保计划不受外力干扰,在第 157 ~ 198 条设立独立于 CSC 的矫正事务调查官,用以调查矫正事务。

4. 实践运作:缓刑

缓刑是世界各国用来处置短期自由刑的主要手段,加拿大亦是如此。加拿大的缓刑制度建立于 1889 年,其被认为是最早的社区矫正型式,而成为停止监禁的替代。其后,缓刑不但作为徒刑的替代,甚至在无力缴纳罚金的情形,作为处遇犯罪人的方法。直至今日,缓刑的施行多施予犯罪者负担,并对缓刑的法定条件做出明确的规范。[①] 目前,缓刑是加拿大最广为人知的社区监督方案,且属于省级的管理权限,而大多数受缓刑者,多被附加监督,称为“缓刑附加监督”。然而,由于各省具有自主权限,缓刑宣告附加监督亦有不同的形式。绝大部分的缓刑者,受缓刑官的管控,并在缓刑官的监控下度过缓刑期间。只有在阿尔伯塔省、魁北克省、萨斯克彻温省等少数省在缓刑附带社区服务即恢复原状时,除了缓刑官外,更会受到非营利机构的监督。若受缓刑者违反缓刑条件,非营利机构有义务向缓刑官报告;若受缓刑者没有正当理由,依《加拿大刑法》第 733 条之 1,将面临两年以下有期徒刑或 18 个月以下的简易判决处刑,科或并科不超过 2000 加币罚金。

5. 实践运作:假释

加拿大的假释制度,起源于 1899 年的《加拿大释放票法》。当时的假释制度仅适用于 2 年以上有期徒刑之罪。然而,当时的释放不但在定义上模糊不清,甚至被认为具有填补“机构—社会”真空地带的特质。有鉴于此,一连串的改革引领着法制度的改革,随着 1939 年监狱法的修正,终于将教育思想的社会复归精神,纳入矫正犯罪的思维。20 年后,1959 年《加拿大假释法》(*the Parole Act*)取代《加拿大释

---

① 其法律基础在《加拿大刑法》第 731 条。

放票法》,并设置国家假释委员会的独立机构。国家假释委员会有权否决、终止或推翻附条件的释放,对于违反假释条件与撤销与否的决定,成为适当的控制阀。此后,1986 年《加拿大假释法》的修正更增加假释的种类,最终于 1992 年 CCRA 的制定,整合《监狱法》与《加拿大假释法》,对于在监执行与释放,完善法律面的规范。关于假释与否的考量,CCRA 列出五种基本原则:第一,充分的资讯。所谓充分的资讯,系指犯罪人之陈述、法官判决之理由、犯罪行为的严重性与犯后态度及被害人、矫正机关的意见。第二,迅速且公开的资讯交换。假释委员会即时与被害人、及其他司法单位意见交换,商讨个案的政策适宜性,确保信息的实时与公开。第三,社会保护为前提。如前所述,CCRA 针对社区矫正施行的前提,主要以社会不遭受危害为前提,假释作为社区矫正的类型,当然必须受到限制。因此,假释必须以社会安全保护为前提,且其释放属必要且适当。第四,委员会成员之专业训练。通过适当的训练,委员会成员将受到专业训练,尤其是假释政策基本政策的实行。第五,假释决定程序的公平。假释决定的理由及相关资讯,甚至是决议的记录都必须使犯罪人理解,以确保假释程序的公平。

在 CCRA 中多样化的释放类型中,可区分为五类。第一,临时离监。此种释放类型规定在 CCRA 第 115 条,犯罪者在服刑期间内,只要符合:(1)3 年以上之刑期且已服 1/6 刑期;或(2)2 ~ 3 年之刑期且已服刑 6 个月,皆属适格的申请资格。至于终身监禁者,于完全释放前 3 年,亦可申请之。第二,工作释放。所谓工作释放,是指犯罪人可至监外或社区进行服务工作。申请资格限于服刑期满 1/2 或 6 个月(两者取较长),并已取得无须陪同下之暂时离监资格。但是对于终身监禁与不定期的监禁犯者,不适用此类的释放类型。关于工作时间长短,原则上由典狱长决定,超过 60 天则需得到矫正署长的批准。典狱长对于释放所附加的条件,得以保护社会为理由,加以取消与终止。相关规定可见于 CCRA 第 118 条。第三,日间释放。日间释放,则指白天参加社区活动,以作为法定释放与完全释放的准备。此种类型的犯罪者,除假释委员会的授权,否则每晚必须返回社区留宿机构或中途之家。至于此种释放类型的申请资格,若犯罪者服满 3 年刑期,且在“完全释放”前先申请;若刑期在 2 ~ 3 年,则可在期满 6 个月后申请;若刑期为 2 年以下,则可于服满 1/6 的刑期后申请(详细可参照 CCRA 第 99 条、第 119 条)。第四,完全释放。如文义所示,完全释放系指犯罪人在监所外,于监督下完成余刑。犯罪人需向社区假释官定期汇报工作与生活环境上的任何改变。任何犯罪人,皆可申请完全释放的资格,但因谋杀而被判处终身监禁除外。而相关申请人须于服满刑期 1/3 或 7 年时申请之,至于因一级谋杀而终身监禁者,则需服满 25 年刑期,二级谋杀则需服刑 10 ~ 25

年并经法院许可，方能申请（详细参照CCRA第99条、第115条、第120条）。第五，法定释放。顾名思义，法定释放系指符合法定要件下，所申请的提前释放。多数的罪于服刑满2/3后可被释放，但需受到监督，而终身监禁与不定期刑监禁则无申请资格。由于法定释放乃在法定要件下，所为的提前释放，故其非假释委员会所决定。但如果犯罪人仍具有危险性，矫正署（CSC）会建议假释委员会将犯罪人留置在监所内，直至期满为止。在法定释放的类型，仍会要求犯罪人遵守一定的条件，进行社会安全的风险管控（详细参照CCRA第94条，第99条，第114条第5项，第123条第5项、第5－1项，第127条，第129条）。除了上述五种类型，CCRA第133条第3项特别指出："为保护社会并促进犯罪者成功的再社会化，NPB可对假释、法定释放或未受监护的暂时离监犯罪者，附加任何合理与必要的条件。"换言之，提早释放的犯罪人，仍需遵守一定的限制，如专案计划的参与。另外，CCRA特别授权NPB可以要求提供尿液样本，确保毒瘾戒除（CCRA第55条）并限制居住。

（二）《社区监督策略性初步训练》项目架构与实践

1.矫正专业与否攸关矫正成功概率

长期以来，欧美另辟社区矫正的方式，希望达成降低监所拥挤与刑事制裁成本、整合社区资源与服务、从而增加犯罪者的复归机会。然而，同时存在的管控刑事司法政策，从强制量刑、长期徒刑、震撼监禁与电子监控的施行结果，也反映出社区矫正已然陷入困境；是否要大量回复机构监禁的传统处遇方式，也成为立法政策讨论的议题。对此，加拿大学者提出的质疑是，大规模的干预措施无法减少再犯，原因到底是出在执行的品质问题，还是处遇本身？① 关于处遇有效性的研究，Bonta在1990年提出"处遇有效性"的原则，分别为风险原则（Risk principle）、需求原则（Need principle）、反应原则（Responsivity principle）及专业至上（Professional override），简称为RNRP。所谓风险原则，是指针对不同风险的犯罪人，施予不同限度的干预措施，以获得最佳效果。换言之，通过"高风险—高强度；低风险—低强度"的原则，使处遇达到最佳化。需求原则，是指干预措施应针对犯罪行为的动态因子，进行调整。此外，反应原则系基于认知行为理论，认为干预措施应符合犯罪人的特征，尤其是其生理学特征（如动机、人格特质、性别），亦需纳入考虑。至于专业至上，则指专家需考量上述三原则未涵盖之因子，个别化地打造干预措施。② 在Bonta的研

① See Bonta, J., et al., Taking the Leap: From Pilot Project to Wide－Scale Implementation of the Strategic Training Initiative in Community Supervision (STICS). Justice Research and Policy, 2013(1), p. 54－77.

② See Bonta, J., et al., *Taking the Leap: From Pilot Project to Wide－Scale Implementation of the Strategic Training Initiative in Community Supervision*(STICS), Justice Research and Policy, 2013(1).

究中,可以发现人们将矫正成效寄托于矫正者与被矫正者面对面的接触,期待该会谈能增加再社会化的概率。只是学者们发现,在此监督下的再犯率一般只会减少两个百分点,暴力犯罪者对此却没有影响。在相关研究中,发现与矫正人员实施的矫正措施有关。换言之,是否遵守 RNRP 的处遇原则,影响矫正效率,更使社区矫正的目标无法达成。因此,矫正工作者的专业训练,以及 RNRP 指导原则的贯彻,都是具体提升再社会化的改善方案。

2. 具体措施

2005 年,加拿大公共安全部的矫正研究部门开始发展“社区监督策略性初步训练”(STICS)。其目标是增加矫正工作者对 RNPR 原则的遵从,并期待降低受监督犯罪人的再犯率。关于该训练的基本精神已如前述,由两个元素组成。首先,通过专门的训练,教育矫正工作者与犯罪人建立良好的合作关系。同时,促使犯罪人承认犯罪侵害的结果,进而运用“认知—行为”的技术帮助犯罪人改变并发展再社会化的态度。其次,借由发展临床支援用以维持并改善矫正工作者习得的矫正技巧。例如,通过定期的例会,以讨论并练习技巧、复习课程及提出个人化反馈意见的方法,达到社区监督的训练。

从数据上观察,STICS 最务实的意义是减少潜在的支出。由于矫正措施与处遇成本高昂;即便是省的层级,在 2010 ~ 2011 年,10,250 个中、高风险的犯罪者,每日监督费用仍高达 10.61 加币。假设再犯率降低 14.5%,等于减少 1486 个犯罪人,每年将会节省 5,754,758 加币。这还不包含经减少监禁人数、降低风险的犯罪人、还押监所、监禁事务、警方调查及法、检系统所的支出。据此,英属哥伦比亚省乃于 2012 年增列预算 950 万加币,以在 3 年内雇佣额外的 36 位缓刑官。Bonta 等学者就 STICS 大规模执行的考量要素分为如下方面。首先,就组织的就绪方面,可分为五大要素,具体如下:(1)改变的理论模型:政策上 RNR 模型的采用;(2)风险—需求评估:已使用的犯罪人风险—需求评估工具的运用;(3)认知—行为方案进行:组织或外部社区资源对认知行为方案的可用性及其常规运用;(4)资源支援:长期的财政与人力资源;(5)监控:监控与提供回馈意见的能力。其次,就工作人员的就绪方面,可分为四大要素,依序为:(1)改变的理论模型:对 RNR 模型的理解;(2)风险—需求评估:运用已使用的犯罪人风险—需求评估工具;(3)认知—行为方案进行:认知—行为核心方案的促进;(4)监控:来自资深缓刑官的指导。①

---

① See Bonta, J., et al. *Taking the Leap: From Pilot Project to Wide - Scale Implementation of the Strategic Training Initiative in Community Supervision* (STICS), Justice Research and Policy, 2013(1).

三、英国

英国又称联合王国(United Kingdom),全名为大不列颠及北爱尔兰联合王国,系由大不列颠岛上的英格兰、威尔士、苏格兰、北爱尔兰四个国家联合而成。联合王国各组成国家皆有其独立的国家级行政机构,同时,在彼此的司法体系之运作上亦有所差异且相互独立。也就是说,英国司法部只有对英格兰及威尔士的刑事司法、法庭、监狱和假释具有权责,而对于苏格兰和北爱尔兰则无权责。在社区犯罪人管理上,联合王国的各国家在制度及措施方面各具其特色,本部分以英格兰及威尔士地区的社区矫正制度为例,来介绍英国社区矫正制度。①

(一)英国社区矫正制度的概况

英格兰及威尔士地区的社区矫正事务主要由国家观护服务管辖,该局成立于2000年,自2007年起由内政部转为司法部所管辖。国家观护服务在组织编制上为观护信托,每一个观护信托设有一个委员会与一位主管,其中,委员会负责员工的招募与训练,主管则负责该辖区内相关预算的执行、绩效表现以及对委员会提出业务政策与策略规划。

2008年国家罪犯管理局(National Offender Management Service,NOMS)成立,将原本分立之"国家观护服务"及"皇家监狱服务"二者加以整并,借以促进监狱服务与观护服务的合作与连接,促进对于犯罪人的衔接处遇及管理,并鼓励非官方机构(私立机构)在未来成为观护工作的主要服务提供者,透过委任与竞争的方式,期借此提升观护服务效益。国家罪犯管理局并将所辖区域重新划分为42个观护区,以与警察执法辖区的划分一致,以与警方执法达到更佳的整合效果。国家罪犯管理局希望借由提供高质量的社区矫正教化内容,来达到保护社会大众和减少再犯的目的。英格兰及威尔士政府预期此"监狱—社区"无缝接轨式的整合设计将能大幅降低犯罪者再犯的比例,并已在2015年前省下至少23%的相关预算。

在审前阶段,观护服务协助确保将有条件交保之被告安置于指定住居所,确认其是否遵守应遵守事项。在判决确定前,观护服务得提供相关事证予检察官或法院,作为判断是否继续交保之参考。在被告被认定有罪且量刑判决前,法院通常会要求观护人提交审前调查报告作为判决之参考,此报告内容一般包括被告之犯行

① 参见孙晓芳:《英国社区矫正制度评介》,载《人民司法》2004年第3期;潘晓晨:《英国社区矫正制度及其启示》,山东大学2014年硕士学位论文;司法部基层工作指导司:《英国社区矫正制度》,载《中国司法》2004年第11期;刘强主编:《社区矫正组织管理模式比较研究》,中国法制出版社2010年版,第136~151页。

分析、与犯行有关之社会背景信息、伤害风险评估及再犯风险评估等，报告之结论并需对判决提供一个清楚而具体可执行之建议。此外，观护服务并对于12种社区判决之执行担任监督之角色，包括如药物戒瘾、社区劳务、精神治疗、住居限制、电子监控等。再者，部分缓刑命令之监督亦由观护服务执行。在更生保护方面，对于12个月以下之短刑期者，观护服务基于个案自愿原则得对其提供服务，然而，基于政府政策，此项服务已逐渐减少，但是部分地区则认为此服务有其意义而继续施行。例如，在Midlands西部的四个观护区，则设置“连接计划”，目标在提供短刑期出狱受刑人之支持与咨询服务。自2009年开始，由于政府预算之困难，观护服务之许多资源也受到大幅缩减，各观护区之资源亦多有重新分配，因此观护服务之长期规划被认为带有隐忧。

（二）英国社区矫正的参与体系

国家罪犯管理局是目前英国英格兰和威尔士地区社区矫正服务的主管职责机关。在执行层面，英格兰及威尔士国家罪犯管理局主要透过委外服务及采购措施，来落实社区矫正业务的执行，如药物戒瘾复归命令、酒瘾治疗命令、心理健康治疗命令等犯罪人处遇团体，即是与医院或健康部门等治疗专业单位进行合作；如电子监控措施，即是借由法律授权民间科技公司来加以执行，以满足庞大的个案量需求与长时间之监控；如指定住居命令等，则是和官方之核准住居所或民间志愿组织相互搭配。此外，国家罪犯管理局亦通过签订契约的方式，来控管辖区内35个观护信托部门及第三部门机构；而各地的罪犯管理人，则负责处理上述委外服务、采购措施及契约管理以外，其他关于社区命令的司法判决执行与犯罪人处遇方案管理等业务。①

英格兰及威尔士于1975年成立的志愿工作者协会（Society of Voluntary Associate, SOVA），旨在通过志工的训练、运用及伙伴方案，以促进犯罪人服务的成效。近年来，观护志工的运用依照志工背景与专长越来越细分化，并在许多犯罪人服务方案中提供指导和建议。

英格兰及威尔士许多公立或私立机构，其业务皆含有提供观护工作的服务。国家罪犯管理局认为这些大小组织在提供犯罪人服务上将扮演日益重要的角色。犯罪人的管理仍为观护人的职责，但犯罪人无偿工作的监督业务已朝向政府、私人、志愿组织三方的混合执行模式，而关于犯罪人的住居、训练、就业、教育、戒瘾、及

① 由于1998年设有少年司法委员会（Youth Justice Board, YJB）以及少年犯罪防治小组（Youth Offending Teams, YOTs），因此，观护服务主要处理成年个案。然而，许多少年犯罪防治小组成员及员工皆来自于观护服务。

社会福利等干预措施，则已由许多公私立机构所提供。这些专业化的机构包括如以性犯罪人为对象之露西忠实基金会、以更生人中途之家为主之兰利房屋信托、以就业及住居服务为主之国家罪犯照护及安置协会以及以协助物质戒瘾为主之转折点等机构。

（三）英国社区矫正的主要措施

1. 社区命令

根据英格兰及威尔士的评估，社区命令的实施可对犯罪人产生部分正面影响。《2003年刑事司法法》第177条（s177）第1项第5款规定："当犯罪人年满18岁（含）以上且经判决有罪者，法院得于判决确定时或确定前，处以被告社区命令，命被告于指定期间内遵守或履行下列一款或数款事项……"《刑事司法法》所列举之社区命令共计如下12项：

（1）监督命令：犯罪人必须定期向地方司法当局之罪犯管理人报到，讨论其工作状况及生活作息方式。

（2）社区反馈／无偿工作命令：社区反馈命令的组成内容绝大部分为无偿工作（社区劳务），另一小部分则为其他活动。

（3）核定方案命令：犯罪人必须参加法院所审定认可的矫正方案或计划，学习如何改变自身行为以减少再犯。

（4）药物戒瘾复归命令：犯罪人必须自愿同意并遵循药物戒瘾复归计划的相关规定，包括接受评估与转介、辅导谘商以及定期尿液采验等，目的在于解除对于药物的依赖性，以达到复归社会的目的。

（5）宵禁命令：犯罪人必须在指定的时间（不限于夜间），待在法院所指定的地点，不得外出。

（6）参加指定活动命令：犯罪人必须在指定的时间及地点，参加指定的活动，并接受任何形态的评估。

（7）酒瘾治疗命令：犯罪人必须自愿同意并遵循酒瘾治疗相关规定。

（8）心理健康治疗命令：犯罪人必须自愿同意并遵循心理健康治疗相关规定，并接受医师或治疗师等指示。

（9）社区勤工中心命令：犯罪情节较轻微之个案，且年龄低于25岁，必须定期至社区勤工中心接受课程或提供劳动服务，目的在于限制犯罪人于休闲时间不致无所事事。

（10）禁止活动命令：犯罪人必须在指定的期间，不得从事特定活动，如不得于足球赛期间至比赛场地等，必要时搭配电子监控实施，目的在于处罚犯罪人及保护社会大众安全。

(11)禁制命令:犯罪人必须在指定时间,禁止进入特定区域,例如市中心、足球赛比赛场地、或被害人住处等。

(12)指定住居命令:犯罪人必须在特定期间,居住在法院所指定之地点。

2. 缓刑

根据《2003 年刑事司法法》第 189 条第 1 项的规定,法院判决刑期为 28 周以上且 51 周以下者,依据第 181 条规定得责令被告在指定期间(亦即缓刑监督期间)遵守一款或数款应遵守事项,并谕知被告毋庸入监服刑,除非被告在缓刑监督期间未遵守指定应遵守事项,或是再犯罪,则法院可撤销其缓刑宣告,令其入监服刑。缓刑监督执行期间为 6 个月以上,2 年以下,自缓刑宣告之日起算。而《2003 年刑事司法法》第 190 条第 3 项规定,法院的缓刑宣告若伴有宵禁命令或禁制命令者,则法院应对犯罪人施予安装电子监控设备,除非有第 215 条第 2 项或第 218 条第 4 项所列例外情形,或在特殊状况下,认为并不适宜者。《2003 年刑事司法法》第 190 条第 4 项则规定,法院的缓刑宣告若伴有社区服务命令、参加指定活动命令、核定方案命令、禁止活动命令、指定住居命令、心理健康治疗命令、药物戒瘾复归命令、酒瘾治疗命令、监督命令或社区勤工中心命令者,则法院得对犯罪人施予安装电子监控设备,除非有第 215 条第 2 项或第 218 条第 4 项所列禁止情形者。可见,英国受缓刑宣告者的社区矫正,除了在法院所指定缓刑监督期间,由罪犯管理人定期监督其行为与生活外,尚同步采行社区命令进行个别化处遇,并搭配施予电子监控,以强化执行与威慑效果。

3. 假释

在假释方面,与受缓刑宣告者之社区矫正具有类似情形。《2003 年刑事司法法》第 182 条第 3 项规定,法院的假释许可裁定若伴有宵禁命令或禁制命令者,则法院应对犯罪人施予安装电子监控设备,除非有第 215 条第 2 项或第 218 条第 4 项所列例外情形,或在特殊状况下,认为并不适宜者安装电子监控设备者。《2003 年刑事司法法》第 182 条第 4 项则规定,法院的假释许可裁定若伴有社区服务命令、参加指定活动命令、核定方案命令、禁止活动命令、监督命令或社区勤工中心命令者,则法院得对犯罪人施予安装电子监控设备,除非有第 215 条第 2 项或第 218 条第 4 项所列禁止情形者。也就是说,英国假释者的社区矫正,除了在假释期间,由罪犯管理人定期监督其行为与生活外,尚同步采行社区命令进行个别化处遇,并搭配施予电子监控,以强化执行与威慑效果。

假释者得施予电子监控之社区命令种类较少,缓刑者得施予电子监控之社区命令种类较多,主要原因在于英国系将电子监控视为轻刑犯之转向处遇配套措施,才会造成二者之间的差异。

复习思考题

1. 德国社区矫正的主要类型有哪些?
2. 日本社区矫正的最新发展有哪些方面?
3. 美国社区矫正的主要类型有哪些?
4. 英国社区矫正的最新发展有哪些方面?
5. 大陆法系和英美法系社区矫正制度的不同点为何?

附录 1

中华人民共和国社区矫正法

（2019 年 12 月 28 日第十三届全国人民代表大会常务委员会第十五次会议通过　2019 年 12 月 28 日中华人民共和国主席令第 40 号公布　自 2020 年 7 月 1 日起施行）

第一章　总　　则

第一条　为了推进和规范社区矫正工作，保障刑事判决、刑事裁定和暂予监外执行决定的正确执行，提高教育矫正质量，促进社区矫正对象顺利融入社会，预防和减少犯罪，根据宪法，制定本法。

第二条　对被判处管制、宣告缓刑、假释和暂予监外执行的罪犯，依法实行社区矫正。

对社区矫正对象的监督管理、教育帮扶等活动，适用本法。

第三条　社区矫正工作坚持监督管理与教育帮扶相结合，专门机关与社会力量相结合，采取分类管理、个别化矫正，有针对性地消除社区矫正对象可能重新犯罪的因素，帮助其成为守法公民。

第四条　社区矫正对象应当依法接受社区矫正，服从监督管理。

社区矫正工作应当依法进行，尊重和保障人权。社区矫正对象依法享有的人身权利、财产权利和其他权利不受侵犯，在就业、就学和享受社会保障等方面不受歧视。

第五条　国家支持社区矫正机构提高信息化水平，运用现代信息技术开展监督管理和教育帮扶。社区矫正工作相关部门之间依法进行信息共享。

第六条　各级人民政府应当将社区矫正经费列入本级政府预算。

居民委员会、村民委员会和其他社会组织依法协助社区矫正机构开展工作所需的经费应当按照规定列入社区矫正机构本级政府预算。

第七条　对在社区矫正工作中做出突出贡献的组织、个人，按照国家有关规定给予表彰、奖励。

第二章　机构、人员和职责

第八条　国务院司法行政部门主管全国的社区矫正工作。县级以上地方人民政府司法行政部门主管本行政区域内的社区矫正工作。

人民法院、人民检察院、公安机关和其他有关部门依照各自职责,依法做好社区矫正工作。人民检察院依法对社区矫正工作实行法律监督。

地方人民政府根据需要设立社区矫正委员会,负责统筹协调和指导本行政区域内的社区矫正工作。

第九条　县级以上地方人民政府根据需要设置社区矫正机构,负责社区矫正工作的具体实施。社区矫正机构的设置和撤销,由县级以上地方人民政府司法行政部门提出意见,按照规定的权限和程序审批。

司法所根据社区矫正机构的委托,承担社区矫正相关工作。

第十条　社区矫正机构应当配备具有法律等专业知识的专门国家工作人员(以下称社区矫正机构工作人员),履行监督管理、教育帮扶等执法职责。

第十一条　社区矫正机构根据需要,组织具有法律、教育、心理、社会工作等专业知识或者实践经验的社会工作者开展社区矫正相关工作。

第十二条　居民委员会、村民委员会依法协助社区矫正机构做好社区矫正工作。

社区矫正对象的监护人、家庭成员,所在单位或者就读学校应当协助社区矫正机构做好社区矫正工作。

第十三条　国家鼓励、支持企业事业单位、社会组织、志愿者等社会力量依法参与社区矫正工作。

第十四条　社区矫正机构工作人员应当严格遵守宪法和法律,忠于职守,严守纪律,清正廉洁。

第十五条　社区矫正机构工作人员和其他参与社区矫正工作的人员依法开展社区矫正工作,受法律保护。

第十六条　国家推进高素质的社区矫正工作队伍建设。社区矫正机构应当加强对社区矫正工作人员的管理、监督、培训和职业保障,不断提高社区矫正工作的规范化、专业化水平。

第三章　决定和接收

第十七条　社区矫正决定机关判处管制、宣告缓刑、裁定假释、决定或者批准暂予监外执行时应当确定社区矫正执行地。

社区矫正执行地为社区矫正对象的居住地。社区矫正对象在多个地方居住的,可以确定经常居住地为执行地。

社区矫正对象的居住地、经常居住地无法确定或者不适宜执行社区矫正的,社区矫正决定机关应当根据有利于社区矫正对象接受矫正、更好地融入社会的原则,确定执行地。

本法所称社区矫正决定机关,是指依法判处管制、宣告缓刑、裁定假释、决定暂予监外执行的人民法院和依法批准暂予监外执行的监狱管理机关、公安机关。

第十八条 社区矫正决定机关根据需要,可以委托社区矫正机构或者有关社会组织对被告人或者罪犯的社会危险性和对所居住社区的影响,进行调查评估,提出意见,供决定社区矫正时参考。居民委员会、村民委员会等组织应当提供必要的协助。

第十九条 社区矫正决定机关判处管制、宣告缓刑、裁定假释、决定或者批准暂予监外执行,应当按照刑法、刑事诉讼法等法律规定的条件和程序进行。

社区矫正决定机关应当对社区矫正对象进行教育,告知其在社区矫正期间应当遵守的规定以及违反规定的法律后果,责令其按时报到。

第二十条 社区矫正决定机关应当自判决、裁定或者决定生效之日起五日内通知执行地社区矫正机构,并在十日内送达有关法律文书,同时抄送人民检察院和执行地公安机关。社区矫正决定地与执行地不在同一地方的,由执行地社区矫正机构将法律文书转送所在地的人民检察院、公安机关。

第二十一条 人民法院判处管制、宣告缓刑、裁定假释的社区矫正对象,应当自判决、裁定生效之日起十日内到执行地社区矫正机构报到。

人民法院决定暂予监外执行的社区矫正对象,由看守所或者执行取保候审、监视居住的公安机关自收到决定之日起十日内将社区矫正对象移送社区矫正机构。

监狱管理机关、公安机关批准暂予监外执行的社区矫正对象,由监狱或者看守所自收到批准决定之日起十日内将社区矫正对象移送社区矫正机构。

第二十二条 社区矫正机构应当依法接收社区矫正对象,核对法律文书、核实身份、办理接收登记、建立档案,并宣告社区矫正对象的犯罪事实、执行社区矫正的期限以及应当遵守的规定。

第四章 监督管理

第二十三条 社区矫正对象在社区矫正期间应当遵守法律、行政法规,履行判决、裁定、暂予监外执行决定等法律文书确定的义务，遵守国务院司法行政部门关于报告、会客、外出、迁居、保外就医等监督管理规定，服从社区矫正机构的管理。

第二十四条　社区矫正机构应当根据裁判内容和社区矫正对象的性别、年龄、心理特点、健康状况、犯罪原因、犯罪类型、犯罪情节、悔罪表现等情况，制定有针对性的矫正方案，实现分类管理、个别化矫正。矫正方案应当根据社区矫正对象的表现等情况相应调整。

第二十五条　社区矫正机构应当根据社区矫正对象的情况，为其确定矫正小组，负责落实相应的矫正方案。

根据需要，矫正小组可以由司法所、居民委员会、村民委员会的人员，社区矫正对象的监护人、家庭成员，所在单位或者就读学校的人员以及社会工作者、志愿者等组成。社区矫正对象为女性的，矫正小组中应有女性成员。

第二十六条　社区矫正机构应当了解掌握社区矫正对象的活动情况和行为表现。社区矫正机构可以通过通信联络、信息化核查、实地查访等方式核实有关情况，有关单位和个人应当予以配合。

社区矫正机构开展实地查访等工作时，应当保护社区矫正对象的身份信息和个人隐私。

第二十七条　社区矫正对象离开所居住的市、县或者迁居，应当报经社区矫正机构批准。社区矫正机构对于有正当理由的，应当批准；对于因正常工作和生活需要经常性跨市、县活动的，可以根据情况，简化批准程序和方式。

因社区矫正对象迁居等原因需要变更执行地的，社区矫正机构应当按照有关规定作出变更决定。社区矫正机构作出变更决定后，应当通知社区矫正决定机关和变更后的社区矫正机构，并将有关法律文书抄送变更后的社区矫正机构。变更后的社区矫正机构应当将法律文书转送所在地的人民检察院、公安机关。

第二十八条　社区矫正机构根据社区矫正对象的表现，依照有关规定对其实施考核奖惩。社区矫正对象认罪悔罪、遵守法律法规、服从监督管理、接受教育表现突出的，应当给予表扬。社区矫正对象违反法律法规或者监督管理规定的，应当视情节依法给予训诫、警告、提请公安机关予以治安管理处罚，或者依法提请撤销缓刑、撤销假释、对暂予监外执行的收监执行。

对社区矫正对象的考核结果，可以作为认定其是否确有悔改表现或者是否严重违反监督管理规定的依据。

第二十九条　社区矫正对象有下列情形之一的，经县级司法行政部门负责人批准，可以使用电子定位装置，加强监督管理：

(一)违反人民法院禁止令的;

(二)无正当理由,未经批准离开所居住的市、县的;

(三)拒不按照规定报告自己的活动情况,被给予警告的;

(四)违反监督管理规定,被给予治安管理处罚的;

(五)拟提请撤销缓刑、假释或者暂予监外执行收监执行的。

前款规定的使用电子定位装置的期限不得超过三个月。对于不需要继续使用的,应当及时解除;对于期限届满后,经评估仍有必要继续使用的,经过批准,期限可以延长,每次不得超过三个月。

社区矫正机构对通过电子定位装置获得的信息应当严格保密,有关信息只能用于社区矫正工作,不得用于其他用途。

第三十条 社区矫正对象失去联系的,社区矫正机构应当立即组织查找,公安机关等有关单位和人员应当予以配合协助。查找到社区矫正对象后,应当区别情形依法作出处理。

第三十一条 社区矫正机构发现社区矫正对象正在实施违反监督管理规定的行为或者违反人民法院禁止令等违法行为的,应当立即制止;制止无效的,应当立即通知公安机关到场处置。

第三十二条 社区矫正对象有被依法决定拘留、强制隔离戒毒、采取刑事强制措施等限制人身自由情形的,有关机关应当及时通知社区矫正机构。

第三十三条 社区矫正对象符合刑法规定的减刑条件的,社区矫正机构应当向社区矫正执行地的中级以上人民法院提出减刑建议,并将减刑建议书抄送同级人民检察院。

人民法院应当在收到社区矫正机构的减刑建议书后三十日内作出裁定,并将裁定书送达社区矫正机构,同时抄送人民检察院、公安机关。

第三十四条 开展社区矫正工作,应当保障社区矫正对象的合法权益。社区矫正的措施和方法应当避免对社区矫正对象的正常工作和生活造成不必要的影响;非依法律规定,不得限制或者变相限制社区矫正对象的人身自由。

社区矫正对象认为其合法权益受到侵害的,有权向人民检察院或者有关机关申诉、控告和检举。受理机关应当及时办理,并将办理结果告知申诉人、控告人和检举人。

第五章 教育帮扶

第三十五条 县级以上地方人民政府及其有关部门应当通过多种形式为教育

帮扶社区矫正对象提供必要的场所和条件，组织动员社会力量参与教育帮扶工作。

有关人民团体应当依法协助社区矫正机构做好教育帮扶工作。

第三十六条　社区矫正机构根据需要，对社区矫正对象进行法治、道德等教育，增强其法治观念，提高其道德素质和悔罪意识。

对社区矫正对象的教育应当根据其个体特征、日常表现等实际情况，充分考虑其工作和生活情况，因人施教。

第三十七条　社区矫正机构可以协调有关部门和单位，依法对就业困难的社区矫正对象开展职业技能培训、就业指导，帮助社区矫正对象中的在校学生完成学业。

第三十八条　居民委员会、村民委员会可以引导志愿者和社区群众，利用社区资源，采取多种形式，对有特殊困难的社区矫正对象进行必要的教育帮扶。

第三十九条　社区矫正对象的监护人、家庭成员，所在单位或者就读学校应当协助社区矫正机构做好对社区矫正对象的教育。

第四十条　社区矫正机构可以通过公开择优购买社区矫正社会工作服务或者其他社会服务，为社区矫正对象在教育、心理辅导、职业技能培训、社会关系改善等方面提供必要的帮扶。

社区矫正机构也可以通过项目委托社会组织等方式开展上述帮扶活动。国家鼓励有经验和资源的社会组织跨地区开展帮扶交流和示范活动。

第四十一条　国家鼓励企业事业单位、社会组织为社区矫正对象提供就业岗位和职业技能培训。招用符合条件的社区矫正对象的企业，按照规定享受国家优惠政策。

第四十二条　社区矫正机构可以根据社区矫正对象的个人特长，组织其参加公益活动，修复社会关系，培养社会责任感。

第四十三条　社区矫正对象可以按照国家有关规定申请社会救助、参加社会保险、获得法律援助，社区矫正机构应当给予必要的协助。

第六章　解除和终止

第四十四条　社区矫正对象矫正期满或者被赦免的，社区矫正机构应当向社区矫正对象发放解除社区矫正证明书，并通知社区矫正决定机关、所在地的人民检察院、公安机关。

第四十五条　社区矫正对象被裁定撤销缓刑、假释，被决定收监执行，或者社区矫正对象死亡的，社区矫正终止。

第四十六条 社区矫正对象具有刑法规定的撤销缓刑、假释情形的，应当由人民法院撤销缓刑、假释。

对于在考验期限内犯新罪或者发现判决宣告以前还有其他罪没有判决的，应当由审理该案件的人民法院撤销缓刑、假释，并书面通知原审人民法院和执行地社区矫正机构。

对于有第二款规定以外的其他需要撤销缓刑、假释情形的，社区矫正机构应当向原审人民法院或者执行地人民法院提出撤销缓刑、假释建议，并将建议书抄送人民检察院。社区矫正机构提出撤销缓刑、假释建议时，应当说明理由，并提供有关证据材料。

第四十七条 被提请撤销缓刑、假释的社区矫正对象可能逃跑或者可能发生社会危险的，社区矫正机构可以在提出撤销缓刑、假释建议的同时，提请人民法院决定对其予以逮捕。

人民法院应当在四十八小时内作出是否逮捕的决定。决定逮捕的，由公安机关执行。逮捕后的羁押期限不得超过三十日。

第四十八条 人民法院应当在收到社区矫正机构撤销缓刑、假释建议书后三十日内作出裁定，将裁定书送达社区矫正机构和公安机关，并抄送人民检察院。

人民法院拟撤销缓刑、假释的，应当听取社区矫正对象的申辩及其委托的律师的意见。

人民法院裁定撤销缓刑、假释的，公安机关应当及时将社区矫正对象送交监狱或者看守所执行。执行以前被逮捕的，羁押一日折抵刑期一日。

人民法院裁定不予撤销缓刑、假释的，对被逮捕的社区矫正对象，公安机关应当立即予以释放。

第四十九条 暂予监外执行的社区矫正对象具有刑事诉讼法规定的应当予以收监情形的，社区矫正机构应当向执行地或者原社区矫正决定机关提出收监执行建议，并将建议书抄送人民检察院。

社区矫正决定机关应当在收到建议书后三十日内作出决定，将决定书送达社区矫正机构和公安机关，并抄送人民检察院。

人民法院、公安机关对暂予监外执行的社区矫正对象决定收监执行的，由公安机关立即将社区矫正对象送交监狱或者看守所收监执行。

监狱管理机关对暂予监外执行的社区矫正对象决定收监执行的，监狱应当立即将社区矫正对象收监执行。

第五十条 被裁定撤销缓刑、假释和被决定收监执行的社区矫正对象逃跑的，由公安机关追捕,社区矫正机构、有关单位和个人予以协助。

第五十一条 社区矫正对象在社区矫正期间死亡的,其监护人、家庭成员应当及时向社区矫正机构报告。社区矫正机构应当及时通知社区矫正决定机关、所在地的人民检察院、公安机关。

第七章 未成年人社区矫正特别规定

第五十二条 社区矫正机构应当根据未成年社区矫正对象的年龄、心理特点、发育需要、成长经历、犯罪原因、家庭监护教育条件等情况,采取针对性的矫正措施。

社区矫正机构为未成年社区矫正对象确定矫正小组,应当吸收熟悉未成年人身心特点的人员参加。

对未成年人的社区矫正,应当与成年人分别进行。

第五十三条 未成年社区矫正对象的监护人应当履行监护责任,承担抚养、管教等义务。

监护人怠于履行监护职责的,社区矫正机构应当督促、教育其履行监护责任。监护人拒不履行监护职责的,通知有关部门依法作出处理。

第五十四条 社区矫正机构工作人员和其他依法参与社区矫正工作的人员对履行职责过程中获得的未成年人身份信息应当予以保密。

司法机关办案需要或者有关单位根据国家规定查询外,未成年社区矫正对象的档案信息不得提供给任何单位或者个人。依法进行查询的单位,应当对获得的信息予以保密。

第五十五条 对未完成义务教育的未成年社区矫正对象,社区矫正机构应当通知并配合教育部门为其完成义务教育提供条件。未成年社区矫正对象的监护人应当依法保证其按时入学接受并完成义务教育。

年满十六周岁的社区矫正对象有就业意愿的,社区矫正机构可以协调有关部门和单位为其提供职业技能培训,给予就业指导和帮助。

第五十六条 共产主义青年团、妇女联合会、未成年人保护组织应当依法协助社区矫正机构做好未成年人社区矫正工作。

国家鼓励其他未成年人相关社会组织参与未成年人社区矫正工作,依法给予政策支持。

第五十七条 未成年社区矫正对象在复学、升学、就业等方面依法享有与其他未成年人同等的权利,任何单位和个人不得歧视。有歧视行为的,应当由教育、人力资源和社会保障等部门依法作出处理。

第五十八条 未成年社区矫正对象在社区矫正期间年满十八周岁的，继续按照未成年人社区矫正有关规定执行。

第八章 法律责任

第五十九条 社区矫正对象在社区矫正期间有违反监督管理规定行为的，由公安机关依照《中华人民共和国治安管理处罚法》的规定给予处罚；具有撤销缓刑、假释或者暂予监外执行收监情形的，应当依法作出处理。

第六十条 社区矫正对象殴打、威胁、侮辱、骚扰、报复社区矫正机构工作人员和其他依法参与社区矫正工作的人员及其近亲属，构成犯罪的，依法追究刑事责任；尚不构成犯罪的，由公安机关依法给予治安管理处罚。

第六十一条 社区矫正机构工作人员和其他国家工作人员有下列行为之一的，应当给予处分；构成犯罪的，依法追究刑事责任：

（一）利用职务或者工作便利索取、收受贿赂的；

（二）不履行法定职责的；

（三）体罚、虐待社区矫正对象，或者违反法律规定限制或者变相限制社区矫正对象的人身自由的；

（四）泄露社区矫正工作秘密或者其他依法应当保密的信息的；

（五）对依法申诉、控告或者检举的社区矫正对象进行打击报复的；

（六）有其他违纪违法行为的。

第六十二条 人民检察院发现社区矫正工作违反法律规定的，应当依法提出纠正意见、检察建议。有关单位应当将采纳纠正意见、检察建议的情况书面回复人民检察院，没有采纳的应当说明理由。

第九章 附　　则

第六十三条 本法自 2020 年 7 月 1 日起施行。

附录2

中华人民共和国社区矫正法实施办法

（2020年6月18日印发　司发通〔2020〕59号）

第一条　为了推进和规范社区矫正工作，根据《中华人民共和国刑法》、《中华人民共和国刑事诉讼法》、《中华人民共和国社区矫正法》等有关法律规定，制定本办法。

第二条　社区矫正工作坚持党的绝对领导，实行党委政府统一领导、司法行政机关组织实施、相关部门密切配合、社会力量广泛参与、检察机关法律监督的领导体制和工作机制。

第三条　地方人民政府根据需要设立社区矫正委员会，负责统筹协调和指导本行政区域内的社区矫正工作。

司法行政机关向社区矫正委员会报告社区矫正工作开展情况，提请社区矫正委员会协调解决社区矫正工作中的问题。

第四条　司法行政机关依法履行以下职责：

（一）主管本行政区域内社区矫正工作；

（二）对本行政区域内设置和撤销社区矫正机构提出意见；

（三）拟定社区矫正工作发展规划和管理制度，监督检查社区矫正法律法规和政策的执行情况；

（四）推动社会力量参与社区矫正工作；

（五）指导支持社区矫正机构提高信息化水平；

（六）对在社区矫正工作中作出突出贡献的组织、个人，按照国家有关规定给予表彰、奖励；

（七）协调推进高素质社区矫正工作队伍建设；

（八）其他依法应当履行的职责。

第五条　人民法院依法履行以下职责：

（一）拟判处管制、宣告缓刑、决定暂予监外执行的，可以委托社区矫正机构或者有关社会组织对被告人或者罪犯的社会危险性和对所居住社区的影响，进行调查评估，提出意见，供决定社区矫正时参考；

（二）对执行机关报请假释的，审查执行机关移送的罪犯假释后对所居住社区影响的调查评估意见；

（三）核实并确定社区矫正执行地；

（四）对被告人或者罪犯依法判处管制、宣告缓刑、裁定假释、决定暂予监外执行；

（五）对社区矫正对象进行教育，及时通知并送达法律文书；

（六）对符合撤销缓刑、撤销假释或者暂予监外执行收监执行条件的社区矫正对象，作出判决、裁定和决定；

（七）对社区矫正机构提请逮捕的，及时作出是否逮捕的决定；

（八）根据社区矫正机构提出的减刑建议作出裁定；

（九）其他依法应当履行的职责。

第六条 人民检察院依法履行以下职责：

（一）对社区矫正决定机关、社区矫正机构或者有关社会组织的调查评估活动实行法律监督；

（二）对社区矫正决定机关判处管制、宣告缓刑、裁定假释、决定或者批准暂予监外执行活动实行法律监督；

（三）对社区矫正法律文书及社区矫正对象交付执行活动实行法律监督；

（四）对监督管理、教育帮扶社区矫正对象的活动实行法律监督；

（五）对变更刑事执行、解除矫正和终止矫正的活动实行法律监督；

（六）受理申诉、控告和举报，维护社区矫正对象的合法权益；

（七）按照刑事诉讼法的规定，在对社区矫正实行法律监督中发现司法工作人员相关职务犯罪，可以立案侦查直接受理的案件；

（八）其他依法应当履行的职责。

第七条 公安机关依法履行以下职责：

（一）对看守所留所服刑罪犯拟暂予监外执行的，可以委托开展调查评估；

（二）对看守所留所服刑罪犯拟暂予监外执行的，核实并确定社区矫正执行地；对符合暂予监外执行条件的，批准暂予监外执行；对符合收监执行条件的，作出收监执行的决定；

（三）对看守所留所服刑罪犯批准暂予监外执行的，进行教育，及时通知并送达法律文书；依法将社区矫正对象交付执行；

（四）对社区矫正对象予以治安管理处罚；到场处置经社区矫正机构制止无效，正在实施违反监督管理规定或者违反人民法院禁止令等违法行为的社区矫正对

象;协助社区矫正机构处置突发事件;

(五)协助社区矫正机构查找失去联系的社区矫正对象;执行人民法院作出的逮捕决定;被裁定撤销缓刑、撤销假释和被决定收监执行的社区矫正对象逃跑的,予以追捕;

(六)对裁定撤销缓刑、撤销假释,或者对人民法院、公安机关决定暂予监外执行收监的社区矫正对象,送交看守所或者监狱执行;

(七)执行限制社区矫正对象出境的措施;

(八)其他依法应当履行的职责。

第八条　监狱管理机关以及监狱依法履行以下职责:

(一)对监狱关押罪犯拟提请假释的,应当委托进行调查评估;对监狱关押罪犯拟暂予监外执行的,可以委托进行调查评估;

(二)对监狱关押罪犯拟暂予监外执行的,依法核实并确定社区矫正执行地;对符合暂予监外执行条件的,监狱管理机关作出暂予监外执行决定;

(三)对监狱关押罪犯批准暂予监外执行的,进行教育,及时通知并送达法律文书;依法将社区矫正对象交付执行;

(四)监狱管理机关对暂予监外执行罪犯决定收监执行的,原服刑或者接收其档案的监狱应当立即将罪犯收监执行;

(五)其他依法应当履行的职责。

第九条　社区矫正机构是县级以上地方人民政府根据需要设置的,负责社区矫正工作具体实施的执行机关。社区矫正机构依法履行以下职责:

(一)接受委托进行调查评估,提出评估意见;

(二)接收社区矫正对象,核对法律文书、核实身份、办理接收登记,建立档案;

(三)组织入矫和解矫宣告,办理入矫和解矫手续;

(四)建立矫正小组、组织矫正小组开展工作,制定和落实矫正方案;

(五)对社区矫正对象进行监督管理,实施考核奖惩;审批会客、外出、变更执行地等事项;了解掌握社区矫正对象的活动情况和行为表现;组织查找失去联系的社区矫正对象,查找后依情形作出处理;

(六)提出治安管理处罚建议,提出减刑、撤销缓刑、撤销假释、收监执行等变更刑事执行建议,依法提请逮捕;

(七)对社区矫正对象进行教育帮扶,开展法治道德等教育,协调有关方面开展职业技能培训、就业指导,组织公益活动等事项;

(八)向有关机关通报社区矫正对象情况,送达法律文书;

（九）对社区矫正工作人员开展管理、监督、培训，落实职业保障；

（十）其他依法应当履行的职责。

设置和撤销社区矫正机构，由县级以上地方人民政府司法行政部门提出意见，按照规定的权限和程序审批。社区矫正日常工作由县级社区矫正机构具体承担；未设置县级社区矫正机构的，由上一级社区矫正机构具体承担。省、市两级社区矫正机构主要负责监督指导、跨区域执法的组织协调、与同级社区矫正决定机关对接的案件办理工作。

第十条 司法所根据社区矫正机构的委托，承担社区矫正相关工作。

第十一条 社区矫正机构依法加强信息化建设，运用现代信息技术开展监督管理和教育帮扶。

社区矫正工作相关部门之间依法进行信息共享，人民法院、人民检察院、公安机关、司法行政机关依法建立完善社区矫正信息交换平台，实现业务协同、互联互通，运用现代信息技术及时准确传输交换有关法律文书，根据需要实时查询社区矫正对象交付接收、监督管理、教育帮扶、脱离监管、被治安管理处罚、被采取强制措施、变更刑事执行、办理再犯罪案件等情况，共享社区矫正工作动态信息，提高社区矫正信息化水平。

第十二条 对拟适用社区矫正的，社区矫正决定机关应当核实社区矫正对象的居住地。社区矫正对象在多个地方居住的，可以确定经常居住地为执行地。没有居住地，居住地、经常居住地无法确定或者不适宜执行社区矫正的，应当根据有利于社区矫正对象接受矫正、更好地融入社会的原则，确定社区矫正执行地。被确定为执行地的社区矫正机构应当及时接收。

社区矫正对象的居住地是指其实际居住的县（市、区）。社区矫正对象的经常居住地是指其经常居住的，有固定住所、固定生活来源的县（市、区）。

社区矫正对象应如实提供其居住、户籍等情况，并提供必要的证明材料。

第十三条 社区矫正决定机关对拟适用社区矫正的被告人、罪犯，需要调查其社会危险性和对所居住社区影响的，可以委托拟确定为执行地的社区矫正机构或者有关社会组织进行调查评估。社区矫正机构或者有关社会组织收到委托文书后应当及时通知执行地县级人民检察院。

第十四条 社区矫正机构、有关社会组织接受委托后，应当对被告人或者罪犯的居所情况、家庭和社会关系、犯罪行为的后果和影响、居住地村（居）民委员会和被害人意见、拟禁止的事项、社会危险性、对所居住社区的影响等情况进行调查了解，形成调查评估意见，与相关材料一起提交委托机关。调查评估时，相关单位、部门、村(居)民委员会等组织、个人应当依法为调查评估提供必要的协助。

社区矫正机构、有关社会组织应当自收到调查评估委托函及所附材料之日起十个工作日内完成调查评估,提交评估意见。对于适用刑事案件速裁程序的,应当在五个工作日内完成调查评估,提交评估意见。评估意见同时抄送执行地县级人民检察院。需要延长调查评估时限的,社区矫正机构、有关社会组织应当与委托机关协商,并在协商确定的期限内完成调查评估。因被告人或者罪犯的姓名、居住地不真实、身份不明等原因,社区矫正机构、有关社会组织无法进行调查评估的,应当及时向委托机关说明情况。社区矫正决定机关对调查评估意见的采信情况,应当在相关法律文书中说明。

对调查评估意见以及调查中涉及的国家秘密、商业秘密、个人隐私等信息,应当保密,不得泄露。

第十五条 社区矫正决定机关应当对社区矫正对象进行教育,书面告知其到执行地县级社区矫正机构报到的时间期限以及逾期报到或者未报到的后果,责令其按时报到。

第十六条 社区矫正决定机关应当自判决、裁定或者决定生效之日起五日内通知执行地县级社区矫正机构,并在十日内将判决书、裁定书、决定书、执行通知书等法律文书送达执行地县级社区矫正机构,同时抄送人民检察院。收到法律文书后,社区矫正机构应当在五日内送达回执。

社区矫正对象前来报到时,执行地县级社区矫正机构未收到法律文书或者法律文书不齐全,应当先记录在案,为其办理登记接收手续,并通知社区矫正决定机关在五日内送达或者补齐法律文书。

第十七条 被判处管制、宣告缓刑、裁定假释的社区矫正对象到执行地县级社区矫正机构报到时,社区矫正机构应当核对法律文书、核实身份,办理登记接收手续。对社区矫正对象存在因行动不便、自行报到确有困难等特殊情况的,社区矫正机构可以派员到其居住地等场所办理登记接收手续。

暂予监外执行的社区矫正对象,由公安机关、监狱或者看守所依法移送至执行地县级社区矫正机构,办理交付接收手续。罪犯原服刑地与居住地不在同一省、自治区、直辖市,需要回居住地暂予监外执行的,原服刑地的省级以上监狱管理机关或者设区的市一级以上公安机关应当书面通知罪犯居住地的监狱管理机关、公安机关,由其指定一所监狱、看守所接收社区矫正对象档案,负责办理其收监、刑满释放等手续。对看守所留所服刑罪犯暂予监外执行,原服刑地与居住地在同一省、自治区、直辖市的,可以不移交档案。

第十八条 执行地县级社区矫正机构接收社区矫正对象后,应当建立社区矫正档案,包括以下内容:

(一)适用社区矫正的法律文书;

(二)接收、监管审批、奖惩、收监执行、解除矫正、终止矫正等有关社区矫正执行活动的法律文书;

(三)进行社区矫正的工作记录;

(四)社区矫正对象接受社区矫正的其他相关材料。

接受委托对社区矫正对象进行日常管理的司法所应当建立工作档案。

第十九条 执行地县级社区矫正机构、受委托的司法所应当为社区矫正对象确定矫正小组,与矫正小组签订矫正责任书,明确矫正小组成员的责任和义务,负责落实矫正方案。

矫正小组主要开展下列工作:

(一)按照矫正方案,开展个案矫正工作;

(二)督促社区矫正对象遵纪守法,遵守社区矫正规定;

(三)参与对社区矫正对象的考核评议和教育活动;

(四)对社区矫正对象走访谈话,了解其思想、工作和生活情况,及时向社区矫正机构或者司法所报告;

(五)协助对社区矫正对象进行监督管理和教育帮扶;

(六)协助社区矫正机构或者司法所开展其他工作。

第二十条 执行地县级社区矫正机构接收社区矫正对象后,应当组织或者委托司法所组织入矫宣告。

入矫宣告包括以下内容:

(一)判决书、裁定书、决定书、执行通知书等有关法律文书的主要内容;

(二)社区矫正期限;

(三)社区矫正对象应当遵守的规定、被剥夺或者限制行使的权利、被禁止的事项以及违反规定的法律后果;

(四)社区矫正对象依法享有的权利;

(五)矫正小组人员组成及职责;

(六)其他有关事项。

宣告由社区矫正机构或者司法所的工作人员主持,矫正小组成员及其他相关人员到场,按照规定程序进行。宣告后,社区矫正对象应当在书面材料上签字,确认已经了解所宣告的内容。

第二十一条 社区矫正机构应当根据社区矫正对象被判处管制、宣告缓刑、假释和暂予监外执行的不同裁判内容和犯罪类型、矫正阶段、再犯罪风险等情况,进行综合评估,划分不同类别,实施分类管理。

社区矫正机构应当把社区矫正对象的考核结果和奖惩情况作为分类管理的依据。

社区矫正机构对不同类别的社区矫正对象,在矫正措施和方法上应当有所区别,有针对性地开展监督管理和教育帮扶工作。

第二十二条 执行地县级社区矫正机构、受委托的司法所要根据社区矫正对象的性别、年龄、心理特点、健康状况、犯罪原因、悔罪表现等具体情况,制定矫正方案,有针对性地消除社区矫正对象可能重新犯罪的因素,帮助其成为守法公民。

矫正方案应当包括社区矫正对象基本情况、对社区矫正对象的综合评估结果、对社区矫正对象的心理状态和其他特殊情况的分析、拟采取的监督管理、教育帮扶措施等内容。

矫正方案应当根据分类管理的要求、实施效果以及社区矫正对象的表现等情况,相应调整。

第二十三条 执行地县级社区矫正机构、受委托的司法所应当根据社区矫正对象的个人生活、工作及所处社区的实际情况,有针对性地采取通信联络、信息化核查、实地查访等措施,了解掌握社区矫正对象的活动情况和行为表现。

第二十四条 社区矫正对象应当按照有关规定和社区矫正机构的要求,定期报告遵纪守法、接受监督管理、参加教育学习、公益活动和社会活动等情况。发生居所变化、工作变动、家庭重大变故以及接触对其矫正可能产生不利影响人员等情况时,应当及时报告。被宣告禁止令的社区矫正对象应当定期报告遵守禁止令的情况。

暂予监外执行的社区矫正对象应当每个月报告本人身体情况。保外就医的,应当到省级人民政府指定的医院检查,每三个月向执行地县级社区矫正机构、受委托的司法所提交病情复查情况。执行地县级社区矫正机构根据社区矫正对象的病情及保证人等情况,可以调整报告身体情况和提交复查情况的期限。延长一个月至三个月以下的,报上一级社区矫正机构批准;延长三个月以上的,层报省级社区矫正机构批准。批准延长的,执行地县级社区矫正机构应当及时通报同级人民检察院。

社区矫正机构根据工作需要,可以协调对暂予监外执行的社区矫正对象进行病情诊断、妊娠检查或者生活不能自理的鉴别。

第二十五条 未经执行地县级社区矫正机构批准，社区矫正对象不得接触其犯罪案件中的被害人、控告人、举报人，不得接触同案犯等可能诱发其再犯罪的人。

第二十六条 社区矫正对象未经批准不得离开所居住市、县。确有正当理由需要离开的，应当经执行地县级社区矫正机构或者受委托的司法所批准。

社区矫正对象外出的正当理由是指就医、就学、参与诉讼、处理家庭或者工作重要事务等。

前款规定的市是指直辖市的城市市区、设区的市的城市市区和县级市的辖区。在设区的同一市内跨区活动的，不属于离开所居住的市、县。

第二十七条 社区矫正对象确需离开所居住的市、县的，一般应当提前三日提交书面申请，并如实提供诊断证明、单位证明、入学证明、法律文书等材料。

申请外出时间在七日内的，经执行地县级社区矫正机构委托，可以由司法所批准，并报执行地县级社区矫正机构备案；超过七日的，由执行地县级社区矫正机构批准。执行地县级社区矫正机构每次批准外出的时间不超过三十日。

因特殊情况确需外出超过三十日的，或者两个月内外出时间累计超过三十日的，应报上一级社区矫正机构审批。上一级社区矫正机构批准社区矫正对象外出的，执行地县级社区矫正机构应当及时通报同级人民检察院。

第二十八条 在社区矫正对象外出期间，执行地县级社区矫正机构、受委托的司法所应当通过电话通信、实时视频等方式实施监督管理。

执行地县级社区矫正机构根据需要，可以协商外出目的地社区矫正机构协助监督管理，并要求社区矫正对象在到达和离开时向当地社区矫正机构报告，接受监督管理。外出目的地社区矫正机构在社区矫正对象报告后，可以通过电话通讯、实地查访等方式协助监督管理。

社区矫正对象应在外出期限届满前返回居住地，并向执行地县级社区矫正机构或者司法所报告，办理手续。因特殊原因无法按期返回的，应及时向社区矫正机构或者司法所报告情况。发现社区矫正对象违反外出管理规定的，社区矫正机构应当责令其立即返回，并视情节依法予以处理。

第二十九条 社区矫正对象确因正常工作和生活需要经常性跨市、县活动的，应当由本人提出书面申请，写明理由、经常性去往市县名称、时间、频次等，同时提供相应证明，由执行地县级社区矫正机构批准，批准一次的有效期为六个月。在批准的期限内，社区矫正对象到批准市、县活动的，可以通过电话、微信等方式报告活动情况。到期后，社区矫正对象仍需要经常性跨市、县活动的，应当重新提出申请。

第三十条 社区矫正对象因工作、居所变化等原因需要变更执行地的，一般应当提前一个月提出书面申请,并提供相应证明材料,由受委托的司法所签署意见后报执行地县级社区矫正机构审批。

执行地县级社区矫正机构收到申请后,应当在五日内书面征求新执行地县级社区矫正机构的意见。新执行地县级社区矫正机构接到征求意见函后,应当在五日内核实有关情况,作出是否同意接收的意见并书面回复。执行地县级社区矫正机构根据回复意见,作出决定。执行地县级社区矫正机构对新执行地县级社区矫正机构的回复意见有异议的,可以报上一级社区矫正机构协调解决。

经审核,执行地县级社区矫正机构不同意变更执行地的,应在决定作出之日起五日内告知社区矫正对象。同意变更执行地的,应对社区矫正对象进行教育,书面告知其到新执行地县级社区矫正机构报到的时间期限以及逾期报到或者未报到的后果,责令其按时报到。

第三十一条 同意变更执行地的,原执行地县级社区矫正机构应当在作出决定之日起五日内,将有关法律文书和档案材料移交新执行地县级社区矫正机构,并将有关法律文书抄送社区矫正决定机关和原执行地县级人民检察院、公安机关。新执行地县级社区矫正机构收到法律文书和档案材料后,在五日内送达回执,并将有关法律文书抄送所在地县级人民检察院、公安机关。

同意变更执行地的,社区矫正对象应当自收到变更执行地决定之日起七日内,到新执行地县级社区矫正机构报到。新执行地县级社区矫正机构应当核实身份、办理登记接收手续。发现社区矫正对象未按规定时间报到的,新执行地县级社区矫正机构应当立即通知原执行地县级社区矫正机构,由原执行地县级社区矫正机构组织查找。未及时办理交付接收,造成社区矫正对象脱管漏管的,原执行地社区矫正机构会同新执行地社区矫正机构妥善处置。

对公安机关、监狱管理机关批准暂予监外执行的社区矫正对象变更执行地的,公安机关、监狱管理机关在收到社区矫正机构送达的法律文书后,应与新执行地同级公安机关、监狱管理机关办理交接。新执行地的公安机关、监狱管理机关应指定一所看守所、监狱接收社区矫正对象档案,负责办理其收监、刑满释放等手续。看守所、监狱在接收档案之日起五日内,应当将有关情况通报新执行地县级社区矫正机构。对公安机关批准暂予监外执行的社区矫正对象在同一省、自治区、直辖市变更执行地的,可以不移交档案。

第三十二条 社区矫正机构应当根据有关法律法规、部门规章和其他规范性文件,建立内容全面、程序合理、易于操作的社区矫正对象考核奖惩制度。

社区矫正机构、受委托的司法所应当根据社区矫正对象认罪悔罪、遵守有关规定、服从监督管理、接受教育等情况,定期对其考核。对于符合表扬条件、具备训诫、警告情形的社区矫正对象,经执行地县级社区矫正机构决定,可以给予其相应奖励或者处罚,作出书面决定。对于涉嫌违反治安管理行为的社区矫正对象,执行地县级社区矫正机构可以向同级公安机关提出建议。社区矫正机构奖励或者处罚的书面决定应当抄送人民检察院。

社区矫正对象的考核结果与奖惩应当书面通知其本人,定期公示,记入档案,做到准确及时、公开公平。社区矫正对象对考核奖惩提出异议的,执行地县级社区矫正机构应当及时处理,并将处理结果告知社区矫正对象。社区矫正对象对处理结果仍有异议的,可以向人民检察院提出。

第三十三条 社区矫正对象认罪悔罪、遵守法律法规、服从监督管理、接受教育表现突出的,应当给予表扬。

社区矫正对象接受社区矫正六个月以上并且同时符合下列条件的,执行地县级社区矫正机构可以给予表扬:

(一)服从人民法院判决,认罪悔罪;

(二)遵守法律法规;

(三)遵守关于报告、会客、外出、迁居等规定,服从社区矫正机构的管理;

(四)积极参加教育学习等活动,接受教育矫正的。

社区矫正对象接受社区矫正期间,有见义勇为、抢险救灾等突出表现,或者帮助他人、服务社会等突出事迹的,执行地县级社区矫正机构可以给予表扬。对于符合法定减刑条件的,由执行地县级社区矫正机构依照本办法第四十二条的规定,提出减刑建议。

第三十四条 社区矫正对象具有下列情形之一的,执行地县级社区矫正机构应当给予训诫:

(一)不按规定时间报到或者接受社区矫正期间脱离监管,未超过十日的;

(二)违反关于报告、会客、外出、迁居等规定,情节轻微的;

(三)不按规定参加教育学习等活动,经教育仍不改正的;

(四)其他违反监督管理规定,情节轻微的。

第三十五条 社区矫正对象具有下列情形之一的,执行地县级社区矫正机构应当给予警告:

(一)违反人民法院禁止令,情节轻微的;

(二)不按规定时间报到或者接受社区矫正期间脱离监管,超过十日的;

(三)违反关于报告、会客、外出、迁居等规定,情节较重的;

（四）保外就医的社区矫正对象无正当理由不按时提交病情复查情况，经教育仍不改正的；

（五）受到社区矫正机构两次训诫，仍不改正的；

（六）其他违反监督管理规定，情节较重的。

第三十六条　社区矫正对象违反监督管理规定或者人民法院禁止令，依法应予治安管理处罚的，执行地县级社区矫正机构应当及时提请同级公安机关依法给予处罚，并向执行地同级人民检察院抄送治安管理处罚建议书副本，及时通知处理结果。

第三十七条　电子定位装置是指运用卫星等定位技术，能对社区矫正对象进行定位等监管，并具有防拆、防爆、防水等性能的专门的电子设备，如电子定位腕带等，但不包括手机等设备。

对社区矫正对象采取电子定位装置进行监督管理的，应当告知社区矫正对象监管的期限、要求以及违反监管规定的后果。

第三十八条　发现社区矫正对象失去联系的，社区矫正机构应当立即组织查找，可以采取通信联络、信息化核查、实地查访等方式查找，查找时要做好记录，固定证据。查找不到的，社区矫正机构应当及时通知公安机关，公安机关应当协助查找。社区矫正机构应当及时将组织查找的情况通报人民检察院。

查找到社区矫正对象后，社区矫正机构应当根据其脱离监管的情形，给予相应处置。虽能查找到社区矫正对象下落但其拒绝接受监督管理的，社区矫正机构应当视情节依法提请公安机关予以治安管理处罚，或者依法提请撤销缓刑、撤销假释、对暂予监外执行的收监执行。

第三十九条　社区矫正机构根据执行禁止令的需要，可以协调有关的部门、单位、场所、个人协助配合执行禁止令。

对禁止令确定需经批准才能进入的特定区域或者场所，社区矫正对象确需进入的，应当经执行地县级社区矫正机构批准，并通知原审人民法院和执行地县级人民检察院。

第四十条　发现社区矫正对象有违反监督管理规定或者人民法院禁止令等违法情形的，执行地县级社区矫正机构应当调查核实情况，收集有关证据材料，提出处理意见。

社区矫正机构发现社区矫正对象有撤销缓刑、撤销假释或者暂予监外执行收监执行的法定情形的，应当组织开展调查取证工作，依法向社区矫正决定机关提出撤销缓刑、撤销假释或者暂予监外执行收监执行建议，并将建议书抄送同级人民检察院。

第四十一条 社区矫正对象被依法决定行政拘留、司法拘留、强制隔离戒毒等或者因涉嫌犯新罪、发现判决宣告前还有其他罪没有判决被采取强制措施的，决定机关应当自作出决定之日起三日内将有关情况通知执行地县级社区矫正机构和执行地县级人民检察院。

第四十二条 社区矫正对象符合法定减刑条件的，由执行地县级社区矫正机构提出减刑建议书并附相关证据材料，报经地（市）社区矫正机构审核同意后，由地（市）社区矫正机构提请执行地的中级人民法院裁定。

依法应由高级人民法院裁定的减刑案件，由执行地县级社区矫正机构提出减刑建议书并附相关证据材料，逐级上报省级社区矫正机构审核同意后，由省级社区矫正机构提请执行地的高级人民法院裁定。

人民法院应当自收到减刑建议书和相关证据材料之日起三十日内依法裁定。

社区矫正机构减刑建议书和人民法院减刑裁定书副本，应当同时抄送社区矫正执行地同级人民检察院、公安机关及罪犯原服刑或者接收其档案的监狱。

第四十三条 社区矫正机构、受委托的司法所应当充分利用地方人民政府及其有关部门提供的教育帮扶场所和有关条件，按照因人施教的原则，有针对性地对社区矫正对象开展教育矫正活动。

社区矫正机构、司法所应当根据社区矫正对象的矫正阶段、犯罪类型、现实表现等实际情况，对其实施分类教育；应当结合社区矫正对象的个体特征、日常表现等具体情况，进行个别教育。

社区矫正机构、司法所根据需要可以采用集中教育、网上培训、实地参观等多种形式开展集体教育；组织社区矫正对象参加法治、道德等方面的教育活动；根据社区矫正对象的心理健康状况，对其开展心理健康教育、实施心理辅导。

社区矫正机构、司法所可以通过公开择优购买服务或者委托社会组织执行项目等方式，对社区矫正对象开展教育活动。

第四十四条 执行地县级社区矫正机构、受委托的司法所按照符合社会公共利益的原则，可以根据社区矫正对象的劳动能力、健康状况等情况，组织社区矫正对象参加公益活动。

第四十五条 执行地县级社区矫正机构、受委托的司法所依法协调有关部门和单位，根据职责分工，对遇到暂时生活困难的社区矫正对象提供临时救助；对就业困难的社区矫正对象提供职业技能培训和就业指导；帮助符合条件的社区矫正对象落实社会保障措施；协助在就学、法律援助等方面遇到困难的社区矫正对象解决问题。

第四十六条　社区矫正对象在缓刑考验期内，有下列情形之一的，由执行地同级社区矫正机构提出撤销缓刑建议：

（一）违反禁止令，情节严重的；

（二）无正当理由不按规定时间报到或者接受社区矫正期间脱离监管，超过一个月的；

（三）因违反监督管理规定受到治安管理处罚，仍不改正的；

（四）受到社区矫正机构两次警告，仍不改正的；

（五）其他违反有关法律、行政法规和监督管理规定，情节严重的情形。

社区矫正机构一般向原审人民法院提出撤销缓刑建议。如果原审人民法院与执行地同级社区矫正机构不在同一省、自治区、直辖市的，可以向执行地人民法院提出建议，执行地人民法院作出裁定的，裁定书同时抄送原审人民法院。

社区矫正机构撤销缓刑建议书和人民法院的裁定书副本同时抄送社区矫正执行地同级人民检察院。

第四十七条　社区矫正对象在假释考验期内，有下列情形之一的，由执行地同级社区矫正机构提出撤销假释建议：

（一）无正当理由不按规定时间报到或者接受社区矫正期间脱离监管，超过一个月的；

（二）受到社区矫正机构两次警告，仍不改正的；

（三）其他违反有关法律、行政法规和监督管理规定，尚未构成新的犯罪的。

社区矫正机构一般向原审人民法院提出撤销假释建议。如果原审人民法院与执行地同级社区矫正机构不在同一省、自治区、直辖市的，可以向执行地人民法院提出建议，执行地人民法院作出裁定的，裁定书同时抄送原审人民法院。

社区矫正机构撤销假释的建议书和人民法院的裁定书副本同时抄送社区矫正执行地同级人民检察院、公安机关、罪犯原服刑或者接收其档案的监狱。

第四十八条　被提请撤销缓刑、撤销假释的社区矫正对象具备下列情形之一的，社区矫正机构在提出撤销缓刑、撤销假释建议书的同时，提请人民法院决定对其予以逮捕：

（一）可能逃跑的；

（二）具有危害国家安全、公共安全、社会秩序或者他人人身安全现实危险的；

（三）可能对被害人、举报人、控告人或者社区矫正机构工作人员等实施报复行为的；

(四)可能实施新的犯罪的。

社区矫正机构提请人民法院决定逮捕社区矫正对象时,应当提供相应证据,移送人民法院审查决定。

社区矫正机构提请逮捕、人民法院作出是否逮捕决定的法律文书,应当同时抄送执行地县级人民检察院。

第四十九条 暂予监外执行的社区矫正对象有下列情形之一的,由执行地县级社区矫正机构提出收监执行建议:

(一)不符合暂予监外执行条件的;

(二)未经社区矫正机构批准擅自离开居住的市、县,经警告拒不改正,或者拒不报告行踪,脱离监管的;

(三)因违反监督管理规定受到治安管理处罚,仍不改正的;

(四)受到社区矫正机构两次警告的;

(五)保外就医期间不按规定提交病情复查情况,经警告拒不改正的;

(六)暂予监外执行的情形消失后,刑期未满的;

(七)保证人丧失保证条件或者因不履行义务被取消保证人资格,不能在规定期限内提出新的保证人的;

(八)其他违反有关法律、行政法规和监督管理规定,情节严重的情形。

社区矫正机构一般向执行地社区矫正决定机关提出收监执行建议。如果原社区矫正决定机关与执行地县级社区矫正机构在同一省、自治区、直辖市的,可以向原社区矫正决定机关提出建议。

社区矫正机构的收监执行建议书和决定机关的决定书,应当同时抄送执行地县级人民检察院。

第五十条 人民法院裁定撤销缓刑、撤销假释或者决定暂予监外执行收监执行的,由执行地县级公安机关本着就近、便利、安全的原则,送交社区矫正对象执行地所属的省、自治区、直辖市管辖范围内的看守所或者监狱执行刑罚。

公安机关决定暂予监外执行收监执行的,由执行地县级公安机关送交存放或者接收罪犯档案的看守所收监执行。

监狱管理机关决定暂予监外执行收监执行的,由存放或者接收罪犯档案的监狱收监执行。

第五十一条 撤销缓刑、撤销假释的裁定和收监执行的决定生效后,社区矫正对象下落不明的,应当认定为在逃。

被裁定撤销缓刑、撤销假释和被决定收监执行的社区矫正对象在逃的,由执行地县级公安机关负责追捕。撤销缓刑、撤销假释裁定书和对暂予监外执行罪犯收监执行决定书，可以作为公安机关追逃依据。

第五十二条　社区矫正机构应当建立突发事件处置机制，发现社区矫正对象非正常死亡、涉嫌实施犯罪、参与群体性事件的，应当立即与公安机关等有关部门协调联动、妥善处置，并将有关情况及时报告上一级社区矫正机构，同时通报执行地人民检察院。

第五十三条　社区矫正对象矫正期限届满，且在社区矫正期间没有应当撤销缓刑、撤销假释或者暂予监外执行收监执行情形的，社区矫正机构依法办理解除矫正手续。

社区矫正对象一般应当在社区矫正期满三十日前，作出个人总结，执行地县级社区矫正机构应当根据其在接受社区矫正期间的表现等情况作出书面鉴定，与安置帮教工作部门做好衔接工作。

执行地县级社区矫正机构应当向社区矫正对象发放解除社区矫正证明书，并书面通知社区矫正决定机关，同时抄送执行地县级人民检察院和公安机关。

公安机关、监狱管理机关决定暂予监外执行的社区矫正对象刑期届满的，由看守所、监狱依法为其办理刑满释放手续。

社区矫正对象被赦免的，社区矫正机构应当向社区矫正对象发放解除社区矫正证明书，依法办理解除矫正手续。

第五十四条　社区矫正对象矫正期满，执行地县级社区矫正机构或者受委托的司法所可以组织解除矫正宣告。

解矫宣告包括以下内容：

（一）宣读对社区矫正对象的鉴定意见；

（二）宣布社区矫正期限届满，依法解除社区矫正；

（三）对判处管制的，宣布执行期满，解除管制；对宣告缓刑的，宣布缓刑考验期满，原判刑罚不再执行；对裁定假释的，宣布考验期满，原判刑罚执行完毕。

宣告由社区矫正机构或者司法所工作人员主持，矫正小组成员及其他相关人员到场，按照规定程序进行。

第五十五条　社区矫正机构、受委托的司法所应当根据未成年社区矫正对象的年龄、心理特点、发育需要、成长经历、犯罪原因、家庭监护教育条件等情况，制定适应未成年人特点的矫正方案，采取有益于其身心健康发展、融入正常社会生活的矫正措施。

社区矫正机构、司法所对未成年社区矫正对象的相关信息应当保密。对未成年社区矫正对象的考核奖惩和宣告不公开进行。对未成年社区矫正对象进行宣告或者处罚时,应通知其监护人到场。

社区矫正机构、司法所应当选任熟悉未成年人身心特点,具有法律、教育、心理等专业知识的人员负责未成年人社区矫正工作,并通过加强培训、管理,提高专业化水平。

第五十六条 社区矫正工作人员的人身安全和职业尊严受法律保护。

对任何干涉社区矫正工作人员执法的行为,社区矫正工作人员有权拒绝,并按照规定如实记录和报告。对于侵犯社区矫正工作人员权利的行为,社区矫正工作人员有权提出控告。

社区矫正工作人员因依法履行职责遭受不实举报、诬告陷害、侮辱诽谤,致使名誉受到损害的,有关部门或者个人应当及时澄清事实,消除不良影响,并依法追究相关单位或者个人的责任。

对社区矫正工作人员追究法律责任,应当根据其行为的危害程度、造成的后果、以及责任大小予以确定,实事求是,过罚相当。社区矫正工作人员依法履职的,不能仅因社区矫正对象再犯罪而追究其法律责任。

第五十七条 有关单位对人民检察院的书面纠正意见在规定的期限内没有回复纠正情况的,人民检察院应当督促回复。经督促被监督单位仍不回复或者没有正当理由不纠正的,人民检察院应当向上一级人民检察院报告。

有关单位对人民检察院的检察建议在规定的期限内经督促无正当理由不予整改或者整改不到位的,检察机关可以将相关情况报告上级人民检察院,通报被建议单位的上级机关、行政主管部门或者行业自律组织等,必要时可以报告同级党委、人大,通报同级政府、纪检监察机关。

第五十八条 本办法所称"以上"、"内",包括本数;"以下"、"超过"不包括本数。

第五十九条 本办法自2020年7月1日起施行。最高人民法院、最高人民检察院、公安部、司法部2012年1月10日印发的《社区矫正实施办法》(司发通〔2012〕12号)同时废止。